明代武臣の犯罪と処罰

奥山憲夫著

汲古叢書149

汲古書院

明代武臣の犯罪と処罰　目　次

明代武臣の犯罪と処罰

序

戦後、明代史の研究は長足の進歩を遂げ、中国史のなかでも最も活発な分野の一つとなった。しかし、その発展は時期や分野によって均等ではなく、最も大きな成果が挙げられたのは明末清初期の社会経済史や賦役制度史の分野で、膨大な業績が蓄積された。一方で政治史や賦役以外の制度史は長く停滞したままであった。近年、社会経済史の分野がやや相対化されるとともに、他の分野の研究もようやく活発になってきた感がある。軍制史の分野も同様で、いくつかの先駆的な研究はあるものの、近年までめぼしい進歩はみられなかった。本格的な明代軍制史の研究は川越泰博氏によって始められた。氏は一貫して軍制史の研究を牽引し今日に至っているが、衛所制の運用の実態や軍事問題の解明に大きな成果を挙げてきた。中でも特筆されるのが、これまで殆ど利用されてこなかった衛選簿の価値を発見し、その使用法を確立したことである。衛選簿の利用によって衛所制の研究は新たな段階に入ったといえる。氏は衛選簿を駆使することによって、軍事史のみでなく明代中期の政治史の分野でも大きな成果を挙げている(1)。日本では川越氏に加えて青山治郎氏(2)、松本隆晴氏(3)、久芳崇氏(4)らが活躍し、台湾や中国でも著作が次々と刊行され(5)、明代軍制史の研究は漸く活況を呈しつつある。筆者も諸氏の驥尾に付して研究に従事してきたが、二〇〇三年にそれまでの研究をまとめて前著を上梓した(6)。

そこで述べたのは次のようなことである。明一代を通じて、軍制には幾つかの点で大きな変化がみられた。その一つは兵力源の変化である。明初には世襲の軍戸から軍士を供出させて兵力をまかなった。しかし、一五世紀に入るとやや動揺がみられ、特に土木の変（一四四九）後、軍戸の余丁や、まだ補助的なものではあるが、民壮や民兵といったかたちで民戸からも兵力をもとめざるを得なくなってきた。一六世紀になると、軍戸は兵力源としての機能を殆ど失ってしまい、兵力の主要部分を当時の社会矛盾から析出されてくる無頼・遊民層からの募兵や家丁などに頼らざるを得なくなってしまった。庚戌の変（一五五〇）後には募兵や家丁は公認のものとなった。ただ、このような変化がみられるから衛所制が解体してしまったのかというと、必ずしもそうとも言えない所に難しさがある。現在の将校に当たる武臣をみると、中期以降に捐官の増加によって様々な変化が生じはするものの、基本的に明初以来の世襲による体制は維持されて明末に至る。この点からいえば衛所制は最後まで維持されたといえる。何をもって衛所制の骨格とみるかによって異なってくるのである。

二つには軍の給与の変化である。軍士の給与は、最も基本的なものとして軍士とその家族の生活費である月糧、動員手当ての行糧、不時の賜りものである賜与からなる。明初には現物支給が原則で、月糧と行糧は糧米で、賜与は冬衣・夏衣・綿布から胡椒・蘇木等に至るまで多様な物品が現物で支給された。賜与のなかには鈔・銭・銀などの貨幣も含まれていたが、賜与は本来の趣旨が皇帝からの不時の賜りものであり、これらの鈔・銭・銀が給与全体の中で主要な部分を占めたわけではない。現物給与に顕著な変化が生じたのは土木の変後で、月糧が折銀支給されることが多くなる。一六世紀には一部に米・布等の現物支給が残るものの、給与の殆どが銀で支給されるようになった。軍の給与の折銀支給と賦役の折銀徴収の時期を比べると、殆ど同時並行ではあるが、軍の給与の方がやや早いようにも思われる。折銀徴収と折銀支給はどちらが原因でどちらが結果なのか一考の余地があるかもしれない。

三つには軍事面における文臣優位の成立である。明初では元朝の遺制を受け継ぎ、武臣が官品・勢威ともに文臣を凌駕していた。文臣と軍との関わりは軍糧の供給や監察等の分野に限られ、軍を直接に指揮・統率することはなかった。少なくとも従来そうみられてきた。必ずしもそうともいえないことは本書の中で述べる。いずれにしても文臣が本格的に軍事に関与するようになるのは、やはり土木の変以後であった。景泰朝（一四五〇～一四五六）には兵部尚書于謙が強い影響力を発揮した。于謙は中央で京営の改革を主導するとともに、南北辺にも軍の指揮権をもった新しいタイプの巡撫を配置していった。景泰朝に文臣の軍事面への進出が急速に進んだといえる。更に巡撫のほかにも総督・兵備道・分守道・分巡道等の文臣出自の諸職が軍務に関わるようになり、明末には経略・督師等の更に強い軍事的権限をもった職も現われ、武臣はその頤使に甘んずることになった。このような経緯をみると、元代の中断はあったが、宋代以来の文臣優位のコースに戻ったといえるかもしれない。

以上のような流れを踏まえたうえで、今回は明軍の弱体化について考える。明朝の軍事力が衰えた原因として、世襲の武臣の軍事能力の低下、軍士の酷虐、軍屯の衰退などがよく挙げられる。しかし、それは必ずしも実証的な研究のうえでいわれているわけではない。本書では宣宗朝（一四二六～一四三五）の武臣の犯罪に焦点を当てて明軍弱体化の原因を探るとともに、そこから宣宗政権の性格について考察したい。何故に宣宗朝かというと次のような理由からである。宣宗朝はわずか一〇年と短いが、仁宗朝と合わせて仁宣の治と称されるように、明朝治下の人々が初めて得た平穏な時期であった。太祖朝は言うに及ばず、靖難の役を経て始まった成祖朝も激動の時代だった。宣宗朝はその後を受けて体制を建て直し、次の安定にむかう準備を整えた時代である。成祖は不自然な経緯で即位した為もあって、一代に亙って次々に大花火を打ち上げるように大事業を敢行し続けたが、宣宗がその後始末をして体制を安定させたといえる。例えば、成祖が強引に出兵・制圧した交阯（ベトナム）からは、結局明軍が敗北して追い出されるかたちで撤退したわけだが、宣宗は面子にこだわらず、交阯の自立を認めて再出兵しなかった。ただ、この点に関しては宣宗の英断とばかりはいえず、再検討の余地があるので本書の中で述べる。また、モンゴルに対しては、成祖は攻勢防禦の方針をとって親征を繰り返したが、宣宗は防衛線を後退させて専守防衛の体制を整えた。鄭和の「西洋下り」も結局は停止した。なによりも成祖が強行した北京京師体制(7)を軌道にのせるため、江南の官田の運営態勢を整備し、北京への糧米輸送の漕運の態勢を整えた。これらの治績について個々に取り上げられることはあるが、宣宗政権の性格、あるいは皇帝の在り方等について、前後の成祖朝や英宗朝との異同というような点は、意外にはっきりしていないように思われる。宣宗朝を明初に入れるのか中期とするのかも必ずしも一定していない。このような点についても考えてみたい。軍事の面からも宣宗朝は興味深い時期である。太祖は南北の辺防を諸王に委ねたが、靖難の役・漢王高煦の乱を経た成祖・宣宗朝では、諸王の軍事的権限を抑制あるいは回収する方針がとられた。これと表裏するかたちで新たに鎮守総兵官が配置され、辺防の態勢が変わることになった。その経緯は本書の中で述べる。また中期以後に顕著になる軍事力衰退の萌しがはっきり現われてくるのもやはり宣宗朝である。東アジア全域からインド洋にまで明朝の武威を輝かせた成祖が歿したのが一四二四年で、明軍が壊滅的な打撃を被った土木の変が一四四九年である。その間わずか二五年しかない。一世代弱の短い期間に明軍はかなり急速に弱体化したことになる。それはなぜなのか。この疑問を明らかにする為にも宣宗朝の明軍の実態を明らかにする必要がある。前著では主に軍の制度の運用とその変化の様子を考察したが、本書では軍内部の人間の問題について考えたい。まず宣宗朝の軍事態勢を示したうえで、軍内部の武臣の犯罪をとりあげる。どの地域でどのような犯罪が多かったのか、それはどのような武臣によって引き起されたのか等の諸点を明らかにする。更に罪を犯した武臣が如何に処罰されたのかを考察することによって宣宗政権の性格を分析したい。

なお第一章と第二章の一部は既発表の論文をもとに書き直したものだが、このほかの三分の二ほどの部分は書きおろしである。誤りがないか不安もあるので諸賢の御教示を願う次第である。

註

(1) 川越泰博氏『明代建文朝史の研究』(汲古書院、一九九七年)、『明代異国情報の研究』(汲古書院、一九九九年)、『明代中国の軍制と政治』(国書刊行会、二〇〇一年)、『明代中国の疑獄事件――藍玉の獄と連座の人々――』(風響社、二〇〇二年)、『明代長城の群像』(汲古書院、二〇〇三年)、『モンゴルに拉致された中国皇帝』(研文出版、二〇〇三年)、『永楽政権成立史の研究』(汲古書院、二〇一六年)など。

(2) 青山治郎氏『明代京営史研究』(響文社、一九九六年)。

(3) 松本隆晴氏『明代北辺防衛体制の研究』(汲古書院、二〇〇一年)。

(4) 久芳崇氏『東アジアの兵器革命』(吉川弘文館、二〇一〇年)。

(5) 主なものに于志嘉氏『明代軍戸世襲制度』(台湾学生書局、一九八七年)、同『衛所、軍戸与軍役 以明清江西地区為中心的研究』(北京大学出版会、二〇一〇年)、呉艶紅氏『明代充軍研究』(社会科学文献出版社、二〇〇三年)、彭勇氏『明代班軍制度研究――以京操班軍為中心――』(中央民族大学出版会、二〇〇六年)、張金奎氏『明代衛所軍戸研究』(中国線装書局、二〇〇七年)、奇文瑛氏『明代衛所帰附人研究――以遼東和京畿地区衛所達官為中心――』(中央民族大学出版社、二〇一一年)、肖立軍氏『明代省鎮営兵制与地方秩序』(天津古籍出版社、二〇一〇年)、梁志勝氏『明代衛所武官世襲制度研究』(中国社会科学出版社、二〇一二年)等がある。このほか顧誠氏『隠匿的疆土――衛所制度与明帝国』(光明日報出版社、二〇一二年)は一九八六～一九八九年に発表された四編の論文をまとめたもので、布政司等の行政系統の機関が管轄した田土のほかに衛所等の軍事系統の機関が管理した大量の土地があったことを明らかにした労作である。この顧誠氏の研究については新宮学氏の紹介・解説がある。(新宮学氏『明清都市商業史の研究』(汲古書院、二〇一七年)三四七～三七二頁)。

(6) 拙著『明代軍政史研究』(汲古書院、二〇〇三年)。

(7) 北京への遷都については新宮学氏『北京遷都の研究――近世中国の首都移転――』(汲古書院、二〇〇四年)に詳しい。

第一章　宣宗朝の軍事態勢

はじめに

衛所制には五軍都督府・都指揮使司・衛・所という系列があるが、これは基本的に軍の維持管理の機構であり、各衛所は軍士が家族とともに暮らす生活の場でもある。この系列が有事の際にそのまま戦闘序列を構成するわけではなく、必要に応じて各衛所からその一部または全部が動員されて、総兵官以下の各将の指揮下に組織される。元来、総兵官は有事の際に任命され、事が終われば任を解かれる臨機の職であった。これが常設化してきたのが永楽・宣徳の間である。万暦『大明会典』では遼東・薊州・昌平・保定・宣府・大同・山西・延綏・寧夏・陝西・甘粛・浙江・四川・雲南・貴州・湖広・広東・広西・福建に配置されたと記しており、『明史』によれば更に万暦年間に臨洮、山海に、天啓年間に登州、萊州にも添設されたという。総兵官の下には副総兵・参将・遊撃将軍・守備・把総等の職が管轄区域を定めて配置されていた(1)。このような中期以後の軍事態勢の原型ができたのが宣宗朝（一四二六〜一四三五）である。宣宗朝では北辺の遼東・薊州永平山海・宣府・大同・寧夏・甘粛と、南辺の四川・雲南・貴州・広西に鎮守総兵官がおかれ、このほか常設されていないが、臨機に任命されたものとして北辺の鎮朔大将軍・総兵官、交阯に派遣された総兵官があり、更に任務が特殊化した漕運総兵官があった。中期以後の軍事態勢を考える為には、ぜひ宣宗朝のこれらの総兵官の職務・権限、他の地方官との統属関係等を明らかにしなければならない。また、太祖朝では諸王に辺防を担当させたが、景泰年間（一四五〇～一四五六）以後には軍の指揮権をもった新しいタイプの巡撫や総督、更に明末には経略や督師等の強い軍事的権限をもった文臣出自の諸職が現れて辺防に大きな役割を果した。何故に景泰朝以後にこのような諸職が登場してくるのか。宣宗朝ではまだ武臣が辺防の主役だったが、武臣を主体とした宣宗朝の辺防体制はどのようなものだったのか。これらの点を考える為にも、この時期の総兵官の職務や権限を明らかにすることが必要である。以下、地域による差違の有無、掛印総兵官と非掛印総兵官、勲臣と都督の別や、鎮守武臣・三司・王府・鎮守内臣との関係等を念頭におきながら考察する。(2) 併せて各地の総兵官の動向を追うことによって宣宗朝の軍事情勢の一端も窺えるのではないかという狙いもある。

第一節　総兵官の職務と権限

（一）　総兵官の配置

宣宗朝は総兵官の常設化が始まって間もない時期だが北辺の六ヶ所、南辺の四ヶ所に鎮守総兵官が配置され、淮安には漕運総兵官がおかれた。このほか北辺の鎮朔大将軍・総兵官と交阯の総兵官が臨機に任命された。この間、総兵官に任命された武臣は二一人あり、うち公侯伯の勲臣が一一人、都督・都督同知・都督僉事の都督クラスの武臣が一〇人である。将軍号を帯びた掛印総兵官が一〇、非掛印総兵官は三つである。総兵官は兵部による部推等ではなく、帝自ら決裁を行う特簡によって任命されて皇帝に直属した。総兵官に対する下達命令は全て勅などの皇帝からの直接命令で、総兵官からの報告や要請は上奏によって行われた。就任者の氏名・身分・在任期間を確認すると次のようである。

鎮守遼東総兵官は征虜前将軍の印綬を佩び広寧に鎮守した。宣宗即位の時は武進伯朱栄がその任に在ったが、洪熙元年七月に六七才で没し[3]、同年閏七月に都督僉事巫凱が就任して宣宗朝を通じて在任した[4]。朱栄は永楽一八年に任命され、二〇・二二年の帝の北征に従軍して一時任を離れたが、帰還後は遼東に帰任し、洪熙元年に在鎮のまま没したので遼東在任六年だった。巫凱は正統三年一二月に現地の遼東で没するまでその任に在ったので在鎮一三年となる。

鎮守薊州永平山海総兵官は将軍号は帯びておらず、総兵官常設化の過程にある地域だったとみられる。宣宗即位の時には遂安伯陳英がその任に在ったが宣徳元年八月に召還された[5]。その後、任命と召還をくり返し[6]、陳英が在任したのが宣徳元年一〇月から翌二年正月、同年四月から八月の間である。三年一〇月には陽武侯薛禄が就任したが短期間だった[7]。五年五月に至って都督僉事陳敬が任命されて[8]、宣徳末まで在任することになった。

鎮守宣府総兵官は鎮朔将軍の印を佩びるが、左都督譚広が就任して宣宗朝を通じて在任した。譚広はその後正統九年八月に八二才で召還されるまで同職に在ったので在鎮二〇年に及んだ[9]。宣宗朝で宣府に在ったのは六四才から七三才にかけての時期となる。

鎮守大同総兵官は征西前将軍の印を佩び、武安侯鄭亨が洪熙元年二月に就任し、一時、北京に召還されて掌行在後軍都督府事の任に着いたが、すぐ大同に帰任し、宣徳九年二月に大同で没するまでその任に在った[10]。大同在鎮一〇年である。鄭亨のあとすぐには総兵官がおかれず、大同参将の都指揮曹倹が職務を代行した。

鎮守寧夏総兵官は征西将軍の印を佩びた。当初、保定伯梁銘が将軍の印綬を佩びたが、総兵ではなく参将として配置され、同じく参将の都督同知陳懐とともに任に当たった[11]。梁銘が宣徳元年八月に御史の弾劾を受けて罷免されると[12]、寧陽侯陳懋が総兵官に就任した[13]。しかし、陳懋も六年二月に弾劾を受けてまもなく召還され[14]、七年三月に都督僉事史昭が任命されて宣徳末まで在任した[15]。陳懋は、総兵官としての寧夏在鎮は四年半だが、鎮守の時からの期間を合わせると二二年に及ぶ。史昭は正統八年に召還されるまでその職に在ったので一二年間の在任であった。

鎮守甘粛総兵官は平羌将軍の印を佩びた。同地には左都督費瓛が在鎮したが、当初は鎮守で総兵官の称は帯びておらず、宣徳元年一〇月に崇信伯に封ぜられるとともに総兵官に就任し、三年二月に現地で没するまでその任に在った[16]。三年六月に都督僉事劉広が後任として任に就き、宣宗朝を通じてその職に在った[17]。費瓛は永楽一二年に鎮守してから、漢王高煦の討伐に従軍して一時甘粛を離れたとき以外は、ずっと甘粛に在り、鎮守と総兵官の期間を合せて在鎮一五年だった。

次に南辺の総兵官をみてみると次のとおりである。鎮守四川総兵官は平蛮将軍の印を佩び、宣徳二年七月、松潘地方の叛蛮討伐を機に都督同知陳懐が同職に任ぜられた[18]。陳懐は宣徳八年に至って、弾劾を受けて召還され下獄したが[19]、同年六月に都督僉事方政が平蛮将軍・鎮守四川松潘等処総兵官に任ぜられた[20]。方政は翌九年一〇月に召還され、副総兵だった都督同知蔣貴が総兵官に陞格した[21]。陳懐は在任六年、方政は一年、蔣貴は正統元年に召還されたので在任は二年となる。ただ蔣貴は参将・副総兵としての期間も含めると四川に在った期間は五年余となる。

鎮守雲南総兵官は征南将軍の印を佩び、黔国公沐晟が宣宗朝を通じてその任に在った。周知のように、雲南は太祖朝の西平侯沐英以来、代々沐氏が総兵官として在任した特殊な地域だが、沐晟は建文元年に兄沐春の後をつぎ、正統四年に没するまで在任したので、雲南在鎮四〇年となる。

鎮守貴州総兵官は将軍号を帯びないが、都督僉事蕭授が宣宗朝を通じて在任した。蕭授は永楽一六年に湖広・貴州の総兵官に充てられ、正統四年六月に年老を以って召還されるまで任に在ったので、在鎮二二年となる[22]。

鎮守広西総兵官は征蛮将軍の印を佩び、宣宗即位の時には鎮遠侯顧興祖がその任に在ったが、宣徳二年七月に交阯の叛寇の侵入を坐視した廉で逮捕・解任され(23)、同月、都督僉事山雲が代って就任した(24)。顧興祖は洪熙元年に総兵官として叛蛮の討伐に当たり、そのまま駐箚したので在任は二年弱であり、山雲は正統三年に在任のまま没したので在鎮一一年となる。

以上の鎮守総兵官のほかに、任務が特殊化したものに漕運総兵官がある。宣宗朝でこの任に当たったのは平江伯陳瑄だった。陳瑄は洪熙元年六月に就任し、宣徳八年一〇月に没するまで在任した(25)。陳瑄は永楽元年に総兵官として海運の総督に当たってより、運糧に任ずること三一年だった。

更に、臨機に任命され事が終ると任を解かれる従来型の総兵官として、鎮朔大将軍・総兵官と交阯に派遣された総兵官がある。鎮朔大将軍・総兵官は、北辺の巡回警備や開平への軍糧護送に当たったが、一貫して陽武侯薛禄が任ぜられた(26)。薛禄は、仁宗の時に鎮朔大将軍の印を佩び、総兵官として開平から大同にかけての地域を巡回したが、宣宗が即位すると召還されて、一時、掌行在左軍都督府事兼操習幼官幼軍の任についた(27)。しかし、間もなく洪熙元年一一月に前職に復帰して出動し、翌宣徳元年六月に帰京した(28)。更に翌二年五月に任命されて出動し、八月に帰京し(29)、翌三年閏四月に就任・出動し七月に帰還した(30)。この後、間もなく同年一〇月には、総兵官として薊州永平山海に鎮守するよう命ぜられたが、翌四年正月にまた鎮朔大将軍・総兵官として開平への軍糧護送に任じた。同年六月・一一月にも就任・出動した(31)。五年二月にまた就任して出動し、一ヶ月程で帰京したが、すぐ四月には赤城等の城堡築造に当たり、六月に現地で病み七月に没した(32)。

交阯では総兵官の豊城侯李彬が没した後、栄昌伯陳智が都督方政とともに参将として軍務を担っていたが(33)、宣徳元年四月に成山侯王通が征夷将軍の印を佩びて総兵官に任ぜられ、陳智は官爵を削られて為事官とされた(34)。更に、同年一二月に、安遠侯柳升を征虜副将軍・総兵官に、黔国公沐晟を征南将軍・総兵官に任じて交阯に派遣した(35)。王通・柳升・沐晟の三総兵官が派遣されたわけだが、周知のように、柳升は翌二年九月に倒馬坡で戦死し、(36)翌三年には王通・沐晟も撤退した。

以上のように、有事に任命される従来型の総兵官は勿論、鎮守総兵官も在任期間は一定していない。宣宗朝を通じて同一人が鎮守した例として、遼東の巫凱・宣府の譚広・貴州の蕭授・雲南の沐晟があり、大同の鄭亨・甘粛の劉広・広西の山雲・漕運の陳瑄もこれに近い。宣徳の前後も加えると、総兵官に在任した期間が沐晟は四〇年、陳瑄は三〇余年、巫凱は一三年、譚広は二〇年、鄭亨は一〇年、費瓛は一五年、史昭は一二年、蕭授は二二年、山雲は一二年に及ぶ。総兵官就任以前から副総兵や参将、或いは都司の官として同地に在った期間を含めれば更に長くなる。現地で在任のまま没する例や晩年になってようやく年老を理由に召還される場合も多く、一旦任命されると殆ど終身在鎮するケースが少なくない。長期間在鎮することは、現地の情勢に通暁するメリットはあるだろうが、鎮守総兵官は臨戦体制をとったまま各地に駐箚するものである。有力な武臣が長期に亙って同一地域に在鎮することに、朝廷は自立化、軍閥化の可能性を危惧しなかったであろうか。この疑問を解明する為にも総兵官の職務範囲・権限を明らかにする必要がある。

総兵官の職務・権限を確認するには、配置された地域によって差違が有るか否かを考えなければならないので、鎮守総兵官を北辺と南辺に分け、更に臨機の任命にかかる従来型の総兵官も別に検討する。また、掛印総兵官と非掛印総兵官、或いは勲臣と都督の身分の違いによって差違が有ったかどうか、更に、在任期間が長くなると、個人の能力や声望によって権限や職務の範囲に差異が生ずる可能性もあるので、これらの点を考慮しなければならない。

（二）　北辺の総兵官

総兵官の職務や権限は任命時の勅に示されることもあるが、その文言は概ね簡略かつ抽象的で、必ずしも明確には知り得ない。そこで『宣宗実録』から総兵官に対する下達命令、総兵官からの報告・要請等を収集し、分類して表示する。表にたてた各項目の内容は次のとおりである。①戦闘に関するもの、②虜・番・蛮等の動向や招撫に関するもの、③城堡等の築造や修理に関するもの、④軍の動員や移動・配置に関するもの、⑤配下の武臣の告発、⑥配下の武臣の移動や配置転換等の人事に関するもの、⑦開中法や屯田等の軍糧確保に関するもの、⑧逃亡・被虜来帰等の軍士の取り扱いに関するもの、⑨馬匹の確保に関わるもの、⑩その他である。まず遼東からみてみよう。

〈遼東〉

表1　鎮守遼東総兵官

①	韃虜の侵犯・戦闘	2
②	韃虜・女直・朝鮮の動向と対応	6
③	城堡等の修築・移転	3
④	部隊の移動・配置	1
⑤	配下の都指揮・指揮・千戸・百戸等の武臣の逃回・失機・誤事等の告発	10
⑥	配下の武臣の移動・配置転換	3
⑦	軍糧や冬衣等の調達、屯田・開中法の実施・管理	3
⑧	逃亡・被虜来帰の軍士の処置、逃亡防止	6
⑨	軍馬の確保、広寧の馬市	5
⑩	採捕、嘉禾の進上	2
	（合計）	41

表1に示すように①は二例あるが[37]、一つは、洪熙元年七月、侵入した韃虜を都指揮唐琦に命じて追撃させ、斬首七・羊馬六五頭を獲た報告であり、一つは、宣徳四年五月に、西山下で民財・家畜を掠奪した韃虜を追撃して奪回した報告である。②は六例あり[38]、二、三を示すと、宣徳元年七月に、宣宗は総兵官に勅して韃虜の南下に備えて哨瞭と守備を厳重にするよう命じ、五年二月には、朝覲する野人女直に撫恤を加えて帰順の心を阻むことがないよう命じ、八年二月には、和寧王阿魯台の使者が遼東経由で入

貢したことについて、防備体制を窺う目的かもしれないと指摘して厳重に警戒するよう命じた。これらの六例中の五例は、宣宗が総兵官に勅して韃虜や女直の動向を通知し対応を命じたものである。他の一つは、巫凱が朝鮮の建州への出兵を報告し、朝鮮を詰問するようもとめたものである。[39] ③は三例ある。一つには、宣徳二年八月、巫凱が広寧の旧城が狭隘だとして、一面を拆して新城に通じさせることを奏請して宣宗の承認を得た。また、一つは、三年二月に、黒林荘遞運所の移設を奏請して裁可を得たものである。もう一つは、巫凱の奏請により、五年五月、山海衛の左・中二千戸所の軍士と、永平に派遣されている常山中護衛の軍士を広寧に動員して、築城と屯種に充てる命令が下された。④は一例のみだが、[40] 宣徳二年三月、巫凱が上奏して、遼東所属の二四駅中の一八駅に、附近の衛所の軍士と遼東に在る青州中護衛の軍士を分置することをもとめ宣宗の承認を得た。⑤は最も多く一〇例ある。[41] やや煩雑だが、総兵官の権限を窺うのに重要なので全例の内容を示す。まず宣徳二年一二月、巫凱が上奏し、遼北の巡哨を命じた金吾右衛指揮使劉端が、難を畏れて広寧に逃回したとして処罰を要請した。また、四年七月、巫凱が自ら軍を率いて曹荘・沙河を巡回したが、都指揮李信・指揮于昭は怠慢で失機の罪が有ったとして治罪を奏請した。更に同年八月、韃虜が三度に亙って侵犯し、殺傷二〇余人・被掠八〇余人・馬牛一六〇余匹の被害を出したが、この事件に関連して、巫凱が失機の都指揮鄒溶と指揮・千・百戸ら三六人の治罪を奏請した。四年一〇月には、巫凱が、前月に韃虜の侵犯があったが、都指揮魯得らの守備が不厳であったとして治罪を奏請した。続いて同年一二月にも、韃虜が鉄嶺・広寧の近く迄侵入して人畜を劫掠したことに関し、巫凱は都指揮魯得・金声の守備不厳、百戸陳善らの瞭望を失したことを告発し治罪を奏請した。五年七月には、前月に韃虜が侵入し殺傷一三人・掠取の人一五人・馬牛八〇余匹の被害を出したとして、巫凱が都指揮劉斌の失機誤事の罪を告発し処罰を奏請した。また、同年一二月、巫凱は韃虜一〇〇余人が開原に、四〇余人が柴河等に侵入し、これを追撃させたが失敗したとして、都指揮鄒溶・佟答剌哈《ダルハン》らの治罪を奏請した。

六年六月には、軍士馮春なる者が、都指揮鄒溶は漢王高煦と交通があったと告発したのを受けて、取り調べた結果を上奏報告した。また、巫凱は七年八月に、瀋陽中衛と鉄嶺衛の指揮宋礼・千戸朱斌が、同僚と争って公務を廃弛していると告発し処罰を奏請した。ついで八年二月、韃虜が義州を侵して守墩の軍士を殺傷したことを報告し、署都指揮僉事楚勇らの約束不厳を弾劾し治罪を奏請した。これらの一〇例の中で名を挙げられたのは都指揮クラス八人・指揮二人・百戸一人で、名の分からない千・百戸等三六人を加えると四七人に及ぶ。大部分は韃虜の侵入に当たっての逃回・守備不厳・失機誤事等を告発したものである。

⑥は三例ある。[42] 一つは、洪熙元年一〇月、巫凱が、義州に在った都指揮李信が罪を得て任を去ったので、開原の都指揮鄒溶・李敏と指揮巫正の三人の中から一人を義州に派遣することを奏請し、宣宗が李敏の義州配置を命じたものである。一つは、宣徳元年三月に、巫凱が金州守禦の武臣の配置を求めた結果、都指揮僉事周敬が掌金州衛事に任ぜられた。一つは、先に罪を得た前義州備禦の都指揮李信が宥されて復任したので、これを広寧前屯衛に配置したいと奏請して宣宗の承認を得たものである。⑦は三例ある。[43] 宣徳元年七月に、巫凱は開中法の実施に当たり、広寧での塩引一引当たりの納糧額が五斗と、宣府・大同の三斗に比べて多いので客商の至る者が少ないと述べ、三斗五升に減額するよう奏請して裁可を得た。五年一〇月には、寧遠衛の衣糧不足を補う為に、遼東都司の罪を犯した官吏・軍余に納米贖罪させるよう奏請した。更に九年一二月、広寧に動員されている定遼左衛の軍士を原衛に還して屯種させることの可否を論じてその不適を上奏した。⑧は六例あるが、[44] 巫凱が、韃虜に拉致されたが逃回した軍士や、屯戍を忌避して逃亡した軍士の取り扱い、海西女直のもとに逃亡してこれを誘引した軍士や、野人女直のもとに逃げ込んでいる軍士五〇〇余人の追捕、万灘島に潜居している逃亡軍士とその家族の招捕等について上奏して宣宗の指示を仰ぎ、更に、前線の軍士を衣装補充の為に原衛の家族のもとに帰すと、そのまま逃亡する者があるとして、家族も配備地に同

行させるよう奏請したもので、いずれも逃亡軍士に対する対応と逃亡防止に関する内容である。⑨は五例あるが、[45]巫凱が広寧の馬市での馬匹の購入数を報告し、或いは軍馬の不足を訴えてその供給を奏請したものである。⑩は二例あり、[46]内容は表1のとおりである。

以上のように表1の①から⑩までの内容を示したが、巫凱が総兵官に任命された時、『宣宗実録』洪熙元年七月壬戌の条に

> 凱に勅して曰わく……軍士を撫輯し、辺圉を慎守し、部伍を整粛し、厳しく斥堠を謹み、夙夜怠ることなかれ。

とあり、概ねこの命令の内容に沿うものであったといえる。つまり、民政等への関与は全くなく軍務のみである。その軍務の内容は、戦闘の指揮、武臣や軍士の管理統率、軍の移動や配備、城堡等の整備、逃亡軍士の取り締まり、開中法や屯田を通じての軍糧確保、軍馬や冬衣等の装備の調達等で広い範囲に及ぶ。しかし、その権限をみると、配下の武臣に過誤が有っても奏請して治罪を請うのみで独自の処罰権はない。又、武臣の配置も独断ではできず、人事権は与えられていない。軍の動員・移動や配備についても、奏請して帝の承認を得なければならず、城堡の修築等についても同様である。逃亡軍士の処罰も裁可が必要であった。つまり軍に対する所謂生殺与奪の権は与えられておらず、職務の範囲は広いが自由裁量の幅は極く限られていたといえる。

確かに『大明律』巻一・名例律「軍官有犯」では、武臣が罪を犯した場合、本管の衙門が都督府に報告し、都督府から奏聞することが定められており、巻一四・兵律二・軍政「擅調官軍」では、緊急の場合には先に軍を動員して後で奏聞してもよいが、他の時は事前に奏聞すべきことが定められている。総兵官が配下の武臣の罪を上奏し、軍の動員や配置について奏請するのは当然のことといえる。しかし、後に現われる提督軍務を兼任した巡撫は、民政・監察の権に加えて軍の指揮権をもち、嘉靖期（一五二二～一五六六）の様子だが、朱紈の『甓余雑集』巻一・玉音所収詔敕

「南贛軍門」に

其れ貪残・畏縮・誤事の者有らば、文職の五品以下、武職の三品以下は、径《ただ》ちに自ら拏問し発落せよ。

とあり、「浙江巡撫」に

文職の五品以下、武職の四品以下にして、如し命を用いざれば、応に拏問すべきは径ちに自ら拏問し、応に参究すべきは参究し、事軍機の重大なるに関わるものは、軍法を以て従事せしむるを許す。

とあるように、文臣ならば按察僉事・知府同知等、武臣なら指揮使・指揮僉事以下の逮捕処罰権をもっていた。辻原明穂氏の論考によれば、明末の経略は文臣で四品の知府、武臣では副総兵以下の斬首が聴され、督師は更に強力で便宜の処罰や行賞が聴されたと指摘している。(47) 文臣出自の巡撫・総督・経略・督師も、本来総兵官と同じく臨機の特命職だが、これらに比べて、宣宗朝の鎮守遼東総兵官の権限は遙かに小さかったということができる。

総兵官の動向を通じて遼東の軍事情勢をみると、①は二例のみで、⑤の中で韃虜の侵犯を確認できるのが八例あり、合せて一〇件である。ただ、侵入はかなり頻繁だが、その規模は多くても一〇〇人程度で、被害も一〇人単位の事例のみである。宣宗朝を通じて遼東では大規模な侵犯はなかったといえる。

このような鎮守遼東総兵官の職務と権限は、他の地域の総兵官でも同じだったのか、或いは異なっていたのだろうか。次に薊州永平山海についてみてみよう。

〈薊州永平山海〉

薊州永平山海の総兵官は将軍印は佩びておらず、常設化の過程にあったとみられ、頻繁に任免をくりかえした。遂安伯陳英が任命された際には『宣宗実録』宣徳元年一〇月辛酉朔の条に

表2　鎮守薊州永平山海総兵官

①	戦闘に関するもの	0
②	虜・番・蛮等の動向・招撫	0
③	関隘・隄岸の修築、撫寧城の修築	3
④	部隊の移動・配置転換	1
⑤	配下の武臣の畏難を告発	1
⑥	配下の武臣の人事	0
⑦	軍糧の確保	0
⑧	軍士の私役の防止	1
⑨	馬匹の確保	0
⑩	御史・永平知府に弾劾さる	2
	（合計）	8

　城池を鎮守し、軍馬を操練し、声息有るに遇えば、機を相《み》て事を行え。領する所の官軍は悉く節制を聴《ゆる》す。

とあり、再度任命された二年四月甲子の条には

　山海・永平及び各関口に鎮守し、軍馬を操練せよ。

とあり、都督僉事陳敬が任命された五年五月戊申の条に

　官軍を率領し、薊州・永平・山海等の処において備禦せよ。

とあるが、具体的な職務範囲や権限の詳細は明確でない。そこで陳英と陳敬の在任中の要請・報告や下達命令を収集したが、表2に示したように八例しかない。①・②は事例がなく、③は三例あるが[48]、一つは、宣徳元年七月に、陳英に対して薊州永平山海より居庸関に至る間の諸関隘の修築を命じたもの、一つは、陳敬が七年八月に、撫寧衛城は狭隘な上に土城なので長雨の為に頽壊したと述べ、東西南の三面を拡張して修築したいと奏請して宣宗の承認を得たもので、もう一つは、九年六月に、薊州の民からの激流の為に隄岸が決壊しつつあるとの訴えをうけ、陳敬に官軍を派遣して修築するよう命じたものである。④は一例のみだが[49]、洪熙元年閏七月に、陳英が、山海の諸関口に神機営軍が配置されているが、これを京営の他の軍と交代させてほしいと奏請して裁可を得た。⑤も一例のみだが[50]、洪熙元年九月に陳英が上奏して、巡邏を命じた興州左屯衛の指揮同知黄勝が、難を畏れて命令に応じないとして処罰をもとめた。⑥・⑦は例がなく、⑧は一例ある[51]。洪熙元年一〇月、宣宗は京師に動員されている永平山海の軍士を原衛にもどすことにしたが、これに伴って陳英に勅して軍士を私役する軍官の取り締りを命じたものである。⑨はなく⑩は二例あるが[52]、いずれも陳敬が弾劾

されたもので、これについては後述する。
薊州永平山海は事例が少なく、総兵官の職務や権限について詳しく検討することができないが、民政等に関与することはなく軍務のみで、その数少ない事例の全ては①から⑨の枠内に納まるので、遼東と同じ傾向を示すとみてよかろう。同地では韃虜の侵入や出動の事例はみられず静謐であった。

〈宣府〉

表3に示したように各項を合せて四六例だが、①はなく②は七例ある。(53) 主なものを示すと、洪熙元年一一月に、宣宗が勅をもって譚広に対し和寧王阿魯台の動向を報じて守備を厳にするよう命じ、宣徳三年九月には、譚広より阿魯台の使者が貢馬の為に宣府に到着したことを上奏した。又、四年七月には、勅を下して、守神銃内臣の王冠が竜門で韃虜に殺害されたことについて譚広を叱責した。他の事例も韃虜の動向に関する報告や命令である。③は最も多く一一例ある。(54) やや煩雑だが宣府の特徴的な動きなので全例を示すと以下のようである。宣徳三年四月、譚広が野狐嶺と虞台嶺の煙墩の間隔がありすぎるので、中間に一ヶ所増設したいと奏請して宣宗の裁可をうけ、同年七月には、長雨によって宣府・懐安・懐来・永寧・万全左・右衛

表3　鎮守宣府総兵官

①	戦闘に関するもの	0
②	韃虜の動向、和寧王阿魯台の朝貢と対応	7
③	城堡の築造修理、煙墩等の増設	11
④	部隊の移動、屯堡への軍の配置、神銃配備	9
⑤	配下の武臣の不務厳謹・失機を告発	6
⑥	配下の武臣の人事	0
⑦	開中法の実施、糧草の確保、開平・独石への軍糧輸送	7
⑧	逃亡軍士等の取り扱い	0
⑨	馬匹の牧養、諸駅への馬匹供給	3
⑩	立壇致祭、寺観の建設	3
	（合計）	46

の城垣や墩台・橋梁が被害をうけたので、各衛の軍士を動員して修築したいと奏請して宣宗の承認を得た。四年一一月には、譚広に対して関隘・墩堡の整備に努めるよう勅が下された。又、同年一二月、長雨で損傷した城堡・墩隘の修築や濠の浚渫に軍士を増員したいと譚広が奏請したのに対し、宣宗は行在兵部に検討させた上で、緊急を要する場所や要害の工事を許可した。五年三月には、譚広が永寧県の北側に築城する必要があると述べ、工事には一万人が必要と算出して、順天府と関内の諸衛から五〇〇〇人の軍民を発して協力させてほしいと奏請したが、宣宗は築城の必要を認めながらも、耕種の時であるとして即時の裁可を留保した。同年四月に、譚広に勅して、陽武侯薛禄の指揮下で行われている赤城等の築造工事に宣府から軍士一万一二〇〇人を派遣するよう命じ、五月には、譚広の調査結果にもとづいて、懐安の西陽河より永寧の四海治山口までの間に三九堡を建て、各堡に五〇人ずつ配兵することが承認された。又、六年七月、譚広は副総兵方政の提案にもとづき、もとの竜門県に一衛を、李家荘に一所を建て、烟墩一五座を設置することを奏請して裁可を得、すぐに着工の命が下され、工事に当たる軍士の動員や完成後に配置される部隊も決定された。更に七年二月、譚広が爛柴溝等の堡の築造に当たっている万全の軍士を増発せんことを奏請して宣宗の承認を受けた。同年六月には、中断している保安前衛の築城工事の再開を奏請したが、宣宗は決裁を留保した。以上のように、宣府では城堡や墩台等の防禦施設の築造や修理が非常に活発に行われていた。防衛線の塞外からの後退に伴う防衛体制再構築の為の工事であろう。

④は九例あり、(55) ③の城堡修築の工事と並行して、軍の移動や配置変更も盛んに実施されていたことが窺える。まず軍の配備についてみると、洪熙元年七月、譚広に勅して万全左・右・保安右・懐来の四衛の守備を増強する為、同地から宣府に動員されている軍を帰還させるよう命じた。宣徳四年一二月に、譚広は独石・鵰鶚等で屯種している軍余を長安嶺以南に移すことを奏請したが、宣宗はこの時は再検討を命じた。続いて五年正月、譚広は、赤城の屯守の官

軍を、韃虜の劫掠を避ける為に、当面長安嶺以南に移して、春をまって城堡を修築し、守備軍を増強するよう奏請して宣宗の承認を得た。又、九年正月には、譚広が奏請して、独石の守備の為に蔚州衛の軍士を動員することをもとめ宣宗の承認を受けた。これらの軍の移動・配置に加えて、注目されるのが同方面への火器の増強である。四年一一月、譚広が、各衛の神銃手の半ばと馬隊を、西陽河から竜門口にかけての地域に集中配備することを奏請して宣宗の裁可を得た。又、五年三月に、譚広は縁辺の城堡に広く神銃を配置せんことを奏請したが、宣宗は慎重で許可しなかった。しかし、譚広は一一月にも縁辺の屯堡五四ヶ所に神銃一〇〇〇把・大砲三〇〇箇を配備するよう奏請し、宣宗はその半数だけ認めた。八年五月にも、譚広は独石への神銃手一五〇人・馬歩軍一五〇人の配置を奏請して宣宗の承認を得た。新しい防衛線の構築に当たって、譚広が火器の充実に熱心だった様子が窺える。[56]

⑤は六例ある。宣徳三年二月、譚広は、万全右衛の鎮守都指揮黄真が度々勝手に軍を用いて境外に出猟し、虜使を招いて私家で飲酒に耽っていると して逮捕せんことを奏請したが、宣宗は罪を記録して叱責するに止めた。又、四年七月、譚広は、指揮王林が煙墩守備の軍士を私役して出境し鹿を狩り、韃虜がこれに追随して侵入し、人畜を殺掠するに至ったことを告発したが、宣宗は王林を京師に械送させるとともに、譚広の号令不厳を叱責した。同年一〇月には、韃虜が侵入して人畜を殺掠したが、千戸蘇斌は防禦できず、譚広みずから軍を率いて追撃し、人畜を奪還したことを報告するとともに、蘇斌の失機の罪を告発し処罰を奏請した。宣宗は蘇斌に対し罰俸二ヶ月の措置をとるとともに、譚広の隄防不厳を叱責した。同年一一月にも、韃虜一〇〇余人が浩嶺駅の軍士を殺傷して家畜を劫掠し、譚広が懐来衛や開平衛に出動を命じたところ、懐来衛は出兵したが、開平衛の指揮方敏と保安衛の指揮同知王俊は出兵策応しなかったと告発し処罰を奏請した。宣宗は二人に立功贖罪させる措置をとった。六年二月にも、譚広は、万全都司都指揮黄真が「不厳督哨瞭」で韃虜の侵入をゆるし、軍士一人が殺害されたとして、黄真の処罰を奏請した。黄真は二度目の告発となり、宣宗は罰俸

五ヶ月に処した。同年六月には、譚広が、都指揮唐銘に対し開平に赴いて哨備に当たるよう命じたが、軍の動員に関して不手際があったとして治罪を奏請した。これに対して宣宗は罪を記録させるに止めた。譚広が処罰を奏請したのは都指揮二人・指揮三人・千戸一人となる。遼東の巫凱や薊州永平山海の陳英の場合と同様に、配下の武臣に対して指揮・命令権はもっているが、その過誤や不正については報告して処罰を要請するのみで、独自の処罰権は与えられていなかったことがわかる。

⑥は事例がなく⑦は七例ある。(57) 主なものを示すと、洪熙元年一一月、譚広が上奏し、開中法の実施に当たって、大同・天城では淮浙塩一引当たりの納糧額が三斗なのに、宣府では四斗とされているため、客商の至る者が少ないと述べ、淮浙塩で三斗、四川塩で二斗に減額することをもとめ宣宗の承認を得た。宣徳四年二月に至って譚広は再び減額をもとめた。譚広がいうには、先に納糧額を大同・天城・陽和と同額にすることを認められたが、現在大同では更に二斗五升に減額されたので、宣府に至る客商が再び少なくなったと述べ、大同と同額にするようもとめ、宣宗は戸部の議に付した。更に、六年五月にも譚広は軍糧不足を訴え、開平・独石の例の如く、雲南の安寧・黒塩井等の適用を認めるよう奏請して宣宗の承認を得た。当時、軍糧確保の為に開中法が盛んに行われたが、総兵官が実施の責任者だったことが分かる。このほか馬草の供給をもとめる奏請、二回に亙る開平への軍糧輸送の命令、屯田実施についての命令等がある。⑧はなく⑨は三例あるが、(58) 馬匹の牧養や諸衛・諸駅の馬匹の増給をもとめる奏請である。⑩は三例あり、(59) 一つは、譚広が宣府での立壇致祭を奏請し、一つは、万全都司に無祀鬼神壇を建てたことを記す。もう一つは、譚広が宣府で弥陀寺・朝玄観を建立し、官軍の家の幼童を入れて僧道になさんことを奏請したが、行在礼部尚書胡濙の旧制に非ずとの具申を受けた宣宗が却下したものである。このような事例は他の地域では見られないことで、譚広の個人的な思想によるものかもしれない。

以上のようにみてくると、宣府でも総兵官の職務は民政等には全く関与せず軍務のみであること、その軍務の範囲は遼東と比べると①から⑩の事例数に多寡はあるものの、基本的に遼東と同じであることが確認できる。その権限も遼東と同様で、配下の軍や武臣に対する指揮・命令権はあるが、武臣の処罰権はなく、衛城の築造のような大規模な工事は勿論、一烟墩の設置でも独断ではできず、奏請して帝の承認を得る必要があったことが確認できる。

宣府周辺の軍事情勢をみると、宣宗朝に入ってからの防衛線の後退と防禦体制の再構築にかかわる措置とみられるが、衛所の新設を含め城堡の築造・修理が非常に活発で、軍の移動や配置転換も盛んであった。宣宗が採用した専守防衛のための施設の整備が急ピッチで進められていたことが看取できる。韃虜の侵入は②で二例、⑤から四例が確認できるが、その規模は大きいものでも一〇〇人程度で損害も軽微であった。宣府正面も概ね平穏だったといえる。

表4　鎮守大同総兵官

①	韃虜の侵犯・戦闘	1
②	和寧王阿魯台の動向、韃虜の招諭、来帰した韃虜の処置	11
③	千戸所の修築、烽堠・煙墩・濠塹等の修築、軍士の房屋建造	8
④	部隊の移動・配置、神銃配備、焼荒実施	6
⑤	配下の武臣の失機・哨備不厳等を告発	2
⑥	配下の武臣の配置転換	4
⑦	開中法の実施、屯田子粒額の報告、糧草・皮裘等の確保、開平への軍糧輸送	7
⑧	飢窘の屯軍の賑救	1
⑨	馬匹の確保	1
⑩	代王の動向、王府の宮室修理、晋王府護衛の処理、寧夏王府軍の処理	5
	（合計）	46

〈大同〉

大同では宣徳九年二月に鄭亨が没した後、すぐには総兵官が任命されず、参将の都指揮曹倹が征西前将軍の印を佩び、鄭亨の職務を引き継いだ。曹倹は総兵官ではないが、将軍印を佩び、勅を以て鄭亨の職務の継承を命ぜられているので、表4には曹倹の事例も加えてある。①は一例のみで(60)、宣徳九年一二月、曹倹からの上奏で、韃虜が響水河・沙嶺に侵入し人畜を殺掠したのに対して、大同右衛副千戸梁智に命じて追撃させ、虜三人を殺したと報告したもので、宣宗はその功を賞した。大同も宣府と同様に韃虜の侵入は極く少ない。

②は一一例ある。(61) 洪熙元年一一月、宣宗は虜中より来帰した者から阿魯台が兀良哈を攻撃しようとしているとの情報を得て、鄭亨に厳戒を命じた。又、宣徳二年九月には、鄭亨が大同の西北に夜間しばしば烟火が望見されると上奏し、宣宗は鄭亨と鎮守山西都督李謙に厳戒を命じたが、同様の烟火望見の報告と警戒の命令は同年一〇月・四年正月にもあった。又、六年二月、鄭亨に勅して、虜中より帰附した者の情報として、阿魯台が瓦剌の脱歓との戦いに敗れて部衆が四散したことを伝え、その侵入を警戒するとともに、来帰する者があれば口糧を支給して受け入れるよう命じた。このような残虜の動向に対する警戒と、来降或いは帰順する者の招撫についての命令は、六年五月・一〇月・八年九月・九年正月・二月・三月にもみられる。明側が韃虜の動向に非常に敏感で、各種の情報を収集して対応に神経を使っていたことが窺える。

③は八例あるが、(62) 宣府の場合と同様、大同の特徴的な動きなので全例を示す。まず洪熙元年閏七月、鄭亨が雨で壊れた三山・猫児荘・鴉児崖の烽堠の修築を奏請して裁可を得、九月には三山等の煙墩一四座の修築と濠塹九四里の浚渫が完了したことを報告した。この間の八月には、応州・渾源の修築が終ったことを報告している。宣徳五年正月には、鄭亨が爛柴溝等の一五処は木柵のみで城堡がなく、しかも腐壊しているので、軍士を動員して三月から修築にかかりたいと奏請し、翌二月にも懐来衛の西陽河口と天城衛の長勝墩等に烟墩を築造したいと奏請して、ともに宣宗の承認を得た。七年二月、鄭亨の奏請によって、大同縁辺の屯堡に軍士の房舎が建設され、五月には、鄭亨が、山陰・馬邑の二県城が久廃していて、辺警のある度に官民は家族を携えて避難しなければならないと述べ、二城を修築し各々に千戸所を置くことを奏請して宣宗の裁可を得た。更に聚鸞・高山口に二衛を置くことを要請したが、これは却

下された。八年閏八月には、大同北方の鵶児崖・猫児荘の間に二堡を添設せんことを奏請して裁可を受けた。大同でも宣府と同じく、新防衛線の構築のための防禦施設の整備が非常に活発だったことが分かる。同時に、総兵官はたとえ一烟墩の設置であっても、その都度奏請して帝の命を待たなければならなかったことが看取される。④は六例ある。(63)まず、山西都司から大同に動員されている兵力について、洪熙元年九月、鄭亨は、軍士一万三〇〇〇人のうち五〇〇〇人を大同に留めて、余は帰還させるよう命を受けたが、今韃虜が沙窩以南の地に屯しており、厳戒の要があると述べ、姑く帰還を中止するよう奏請して宣宗の裁可を得た。しかし、七年一二月には、鄭亨は、山西都司管下の諸衛からの大同への動員兵力が、度重なる帰還命令によって二〇〇〇余人のみとなってしまったと述べ、兵力不足なので裏腹の二衛から派遣してもらいたいと奏請したが宣宗はこれを却下した。又、配備されている神銃の運用について、四年八月に行在兵部が上奏して、現在大同各衛の神銃手を統一的に指揮する者がないので、総兵官に命じて各衛の銃数を調査するとともに、指揮する者を選任させるようもとめ、宣宗は鄭亨にその実施を命じた。翌九月、鄭亨は蔚州等の衛から大同に動員されている神銃手が、原衛で月糧を、大同では行糧を支給されて二重の支給となっているので、家族を大同に同伴させて行糧を省くことを奏請して裁可を得た。大同でも宣府と同様に火器が重視され、その充実が図られていたことが分かる。更に軍の運用について、鄭亨は宣徳元年三月、五〇〇〇人の部隊を一二五〇人ずつの四班に分け、二~九月の間は衣装を整える為に、各班を二ヶ月ずつ原衛に帰し、一〇~一月は韃虜の出没に備えて全軍配置としたいと奏請して宣宗の承認を得た。このほか、勅を以て鄭亨らに枯れ草を焼き払う出塞焼荒を命じた例もある。このように見てくると総兵官は軍の動員・配置・運用について独断で行う権限はなく、全て上奏して帝の承認を得る必要があったことが確認できる。

⑤は二例あるが、(64)一つは、宣徳八年七月、韃虜が鵶児崖に侵入して、千戸ら五人を殺し官馬九〇余匹を奪った事件

について、鄭亨が哨備の都指揮僉事張淮・指揮蔡麟の怠慢失機を告発し、処罰を奏請したものである。宣宗は張淮・蔡麟を戴罪官に充てて哨備に従事させるとともに、「主将、平昔姑息にして、紀律厳ならざるの致す所なり」として鄭亨を叱責した。もう一つは、曹倹が鄭亨に代ってからのことだが、九年八月、東路の巡哨に当たっていた山西都司の署都指揮僉事史直・千戸周弘・百戸曹旺・陳端が哨備不厳で、その結果、韃虜が楡林荘・陽和口に侵入して牛馬を搶掠したとして処罰を奏請したものである。宣宗は史直らの罪を記録させるとともに為事官に充てた。都指揮僉事・署都指揮僉事・指揮・千戸各一人、百戸二人が告発されたわけだが、やはり総兵官に配下の武臣の処罰権はなく、奏請して治罪を請うのみだったことは他の地域と同様である。⑥は四例あるが[65]、そのうち三件は一連のものである。洪熙元年一〇月、鄭亨は、鎮守蔚州の都指揮羅文が京師に召還されて京営の訓練を担当しているが、羅文は辺務に練達しているので蔚州に戻してほしいと奏請し、宣宗は「辺将を委用するは尤も急と為す。其れ文をして馳駅して蔚州に往守せしめよ」と述べて蔚州に帰任させた。宣徳元年一二月には、羅文は鄭亨の奏請によって「山西行都司の印を掌り、仍りて兵を領して大同において備禦せしむ」との任務に充てられた。更に三年五月、鄭亨が上奏して、現在大同に在る武臣の中で山西行都司都指揮盛全・張銑・王能は老病で、都指揮曹倹は開平への軍糧輸送に当たっており、守備の任に当たるべき者は都指揮羅文のみだが、近頃羅文は事に坐して逮捕され都察院に赴くことになった、もし警急の事が有れば対応できないと述べ、その留任を要請した。これをうけた宣宗は「辺務重しと為す。且つ文の事は虚実いまだ知るべからず。況んや又旧例有るをや。姑く止めて逮《とら》えることなかれ」として留任を認めた。この間の扱いをみると、鄭亨は羅文を高く評価していたようである。又、九年一二月に曹倹が上奏して、大同右・雲川・玉林・朔州四衛の軍を都指揮僉事劉儼に、天城・鎮虜・陽和・高山の四衛の軍を都指揮僉事鄧英に指揮させることをもとめ宣宗の承認を得た。これらの例からもわかるように、その意見は充分尊重されたが、総兵官は配下の武臣の配置転換は独自にはできず、人事の決定権は帝が掌握していた。

⑦は七例ある。(66)主なものを示すと、まず洪熙元年六月に、鄭亨が前年の屯田子粒額を報告した。又、二年八月には、開中法の実施に当たって、淮・浙塩一引当たりの納米額が三斗にされてから久しく、客商の至る者が少なくなったと述べて納米額の軽減をもとめ、宣宗の承認を得た。これらから総兵官が屯田の運営や開中法の実施に責任をもっていたことが窺える。一方、二年正月に、鄭亨は、大同の歳用の糧草は山西布政司からの輸納に頼っているが、永楽二一年以来逋欠が多いと述べ、山西布政司・按察司の堂上官各一人をその専任とし、巡按御史に監視させて、期限内の納入を図ってほしいと奏請し、これをうけた宣宗は行在戸部に諮ったうえで、一〇月末を納期とし遅れた府州県官は処罰することとした。ここから総兵官は民運糧には関与できなかったことが分かる。このほか、烟墩七六ヶ所の旗軍への皮袄をもとめたもの一件、開平・長安嶺への軍糧輸送に関するものが三件ある。この中で四年二月、鄭亨が、開平への輸送に大同の軍一万余人を動員しているので、兵力が不足していると述べ、民夫を撥して輸送させ、内地の衛所軍を護衛に充てるよう奏請して宣宗の承認を得た。つまり、総兵官は屯田や開中法には関与するが民運には関与できず、独自に民夫を調撥することもできなかったことが看取できる。⑧は一例のみで、(67)宣徳八年は天候不順で大同諸衛の麦の収穫がなく、老少が飢窘に陥っていると訴えて賑済をもとめたもので、⑨の一例は、(68)陽和の馬匹が草糧不足で痩死するものが多いとして、牧養について提案したものである。⑩は五例あるが、(69)全て晋王府や代王府の動向や革去された護衛軍の処理についての命令と報告である。総兵官と王府の関係については後述する。

以上大同の総兵官について検討した。例数に多寡があるが①から⑩の枠内に納まり、その職務の範囲や権限は遼東や宣府と同じだったといえる。ただ、配下の武臣の配置について、朝廷の措置に異議をとなえ、命令を撤回させた例がみられる。これは鄭亨の個人的な声望によるものかもしれない。同地の軍事的な情勢については、韃虜の侵犯は①と

表5　鎮守寧夏総兵官

①	韃虜の侵犯・戦闘	1
②	韃虜の動向と対応、韃虜の帰附	3
③	霊州千戸所の移転、黒山嘴の馬営移転	3
④	部隊の移動・配置	0
⑤	配下の武臣の告発	0
⑥	配下の武臣の人事	0
⑦	開中法の実施、糧餉確保の為に罪囚の納米贖罪を要請	3
⑧	逃亡軍士等の取り扱い	0
⑨	馬匹の確保	1
⑩	配下の武臣に弾劾さる、嘉禾を進上	4
	（合計）	15

⑤で三例確認できるが、その規模は極く小さく損害も軽微で概して平穏だったといえる。しかし、韃虜の動向には非常に敏感で、宣府と同様に防禦施設の整備が急ピッチで進められ、軍の移動や配備も活発であった。

〈寧夏〉

宣徳七年三月、史昭が総兵官に任命された時の勅には

茲に命じて往きて寧夏に鎮し、城池を整飾し、軍馬を操練せしむ。凡そ事は可否を審度して行い、すべからく昼夜心を尽して守備し、辺境をして寧謐ならしめ、軍士をして所を得しむれば、朝廷の委任に副《そ》うに庶《ちか》からん。

とあり、(70)その任務を指示しているが、文言は簡略かつ抽象的で必ずしも具体的なことは明らかでない。そこで表5の内容をみると、①は一例のみで、(71)宣徳九年一〇月、史昭が上奏して、韃虜が辺を犯したが指揮王勇・海貴に命じて追撃させ、虜の男婦四〇人を生擒したことを報じたものである。②は三例あり、(72)一つは、八年九月に史昭に勅して、降虜からの和寧王阿魯台の部属咎卜が辺を犯そうとしているとの情報を伝え、厳戒を命じたものである。他の二つは、九年正月に史昭が上奏し、韃靼の也先帖木児らの帰附を報じたが、宣宗は偽降なることを疑い、史昭に勅して警戒を命じたものと、同月、史昭が也先帖木児らを京師に送るとともに、韃虜一〇〇〇余人が黄河の辺に駐していること、

咎卜の余党が涼州に寇しようとしていることを報告したのに対し、宣宗が厳戒を命じたものである。③は三例あり[73]、宣徳二年一一月、陳懋が上奏し、霊州千戸所は黄河に近く、河水が衝激して城垣崩壊の恐れがあると述べ、城東の高地への移転を請い、これに対して宣宗は工部に命じて視察させるとともに、移すべきなら来春着工するよう指示した。これは実施されたとみえ、三年二月には同千戸所の移設完了の報告が確認できる。又、八年七月には、史昭が、黒山嘴に馬営を置いて哨戒に当たらせていたが、黄河の水流の為に没してしまったと述べて、附近の地に改めて設置したいと奏請し宣宗の承認を得た。④・⑤・⑥は事例がなく⑦が三例ある[74]。宣徳二年八月、陳懋が上奏して、寧夏での開中法の実施に当たり、霊州で支塩し平涼・慶陽で鬻売させてきたが、行塩地が狭く商旅の至る者が少ないと述べ、暫く陝西・山西で鬻売することを認めてほしいと要請して宣宗の裁可を得た。また同年一二月、陳懋は、軍士の糧餉は陝西からの民運に頼っているが、道途険難で常に不足していると述べ、河南・山西の罪囚に寧夏への納米贖罪を実施してほしいと奏請し、宣宗の承認を得た。陳懋は五年九月にも、陝西の罪囚についても同様の要請をしている。⑧はなく⑨は一例のみだが[75]、宣徳五年九月、陳懋が馬匹不足を訴え、行太僕寺・御馬監から供給することになったものである。⑩は四例あるが[76]、二例は史昭が嘉禾を進上したもので、他の例は、宣徳六年二月に、陳懋が寧夏左屯衛の指揮張泰にその不正を告発され、宣宗が陳懋に自陳を命じたものと、七年一一月に、史昭が軍士を杖殺したことを告発する者が有り、宣宗が史昭に叱責を加えたものである。寧夏は事例が少なく総兵官の職務・権限を明らかにすることは難しい。しかし、事例の殆どは①から⑨に該当するものであり、その職務・権限は他の地域と同じだったとみて大過あるまい。ここでも総兵官は軍糧調達の為の開中法の実施に当たって主たる役割を果しているが、民運には関与できなかったことが確認できる。韃虜の入犯は一件のみであり、宣府・大同のような城堡の築造・移転等の活発さはない。全体として寧夏の正面は概ね平穏だったといえる。

表6　鎮守甘粛総兵官

①	韃虜・番民との戦闘・討伐	9
②	瓦剌順寧王脱歓・和寧王阿魯台の動向、韃虜の来帰者への対応、番民の招撫、外番の使者への対応	10
③	城堡の築造、駅站の移設	2
④	部隊の配置転換、煙墩への守備兵増派	3
⑤	配下の武臣の逃帰・守備不厳を告発	5
⑥	配下の武臣の配置変更、武臣の陞賞調査	2
⑦	屯田の耕種	2
⑧	沙州衛の饑軍への給糧	2
⑨	馬匹の補給	1
⑩	その他	0
	（合計）	36

〈甘粛〉

表6をみると①は他の地域に比べて多く九例ある。[77] 時期をおってみてみると、宣徳二年正月、宣宗は、馬を進貢しようとした外番の使者を二度にわたって殺掠した沙州衛の達賊に対し、出兵捕獲するよう費瓛に命じた。又、七年四月には、劉広が一旦帰順した韃虜の脱脱不花ら二四戸がまた叛したと述べ、出兵して討伐したいと奏請したが、宣宗は徒らに軍を労するのみであるとして、固守を旨とするよう命じ、この時は出兵を認めなかった。八年正月、劉広が、虜中より来帰した者の情報として、和寧王阿魯台の部属答卜が涼州に侵入しようとしていると述べ、先制して出兵討伐したいと奏請し宣宗もこれを裁可した。同年閏八月には、劉広が、涼州柔遠駅で差遣の使者を劫掠した西寧衛の沙族著児加阿哥ら二〇余人を追捕し斬獲したことを報告した。九月、答卜らが入寇したのに対し、劉広が指揮李栄らに命じて撃退して、八〇余人を斬り三〇余人を獲えさせたことを報告すると、宣宗は勅を発して功を嘉し、一二月に李栄を都指揮に陞進させるとともに、軍士に至るまで鈔・綿布を賞賜した。同年一〇月には、劉広に対し差遣の中官を劫殺した罕東衛の番寇剳児加を出兵捕獲するよう命じ、翌九年七月に至って、劉広は剳児加らが罪に伏したことを報告した。九年一〇月には、劉広が、涼州雑木口を掠した韃虜朶児只伯らに対して、自ら軍を率いて追撃し、八人を斬り馬駝四〇匹を獲たことを上奏したが、宣宗は劉広が小功を奏するのみで守備不厳であると

して叱責を加えた。宣府・大同・寧夏等の平穏さに比べると、甘粛は遼東とともに虜・番との戦闘の例が多い。しかし、規模が大きいとみられるのは咎卜らの侵入のみで、これとても斬獲一〇〇余人の事件だった。②は最も多く一〇例ある。(78) まず韃虜の動向についての記事をみると、宣徳七年正月、劉広に勅し、瓦剌の順寧王脱歓が使者を遣わして入貢してきたが「虜情多詐」であるとして厳戒を命じ、九年八月にも劉広に勅して、降虜からの情報として、和寧王阿魯台が没し、後継者の阿台が涼州境外に逃避しようとしていることを告げ警戒を命じた。同年一〇月には、劉広から、捕獲した虜から得た情報として、二月に瓦剌の脱脱不花が阿魯台の部属を攻撃し、七月には阿魯台を襲殺してその部属が潰散したことを報告し、これに対し宣宗は厳戒を命じた。朝廷・現地ともに、韃虜の動向に非常に敏感で、種々の情報を得て、宣宗からの命令や劉広からの報告が活発だったことが窺える。次に来帰者の扱いや招撫に関する記事をみると、七年二月、劉広が、赤金蒙古衛の韃人祖失加卜ら三四人が、馬駝牛五六〇余匹を携えて来帰してきたことを報じ、その取り扱いについて指示を仰いだのに対して、宣宗は涼州で適地を選び居住させるよう命じた。更に同月には、劉広が勅を奉じて西番阿吉族の帰附してきた七〇〇余帳を招撫して、野馬川の地に居住させたことを報告した。九年七月、劉広が上奏し、来帰した劄買ら二人の取り扱いについて指示を仰ぎ、宣宗は誠実な待遇を命じた。又、同年一二月には、劉広が、朶児只伯が三〇〇〇人の部衆を率いて、涼州の近くに駐して帰順をもとめているが、詭詐を警戒して厳戒体制をとっていると上奏し、宣宗も「虜言不可信」として更に厳戒を命じた。虜・番を警戒しつつも、その招撫・帰順に熱心だった姿勢をみることができる。虜・番からの使者の取り扱いについてみると、七年六月、劉広に勅して、外番からの入貢の者が当方の防備体制を窺うことがないように、勝手に附近を往来させないよう命じた。八年九月には、劉広が上奏して、瓦剌の脱歓の使者がこれまでは道路が通ぜず朝貢できなかったが、今道路が通じたので今後は朝貢できると述べていると報告したが、宣宗は信ずるに足らずとして守備を更に厳重にするよう命じた。また九年八月には、劉広に勅して、外夷の使者が帰還する時に中国の人を連れ去ったり、幼童を買って出境することがないよう警戒を命じた。このような例が多かったのであろう。甘粛では虜・番の使者の往来が盛んで、それらへの対応も総兵官の重要な職務だったことが窺える。

③は二例で、[79] 一つは、宣徳六年一二月、沙州衛都督困即来からの罕東の西番族の侵入を防ぐ為に築城したいという要請を劉広が上奏したが、宣宗はこの年の収穫が十分でなかったことを理由に要請を認めず、築城は豊年をまって議するよう命じた。又一つは、八年三月、巡撫侍郎羅汝敬が提案した陝西の黒松・林岔口・真景・水泉児の四駅の移設と鎮羌・水磨川・南大通三駅の革去について、劉広に命じて調査検討させたものだが、劉広はその適切なことを上奏し宣宗の裁可を得た。甘粛における城堡等の築造に関するものはこの二例のみで、宣府や大同のように活発だったわけではない。④は三例あり、[80] まず宣徳三年一一月、劉広に対し、陝西行都司の属衛から軍士一〇〇〇人を選抜して、太監王安の指揮下に入れ、翌年二月一五日までに上京させるよう命じた。又、六年一〇月、従来、荘浪衛の土官韃軍を更番で甘州に動員していたのが停止された。劉広が従来通りの動員を奏請したが、宣宗は警急の時に動員すればよいとして要請を却下した。八年正月には、劉広が上奏して、陝西・甘州諸衛の烟墩四三〇余ヶ所の哨備の兵力が不足していると述べ、甘州左等の一一衛から屯軍三六〇〇人を動員して配置することを要請し宣宗の承認を得た。このようにみてくると、甘粛では宣府や大同のような活発な兵力の移動・配備の動きはなかったことがわかる。⑤は五例ある。[81] まず宣徳三年一二月、劉広が永昌衛の指揮梅英・荘浪衛の指揮方柔の守護不厳を告発し、宣宗はその罪を記録し番寇の巡捕に専従させる措置をとった。四年一二月には、漢中衛の千戸陳庸・陝西管操都指揮趙恭が、所部の贓物を受け、或いは軍士を私役する等の不法があったとして告発し、その治罪を奏請した。宣宗は巡按御史・陝西按察司に取り調べを命じた。又、六年九月、劉広が秦州衛の指揮于諒を甘州に派遣したが、最初は蘭県から逃帰し、今回また

荘浪から逃げ帰ったと告発し、宣宗は都察院に逮捕を命じた。七年九月には、鎮守粛州都督王貴から、哨探に派遣した軍士が寒水石口で殺害されたが、これは赤斤蒙古衛の都指揮且旺失加の部属の犯行ではないか、また守備の指揮許昺は警邏不厳であるとの告発があり、宣宗は劉広と鎮守内臣王安に取り調べを命じた。同月、劉広が上奏して、韃虜が蘭州衛境に侵入して馬匹を掠奪し、永昌衛の二駅で人馬を劫掠したことを報告するとともに、指揮馬驥・千戸阮徵の巡捕不厳を告発し治罪を要請した。宣宗は馬驥らの逮捕処罰を命ずると同時に劉広を叱責した。劉広が治罪を奏請したのは都指揮一人・指揮四人・千戸二人の七人だが、軍事行動上の過誤のみでなく、受贓や軍士の私役等の日常的な不法をも告発していることが注目される。⑥は二例あるが[82]、一つは、宣徳二年二月、費瓛が上奏して、陝西行都司都指揮僉事包勝・厳粛は「備辺年久、歴事老成」であると述べ、包勝を掌涼州衛（事）に、厳粛を掌粛州衛（事）に任ずることを要請して宣宗の承認を得たものである。もう一つは、七年八月に劉広が上奏し、陝西行都司の都指揮呉升は病で任に耐えず、外の武臣も老疾或いは管屯や防辺の任についていて、本司を管理する者がないが、掌河州衛事の都指揮僉事劉永が勤慎なので、行都司の責任者に当ててほしいと要請して宣宗の承認を得たものである。劉広の奏請について、宣宗は行在兵部侍郎王驥に「閫外の事は人を得るに在り。朕、辺務を以て広に委ぬ。凡そ用いる所は、其の自ら択ぶを聴《ゆる》す。朕は功を成すを観るのみなり。所言悉く之に従う」と述べ、劉永に掌陝西行都司事を命じた。総兵官は武臣の配置転換等の人事権はなく、事前に奏請して裁可を得なければならないが、費瓛・劉広の奏請はどちらも裁可されており、その意見は尊重されていたといえる。⑦は二例あるが[83]、一つには、洪熙元年一二月に費瓛が上奏し、涼州の土達軍を京師に派遣した後、その田土を河南・山西の軍士に耕種させてきたが、同軍が原衛に帰還することになったので、甘粛の官軍を耕種に当てたいと要請して宣宗の承認を得た。他の一つは、宣徳四年一二月に劉広が上奏し、甘粛では外夷の使臣や朝使の往来が頻繁で、これに糧餉を給しているが、その負担が大きいので支給は一ヶ月分のみとし、それ以上の分は陜西布政司から布絹を折給してもらいたいこと、糧餉を確保する為に、陜西行都司から甘州に動員されている軍士五〇〇〇人を下屯耕種させることを要請して、宣宗の承認を得たものである。甘粛では使臣の往来が盛んで、彼らに対する給糧も総兵官の職務だったことがわかる。⑧も二例あるが[84]、宣徳二年二月・七年二月の両次にわたり、費瓛・劉広に命じて饑餓にみまわれた沙州衛に賑済させたものである。⑨は一例のみで[85]、劉広が馬匹不足を訴え、陜西・甘粛の二苑馬寺と甘州で購入した馬匹から一六〇〇余匹を供給してもらいたいと要請して裁可を得た。⑩の事例はない。表示の各項の例数に多寡はあるが、甘粛の総兵官の職務や権限も、基本的に他の地域と同じだったということができる。西北の出入口なので虜・番や朝廷の使者の往来が頻繁で、その応接に関する事例が多いのが特徴である。甘粛の軍事情勢をみると虜や番との戦闘が①の九件と⑤で確認できる一件の一〇件あり、東端の遼東と並んで多くなっている。しかし、その規模は小さく甘粛の正面もまた既ね平穏だったといえる。宣府や大同のような活発な城堡等の築造工事はみられない。

以上のように遼東・薊州永平山海・宣府・大同・寧夏・甘粛と北辺に配置された鎮守総兵官の職務と権限について検討してきた。その結果、確認できたのは次のようなことである。当初、地域によって異なるのではないかと予想したのだが、東は遼東から西は甘粛に至るまで、その職務の範囲や権限に地域による差違は基本的に認められなかった。又、掛印総兵官と非掛印総兵官の相違もない。総兵官には勲臣と流官の都督・都督同知・都督僉事が任命されたが、その身分による差違もない。更には、在任は概して長期に亙るが、在任期間の長短による差違も認められない。それはこれらの諸条件よりも総兵官という職に付与された職務と権限が明確に定められていたということを示している。職務の範囲についてみると、民政等への関与は全くなく、全て軍務のみであることが一番の特徴といえよう。そこでは戦闘の指揮、韃虜や番族の動向の監視と対応、城堡・墩台等の築造や修理、部隊の配置や移動、配下の武臣の統制、武臣の配置や移動、屯田の管理や開中法の実施、軍士の管理、馬匹の確保等の広い範囲に及ぶ。その権限については、虜・番の侵入に当たっての咄嗟の出動・戦闘は独断で実施している。しかし、配下の武臣に過失や不正があった場合、上奏して処罰を請うのみで独自の処罰権はない。また配下の武臣の配置の決定等の人事権もない。軍の動員や移動・配備についても全て奏請して帝の承認を得なければならない。城堡や墩台の築造修理も独断で行う権限はなく、奏請して帝の命を待たなくてはならない。軍糧の調達に当たっては、屯田と開中法の実施には関わるが、民運には関与できない。以上のことは最初に遼東の項で確認したが、それは北辺の鎮守総兵官全てに共通するものであった。その権限は二重三重に箍がはめられており、軍の統帥の中核ともいうべき処罰権・人事権・大規模な動員権等は附与されておらず、非常に制限されたものであったといえる。総兵官には軍に対する所謂生殺与奪の権は与えられておらず、軍事上の決定権は、大は衛所の設置や軍の動員配置から、小は一烟墩の設置に至るまで、巨細によらず全て皇帝に集中していた。当時の軍事態勢の特徴を示すものといえよう。

また総兵官の報告から北辺一帯の軍事情勢を窺うと、韃虜や番族の侵犯は全体として多くはなく、遼東と甘粛でやや目立つが、その規模は大きくても一〇〇人程度で損害も軽微であった。一方、宣府・大同では城堡の築造修理が活発で、宣府で一一例、大同で九例あり、神銃の配備や軍の移動の事例も多く、防衛線の後退に伴う施設の整備が急ピッチで進められていたことが分かる。成祖のモンゴル親征の記憶が生々しいうえに、宣宗自身も自ら軍を率いて巡辺を重ね韃虜を威圧した効果もあったためか、宣宗朝を通じて北辺は概ね平穏で静謐だったということができる。

以上のような職務や権限は南辺の総兵官ではどのようだったろうか。次に四川・雲南・貴州・広西の鎮守総兵官についてみてみよう。

（三）　南辺の総兵官

〈四川〉

四川は都督陳懐・都督僉事方政・都督同知蔣貴が相い継いで総兵官に就任し、他に比べて頻繁に交代した地域だが、表7のように①・②の少数民族との戦闘や招撫に関する事例が全体の半数近くを占める。①は一〇例あり、(86)まず松潘衛に関わるものからみてゆくと以下のようである。宣徳二年七月、宣宗は陳懐に勅を下し、陳懐を総兵官、都督僉事劉昭を副総兵、都指揮同知趙安を左参将、都指揮僉事蔣貴を右参将に充て、慶王府・粛王府の護衛から各一〇〇〇人、富平王の三〇〇人、陝西都司・陝西行都司から各八〇〇〇人、寧夏諸衛から二〇〇〇人の、合せて二万余の軍を以って洮州から南下して松潘に進攻し、一方、都指揮僉事韓整が四川・貴州の両都司と成都護衛の軍を率いて北上して、陳懐と会同して討伐に当たることを命じた。北上軍の兵力が分からないが、全体として数万の軍を動員しての大規模な作戦であった。しかし、松潘の地はこれで安定することはなく、五年閏一二月にも、松潘衛軍民指揮司から、蠟匝の諸族が蜂起して居民を劫掠し、軍士を殺傷しているとの上奏があり、宣宗は陳懐と四川三司に討伐を命じた。更に六年三月、陳懐が上奏して、松潘の北定簇長官司より、蠟匝の生番が劫掠を重ね、招撫にも応じないとの報告を受けたと述べ、出兵討伐を請うた。宣宗は、再度招撫を試み、それでも帰順しなければ討伐するよう命じた。又、陳懐と四川都指揮邢安が上奏し、松潘北定簇長官司の諸族と東路の諸寨の賊が聚衆して、軍民を殺傷していると報告し、宣宗はこれに対する討伐の実施を命じた。命を受けた陳懐は自ら軍を率いて進攻するとともに、邢安に二〇〇〇人、都指揮趙得に一〇〇〇人を指揮して呼応させ、六年一〇月に至って平定を報告した。宣徳九年に入っても松潘は安定せず、方政に命じて榜諭させたが任昌・巴諸・黒虎等の諸寨の番・蛮は帰服しなかった。結局、方政が官軍・土兵三五〇〇人を、副総兵都督僉事蔣貴が四〇〇〇人を率いて進攻し、同年一〇月に至って、竜渓等の三七寨を破って斬首一七〇〇余の戦果を得たことを報告した。宣宗は方政・蔣貴の功を賞して共に都督同知に陞進させた。宣宗朝を通じて松潘では激しい戦闘が続いていたことが看取される。

不穏な形勢は松潘のみではなかった。五年閏一二月、陳懐が上奏し、嘉定州犍為県宣化駅の強賊が劫掠を重ね、出兵討伐したが深山に逃げ込み抵抗を続けていると報告し、帝は陳懐に勅を下して即時討伐を命じた。又、六年二月には、叙州府南渓・富順・犍為等の諸県の強賊が白昼軍民を劫掠し、陳懐が官軍を出動させて勦捕しようとしたが、却って殺傷される事件が起り、宣宗は陳懐に勅を下して叱責するとともに、即時討伐するよう命じた。更に同年五月、陳懐が上奏して、重慶府の永川で殺人劫掠を重ねて擒えられた賊の男・婦九〇人の処決をもとめ、宣宗は陳懐に対し、巡按御史・三司と更に取り調べて、冤罪の者がなければ処刑するよう命じた。同年八月には、行在兵部尚書許廓が上奏し、成都府雑穀安撫司の土官が、魯思麻寨首を謀殺して叛旗を翻したことを報告し、これを受けた宣宗は陳懐にその討伐を命じた。七年二月にも、播州の草塘安撫司所属の穀撒等四一寨の蛮長の箇常徒が二〇〇〇余人の衆を聚めて乱を起し、宣宗は陳懐に勅を下して軍を発して討伐するよう命じた。このように四川では北辺の静謐

表7　鎮守四川総兵官

①	松潘地方の生番や土官の討伐・戦闘	10
②	松潘地方の生番や土官の動向と対応・招撫	4
③	松潘衛における千戸所の増設、威州の治所変更	2
④	陝西よりの軍の動員、松潘の関堡への軍配置	3
⑤	配下の武臣の失機を告発	1
⑥	配下の武臣の配置、戦功報告、推挙	4
⑦	屯軍への耕牛供給、開中法の実施	2
⑧	逃亡軍士等の取り扱い	0
⑨	軍馬の供給	1
⑩	蜀王府の動向報告、医学所の開設、御史による弾劾	4
	（合計）	31

さとは対照的に、少数民族との激しい戦闘が続いており、総兵官は松潘を中心とした大規模な討伐・戦闘に寧日ないありさまだった。

②は四例あるが(87)①と関連する内容である。前述のように、二年七月に陳懐麾下の軍を南北から松潘地方に進攻させたが、三年正月に至って、陳懐は抵抗する番・蛮を平定し、残りを招撫して復業させたと報告した。これに対し、宣宗は陳懐に勅を下して、帰順者をよく撫綏するとともに、撤兵を急がず各所に十分な兵力を配置して守備をかためるよう命じた。更に同年四月、陳懐が上奏し、松潘の叛蛮で招撫に応じ復業した者が一万二二六九戸、俘獲の男婦は二二六一人で、掠奪されていた印信・兵器・駅馬・屯牛を取り戻したことを報告し、宣宗は行在兵部に陳懐以下の武臣・軍士に対する陞賞を命じた。また、七年二月に草塘安撫司の蛮長箇常徒の討伐を命じたことは述べたが、四月になって、陳懐が平定を終え招撫復業させたことを報告し、宣宗は官司に撫恤を命じた。方政が総兵官に就任してからだが、九年一〇月に便宜四事を上奏し、まだ帰服しない生番に対し使者を遣わして招撫することを要請し、宣宗の承認を得た。

③は二例ある。(88)一つは、威州の州治が松潘の蛮寇に焼かれたが、三年六月に、陳懐が、州治は千戸所から一〇余里離れているので、緊急の際に官軍が救援することができないとして、州治を千戸所の対岸の保子関に移すことを奏請した結果、宣宗の裁可を得て移設したものである。(89)もう一つは、四年正月、松潘衛の指揮呉瑋が、松潘衛は管下に三つの千戸所、茂州衛は二つの千戸所しかないので、増兵の必要があると提案したのを受けて、宣宗は陳懐に調査報告を命じ、陳懐がその便なることを上奏したものである。その結果、松潘衛に前千戸所を増設して、利州衛前千戸所の軍を移してこれに配置し、更に小河千戸所を設けて、ここに成都前衛の後千戸所の軍を配置するとともに、渓子・葉棠・松林・三路口の四站を設けて、各々軍士二〇〇人と馬匹を配置することになった。④は三例ある。(90)宣徳四年一〇

月、行在錦衣衛の指揮僉事何敏が上奏し、松潘の関堡に配置されている軍士は家族も同居しており、番人と往来交易する一方、漢語に通じた番人を募って守堡させていると述べ、寧夏の官軍を動員して更替させることを提案した。宣宗はこの件を陳懐に検討させ、その報告を受けた結果、提案の実施を命じた。又、六年五月に、巡按四川監察御史王翺が、陳懐が陝西から呼び寄せた西安等の衛の官軍二六〇人は、四川と原衛の両方で月糧を支給されているうえに、差遣もなく四川城中で遊惰に過していると報告し、これを受けた宣宗は陳懐に勅して原衛に還すことを命じた。八年五月には、陳懐が、番・蛮に備える為に陝西から官軍を動員し、四川で給糧することを奏請したが、宣宗はこれを認めず、有事の際には四川行都司・貴州都司・播州宣慰司の軍を用いるよう命じた。北辺と同様に、四川でも総兵官は軍の大規模な動員や配置を独自に行うことはできず、全て帝の命によらなければならなかったのである。⑤は一例のみで、(91) 陳懐が、四川都指揮宮聚・趙諒・邢安に叛蛮に対する夜襲を命じたが失敗したとして、処罰を奏請したものである。まもなく陳懐自身が逮捕召還されて総兵官が欠員となったので、八年八月、宣宗は参将の都指揮蔣貴と巡按御史に調べさせたうえで、邢安を獄に下し、宮聚・趙諒は宥した。北辺と異なり激しい戦闘が続く四川でも、やはり総兵官に配下の武臣の処罰権はなく罪を告発するのみだったことが分かる。⑥は四例ある。(92) まず宣徳三年正月、陳懐が、威州・茂州・松潘・疊渓は要衝なので、各々都指揮・指揮を配置して守備させるよう奏請した。このとき松潘には指揮呉瑋が、疊渓には成都中護衛の指揮僉事郭靖が在ったので、新たに掌茂州衛事に通州衛の指揮僉事夏春を、掌威州守禦千戸所事に隆慶左衛の指揮僉事呉迪を任命して、急ぎ赴任させる措置がとられた。又、四年三月には罷閑の青州守禦千戸所百戸倪譲を復職させた。これは松潘の番寇が青州城を攻めたとき倪譲が奮戦したので、陳懐が「譲は躯幹勇壮にして、敵に遇いて怯えず」と上奏したのを宣宗が認めた結果である。八年一二月、罪があって赤城に調されていた都指揮僉事万貴が松潘に帰任した。方政がその有能なるをいい、前任地に復させることを奏請した為である。前述のように、九年一〇月には方政が便宜四事を上奏したが、その中で掌茂州衛事の指揮夏春が没したが、威州守禦副千戸魯明が有能なのでその後任に充て、現在の掌威州守禦千戸所事呉迪は、もとの隆慶左衛に戻すことを請い、宣宗の承認を得た。配下の武臣の配置も総兵官は自己の裁量でできる権限はなく、奏請して帝の承認を得なければならなかったことが分かるが、同時に総兵官の意見が尊重されたともいえる。⑦は二例あるが[93]、一つは、宣徳六年一〇月、陳懐が松潘衛の屯軍の耕牛が番寇に劫掠され不足しているので、四川布政司から官牛を供給してほしいと奏請し、宣宗の承認を得たものである。一つは、九年二月に方政が上奏して、松潘の軍糧を確保する為に開中法を実施しているが、極辺なので客商の至る者が少ないと述べ、暫定的に仙泉・上流等の産塩の利用をもとめ、その結果、仙泉の一八井は毎引の納米三斗、上流の九井は三斗五升と納糧額が定められた。このころ軍糧の調達は屯田・民運・開中法が三本の柱だが、総兵官はこのうち屯田と開中法の運用に関与するが民運糧には関与できなかった。この点も北辺と同様である。⑧はなく⑨が一例あるが[94]、四年正月に、陳懐が四川諸衛の軍馬が不足しているので、碉門茶馬司で購入した馬匹から二〇〇〇匹を供給してほしいと奏請して、宣宗の承認を得たものである。⑩は四例ある[95]。陳懐が蜀王府の動静を告発したのが一件と、陳懐が二回にわたって御史に弾劾された件があるがこれらについては後述する。このほか、九年一〇月に方政が便宜四事を上奏した中で松潘等の軍民指揮司に医学を開設するようもとめ宣宗の承認を得たものがある。

以上みてきたように、鎮守四川総兵官に関する諸事例も、例数に多寡はあるが①から⑨の項目に納まり、その職務の範囲と権限は基本的に北辺と同じである。しかし、軍事情勢をみると北辺の平穏さとは対照的で少数民族の激しい反抗があり、大規模な軍事行動が行われていた。総兵官は少数民族の討伐に奔走しており、実際の総兵官のあり方としては北辺の場合と大いに異なっていた。次に雲南についてみてみよう。

〈雲南〉

表8で①は一一例あり(96)、全体の約半数を占めるが内容は次のとおりである。まず宣徳元年三月、宣宗は、沐晟に対し寧遠の土官知州刀吉罕らを率いて紅衣賊長撃らを討伐することを命じた。この事件は交阯の宣化・嘉興等の府の賊首周荘らが、寧遠の紅衣賊と連合して人民を劫掠し、州県の堂宇を焼くなど活動が拡大しつつあったことに対応したものである。同年一二月には、沐晟を征南将軍・総兵官、興安伯徐亨を左副総兵、新寧伯譚忠を右副総兵として交阯への出動が命ぜられた。実際の出兵は遅れたようで、翌二年一〇月に至って、沐晟らの軍が交阯の水尾城に達し、ここを破って更に進軍したことが確認できる。しかし、三年二月には、沐晟に勅を下して撤兵して軍を原衛に還すよう命ぜられた。この間の二年二月、沐晟と雲南三司が上奏し、瀾滄衛の叛寇楊和らが劫掠を重ね、緬甸宣慰司から貢物をもって上京する途中の使者を殺掠したこと、順寧府の雄摩等一五寨の蒲羅夷が出没して附近を掠奪していることを報告し、掌雲南都司事の都督同知沐昂に討伐させることを請い宣宗の裁可を得た。同年五月には、沐晟から沐昂らの軍が金沙江まで進撃し、楊和らを擒斬し余党を招撫したと報告があった。沐晟はこのような事情のためにまだ交阯に出動せず雲南に在ったのだろう。交阯から帰還し

表8　鎮守雲南総兵官

①	寧遠の紅衣賊・麓川宣慰司・順寧府の賊・広西崇善県の土官・瀾滄衛の叛寇の討伐、交阯への出動	11
②	叛寇・土官の招撫	8
③	巡検司の設置	1
④	部隊の移動・配置	0
⑤	配下の武臣の告発	0
⑥	配下の武臣の人事	0
⑦	雲南都司二四衛所の屯田子粒額の報告、開中法の実施	2
⑧	逃亡軍士等の取り扱い	0
⑨	馬匹の確保	0
⑩	東川府・会州衛・楚雄府内の盗砿取り締まり、土官の調査	2
	（合計）	24

た後の三年七月、沐晟は、潞江の千夫長長刀不浪班が麓川に通じて叛き、潞江安撫司を劫掠し民居を焼いたと報告し、出兵討伐を奏請した。これに対し、宣宗は沐晟に勅を下して出兵について三司と更に熟議するよう命じた。五年一一月には沐晟が上奏して、賊の刀正・刀竜らが元江軍民府土官知州の那忠を襲撃して、その堂宇や経歴司の印信を焼いたが、自ら出動して刀竜らを獲えて京師に械送したことを報告した。翌一二月、麗江軍民府から、浪滄江大営寨首の者保らが附近の村寨を劫掠しているとの上奏があり、沐晟と三司に招撫させたが帰服せず、宣宗は再度招撫してそれでも帰順しなければ討伐するよう命じた。結局、八年二月に至って蘭州土官知府から再び者保らの劫掠がやまない旨の報告があり、宣宗は沐晟・三司・巡按御史に討伐を命じた。八年八月には、沐晟が、摩沙勒寨の万夫長刀甕らが夷兵を糾合して馬竜他郎甸長官司の衙門を侵占したと報告し、都督同知沐昂に命じて討伐したいと奏請して宣宗の承認を得た。四川と同様に雲南でも少数民族の反抗が激しく、沐晟はその討伐に奔走し、加えて交阯への出動もあって軍の指揮に忙殺されていたことが窺える。

②は八例あるが[97]、麓川宣慰使思任発への対応が大きな問題であった。宣徳元年三月、沐晟から麓川宣慰司所属の思陀甸火頭の曲比が州県を劫掠して招撫にも応じないとして、出兵討伐をもとめる上奏があったが、宣宗はにわかには出兵すべからずと述べ再度の招撫を命じた。出兵が思任発の反抗を誘発することを警戒した為であろう。三年四月には、雲南三司が、思任発が南甸を占拠しているとして討伐を奏請したが、宣宗は沐晟らに命じて思任発に勅を届けさせ、土地人民を返還するよう促しただけであった。翌閏四月、沐晟は雲南・貴州・四川の官軍五万人と各処の土兵を動員して思任発を討伐したいと述べ、大規模な征討計画を上奏した。これに対し、宣宗は沐晟に勅して、数年来交阯を征し四川松潘の番寇を討ったので、軍民の労弊はまだ甦っていないとして、三司・巡按御史とともに人を遣わして思任発を招撫し、それでも帰順せず、出兵せざるを得ない場合には雲南の官軍・土兵と木邦宣慰司の夷兵のみで対応

せよと命じ、沐晟の大規模な計画を裁可しなかった。思任発の動向への対応に苦慮していた様子が窺える。このほか、沐晟が、附近を劫掠したり知府等を殺害した永寧府の蛮賊矢不剌非、四川塩井衛の土官千戸馬剌非、永昌千戸所の千夫長刀不浪班、車里宣慰使刀弄、大候知州刀奉漢、孟定府土官知府罕顔法、孟璉長官司の刀懐罕らを招撫した事例がある。[98] 紛争を起した土官等に対して、沐晟らが討伐を奏請しても宣宗が裁可せずに招撫を命ずるケースも多かった。

③は一例のみだが、[99] 沐晟の奏請により、徼江府関索嶺巡検司を設置し土官・流官を配置したものである。④・⑤・⑥は事例がなく⑦は二例ある。[100] 一つは、宣徳三年閏四月、沐晟が、麓川宣慰使思任発の討伐に備えて軍糧を確保する為に、客商を召いて金歯で中納させたいとして、その納米額を安寧塩井は毎引当たり二石、黒塩井・白塩井は一石五斗、五井塩井は一石三斗とすることを奏請したものである。これに対し宣宗は「蛮夷の讎殺するは常事なり。豈に軽々しく兵を用うべけんや。但だ守辺は備え無かるべからず。姑く奏する所の如く之を行え」と述べ、沐晟の出兵要請は認めなかったが、軍糧確保の為の開中法の実施は承認した。もう一つは、六年一〇月、沐晟が前年の雲南都司下の二四衛所の屯田子粒が四九万二一〇〇石だったことを報告したものである。屯軍は正糧・余糧各一二石を納入することになっていたが、洪熙元年に余糧の半分六石が免除され、一八石納めることになったのでこの額はその合計であろう。北辺と同様に雲南でも総兵官が開中法の実施や軍屯の運営に関与していたことが看取できる。⑧・⑨はないが⑩は二例ある。[101] 一つには、宣徳四年三月、行在工部が上奏し、沐晟から東川府会州衛の山中に青緑・銀・銅の諸砿があり、往々軍民の盗掘する者があるが、同処は武定軍民府の金沙江や外夷と境を接する所なので、辺患を生ずる恐れがあるとの指摘があったとして、雲南・四川の三司に命じて巡行して取り締まらせるようもとめ宣宗の承認を得た。沐晟が少数民族を刺激しないよう慎重に配慮していたことが窺える。又、一つは、九年二月に沐晟・雲南三司・巡按

御史が、楚雄府黒石江と泥坎村の銀場で多数の軍民が盗掘していると報告し、これに対して宣宗は沐晟・三司・巡按御史に勅を下して叱責し、取り締りを強化して三ヶ月以内に止めさせるよう命じたものである。

四川と同様に、雲南でも①・②が事例の大部分を占め、沐晟が反抗する少数民族の討伐に奔走していたことが分かる。ほかの職務・権限については他の地域と同じだが④・⑤・⑥の事例、つまり軍の動員や移動、配下の武臣の告発、配置転換等の記事のないことが注目される。この中で軍の動員については①で示した事例から、事前に奏請して裁可を得る必要があったことがわかる。ただ⑤・⑥に関しては、可能性としては、雲南の沐氏は特殊な存在なので、沐晟が武臣の処罰・人事を独自に行う権限を与えられていたので、いちいち奏請しなかった為とも考えられる。しかし、沐晟がこれらの権限を行使したとすれば、必ず事後の報告がある筈だがそれは見当たらない。やはり雲南でも他の地域と同じように、総兵官にこれらの権限は附与されていなかったと考えておきたい。

〈貴州〉

表9に示したように、貴州では苗族等の少数民族との戦闘或いは招撫に関する①・②のみで③から⑩の事例がない。他にみられない特殊な地域である。①は一八例あるが[102]、宣徳四・五・六年は比較的平穏で、その前の洪熙元年から宣徳三年までと七年以後が非常に戦闘の激しい時期だった。その内容を示すと以下のようである。洪熙元年六月、蕭授が上奏して、鎮遠府邛水長官司奥洞の苗蛮の苗銀総が、兵を集めて思州府の都坪峩異渓長官司を攻撃しようとしており、招撫の為に赤渓湳洞長官の楊通諒らを派遣したが殺害されたと述べ、湖広都指揮張名に命じて出兵討伐させたいと要請し、宣宗はこれを裁可した。しかし、同年一一月には巡按貴州監察御史から、苗銀総がますます猖獗を極め、人畜を劫掠していると上奏があり、宣宗は蕭授に対して湖広の辰沅等の衛から一万四〇〇〇人の軍を動員して討伐す

るよう命じた。翌宣徳元年七月に至り、蕭授から湖広都指揮張名が奥洞を攻略したが苗銀総は逃亡したとの報告があり、宣宗は秋の収穫を妨げないよう留意しながら、更に捜捕を続行するよう命じた。この間にも、元年正月には、蕭授から刺惹洞の蛮謀古賞らが酉陽宣撫司の軍民を劫掠するので、再三撫諭したが応ぜず、益々猖獗しているとして、施州等の衛軍と酉陽宣撫司の土兵を動員して討伐したいとの奏請があり、宣宗はこれを裁可した。しかし、蕭授らの軍備を知った謀古賞が帰服し、再犯しないことを言明したので宣宗は討伐を中止させた。又、元年二月に貴州宣慰司土官宣慰使宋斌から、乖西巴香の苗蛮卓把同らが連年劫掠を重ねているとの上奏があり、宣宗は蕭授に出兵勦捕を命じた。しかし、苗銀総に対する攻撃と重なっていて、卓把同の討伐は長期にわたったようで、二年三月に至って、ようやく蕭授から都指揮蘇保の官軍と宋斌の土兵を合せて攻撃した結果、卓把同を平定したとの報告があった。同年三月にも蕭授が上奏して、新添長官司の宋志道が居民を劫掠し招撫しても応じないと述べて出兵討伐を要請し、宣宗は再度招撫しそれでも帰順しなければ討伐せよと命じた。七月にも蕭授に対して、苗蛮を集めて殺掠を重ねている都匀府平浪長官司の紀那・阿魯の討伐を命じた。三年正月になって、蕭授が紀那を捕え獄死させたことを報告した。平定まで一年半かかったことになる。これらの戦闘は主に思州府・鎮遠府・都匀府等の貴州東部を舞台にしたものだったが、二年七月には中央部の水西にも波及した。蕭授が、水西宣慰司の頭目

表9　鎮守貴州総兵官

①	苗蛮苗銀総・卓把同・阿閉・阿骨・羅父蕩・草子裸・呉不爾・向擺婆・向剌惹等の討伐・戦闘	18
②	土官孫岑俊・郎瑛・寨長韋翁同らの招撫	4
③	城堡等の築造・修理	0
④	部隊の移動・配置	0
⑤	配下の武臣の告発	0
⑥	配下の武臣の人事	0
⑦	軍糧の確保	0
⑧	逃亡軍士等の取り扱い	0
⑨	馬匹の確保	0
⑩	その他	0
	（合計）	22

阿閉は税の徴収に応ぜず、八〇〇〇余人の衆を集めて土兵を横殺し、招撫に応じないので官軍・土兵を出動させて討伐することを奏請し、宣宗は再度招撫してそれでも帰服しなかったら討伐するよう命じた。一一月に至り、蕭授が上奏し、附近の寨主蘇底の内応を得て阿閉を殺害平定することができたが、西堡の蛮賊阿骨らがなお猖獗していると述べ、貴州都司の官軍二万九〇〇〇人を動員し勦討せんことを請うた。これに対し、宣宗はなお招撫するとともに、蘇底のように内応する者がないかさぐるよう命じ、出兵要請をすぐには裁可しなかった。又、三年一一月には蕭授から、都指揮僉事李政を派遣して、劫掠を重ねていた都匀府豊寧長官司の賊首羅父蕩と貴州宣慰司の苗賊草子裸を捕獲したとの報告があった。これらの宣宗朝前半の事件は主に東部・中央部で同時並行的におこっており、蕭授は対応に忙殺されていたことがわかる。この後四年から六年までは小康状態で概ね平穏であった。

しかし、七年に入ると再び大規模な戦闘がおこった。七年二月、巡按貴州監察御史陳斌から上奏があり、治古答意長官司の新郎寨の苗賊呉不爾と湖広保靖州宣慰司筸子坪司の生苗が劫掠を重ね、蕭授は周囲に二四堡を設けてその地を囲んで守備しているが、四出して劫掠するのを防ぐことができない、しかるに蕭授と湖広都指揮張名は恬として放置していると述べ、貴州・湖広の軍を動員して四面から攻撃させることを要請した。宣宗はこの上奏を受け、蕭授と貴州三司に対し、招撫してそれでも帰順しなければ討伐を実施するよう命じた。命を受けた蕭授は翌三月に、呉不爾らが清浪衛を劫掠したので、湖広都指揮張名に命じて攻撃させたところ、湖広の筸子坪に遁入し、その地の生苗竜不登らと結んで各地を劫掠していることを報告するとともに、この地は貴州・湖広・四川の交接する地域なので貴州・湖広の官軍、貴州三府と湖広の二宣慰司の土軍、四川重慶衛の官軍と宣撫司の土軍を動員して分路並進する大規模な討伐案を奏請した。宣宗は用兵は欲する所にあらずとしながらも蕭授の奏請を裁可した。蕭授のいう貴州の三府とは銅仁府・思州府・鎮遠府であり、湖広の二宣慰司は保靖州宣慰司・永順宣慰司、四川の宣撫司は酉陽宣撫司であろう。

この作戦の兵力は記されていないが、動員範囲からみてかなりの大兵力が投入されたと思われる。戦いの経過は不明だが、八年四月に、宣宗が勅を発して貴州・湖広・四川の軍を動員したのに戦局が進展しないとして蕭授に叱責を加えている。翌五月になって、ようやく蕭授から筸子坪に至って新郎等の寨を攻破し、賊首呉不爾・王老虎・竜安軸ら五九〇余人を斬首し、呉不跳ら二一二人を生擒したとの報告があった。作戦発起からここに至るまで一年二ヶ月であった。この間の七年六月にも、殺人劫掠を重ねた辰州河蓬彪金等の寨の蛮寇向擺婆・向鋸脳に対して、命を受けた蕭授が出兵討伐し向擺婆ら八五人を獲えた。このほか九年八月には、四川の酉陽宣撫司から、所属の後渓里洞が度々湖広の施州衛大田軍民千戸所剌惹洞の蛮向剌惹の侵入劫掠を被っているとの上奏があり、宣宗は蕭授と四川三司に勅して発兵討伐を命じた。以上のように宣宗朝の後半には北部の貴州・湖広・四川の省境地帯で大規模な戦闘が続いた。

②は四例ある。[103] 宣徳三年五月、蕭授・三司・巡按御史から、勅を奉じて蛮寇を招撫したが、西堡長官司の阿骨・阿哈らは応じないで深山に逃亡したとの上奏があり、これに対して宣宗は既に帰順した者は善撫し、未附の者には再度使者を派遣して招撫するよう命じた。又、七年二月には、蕭授が上奏して、附近を劫掠した安隆長官司の土官孫岑俊・郎瑛に対し、勅を奉じて広西総兵官山雲とともに招撫した結果、彼らを帰服させることができたと報告した。九年三月蕭授が上奏し、都匀衛合江州の化従等の寨長韋翁同が税の徴収に応ぜず、五三寨の蛮民を糾合し、広西の賊首韋万良らを引き入れて殺掠を重ねていると報告し、指揮同知顧勇らを派遣して討伐したいと請うたが、宣宗は軽々しく軍を用いず三司と討議して招撫するよう命じた。同年九月にも、貴州都司より谷王舟等の諸寨の苗賊が附近を劫掠しているとの上奏があったが、宣宗は蕭授と三司に使者を派遣して招撫するよう命じた。

以上のように貴州では宣徳四〜六年の小康状態の期間をはさんで、それ以前は東部と中部で、七年以後は北部で、苗族との戦闘が同時並行的に行われ、蕭授は戦闘指揮に忙殺されて寧日ない状態であった。表9でいえば①・②のみで③から⑩の事例はなく、その職務の範囲や権限は必ずしも明らかでない。貴州の総兵官は戦闘指揮や招撫のみを行っていたということになる。ただ、軍の動員と作戦が連動しているので④に独立して記せなかったが、①の諸事例から小規模な紛争に対しては蕭授が独断で出兵しているが、大規模な軍の動員は全て事前に奏請して帝の裁可を得なければならず、この点他の地域と同様であった。また雲南と同じく⑤・⑥つまり配下の軍官の処罰や人事に関する奏請の事例が見られず、激戦が続く貴州では蕭授がこれらの権を与えられていたことも考えられる。しかし、蕭授がこれを行使した報告の記事は見られず、やはり蕭授も処罰権・人事権は附与されておらず、たまたま該当する事例がなかったとみるしかない。大規模な軍事行動がありながら⑦の軍糧関係の事例がないのが不可解だが、総兵官が戦闘指揮に忙殺されていたので三司がこれを担当していた可能性がある。総兵官と三司の関係については後述する。

〈広西〉

広西には宣宗朝を通じて鎮遠侯顧興祖・都督僉事山雲が在任したが、(104) ここでも表10のように①の獠族・猺族・獞族等の少数民族との戦闘が二四例と約半数を占める。(105) 潯州府から柳州府・平楽府にまたがる大藤峡を舞台にする戦闘がその中心だった。以下地域別に内容を示す。まず潯州府についてみると、洪熙元年七月、顧興祖が上奏して、自ら軍を率いて潯州府桂平県の大藤峡に進攻して宣武峡まで至り、蛮寇を勦滅したと報告した。しかし、八月には広西按察副使張用中から、潯州府の桂平県、南寧府の宣化県の猺賊二〇〇〇余人が殺掠を重ねているとの報告があり、宣宗は顧興祖に勅して再度の出兵討伐を命じた。これを受けて顧興祖は指揮彭祖・史雄・胡斌を前鋒とし、自らは中軍を率いて討伐し、一一月に至って韋园・韋天を斬り、覃公新を擒えて京師に械送した。宣徳元年六月には、巡按広西監察御史汪景明から、潯州府平南県の蛮寇が同府通判の張文郁を殺害したとの上奏があり、宣宗はまた顧興祖に勦討を命じた。二年六月にも、広東都司から、潯州府貴県の賊が欽州に侵入し、霊山県知県封真仲を殺害し人民を劫掠したとの報告があり、宣宗は顧興祖に出兵討伐を命じた。四年四月には、山雲が潯州・柳州二府にまたがって劫掠を重ねた蛮寇廖得寧・藍再陸を討って誅し、従賊二四八〇人を梟首し、被掠の男婦四四六人を奪還したと上奏した。五年一一月、山雲が上奏して、潯州府・平楽府の蛮賊に対し、指揮僉事魯義らを出撃させ斬首四五〇、被掠の男婦三九人を奪回したと報告した。この時、山雲は三年から五年の間、つまり就任から現在までということであるが、叛蛮の斬首七四一九、奪回した男婦一五三五人と述べている。少数民族に対して大規模な討伐がくり返され、多くの犠牲者を出していたことが窺える。七年三月にも、山雲は桂平県の蛮寇覃公専らを討伐したとして斬獲の数を上奏した。宣宗はやむを得ぬとしながらも、斬殺の多いこと忍びざる所ありという程だった。戦闘の惨烈さを窺うことができる。更に九年三月、山雲は潯州府・柳州府の蛮寇を討伐し、斬首七三六級を得て被掠の男婦五一一人を奪回したことを報告し、同年一二月にも、良民を劫掠した蛮寇に対して、署都指揮僉事田真に命じて攻撃させ、大藤峡で斬首六級を得、掠奪された男婦二〇三人を奪回したと報告した。潯州府では宣宗朝を通じて少数民族との激しい戦闘が続いていたことが分かる。

　次に思恩軍民府についてみると、洪熙元年八月、按察副使張用中から、思恩軍民府・慶遠府忻城県

表10　鎮守広西総兵官

①	潯州府の賊・慶遠の獠族・南寧の猺賊・宜山の賊・清潭の蛮寇・柳州の獞族・欽州の賊等との戦闘	24
②	蛮族・叛寇の招撫	2
③	柳州衛城の修築、武宣千戸所・武宣県治の移転等	3
④	交阯への派兵、民款の復置、貴州軍の駐留要請、副巡検の増設	7
⑤	配下の武臣の不正・坐視等を告発	4
⑥	配下の武臣の配置・評価	2
⑦	軍糧の確保	0
⑧	来帰した土官の扱い、諸蛮の詞訟の処理、土官の襲職	4
⑨	馬匹の確保	1
⑩	顧興祖の弾劾・解任	5
	（合計）	52

に勢力を張る賊首覃公旺が、衆を聚めて附近を劫掠しているとの報告があり、宣宗は顧興祖に討伐を命じたが、一一月に至って顧興祖から、思恩県の大小富竜の三〇余峒に拠った覃公旺を破って、覃公旺とその党一〇五〇余人を斬り、掠奪された男婦三〇〇余人を奪回したとの報告があった。しかし、これで鎮定したわけではなかったようで、宣徳元年正月にも、宣宗は顧興祖に勅して、覃公旺の余党を招撫し、もし帰順しなければ討伐するよう命じた。更に九年三月にも山雲が上奏して、思恩県の蛮賊覃公砦に対して都指揮僉事彭英・署都指揮僉事魯義に命じて攻撃させ、賊首覃公砦・梁公成・潘通天ら一〇五五人を斬首したと報告した。又、山雲は梧州府欝林等の州県に蛮賊が出没しているが、兵力不足で討伐できないと訴え、宣宗は広東都司に勅して一五〇〇人の軍士を広西に派遣して山雲の指揮下に入れるよう命じた。

柳州府・慶遠府の情勢はどうだろうか。洪熙元年閏七月、顧興祖は、慶遠・柳州両府で獠族が不時に出没して郷村を流劫していると述べ、官軍・土兵を動員して討伐せんことを奏請して、宣宗の裁可を得た。同年一二月には、顧興祖が自ら軍を率いて、慶遠府宜山の賊韋穏を討伐し平定したと報告した。又、宣徳三年閏四月、山雲が上奏し、慶遠府忻城県の蛮寇譚団ら一〇〇〇余人が出劫したが、自ら軍を率いて攻撃して永淳県で撃破し斬首二九〇余の戦果があったと報告し、同年一二月には、忻城県の山峒で譚団を捕え、一五〇〇余人を斬首し、被掠の男婦三八五人・馬匹一七匹を奪回したと報告した。五年三月にも、山雲は柳州府の蛮寇を征勦したとして斬獲数を上奏している。又、八年五月、郷村を殺掠した慶遠府宜山県の賊蘇公夏らに対し、山雲は指揮張珩らに命じて攻撃させ、五八人を斬り掠奪された男婦九一人を奪回したと報告した。同年一一月に、宣宗は山雲に命じた慶遠府莫往吉利等の峒の賊首黄公帳ら五〇〇〇余人の賊に対する討伐が進展しないとして叱責した。

このほか洪熙元年閏七月・八月には南寧府の獠族・猺族に対する討伐が命ぜられており、宣徳元年八月にも、太平府崇善県の土官知県趙暹が亡叛二〇〇〇余人を糾合して村峒四〇余所を占拠し、王号を僭称して偽官・旗号を建て州県を劫掠したが、宣宗の勅を受けた顧興祖が、千戸胡広を派遣して攻撃させ、趙暹を捕える事件があった。又、二年七月には顧興祖に勅して、柳慶の猺族・獞族と桂林府の賊首韋万黄・韋朝傳の討伐を命じた。更に八年二月には広東・広西の布政司から、広東の賊が石城県に、広西の賊が陸川県に侵入し、殺人劫掠を重ねているとの上奏があり、宣宗が山雲に広東の軍を合わせ指揮して討伐するよう命ずるような事態があった。

以上のように、広西で平穏なのは西部の安隆司・泗城州・田州・鎮安府・帰順州・向武州のみで、東部・中部は宣宗朝を通じて獞・猺・獠族等の少数民族と激しい戦闘が続いていた。この間、就任後間もない山雲が、宣徳三年四月に、広西の軍のみでなく、湖広・貴州都司からも八三〇〇余人の軍を動員して、蛮寇の討伐に当たりたいと奏請して裁可を得ていることからもわかるように、明朝側も大兵力を投入した。前述のように、山雲が宣徳三~五年の間のみで蛮寇の斬獲七四〇〇余人と報告し、宣宗が慨嘆したような惨烈な戦闘が続いていたのである。四川・雲南・貴州も少数民族との戦闘が激しかったことはこれまでみた通りだが、広西は貴州と並んで最も激しい。

②は二例あるが(106)、いずれも顧興祖が藍山県の賊潘康生と柳州府の獞首韋敬暁を招撫して帰服させたものである。③は三例あり(107)、一つは、宣徳三年七月、山雲が、五月の淫雨の為に柳州衛の城壁が五九丈、守禦融県左千戸所の城壁が二八七丈にわたたって崩壊し、急ぎ修復しなければならないが、軍士のみでは不可能だと述べ、有司を通じて民夫の協力を得たいと奏請して宣宗の承認を得たものである。この有司は布政司をさすのであろう。又、一つは、六年三月に、山雲が武宣千戸所と武宣県治は低地にあって防禦し難いが、県治の西一〇余里の所に適地があるので移転したいと奏請し、宣宗が秋の収穫をまって着工するよう命じたものである。もう一つは、六年一一月、山雲が上奏して、広西都司所属の衛所の多くは霖雨に遇うたびに江水が泛溢して城垣が頽壊するが、軍士のみでは修築できないと述べ、布政

司に勅して民夫を量撥させ協力するようにしてもらいたいと請い、宣宗はこれを承認した。三年七月の要請と同様の内容だが、広西でも総兵官は城堡の修築や移転を独断ではできず、奏請して裁可を得る必要があったこと、その際独自に民夫を徴発するのは勿論、布政司に指示して動員させることもできず奏請するのみだったことが確認できる。④は七例ある。[108]まず顧興祖が桂平・平南・恭城・武縁の諸県の巡検司には欠員が多いと述べ、副巡検を増置して土人をこれに当てることを奏請したのにもとづいて、洪熙元年閏七月、桂平県大宣郷等の六巡検司に土官の副巡検各一員を増置した。ついで一一月にも、梧州府蒼梧県安平郷等の八巡検司でも同様の措置がとられた。宣徳元年九月には、顧興祖に勅を下して所領の官軍の中から五〇〇〇人を交阯に派遣して、成山侯王通の指揮下に入れるよう命じた。更に二年五月、巡按広西監察御史朱恵の提案によって、兵力不足を補う為に、成祖朝の例にならい城市・郷村に一種の民兵組織である民款を置くこととし、顧興祖に勅してその監督を命じた。又、山雲が広西の兵力不足を訴え増兵を請うたのに対し、三年二月、行在兵部は交阯から帰還する湖広諸衛の軍を広西に配置する案を示したが、宣宗は既に広西まで来着している者は広西に留め、今後広西に至る者はそのまま湖広に帰還させるよう命じた。四年九月には、山雲が、貴州都司から広西に派遣されている軍は二班に分けて一年一更としているが、いま猺族・獞族の動きが活発なので、交代させずに全力で討伐し、来春をまって交代させたいと奏請して宣宗の承認を得た。五年閏一二月、貴州都司が苗族の動きが活発なことをあげて、広西に派遣している貴州軍の帰還をもとめたのに対し、山雲は大藤峡の猺族の活動を理由に残留を奏請して宣宗の承認を得た。以上から、広西には貴州や湖広の軍も動員されて顧興祖・山雲の指揮下にあったことが看取されるが、これらの軍の派遣も、広西と貴州の総兵官同士、あるいは総兵官と都司の間ででできるものではなく、奏請して帝の承認を得なければならず、軍の動員や配置は全て帝の命令によらなければならなかったことがわかる。

⑤は四例ある。[109]宣徳二年三月、宣宗の命によって南寧衛百戸許善が斬刑に処された。許善は前述の崇善県土官知府趙暹と交際があり、趙暹が謀逆して左州を陥れた際にこれを容隠し、総兵官が趙暹の討伐を命じた時には、趙暹から賄を受けて故意に遅延したという。これが発覚して、宣宗が御史に取り調べさせた結果、蛮夷と私通して反逆を容認したとして斬らせたのである。この事件は誰が告発したのか分からない。御史が取り調べて報告し、宣宗が命を下して処刑したわけだが、総兵官は配下の武臣が罪を犯したことで責任を問われていない。総兵官と配下の武臣の関係について注目される例である。次は①で述べた例だが、三年閏四月、山雲が自ら出陣して忻城県の蛮寇譚団らを横州永淳県で撃破した際に、横州を哨守させていた馴象衛の指揮張玐が、畏避退縮して防禦できなかったとして、山雲が治罪を奏請し、宣宗は「其れ雲をして厳しく之を治せしむ」と山雲に命じて処罰させた。又、四年一一月に、山雲が柳州府洛容県等の蛮寇を指揮王倫に命じて討伐させたが、その際に勦殺が良善にも及んだとして処罰を奏請した。宣宗は「姑く之を宥す」とともに、被害者を撫恤するよう命じた。五年四月、大藤峡の猺賊が竜頭山の賊と合流して郷村を劫掠したとき、守備の都指揮陳全が状況を坐視したままで何も対応策を講じようとしなかったとして、巡按御史張善が告発して治罪を奏請した。これに対し宣宗は「上、総兵官都督山雲に命じて之を治せしむ」とあるように、山雲に命じて処罰させた。総兵官が独断で配下の武臣を処罰できないのは他の地域と同じだが、広西では帝の命を受けてだが、処罰の実施に当たった例が二件あることが注目される。

⑥は二例ある。[110]三年二月、山雲に勅して竜州・憑祥・坡壘の状況を検討して、都指揮張貴・土官都指揮黄玹の二人に守らせるのがよいか、黄玹のみでよいか、また都指揮陳全を南寧の守備に充てるべきか、それとも広西都司理事とすべきかと諮問し「いずれか便と為す、卿、皆な審度して宜しきを得れば、就ちに処置を為し、仍りて奏を具えて来たれ」と命じた。広西でも、武臣の配置については、総兵官は独断ではできず帝の指示を仰がなければならないのは

他の地域と同じだが、山雲は武臣の人事に当たってその意見を尊重され、ある程度裁量の権限があったことを示している。⑤の処罰の件と併せてみると、北辺の総兵官に比べてやや権限が強いように思われる。これが激しい戦闘が続いている広西の事情による便宜的な措置なのか、或いは山雲に対する宣宗の信頼が厚い為なのか明らかではない。ただ、いずれにしても仮の措置で、五年九月に帝が行在兵部尚書張本に対し、山雲の上奏によれば広西の武臣は「廉公にして能なる者」は一、二割にすぎず、「貪婪にして能常なる者」が八、九割であるとして賞罰を正すべきことを述べた。山雲は麾下の武臣を評価して報告しているが、賞罰や人事の権はあくまで帝が掌握していたことは間違いない。⑦はなく⑧は四例ある。(111)一つは、三年五月、山雲が交阯の黎利に抵抗を続けている広源州土官知州閉色新への対応について宣宗の指示をもとめたもの、一つは、六年一〇月に、土官相互の紛争が絶えないが総兵官・三司・巡按御史のみでは詞訟を処理しきれないので、附近の衛所で扱うことを奏請して宣宗の承認を得たものである。また一つは、八年八月、土官同士の襲職をめぐる紛争に関して、土官に勅を下してほしいと奏請したもので、もう一つは、九年三月に、黎利没後の紛争を避けて、交阯から来帰した土官の取り扱いについて指示を仰いだものであった。⑨は一例のみだが、(112)四年九月、山雲が馬匹の不足を訴えてその飼養について要請し宣宗の承認を得た。⑩は五例あるが(113)全て顧興祖の弾劾・逮捕・下獄に関するもので後述する。

みてきたように鎮守広西総兵官の職務・権限は基本的に他の地域と同じである。ただ帝の命令を受けてだが、武臣を処罰した例が二件、武臣の配置について諮問を受け、適宜の処理をゆるされた例が一件あり、武臣の処罰・人事に関して権限がやや強いように思われる。⑦の軍糧に関する事例がないが、三司がこれを担当していたのかもしれない。これについては後述する。広西の軍事情勢をみると、大藤峡を中心とする猺族・獞族・獞族等の少数民族の反抗が極めて激しく、総兵官はそれに対する対応に忙殺されており、軍事行動の規模も大きい。

以上のように南辺の四川・雲南・貴州・広西の鎮守総兵官について検討してきた。北辺の総兵官と比べてみると、その職務の範囲は基本的に同じであるといえる。特に四川・雲南は各事例が表の①から⑨にあてはまり北辺と差違はない。ただ貴州は特異で①・②以外はみられず、広西では少数民族の詞訟に関わっていたことが窺える。又、貴州・広西では⑦の軍糧関係の記事がみられない。これは総兵官と三司との関係によるのではないかと思われる。南辺では上奏も命令の受領も総兵官と三司・巡按御史が連名で行っているケースが多い。北辺ではこのようなことはみられない。南北で総兵官と三司の関係が異なっているのではないかと思われるが、それについては後で考えたい。総兵官の権限については、広西で⑤・⑥の配下の武臣の処罰や人事に関して、発言力が他よりやや強い面がみられ、雲南・貴州でもこれらの権限の有無が明確でない点があるが、他は北辺と同様である。

このように職務や権限では南辺・北辺は概ね同じであるが、実際の総兵官のあり方は大いに異なっていた。北辺は小規模な韃虜の侵入はあるものの概して平穏で、総兵官は前面の警戒や城堡の整備を主な任務としていたが、南辺では、表でいえば①・②に片寄っていて苗・獠・獞・猺族等の少数民族との激戦が続いていた。これらの少数民族に対する討伐や招撫が四川で一四件、雲南で一九件、貴州で二二件、広西で二六件を数える。しかも、これらの多くは同時並行のかたちで起っていた。南辺はいわば蜂の巣をつついたような状況で、総兵官は戦闘の指揮に寧日ないありさまだった。北辺とは比較にならない万単位の軍を動員したものだけでも四川の松潘地方の出兵、貴州鎮遠府の苗銀総とこれに連動する湖広箄子坪の生苗に対する作戦、広西の大藤峡の猺族に対する度々の出兵があり、すぐには発動されなかったが、雲南でも麓川宣慰使思任発に対する大規模な作戦計画が立案された。北辺の静謐さに比べ、宣宗朝の軍事行動の重点は明らかに南辺にあった。これらの少数民族の反抗の激しさは、明朝の支配が緩んで自立をもとめて立ち上ったというようなものではなかろう。むしろ明朝の支配が浸透した結果、さまざまな負担の増加や客民の流入、開発の進行等によって少数民族の生活が圧迫されたことが原因と考えられる。明朝の支配が強まれば強まるほど激しくなる性質のものであろう。

このような南辺の事態は、交阯に対する明朝の態度と連動していた。『宣宗実録』宣徳二年五月戊申の条によれば、交阯から広西の土軍一万人の更なる増派をもとめられた宣宗は

因りて行在兵部侍郎王驥等に謂いて曰わく、広西の軍は交阯に疲る。昨《さきごろ》また土軍一万人を請う。朕いずくんぞよく内を虚にして以て外を事とせんや。其れ悉く之を止め、自ら守を為さしめよ。

と述べ要請に応じなかった。又、三年閏四月乙酉の条によれば、雲南の沐晟が思任発に対する大規模な作戦を提案したとき、宣宗はこれを却下したが、その理由として「数年来、交阯を征し、四川の番寇を討ち、軍民の労弊、未だ甦らず」と述べた。明らかに西南諸省の情勢と交阯に対する対応は連動しているのであり、宣宗もそれを認めている。交阯では黎利軍の攻撃にあって敗色が濃かったが、交阯総兵官王通の敗北と独断撤退の後、宣宗が体面に囚われずに交阯の自立を認め、再出兵しなかったことが、所謂、仁宣の治をもたらした一要因として宣宗の英断と称される。確かに『宣宗実録』宣徳元年四月丙寅の条に、宣宗が蹇義・夏原吉・楊士奇・楊栄の四人と交阯問題を論じたとき

昨日、将を遣わして師を出すも、朕は通夕寧んぜず。誠に生霊の辜無きに忍びざるなり。反覆して之を思い、只だ、洪武中及び永楽の初めの如く、自ら一国と為し、歳ごとに常貢を奉ぜしめ、以て一方の民命を全うし、亦た以て中土の人を休息せしめんと欲す。如何なりや。

と述べ、早い段階から交阯の放棄を容認する意向を示している。しかし、宣宗の個人的な意向と明朝としての政策は別で、同じ年の一二月には安遠侯柳升・黔国公沐晟に命じて四川・雲南・貴州・広西・湖広・江西・福建・浙江・山東・河南・広東等から七万余の軍を動員し、更に翌二年三月に四万五二〇〇余を増派して交阯に出兵させているのだ

から、王通の撤退後に再出兵しなかったことが宣宗の英断というだけでは説明がつかない。実際には、再出兵しようとすれば、兵力の主要な動員源となるべき西南諸省が、少数民族の反抗とこれに対する討伐の為にその余裕がなかったからと考えられる。出兵したくとも西南諸省の状況がそれを許さなかったというのが現実であろう。以上ここまで、南北辺の鎮守総兵官について考察してきた。

総兵官にはこれらの鎮守総兵官のほかに、淮安に駐劄した漕運総兵官、北辺に出動した鎮朔大将軍・総兵官、交阯に派遣された総兵官がある。後の二つは、各地に常駐した鎮守総兵官と異なり、有事に任命され、事が終れば任を解かれる従来型の総兵官である。これらの総兵官の職務と権限は鎮守総兵官と比べてどうだったのか。

(四) 漕運・鎮朔大将軍・交阯の総兵官

〈漕運総兵官〉

漕運総兵官は職務が特殊化したもので、この点、他の総兵官と異なっているが、それではその権限はどうだったろうか。この職には、平江伯陳瑄が、宣徳八年一〇月に淮安で没するまで、ほぼ宣宗朝を通じて在任した。六一才から六九才にかけての時期である。『宣宗実録』洪熙元年六月甲寅の条によれば、その就任に当たって「淮安に鎮守し、軍民を撫輯せよ。所領の官軍は悉く節制するを聴《ゆる》す」と命ぜられたが、撫輯・節制の内容が必ずしも明確でない。そこで在任中の下達命令・陳瑄からの報告・要請等を表示すると表11のようである。表の各項は鎮守総兵官の場合と同じく、①戦闘に関するもの、②虜・番・蛮等の動向の報告や招撫に関するもの、③城堡等の築造や修理に関するもの、④軍の動員や移動・配置に関するもの、⑤配下の武臣の告発、⑥配下の武臣の移動や配置転換等の人事に関するもの、⑦開中法や屯田等の軍糧確保に関するもの、⑧逃亡・被虜来帰等の軍士の取り扱いに関するもの、⑨馬匹の確保に関

表11　漕運総兵官

①	戦闘に関するもの	0
②	虜・番・蛮等の動向・招撫	0
③	臨清と徐州間の運河の修濬、山東済寧以北の旧河の疎濬、徐州と済寧間の修濬、淮安・西湖岸の修治、呂梁洪での漕渠・石閘の設置、淮安・徐州倉の増修、船舶の建造、白塔河の巡検司設置	9
④	山陵の営建、徐州倉の修理に運軍を動員、船舶の修理に運軍を動員、南京・湖広・江西・浙江・兗州護衛軍の動員	7
⑤	違期の武臣を告発	1
⑥	能幹の武臣派遣を奏請	2
⑦	運軍への鈔の賞賜	1
⑧	逃亡軍士の補充、死亡した軍士の扱い	2
⑨	馬匹の確保	0
⑩	楚王府の動向、神祠古碑の祭祀	2
	（合計）	24

わるもの、⑩その他である。

当然だが①・②の事例はなく、③は最も多くて九例ある。(114) 時期を追って示すと、まず宣徳元年五月、陳瑄が上奏して、山東の臨清から徐州までの間は、水が浅く常に浚渫が必要だが、今年は特に雨が少なく、舟行が困難であると述べ、山東按察副使郭振と山東運糧都指揮辛顕に命じて浚渫に当たらせてほしいと請い、宣宗はこれを承認した。ついで四年正月には、陳瑄が山東の済寧以北の旧河のうち、長溝から棗林閘に至る一二〇里の運河で、沙土が滞積して漕舟の通行が困難であると述べ、一二万人を動員すれば半月で完工できるとして、その実施を奏請し、宣宗は山東の民丁と運木の軍士を動員して工事を実施するよう命じた。しかし、同年六月に陳瑄が再び上奏して、当初、朝廷はこの工事を侍郎蘭芳と山東三司の委官に監督させることとしたが、現在、都司と按察司は委官を派遣しているが、布政司は派遣してこないと述べ、三司に勅を下し、委官を派遣して河道を専理するよう命じてもらいたいと要請し、宣宗はこれを承認して三司に勅を下した。同年一一月にも、陳瑄が徐州・済寧間の運河の浚渫をもとめ宣宗の承認を受けた。五年五月には西湖の河岸が風浪の為に崩壊したことを報告するとともにその修理をもとめ宣宗に承認された。また同年九月、宣宗は陳瑄に勅して、淮安・徐州の糧はむきだしで野積みされているものが多いとして、南京抽分場と縁河に蓄積してある木材を使って倉廒を増築するよう命じた。七年四月、陳瑄が、新開の白塔河の工事が終ったが、巡検司から遠いので、江口に巡検司を設けたいと奏請し宣宗の裁可を得た。同年七月には陳瑄が上奏し、呂梁洪は水流が急で漕舟の交通が困難だとして、西岸に渠を造ることをもとめ、宣宗は、附近の衛所の軍士のほか山東布政司に民夫・工匠を動員させ、石閘と渠を築くことを命じた。又、八年正月、陳瑄の要請を受けて、行在工部が漕舟三〇〇〇艘の建造を奏請した結果、湖広・江西・浙江布政司で木材を購入して二〇〇〇艘を、四川布政司でその産木を用いて五〇〇艘を造り、外に海舟を改造して五〇〇艘を造ることが命ぜられた。これらをみると、命令・奏請の内容は運河の浚渫、倉廒の建築、漕舟の建造、巡検司の設置等にわたるが、いずれも陳瑄は独自に実施できる権限はなく、帝から命を受け、或いは奏請して帝の裁可を得て行われるものであった。この点、他の地域の鎮守総兵官と全く同じである。運河の浚渫が最も多くの人手を要する工事だったが、その実施に当たって、総兵官は民丁を動員する権限はなく、動員は帝の命をうけた布政司を通じて行われた。その工事も大規模なものは陳瑄の指揮で行われるのではなく、別命を受けた侍郎や三司によって監督されたことが分かる。

④は七例ある。(115) 洪熙元年六月、勅を以て、陳瑄に運糧軍より五万人を発して山陵の建設を助けるよう命じた。同年八月には行在戸部が上奏し、倉糧の輸送が終了したので、陳瑄に命じて、軍士を原衛に還して漕舟を修理させるとともに、委官二〇人を各地に派遣し、糧米を集積させて、明年の運糧開始に備えることをもとめ宣宗の承認を得た。宣徳二年六月には、宣宗は陳瑄に勅して、徐州の倉の修理に運糧軍を派遣して協力させるよう命じた。又、五年三月に陳瑄が餽運四事を上奏し、その中で、南京と直隷の衛所は、「西洋下り」と交阯への派遣に二万人が必要で、漕運に充分な人数をまわせないので、湖広・江西・浙江の衛所から補塡すること、山東都司では兗州護衛の軍一三〇〇人を漕運に充てているが、これをそのまま留めるとともに、更に済寧衛等の捕倭軍を漕運にまわすことをもとめ宣宗の裁

可を得た。ここから陳瑄は各都司・衛所から独断で軍を動員することはできず、奏請して帝の承認を得なければならなかったことが分かる。五年一〇月には、陳瑄が上奏して、運糧軍は例年九月に運糧が終了すると、原衛に帰して漕舟の修理と休息に当てるが、今年は南京・中都留守司・直隷の衛所軍は淮安で、山東都司の軍は臨済で漕舟の修理に当てることとし、湖広・江西・浙江都司の軍は、従来通りに原衛に帰して舟を修理させたいともとめ宣宗の承認を得た。更に六年六月、陳瑄が上奏して、北京への歳運の糧は四〇〇万石で、現在、軍士一二万人を以てこれに当てているが、これでは兵数が足りないので、浙江・湖広・江西と蘇・松・常・鎮・太平等の府の民丁と、軍士の多い衛から更に一二万人を動員し、二四万人体制として、両班に分けて交代で漕運に従事させることをもとめた。これに対し、宣宗は侍郎王佐を遣わして陳瑄・戸部尚書黄福と検討するよう命じた。九月になって王佐はその妥当な旨を報告したが、宣宗は民丁の動員に慎重な態度を示して裁可せず、更に熟議するよう命じた。この件は新たに一二万人を動員しようという大規模な計画で、陳瑄が独断で行うことができずに奏請するのは当然だが、民丁の動員が総兵官の権限になかった為でもある。翌七年九月にも、陳瑄は、軍士一三万人を用いて淮安・臨清倉の糧五〇〇万石を北京に運ぶとすると、一人当たり約四〇石にもなり、とても不可能であると述べて人員の増員をもとめた。これに対して、宣宗は民丁の動員はせず、南京豹韜左衛等の軍士と直隷の衛所、各都司の軍余から一六万人を増撥することを命じた。これらをみると、陳瑄は民丁は勿論だが、運糧軍を出している都司・衛所に対しても直接の動員権はなく、帝の命によって動員されてきた軍を指揮するだけであったことが看取される。

⑤は一例あるが[116]、四年一一月、指揮王成及び千・百戸等の武臣が集合の日時に遅れたうえ、率いてくるべき軍士数も足りないとして、陳瑄が治罪を奏請したものである。宣宗は罪を記録させる措置をとったが、この例にみられるように、陳瑄には管下の武臣を処罰する権限はなくその罪を上奏するのみであったことは他の総兵官と同様である。

⑥は二例あり、[117]一つは、三年六月、陳瑄が、この頃、各都司や衛所は小弱老病の武臣を送ってよこすだけでなく、三、四ヶ月も所定の期限に遅れることもあり、同行の軍士数も不足していると述べ、都司・衛所に命じて、漕運の専任者を決めて、他の任務にはつけないようにするとともに、軍士に欠員が生じた場合はすぐ補充させるようにしてもらいたいと奏請したもので、これを受けて、宣宗は、今後かかる事態が生じた時には、都司・衛所の正官・首領官を罰俸半年に処するよう命じた。しかし、この問題は改善されなかったようで、もう一つの事例も、五年一〇月に、陳瑄が上奏して、各都司・衛所から漕運に動員されることになった武臣や総・小旗は上官に賄して他の役をもとめるので、派遣されてくるのは老疾または幼弱の者ばかりで、軍士の統率が十分にできないと述べ、巡按御史・布按二司・漕運担当の都指揮に勅して、軍数の多い衛は指揮二人、少ない衛は一人を選んで漕運専任とし、千・百戸は能幹の者を、軍士は精壮の者を選抜して、明年正月までに淮安に集合させてもらいたいと要請し、宣宗の承認を得たものである。陳瑄が運軍を派出している都司や衛所に対して直接の命令権はなかったことが窺える。

⑦は一例のみだが、[118]三年一二月、陳瑄が上奏し、この年の運糧軍に賞すべき鈔が未支給であると述べ、明年運糧して京師に至った時に支給するようもとめたのに対し、宣宗は行在戸部尚書郭敦に明年を待たずに支給するよう命じ、郭敦は淮安・山東徳州の官庫より支出することを奏し宣宗の承認を得た。

⑧は二例ある。[119]六年一〇月、行在兵科給事中李番が上奏し、運糧軍士が病死すると官・旗・夫甲が屍を水中に投棄するので、遺体が両岸に漂流して犬や狸の喰う所となっており、見るに忍びないと述べた。宣宗は惻然として、陳瑄と所在の府県に勅して帰葬させるよう命じた。七年一一月には陳瑄が上奏し、浙江都司下の紹興等の衛所から動員されてくる軍士は老弱者が多いうえに、逃亡した者が六〇〇〇余人に及ぶと述べ、五府と兵部に追捕させるとともに、各衛に命じて精壮の軍士に交代させるようにもとめ、宣宗はこれを承認した。

⑨はなく⑩は二例ある。[120] 一つは、五年三月に、陳瑄が子の陳儀を遣わして、楚王府の動向を報告し、その警戒すべきことを密奏したもので、この件については後に述べる。もう一つは、七年七月に、陳瑄が、高郵西北の湖中に宋の哲宗の時の耿遇徳を祀る祠碑が有ると報告し、有司に春秋に祭祀させるよう要請したもので、宣宗は陳瑄の言の如く有司に祭祀を命じた。

以上のように、漕運総兵官は職務が漕運に特殊化したもので、職務の内容は他の総兵官と異なるが、その権限についてみると他の総兵官と全く同じである。つまり民政や監察には関与できず軍務のみであること、管下の武臣や軍士の指揮統制は認められているが、軍の動員、武臣の処罰や人事の権限はなく、運河の補修、倉廒の建設、漕舟の建造等も独自ではできず、必ず帝の命によるか奏請して裁可を得なければならなかったこと等である。

〈鎮朔大将軍・総兵官〉

従来の総兵官は、鎮守総兵官のように常設のものではなく、有事の際に臨機に任命され、事が終れば任を解かれる職であった。北辺を巡回警備した鎮朔大将軍・総兵官はそのような従来型の総兵官である。鎮守総兵官と比べてその職務や権限に相違はあったのだろうか。同職には、洪熙元年から宣徳五年に没するまで、一貫して陽武侯薛禄が任命された。任命に当たって宣宗はしばしば勅を以て任務を指示した。まず『宣宗実録』洪熙元年六月辛亥の条によれば、宣宗は、即位にあたり、各地の総兵官に上京しての朝賀を免じたが、薛禄に対して

宜しく昼夜用心し、部伍を整粛し、器械を精利し、紀律を厳明にし、斥堠に謹み、哨瞭に勤め、機微を審察して、以て不虞に備えよ。一応の辺務は機を相《み》て制し、宜しく務めて万全に出で、須臾に急忽すべからず。尤も宜しく士卒を善撫し、所を失わしむることなかれ。時常に閲習し、士気を作興し、以て国家委任の重きに副え。欽しめ

よや。

と命じた。又、洪熙元年一一月辛酉の条には

　官軍を率領し、開平・宣府・大同等の処を巡り、兵備を厳飭せよ。

とあり、宣徳二年五月癸巳の条には

　仍りて勅するに、在途に隊伍を整粛し、疎虞を致すことなかれ。或いは虜寇に遇えば、即ち機を相《み》て勦捕せよ。慎しみて窮追することなかれ。

とある。任務の大略は窺えるが、これらの勅は簡略かつ抽象的で、職務の範囲や権限の詳細は明確でない。そこで薛禄からの報告・要請や彼への下達命令を示すと表12のようである。

表12　鎮朔大将軍・総兵官

①	開平・鳳凰嶺で韃虜と戦闘	2
②	韃虜の動向の監視と警戒、和寧王阿魯台の朝貢と対応	4
③	万全右衛城の移転、西陽河・洗馬林の煙墩増設、独石の築城、開平衛の設置、赤城等四站での城堡建造、開平での道路修理	6
④	宣府への軍の増強、守墩軍の交代、各城堡への軍の配備、宣府・大同の連携強化、宣府・大同軍による境外巡哨	5
⑤	配下の武臣の告発	0
⑥	配下の武臣の人事	0
⑦	宣府・大同軍の月糧・柴炭の歳弁、開平への軍糧輸送、開中法の実施	10
⑧	逃亡軍の補充	1
⑨	馬匹の確保	0
⑩	御史に弾劾さる	2
	（合計）	30

①は二例ある。[121] 宣徳二年七月、薛禄らが開平城下に至った際に韃虜三人を捕え、その供述によって、開平の東南三〇〇里の地に虜営があるのを察知して攻撃を加え、虜数十人を斬り、賊首晃合帖木児ら一二人を生擒し、掠奪された男婦六四人を奪回し、馬八一七匹・牛羊四〇〇〇余頭を得た。八月にこの報告が届くと、宣宗は勅を賜わって嘉賞した。又、

五年三月には薛禄が上奏し、二月二日に鳳凰嶺で韃虜と遭遇して一〇〇余人を殺し、掠奪された男婦四六人を奪回し、馬・羊・牛一〇〇〇余頭を得たとしてこれを献上した。宣宗は薛禄の功を嘉し太保に進めた。戦闘はこの二件のみで、南辺の諸省の戦闘の激しさ規模の大きさに比べて、北辺の静謐さを窺うことができる。

②は四例ある。[122] 二年六月、宣宗は薛禄に勅し、開平にしばしば韃虜が出没することを通知し「兵を整えて巡邏し、寇に遇えば機を相《み》て剪除せよ。尤も宜しく慎重たるべし」と厳戒を命じ、三年一〇月にも、勅を以て薛禄と遼東総兵官の巫凱に警戒を厳にするよう命じた。更に同月、永平府より韃虜が陳家荘に侵入して人畜を劫掠したとの上奏を受け、薛禄と鎮守永平の都督陳景先に警戒を命じた。五年正月には、薛禄が、間もなく和寧王阿魯台の朝貢使が来るのに備えて、居庸関に一五〇〇人、懐来に五〇〇人の軍を配置して警戒せんことを要請して宣宗の承認を得た。

③は六例あるが、[123] まず宣徳元年三月、薛禄が、万全右衛城は高地に在って水が乏しいとして、七里ほど離れた宣平堡に移すことを奏請し、軍士三万人を用いれば一ヶ月で築城できるだろうと述べた。しかし、宣宗は軍民の労苦を指摘して「姑く止む」措置をとった。又、同年六月、薛禄は「備辺五事」を上奏し、その第五項で、西陽河・洗馬林の二隘口に煙墩を設けてあるが、両者の距離が離れているため、夜間の情報伝達ができないので、三煙墩を増設し鉄砲を配置すること、縁辺の煙墩は倒壊しているものが多いので、大同の鄭亨と宣府の譚広に命じて修築させることをもとめた。宣宗は「公侯大臣に命じて之を議せしむ」措置をとった。二年六月には薛禄の奏請に従って、開平への補給が困難なので、独石に築城して新開平衛をたてること、現在、開平を守備している軍士の家族を新城に移して耕種させ、新開平衛と他衛の軍二〇〇〇人を選んで二班に分け、一班ずつ交代で旧開平城を守備させることが決定され、薛禄は秋の収穫をまって新城の築造に当たるよう命ぜられた。開平衛の独石への後退が薛禄の提案だったことがわかる。三年五月、薛禄と副総兵の清平伯呉成に勅して開平への補給路の修築を命じた。五年四月には、薛禄が永寧衛の団山

と鵰鶚・赤城・雲州・独石の四站に築城すべきであるとして、人夫と工匠五万人と二ヶ月分の食糧、護衛の官軍一万人、医師二〇人の動員を奏請し、更に六月に独石で用いる軍器・銅牌・更鼓の支給をもとめ、宣宗は薛禄の要請を全て承認した。このように、薛禄は開平衛の独石への後退のような戦略的な事柄にも発言力をもち、その意見が朝廷の決定に影響を与える一方で、煙墩の設置等の細事も独自にはできず、奏請して裁可を得る必要があったことが分かる。

④は五例あり、[124] まず宣徳元年三月、薛禄が上奏して、洪武中には宣府に六衛が配置されていたが、現在は宣府前衛のみで左・右二衛の軍は定州で屯種していると述べ、宣府への復帰をもとめた。宣宗はその必要を認めたが、下屯して久しいので、にわかに移すのは困難だとして、まず宿舎を築造し、一年後に家族とともに移動させるよう命じた。又、同年六月、前述のように薛禄が備辺五事を上奏したが、その第三項で、大同には鄭亨、宣府には譚広が在るが、両地の間は四〇〇里あって、緊急の場合相互に応援し難いので、各々都督一人を増員して宣・大の間を往来巡邏させるようにもとめ、宣宗は公侯大臣に検討を命じた。四年八月には薛禄が上奏して、口外の火器部隊は五年間交代がなく、労苦に耐えないと述べて交代をもとめ、宣宗は行在兵部に検討させたうえで一、二ヶ月或いは三、四ヶ月ごとの交代を命じた。同年一一月に、薛禄は改めて総兵官に任ぜられ、境外の巡哨を命ぜられたが、このとき宣宗は大同の鄭亨と宣府の譚広に命じて、各々騎士一〇〇〇人、歩軍一〇〇〇人、有馬の神銃手二五〇人を出させて薛禄の指揮下に入れた。五年五月には、薛禄に勅して、完工した城堡に何処からどの程度の軍を動員配置すべきかを検討して上聞するよう命じた。これらの事例からみると、軍の移動や配置について、薛禄の意見は十分に尊重されるが独断で行う権限はないことが確認できる。

⑤・⑥は事例がないが⑦は一〇例ある。[125] 洪熙元年七月、前述した例だが、薛禄が上奏して、大同の軍は月支米が五斗、宣府は三斗で不均等なので、一律に四斗とするようもとめ宣宗の承認を得た。宣徳元年二月には宣府・懐安・永

寧諸衛の軍は、都督府の歳供の柴炭の採弁にも当てられているが、これらの地域は守備を厳にする必要があり、かつ採弁に当たった軍士が逃亡する場合も多いと述べて役の停止を奏請し、宣宗は即刻停止を命じた。このほか元年四月・二年五月・三年閏四月・四年正月・同年六月の例は、いずれも薛禄に開平への軍糧輸送の警護を命じたものである。五年四月には薛禄が上奏して、開平の軍糧は年間四万石を必要とするが、現在輸送に動員される人数が一定していないと述べ、必要数を検討して定数を定めるようにもとめ、宣宗は行在兵部尚書張本と五府に検討させ、輸送体制を整えることを命じた。更に同年五月に、開平での開中法の実施に備え、開平衛の広積倉に副使一員を増置することを奏請して宣宗の承認を得た。⑦の殆どが開平への軍糧輸送に関わるものであった。

⑧は一例のみだが[126]、宣徳二年九月、京営の火器部隊である神機営から薛禄のもとに一万七〇〇〇余人が派遣されているが、逃亡が一四〇〇余人にのぼったと述べ、附近の衛から補充することの許可をもとめ宣宗の承認を受けた。⑨はなく⑩が二例ある[127]。一つは、四年八月、薛禄が更番操練の名目で、山海関等の軍を、許可を得ずに京師に派遣したとして、御史張駿らに弾劾されたものである。総兵官が独断で軍を移動したり配置を換えることは弾劾の対象になったことがわかる。もう一つも弾劾された例だが、五年四月、薛禄が応城伯孫傑の受賄を庇ったことが「朋比不敬」であるとして、御史李笴・給事中賈諒らに弾劾されたものである。いずれも宣宗は「姑く之を宥す」措置をとった。総兵官が弾劾された件については後述する。

以上のように、薛禄は、軍を率いての巡辺と、開平への軍糧護送が主たる任務だったが、その職務範囲・権限は、各地の鎮守総兵官と基本的に同じである。つまり民政には全く関与せず軍務のみであり、軍糧の確保や開中法の実施にも関与するが、城堡の修築や軍の移動・配置を独断で行う権限はなく、全て奏請して帝の承認を得なければならない。松本隆晴氏は、その論考で従来型の総兵官を「従征総兵官」として鎮守総兵官と区別して分類したが、両者には

特定地域に駐箚するか有事に派遣されるかの違いはあるが、その職務や権限に差違はなかったことが分かる。(128)

〈交阯の総兵官〉

交阯に派遣された総兵官も、鎮朔大将軍・総兵官と同じく、有事に任命される従来型の総兵官である。交阯には成山侯王通・安遠侯柳升・黔国公沐晟が総兵官として派遣されたが、まず任命された時の命令の内容をみてみよう。『宣宗実録』宣徳元年四月乙丑の条によれば、王通が征夷将軍・総兵官に任ぜられた時

交阯に往きて叛寇を勦し、軍民を撫安せよ。

と命ぜられ、同年一二月乙酉に柳升が征虜副将軍・総兵官に任ぜられた際には

官軍を率いて交阯に往き、総兵官・黔国公沐晟と会合し、蛮寇を勦捕せよ。

とあり、同日に征南将軍・総兵官に充てられた沐晟に対しては

官軍を統率して交阯に往き、総兵官・安遠侯柳升と会合し、寇を勦捕せよ。

とある。三人とも命ぜられた任務は叛寇つまり黎利の征討であった。ではその権限はどうだったのか。王通については、王通が総兵官に任命されたと同じ日に安平伯李安に勅して

交阯都司事を掌り、仍りて総兵官の節制に聴《したが》え。

と命じ、李安に交阯都司を管理させるとともに明確に王通の指揮下に入れた。更に同日に交阯三司に勅して王通の派遣を通告するとともに

通至らば土兵三万人を選び、その調度に聴《したが》い、務めて此の寇を殄し、以て一隅を安んぜよ。所属の官吏・軍民、あてるに供億を以てするも、軍旅重しと為し、其の外の一切の細務は悉く停止し、以て民を労することな

かれ。

と命じ、王通に全面的に協力するよう命じた。王通は交阯都司の全軍と新たに編成される土兵三万人を指揮下におき、交阯三司の積極的協力を得ることになったわけである。柳升の場合は『宣宗実録』宣徳元年一二月乙酉の条によれば、任命の時に

所領の官軍及び交阯各衛の官軍・土軍・土民は悉く節制するを聴《ゆる》す。

とあり、このほか柳升の要請によって工部に命じて令旗・牌面を製作させて付与した。令旗・牌面については、万暦期の史料だが呂坤の『去偽斎集』巻一「摘陳辺計民艱疏」に

今、督・撫・総兵は朝廷授くるに旗・牌を以てし、之をして府を開き牙を建て、節制に違い軍令を犯す者は、以て擅殺するを得しむ。故に旗・牌の在る所、即ち天威の在る所なり。

とあり、これを授与されると、皇帝の権威を背景に、幕府を開き牙旗を立て、節制に従わない者に対しては擅殺の権を与えられるという。宣宗朝ではどの程度の権限を附与されたか明らかでないが、王通・沐晟はこのような旗・牌は与えられておらず、増援軍の主力を率いた柳升は他の総兵官に比べて一段と強力な権限を与えられたのかもしれない。ただ、柳升から要請を受けた時、宣宗が工部に製造させて授与していることからみて、朝廷にも用意がなかったようで、特異なケースだったとみられる。任命時の命令にみられる三人の任務・権限は以上のようであるが、その具体的な内容を示すと表13のようである。

表13　交阯の総兵官

①	黎利軍との戦闘	3
②	黎利軍の動向報告と招撫	12
③	城堡等の築造・修理	0
④	軍の動員と派遣	7
⑤	配下の武臣を告発	1
⑥	配下の武臣の人事	0
⑦	軍糧の確保	0
⑧	逃亡軍士等の取り扱い	0
⑨	馬匹の確保	0
⑩	独断撤兵に対する弾劾	6
	（合計）	29

①は三例ある。[129] 宣徳元年一一月、交阯城に攻撃をかけてきた黎善に対して、王通が反撃し、応平県の寧橋まで進出した。諸将はみなこれ以上進むべきでないと主張したが、王通は無視して進撃し、伏兵に遇って大敗し、参賛軍務の兵部尚書陳洽は戦死し、指揮李騰らは捕虜となり、王通自身も負傷する有様になった。又、翌二年二月、黎利が再度交阯城を攻撃したが、王通が一旦これを撃退した。このとき諸将と三司の官は攻撃の続行を主張したが、王通はためらって三日間猶豫したため、黎利が勢力をもり返したという。同年九月には、柳升の軍が隘留関に至ったところ、黎利が「罷兵安民」を申し入れ、礼部郎中史安・主事陳鏞・参賛軍務の南京兵部尚書李慶らは、信用できないとして、警戒すべきことを主張したが、柳升は油断して、結局戦闘となって柳升も戦死してしまった。これらはいずれも敗戦の記事であり、責任を無能な主将に帰するため、いずれの事例でも、王通や柳升が諸将や幕僚の反対を無視した結果、敗北を招いたという書き方になっている。しかし、ここから戦闘に当たって戦術の決定は総兵官が独断でできたことが分かる。

②は最も多いが、[130] その大部分は黎利軍の動向と王通の止戦・撤退の事情に関するものであり、主なものを示すと次のようである。宣徳二年四月、黎利は王通に書を送って和睦を提案した。王通は柳升らの軍が未着なことを考慮して、一旦黎利の要請を容れ、援軍が到着したら戦闘を再開しようとした。王通の判断に対し、諸将・幕僚のある者は賛成し、ある者は反対し、或いは沈黙した。按察使楊時習のみ強く反対したが、王通はこれを叱咤して押し切り和睦に決した。しかし、九月に柳升が大敗して戦死してしまい、一〇月になって、王通は黎利と盟約を結んで撤兵を約し、このことを上奏するとともに、黎利の使者と表・貢物を京師に送った。これに対して、宣宗は黎利を招撫することに決し、一一月に行在礼部左侍郎李琦・工部右侍郎羅汝敬を交阯に派遣して、黎利に詔を伝えさせることにした。更に同日、都指揮張凱・指揮僉事田寛を遣わして王通に勅を下し、撤兵を命ずるとともに、三司・府・州・県・衛・所の官

は家族を同伴して帰還するよう伝えさせることとした。しかし、一二月に、王通は、勅の到着を待たずに陸路広西に戻り、太監山寿らは水路欽州に帰った。まもなく交阯三司の文武官員・旗軍・吏典・承差やその家族八万六六四〇人が帰還し、全面的に交阯より撤退した。三年二月に王通は撤兵のやむを得なかった事情を上奏したが、宣宗は王通と右参将・都督馬瑛に勅し、城池を固守して朕の命を待つべきであったと叱責したが、同時に軍を率いて帰京するよう命じた。同月には、沐晟に対しても、王通が既に撤兵したことを告げるとともに帰還を命じた。

以上の経過をみると、当初、王通は諸将・幕僚に賛否両論のある中で止戦に決し、ついで帰還を命ずる宣宗の勅の到着をまたず撤兵した。この王通の行動を最初に弾劾したのは、交阯に派遣された李琦・羅汝敬だった。三年二月、二人は交阯に赴く途中の南寧で、撤退してきた王通と会い、王通に交阯に往くことを止められたが、これを拒否して竜州にむかうとともに、王通が勅を待たずに撤兵したことを劾奏したのである。前述のように、同月の王通の上奏に対する宣宗の叱責もこの点にある。つまり、王通の止戦・勅を待たずの撤兵のうち、当初、非難されたのは後者のみであり、両者を含めて弾劾されるのは三月以降である。停戦そのものは、当初は問題にされなかった。前述のように、総兵官は戦術の決定権をもっていた。王通は、その延長上の措置として、独断で黎利との止戦を決定したのだろう。少なくとも王通は権限内のことと判断したのである。しかし、事は交阯問題全体の戦略上の問題と関わっており、これは帝の決定を待たなければならなかったとして、非難攻撃されることになったのである。

③はなく④は七例ある。[131] 既に述べたが、宣徳元年四月、三司に勅を下して、土兵三万人を選抜して王通の指揮下に入れるよう命じ、一二月には、更に柳升・沐晟を派遣することとし、所領の官軍・土軍を悉く節制するのを聴した。この時、宣宗は勅を発して、南北両京の諸衛・中都留守司・武昌護衛・湖広・江西・福建・浙江・山東・河南・広東・広西・貴州の各都司・福建行都司・南直隷諸衛の軍、合せて七万余人を動員して柳升の指揮下に、成都護衛・四

川・雲南都司・四川行都司の軍を沐晟の指揮下に入れた。更に二年三月に、重ねて武昌護衛・成都護衛・南京で待機している「西洋下り」の軍・中都留守司・湖広・浙江・河南・山東・広東・福建・江西・雲南・四川の各都司・四川行都司の軍三万三〇〇〇人を動員した。勿論、これらの広範な動員は宣宗の勅令によって行われたもので、王通・柳升・沐晟は関与していない。彼らは、節制つまり指揮・統率を委ねられただけである。交阯でも他の地域と同様に大規模な動員は総兵官が独自に行えるものではなかった。

⑤は一例あり、(132)元年一〇月、広威州に拠った黎善に対して、指揮王勉・司広を押えに置くとともに、交阯都指揮袁亮に攻撃させたが、伏兵に遇って敗北し、捕虜になってしまった。このとき王勉・司広が策応しなかったとして、王通が、巡按御史とともにその処罰を奏請した。これに対し、宣宗は立功贖罪の措置をとった。王通は柳升のように旗・牌を附与されておらず、配下の軍官の処罰権はなく、その罪を告発するのみである。この点、他の地域の総兵官と同じだが、敗色が濃く、大規模な戦闘が続いている交阯でも、この原則が堅持されていたことが窺える。(133)

このほか、⑩に六例あるが、(134)いずれも王通がその止戦・独断撤兵を弾劾されたものである。交阯の総兵官は、苦戦が続く激戦地に派遣されたものだから、臨機に大きな権限を与えられたのではないかと予想したが、具体的に検討してみると、必ずしもそうでない。やはり民政等に関与した事例はなく軍務のみである。ただ、軍務の中で③・⑥・⑦・⑧・⑨は事例が見当たらず、或いは、城堡の修築や軍士の取り扱い等は、独自に処理することが認められていたのかもしれないが確認できない。軍糧関係のことは三司が担当していた可能性が高い。柳升は令旗・牌面を賜わって、より大きな権限を与えられたのかもしれないが、行使する暇もなく戦死したので明確には分からない。

以上のように、漕運総兵官、鎮朔大将軍・総兵官、交阯に派遣された総兵官の職務と権限についてみてきた。この中で漕運総兵官は職務が特殊化したもので、交阯の総兵官は敗色濃い激戦場に派遣されたという点でやや特異であった。しかし、いずれも民政等には関与できず軍務のみということでは他の総兵官と同じである。軍務でも麾下の軍の節制、つまり指揮・統制や戦術上の決定権は附与されている。しかし、軍の大規模な動員や配下の武臣の処罰・人事等の軍の統帥の中核となる権限は与えられておらず、全て帝の命令によるか、奏請して帝の承認を得なければならなかった。これらの総兵官の権限も基本的に北辺・南辺の鎮守総兵官と同じだったとみることができる。

小結

総兵官は、元来は有事の際に任命されて事が終れば任を解かれる臨機の職だったが、永楽・宣徳の間に北辺や南辺に常設され、鎮守総兵官と称されるものが現われた。特に宣宗朝の体制は中期以後の基礎となった。総兵官には公・侯・伯の勲臣と都督・都督同知・都督僉事が任命され、将軍号を帯びた掛印総兵官と非掛印総兵官があった。宣宗朝では北辺の遼東・薊州永平山海・宣府・大同・寧夏・甘粛、南辺の四川・雲南・貴州・広西に鎮守総兵官がおかれ、遼東は征虜前将軍、宣府は鎮朔将軍、大同は征西前将軍、寧夏は征西将軍、甘粛は平羌将軍、四川は平蛮将軍、雲南は征南将軍、広西は征蛮将軍の印綬を佩びた。このほか、有事に任命派遣される従来型のものとして北辺の鎮朔大将軍・総兵官、交阯に派遣された征夷将軍・総兵官があり、やや任務が特殊化した漕運総兵官があった。総兵官の任期は一定しておらず長期に及ぶケースが多く、遼東・宣府・大同・貴州・雲南では同一人がほぼ宣宗朝を通じて在任した。

これらの総兵官の職務について検討すると、まず明確なのは民政には全く関与することはなく軍務のみであったことである。これは洪武一〇年代後半から、武臣が民政に関与するのを厳禁したことが踏襲されていたのであろう。(135) その軍務の内容を明らかにする為に、①戦闘の指揮、②虜・蛮等の動向への対応や招撫、③城堡・墩台等の築造や修理、④軍の動員や移動・配置、⑤配下の武臣の告発、⑥配下の武臣の配置、⑦軍糧の確保、⑧逃亡等を含む軍士の取り扱い、⑨軍馬の確保、⑩その他の項目をたてて名地域ごとに検討した。薊州永平山海と寧夏は事例が少なくて必ずしも明確にできず、貴州は①・②に片寄ってやや特殊だが、その他の地域については次のようなことが確認できた。まず掛印総兵官と非掛印総兵官でその職務の範囲に差違は認められず、勲臣と都督クラスの武臣の身分による違いもない。在任期間が長くなれば個人の能力や声望によって職務の範囲や権限に違いが生じる可能性があるが、それも認められない。又、各地域とも事例は①から⑨の範囲に納まり、その職務は各地域に共通する。このことは任ぜられる武臣の身分等ではなく総兵官職の職務そのものが明確に定められていたことを示している。

総兵官の権限について整理すると次のことが確認できた。①から、緊急かつ小規模な臨機の出兵は総兵官が独自に行っており、戦術の決定権ももっているが、大規模なものは全て帝の命によるか事前に奏請して帝の裁可を得なければならない。②から、招撫を実施する場合も必ず帝の承認を受けなければならない。③から、一烟墩の設置といえども独自には行えず、必ず奏請して帝の承認を得る必要がある。④から、軍の動員や配置も帝の命令によるか奏請して裁可を得なければならない。⑤から、配下の武臣に過誤や不正があっても総兵官に独自の処罰権はなく、報告して治罪を奏請するのみである。⑥から、配下の武臣の配置や移動は独断ではできず、奏請して帝の承認を得なければならない。つまり配下の武臣の人事権はない。⑦から、軍屯・民運・開中法が当時の軍糧確保の支柱だが、このうち軍屯と開中法には関与するが、民運糧には全く関与できない。つまり軍事上の決定権は巨細にかかわらず全て皇帝に集中しており、総兵官は扱う軍務の範囲は広いが、軍の統制の骨格をなす大規模な動員権・処罰権・人事権等は附与されておらず、その権限は非常に制限されたものであったといえる。何故にそうなったのか、その背景について考えてみよう。

太祖朝では辺防の任を諸王に委ねる体制をとった。佐藤文俊氏は『祖訓録』、『皇明祖訓』によって太祖が洪武初年より一貫して親王に期待した最大の理由は右のごとく分封地を軸にした軍事面での役割であった。この役割に関して右の両書で規定している重要な点は、親王には生殺与奪並びに人事権を与えた親衛軍たる護衛（規定では三護衛）を持ち、皇帝の勅令と親王の令旨が出揃えば、親王は護衛と都指揮使司下の衛所兵を率いて出兵し、緊急事態には独自の判断での出兵が認められた。

と述べる。[136] 氏のいう如く親王が実際に護衛軍に対して、生殺与奪の権や人事権を行使し得たか否かは実例を示していないので不明だが、諸王が食封制のもとで土地・人民の支配は認められず、軍事的な任務のみを与えられたことは確かである。しかし、靖難の役・漢王高煦の乱を経た成祖・宣宗朝では諸王の勢力を抑制し、その軍事的権限を回収あるいは剝奪していったのは周知のことである。この動きと表裏の関係で進められたのが総兵官の常設化であり、南北の辺防を諸王に代って総兵官に担わせることになった。総兵官には諸王のあり方を受け継いだ面もあり、民政には関わらず軍務のみを担当したというのもその一つである。鎮守総兵官を設置するとき、当然、靖難の役や高煦の乱を教訓とし、諸王のもっていた軍事的権限について考慮されたと思われるが、諸王以上の権限を与えた筈がない。軍閥化しないように努めてその権限を抑制し、二重三重に箍が嵌められたと思われる。それが総兵官の権限が前述のような抑制されたものになった理由であろう。また総兵官が唐代の節度使や南宋初の張家軍・岳家軍・韓家軍などの各家軍のように軍閥化しなかった所以でもある。

それではこのような権限や職務範囲しかもたない総兵官で辺防に十分に対応できたであろうか。それは不十分だったとみざるを得ない。総兵官と三司の関係については別に述べるが、戦闘の打ち続いた南辺では、総兵官は三司・巡按御史と協同して任務に当たっていた。職務範囲が軍務に限られ、その軍務も大小となく奏請と裁可を経なければならない総兵官のみでは、緊急事態への迅速かつ十分な対応ができなかった為とみられる。宣宗朝の北辺は概して平穏だったので、その不十分さは表面化しなかったが、まもなく起った土木の変で不備を露呈することになった。土木の変後に辺防体制の再建に努めた景泰朝で、軍の指揮権をもった新しいタイプの巡撫が南北辺に配置されることになった。従来の巡撫は民政・監察と軍糧関係の軍務を扱ったが、新たに提督軍務を兼任することによって軍を指揮統率する権限も併せもったものである。[137]景泰中にこのような巡撫が配置された地域は、北辺では遼東・宣府・大同・保定・永平山海で、南辺では四川・貴州・広東・広西であり、宣宗朝で鎮守総兵官が置かれた場所と殆ど重なる。これ以後、巡撫が軍務・民政・監察の権を併せもって、辺防の主役となっていった。辺防の任を有効に果す為に、従来の総兵官より広い職務の範囲とより強い権限をもつ職が必要とされた結果である。総兵官の職務・権限を拡大強化する方途もあったと思われるが、実際には文臣出自の巡撫がその任に当てられることになった。景泰朝における新しいタイプの巡撫の配置には兵部尚書于謙の意向が強く反映したようだが、巡撫の方が従来から職務の範囲が広く、更に武臣には洪武以来の民事不関与の明禁があった為であろう。巡撫以外にも、より軍務色の強い総督[138]や、明末には更に権限が強く職務範囲の広い経略や督師が現われ、文臣出自の諸職が軍務を掌握して、総兵官以下の武臣はその頤使に甘んずることになった。

第二節　鎮守武臣の配置と職務・権限

（一）　都督・都指揮・指揮の各クラス

総兵官のほかに、総兵官の称は帯びないが、各地に派遣されて駐劄した鎮守の武臣があった。鎮守武臣の職務や権

表14　鎮守武臣

鎮守担当地域	官銜・氏名
〈北辺〉	
薊州・山海	都督僉事陳景先・都督僉事陳敬
居庸関	都督沈清・指揮芮勛・隆慶衛指揮同知李景
居庸関兼理隆慶衛事	金吾衛指揮高迪
密雲	都指揮同知蔣貴・都指揮僉事馬驥
定辺衛	都指揮僉事路宣
万全右衛	都指揮黄直
開平	都指揮唐銘
山西	都督僉事李謙
延安	都指揮僉事劉儼
洮州	都指揮李達
西寧	都督李昭・都督僉事史昭
河州・西寧	都督僉事劉昭（後に同知に陞進）
涼州	都指揮僉事丁剛・都督僉事王貴
粛州	都督僉事王貴
〈南辺〉	
松潘	都指揮僉事邢安
竜州・憑祥・坡壘等処	都指揮僉事黄玹・張貴
贛州衛及信豊・南安・会昌千戸所	江西都指揮僉事呉堅
〈内地〉	
定州	都督馬聚・都督僉事馮興
彰徳	都督僉事李玉
宿州	都指揮僉事胡貴
淮安	都指揮閻福・都指揮同知李信

限はどのようなものだったのか、又、総兵官との統属関係はどうだったのか。本節ではこれらの点について考察する(139)。宣宗朝で鎮守の配置が確認できる地域と被任命者の官銜・氏名を示したのが表14である。配置された場所は、北辺一三ヶ所・南辺三ヶ所・内地四ヶ所の二〇ヶ所で、大半は北辺の各地である。これについて『宣宗実録』宣徳四年九月庚午の条に

都指揮僉事陳文を広西に調す。文は初め儀真・揚州に鎮守し、官民の財物を求索し、事覚われて、京師に輸作せしめらる。是に至り、行在兵部、応に職に復し、還りて揚州に鎮せしむべきを奏す。上曰わく、揚州は内地なり。何ぞ鎮守を用いんや。彼、間暇にして富饒なるに処《お》り、徒らに以て其の欲する所を済《な》せり。宜しく之を両広に処らしむべしと。遂に是の命あり。

とある。宣宗のやや皮肉な言葉から、臨戦態勢のまま駐箚する鎮守は、その趣旨からして、本来、内地におかれるものではなかったことが窺える。

任命された武臣は延べで三〇人だが、都督・都督同知・都督僉事の都督クラスが延べ一二人、都指揮・都指揮同知・都指揮僉事の都指揮クラスが一五人、指揮使・指揮同知・指揮僉事の指揮クラスが三人で、都指揮クラスが最も多い。総兵官は、勲臣か都督クラスの武臣で、都指揮や指揮が任ぜられることはなかった。都督クラスは両者にまたがるが、全体的に鎮守には総兵官に比べてやや下位の武臣が充てられたといえる。又、鎮守が担当した地域をみると、事例によって広狭があるが、おしなべて総兵官に比較して狭い特定の場所だったことが分かる。それでは鎮守の職務や権限はどのようなものだったのか。総兵官の場合と同様に、鎮守に対する命令や鎮守からの報告・要請を収集したが、総兵官に比べて例数が少なく、少ないこと自体に意味があるわけだが、個々の鎮守について比較検討することはできなかった。又、任命された武臣の官銜が都督クラスから指揮クラスと幅広く、身分によって差違がある可能性もあるので都督・都指揮・指揮の各クラスに分けて考えることにする。

〈都督クラス〉

都督クラスの武臣が鎮守したのは、薊州山海・居庸関（その後、指揮クラスに低下）・定州・彰徳・山西・西寧・河

表15　都督クラスの鎮守武臣

①	薊州山海・山西・西寧・甘粛での韃虜・西番との戦闘	5
②	河州・西寧・粛州・山西における韃虜・番等の動向報告と対応	9
③	衛城の修築・煙墩の増設・千戸所の設置・水害をうけた施設の修理	6
④	薊州山海・河州での軍の移動・配置、山西都司と大同間の軍の移動	10
⑤	配下の武臣の守備不厳・失機・不正を告発	3
⑥	配下の都指揮・指揮等の武臣の配置	3
⑦	屯田への軍士の動員・民運糧の折納	3
⑧	逃亡軍士等への対応	1
⑨	馬匹の徴収・買い入れ、武器の整備	2
⑩	王府の動向の報告	2
	（合計）	44

州・粛州だが、これらの地域に都督クラスの武臣が在任した期間内の下達命令や報告・要請等を示したのが表15である。なお表の①から⑩各項の内容は総兵官の場合と同じである。

①は戦闘の報告や討伐に関する命令で五例ある。[140] 内容をみると、宣徳元年七月、鎮守薊州山海等処の都督僉事陳景先が上奏し、巡辺の官軍が鮎魚石関で韃虜四〇余人と遭遇し、これを追撃して捕殺したことを報告した。宣宗は、行在兵部尚書張本らに諭して、防守を固めて虜が来れば撃ち、去れば追うことなく、保境安民を図ることが上策だと述べ、陳景先に対し、小利を貪ることのないように戒めさせた。この陳景先への叱責が、勅ではなく兵部を通じて行われたことが、総兵官との相違を考えるうえで注目される。又、同年一一月には陝西行都司の都指揮僉事康寿が、捏納卜唖簇に居る家族が番族に劫殺されたと訴えたことを受け、宣宗は、鎮守西寧・都督僉事史昭らに附近の官軍を率いて西番を討伐するよう命じた。更に六年六月、鎮守山西・都督僉事李謙に勅して山西絳州垣曲県を劫掠した韃虜の捕獲を命じ、七年正月には、李謙が、侵入した韃虜を撃退したことを報告するとともに、斬獲の首級・馬匹を献じた。又、九年一一月、鎮守甘粛・都督僉事王貴が、粛州衛の指揮同知胡麒らに命じて巡哨させたところ、昌平頭墩で韃虜に遭遇し、これを追撃して窯児站で戦い、斬六級・馬四匹を得たと上奏し

た。宣宗は有功者を陞一級とし、戦死した二人の軍士の子を総旗に任ずるよう命じた。以上のように戦闘の報告や討伐の命令は山西の二件、薊州山海・西寧・甘粛の各一件の合せて五件のみで、いずれも極く小規模なものであった。

②は、韃虜や番族の動向についての報告や、これに関する命令だが九例ある。[141] まず洪煕元年八月、鎮守西寧・都督李昭が上奏し、朝廷の使臣を劫殺した曲先衛の指揮散即思らの動向を報告するとともに、西寧に移動してきた罕東衛の土官指揮却里加らを罕東に戻す許可をもとめた。これに対し、宣宗は西寧に居住させ撫綏を加えるよう命じた。宣徳元年六月には、鎮守粛州・都督僉事王貴に勅して、外夷が粛州に来て羊馬を売るが、その際、適正な価格で取り引きするよう下人を戒めて、外夷の反感をまねくことのないようにせよと命じた。また同月、鎮守河州・都督僉事劉昭が上奏し、勅を奉じて平涼・臨洮・鞏昌・洮州・岷州・河州等の土民を選抜訓練して防衛に当たらせようとしたが、土民は元来が耕種を事として武芸に習わず、勇敢な者も少ないので、見るべき成果はあがらないと述べ、全て帰農させることを要請して宣宗の承認を得た。又『宣宗実録』宣徳二年九月丙申の条によれば、宣宗は鎮守山西・都督僉事李謙と山西三司に勅を下し、虜中より逃帰した者から、韃虜が飲馬河に屯集しているとの情報を得たこと、大同総兵官から、大同の西北に夜間しばしば火光が望見されるとの報告があったことを伝え

士馬を練り、城堡を固め、烽燧を謹み、斥堠を遠くすべし。寇至らば堅壁清野し、之と戦うこと勿れ。彼をして得る所なからしめよ。

と命じた。四年一一月にも鎮守山西の都督僉事李謙と山西都司に勅し、和寧王阿魯台の使者が大同を経て京師に至ったことを通知して、守備を厳重にするよう命じた。これらの例では、宣宗は鎮守山西と三司、或いは鎮守山西と都司を並べて厳戒を命じたが、このようなかたちは、南辺では頻繁にみられるが北辺では珍しい。六年正月には、鎮守西寧・都督僉事史昭が、先に叛逆した曲先衛の真只罕らと、これと行動をともにした阿端衛の一部が逃亡したままで、

まだ帰附していないと述べ、招撫して故地に戻し復業させたいと奏請して宣宗の承認を得た。招撫も事前に奏請し、帝の承認を得る必要があったことが分かる。又、同年六月、鎮守河州・都督僉事劉昭が、羅思嚢の西番千戸阿失吉がその弟に殺されたので、弟を捕えて按問したところ斬罪に当たると上奏し、宣宗も処刑に同意した。八年五月には、鎮守山西・都督僉事李謙が上奏し、陝西の府谷・神木の両県に、逃亡した軍民一〇〇余家が潜伏しており、武器を所持し韃虜を誘って辺を犯す恐れがあると報告した。宣宗はこれらは軍衛の有司に虐待されてやむを得ず逃亡したものであろうと述べ、まず招撫して、どうしても帰服しなければ軍を発して討伐するよう命じた。九年一二月には、鎮守河州・都督僉事劉昭が上奏し、烏思蔵の貢使乩蔵らが、朝廷より下賜された物品で茶を購入したところ、臨洮衛では私茶と疑って乩蔵らを拘留し茶を没収したと述べ、使者の釈放と茶の返還を要請した。宣宗はこれを承認し、臨洮衛に劉昭の奏請のようにすることを命じた。この経緯をみると、劉昭は臨洮衛に直接に指示命令する権限はなかったことが窺える。以上のように鎮守河州に関するもの三件、鎮守西寧に関するもの二件、鎮守粛州に関わるもの一件、鎮守山西に関係するもの三件だが、河州・西寧・粛州等では、外夷との交易や頻繁に往来する使臣の応接等も鎮守の重要な任務だったことが分かる。

③は城堡の修築など、防衛施設の整備に関するもので六例ある。[142] まず宣徳三年三月、鎮守定州等処・都督僉事馮興が上奏し、真定衛の北門の城楼が頽壊しており、保定の城門は四隅とも楼鋪がないと述べ、二処の衛・府に勅を下し、軍民を撥して修築させるよう提案し、宣宗はこれを認め、秋の収穫の後に着工するよう命じた。鎮守は、保定府城は勿論、衛城の修築についても、上奏してその必要を述べるだけで、独自に実施することはできなかったことが分かる。同年六月には、巡按御史王豫が、密雲中衛所属の関垣一一処は山水が衝決し、守備の兵力も少ないと指摘し、附近の衛所に命じて修築させ、その工事を鎮守の都督僉事陳景先に監督させるよう奏請して宣宗の承認を得た。鎮守は帝の

命令を受けて初めて工事を監督できたものとみられる。又、四年八月、鎮守山西・都督僉事李謙の奏請に従って、偏頭関に煙墩二六ヶ所を増設することになり、宣宗は平陽等の衛所から三〇〇〇人の軍士と余丁を動員して工事に当て、行糧は附近の有司から供給するよう命じた。ここでも李謙は煙墩の必要を上奏したのみで、軍の動員や給与の支給は全て帝の命令によっており、煙墩の設置といえども、鎮守が独自に行うことはできなかったことが分かる。更に同月、薊州山海の陳景先が、六月の長雨の為に山水が溢れ、山海・永平・薊州の諸衛・営の城垣がみな頽壊したと上奏し、これに対して、宣宗は、陳景先に官軍を指揮してこれらの修築に当たるよう命じるとともに、農事の終るのをまって附近の民夫を動員して工事に当てるよう指示した。やはり陳景先も被害の状況を上奏したのみで、具体的な対処は帝の命によるものであった。民夫の動員が指示されたのは注目すべきだが、陳景先が直接動員するのではなく、州県が動員したものを指揮監督するのであろう。七年二月には再び李謙が上奏し、保徳州治はもと城壁があったが、現在は崩壊したままなので、これを修築するとともに軍屯を置いてほしいと要請した。これを受けた宣宗は、城壁を修理し、保徳州千戸所を設置して山西都司に所属させ、鎮西・振武・雁門の三衛と王府の護衛から八五〇人の軍士を出させて配置するよう命じた。更に九年六月、薊州の民が河が増水して隄岸が決壊したと訴えたのを受け、宣宗は鎮守の都督僉事陳敬に命じ、官軍を動員して修築に当たらせた。これらの事例からみて、鎮守は千戸所の設置等の大規模な工事は勿論だが、煙墩の増設等についても、その必要を上奏するのみで、実際の処置は全て帝の命により、鎮守が独断で処理する権限はなかったことが分かる。

④は軍の動員や配置に関するもので一〇例ある[143]。まず宣徳元年五月、鎮守薊州山海・都督僉事陳景先が次のように奏請した。遵化で「開冶炒鉄」するに当たり、所役の軍民を従来通りに取用せよとの命令を受けたが、もと役に当てていた遵化・東勝右・忠義中・興州前屯の諸衛の軍士一〇〇〇人は、すでに京営の神機営や他の諸衛に派遣されてお

り、永平府の灤州・遷安等六県の民一〇〇〇人も、現在養馬等の役に当たっている。そこで暫く遵化等一三衛の軍士と、神機営から帰還する軍士を借用し、両班に分けて交代で役に当て、民丁の動員は秋の収穫をまって行ってほしいと要請し宣宗の承認を得た。また同年九月、鎮守河州・都督僉事劉昭が、河州の六つの千戸所から、各々六割の馬歩軍を抽出して寧河城の守備に充てたいと奏請した。宣宗は、もし各千戸所が兵力不足となり、守備不厳で事を生じる事態になった場合には責任を問うと指摘した上で承認した。二年二月には、鎮守山西・都督僉事李謙が上奏し、太原三衛の守城軍は僅かに一〇〇〇余人のみとなり、しかも老弱者が多いと述べ、山西都司から大同総兵官のもとに派遣している四〇〇〇人を帰還させてほしいと要請して宣宗の承認を得た。更に四年一二月にも、李謙が、潞・沁二衛の軍士で京師より帰還する一〇〇〇余人を留めて、縁辺の守備に当てたいと奏請して宣宗の承認を得た。又、五年一二月、李謙は、偏頭関口の守備軍が五〇〇人にすぎず、境外不穏の情報があるので、灰溝村の三堡に神銃手を増派したいと要請し、宣宗は工部に手把銃を造って李謙に支給するよう命じた。同年閏一二月には、鎮守山海等処・都督僉事陳敬が上奏して、腹裏の烟墩には民夫を用いていると述べ、山海でも民夫の使用をもとめたが、宣宗はこれを妄言であるとして却けた。鎮守の民夫動員は認められなかったのである。六年一二月の事例も鎮守山西の李謙に関わるものだが、李謙は韃虜の情報が頻繁だが、山西所属の関隘・烟墩・城堡は間隔があいており、守備の為の兵力が不足していると上奏した。宣宗は、潞州等の衛から大同総兵官のもとに派遣されている軍の中から一〇〇〇人を帰還させる措置をとった。七年九月にも、李謙が上奏して、偏頭関の近傍は草木が繁茂し、寇盗が徘徊しても瞭望し難いと述べ、初冬に軍を出して焼荒することを要請し宣宗の承認を得た。焼荒の為の出兵といえども鎮守は独断ではできず、事前の奏請と帝の承認が必要だったことが分かる。李謙は同月また上奏し、山西都司の兵力不足を訴え、大同に派遣している軍の帰還をもとめ、宣宗は五〇〇人の帰還を認めた。九年正月、鎮守薊州等処・都督僉事陳敬が上奏し、現在、鎮朔・廬竜・撫寧・東勝・興州左・右・前衛等の軍士を動員して、東店・林南の二処で倉廒の修築に当たらせているが、もしいま警急があれば兵力不足で対応できないと述べ、通州で倉廒の修理に従事している七八三人を東店・林南にまわし、その分を鎮朔等の諸衛に帰衛させてもらいたいと要請して宣宗の承認を得た。これらの事例からみて、各地の鎮守は、独自に軍の移動や配置を行う権限をもっておらず、全て奏請して帝の承認を受けなければならなかったことが分かる。

⑤は鎮守が配下の軍官を告発したもので三例ある。[144] まず宣徳四年二月、鎮守西寧河州・都督同知劉昭が上奏し、西寧衛の総旗が軍士九人を率いて東山で木を伐採していたところ、番寇に殺され車・牛を奪われるという事件があったが、犯人を逮捕したと報告し、その斬首の許可をもとめるとともに、百戸張芸の「守備不厳」を告発し処罰を要請した。宣宗は劉昭に勅を下して、犯人の処罰を認め、張芸についてはその罪を記録し守備に当てさせる措置をとった。七年九月には、鎮守粛州・都督僉事王貴が上奏して、哨探を命じた軍士が寒水石口で殺害されたが、赤斤蒙古衛の都指揮且旺失加の配下の犯行ではないかと述べ、かつ守備の指揮許昺の「不厳警邏」の結果であるとして治罪をもとめた。宣宗は許昺の失機の罪を認め、その処置について鎮守甘粛総兵官劉広・鎮守太監王安に詳議するよう命じた。又、『宣宗実録』宣徳八年六月丙戌の条に

鎮守陝西行都司・都督僉事王貴、掌粛州衛事・署都指揮僉事呂昇の私を挟みて軍士二人・千戸一人を杖殺し、又、官木を盗みて私居を造り、官軍の俸糧鈔四十五万有奇、及び軍糧二百八十余石を盗用し、財を受けて塩倉の鈔を虚出せしこと、又、所部の金・銀・駝・褐布・絹・米・麦・牛・羊の諸物を索取せしこと、及び出境して赤斤蒙古衛の韃官鎖可なる者と私通して、禁に違いて駝・馬を買いて塩に中てし等の事を奏し、之を治《ただ》されんことを請う。上、行在都察院に命じ、廉正の御史を遣わし、馳駅して往き之を鞫《ただ》さしむ。

とある。ここでは鎮守陝西行都司とあるが、都督僉事の王貴が掌粛州衛事の署都指揮僉事呂昇の不正を告発し、宣宗は御史を派遣して取り調べを命じた。衛は本来は指揮使が長官だが、粛州衛は要衝なので署都指揮僉事が掌衛事として在任したわけだが、上官である王貴がその不正を弾劾したのである。(145) 以上のように、鎮守が告発したのは百戸・指揮・署都指揮僉事の三件だが、鎮守はこれらの配下の武臣を独自に処罰する権限はなく、罪状を告発して治罪を奏請するのみだったことが分かる。

⑥は武臣の人事に関するもので三例ある。(146) 『宣宗実録』宣徳四年三月甲子の条によれば、陝西都指揮同知曹敏が掌陝西都司事に、都指揮僉事劉永が掌河州衛事に充てられたが、この二人について

凡そ各処の総兵及び鎮守の官、擅に差わして職を離れしむるを許さず。

とある。総兵・鎮守とあるのは、具体的には鎮守甘粛総兵官の劉広と鎮守河州の劉昭をさすのであろうが、その管轄地域からみて劉広が曹敏を、劉昭が劉永を独自に差遣することを禁じたのである。ここでは総兵官と鎮守が並記されており、武臣の人事について両者が同じ立場だったことが窺えるが、いずれにしても鎮守河州には河州衛の武臣の人事権はなかったのである。しかし、次のような事例もある。同年八月に岷州衛の指揮使王永を綏徳衛に転任させた。初め王永は延安から綏徳衛に転じたが、鎮守河州の都督僉事劉昭が、岷州衛は要地であるにもかかわらず、現任の指揮使が「職を奉ずる能わざる」状態で、城垣は未整備で、糧儲の出納も不明確であると述べ、王永が勤謹で才略があるとして推挙した結果、岷州衛に配置されたものであった。しかし、その後、綏徳州が、王永を帰任させて「以て人望を慰め」てほしいと奏請し、この段階で綏徳衛に戻されたのである。鎮守は管下の武臣の配置転換を独自に行う権限はないが、その意見は武臣の人事に当たって尊重されたといえる。更に同年一二月には、鎮守山西・都督僉事李謙が上奏し、京師から帰還した潞・沁二衛の軍士一〇〇〇余人を縁辺の防守に充て、これを都指揮劉信に指揮させたい

と要請して宣宗の承認を得た。以上のように、事例数が少ないが、これらの例からみて、ある程度の発言力はあるものの、都督クラスの鎮守も管下の武臣の配置を独自に行う権限はなく、奏請して帝の承認を受けなければならなかったといえる。(147)

⑦は軍糧や屯田に関するもので三例ある。(148) まず宣徳二年四月、鎮守西寧・都督僉事史昭が次のような上奏を行った。西寧路は曲先・安定・烏思蔵等に通じ、部隊や使臣の往来が頻繁で経費がかかり、従来これを民運に頼ってきたが、沿途険遠なため輓運が困難で、連年逋欠が多く備蓄が貧しいと述べ、一半は運米、一半は綿布による折納とすることを提案した。宣宗は戸部に命じて陝西三司の会議に下し、軍民双方にとって便ならば実施するよう指示した。民運に関する案件だが、鎮守は意見を述べたのみで、実施についての検討は戸部・三司に委ねられ鎮守は関与していない。又、三年閏四月に史昭が再び上奏し、西寧の在衛軍士は三二六〇人だが、各々差遣があって屯種の余裕がなく、欠食の軍士が出るありさまであると述べ、屯軍の家族で耕作を願う者が七七〇人余りあるので、これに耕種させるとともに、現在、討伐に動員されている軍士が帰還したら、精鋭の五〇〇人のみを操練に充て、他は全て耕種させたいと要請し宣宗の承認を得た。更に六年六月、同じく史昭が上奏し、先に軍士三〇〇〇人を発して屯種させたが、この頃、侍郎羅汝敬が、間田があるとして更に軍余一一五〇人を下屯させたので、守備に充てる兵力が不足していると述べ、先に屯種に充てた三〇〇〇人の中から五〇〇人を選んで守備につかせ、代りに各戸の余丁に屯種させる許可をもとめ宣宗の承認を得た。以上の三例は、いずれも鎮守西寧の史昭の上奏だったので、他の地域の事情は必ずしも明らかでないが、鎮守は屯田には関わるが、民運には関与できなかったことが分かる。(149)

⑧は軍士の取り扱いに関するものだが一例のみである。(150) 宣徳四年七月、行在兵部尚書張本が上奏し、鎮守山西・都督僉事李謙から、山西各地から太原左衛等に派遣されている軍士一万五〇七六人のうち、逃亡した者が一七一三人を

かぞえるとの報告があったと述べた。これに対し、宣宗は、都察院に罰則を定めて取り締りを強化するよう命じた。

ついで⑨は馬匹や武器の確保についてのもので二例ある。[151] 二年正月、都督僉事李玉に鎮守彰徳を命じたが、李玉が所領の官軍の多くは武器をもっていないと訴え、宣宗は行在工部に命じて盔甲・弓箭等四万五七〇〇余件を支給させた。又、七年一二月、鎮守河州西寧の都督同知劉昭が次のように報告した。河州衛の番族から、茶馬の交易によって馬七七〇〇余匹を買い入れることになっているが、西番の厳寒と必里衛での馬の病疫のため、現在まで確保できたのは六五〇〇余匹で、これはすでに陝西の官軍に供給した。しかし、西寧衛所属の番族から徴収すべき三二九六匹のうち、確保したのは二三〇〇余匹のみで、更に安定・罕東二衛は道途僻遠でまだ未納であると述べ、これと西寧・河州の未納分は次年に徴収したいと要請し宣宗の承認を得た。⑩はその他の項目で二例あるが、[152] いずれも王府の動向に関する報告である。

以上のように、都督クラスの鎮守の職務と権限についてみてきたが、確認できたのは次のようなことである。まず、鎮守は民政には関与できず軍務のみを任とする。軍務では戦闘の指揮、韃虜や番族の動向の報告と対応、城堡等の防禦施設の整備、軍の移動や配置、配下の武臣の統率と告発、武臣の推挙、屯田の運用、軍馬や武器の確保等の広い範囲に及ぶ。しかし、配下の武臣の処罰権や人事権、大規模な軍の動員権は附与されておらず、城堡の修築等についても同様で、全て帝の命令によるか、奏請して帝の承認を得なければならない。鎮守の権限は非常に限定されたものであり、これらは総兵官と基本的に同じである。総兵官と異なるのはその担当区域で、鎮守総兵官の多くは省単位で置かれたが、鎮守は、表14に示したように、より狭い地域ごとに配置されることが多かった。つまり都督クラスの鎮守は、その職務・権限は総兵官と同様だが、一般に総兵官に比べてより限定された地域を対象にして置かれたものといえる。ただ、中には鎮守山西や鎮守薊州山海のように、総兵官に匹敵する地域を担当する場合もあった。

〈都指揮クラス〉

次に鎮守の中で最も多数を占める都指揮クラスの鎮守についてみてみよう。表14で示したように、都指揮クラスの鎮守が配置されたのは、北辺の密雲・定辺衛・万全右衛・開平・延安・洮州・涼州、南辺の松潘・竜州憑祥坡壘・贛州衛及び信豊南安会昌千戸所、内地の宿州・淮安の一二ヶ所だった。その基本的な立場について『宣宗実録』宣徳元年一〇月癸亥の条に

行在都察院左都御史劉観等奏すらく、鎮守宿州・都指揮僉事胡貴の擅に軍士を役せしこと、及び賕を受けて有罪の人を縦《はな》てしことを告《うった》えるもの有り。已に奏して逮治せられんことを請うに、今、貴言えらく、勅を奉じて鎮守せば、就逮《たいほ》されず。朝廷の法を行うに貴の近きより始めよと。如し貴の就逮されざれば、法何を以て行われんやと。上曰わく、小人敢て爾《しか》るやと。錦衣衛に命じて人を遣わし、械して京に赴かしめ之を罪す。

とあり、胡貴は鎮守の任命が勅命によるということを盾にとって都察院による逮捕を拒否した。結局、宣宗の命によって逮捕されたが、都指揮クラスの鎮守も、総兵官や都督クラスの鎮守と同様に、勅命によって任ぜられ帝に直結する特命職だったことがわかる[153]。それでは任命時の勅に示されたその任務をみてみよう。『宣宗実録』宣徳六年三月辛巳の条によれば、四川都指揮僉事邢安に松潘での鎮守を命じたが、その勅には

今、你に命じて松潘を守らしめ、併せて茂州・畳渓・威州の三衛所を提督せしむ。必ず軍士を善撫し、守備に厳謹し、城池を堅固にし、番夷をして畏服せしめ、辺境をして粛清たらしめよ。或いは寇賊窃かに発すれば、則ち機を相《み》て勦捕せよ。其の余の不急の務めは、朝命を奉ずるにあらざれば、擅に科擾することなかれ。

とある。松潘を守備し、三衛を提督して防衛体制を固め、番夷の叛乱に備えよということで、特定地域の防衛のみを

命じたもので、非常に限定された内容である。最後の一句は軍務以外への関与を禁じたものとみられるが、その内容は明らかでない。このほかにも七年八月乙巳の条に、都指揮僉事馬驥に密雲での鎮守を命じたことが記されているが、馬驥が命ぜられたのは

関隘を提督し、隄備に謹慎せよ。附近の密雲の衛所の官軍は、驥の調遣を聴《ゆる》す。

ということであった。又、八年六月乙巳の条には

江西都指揮僉事呉堅に勅するに、兵一千人を領し、贛州衛及び信豊・南安・会昌千戸所に鎮守して、往来巡邏し、軍士を戒飭せよ。良善を擾害するを許さずと。

とある。ここでも最後に「良善を擾害するを許さず」と付け加えられているが、松潘の邢安に対する勅の末尾の一句と同じ内容をさし、民事に関与することを禁じたものと思われる。これらの例でもみられるように、都指揮クラスの鎮守は、一つかせいぜい数個の衛所を指揮して附近の警戒・防衛に当たるもので、その担当地域や職務も極く限定されていたことが窺える。これらの勅の文言では詳細が明らかでないので、下達命令や現地からの報告・要請にもとづいて具体的に検討したいが、都指揮クラスの鎮守に関する記事は、総兵官や都督クラスの鎮守に比べて遙かに少なく、**表16**に示したように九例しかない。事例の少ないこと自体が都指揮クラスの鎮守の職務・権限が限定されたものだったことを示しているのだろう。

①はなく、②は虜・番の動向の報告とそれへの対応で三例ある(154)。まず洪熙元年一一月、阿魯台が人を遣わして馬を貢すると上奏してきたが、虜中より来帰した者が、貢馬ではなく、阿魯台は兀良哈を攻撃し、更に開平・興和を窺おうとしているのだとの情報をもたらしたので、宣宗は大同の鄭亨と宣府の譚広の二人の総兵官に厳戒を命ずるとともに、新たに指揮僉事路宣を定辺衛に鎮守させる措置をとった。又、宣徳七年二月には、鎮守洮州衛の都指揮李達が、

番族に内紛があり、千戸が殺害されたことを報告し、宣宗は番民が部長を殺したのは上下の分がない為だと述べ、李達に対して、帝の意のあるところを示して撫諭するよう命じた。更に同年三月、同じく李達が火把族の国師班丹星吉らとともに上奏し、番民の容少ら一九二戸が松潘に逃亡しようとし、追捕したが抵抗して帰還を承知しないと報告した。宣宗は、どうしても帰還しなければ兵を発して討伐するよう命じた。例数が少ないが、これらから鎮守都指揮は虜・番の動向に独断では対処できず、報告して帝の命令を待たなければならなかったことが窺える。③は防衛施設の修築等に関するもので一例ある[155]。五年九月に、鎮守洮州・都指揮李達が、洮州から河州に通ずる大嶺山の北側に関堡を増設し、各々旗軍二〇人を配置することを奏請し宣宗の承認を得た。④・⑤・⑥はなく、⑦が二例ある[156]。二年一一月、鎮守万全右衛・都指揮黄直が上奏し、万全右衛は要衝だが極辺に在るので、軍糧確保のために開中法を実施している。しかし、商旅の至る者が少ないと述べ、現在の一引当たりの納米額四斗を、宣府や大同の額にならって軽減してほしいと要請した。これを受けて、宣宗は行在戸部に検討させ、万全左・右二衛の淮・浙塩一引当たりの納米額を三斗に減ずることとした。又、四年正月、行在戸部尚書郭敦が上奏して、鎮守開平・都指揮唐銘が、備蓄の軍糧が僅か二ヶ月分しかないと訴えていることを報告し、宣府と大同の総兵官に命じて、倉儲を発して、二月初めを目途に開平に輸送させ、宣府には京倉から補充するようにしたいと要請した。宣宗はこれを承認して、陽武侯薛禄を総兵官に充て、軍糧を護送するよう命

表16　都指揮クラスの鎮守武臣

①	戦闘に関するもの	0
②	韃虜・番民の動向報告と対応	3
③	関堡の増設	1
④	部隊の移動・配置	0
⑤	配下の武臣の告発	0
⑥	配下の武臣の人事	0
⑦	万全での開中法の実施、開平の軍糧確保	2
⑧	逃亡軍士等の取り扱い	0
⑨	馬匹の確保、火器の改造	2
⑩	孔子廟の修築	1
	（合計）	9

じた。これらの例から、都指揮クラスの鎮守も開中法の実施に関与していたことが分かる。⑧はなく、⑨の馬匹や武器の調達に関するものが二例ある。[157]一つは、五年九月に、鎮守洮州・都指揮李達が、巡哨に用いる馬匹が不足していると述べ、漢中府所貯の茶五万斤を洮州に運んで馬匹の購入に充てることを奏請して、宣宗の承認を得たものである。もう一つは、九年三月、鎮守延安・都指揮僉事劉儼が「擅に銃甲を改造せしこと、及び科斂せし等の事」の罪に坐したもので、法司は死罪に当たるとしたが、前例により「罰役復職」とされた。当時、京師以外での火器の製造は禁止されており、劉儼はその違反の罪に問われたわけだが、都指揮クラスの鎮守も馬匹や武器の確保に責任をもっていたことが看取できる。このほか、⑩のその他に一例ある。[158]六年八月、鎮守洮州衛・都指揮李達が孔子廟を修築したいと述べ、材木や瓦甓は調達できたが、油鉄・膠丹が足りないので、陝西布政司にこれらの物品を支給するよう命じてほしいと奏請した。宣宗は、武臣が興学に努めるのは喜ぶべきことだと述べこれを承認した。このとき李達は布政司に直接要請するのではなく、帝に奏請していることが注目される。鎮守が帝に直結している為であろうが、同時に鎮守は布政司との間に直接の関係がなかったことも示している。

以上のように、都指揮クラスの鎮守は、一衛かせいぜい数衛を管轄するのみで、極く限られた地域を対象に配置されたものであった。その職務・権限については事例が少なくて明確なことはわからないが、いずれの例も①から⑨の範囲内であり、基本的に総兵官や都督クラスの鎮守と同じだったと考えられる。つまり、民政等への関与はできず軍務のみであること、その軍務についても独自に裁量できることは少なく、全て奏請して帝の承認を得る必要があったこと等である。

〈指揮クラス〉

次に指揮クラスの鎮守についてみると、配置が確認できるのは居庸関のみで、関連する記事も極く少ない。『宣宗実録』宣徳六年六月甲寅の条によれば、隆慶衛の指揮同知李景を鎮守居庸関に任じたが

隆慶衛指揮同知李景に勅するに、居庸関に鎮守し、仍りて本衛の事を理め、士卒を撫綏し、往来を譏察せよ。凡そ城池・烽堠・屯堡は、倶に景の整飭に属す。声息有るに遇えば、即時に馳奏し、仍りて隣近の守将に報じて、機に随いて処置せよ。余事は皆同官と計議して行えと。

とある。指揮クラスの鎮守も勅によって任ぜられる特命職だったことが分かるが、李景に命ぜられた任務は、居庸関を往来する人馬の検問と防禦施設の管理のみであり、不穏の情報を得たら、すぐ朝廷と近隣の守将に報知するよう指示された。その職務・権限は極く限られたものであったことが窺える[159]。五年八月には、李景の前任者である鎮守居庸関・指揮使芮勛が、徳勝関以東の虎峪口から買児嶺口に至る間と、天寿山後路に城堡がないと報告した事例がある。宣宗は、現在、豊城侯李賢の指揮下で永寧城の修理に当たっている軍夫を、その終了後に同地にまわして塞堡を築造させるよう命じた[160]。この場合も、芮勛は状況を報告したのみで、具体的なプランを示して奏請したわけではない。軍の動員や指揮者について言及する立場になかった為であろう。

以上のように都督・都指揮・指揮の各クラスの鎮守の職務・権限について検討した。各クラスの鎮守も勅によって任命され、帝に直結する特命職であり、その職務の範囲や権限は基本的に総兵官と同じである。異なるのは担当する地域の広狭であり、各クラスの鎮守は、いわば総兵官の相似形の縮小版ともいえる職だったといえる。それではこれらの鎮守と総兵官の関係はどうだったのか。次にこの点について考えてみたい。

（二）　総兵官と鎮守武臣

まず、都督クラスの鎮守と総兵官の統属関係について検討する。薊州永平山海の場合をみてみよう。この地域は、前述したように、総兵官がまだ完全に常設のものになっておらず、総兵官と鎮守が頻繁に交代したが、そのさい両者の統属関係はどうなっていたのだろうか。宣宗朝でこの地域の総兵官となったのは遂安伯陳英・都督僉事陳敬の二人、鎮守に任ぜられたのは都督僉事陳景先で、陳敬も鎮守だった時期がある。彼らの身分はほぼ同格である。宣徳元年八月に、勅を以て永平等処総兵官・遂安伯陳英を京師に召還し、辺務を鎮守の陳景先に委ねた。(161) しかし、二ヶ月後の一〇月に再び陳英を総兵官に充てて永平山海に派遣した。このとき陳英に命ぜられた任務について『宣宗実録』宣徳元年一〇月辛酉朔の条に

遂安伯陳英に命じ、総兵官に充て、仍りて山海永平に往き、城池を鎮守し、軍馬を操練し、声息有るに遇わば、機を相《み》て事を行わしむ。所領の官軍は、悉く節制を聴《ゆる》す。（傍線は筆者）

とある。問題は、節制を聴された所領の官軍の中に、鎮守の都督僉事陳景先が含まれるのかどうかであるが、この点については何の指示もない。果して陳英の赴任後これが紛争の原因となった。『宣宗実録』宣徳元年一二月庚午の条に

行在兵部尚書張本奏すらく、総兵官・遂安伯陳英言えらく、制諭を奉じて兵を総いて山海等の処に鎮守し、所領の官軍は悉く節制を聴《ゆる》さる。今、都督僉事陳景先は擅に自ら桃林・喜峯の諸口を分管し、若し警急有らば、径《ただ》ちに朝廷に達して、英は預め知らざるなり、前の薊州黄崖口の失機に縁り、英は已に責を受け、罪を紀《しる》して禄を停めらる。今、景先は約束を受けず、専擅妄行す。儻《も》し疎虞有らば、咎は将に誰か執らん。景先は自ら恣にす。之

を罪せんことを請うと。上曰わく、罪するに足らず。但だ旧に仍らしめよと。蓋し是の時、英は山海に在り、景先は薊州に在り。景先以為らく喜峯口より迤西、灰峪口に至るは、山海を去ること甚だ遠く、猝《にわ》かに警急有りて、英に報じて後に奏せば、則ち迂廻して稽緩《とどこお》らんと。故に径ちに達せんと欲す。而して英は其の専なるを悪《にく》み、遂に是の言有り。上は景先の情を察して、故に之を罪せず。

とある。陳英の主張によれば、自分は制諭を奉じて総兵官に任ぜられ、所領の官軍は全て節制を聴された筈なのに、鎮守陳景先は勝手に桃林・喜峯口を分管し、緊急の事があっても、総兵官たる自分を通さずに、直接朝廷に報告する。陳景先が自分の統制に服さずに独断専行して、その結果、事を誤るようなことがあったら、一体誰が責任をとるのかと強い不満を述べ、陳景先の処罰をもとめた。この間の事情として、陳英は山海関に、陳景先は薊州に在って、緊急の場合陳英に報告していたのでは機を失するとして、陳景先は直接朝廷に報告したのだという。この事件は総兵官と鎮守の統属関係が不明確な為に起ったものであり、陳景先は、緊急の際には、必ずしも総兵官の指示を仰がなくともよいと考えて行動したわけだが、宣宗も半ばこれを容認し、両者の統属関係を明確に指示することはなかった。このあと、二年正月に総兵官の陳英を召還し、辺務を悉く鎮守陳景先に委ねる措置がとられた。しかし、四月には、再び陳英を総兵官に充て永平山海に派遣した。このとき陳英には同地の「操練軍馬」を命じたが、陳景先との関係については特別に指示はなかった。八月に入って、また陳英を召還し、陳景先に勅して薊州永平山海の軍務を総理することを命じた。更に翌三年七月には、陳景先も還京を命じられ、この段階で同地には総兵官・鎮守ともになくなった。[162] 一〇月になって陽武侯薛禄が同地の総兵官に任命された。『宣宗実録』宣徳三年一〇月甲申の条に

陽武侯薛禄に命じて、総兵官に充て、遂安伯陳英は左参将と為し、武進伯朱冕は右参将と為し、官軍を率領して薊州永平山海等の処に鎮守し、軍馬を操練し、幷びに各関隘口を提督せしむ。隄備に謹慎《つつし》み、賊寇有るに遇わば、

> 機を相《み》て勦捕せしむ。所領の官軍は悉く節制するを聴《ゆる》す。又、禄等に勅して曰わく、爾等は出塞殺虜し、備さに辛勤を歴、固より当に休息すべきも、但だ残寇忿りを懐きて、復た来りて侵擾せんとするを慮り、今、且に爾等を留めて、薊州・遵化に鎮守し、以て之に備えしめん。須らく昼夜心を用いて哨瞭し、各城堡・関隘は必ず厳しく防守を固むべし。怠忽すべからずと。

とある。薛禄は、前述のように、度々、鎮朔大将軍・総兵官として北辺に出動し、声望の高かった勲臣である。陳英と陳景先の紛争を解消する為に、薛禄を総兵官に任じ、所領の官軍は悉く節制を聴す措置をとったのであろう。ここでも総兵官と鎮守の統属関係は明示されていないが、威望のある薛禄を総兵官に据え、これまで総兵官だった陳英を参将としてその下に配置することによって、総兵官の優位を示すとともに、陳英と陳景先の軋轢を解消しようとしたと考えられる。このころ、陳景先も同地に戻っていたようで『宣宗実録』宣徳三年一〇月丙午の条に

> 総兵官陽武侯薛禄及び都督陳景先に勅して曰わく、永平府の奏を得るに、胡寇、盧竜・陳家荘に至り、人口・馬・羊を劫掠せり。爾等宜しく官軍を厳飭し、昼夜瞭望し、隄備に謹慎《つつし》むべし。若し寇再び至らば、須らく尽く殄ちて乃ち已むべし。失機悞事あらば、必ず殺して赦すこと無しと。

とある。ここでは左・右参将の陳英・朱冕の名はなく、薛禄と陳景先が並記されており、両者は独立した立場のようにもみえる。この間の一連の措置から、総兵官を鎮守よりも優位におこうとする朝廷の方向性は窺えるが、それを明確に示してはおらず、両者の統属関係はやや曖昧なままだったと思われる。その後、時期がはっきりしないが、薛禄は同地を離れ、再び鎮朔大将軍・総兵官として、開平への軍糧護送の任についた。総兵官が不在となった薊州永平山海では、鎮守の陳景先が軍務を統轄した[163]。五年五月に至り、新たに都督僉事陳敬が総兵官に任ぜられ、宣宗朝の末まで同地に駐箚することになった。この間の総兵官と鎮守の関係がどうなったのか必ずしも明らかでない[164]。以上のよう

に、薊州永平山海では、一応、総兵官が優位にあるが、鎮守は必ずしも総兵官の指揮下にあって、その統制を受けるものではなく、ある程度の自立性を保っていたとみられる。

次に、鎮守山西と鎮守大同総兵官の場合をみてみよう。鎮守山西は各地の鎮守の中でも最も担当範囲が広く、その職務・権限も総兵官と大差のない有力なポストである。詳細は別に述べるが、鎮守山西・都督僉事李謙は、宣徳二年二月甲子、六年一二月乙未、七年九月辛巳の三次にわたって、山西都司から鎮守大同総兵官のもとに派遣している兵力の返還をもとめた。いずれの場合も、李謙は、総兵官の鄭亨に直接要請したのではなく宣宗に奏請している。これは、李謙が鄭亨の節制を受ける立場ではなく、各々が帝に直結している並列的な関係にあったからだと思われる。又、八年五月、李謙の提案を受けた行在兵部右侍郎王驥が、成国公朱勇と協議して、各処の巡按御史・按察司・総兵官・鎮守に、各々有能な各都司・衛所の掌印官・佐弐官を推挙させるよう奏請して宣宗の承認を受けたが(165)、ここでも総兵官と鎮守は並記されている。これらの例からみて、鎮守山西は総兵官の節制を受けてはおらず、両者とも帝に直属するかたちで、総兵官と並列的な立場だったとみられる。

ところが甘粛の場合は事情が異なっていた。『宣宗実録』宣徳元年一〇月辛未の条に

> 崇信伯費瓛に命じて、平羌将軍の印を佩び、総兵官に充て、甘粛に鎮守せしむ。其れ陝西行都司の属衛の官軍、陝西都司の調到せし備禦の官軍、及び守《ママ》河州・都督僉事劉昭、守《ママ》西寧・都督僉事史昭、右軍左都督李英は、悉く節制するを聴《ゆる》す。

とあり、費瓛が鎮守甘粛総兵官に任ぜられた時に、鎮守河州の都督僉事劉昭と鎮守西寧の都督僉事史昭、西番出身の左都督李英を節制できることが明示された。鎮守河州・西寧は、山西や薊州永平山海に比べると、担当する地域は狭いが、都督クラスの鎮守を総兵官の節制下におくことが明示されたのはこの甘粛のみである。ただ、鎮守が総兵官の

指揮下にあることが、当初から定められて分かっていることならば、わざわざこのような言い方はするまい。同時期に薊州永平山海で紛争があったことに示されるように、鎮守と総兵官の関係には不明確な面があるが、朝廷には総兵官を頂点とした指揮系統を整えようとする意図があったが、まだそれが完成していない段階だったことを示しているのかもしれない(166)。

以上のように、都督クラスの鎮守と総兵官の関係をみてくると、鎮守は必ずしも総兵官の節制下にあったとはいえず、両者の関係は地域によって異なる。薊州永平山海では統属をめぐって紛争があり、山西では総兵官と並列の状態だった。甘粛でははっきり総兵官の節制下におかれたが、それでもある程度の自立性は保っていたとみられる。

それでは、最も数の多い都指揮クラスの鎮守はどうだったろうか。『宣宗実録』宣徳三年正月丁亥の条に

都指揮僉事黄玹・張貴に命じ、竜州・憑祥・坡壘等の処に鎮守せしめ、総兵官・都督山雲の節制を聴《ゆる》す。……玹に勅して曰わく、爾は忠もて朝廷に事え、心を辺務に尽し、労勩を効すこと多し。朕、甚だ之を嘉す。故に既に爾の職を陞す。今、爾に命じて土軍を専領し、張貴とともに竜州・憑祥・坡壘等の処に鎮守し、往来備禦せしむ。仍りて都督山雲の節制に聴《したが》え。爾等、其れ益々忠を攄《の》べ、悃《まごころ》もて軍民を撫恤し、慎みて辺備を固め、以て朝廷眷任の重きに副えと。

とあり、勅をもって都指揮僉事黄玹・張貴が鎮守に任ぜられたが、鎮守広西総兵官山雲の節制を受けることが明示されている。更に翌二月丙寅の条に

総兵官・都督山雲に勅するに、前に都指揮張貴に命じ、土官都指揮黄玹と同に、竜州・憑祥・坡壘に鎮守し、往来哨備せしむ。……卿、竜州・憑祥・坡壘の事勢を相度《はか》り、或いは張貴・黄玹をして土兵を率いて鎮守せしむるや、或いは止だ黄玹をして本衛の官軍を領して守備せしむべきや、何れか便と為す。……卿、皆審度《よくはか》りて宜《よろ》しき

を得れば、就ち処置を為し、仍りて奏を具えて来れと。

とあり、鎮守張貴・黄玹の配置を全面的に総兵官の山雲に委ねた。広西では鎮守都指揮は明らかに総兵官の節制下にあったといえる。

北辺をみると『宣宗実録』宣徳三年二月乙丑の条に

宣府総兵官・都督譚広奏すらく、万全右衛は臨辺の重地たりて、往往にして声息絶えず。其の鎮守・都指揮黄真は、厳謹に務めず。近ごろ辺卒に言有り、真は数々擅に軍を出して囲猟し、虜使を招致して、私家に飲むと。之を逮鞫せられんことを請うと。上、行在兵部尚書張本に謂いて曰わく、……姑く其の過を紀《しる》し、爾、其れ移文して之を切戒せよ。再び爾《しか》らば必ず重く罰せん。悔いると雖も及ばずと。

とある。総兵官は、配下の武臣に不正や過誤があっても処罰する権限はなく、罪状を告発するのみだったことはすでに述べた。ここで譚広が鎮守・都指揮の黄真を弾劾したのは、とりもなおさず譚広は、黄真が自分の節制下にあると考えていたことを示しているのではないかと思われる。事例数が少ないが、これらの例からみて、都指揮クラスの鎮守は総兵官の節制を受けていたとみて大過あるまい。指揮クラスの鎮守については記事がないが、都指揮クラスの鎮守が総兵官の節制下にあったとすれば、やはり総兵官の統制を受けていたと考えられる。

小結

鎮守には都督・都指揮・指揮使の各クラスの武臣が任命されたが、都指揮クラスが最も多かった。いずれも帝に直属する特命職で、この点、総兵官と同様である。ただ鎮守総兵官が省単位に置かれる場合が多かったのに比べ、鎮守の担当する地域は一般に狭く、多数を占める都指揮クラスの鎮守では、一〜数衛を統轄するだけの場合が殆どである。しかし、都督クラスの鎮守の中には山西や薊州永平山海のように、総兵官に匹敵するようなケースもあった。その職務・権限についてみると、民政には全く関与せず軍務のみであり、軍務では戦闘の指揮から軍糧の調達に至るまで広い範囲に及ぶ。しかし、軍の大規模な動員権、配下の武臣の処罰権や人事権はなく、城堡の修築等についても同様で、全て奏請して帝の命を待たなければならず、非常に限定された権限しか与えられていなかった。これらの職務や権限は総兵官と同じであり、鎮守はいわば総兵官と相似形の縮小版ともいえる職であった。

総兵官との関係をみると、総兵官の方が鎮守よりも上位にあるが、両者の統属関係は必ずしも明確にされておらず、地域によって差違があった。都督クラスの鎮守でも、甘粛のようにはっきり総兵官の節制下に入ったケースもあるが、鎮守山西は大同の総兵官と並列的な立場であり、薊州永平山海では統属をめぐって紛争が起っていた。これに対して、都指揮・指揮クラスの鎮守は総兵官の節制を受けたとみられる。中・後期には、次第に総兵官の下に副総兵・参将・遊撃将軍等の職が各々管区を定めて整然と配置されるようになるが、副総兵には都督クラス、参将には都指揮クラス、遊撃将軍には指揮クラスの武臣が充てられることが多かった。宣宗朝で都督クラスの鎮守が置かれた地域のうち、山西や薊州山海はその後独立した総兵官がおかれ、涼州・西寧・粛州は甘粛総兵官下の副総兵や参将の駐箚地となった。宣宗朝ではまだ指揮系統が明確になっていなかった面があるが、各地に配置された鎮守のうち、あるものはその後総兵官に陞格し、あるものは副総兵や参将となって整備されていったのだろう。ただ、全てがそうなったわけではなく、鎮守の名称のままだったものや新たに配置された鎮守もある。宣宗朝では鎮守は二〇ヶ所に配置されたが、そのうち一三ヶ所が北辺であった。全国一〇ヶ所に置かれた鎮守総兵官の中で六ヶ所が北辺だったことを合せてみると、専守防衛を旨とする宣宗朝では、総兵官・鎮守の大半を北辺に配置し、臨戦体制をとらせつつ、防禦体制を固めていたことが看取できる。

第三節　総兵官と周囲の諸職

宣宗朝では、北辺の六ケ所、南辺の四ケ所に鎮守総兵官が、淮安には任務が特殊化した漕運総兵官が配置され、更に北辺に出動した鎮朔大将軍・総兵官、交阯に派遣された総兵官があった。ここまでこれらの総兵官の職務と権限を確認した。次に、一つの職の実像を明らかにする為には、周囲の諸職との関係も確かめる必要があると考えたので、まず鎮守武臣に注目し、その職務・権限と総兵官との統属関係について検討した。以上の経過を踏まえて、本節では、まず総兵官と都指揮使司・承宣布政使司・提刑按察使司の三司、特に都指揮使司との関係を検討し、ついで参賛軍務や鎮守内臣、王府との関係についても考えたい。

（一）　総兵官と三司

総兵官は、元来、有事に任命される臨機の職だったが、成祖・宣宗朝に次第に常設化されてきたものである。この鎮守総兵官と、太祖朝から設置されて、地方統治の柱となってきた都指揮使司・承宣布政使司・提刑按察使司の三司、とりわけ都指揮使司との関係はどうなったのか。五軍都督府→都指揮使司→衛→所の系列は、基本的に軍の維持・管理の為の機構で、有事の際にこれがそのまま戦闘序列を構成するわけではない。一方で総兵官→副総兵→参将→備禦等の系列があるが、これは有事の際の指揮・命令系統で、本来、事が終われば解消されるものであった。いわば、前者は平時の軍政の組織で、後者は戦時の軍令の機構である。後者が次第に常設化してきた時、両者の関係はどのようになったのか。更に具体的にいえば、総兵官は都指揮使司を統制できたのか、布・按二司のありかたに地域差はなかったのかということである。それは明朝の地方統治機構に関わる問題でもある。以下で都指揮使司等の三司と総兵官の関係について考察する。これまで総兵官の職務・権限を検討してきた際、総兵官と三司の関わり方が南北で異なるのではないかという印象があったので、北辺と南辺に分けてみていくことにする。なお都指揮使司は都司、承宣布政使司は布政司、提刑按察使司は按察司と略記する。

北　辺

〈遼東〉

遼東は都司のみ設けられたやや特殊な軍政地域なので、遼東都司は他の都司よりも幅広い機能を果していた可能性があるが、総兵官との統属関係はどうだったのだろうか。[167] 宣徳三年二月、韃虜に拉致された軍士が馬を奪って逃帰した事件を機に、宣宗は、逃亡や掠奪によって一旦境外に出た者が帰還した際の取り扱いを指示したが、この命令は「遼東総兵官・都督僉事巫凱及び遼東都司に勅し」て出されており、総兵官を先に挙げてはいるが、都司も並記されていた。[168] この事例の内容は直接軍事行動に関わるものではなかったが、『宣宗実録』宣徳三年一一月壬子の条に

総兵官・都督僉事巫凱及び掌遼東都司事・都督僉事王真等に勅し、遼東属衛の軍馬を整飭し、各城池・屯堡を提督し、関隘を跕《ふ》み、隄備を謹慎《つつし》み、厳しく哨瞭を加え、寇の至ること有るに遇わば、機を相《み》て勦捕せしむ。

とある。韃虜の侵入に備えて、防衛態勢の整備と警戒を命じたわけだが、このような直接軍事に関わる任務についても、やはり巫凱と掌都司事の王真が並記されている。又、宣徳四年七月、巫凱が、曹荘・沙河に韃虜の侵入があったことを報ずるとともに、都指揮李信らの失機を告発して処罰を奏請した。これに対して、宣宗は

上、行在都察院に命じて、御史一人を遣わし、往きて之を治《ただ》さしむ。復た凱及び掌遼東都司事・都督僉事王真に勅して曰わく、李信等は防禦を失し、寇の乗ずる所と為る。已に監察御史を遣わして究治せしむ。爾等の平日の号令厳ならず、以て部属の懈怠を致せり。亦た安くんぞ罪無きを得んや。自今、宜しく約束を厳にすべし。辺備をして監固ならしむれば、前愆を蓋うに庶《ちか》からんと。

とあり[169]、巫凱と王真に勅を下して叱責した。李信の告発は巫凱が単独で行ったが、宣宗は、総兵官と掌都司事を「爾等」と並べて、武臣の監督や防衛態勢の不備についての責任を問うている。このほかにも、五年七月には、総兵官・遼東都司・巡按御史・山東按察司が協同で武臣の監察に当たった例があり、一〇年正月には、宣宗が、海外出使の為の採捕・造船・運糧を停止させる勅を下したが、命じた相手は総兵官の巫凱・掌都司事の王真・鎮守太監の王彦らだった[170]。或いは巫凱と王真の官銜がともに都督僉事ということもあるのかもしれないが、これらの例からみて、遼東では種々の任務についての命令が、一応総兵官の方を上位においてはいるが、総兵官と都司官を並記して出されており、かたちのうえでは統属関係は必ずしも認められない。しかし、『宣宗実録』宣徳五年一二月壬午の条には、韃虜一〇〇余人が開原に、四〇余人が柴河屯方面に侵入し、明軍が大いに混乱した際、巫凱が王真に命じて賊を追撃させた例がある。総兵官が掌都司事に対しても軍事行動に関わる指揮権はもっていたということである。更に、宣徳七年八月癸巳の条に

総兵官・都督僉事巫凱奏すらく、瀋陽中・鉄嶺二衛の指揮宋礼・千戸朱斌等は、職に在りて皆に同僚と私意を争い、同寅協恭の誼み無し。累累として上は朝廷を瀆《けが》し、或いは罰俸、或いは輸米贖罪せしめられ、職に還るも終に悛革せず。毎事《ことごと》に争競し、未だ嘗て寧息せず。以て公務を廃弛するを致す。請うらくは悉く極辺及び新置の諸衛所に調し、之をして過ちを省《さと》らしめんことを。自今、遼東都司所属の軍官にして、同僚と和せず、公務を妨廃

する者有らば、請うらくは一体に調衛せられんことをと。之に従う。

とある。巫凱が、同僚と協調できない指揮・千戸の処分を機に、遼東の衛所官全体の管理に関わることを奏請し、宣宗もこれを承認している。宣宗朝の末には、本来、都司の任務だった衛所官の管理も、総兵官が次第に掌握しつつある様子が窺える。これらの事例を併せてみると、遼東では、総兵官と都司は、かたちのうえでは並列のままだったが、宣宗朝の後半には、事実上、総兵官が都司を節制するようになっていったと思われる。

〈宣府〉

宣徳六年七月、鎮守宣府総兵官譚広が上奏し、宣府の諸駅では馬匹が不足し、鋪陳の什物や行糧・廩給の為の糧も具わっていないと述べて補充を要請した。これについて、行在兵部が上奏して、鋪陳の什物は万全・山西の二都司より、行糧・廩給に充てる糧は山西布政司から供給させるよう要請して宣宗の承認を得た。これをみると、宣府の総兵官は、山西布政司は勿論だが、万全都司や山西都司からも独自に物資を調達できる権限はなかったことが窺える。更に同月、譚広が故の竜門県と李家荘に城堡を築き、烟墩を設置するよう奏請したのを受け、宣宗は勅を発して、万全都司と山西行都司から工事と防護に当たる軍を動員するとともに、竜門衛と山西護衛の軍、合わせて二〇〇〇人を竜門に配し、李家荘には新たに竜門守禦千戸所を設けて、山西護衛の軍士一〇〇〇余人を配置するよう命じた。この場合も、万全都司・山西行都司・山西護衛からの動員は、宣宗の各機関に対する直接の命令によって行われており、譚広が独自に行ったものではない。又、七年二月、譚広が上奏して、勅を奉じて万全都司の軍を爛柴溝に派遣し、大同の戍軍を援けて営堡の修築に当たらせているが、大同軍が赤城への軍糧輸送に従事することになったので、万全都司から軍を増員してほしいと述べた。この要請は宣宗の承認を得たが、この例でも、譚広が万全都司の軍を動員・指揮したのは「勅を奉じて」であり、譚広が独自に命じたものではなく、万全都司からの軍の増派についても宣宗に奏請している。[171] このようにみてくると、宣府の総兵官は、都司を節制しここから自由に軍を動員できる権限はなかったことが分かる。この点では総兵官と都司は並列状態で統属関係は認められない。

しかし、一方で次のような例がある。六年二月、譚広は、万全都司の都指揮黄真が「不厳督哨瞭」で、そのため賊が侵入して軍士一人を殺害したと述べ黄真の処罰を奏請した。宣宗は黄真の失機の罪を認めたうえで減刑して罰俸五月を科した。[172] これは軍士一人が被害にあった事件について、都司の最高責任者である都指揮を告発したわけで、黄真に対する一種のいやがらせに近いものである。それにも拘らず、宣宗は、譚広の劾奏に応じて、かたちばかりとはいえ黄真を処罰したのである。同時に、その罪を告発したことは、譚広が黄真は自分の節制下にあると考えていたことを示してもいる。又、宣徳八年正月丁丑の条によれば、譚広が万全都司の経歴蕭翔を杖殺し、虚詞を捏造して罪を粉飾したとして、御史・給事中に弾劾された。これについて宣宗は

上曰わく……蓋し擅に威福を作すは、良臣の為さざるところなり。広は武夫にして学ばず、此の道に達せず。但だ、其の辺を守り、久しく勤労を効《あらわ》すを念い、故に之を宥す。都察院は即《ただ》ちに此の章を封示して、之をして知警《いまし》めよ。

と命じた。宣宗のいい方からも、譚広が万全都司の経歴を処罰することは筋違いであり、まして杖殺したことは違法だったことがわかるが、結局、宣宗は科道官の奏章を本人に封示させたのみで処罰しなかった。譚広が、その勢威を背景にさまざまなかたちで都司に干渉し、これを威圧しようとしており、宣宗もこのような譚広の動きを黙認し後押ししているように思われる。このようにみてくると、宣府でも総兵官と都司の間には、まだ必ずしも統属関係はなく、両者は並列状態だが、総兵官が次第に都司への干渉を強めつつあった様子が窺える。

〈大同〉

大同では、洪熙元年九月、当時、掌山西都司事だった都督僉事李謙が、山西都司から大同総兵官の隷下に派遣されている軍士一万三〇〇〇人のうち五〇〇〇人の帰還をもとめた。この後、李謙は宣徳元年一〇月に鎮守山西に替わってからも、山西都司の立場にたって山西都司軍の返還を要求し続け、反対する鎮守大同総兵官の武安侯鄭亨と、宣徳七年に至るまで互いに上奏をくり返した[173]。この間、いずれの場合も鄭亨と李謙の直接交渉ではなく、各々の主張を宣宗に奏請するかたちをとっている。それは総兵官と都司が各々帝に直結し、両者が並列状態だったからであろう。つまり、基本的には両者の間にまだはっきりした統属関係はなかったとみられるのだが、同時に次のようなことがある。洪熙元年一一月、高山・玉林・鎮虜・雲川四衛の経歴司を山西行都司の所属とする措置がとられた。この四衛は、太祖朝以来、山西都司の隷下にあったが、総兵官鄭亨が四衛の軍を大同・天城・陽和に配置することを要請して承認された結果、経歴司も山西行都司の管下に移されたものである[174]。この例からみると、総兵官は、都司や各衛所の軍を独自に動員・配置する権限はもっていないが、その意見は十分に尊重されたといえる。又『宣宗実録』宣徳元年一二月辛酉の条に

都指揮羅文に命じ、山西行都司の印を掌り、仍りて兵を領《すべ》て、大同において備禦せしむ。総兵官・武安侯鄭亨の奏に従いしなり。

とあり、三年五月甲寅の条には

鎮守大同総兵官・武安侯鄭亨奏すらく、参将の都指揮曹倹は、軍を率いて糧を運び開平に赴けり。而して山西行都司の都指揮盛全・張銑・王能は皆老病なり。惟だ都指揮羅文のみ神機銃砲を守護するも、文は近《ちかごろ》事を以て連

逮せられ、当に都察院に赴かんとす。今、塞外の烽火時に作《おこ》り、或いは警急有りても、人の任ずべき無し。旧例として、凡そ訟の方面正佐の官に連なれば、則ち先に余人を追して鞫問し、果して干渉すること有らば、則ち之に逮《およ》ぶ。乞うらくは例の如くせられんことを。暫く文をして莅事せしむれば、辺務を妨げざるに庶《ちか》からんと。上、都察院の臣に謂いて曰わく、辺務重しと為す。且つ文の事は、虚実未だ知るべからず。況んや又旧例有るをや。姑く止めて逮《とら》えること勿かれと。

とある。これらの事例をみると、総兵官には独自の武臣の人事権はないので、奏請・裁可という手順をふんでのことだが、鄭亨が山西行都司の首脳の人事に強い影響力を行使していたことが看取される。

しかし、このような発言力は、総兵官職に備わった権限というよりは、鄭亨の個人的な声望による面が少なからずあったのではないかと思われる。というのは、鄭亨の没後に総兵官の職務を代行した曹倹と都司との間に紛争が起ったからである。宣徳九年二月一七日、鄭亨が在職のまま大同で没すると、朝廷はすぐには後任を発令せず、大同参将の都指揮曹倹に勅して、鄭亨が領していた制諭・符験・征虜前将軍の印・夜巡の銅牌・城門の鎖鑰を管掌させ、一切の総兵官の職務を提督させた(175)。参将の都指揮が総兵官職を代行したわけだが、都司はすぐさま曹倹に反発した。『宣宗実録』宣徳九年二月癸酉の条に

山西行都司都指揮呂整奏すらく、鎮守大同参将曹倹は、壮士六百余人を選びて家に私役し、応州等の処に荘地一百五十余頃を占め、又、大同諸衛の軍百余人を私役して耕種せしめ、又、私かに盔甲・弓箭を以て阿魯台の使臣に与えて駱駝と易え、又、雲川衛の罪無き軍を捶死せしむと。倹も亦た整の強を恃みて私を逞しくし、節制に聴《したが》わず、馬を領し粮を護りて開平に往くに、官軍の財物を科斂せし等の事を奏す。上、行在兵部の臣に諭して曰わく、二人は互相《たがい》に訐る。姑く未だ処置せず、各々作す所の過《つみ》を録して之に示し、虚実を自陳せしめよと。

とある。ここで曹倹が、呂整は自分の節制に服さないと不満を述べていることが注目される。参将の都指揮とはいえ、正式に総兵官の職務を引き継ぎ、これまでの鄭亨のあり方を見てきた曹倹にすれば、山西行都司の長官である呂整も、当然自分の節制に従うべきものと考えたのだろうし、一方、呂整は、鄭亨の職務を代行しているとはいえ、参将で自分と同じ都指揮である曹倹の命に従う謂れはないと反発したのだろう。両者は互いの個人的な不正を弾劾しあうかたちになったが、これは総兵官と都司の統属関係をめぐる対立である。宣宗は、この段階では二人に自陳を命じたのみで、呂整が曹倹に従うべきか否かについては明示しなかった。四日後の二月丁丑の条に

六科給事中、鎮守大同参将曹倹の違法・専擅等の罪を劾奏す。上曰わく、已に倹をして実を具えて自陳せしむ。未だ処置に便ならずと。行在兵部に命じ、給事中の奏章を併封して之に示さしむ。

とある。六科給事中が曹倹を劾奏したが、宣宗は、曹倹に自陳を命じてあるので、それを待って処置するとの方針を示し、給事中の奏章を曹倹のもとにおくり本人にみせるよう命じた。「併封」とあるので六科給事中が連名で一本を上奏したのではなく、各々が起草したのかもしれない。ここで曹倹の違法と併せて「専擅」の罪といっており、給事中の間に、総兵官の職務や権限に自立化を危惧する雰囲気があったのかもしれない。その為か宣宗の対応は極めて慎重である。この後、三月壬午の条に曹倹の自陳の記事があるが、これについては別稿でも述べた(176)。曹倹から自陳の上奏を受けた宣宗は、一部を除いて「飾詞」であろうと述べながらも「今、方《はじ》めて任ずるに辺事を以てせんとす。窮究するを欲せず。姑く之を容し、後効を図らしめよ」と命じた。更に三月辛卯、勅を下して曹倹を叱責したが、そこで

大同参将・都指揮曹倹に勅して曰わく、爾言えらく、呂整の告《うつた》えし所は、事多く支吾《いつわり》にして実ならずと。只だ胡人と交易せしが如きは、旧禁に違い、罪已に死に当たる。但だ、爾は先朝の旧臣にして、辺を守ること有年な

るを念い、姑く爾の罪を記すのみとす。自今、宜しく心を革め慮を易《おさ》め、己を潔くして法を守るべし。軍民を換輯し、辺備を謹飭せば、以て前の愆《あやま》ちを蓋うに庶幾《ちか》からん。否《しから》ざれば則ち自ら爾の禍を貽し、悔いると雖も及ぶ無しと。

と述べている。この問題は、曹倹・呂整の個人的な不正の有無とともに、総兵官・都司の統属関係が絡んでいるが、この間の宣宗の対応をみると、曹倹の不正を認めながら結局処罰しなかった。宣宗の態度は慎重で、明確に示してはいないが、総兵官と都司の紛争については、事実上総兵官側の立場を認めたことになろう。それを示すように、曹倹のその後の動きは非常に活発である。

宣徳九年三月丁未の条によれば、曹倹が次のように上奏した。山西行都司の都指揮僉事許彬らが、韃虜を招撫する為に、夜不収を派遣して榜諭させたが未帰還の者があった。許彬は軍を率いて東勝まで行って捜索したが、韃虜は山中に奔入してしまい発見できなかったという。報告を受けた宣宗は、韃虜に榜諭させたのは曹倹の要請に従ったものだが、曹倹は命に違い許彬らを半月余りも出境させたと指摘し「姑く爾をして戴罪理事せしむ。若し虜去りても、軍士終に還らざれば、罪悉く宥さず」と述べた。曹倹は再び叱責を蒙ったが、この件は、宣宗の承認を得たうえでだが、曹倹が山西行都司官である許彬に命じて実施させたものであった。同年八月には、曹倹がまた上奏し、東路巡哨の山西都司の署都指揮僉事史直・千戸周弘・百戸曹旺・陳端は哨備不厳で、韃虜の侵入・搶掠を招いたと述べて処罰をもとめ、宣宗は史直らを為事官に充て立功させるよう命じた。ここでも曹倹は、鄭亨と同じように山西都司所属の武臣を節制していたことが分かる。又、同年一二月にも、曹倹が上奏して大同右・雲川・玉林・朔州四衛の諸隘口守備の責任者として都指揮劉儼を、天城・鎮虜・陽和・高山四衛の隘口には都指揮僉事鄧英を充てるよう要請し、宣宗の承認を得た[177]。勿論、奏請して帝の承認を得る必要があるが、曹倹が都司の武臣の配置にも関与していたことが分かる。

以上のようにみてくると、大同では、鄭亨の総兵官在任中は、その声望を背景に、山西都司・山西行都司に対し、都司官の人事等の面でかなり強い影響力を行使していたと思われる。参将の曹倹が職務を引き継ぐと、当初、都司側の反発を受けたが、紛争が収まった後は、曹倹も都司の武臣を指揮し或いは人事に関与している。これは鄭亨と都司の関係が受け継がれたのであろう。つまり、大同でも総兵官と都司の統属関係はまだ明確にされてはいないが、宣府の場合以上に都司に対する総兵官の関与が強かったとみられる。

〈寧夏〉

寧夏の場合、宣徳八年七月、鎮守寧夏総兵官・都督僉事史昭の奏請によって、寧夏左屯衛の指揮張泰を陝西都司の都指揮僉事に陞せて、都司軍の操備を担当させた一例がみられるだけである[178]。総兵官が都司官の人事にある程度の発言力をもっていたことが窺えるが、事例が少なく、詳しいことは分からない。

〈甘粛〉

次に甘粛についてみてみよう。総兵官と鎮守武臣の関係について述べた際にも示した記事だが、『宣宗実録』宣徳元年一〇月辛未の条に

崇信伯費瓛に命じて、平羌将軍の印を佩び、総兵官に充て、甘粛に鎮守せしむ。其れ陝西行都司の属衛の官軍・陝西都司の調到せし備禦の官軍、守《ママ》河州都督僉事劉昭・守《ママ》西寧都督僉事史昭・右軍左都督李英は、悉く節制を聴《ゆる》す。

とある。陝西都司に関しては、派遣されてきた軍の指揮権をもつのみなのか、甘粛総兵官が都司から動員できるのか明確でない。しかし、陝西行都司については、管下の衛所軍の節制を聴されたのだから、費瓛が指揮・動員の権をもったことは確かである。更に宣徳二年二月壬申の条に

甘粛総兵官・崇信伯費瓛奏すらく、涼州・粛州は皆に臨辺の重地なるも、必ず其の人を得れば、乃ち委任に堪えん。切に見るに陝西行都司の都指揮僉事包勝・厳粛は、辺に備えること年久にして歴事老成なり。若し勝をして涼州衛を掌らしめ、粛をして粛州衛を掌らしめ、備禦を控制せしむれば、宜しきを得るに庶幾《ちか》からんと。上、之に従い、尚書張本等に謂いて曰わく、総帥たるもの、豈に事事に之を親《みずか》らせんや。惟だ付授に人を得るに在るのみと。

とある。総兵官は独自に武臣の人事ができず、奏請して帝の承認を得なければならないことは、これまでみてきたとおりだが、ここでは、宣宗は費瓛を総帥と位置づけ、陝西行都司の武臣は、総兵官がその権限を「付授」すべきものとしている。陝西行都司が費瓛の節制下にあり、費瓛が都司官の人事にも強い発言力をもっていたことは明らかである。しかも、これが費瓛の個人的な声望による特別なケースではなかったことが次の例からも分かる。宣徳七年八月癸丑の条に

鎮守甘粛総兵官・都督僉事劉広奏すらく、陝西都指揮僉事劉永は、河州衛を掌り、事を理むるに勤慎なり。今、陝西行都司の都指揮呉升は、病みて事に任ぜず。其の余も或いは老疾にして、屯を管し或いは兵を領《す》べて辺を防ぐに、本司は官の事を理むるもの無し。請うらくは以て永に命ぜられんことをと。……上、兵部侍郎王驥に謂いて曰わく、閫外の事は人を得るに在り。朕、辺務を以て広に委ぬ。凡そ用いる所は、其の自ら択ぶを聴《ゆる》す。朕は功を成すを観るのみなりと。所言悉く之に従う。

とある。劉永は陝西都司から派遣されて、劉広の麾下に在った武臣であろう。劉広は、劉永を陝西行都司の責任者に充てるようもとめたわけだが、宣宗は用いる所は自ら選ぶことを聴すと述べてこれを承認した。費瓛だけでなく、宣徳三年にその後任となった劉広も、陝西行都司の首脳の人事に強い発言力をもっていたことが看取できる。このようにみてくると、甘粛は宣府や大同に比べて、鎮の規模が小さいということもあるかもしれないが、総兵官がはっきりと陝西行都司や鎮守の武臣を節制下においており、総兵官を頂点とする指揮系統が、北辺の中で最もよく整備されていたのではないかと思われる。

以上、北辺の鎮守総兵官と都司との関係についてみてきたが、まとめると次のようにいえよう。宣宗朝の北辺では、総兵官と都司との関係は、まだ一定したかたちにはなっていなかった。従来から置かれてきた都司と、その後に設置された総兵官は、当初は並列状態だったと思われ、両者の間に統属関係はみられなかったが、宣宗朝は次第に総兵官が都司への関与を強めていく過程にあった。ただ、その程度は地域によって異なっていた。遼東では、かたちのうえでは、両者はまだ並列のままだったが、宣宗朝の後半には、総兵官が、次第に都司官の指揮・管理を掌握しつつあった。宣府の場合、総兵官が山西都司・万全都司に干渉する様子が窺われた。大同は、武安侯鄭亨の個人的声望の為もあり、その在任中は山西都司・山西行都司の武臣の人事等の問題について、かなりの影響力を行使した。鄭亨の没後、一時都司側の反発があったが、結局、山西都司・山西行都司は、次第に鎮守大同総兵官の統制下に入りつつあったとみられる。寧夏では、総兵官が陝西都司の武臣の人事にある程度の発言力をもったことが窺えるが、明確にはわからない。甘粛では、当初から総兵官が陝西行都司からの動員権を認められ、都司官の人事にも強く関与した。甘粛は総兵官の都司への統制が最も強い地域であった。都司或いは都司官は、鎮守総兵官の常設以後、単純な事務仕事を除いて、次第にその機能を吸収されていったが、宣宗朝はその途上にあったとみることができる。又、北辺では布政司・

按察司は、軍糧の供給・逃亡兵の取り締まり、武臣の監察等を除いて、直接軍務に関与することはなく、軍事に関する問題で、総兵官と布・按二司が連名で報告したり、命令を受領したりすることは殆どなかった。この点、南辺では様相がやや異なるので、次に南辺の状況についてみることにする。

南辺

〈四川〉

宣徳二年八月、四川都司・布政司・按察司と巡按御史が都指揮僉事韓整を弾劾した。韓整が七〇〇〇余の軍を率いて威州に駐屯していながら、蛮賊隔渓の劫掠を坐視しているというのである。劾奏の結果、韓整は為事官に充てられ、総兵官陳懐のもとで殺賊立功に従事させられることになった。更に同年一二月に、松潘衛指揮呉瑋を復職させる措置がとられた。呉瑋に対する勅によると、呉瑋は都指揮蔣貴とともに番族の招撫に当たっていたが、四川三司と巡按御史が呉瑋に失機の罪があると告発したので官銜を剝奪した。ところがその後、呉瑋の咎ではなかったことが判明したので復職させるというのである。どちらの例でも告発に総兵官は関与しておらず、三司と巡按御史が独自に弾劾したものである。又、宣徳四年一〇月、鎮守雲南総兵官・黔国公沐晟が上奏し、永寧府の蛮人矢不剌非なる者が、四川塩井衛の土官馬剌非らを糾合して村寨を劫掠しており、矢不剌非は捕えたが、馬剌非は益々殺掠を逞しくしていると報告した。これを受けた宣宗は、行在兵部に命じて、雲南と四川の三司に移文し招撫させる措置をとった。(179) このようにみてくると、四川では都司だけでなく、布・按二司や巡按御史も、軍情の監視や告発、或いは叛蛮の招撫といったかたちで軍務に関与していたことが分かる。

それではこのような三司と総兵官の関係はどうだったのか。宣徳五年閏一二月、松潘衛軍民指揮使司から、蠟匝の諸族が居民を劫掠し、軍士を殺傷しているとの上奏があり、宣宗は行在兵部を通じて、総兵官の陳懐と四川三司に討伐を命じた(180)。ここでは総兵官と三司が並列されたかたちで討伐の命令を受けている。又、同月辛酉の条によれば、陳懐が上奏し、嘉定州犍為県宣化駅の賊が居民を劫掠し、軍を派遣して捕えようとしたが、深山に遁入して抵抗していると報告した。これに対して宣宗は

上曰わく、陳懐は兵を総《す》べて外に在り、小寇をも戢《おさ》むる能わざるは恥ずべしと。遂に懐に勅するに、四川三司と同に、法を設けて擒捕せよ。時を過ぎるも獲えざれば、罪、帰する所有らんと。

と述べ、陳懐を叱責するとともに、三司と協力して賊の擒捕に努めるよう命じた。ここでも三司は総兵官とともに賊を追捕するよう命じられており、総兵官と三司は並列の立場だったことが窺える。又、宣徳六年二月壬戌の条によれば、南渓・富順・犍為等の諸県の賊が、白昼民財を劫掠し、総兵官陳懐・都司・布政司が人を遣わして捕えようとしたが、逆に殺傷されるという事件があった。この時、採木の為に四川に派遣されていた副都御史胡廙が、都司と布政司について

人を選び兵を率いて勦捕せしむる能わず、以て無辜を殺傷されるを致す。

と劾奏した。これを受けて宣宗は

遂に懐及び四川都司・布政司・按察司・巡按御史に勅して曰わく、……爾懐及び四川三司の官の罪逃るべけんや。其れ即《ただ》ちに会議して、法を設けて賊を捕えよ。如し再び稽延せば、一体に罪を論ぜんと。

と命じた。ここでも総兵官と三司・巡按御史は並列され、「一体論罪」とあるように同じ責任をもたされた。「会議設法」とあることから、総兵官・三司・巡按御史は対等の立場であり、軍事行動に当たっての指揮系統は一本化していなかったことが窺える(181)。

背景にこのような状況があった為とみられるが、総兵官の陳懐が三司との間に紛争を起した。『宣宗実録』宣徳五年五月癸丑の条に

> 四川総兵官・左都督陳懐、民事に干預すること多く、布政司・按察司の官も、稍《やや》違悞有らば輒《みだ》りに凌辱を加えらる。各道監察御史、之を劾奏す。

とあり、陳懐が民事に干渉し、布・按二司を圧服しようとしていると弾劾された。これに対して、宣宗は

> 上、懐は行伍より出づるを以て、姑く宥して問わず。但だ御史の章を以て之に示し、且つ勅して之を責めて曰わく、爾は先朝の旧人にして、特に命じて一方を鎮守せしむ。正《まさ》当に法を奉じ礼に循い、驕無く慢無く、一方をして悦服せしむれば、乃ち職に称《かな》うと為す。夫れ布政司は方岳の任を重《たっと》び、按察司は耳目の寄を受くるなり。爾は皆当に礼を以て待すべし。若し其の行う所、法に違えば止だ奏聞すべし。豈に擅に自ら凌辱するを得んや。今、各道の監察御史、爾の罪を劾奏せり。果して若し之有らば、即ち爾は理に違う。行い既に理に違えば、何を以て衆を服せんや。朕、姑く不問に置く。爾宜しく自ら省みて前過を踏むことなかるべし。特に御史の奏章を封して、爾に付して之を観せしむ。自今、爾は専ら軍機の要務を理め、凡そ軍民の訴訟は悉く所司に帰《ゆだ》ねよ。且に成憲に定め有り、遵わざるべからず。令を下すこと縦恣なれば、治《ただ》さざるべからず。之を敬い之を慎み、用《もっ》て朕の委任の重きに副えと。

と述べた。陳懐が「行伍」より出世した武臣であることを考慮した為か、宣宗の言葉は懇切かつ丁寧である。宣宗は、総兵官は布・按二司を尊重して、もし二司に過ちがあっても奏聞できるだけであること、総兵官は軍務に専念して民事に関わってはならないことを述べ、二司への干渉を戒めた。総兵官と二司のあるべき関係が明確に示されている。

しかし、陳懐の態度は変らなかったようで、約一年後の宣徳六年四月丁未の条に

総兵官・左都督陳懐の罪を宥す。是より先、御史王礼劾奏すらく、懐は賕を受けて罪人を庇い、家人を縦ちて官軍の屯田二百四十余坵を奪い、軍をして子粒を虚納せしむ。軍の妻を奪いて甥に与え妾と為さしむ。毎旦、官員入見するに、叩頭の礼を行わしめ、三司の幕官及び府県等の官は、事を前に白《もう》すに跪きて文書を読み、読み竟らば聴受発落《けってい》すること奏事の状の如し。三司の堂上官も、言う所稍《やや》意に合わざれば、輒《みだ》りに之を叱詈す。僉事柴震等は咸《みな》笞辱を受けり。請うらくは懐等の罪を治されんことをと。上、行在都察院の臣に命じ、御史の章を封して懐に示し、事の有無は、悉く懐をして実を疏《しる》して以聞せしむ。是に至り、懐悉く実なるを首《もう》し、且つ過ちを謝す。上、行在都察院の臣に諭して曰わく、懐は武人にして不学の過ちなり。姑く之を宥せと。已にして侍臣を顧みて曰わく、朕、嘗て皇祖の言を聞くに、中山王は国家の元勲なるに、旦暮に稍暇あれば、輒《すなわ》ち儒生に親しみ、礼義を講説せしむ。而して己を謙《ゆず》り賢に下ること、老いて弥《いよいよ》篤し。是を以て栄名もて令終せり。今、懐の輩は坐して儒者に親しまず、善言を聞かず。安んぞ過ち無きを得んやと。

とある。ここで問題にされたのは、屯田の占奪等の三ケ条の不正のほかに、三司の官に叩頭の礼や跪いての言上を強制し、相手が堂上官でも意に染まなければ罵倒し鞭打つなど、三司の官に対する傲慢な振舞である。宣宗が、王礼の劾奏文を本人に見せたうえで、事の実否を自陳させたところ、陳懐は全て事実であることを認めた。これに対して宣宗は、中山王徐達の例を出して嘆きつつも、陳懐の「不学の過ち」であるとして結局処罰しなかった。この間の宣宗の態度は極めて慎重である。単なる陳懐の傲慢さという問題ではなく、総兵官と三司の関係をめぐる紛争だったからであろう。しかし、陳懐は態度を改めず、二年後に総兵官を解任されることになった。宣徳八年八月壬辰の条に

行在右軍左都督陳懐、罪有りて獄に下さる。初め、懐は命を奉じて総兵官に充てられ、四川に鎮守するに、僭侈なること分を踰え、総府を建て直房を起し、三司の官及び其の僚属をして、毎旦、東西班に分列して侍立せしむ。

事有れば跪きて白《もう》さしめ、懐は中坐《かみざにすわ》り、旨を称して発落《けってい》す。又、私の憾みを以て、官軍を杖殺し、賕を受けて罪有るものを縦《はな》ち、軍民の田宅を強占す。日《ひび》酒に荒《すさ》み、松潘の諸処の守備は、畧ぼ心を究さず。賊、辺を犯し、城寨を攻陥するを致す。巡按監察御史・按察司以聞し、遂に懐を召して帰らしむ。是に及び京に至る。御史・給事中交《こもごも》章して懐を劾し、其の罪を治《ただ》されんことを請う。上、文武大臣に命じて同に之を鞫《ただ》さしむ。是に至り、成国公朱勇等奏すらく、懐の犯せし所は倶て実なり。律において応に斬すべしと。遂に行在都察院の獄に下す。

とある。陳懐は召還され、審問の結果、都察院の獄に下されることになったが、特に新しい罪が加わったわけではなく、結局、罪状の第一に挙げられたのが、三司の官を侍立させるなどの傲慢な態度で分を越えるとされた。この一連の記事は、卒伍から身を起した陳懐の無教養の故というトーンで書かれており、宣宗自身もことさらこの点を強調しているようにもみえる。陳懐は三司を圧服しようとして文臣層の強い反発を受け、弾劾されて遂に失脚したわけだが、最初の弾劾からここに至るまで三年余の期間がある。この間の陳懐の執拗さは、その傲慢な性格や、宣宗がいうような無教養の為というだけでは理解できない。宣徳九年二月辛未の条に

行在右軍都督府左都督陳懐の職を罷めしむ。初め、懐は平人を故殺し、城寨を失陥せしに坐し、律として斬に当たり、行在都察院の獄に繋がるも、是に至り其の冤なるを訴う。上、三法司の官に謂いて曰わく、懐の他の罪は皆に論ぜず。但だ私忿を以て人を殺し、養寇して地を失いしは、死すと雖も何ぞ冤なるや。其の先朝の旧臣なるを念い、姑く法を屈して之を宥す。罷職間居せしめよと。

とある。この記事では、陳懐が獄に下された理由として、これまで第一の罪状として弾劾されてきた三司との紛争のことは記されていない。陳懐が冤罪を訴えたというのは、三司との関係について陳懐なりの言い分があったことを示している。宣宗もまた「他の罪は皆に論ぜず」といい、総兵官と三司の紛争には触れないままで、先朝の旧臣なるを

念うという理由で処罰せず、罷職間居の処分に止めた[182]。この間の経緯は、総兵官と三司の関係が、早急に結論を出せない微妙な問題だったことを示している。そしてその背景に、四川では、総兵官のほかに三司や巡按御史も直接軍務に携わり、しかも相互の統属関係が定められておらず、並列状態のままで、軍の指揮系統が一本化していないという事情があったのだと思われる。陳懐は強引に総兵官の下に軍事権を統合しようとし、その結果、布・按二司まで圧服しようとして失敗したのである。

このような機構上の問題点は、朝廷でも認識していたと思われる。というのは、陳懐の解任後、都督僉事方政が総兵官に任命されたが、三司との関係に明らかな変化がみられるからである。『宣宗実録』宣徳八年六月癸未の条に

> 左軍都督僉事方政に命じ、平蛮将軍の印を佩び、総兵官に充て、参将の都指揮同知蔣貴は左軍都督僉事と為して、副総兵に充て、四川松潘等の処に鎮守せしむ。四川都司・行都司所属の衛所の官軍は、悉く節制するを聴《ゆる》す。勅に曰わく、番蛮は険に居り、用兵亦た難からん。只だ宜しく静まりて以て之を撫し、自ら労敝することなかるべし。凡そ其の事宜は、悉く五月二十日の勅に准《よ》れ。爾其れ之を慎めと。是に先だち、番蛮復た叛し、貴は嘗て軍を率いて深く入り、勦捕して功有り。故に之を陞す。（傍線は筆者）

とあり、四川都司と四川行都司を総兵官方政の節制下におくことが明示された。陳懐の就任時の命令にはこのような文言はなかった。これは翌年に方政が召還され、蔣貴が後任に充てられた時も同様であった。宣徳九年一〇月乙丑の条に

> 四川総兵官・都督同知方政を召して還らしむ。副総兵・左軍都督同知蔣貴に勅して、平蛮将軍の印を佩び、総兵官に充て、仍りて四川松潘等の処に鎮守し、軍馬を操練し、城池を整理せしむ。其れ四川都司・行都司所属の衛所の官軍は、悉く節制するを聴す。（傍線は筆者）

とあり、蔣貴も明確に四川都司・四川行都司の節制を認められた。以上のように、四川では、陳懐以前と方政以後で、総兵官と三司の関係に変化がみられる。布・按二司との関係については何の指示もないので、従来通りだったと思われるが、都司・行都司ははっきりと総兵官の節制の下に組み込まれることになったのである。

〈雲南〉

雲南は黔国公沐晟が総兵官として宣宗朝を通じて在鎮したが、沐晟と雲南三司や巡按御史との関係はどうだったのか。『宣宗実録』洪熙元年七月庚午の条に

> 中官雲仙を遣わして、雲南に往きて鎮守せしむ。上、之に諭して曰わく、……凡そ行う所の事は、必ず総兵官・黔国公及び三司と計議して施行し、仍りて奏を具えて聞せよ。警備有るに遇わば、則ち機を相《み》て調遣せよ。権を擅にして自ら用いること、及び貪虐を肆にすることなかれ。蓋し你輩外に出ずれば、寵を恃みて驕傲ならざる者有ること鮮《すくな》し。若し稍《やや》も朕の言に違わば、治《ただ》すに重法を以てし、必ずや爾を貸《ゆる》さずと。

とある。鎮守内臣は、火器の管理等の軍務を主とする職だが、宣宗は事に当たっては必ず総兵官・三司と計議するよう強い調子で命じた。ここでも三司は総兵官と並列してあげられている。煩雑になるので一つ一つの事例を示すことは省くが、このあと雲南では、現地からの軍情の報告・要請と、これを受けての討伐や招撫の命令が一七件ある。このうち、命令に総兵官と三司が並記されているものが七件[183]、総兵官と三司・巡按御史が並記されているものが六件[184]、三司のみが三件[185]、総兵官のみが一件[186]である。例えば宣徳五年五月、雲南三司が、劫掠を重ねている順寧府の阿答卜なる賊に対する出兵討伐を奏請したのを受けて、宣宗は沐晟に招撫を命じた。沐晟は千戸陳愷・阿千・通事段保らを遣わして招撫させ、帰順させることに成功した。このように、三司が討伐を要請し、総兵官が招撫を命じられるような

ケースもあった。

これらの事例を通じて確認できるのは次のようなことである。軍務に関する上奏や命令の多くでは、総兵官・三司・巡按御史が並記されており、四川の場合と同様に、雲南でも都司だけでなく布・按二司や巡按御史も軍務に直接関与していた。これらの諸職は協力して事に当たるが、相互の統属関係は認められず並列状態である。つまり、軍事的な指揮系統は一本化されておらず、これは宣宗朝を通じて変らない。しかし、どの記事でも三司とあって、特に都司のことを分けて記していないので、総兵官と都司の関係がよくわからない。ただ、二年二月に、沐晟が順寧府の雄摩等一五寨の蒲羅夷の討伐を奏請した際と、八年八月に、馬竜他郎甸長官司の衙門を占拠した摩沙勒寨の万夫長刀龔らに対する出兵を奏請したとき、軍を掌雲南都司事の都督同知沐昂に率いさせたいともとめている。沐昂は沐晟の弟である(187)。総兵官と都司の間に統属関係はないが、弟が掌都司事として雲南都司を管理していたこともあって、両者の協力関係が円滑にいっていたのかもしれない。以上のように、雲南は総兵官と三司或いは巡按御史が協力関係のまま並存していた地域とみられる。沐氏が代々総兵官職を世襲した地域だから、三司との関係も他と異なるかと思ったが、そのような点はみられなかった。

〈貴州〉

貴州における布政司の官と軍務の関わりについて『宣宗実録』洪熙元年一二月丁亥の条に

雲南布政司左参議江英の子漢、闕に詣《いた》りて奏すらく、臣の父英は先に貴州左参議に任ぜらる。永楽中、台羅等の寨の苗寇反し、王侯を偽称せり。総兵官鎮遠侯、師を率いて之を征するに、臣の父英も土丁を率いて郷導と為り、苗寇を擒殺し、辺民をして業に安んぜしむ。有司其の功を上せしも、会《たまたま》太宗皇帝北伐し、未だ陞賞を蒙らず。

而して臣の父は祖母の喪を以て制を守り、服闋して雲南に調せらる。今、御史言えらく、臣の父は病みて事任たる能わず、当に罷めて民と為さんと。切に思えらく、臣の父は職を守ること多年、並に贓罪無し。不幸にして疾を患う。如し父の微労を録するを蒙らば、乞うらくは冠帯を賜わり、家に回りて医治し、以て補に報いんことを図らんと。上、其の情を憫れみ之に従う。

とある。永楽中の事例だが、貴州布政司の左参議だった江英が、当時の総兵官顧成の苗族討伐に自ら土丁を率いて従軍し、嚮導役となって戦闘に当たっていたことが分かる。このような事例は北辺ではみられない。

軍事行動を要するような現地からの報告や要請は種々のルートから上奏されるが、これに応じて下される宣宗の命令は、全て総兵官蕭授と三司或いは巡按御史を並記したものであった。[188] これは蕭授が単独で上奏した場合も同様である。例えば、宣徳元年三月、蕭授が、貴州新添長官司の舎人宋志道なる者が居民を劫掠して招撫にも応ぜず、諸峒の蛮民を糾合して殺掠をほしいままにしていると報告し出兵討伐を奏請したが、これに対し「上、行在兵部の臣に謂いて曰わく……授及び三司をして官を遣わして撫諭せしめ、若し復た命を拒めば、兵を以て勦捕せしめよ」と蕭授と三司に対処を命じた。[189] 宣徳二年七月、九年三月にも同様の例がみられる。[190] これらの例は、まず招撫して、応じなければ討伐せよというように、招撫を優先させる命令だから総兵官と三司が並記されているということもあるかもしれない。しかし、招撫と討伐は明確に分けられるものではなく、連携して行われるのだろうから、やはり三司の官も総兵官と協同して軍務に関与することになる。巡按御史も同様で、宣徳三年五月、蕭授と都司・布政司・按察司・巡按御史が連名で上奏し、勅を奉じて蛮寇を招撫したが、賊首羅文蕩・苗人革子裸らは応ぜずに深山に逃亡したと報告し、宣宗が帰附した者は善撫し未附の者には再度招撫を試みるよう命じた例がある。[191] 又、宣徳七年二月、巡按貴州御史陳斌が上奏し、貴州の治古答意と湖広の筸子坪の苗族が劫掠を重ねていると現状を述べ、ここは蕭授が周囲に二四堡を築いて包囲守備の態勢をとっている場所だが、全く効果がないにも拘わらず、蕭授と備禦の都指揮張名は恬として意に介さないと弾劾し、貴州・湖広の官軍・土兵を動員しての大規模な討伐を要請した。これに対して宣宗は「宜しく授及び貴州三司をして、人を差わして撫諭せしめ、改過自新せしむべし。如し悛めざるもの有らば、兵を発して之を勦せ」と命じた(192)。これは巡按御史が総兵官の軍事的措置を弾劾し、宣宗が総兵官と三司に招撫・討伐を命じたケースである。

これらの例に示されるように、貴州でも、四川や雲南と同様に、三司や巡按御史も招撫や討伐等の軍務に関与していた。上奏報告や下達命令で総兵官と三司・巡按御史が並記されていることからみて、やはり、これらの諸職は並列状態で、軍事的権限が全て総兵官に統合され、命令系統が一本化していたわけではないことがわかる。それでは三司の中でも、都司との関係はどうだったのか。殆どの事例では「三司」と記され、都司だけをとりあげた記事は少ないが、宣徳二年一一月甲辰の条に

貴州総兵官・都督蕭授奏すらく、水西宣慰司の頭目阿閉妨宜なるもの乱を作し、旨を奉じて、人を遣わして撫諭するも服さず。軍を調して之を勦せんとするに、其の旁近の諸寨の頭目底蘇等、自ら計を以て之を除かんことを請い、今、皆戮に就けり。惟だ、西堡の蛮賊阿骨等のみ、勢いなお猖獗たり。請うらくは貴州都司をして、所属の官軍二万九千を以て之を勦せしめられんことをと。上、行在兵部の臣に諭して曰わく、一蛮賊を以て、多く官軍を調するは、豈に惟だに衆を労し、兼《あわ》せて亦た民を擾するのみならんや。姑く撫諭せしめよ。彼若し負固して服さざれば、豈に乱を厭えし底蘇の若き者無からんやと。

とある。蕭授は阿骨の征討をもとめたわけだが、宣宗から貴州都司に命じて軍を動員し討伐させてもらいたいと要請している。ということは、蕭授には独自に貴州都司に命じて討伐させる権限はなかったということである。又、宣徳

四年一二月甲申の条に

桂州平浪長官司の賊党尚紀狄補等の罪を宥す。初め、蛮賊紀那狄魯なるもの、土官を詐称し、衆を率いて劫掠す。貴州都司、兵を発して之を擒え京師に送る。其の子弟尚紀狄補は、嘗て同悪なるも逃げて獲えず。是に至り、罪を悔いて自首し、過ちを改めて業に復し、賦を納めんことを願う。総兵官・都督蕭授以聞す。上曰わく、首悪既に擒に就く。其の属は宥すべし。況んや悔過の意有るをやと。遂に之を宥し、授に命じて之を撫諭し、業に安んぜしむ。

とある。報告は蕭授がしており、事後の処置も蕭授に命じられているから、総兵官と都司は連携してはいたのだろうが、文言からみて、貴州都司による出兵追捕は都司が独自に行ったように思われる。更に宣徳九年九月、貴州都司が上奏して、貴州宣慰司所管の谷王舟等の六寨と四川草塘安撫司の留坪等の苗賊が出劫し殺掠を重ねていると報告し、宣宗は蕭授と貴州三司に勅を下し、各々委官を遣わして招撫し、もし服さなければ討伐するよう命じた(193)。この件も貴州都司が独自に上奏している。事例が少なく明確なことはいえないが、蕭授が貴州都司官の人事に関与した例もみられず、貴州では、都司はまだ必ずしも総兵官の節制下にはなく、両者は並列状態のままだったのではないかと思われる。

〈広西〉

次に広西における三司・巡按御史の軍事関与、総兵官とこれらの諸職との関係についてみることにする。『宣宗実録』洪熙元年八月丙戌の条に

広西按察司副使張用中奏すらく、思恩・忻城等の県の賊首覃公旺等は、各《おのおの》衆を聚めて強劫す。又、南寧の宣

化・潯州の桂平両県の猺賊、多きは二千人、少なきも三・五十人もて、往々人畜を殺虜し、貲財を劫掠するは、哨守の指揮李璧・千戸蒯貴等の、軍士を厳督して擒捕する能わざるに由る。其の罪を治《ただ》されんことを請う。仍りて乞うらくは兵を調して追勦せられんことをと。上、兵部の臣に命じて曰わく、姑く璧等の罪を記し、賊を殺して以て贖わしめよと。総兵官・鎮遠侯顧興祖に勅して曰わく、……其れ即《ただ》ちに官軍を発して、賊の巣穴を擣《つ》け。徒らに坐視し、其れ滋蔓して以て吾民を傷つくを致すことなかれと。

とあり、広西でも、按察司の官が、軍情を監視し武臣を告発し、独自に出兵要請を行うなどのかたちで、軍務に関与していたことが分かる。このほかにも次のような例がある。宣徳元年八月、崇善県の土官知県趙暹が亡叛二〇〇〇余人を聚めて、左州を破り村洞四〇余ヶ所を占拠し、王号を僭称して州県を劫掠するという事件がおこった。これに対して宣宗は、顧興祖に広西三司と会同して勦捕するよう命じ、顧興祖らは、千戸胡広を派遣し、趙暹を討伐・逮捕させた(194)。この事件では三司は総兵官と協力して討伐に当たっている。また、宣徳二年五月には、兵力を補う為に民款を復設して各地の守備に充て、顧興祖にこれを支援させる措置がとられたが、その経緯は次のようなものであった。巡按御史朱恵が上奏して、桂林・馴象等の衛は、交阯に軍士を動員されて兵力不足になっており、柳慶等の山賊がこれを察知し、猺・獞族を糾合し臨桂・永福・陽朔・修仁・古田の五県を流劫していることを報告した。そしてその対策として、広西三司と計議して、坊市・郷村で民款を組織し、これに武器を与えて各巡検司と協力して守備に当たらせること、顧興祖に軍を率いて往来しつつ支援させることを提案した(195)。朱恵の提案は宣宗の承認を得たが、この件では、総兵官は設置される民款の支援を担当することになっただけで編成には関わっていない。提案は巡按御史、実際の編成は三司によって行われた。このように、広西でも、都司だけでなく布・按二司や巡按御史も軍務に関与し、軍事問題についての上奏や下達命令でも、総兵官・三司・巡按御史が並記されていることが多い。それでは総兵官と都司との関係はどうだったのか。

宣徳二年七月に鎮遠侯顧興祖に罪が有って逮捕・解任されたあと、都督僉事山雲が征蛮将軍の印を佩び、総兵官に充てられて広西に鎮守したが、このとき山雲は「湖広・広西・貴州の三都司より調せし所の官軍を率領し、蛮寇を勦捕せよ」と命じられた(196)。湖広・広西・貴州の三都司から動員された軍の指揮権を与えられたわけだが、問題は山雲が独自にこれらの都司から動員できたのか、それとも各都司に対する宣宗の直接の命令によって動員された軍の指揮を委ねられたにすぎないのかということである。この軍について更にみてみると、宣徳三年四月に山雲が上奏して、秋・冬の間に蛮寇を討伐する計画だが、その際、湖広・貴州都司から広西に派遣されてきている軍士八三八〇人も従軍させたいと要請して宣宗の承認を得た(197)。更に宣徳四年九月にも、山雲が、広西の各処で猺族・獞族が劫掠を重ねているが、討伐しようにも兵少なく寇多いありさまであり、貴州都司から派遣されてきている軍をもう暫く留めて、広西軍と力を併せて征勦に当たりたいと述べ、貴州軍を二班に分け一年一更として、広西に一班を留めるよう奏請し、宣宗の承認を得た(198)。一方、このような山雲の意向に対し、宣徳五年九月に、湖広都司の都指揮同知黄栄らが上奏し、「勅を奉じて」属衛の軍を広西に派遣したが、その結果、湖広では兵力不足となって軍の差遣に混乱と支障が生じているると訴えた(199)。黄栄が「勅を奉じて」といっていることが注目され、湖広都司からの動員が宣宗からの湖広都司に対する直接の命令によるものであったことがわかる。更に同年閏一二月には、貴州都司からも、貴州には苗寇があるので広西に派遣している軍を帰還させてほしいとの上奏があった。これに対し、山雲も上奏して、潯州大藤峡で猺賊の出没が頻繁で今守備軍を減らすわけにはいかないと反論し、貴州軍の残留をもとめた。結局、宣宗は広西の情勢のほうが劇甚であるとして山雲の奏請を承認した(200)。以上の経緯をみると、山雲の貴州・湖広軍を広西に留めてほしいという要請も、貴州・湖広両都司の帰還要請も、山雲と都司の間で直接やりとりしたわけではなく、互いに宣宗に奏請するかたちをとっている。このころ湖広に総兵官は置かれていないが、貴州には蕭授がいた。しかし、派遣軍の返還交渉は山雲と蕭授の間で行われたのではない。ということは湖広・貴州都司からの動員は、あくまで宣宗の命によって行われたものであり、少なくともこの段階では、まだ山雲も蕭授もともに独自に両都司から軍を動員できる権限はなかったということであろう。

それでは山雲と広西都司の関係はどうだったのか。宣徳六年一一月、山雲が上奏して、広西都司所属の各衛所は、霖雨に遇うごとに江水が泛溢して城垣が頽壊するに至るものが多いが、兵力不足の為に軍士だけでは修築できないので民夫の協力が必要だと訴え、広西布政司に勅を下して民夫を動員させてほしいと要請し、宣宗の承認を得た(201)。広西の全衛所に関わる事柄について、都司ではなく山雲が奏請していることは、各衛所の管理、つまり本来は都司の任務だったことに、山雲がある程度の責任と発言力をもっていたことを示している。同時に、山雲が広西布政司に直接民夫の動員を要請できる立場にはなかったこともわかる。このほかに、宣徳九年三月、山雲が落馬して負傷し守辺の重任に耐えないと述べ、広西都司の署都指揮僉事魯義が有能なので、自分に代えて広西軍を指揮させてほしいと奏請した例がある。宣宗は山雲を慰留するとともに、魯義を都指揮僉事に陞せ山雲の調遣を聴した(202)。これをみると、山雲は都司の首脳の人事にかなりの発言力をもっていたといえる。いずれも顧興祖の在任中にはみられなかったことであり、次第に総兵官が都司に対する影響力を強めつつあった様子を窺うことができる。

以上、南辺における総兵官と三司の関係についてみてきた。四川・雲南・貴州・広西に共通するのは、都司のみでなく、布政司や按察司或いは巡按御史も、直接軍務に関与していたことである。布・按二司や巡按御史は総兵官との間に統属関係はなく、総兵官とこれらの諸職は並列状態で、軍事的な指揮命令系統は一本化されていなかった。軍事上の決定はこれらの諸職の協議によって行われた。三司の中の都司と総兵官との関係をみると、地域によって差違があった。四川では、当初、両者は並列状態で統属関係はみられなかったが、陳懐の事件後の宣徳八年からは、都司は明確に総兵官の節制下に入れられた。雲南では両者は並列のかたちで、総兵官による都司からの動員や都司官の人事への関与等はみられない。ただ総兵官の沐晟と掌都司事の沐昂が兄弟ということもあり、両者の関係が円滑にいっていたのかもしれない。貴州では、総兵官に都司からの独自の動員権はなかったとみられ、都司官の人事への関与もなく、両者は並列状態だったと思われる。広西でも、当初は総兵官と都司は並列状態だったが、山雲の就任以後、都司官を指揮する例や人事についての関与がみられるようになり、次第に影響力を強めつつあったことが看取された。四川と広西は少数民族との戦闘が最も激しかった地域であり、両地にみられる動きはこのような情勢に対処する為でもあったと考えられる。

（二）　参賛軍務

前項で総兵官と三司の関係を検討したが、それとの関連で参賛軍務についてみておきたい。総兵官をはじめ各地に鎮守する武臣のもとに、文臣が参賛軍務として配置され補助に当たる例は中後期には広範にみられるが、宣宗朝で確認できるのは交阯・遼東・薊州・大同・甘粛と場所不明の一ヶ所の合せて六地域である。つまり、参賛軍務が置かれたのは交阯と北辺で、四川・雲南・貴州・広西等の南辺にはみられない。それでは参賛軍務の任務はどのようなものだったのか。敗色の濃い交阯と、概して平穏な北辺では事情が異なると思われるので、両者を分けてみることにする。

〈交阯〉

交阯の参賛軍務を命じられたのは、行在兵部右侍郎戴綸・太子少保南京兵部尚書李慶・行在工部尚書黄福・交阯布政使阮勛の四人だが、阮勛を除いて、いずれも南北六部の高官である。まず戴綸からみてみよう。『宣宗実録』洪熙元年七月乙酉の条によれば、宣宗は戴綸に交阯に赴いて参賛軍務の任につくことを命じたが、その勅には

> 爾、交阯に往きて、尚書陳洽を副《たすけ》て、栄昌伯の軍務を賛理せよ。夫れ辺寄の重任なり。爾は六部の貳なるを以て、其の間を参賛せしむ。宜しく端謹勤密にして、以て委任に称うべし。爾、往きて欽めよや。

とある。陳洽は仁宗の時から交阯で参賛軍務の任に在った兵部尚書であり[203]、栄昌伯とあるのは交阯参将だった陳智である[204]。戴綸は、陳洽を補助して陳智の軍務を参理するよう命じられたわけだが、この例では任務の具体的な内容は必ずしも明らかでない。翌年、安遠侯柳升と黔国公沐晟を総兵官に任じ、交阯に派遣するに当たり太子少保・兵部尚書李慶に勅を下して参賛軍務を命じたが、そこには

> 卿は歴練老成にして、特に参賛軍務を命ず。凡そ事は須らく同心協謀して当たり、而る後に行うべし。其れ加意《ちゅうい》して軍民を撫輯し、以て委任の重きに副え。升の南京に至るを俟ちて同に行け。凡そ用いる所の文学及び幹弁の才は、南京各衙門の属官の内より簡択《えら》び、以て随わしむべし。仍りて択びし所の職・名を具えて来聞せよ。

とある。柳升と協力して事に当たること、軍民の撫輯に務めることを命じられたが、李慶が南京兵部尚書という高官でもあり、単なる柳升の配下に付けられた補助者というより、戦闘によって混乱している現地の軍政・民政の担当者というニュアンスが強い。宣宗が李慶に南京官の中から自分のブレーンとなるべき者を選んで随行させるよう命じているのも、そのことを窺わせる[205]。しかし、宣徳二年九月に柳升は倒馬坡で戦死し、翌日に李慶も病死してしまったので、その任務の内容は具体的にはわからない。

この後、新たに工部尚書黄福と交阯布政使阮勛に参賛総兵機務を命じたが、宣徳二年一〇月庚辰の条に

今、交阯未だ靖《しず》まらず、兵を発して征討せしめんとす。特に卿ら二人に命じ、総兵の機務に参賛せしむ。其れ同心協力し、運謀建策して、将帥を和輯せしめ、軍士を奨励し、早《すみ》やかに平定の功を成し、用《もっ》て一方の衆を安んぜよ。事の当に陳奏すべきもの有らば、密封して以聞せよ。

とある。九月に柳升が戦死し李慶も病没した直後であり、参賛する対象の総兵官は成山侯王通である。命じられた任務は、李慶の場合に比べてやや具体的で、総兵官に協力して運謀建策すること、将領の協力態勢をつくること、軍士を奨励して士気を高めること等である。総兵官を補助する相談役といった感が強いが、意見があれば密封して上奏せよとあるように、総兵官の配下というわけではなく、帝に直属する立場だったことがわかる。ただ、その在任が王通の講和・撤兵までの極く短い期間だったので、命じられた任務が具体的にどのように行われたのかよくわからない。

次に北辺の事情をみてみる。

〈北辺〉

北辺で参賛軍務が配置されたのは遼東・薊州・大同・甘粛だが、宣徳三年二月、湖広按察司副使鄭進善を知府に改めて、鎮守遼東総兵官巫凱のもとに派遣し「治軍機文書」に当たらせ、九年三月には、四川布政司右参議の沈升を、鎮守薊州等処総兵官陳敬の処に派遣して「治軍機文書」を担当させた。(207)彼らは総兵官のもとで軍務に関する事務処理に当たったとみられるが、「治軍機文書」の内容やその権限・立場については必ずしも明らかでない。大同の場合をみるともう少し具体的にわかる。『宣宗実録』宣徳七年九月壬戌の条によれば、参政沈固が四事を上言した。「時に固は、勅を奉じて武安侯の幕府に在り、軍機の文書を治む」とあり、当時、沈固は勅命を受けて、鎮守大同総兵官

鄭亨の幕府にあって「治軍機文書」の任についていたのである。[208]沈固の上言は、一つには、爛柴溝等の一八ヶ処に分散配置されている神銃を集中配備に変更すべきであること、二つには、山西行都司所属の一二衛の武臣は、不時に調遣されることが多く、警報があってもすぐ出動できるのは老疾幼弱な者のみなので、精健な武臣を原衛に戻すべきであること、三つには、軍屯の運用を改善すべきこと、四つには、府州県の養済院にならって、各衛に退役軍士を養う為の施設を整備すべきことであった。宣宗は「言う所は皆理有り。六部に命じて議して行わしめよ」と命じた。沈固は宣徳八年五月に考満で「最」の評価を受け、従二品に陞されたが、ひき続き鄭亨のもとで「治軍機文書」の任に当たった。[209]沈固の例から、参賛軍務も勅によって任ぜられる特命職で、帝に直結する立場であり、この点総兵官と対等であること、配置された後も元の官銜を維持していたことがわかる。総兵官の幕府に在って文書の処理に当たるのだから、当然軍務に関与することになるが、単に総兵官の秘書的な役割を果すだけでなく、軍務に関して独自に上奏できる権限をもっていた。これは、前述の交阯の総兵官王通に付けられた工部尚書黄福・交阯布政使阮勛の場合と同様である。

次に甘粛についてみると、宣徳二年七月、貴州清吏司員外郎原固の官職を河南布政司参議に直して、鎮守甘粛総兵官費瓛のもとに派遣し、軍機文書の処理に当たらせた。[210]翌年に費瓛が没し都督僉事劉広が後を継いだが、原固はそのまま在任した。『宣宗実録』宣徳六年正月庚寅の条によれば「参議原固言えらく、臣は比《このごろ》命を奉じて総兵官・都督劉広の所において文書を治む」として便宜五事を上言した。その内容は、一つには、粛州の酒泉駅から荘浪の沙井駅までの二一ヶ所の廩給の確保をもとめ、二つには、各衛所の屯田の膏腴の地が官豪に占拠されて、屯軍は沙地に追いやられていると指摘してその取り締まりをもとめ、三つには、外夷への使者として派遣される官吏・軍人が長期間甘州に留まる為、稟給が困難であると述べて、長期滞留を禁止するようもとめ、四つには、倉儲の節約をもとめ、五つには、甘州左衛等の屯田管理の武臣には怠惰な者が多いとして、巡按御史・陝西按察司に取り締まらせるようもとめたものであった。これを受けた宣宗は「其の言を嘉納し、所司に命じて之を行わしむ」と原固の上言を承認した。原固も劉広の傍に在って文書を処理する任務だったが、やはり総兵官に従属しているわけではなく、総兵官を通さず独自に軍務上の諸問題について上奏できる立場であった。沈固の場合もその傾向がみられるが、原固の上奏は全て軍糧や経費に関わるもので、参賛軍務は主にこの面の処理を任務としたのかもしれない。このほか、場所が不明だが、宣徳九年五月に山西布政司右参議葉仕寧を参将・都指揮馬昇のもとに派遣して「治軍機文書」に当たらせた例がある。(211) 総兵官だけでなく、必要に応じて参将の所に配置されることもあった。

以上のように、交阯と北辺ではやや異なる点もあるが、参賛軍務も総兵官と同様に勅によって帝から直接任命される特命職で、もとの官衔を帯びたまま総兵官等のもとで軍務に関する文書の処理に当たったが、総兵官の節制下にあるわけではなく、軍務上の問題について独自に上奏する権限を与えられていた。北辺でこの職に充てられた者のうち、遼東の鄭進善を除いて薊州の沈升・大同の沈固・甘粛の原固・参将馬昇のもとに派遣された葉仕寧は、いずれも布政司参政・参議の官衔を帯びていた。原固のように、就任時に貴州清吏司員外郎から河南布政司参議に改められた例もある。それは参賛軍務の任務が、武臣の監察等ではなく、主に軍糧関係の処理だったからではないかと思われる。少なくとも当該地の事情に詳しい現地の文臣が適宜に任命されたわけではない。南辺で参賛軍務の配置がみられないのは、総兵官と布・按二司の関係が密で、協同で事に当たることが多く、その必要がなかったからであろう。逆にいえば、北辺では南辺のような総兵官と布・按二司の協同態勢がないので、布政司の官を参賛軍務として配置したともいえる。遼東の鄭進善の前任地は湖広であり、薊州の沈升は四川、甘粛の原固は貴州であった。いずれも南辺での総兵官と布・按二司のあり方をよく知っていたとみられる人々であることもそのことを窺わせる。

ここまでみてきたことをまとめると次のようである。北辺と南辺を通じて、宣宗朝は、総兵官が次第に都司への統制を強めた時期だといえるが、総兵官と都司の統属関係をめぐって、大同と四川で同様の問題がおこっていた。大同では総兵官代行と都司が対立し、四川では、都司だけでなく布・按二司も含めて抗争があった。この間の宣宗の対応をみると、大同については、総兵官代行の曹倹の不正を事実と認めながらも結局処罰しなかった。四川に関しては、総兵官が布・按二司を圧迫することを禁じたが、陳懐以後、総兵官に都司を節制させることを明示した。宣宗は、極めて慎重だったが、総兵官による都司の統制を承認しかつ推進していたとみることができる。このような経過をたどりながら、徐々に総兵官が都司を統制していったものと考えられる。ただ、その程度は地域によって異なっていた。甘粛や宣徳八年以後の四川のように、都司がはっきり総兵官の節制下に組み込まれた地域もあれば、大同や山雲就任後の広西のように主に都司官の人事等の面で、総兵官が都司をある程度統制し得た地域、或いは遼東のように、かたちは並列のままだが、徐々に総兵官が都司官の指揮・管理を掌握しつつある地域もあった。宣宗朝の北辺と南辺で最も異なっていたのは布・按二司や巡按御史のあり方である。北辺では、布政司・按察司は軍糧の供給や武臣の監察を除いて、軍の指揮・統率に関与することはなかったが、南辺では直接軍務に携わっていた。やがて布政司・按察司から分置された分守道・分巡道・兵備道等の諸職が軍務にも関与するようになるが(212)、その先駆的なあり方は宣宗朝の南辺で既にみられたといえよう。このような北辺と南辺の相違はどこに由来するのか。これまでみてきたように、総兵官の職務・権限は、民政には一切関与できず、軍務に限られており、その軍務でも配下の武臣の処罰権・人事権といった統帥の核となる権限は附与されておらず、軍の動員権も地域によってやや差違があるが、これも制限されたものであった。しかも、全ての軍務についていちいち奏請して帝の承認を得る必要があった。北辺の総兵官は、いわば韃虜の侵入を撥ね返せばいいわけだが、南辺は事情が異なる。多くの少数民族を安定的に統治していかなければならない。宣宗朝にみられる南辺の騒擾は、明朝の支配が緩んで、少数民族が自立をもとめて立ち上ったというようなものではなく、客民の流入、開発の進行、賦役の負担等によって生活を圧迫された為の反抗で、明朝の支配が浸透すればするほど深刻化する性質のものであろう。このような事態に対処するには、職務範囲・権限ともに限定された総兵官による純軍事的な手段だけでは不可能で、民政上の対応も並行して行わなければ鎮定できず、その必要から布・按二司も関与することになったのだと思われる。例えば、広西では土官同士の争論・詞訟を総兵官・三司・巡按御史が処理してきたが、多すぎて到底対処しきれないとして、附近の衛所で対応することをもとめて宣宗の承認を得た例や、女土官知州とその姪との間に起った紛争について、宣宗が総兵官・三司・巡按御史に「従公判決」するよう命じた例がある。(213) このような問題は一歩対応を誤れば蜂起に直結し、出兵討伐という事態に発展しかねないものである。少数民族問題をかかえる西南辺では、軍事と民政が不可分の状態で、結局、布・按二司や巡按御史も軍事に関与することになったのだと考えられる。総兵官と三司や巡按御史との関係が、北辺と南辺で異なっていたのは、総兵官の職務・権限が違っていたからではなく、南北の軍事情勢の相違によるものだったと思われる。参賛軍務が交阯を除いて南辺にはみられず、北辺にのみ配置されたのも同様の理由によったのだろう。

(二) 鎮守内臣・王府

総兵官と鎮守内臣

これ以外にも、総兵官との関わりで注目すべきものとして鎮守内臣がある。鎮守内臣について万暦『大明会典』巻一二六・兵部九・鎮戍一に

其れ鎮守内臣は、永楽の初め、遼東・開原及び山西等の処に出鎮してより、自後、各辺次を以て添設せらる。而

して鎮守の下に、又、分守・守備・監鎗の諸内臣有り。

とある。鎮守内臣は太祖朝にはなく、成祖の初めに遼東・開原・山西等におかれ、その後各地に設置されていったという。中期以後には配置される地域も増加し、総兵官・巡撫とともに三院や三堂と称されて、嘉靖一七・一八年に裁革されるまで、辺防体制に様々な影響を及ぼしたことは周知のとおりである。(214) 宣宗朝で鎮守内臣の派遣が確認できるのは遼東・薊州永平山海・宣府・大同・寧夏・甘粛・雲南・交阯である。北辺一帯と雲南・交阯に配置されたわけだが、これらの鎮守内臣の任務と総兵官との関係についてみてみよう。宣宗の即位直後だが『宣宗実録』洪熙元年七月庚午の条によれば、内臣雲仙を雲南に鎮守させたが、雲仙に対して、宣宗は

上、之に諭して曰わく、朕初めて即位し、遠方の軍民、或いは未だ安らがざるもの有るを慮《おもんばか》る。你は内臣にして朝夕左右に侍る者なり。当に委任に副うべし。務めて軍民をして安生楽業せしめよ。凡そ行う所の事は、必ず総兵官・黔国公及び三司と計議して施行し、仍りて奏を具えて聞せよ。警備有るに遇わば、則ち機を相《み》て調遣せよ。権を擅にして自ら用いること、及び貪虐を肆にすることなかれ。蓋し你輩外に出ずれば、寵を恃みて驕傲ならざる者有ること鮮《すくな》し。若し稍々も朕の言に違わば、治《ただ》すに重法を以てし、必ず爾を貸《ゆる》さずと。

と述べた。軍民の「安生楽業」が任務であること、事を行うに当たっては必ず総兵官・三司と計議することを命じ、帝の信任を嵩にきて独断専行しないように戒めた。文言からみて軍務にも関与するわけだが、総兵官との統属関係については何の指示もない。三年一一月には、宣宗が鎮守甘粛総兵官の劉広と陝西行都司に対し、属衛から官軍一〇〇〇人を選抜して、太監王安に率いさせて、翌四年二月一五日までに入京させるよう命じた例がある。(215) 内臣が直接軍を指揮する場合があったことがわかるが、軍務の中でも特にどのような任務だったのか。『宣宗実録』宣徳四年八月乙酉の条に

太監楊慶等に命じ、神機営の銃手を率い、薊州永平山海等の処に往き、都督陳景先と同に備禦せしむ。一切の軍務は、必ず陳景先と計議して行い、私見を偏執して事を誤るを許さず。

とあり、太監楊慶らに神機営の銃手を率いさせて薊州永平山海に派遣した。神機営は成祖朝の創設に係る三大営の中の火器部隊である。(216) 楊慶は火器の指揮管理の任務を帯びて派遣されたのだが、一切の軍務は必ず鎮守の陳景先と計議して行うよう命ぜられた。文言は楊慶の独断専行を禁ずるニュアンスだが、計議して事に当たるのだから、必ずしも陳景先の節制下にはないということでもある。

大同についても次のような事例がある。四年八月、行在兵部が大同左衛等の神銃の管理について上奏し、総兵官に各衛の神銃の多寡を斟酌してこれを扱う専任の武臣を置かせるとともに、神銃手は名簿に記載しておいて、交代する時には総兵官と守銃内臣が選んで補充するようにさせてほしいと要請して宣宗の承認を得た。(217) 又、七年九月には、当時、大同で参賛軍務の任にあった山東布政司参政沈固が上奏し、先に大同に神銃三〇把をおくり、内臣に付して配備させたが、その後、爛柴溝等の一八ヶ所に分散配置したので、一ヶ所当たりの軍士が五〇～六〇人に過ぎなくなってしまったと述べ、総兵官鄭亨と鎮守内臣郭敬に勅を下し、各処の神銃を集中配備するよう命じてほしいと要請し宣宗の承認を得た。(218) 大同でも鎮守内臣は専ら火器部隊の管理に当たっていたことがわかる。火器の管理を内臣に委ねたのは、新兵器である火器を皇帝が独占する為の手段だったが、その結果、内臣が独自に軍事的権限の一部を掌握することになってしまったのである。(219) 宣宗は、内臣に対して、再三総兵官と計議して事に当たるよう命じたが効果はなく、総兵官は内臣の独断専行を阻止できないという事態を齎した。『宣宗実録』宣徳四年七月丁卯の条によれば、宣府守神銃内臣の王冠が官軍を率いて、内臣海寿を送って竜門まで行き、田舎で酔っている所を韃虜に襲撃され、殺害されるという事件が起った。これに対して上、勅を遣わして都督譚広を責めて曰わく、王冠擅に出ずるに、爾は総兵為《た》るに之を阻まず、賊手に死するを致す。冠は責めるに足らず。爾は老将なるに事を怠ること此の如し。過《つみ》、実に誰に帰せんや。特に旧勲なるを念い、姑く寘《お》きて問わず。是より、当に飭励を加え、前失を蹈むことなかるべしと。并びに大同総兵官武安侯亨《ママ》・薊州守備都督陳景先・密雲都指揮蔣貴等に勅して警備せしむ。仍りて各処の内官に戒飭するに、自ら擅に軽々しく出るを許さずと。時に内官の辺に在る者、勢いを挟みて恣肆《ほしいまま》にし、総兵の能く制する所にあらず。上、聞知し、故に之を戒む。

とある。各地の鎮守内臣が総兵官の統制に服さず、勝手な行動をとっても総兵官はこれを制止できなかった様子が窺える。更に七年六月戊申の条にも

副総兵・都督方政奏すらく、内官蕭愚は、小人を親信し、擅に威福を作し、戍兵を私役して、凡そ諸々の辺務、意に任せて干撓す。政、神銃を用いんと欲するも悉く与えず、詬詈を加えるに至る。或いは擅に軍を調して境を出ずと。

とあり、方政が内臣蕭愚を劾奏したが、そこで方政は、蕭愚が軍士を私役すること、辺務に干渉すること、方政が火器を使用しようとしても拒否すること、勝手に軍を動かして出境することをあげた。火器が内臣の管理下にあって、その同意がなければ副総兵も使用できなかったことがわかる。これに対して

上、勅を降して愚を責めて曰わく、朕は辺務を以て総兵に委ね、大小の事は悉く裁決を聴《ゆる》す。爾に命ずるは、但だ神銃を管することのみなり。凡そ進退の緩急は、総兵の約束に聴《したが》え。何ぞ敢えて分を越え法を撓むるや。爾の罪を論ずれば死に当たるも、今、姑く曲げて宥し、俊改せしめんとす。自今、惟だ神機銃に於いてのみ関防を厳密にせよ。一切の辺事は、総兵の処置に聴《したが》え。爾の役する所の軍士は、即ちに伍に遣帰し調するを聴《ゆる》せ。若

し怙《たの》みて終に悛めざれば、必ず誅して釈さずと。

とあり、宣宗は蕭愚に勅を下して、辺防の指揮・決定は全て総兵官に委任していること、鎮守内臣の任務は火器の管理だけであることを強調した。

以上のようにみてくると、鎮守内臣は、火器の独占的管理の権限を梃子にして辺防に干渉し、総兵官もこれを阻止できないという事態が生じていたことがわかる。宣宗は、問題が起る度に、内臣に叱責を加えて抑制しようとしたが、かといって明確に鎮守内臣を総兵官の節制下におくとか、内臣を火器の管理からはずす等の措置はとっていない。その後、鎮守内臣は配置数も増えて常設化し、独自に軍の指揮権をもって辺防体制に様々な影響を及ぼすようになるが、宣宗朝に既にその萌芽がみられるようである。

総兵官と王府

成祖は諸王に対して厳しい態度をとったが、即位早々に漢王高煦の乱を経験した宣宗朝では、それが一層強化された。多くの諸王の護衛が削減または回収され、諸王を中軸とした太祖朝の辺防体制は成祖・宣宗朝に大きく変化することになった。この間の護衛の削減については、すでに佐藤文俊氏が表に示して詳論している。(220) 諸王の軍事的権限の削減と表裏するように、鎮守総兵官が配置されていったわけだが、朝廷のこのような方針の中で総兵官はどのような役割を果したのか。総兵官と王府の関わりはどうだったのか。

山西の状況が比較的よくわかるので、まず山西の場合をみてみよう。『宣宗実録』宣徳元年五月辛亥の条に

書を晋王に貽り、仍りて護衛の官軍四千余人を遣わして、七月初一日を以て、大同に赴きて備禦せしむ。因りて人を遣わし武安侯鄭亨に諭して曰わく、大同は早《つと》に寒きこと、他処に比べて甚しと為す。凡そ備禦の将士は父母

妻子を離れて来たる。恃む所は主将のみなり。撫綏の所を得るにあらざれば、人、何を以て堪えんや。郭子儀の士卒を撫すること子弟の如きなるは、功名を成し富貴を保てし所以なり。卿は老成の宿将なり。当に此を以て念と為すべしと。

とある。宣宗の即位から一年もたたない時期だが、日限をかぎって晋王府の左・右・中三護衛のうち四〇〇〇人を晋王府から切り離し、大同におくって鎮守大同総兵官鄭亨の指揮下に入れるよう命じた。鄭亨に軍士をよく撫綏するよう命じたのは、転属させられる護衛軍士の不安と不満を緩和しようとしたのだろう。更に二ヶ月後の七月には、広霊王遜烑とその母が父代王に疎まれ、山西行都司に保護をもとめる事件があった。鄭亨はすかさずこのことを報告し、宣宗は行都司の官署では不適当だとして、鄭亨に命じて安便の場所を選んで保護させるとともに、代王に書を貽って叱責した。[221] 総兵官が王府の動向に敏感に反応していることが窺える。又、宣徳二年二月甲子の条によれば、鎮守山西の都督僉事李謙が上奏し、山西都司から大同に派遣している軍のうちから四〇〇〇人を山西に戻し、不測の事態に備えたいと要請して、宣宗の承認を得たことは前述した。李謙のいう不測の事態について同条に

蓋し謙嘗て下人の晋王の密事を告するを得て、既に朝に以聞せり。是に至り、又備えを為さんことを請う。故に是の奏有り。

とあり、内容は不明だが、李謙は、晋王の密事の情報を得て報告しており、晋王の動向に備える為にこの奏請を行ったというのである。このように警戒の兵力を増強したうえで、『宣宗実録』宣徳二年四月甲子の条によれば、武進伯朱冕・行在兵部尚書張本と太原左・右・中三護衛に勅を発して、晋王済熿が不軌を謀ったとして、王を庶人とし鳳陽に安置する措置がとられた。護衛にも別に勅を下したのは王と護衛を分断し、動揺を防ぐ為であろう。護衛軍の処置について

其の護衛の官軍は、旧と撥して各郡王に侍せしめし者は動かさざるを除き、其の原《も》と大同に在りて守備せる官軍四千人は、総兵官武安侯鄭亨をして、彼《かのち》に就《おもむ》きて衛所に分撥し、家属も随住せしむ。見《げん》に太原に在る護衛の官軍内より、三千人を調して、家属を連ねて宣府に住ましめ、総兵官都督譚広の衛所に分撥するを聴《ゆる》す。其の余の官軍校尉の取勘して明白なるもの、儀衛の正・副は、改めて正・副千戸と為し、典仗は百戸に改め、校尉・孀公・女戸は、悉く改めて軍に充て、彼に就きて太原の縁辺の各衛に分調し、家属は随行せしむ。凡そ調去の官軍及び家属は、縁途悉く口粮を給し、所を失わしむることなかれ。

とある。各郡王につけられているものはそのままとするが、先に大同に派遣された四〇〇〇人は、総兵官鄭亨に命じて、家族ともども各衛に分散配置させ、現在、太原に在る護衛軍のうち三〇〇〇人は、家族とともに宣府の総兵官譚広のもとに行かせて各衛に分発させる。残余の軍士とその家族は太原の沿辺の諸衛に分散配置するという。晋王府の三護衛は完全に解体され、その主要部分は大同と宣府の総兵官の指揮下に入れられて各衛に分属されたわけである。総兵官は解体された護衛の受け皿の役割りを果していたといえる。総兵官は諸王の軍事力を継承する立場でもあったことがわかる。

このほか、二年一〇月、鎮守山西の都督僉事李謙が上奏し、広昌王済熇が病いにかかっているが、治療すべき医師がいないと述べ、宣宗は行在礼部に命じ、山西布政司に医師を選んで派遣させる措置をとった(222)。又、三年閏四月には、鄭亨が勅を奉じて代王府の宮室・厨庫を修造することになったが、鄭亨が自身で点検したところ、正殿や門廊のほかに間屋も備わっており、建物を少し修理すれば十分であり、そうすれば労費を省くことができると上奏し、宣宗の承認を得た(223)。代王に対する鄭亨の冷やかな態度が窺えるが、これらの例をみると、総兵官や鎮守は王府を警戒しその動向を巨細となく監視する任も帯びていた様子が窺える。

ここまで山西の状況をみてきたが、このほか、解体しないまでも、護衛を諸王から切り離して総兵官の指揮下に入れた例も少なからずみられる。前述のように、宣徳元年一二月、交阯に出兵する為の動員令が下されたが、総兵官・安遠侯柳升の指揮下には、各地の官軍とともに武昌護衛軍が組み込まれ、総兵官・黔国公沐晟の軍には成都護衛軍が含まれていた[224]。翌二年三月に、柳升・沐晟の軍を増強する為に、更に各地から軍を動員したが、この時にも武昌護衛から一〇〇〇人、成都護衛から一二〇〇人を出させた[225]。又、二年七月、総兵官・都督同知陳懐らに命じ、松潘の征討に当たらせたが、陳懐の指揮下には陝西都司・陝西行都司・寧夏諸衛の軍とともに、慶王府・粛王府の護衛から各々一〇〇〇人、富平王から三〇〇人が動員配置された。陳懐に呼応して北上する都指揮僉事韓整の別動軍にも、四川・貴州都司の軍とともに成都護衛軍が含まれていた[226]。

これらの例は帝の命によるものだが、総兵官自身も様々なかたちで護衛に干渉し、これを統制下にくみこもうとしていた。『宣宗実録』宣徳三年二月己未の条に

> 慶王栴奏すらく、韋州に移居せんと欲す。其の屯田・養馬の軍士は、請うらくは仍りて寧夏に留め、声息有るに遇わば、総兵官の調用を聴《ゆる》されんことをと。又、奏すらく、護衛の指揮・千・百戸・鎮撫の軍校九十五人、田土を占種すと告《うった》えしもの有り。今、総兵官及び御史追問するも、皆な是れ永楽中の佃種なりと。上、韋州は王の旧と居る所なるを以て、復書して韋州に居らしむ。仍りて寧陽侯陳懋及び巡按御史に勅するに、所問の人を釈し、土田は悉く永楽の故事の如く、護衛の官軍の耕種に従わしめよ。自今、輒《みだ》りに下人の妄告に聴《したが》い、以て朝廷親親の意を失するを得ざれと。

とある。慶王は韋州への移転を奏請したが、そこで屯田・養馬の軍士は寧夏に留めて、総兵官の調用に委ねると述べるとともに、現在、田土占種の疑いで総兵官・巡按御史の取り調べを受けている護衛の軍校について釈明した。宣宗

は慶王の要請を認めたが、辺防を担当するものとして、総兵官が諸王の後継者だったことが如実に示されている。また総兵官が護衛を監視しさまざまに干渉していたことが看取される。三年三月庚子の条に

　靖江王佐敬奏すらく、先に鎮遠侯顧興祖は、嘗て護衛の官軍を調して従征せしむ。後に取回して山川等の壇を修理せしめんと奏するも、尋《つ》いで復た従征に調せらる。今、都督山雲も又亡没の軍士の数を索補せんとす。護衛の軍少なきに縁り、補を免ぜられんことを乞うと。之に従う。

とある。宣宗は靖江王の要請を承認したが、広西でも総兵官の顧興祖や山雲が、護衛軍を討伐に動員したり、補充の為に軍士を引き抜こうとしていたことがわかる。このほかにも、五年三月には、漕運総兵官の平江伯陳瑄が餽運四事を上言したが、その第二項で魯王の兗州護衛軍を漕運に動員することをもとめ、宣宗の承認を得た例がある。[227] 朝廷は王府の護衛を削減或いは回収しようとしており、これを受けて各地の総兵官もさまざまなかたちで護衛に干渉していた様子が窺える。

　また、山西のところでもみたが、総兵官は王府の動向の監視にも当たっていた。『宣宗実録』宣徳五年正月丁卯の条に

　四川総兵官・左都督陳懐奏すらく、蜀王府中に忽ちにして砲銃を挙ぐ。何の為なるやを知らず。之を察するに、蓋し四川都司の私かに王府に与えしものならん。法に於て当に問うべしと。上、行在都察院をして長史・承奉を取りて之を詰《せ》めしむ。懐に勅し、凡そ四川都司の堂上官は、皆死罪の状を責め、而して其の首領官を械送して京に赴かしむ。

とある。蜀王府中で突然銃砲の発射音がしたことについて、陳懐は、四川都司が密かに与えたものだろうとの憶測を交えて急遽報告し、宣宗も敏感に反応して厳しい措置をとった。王府に火器がわたることを警戒したのだろうが、総

兵官が王府の動向を厳しく監視していたことが看取される。又、五年三月丙辰の条に

平江伯陳瑄、其の子の儀を遣わして密奏を齎して言えらく、……楚府は、洪武の初めに立国してより、三護衛の官軍及び儀衛司の旗校有るも、倶に調遣無し。四・五十年の間、生歯繁育し、糧餉は充積し、造船は千を以て計え、買馬は万を以て数え、兵強く国富むこと、他藩の及ぶもの莫し。而して衛所の官は、多く結びて姻親と為り枝連蔓引す。小人時に乗じて、或いは異図有らば、実に制馭し難しと。

とあり、陳瑄は楚王府の軍備充実に危惧の念を示すとともに、その対策として

伏して乞うらくは、皇上疑慮を為すこと勿れ。断ずるに聖衷よりせられんことを。今、無事の時に於て、託するに京師の糧儲充たざるを以てし、重臣と湖広三司に命じて、其の護衛の精鋭の官軍を選び、糧を給し船を与え、運びて北京に至らしめ、因りて留めて操備せしむれば、則ち其の羽翼を剪り、其の邪謀を絶ち、王は以て永く国土を保つべく、而して朝廷の恩・義も両つながら全うされんと。

と述べた。陳瑄は京師の糧儲不足を口実として、護衛軍を漕運に動員し、京師に到着したらそのまま留めてしまうという案を提示したわけである。宣宗は「従来、楚国は過《とが》無し。……瑄何ぞ過慮するや」と述べて、陳瑄の提案を却下したが、総兵官が王府の状況を監視していた様子が窺える。

成祖・宣宗朝では王府の抑制が図られたが、その眼目は諸王の軍事的権限の回収であり、護衛の処理が焦点となった。この動きと表裏の関係で進められたのが総兵官の常設化、つまり鎮守総兵官の設置だった。各地の鎮守総兵官は王府の動向を監視・警戒するとともに、護衛に様々なかたちで干渉し、これを統制下に入れようとしていた。晋王府の護衛が解体された時に、その軍士が大同・宣府の総兵官のもとに分散配置されたように、総兵官は解体される護衛の受け皿でもあった。諸王の軍事的権限や辺防上の役割りは、各地の鎮守総兵官に引き継がれたといえよう。

（四）兵力・待遇等

総兵官麾下の兵力

有事の際には、必要に応じて、各衛からその一部或いは全部が動員され、総兵官の指揮下に入って臨戦態勢をとることになる。成祖朝から宣宗朝にかけて総兵官が常設化してきたわけだが、麾下にどれほどの兵力をもっていたのか。戦闘等に出動する際と各地に鎮守している場合で異なるが、まず前者からみてみよう。

度々北辺に出動した鎮朔大将軍・総兵官には、一貫して陽武侯薛禄が任命されたが、宣徳二年八月に薛禄が北辺から帰還した際、賞賜の対象になった武臣・旗軍は一万二〇四人だった。又、宣徳五年三月に帰京した時には、薛禄を太保に進めるとともに、恭順侯呉克忠・武進伯朱冕・奉化伯滕定以下一万二〇六二人に賞賜した。この翌月、薛禄は赤城等の城堡の築造を命じられたが、この時には大同から動員された軍士一万人・民夫五〇〇〇人、宣府の軍士一万一二〇〇人・民夫五八〇〇人を率いた(228)。これらの例から、薛禄は、出動時には一～二万人程度の兵力を率いて行動していたとみられる。一方、南辺の四川では、宣徳二年七月に、総兵官・都督同知陳懐が松潘の征討を命じられたが、この時、陳懐は陝西都司・陝西行都司の各八〇〇〇人・寧夏諸衛の二〇〇〇人・慶王府と粛王府の護衛の各一〇〇〇人・富平王の三〇〇人の合せて二万〇三〇〇人の軍を率いて洮州から進攻した。同時に都指揮僉事の韓整が四川・貴州両都司の軍と成都護衛軍を率いて北上し、陳懐の軍と合流して勦討に当たった。韓整の軍も陳懐の指揮下に入ったものとみられるが、その兵力がわからない。ただ、宣徳四年三月に至り、陳懐が陝西・四川・貴州の三都司と陝西・四川行都司から松潘に従軍して功のあった者は四万八九九六人だったと上奏し、行在戸部・礼部がこれに対する賞賜額を奏請して宣宗の裁可を得ており(229)、この戦役で陳懐は五万人前後の兵力を指揮したことがわかる。又、貴州では、洪熙元年一一月、巡按御史が卬水長官司の苗銀総の劫掠のありさまを上奏したのに対し、宣宗は「都督蕭授に命じ、湖広辰沅等の衛兵万四千人を調し、粮万五千石を運び、清浪衛に期会して進勦せしむ」という措置をとった。[230] この一万四〇〇〇人は湖広から動員された軍だが、そのまま蕭授の指揮下に入って貴州軍とともに討伐に当たったのだろう。更に、宣徳二年一一月には、蕭授が、水西宣慰司の阿閉・西堡の阿骨らの猖獗の様を報じ、貴州都司の官軍二万九〇〇〇人を動員して討伐したいと奏請したのに対し、宣宗はこれを承認し、招撫して応じなければ作戦を実施するよう命じた。[231] 蕭授も三万人前後の兵力を指揮していたとみられる。広西では、宣徳三年四月に、山雲が蛮寇出没の状を報告するとともに、湖広・貴州の軍八三八〇人を加えて討伐に当たりたいと奏請して宣宗の裁可を得た。[232] 湖広・貴州からの増援軍だけで一万人近いのだから、山雲もこの作戦で現地の広西軍と併せて数万の軍を指揮したと思われる。交阯についてみると、三人の総兵官のうち、王通と沐晟の兵力ははっきりしないが、宣徳元年一二月に出征を命じられた柳升の麾下には、各地から動員された七万余人が配され、更に翌二年三月に四万五二〇〇余人が加えられた。[233] 柳升はこの年の九月には戦死してしまったが、この間一一万余人の軍を指揮していたことになる。以上の例は、軍事行動の際に総兵官が指揮した兵力だが、必要に応じて一万数千から一〇余万人までの軍を指揮していた。なお漕運総兵官陳瑄の麾下には一二万余人の軍士があったことが確認できる。[234]

それでは各地に駐劄していた時には麾下にどのくらいの兵力をもっていたのか。総兵官は主兵と称される現地軍と、各地からの増援軍である客兵を指揮下におくが、万暦『大明会典』一二九～一三一の「鎮戍」四～六には、各総兵官麾下の原額と実在の兵力が示されている。原額がいつの段階のものかはっきりしないが、少なくとも鎮守総兵官の創設期である成祖・宣宗朝では、まだこのように固定しておらず、かなり流動的で状況に応じて増減された。大同の事情が比較的わかるので、その変化の様子をみてみよう。因みに万暦『大明会典』では大同鎮の原額は一三万五七七八人、実在が八万五三一一人と記されている。

洪熙元年七月、陽武侯薛禄が、大同の官軍二万人は月支の米が五斗なのに、宣府の一万人は三斗であると述べ、均しく四斗を給するべきであると奏請し宣宗の承認を得た(235)。しかし、この人数が大同の鄭亨・宣府の譚広麾下の全兵力ではない。別稿で述べたように(236)、軍士は、通常、所属衛で月糧を支給されているが、他の地域に動員されると、原衛で家族に月糧が、出先で本人に行糧が支給される。行糧の額は出動距離によって異なるが、一日当たり一升か一升五合、月では三斗から四斗五升が基準である。額からみてここで問題にされたのは行糧であり、薛禄のいう人数は他の地域から大同・宣府に派遣されている客兵数である。大同・宣府の固有の主兵は、ここに含まれていないとみられる。それでは主・客兵を合わせてどのくらいあったのか。総兵官と都司の関係のところでも触れたが『宣宗実録』洪熙元年九月壬子の条に

掌山西都司事・都督僉事李謙奏すらく、武安侯鄭亨は大同に鎮守し、本司の官軍一万三千を調去す。計るに彼の有する所は四万四千三百四人にして、兵力余り有り。本司の地は東勝に連なり、虜寇亦た嘗て侵犯せしに、兵力寡弱なり。請うらくは大同より五千人を取回して操守せしむれば便と為すと。上、武安侯に勅して、止だ精兵五千のみを留め、余は悉く発還せしめんとす。

とあり、宣宗は八〇〇〇人を山西都司に帰還させようとしたが、この命を受けた鄭亨はすぐさま反対意見を上奏した。同月辛酉の条に

鎮守大同総兵官・武安侯鄭亨奏すらく、……今、虜寇、沙窩迤南に屯し、辺患を為さんとするを慮《うたが》う。姑く之を留め、以て不虞に備えんと欲すと。上、之に従い、兵部の臣に諭して曰わく、但だ後警無くんば、即《ただ》ちに皆遣還せしめよと。

とある。これからみると、宣宗朝の初めには、鄭亨のもとには、大同諸衛のほかに、山西都司管下の諸衛から派遣された一万三〇〇〇人を加え、合せて四万四〇〇〇余人の兵力があったことがわかる。山西都司からの要請を受けた宣宗は、約半分を李謙のもとに帰還させようとしたが、鄭亨の反対で一旦中止された。この兵力を鄭亨がどのように配置していたか明瞭ではないが、宣徳元年六月庚午の条に、陽武侯薛禄が「備辺五事」を上奏した記事があり、その第三事に

大同の武安侯鄭亨の総べる所の軍士、守城の外に尚お二万余人有り。宣府の都督譚広の総べる所の軍士は、守城の外に亦た万余人有り。両地は相い去ること四百余里にして、倘《も》し緩急有らば、猝《にわ》かには応援し難し。宜しく各《おのおの》都督一人を増し、精兵を分領して往来巡邏せしめ、賊の猝かに入るに遇わば、力を併せて功を成さしめよ。……上、公侯大臣に命じて之を議せしむ。

とある。薛禄の提案が実施されたかどうか確認できないが、大同の鄭亨のもとには「守城」のほかに二万人、宣府の譚広のもとには一万人の軍があるという。守城の語は「屯軍」に対する戦闘要員の意味で使われることが多いが、ここではそうではなく、文字通り各城堡や墩台等の防禦施設に配置された軍であろう。これらのほかに、鄭亨・譚広が有事に対応する為に手元に掌握している兵力が二万・一万だったとみられる。つまり、大同では、四万四〇〇〇余人の約半分を各城堡の守備に配置し、残りを鄭亨が握って有事に備える態勢をとっていたと思われる。

宣徳二年二月に至り、鎮守山西となった都督李謙が再び上奏し、太原の兵力が老弱の一〇〇〇余人にすぎないと述べ、山西都司から大同に動員されている軍の中から四〇〇〇人を帰還させて不測の事態に備えたいと要請した。李謙のいう不測の事態というのは、先にも示したが

蓋し謙嘗て下人の晋王の密事を告《うつた》えしを得て、既に朝に以聞せり。是に至り、又、備えを為さんことを請う。

故に是の奏有り。

とあり[237]、韃虜に備える為ではなく、晋王府の動向を警戒しての要請だった。この理由は、王府に対して強い警戒心をもつ朝廷にアピールしたようで、李謙の奏請は宣宗の承認を得て、四〇〇〇人は山西都司に戻されることになった。更に宣徳五年四月、前述のように、陽武侯薛禄・豊城侯李賢に命じて、赤城等の城堡を築造させることになったが、この工事の為に鄭亨の麾下から軍士一万人、大同府から民夫五〇〇〇人、宣府の譚広のもとから軍士一万二〇〇〇人、保安・蔚州等から民夫八〇〇〇人を動員して薛禄の指揮下に入れた[238]。これらの軍がいつ鄭亨・譚広のもとに戻されたのか確認できないが、この時点で鄭亨麾下の兵力は三万余人になったと思われる。宣徳七年九月に至り、李謙がまた上奏し、現在、山西都司から鄭亨のもとに三〇〇〇人を派遣しているが、山西都司の軍は二〇〇〇余人にすぎず、兵力不足であると訴えて、一〇〇〇人の帰還をもとめた。これを受けて宣宗は鄭亨に五〇〇〇人の帰還を命じた[239]。当初、山西都司から大同総兵官のもとに一万三〇〇〇人余りを派遣していたが、度重なる帰還要請によって、このころは三〇〇〇人程になっており、これが更に減らされることになったのである。総兵官鄭亨・鎮守李謙・都司が互いに軍をとりあっているような印象があるが、宣宗の命を受けた鄭亨は次のように要請した。宣徳七年一二月壬辰の条に

大同総兵官・武安侯鄭亨奏すらく、勅を奉ずるに、山西官軍の大同に戍する者、遣還して偏頭関を守備せしめよと。竊かに惟えらく、大同は虜境に逼近し、且つ地は寛広なり。守備を厳しくせんと欲さば、必ず重兵を籍《し》く。初め、官軍万三千人を調せしも、已にして陸続と取回せられ、在する所惟だ二千余人のみなり。今復た山西に遣還せしめられんとす。乞うらくは腹裏において二衛を調し、大同において相に屯・守を兼ねしめられんことをと。

とあり、鄭亨は、相い次ぐ山西都司への帰還によって、大同の守備兵力が不足していると述べ、腹裏からの二衛軍の動員配置をもとめた。この奏請を受けた宣宗は、行在兵部に可否の検討を命じたが、同部は動員を不可とし、結局、宣宗もこれを承認して、李謙に対して先の五〇〇人を大同に派遣するよう命じた。以上の経緯をみると、大同の鄭亨の麾下には、宣宗朝の初めには四万四〇〇〇余人の兵力があったが、山西都司への帰還や赤城等の築城の為の動員により、宣徳の末には二万数千になったと思われる。(240) 前述のように、宣徳九年二月に鄭亨が在任のまま没すると、すぐに後任が発令されず、参将の都指揮曹倹が職務を代行したのも、このような兵力の削減と関係があったのだろう。一時的ながら、大同総兵官麾下の兵力はかなり減少した。それは、この時期、大同正面が概して平穏で韃虜の侵犯が殆どなかったことや、赤城・独石等の防衛態勢が整備されたことによるのだろう。大同は要衝であり後には一〇万前後の兵力が配置されるようになるが、宣宗朝ではまだ常備の兵力は定められておらず、情勢に応じてかなり大幅な増減があったことがわかる。

総兵官の待遇

鎮守総兵官の在任は長期にわたることが多いので、家族も現地で同居する場合が多かったのではないかと思われるが、はっきりしない。四川の陳懐の甥や、寧夏の陳懋の子陳昭が現地に在ったことは確認できるが(241)、甘粛総兵官劉広の場合は『宣宗実録』宣徳四年四月癸巳の条に

都督僉事劉広奏すらく、今、甘粛に鎮守し、家属同《とも》に往くを以て、乞うらくは在京の俸米三分を移して、陝西行都司に就いて関し、折俸鈔の七分は、仍《よ》りて京庫において支せられんことをと。上、之に従い、行在戸部に命ずるに、凡そ鎮守総兵の俸は、各《おのおの》便なる所に従い、彼をして仰給する所有らしめよと。

とある。劉広が甘粛に赴任したのは宣徳三年六月だが、家族は劉広の駐劄地の甘州に同行したようである。この間の給与の支給について、劉広は俸給の三割を米で陝西行都司から受領し、七割を鈔で京庫で受領したいと奏請し、宣宗の承認を得た。宣宗が総兵官の俸給は各々本人の便利な場所で受け取ればよいと命じたのは優遇措置である。一方、宣徳七年二月庚戌の条に

雲南総兵官・太傅黔国公沐晟、母の喪に奔らんことを乞う。勅を遣わして之を慰諭して曰わく、奏を得て、孝子の痛み誠に情に為《たが》い難し。但だ朝廷は卿に一方の重寄を委ぬ。未だ輒《たやす》く離るべからず。其れ強いて節哀し、国事に任ずるに勉めよ。蓋し忠を尽し孝を為すは、大臣君子古より皆然り。卿其れ之に勉めよ。已に礼部に命じて儀物を具えしめ、初喪より祥禫に至るまで皆祭を賜えり。工部は官を遣わして葬事を営めり。卿の家務は、亦た駙馬都尉昕有りて維持す。顧慮すること無かるべし。惟だ一に公に志し、以て任托に副えと。

とある。沐晟の母は北京に居住していて亡くなり、沐晟が喪の為に雲南から上京する許可をもとめたのに対し、宣宗は礼・工部に命じて十分に礼を尽しているから、敢えて雲南に留まるよう、丁寧な言葉で慰留した。(243) 劉広の場合は家族も任地に同行したが、有力な武臣が大軍を率いて辺地に在るのだから、朝廷は自立化を警戒して、沐晟の場合のように家族を目の届きやすい北京に住まわせようとする傾向があったのかもしれない。

一方、総兵官が病気に罹ったり負傷した際の朝廷の対応は非常に丁重であった。例えば宣徳三年正月、甘粛の費瓛が老衰と喘疾を訴え、自分の死後は甘州に葬り、子の費釪に墓を守らせてほしいと述べ、その為の房屋・田地の下賜を乞うたのに対し、宣宗はこれを許すとともに、太医院に命じて良医を甘粛に急派させた。(243) 又、宣徳五年六月に、鎮朔大将軍・総兵官薛禄の麾下の副総兵・豊城侯李賢から、薛禄が病んでいるとの報告があると、宣宗は急ぎ中官金満と御医沈以潜を派遣するとともに、勅を賜わって慰労した。(244) 宣徳八年二月、広西の山雲が落馬して右股を傷つけたと

の報告を受けた宣宗は、山雲に書を賜わるとともに良医を派遣した[245]。更に宣徳九年三月戊戌の条によれば、山雲が上奏して、傷の為に歩行が困難で任に耐えないと述べ、署都指揮僉事の魯義が有能なので、自分に代えて軍を指揮させてほしいと要請したが、宣宗は山雲に勅を賜わり

馬より墜ち、足を傷つくと雖も、何ぞ坐謀を妨げんや。将為《た》る者は方略の何如を顧《み》る。豈に必ずしも躬ら馳駆を効さんや。卿、其れなお兵を総べて鎮守し、善く自ら攝理し、以て朕の委任の重きに副え。

と山雲を励まして慰留した。この後、六月には山雲を都督同知に陞進させ、勅を賜わって功を賞し、紅織金羅衣一襲を下賜した[246]。又、宣徳八年八月には、漕運総兵官陳瑄の子陳儀から、陳瑄が淮安で病に臥しているとの上奏があると、宣宗は、太医院に命じて良医を選ばせ、陳儀とともに淮安に派遣し、陳瑄には勅を賜わって励ました。陳瑄は一〇月に没したが平江侯に追封された[247]。更に宣徳九年二月に大同で武安侯鄭亨が没したが、宣宗は、鄭亨を譚国公に追封して子の鄭能に襲爵させるとともに、鄭亨をおって自縊した妾張氏に淑人を追贈した[248]。又、宣徳九年六月、遼東の巫凱が流矢にあたって負傷したが、宣宗は行在兵部に対して「凱は辺に在りて効力多しと為す。今疾有り。宜しく其の子に官して凱に従わしめ、兵馬を練習せしむべし」と命じ、特に子の巫英を広寧衛指揮僉事に任じ、巫凱の傍に置く措置をとった[249]。以上のように、各地の総兵官が病に罹ったり負傷した時の朝廷の対応は非常に手厚く、医師や内臣を派遣したり、勅を賜わって励まし、或いは子に軍職を授けて身辺に侍させる等の措置をとった。それは「武臣の極重」と称される総兵官の地位を尊重する朝廷の姿勢を示すものだが、同時にその動向についても厳しく監視していた。

武臣の不正については後述するが、薊州永平山海の陳敬・宣府の譚広・寧夏の陳懋とその後任の史昭・四川の陳懐・雲南の沐晟・広西の顧興祖・交阯の王通・鎮朔大将軍薛禄が何らかの理由で弾劾されている。このうち陳懋は軍

士の私役や大規模な不正蓄財、陳懐は三司の官を圧服しようとしたこと、顧興祖は個人的なスキャンダルと軍事的な過誤、王通は独断講和と交阯からの撤退で、総兵官職を解任されたり獄に下されたりした。これらの例は咎められても当然ともいえる理由だが、中には些細な礼法上の違反を告発されたケースも少なくない。弾劾例の多さをみると、その背景には、臨戦態勢をとったまま各地に駐劄する総兵官に対して、朝廷は警戒を怠らず、その行動を巨細となく監視していた様子も窺える。

おわりに

以上、四節にわたって宣宗朝の総兵官について考察してきたが、次のようなことが確認できた。太祖朝では、諸王に軍事的権限を与えて辺防の任を委ねたが、靖難の役・漢王高煦の乱を経た成祖・宣宗朝では、諸王の勢力を抑制し、その軍事的権限を回収或いは剝奪する方針がとられた。この動きと表裏するかたちで、従来は有事における臨機の職だった総兵官が常設化し、鎮守総兵官として各地に配置されていった。宣宗朝では、鎮守総兵官は北辺の遼東・薊州永平山海・宣府・大同・寧夏・甘粛と、南辺の四川・雲南・貴州・広西の一〇ヶ所に置かれた。このほか、淮安には任務が特殊化した漕運総兵官が配置され、北辺と交阯には、有事に任命され事が終れば任を解かれる従来型の総兵官が派遣された。

各総兵官について、その職務と権限を検討した結果、以下のことが確認できた。総兵官は民政には一切関与できず、軍務のみを担当するが、その軍務についても、大規模な動員権・配下の武臣の処罰権・人事権等の、統帥の核となるべき権限は附与されておらず、全て奏請して帝の承認を得なければならなかった。防禦施設の築造や修理でも同様で、一煙墩の設置といえども帝の承認が必要だった。軍事上の決定権は、巨細となく全て帝の掌握するところだったのである。総兵官のこのような職務範囲と権限は、北辺と南辺を問わず全ての総兵官に共通しており、地域による差違は認められない。総兵官の職務と権限は二重三重に箍を嵌められた、非常に限定されたものだったといえる。それは靖難の役や高煦の乱を念頭においた朝廷が、諸王に代って辺防の任を担うことになった鎮守総兵官に対しても、その自立・軍閥化を警戒し制限を加えた結果と思われる。

鎮守総兵官は成祖・宣宗朝に新たに置かれ始めたものだが、その際、地方に配置されていた他の文武の諸職との関係はどうなったのか。その一つに鎮守武臣との関係がある。当時、総兵官の称は帯びないが、都督・都指揮・指揮使の各クラスの武臣が、鎮守として各地に配置されていた。これと総兵官の関係をみると、総兵官の方が鎮守武臣よりも上位にあるが、各クラスの鎮守武臣も、総兵官と同様に特簡によって任命され、帝に直属する特命職であり、その職務・権限は基本的に総兵官と同じであった。唯だ担当する地域が総兵官に比べて狭く、最も多い都指揮クラスの鎮守は、一衛から精々数衛を統轄する場合が多く、総兵官の相似形の縮小版といえるものであった。このクラスの鎮守武臣は概ね総兵官の節制を受けたが、都督クラスの鎮守の中には総兵官に匹敵する地域を担当する者もあり、統属をめぐって総兵官との間に紛争が起ることもあった。中後期には、各クラスの鎮守のうち、あるものは総兵官に昇格し、あるものは総兵官麾下の副総兵や参将に整備されていったとみられる。ただ、鎮守のまま残った例や新たに配置されるものもあり、鎮守の名称はその後も使用される。

次に都指揮司・布政司・按察司の三司との関係についてみると、北辺と南辺では三司のあり方や総兵官との関係にかなりの相違があった。南辺では、軍務に関する上奏や命令でも、総兵官・三司・巡按御史が並記されるケースが多く、布・按二司も直接軍務に関与していたことがわかる。南辺では少数民族の反抗が激烈だったが、北辺のように韃虜の侵入を撥ね返せばいいわけでなく、騒乱を鎮圧するとともに、少数民族を安定的に統治していかなくてはならない。それには、軍務に限られた職務範囲と制限された権限しかもたない総兵官による純軍事的な手段だけでは対応できず、布・按二司も軍務に関与することになったのだと思われる。つまり、南辺では軍事と民政が明確に区別できない状態だったことが背景にあるのだろう。このような南辺の様相は、中後期に一般的になる文臣の軍事関与の先駆をなすものである。南辺では、総兵官と布・按二司は横並びの立場で協力する関係だったといえる。勿論、総兵官には州県に直接に指示・命令する権限はない。一方、概して平穏だった北辺では、軍糧供給や武臣の監察を除いて、二司が軍の指揮や戦闘に直接関与することはなかった。このことと関連するとみられるが、北辺の総兵官には、参賛軍務というかたちで布政司の参政や参議がつけられることがあった。参賛軍務の配置は、交阯は別として南辺の総兵官にはみられない。参賛軍務は総兵官のもとで文書の処理に当たる職だが、これも帝に直属する特命職で、総兵官の指揮統制を受けるものではなく、独特に軍務に関する上奏を行うことができた。主に軍糧関係の仕事を担当したのではないかと思われるが、南辺のように、総兵官と二司の間に密接な関係がなかった為に北辺に配置されたものと思われる。

三司のもう一つの都司と総兵官の関係はどうだったのか。鎮守総兵官の設置当初は、両者の間に明確な統属関係はなかったが、宣宗朝は次第に総兵官が都司に対する統制を強めつつある時期だったとみられる。ただ、その程度は地域によって差違があった。北辺をみると、遼東では、両者はかたちのうえでは並列の関係にあるが、宣宗朝の後半には、事実上、総兵官が都司官の指揮・管理を掌握しつつある様子がみられ、宣府では総兵官がやや山西・万全都司に干渉する様子がみられた。大同では総兵官が山西都司・山西行都司に対し、都司官の人事等の面でかなり強い発言力をもった。寧夏は総兵官が陝西都司官の人事にやや影響力をもったことが窺える程度だが、甘粛では明確に総兵官が陝西行都司を節制下においた。南辺では、四川は当初並列状態だったが、統属をめぐって二司との間に紛争があり、宣徳八年以後は、都司は明らかに総兵官の統制下におかれた。雲南と貴州は基本的に並列状態のままだったが、広西では、山雲の就任以後、広西都司に対する統制が強化されていった。

次に鎮守内臣と総兵官の関係も注目されるが、宣宗朝の鎮守内臣は、火器の管理の為に帝によって直接派遣されたもので、総兵官もその同意がなければ火器を運用できなかった。鎮守内臣は、この権限を盾にとって総兵官の統制に服さず、独持の行動をとることもあったが、総兵官はそれを抑制できなかった。その後、鎮守内臣は、嘉靖期に裁革されるまで、総兵官・巡撫と並んで三院と称され、辺防に様々な影響を及ぼすことになるが、その萌芽は既に宣宗朝にみられた。又、王府との関係をみると、鎮守総兵官は諸王に代って辺防の任を担ったものだが、王府の動静を監視するとともに、護衛解体の際には、総兵官がその軍士を指揮下に吸収するなど、王府の軍権回収の受け皿としての役割を果していたことが看取された。ここまで、総兵官と周囲の諸職との関係をみてきたが、まとめると次のようである。総兵官は、布・按二司、巡按御史、参賛軍務・鎮守内臣との間に統属関係はない。勿論、府州県との間も同様である。鎮守武臣は、一応総兵官の節制下にあるが、都督クラスの鎮守の中には総兵官と対等のものもある。都司に対しては、関与を強めつつあるが、その程度は地域によって異なっていたということになる。この面からみても、総兵官の権限はかなり限定されたものだったことが窺える。

太祖以来、兵部→五軍都督府→都司→衛→所という系列が、明軍の基本的な機構だった。しかし、成祖朝における京営の創設(250)、成祖朝から宣宗朝にかけての総兵官の常設化を契機として、中央の都督府と地方の都司は次第に実権を失い、中央では京営提督・地方では鎮守総兵官を頂点とする態勢に移行していった。宣宗朝は、鎮守総兵官が都司への関与を強め、徐々にその機能を吸収しつつある時期で、同時に文臣の軍事関与もみられるようになり、太祖以来の軍事機構は大きく変化することになった。

註

（1）万暦『大明会典』巻一二六・兵部九・鎮戍一、巻一二七・兵部一〇・鎮戍二、『明史』巻七六・志五二・職官五。

（2）総兵官については、松本隆晴氏「明初の総兵官」（『明代史研究会創立三十五年記念論集』汲古書院、二〇〇三年）、荷見守義氏「明朝遼東総兵官考」（『人文研紀要』六八、二〇一〇年）があるが、前者は洪武・永楽期における総兵官職の成立過程を検討し、後者は遼東総兵官が設置された時期・経緯について述べたもので、その職務や権限、他の地方官との関係等については言及していない。

（3）『宣宗実録』洪熙元年七月丁酉の条、『明史』巻一五五・列伝四三、『明史列伝』巻二二等に伝がある。

（4）『宣宗実録』洪熙元年閏七月壬戌の条、『明史』巻一七四・列伝六二、『明史列伝』巻三二、『国朝献徴録』巻一〇七等に伝がある。

（5）『宣宗実録』洪熙元年閏七月甲辰、九月丙午、一〇月庚寅の条。

（6）『宣宗実録』宣徳元年八月乙丑、一〇月辛酉朔、二年正月己酉、四月甲子、八月甲申の条。

（7）『宣宗実録』宣徳三年一〇月甲申の条。

（8）『宣宗実録』宣徳五年五月戊申の条。

（9）『国朝献徴録』巻一〇、『明史』巻一五五・列伝四三、『吾学編』巻一九等に伝がある。

（10）『宣宗実録』宣徳九年二月乙丑の条、『明史』巻一四六・列伝三四、『国朝献徴録』巻七、『明史列伝』巻二一、『吾学編』巻二六等に伝がある。

（11）『宣宗実録』宣徳元年四月壬午の条。梁銘については『明史』巻一五四・列伝四二、『明史列伝』巻二三、『吾学編』巻一九等に伝があり、陳懐については『明史』巻一五五・列伝四三、『明史列伝』巻二一、『吾学編』巻一九等に伝がある。梁銘が宣徳元年に御史の弾劾を受けて下獄したあと、陳懐が将軍印を佩び鎮守した。『明史』では陳懐を総兵官と記しているが『宣宗実録』で総兵官就任は確認できない。
(12)『宣宗実録』宣徳元年八月甲子の条。
(13)『宣宗実録』宣徳元年一〇月乙酉の条、陳懋については『国朝献徴録』巻七、『明史』巻一四五・列伝三三、『明史列伝』巻二一、『吾学編』巻一九等に伝がある。
(14)『宣宗実録』宣徳六年二月壬子、四月癸丑の条。
(15)『宣宗実録』宣徳七年三月庚午の条。『明史』巻一七四・列伝六二、『明史列伝』巻三二等に伝がある。
(16)『宣宗実録』洪熙元年一〇月丙寅朔、宣徳元年一〇月辛未、三年二月乙丑の条、『明史』巻一五五・列伝四三、『明史列伝』巻二二、『吾学編』巻一九等に伝がある。
(17)『宣宗実録』宣徳三年六月戊子の条。
(18)『宣宗実録』宣徳二年七月辛丑の条。
(19)『宣宗実録』宣徳八年八月壬辰の条。
(20)『宣宗実録』宣徳八年六月癸未の条。
(21)『宣宗実録』宣徳九年一〇月乙丑の条、『国朝献徴録』巻七、『明史』巻一五五・列伝四三、『明史列伝』巻二二、『吾学編』巻一九等に伝がある。
(22)『明史』巻一六六・列伝五四、『明史列伝』巻三二に伝がある。
(23)『宣宗実録』宣徳二年七月己亥の条。顧興祖については『国朝献徴録』巻七、『明史』巻一四四・列伝三二、『明史列伝』巻二二等に伝がある。
(24)『宣宗実録』宣徳二年七月己酉の条。山雲については『国朝献徴録』巻一〇、『明史』巻一六六・列伝五四、『明史列伝』巻三二、『吾学編』巻四五等に伝がある。
(25)『宣宗実録』洪熙元年六月甲寅、宣徳八年一〇月丙寅の条。陳瑄については『国朝献徴録』巻二、『明史』巻一五三・列伝四一、『明史列伝』巻二九、『吾学編』巻二六等に伝がある。

(26) 薛禄については『国朝献徴録』巻七、『明史』巻一五五・列伝四三、『明史列伝』巻二二、『吾学編』巻二六等に伝がある。
(27) 『宣宗実録』洪熙元年九月乙卯の条。
(28) 『宣宗実録』洪熙元年一一月辛酉、宣徳元年五月庚申、六月己巳の条。
(29) 『宣宗実録』宣徳二年五月癸巳、八月丁卯の条。
(30) 『宣宗実録』宣徳三年閏四月戊戌、七月辛未の条。
(31) 『宣宗実録』宣徳三年一〇月甲申、四年正月癸亥、六月庚子、一一月癸卯朔の条。
(32) 『宣宗実録』宣徳五年二月丁丑、三月癸亥、四月戊寅、六月壬辰、七月辛酉の条。
(33) 『宣宗実録』洪熙元年閏七月癸丑、八月乙未の条。
(34) 『宣宗実録』宣徳元年四月乙丑、丙寅の条。王通については『明史』巻一五四・列伝四二、『明史列伝』巻二三、『吾学編』巻一九等に伝がある。
(35) 『宣宗実録』宣徳元年一二月乙酉の条。柳升については『明史』巻一五四・列伝四二、『明史列伝』巻二三、『吾学編』巻一九等に伝がある。
(36) 『宣宗実録』宣徳二年九月乙未の条。
(37) 『宣宗実録』洪熙元年七月辛卯、宣徳四年五月壬申の条。
(38) 『宣宗実録』宣徳元年七月丁未、三年一一月壬子、五年二月壬辰、七年九月己未、八年二月庚寅、六月癸未の条。
(39) 『宣宗実録』宣徳二年八月丙子、三年二月戊辰、五年五月乙巳の条。
(40) 『宣宗実録』宣徳二年三月丁未の条。
(41) 『宣宗実録』宣徳三年一二月癸巳、四年七月甲戌、八月辛丑、一〇月辛丑、一二月癸巳、五年七月乙巳、一二月壬午、六年六月壬寅、七年八月癸巳、八年二月辛卯の条。
(42) 『宣宗実録』洪熙元年一〇月戊辰、宣徳元年三月丙午、二年二月庚辰の条。
(43) 『宣宗実録』宣徳元年七月辛丑、五年一〇月甲戌、九年一二月乙丑の条。

(44)『宣宗実録』宣徳三年二月己巳、一二月辛丑、六年二月戊午、七年五月丙寅、九月甲申、九年二月戊午の条。
(45)『宣宗実録』洪熙元年七月乙亥、宣徳二年三月戊申、六年一一月乙亥、七年五月癸亥、八月甲午の条。
(46)『宣宗実録』宣徳二年九月癸巳、一〇年正月甲戌の条。
(47)辻原明穂氏「明末の経路と督師――督撫制度との関わりから見た――」(『洛北史学』一三、二〇一一年)。
(48)『宣宗実録』宣徳元年七月癸酉、七年八月乙卯、九年六月癸丑の条。
(49)『宣宗実録』洪熙元年閏七月甲辰の条。
(50)『宣宗実録』洪熙元年九月丙午の条。
(51)『宣宗実録』洪熙元年一〇月庚寅の条。
(52)『宣宗実録』宣徳八年閏八月丁巳、一〇月辛酉の条。
(53)『宣宗実録』洪熙元年八月丙申、一一月庚戌、宣徳元年七月丁未、二年正月戊申、三年九月辛酉、四年七月丁卯、一一月丙午の条。
(54)『宣宗実録』宣徳三年四月辛巳、七月戊午、四年一一月戊辰、一二月乙未、五年三月丙寅、四月戊寅、五月壬寅、六年七月乙酉、丁亥、七年二月己未、六月己亥の条。
(55)『宣宗実録』洪熙元年七月己丑、宣徳四年九月辛亥、一一月甲寅、一二月乙亥、五年正月庚戌、三月乙卯、一一月己亥、八年五月乙卯、九年正月庚寅の条。
(56)『宣宗実録』宣徳三年二月乙丑、四年七月庚午、一〇月壬午、一一月乙丑、六年二月己亥、六月丙午の条。
(57)『宣宗実録』洪熙元年一一月乙丑、一二月庚寅、宣徳四年正月癸亥、二月丁酉、六年五月辛未、七年六月壬子、八年三月庚午の条。
(58)『宣宗実録』宣徳二年二月甲申、五年正月乙卯、六年七月壬午の条。
(59)『宣宗実録』宣徳三年四月丁丑、四年二月甲午、九年一一月癸卯の条。
(60)『宣宗実録』宣徳九年一二月庚申の条。

(61)『宣宗実録』洪熙元年一一月庚戌、宣徳二年九月丙申、一〇月丙寅、四年正月甲子、六年二月丙申朔、五月庚寅、一〇月甲午、八年九月己亥、九年正月乙酉、二月己未、三月丁未の条。
(62)『宣宗実録』洪熙元年閏七月丙午、八月甲戌、九月丁巳、宣徳五年正月己巳、二月甲申、七年二月丙午、五月丙戌、八年閏八月己巳の条。
(63)『宣宗実録』洪熙元年九月辛酉、宣徳元年三月丁酉、四年八月己卯、九月辛亥、丁巳、七年一二月壬辰の条。
(64)『宣宗実録』宣徳八年七月壬申、九年八月庚午の条。
(65)『宣宗実録』洪熙元年一〇月丁卯、宣徳元年一二月辛酉、三年五月甲寅、九年一二月丁未の条。
(66)『宣宗実録』洪熙元年六月戊午、宣徳二年正月癸丑、七月辛亥、八月戊午、四年二月乙巳、七年正月壬午、八年一二月甲子の条。
(67)『宣宗実録』宣徳八年一二月癸酉の条。
(68)『宣宗実録』宣徳二年一二月壬戌の条。
(69)『宣宗実録』宣徳元年五月辛亥、七月庚子、二年四月甲子、三年閏四月乙巳、七年四月丁巳の条。
(70)『宣宗実録』宣徳七年三月庚午の条。
(71)『宣宗実録』宣徳九年一〇月丙寅の条。
(72)『宣宗実録』宣徳八年九月己亥、九年正月丁酉、辛丑の条。
(73)『宣宗実録』宣徳二年一一月庚戌、三年二月甲子、八年七月庚申の条。
(74)『宣宗実録』宣徳二年八月乙亥、一二月己未、五年九月庚申の条。
(75)『宣宗実録』宣徳五年九月己未の条。
(76)『宣宗実録』宣徳六年二月壬子、七年八月甲寅、一一月庚午、八年八月己亥の条。
(77)『宣宗実録』宣徳二年正月丙辰、七年四月癸卯、八年正月辛巳、閏八月丙辰、九月己亥、一〇月戊寅、一二月壬子、九年七月丁酉、一〇月壬戌の条。

(78)『宣宗実録』宣徳七年正月庚辰、二月戊申、癸丑、六月壬寅、八年九月辛巳、九年七月丁酉、八月丙寅、庚午、一〇月乙卯、一二月己未の条。
(79)『宣宗実録』宣徳六年一二月乙卯、八年三月甲子の条。
(80)『宣宗実録』宣徳三年一一月庚午、六年一〇月乙卯、八年正月辛巳の条。
(81)『宣宗実録』宣徳三年一二月癸未、四年一二月甲戌、六年九月丁亥、七年九月己未、辛未の条。
(82)『宣宗実録』宣徳二年二月壬申、七年八月癸丑の条。
(83)『宣宗実録』洪熙元年一二月庚辰、宣徳四年一二月戊寅の条。
(84)『宣宗実録』宣徳二年二月乙亥、七年二月甲辰の条。
(85)『宣宗実録』宣徳四年七月乙卯の条。
(86)『宣宗実録』宣徳二年七月辛丑、五年閏一二月丁未、辛酉、六年二月壬戌、三月己丑、五月辛未、八月丙午、一〇月甲辰、七年二月壬寅、九年一〇月丙辰の条。
(87)『宣宗実録』宣徳三年正月丙申、四月甲戌、七年四月己亥、九年一〇月己未の条。
(88)『宣宗実録』宣徳三年六月癸卯、四年正月癸酉の条。
(89)『宣宗実録』宣徳九年一〇月己未の条によれば、方政が「便宜四事」を述べた中で威州治を旧処に戻すことを提案し、宣宗の裁可を得たので、その後、旧治所に戻されたとみられる。
(90)『宣宗実録』宣徳四年一〇月辛巳、六年五月丁亥、八年五月壬申の条。
(91)『宣宗実録』宣徳八年八月癸未の条。
(92)『宣宗実録』宣徳三年正月戊戌、四年三月甲子、八年一二月壬申、九年一〇月己未の条。
(93)『宣宗実録』宣徳六年一〇月庚申、九年二月壬子の条。
(94)『宣宗実録』宣徳四年正月甲寅の条。
(95)『宣宗実録』宣徳五年正月丁卯、五月癸丑、六年四月丁未、九年一〇月己未の条。

(96)『宣宗実録』宣徳元年三月丁酉、一二月乙酉、二年二月庚辰、五月癸巳、一〇月庚辰、三年二月丙寅、七月癸丑、五年一一月壬子、一二月癸巳、八年二月甲辰、八月壬午の条。
(97)『宣宗実録』宣徳元年三月壬子、三年四月甲戌、閏四月乙酉、四年一〇月丙戌、五年正月丙寅、一〇月甲午、六年六月丙辰、八月丙辰の条。
(98)『宣宗実録』宣徳四年一〇月丙戌の条では「馬剌非」と表記されているが、五年一〇月甲午の条では「剌馬非」と記されている。
(99)『宣宗実録』宣徳六年四月癸亥の条。
(100)『宣宗実録』宣徳三年閏四月庚子、六年一〇月庚申の条。
(101)『宣宗実録』宣徳四年三月丙辰、九年二月甲戌の条。
(102)『宣宗実録』洪熙元年六月乙卯、一一月甲子、宣徳元年正月壬戌、二月乙丑朔、三月甲辰、七月丙申、二年三月庚子、七月癸卯、一一月甲辰、三年正月己亥、一一月庚申、七年二月己未、三月壬申、六月己丑、八年四月丁亥、五月丁巳、九年八月戊申、九月丁丑の条。
(103)『宣宗実録』宣徳三年五月庚午、七年二月乙未、九年三月壬午、九月丁丑の条。
(104)『宣宗実録』宣徳二年七月己酉の条には、顧興祖が逮捕・解任されたあと、直ちに山雲が任命されたことが記されているが、『明史』巻一六六・列伝五四の山雲の伝では就任を三年正月としている。『宣宗実録』宣徳三年正月丙申の条でも、宣宗が山雲に勅を賜い広西の軍務を委ねることを述べ「夙夜心を尽し、厳しく辺備を固め、撫綏宜しきを得て、軍民をして相に安んぜしめよ」と命じており、『明史』はこの記事にもとづいて記したものと思われる。何らかの事情によって発令から赴任まで時間があったのかもしれない。
(105)『宣宗実録』洪熙元年七月辛卯、閏七月丙寅、八月丙戌、一一月戊戌、甲寅、一二月甲申、宣徳元年正月辛丑、六月丁卯、八月丙子、二年六月己巳、七月乙未、三年四月丁丑、閏四月辛卯、一二月庚子、四年四月辛巳、五年三月丙寅、一一月己亥、七年三月乙酉、八年二月庚戌、五月丁卯、一一月丁亥、九年三月戊寅朔、甲午、一二月乙丑の条。

(106)『宣宗実録』洪熙元年六月乙卯、宣徳元年正月庚戌の条。
(107)『宣宗実録』宣徳三年七月壬戌、六年三月辛巳、一一月乙酉の条。
(108)『宣宗実録』洪熙元年閏七月甲寅、一一年庚申、宣徳元年九月癸卯、二年五月戊申、三年二月辛未、四年九月庚戌、五年閏一二月庚申の条。
(109)『宣宗実録』宣徳二年三月辛亥、三年閏四月辛卯、四年一一月丙寅、五年四月辛巳の条。
(110)『宣宗実録』宣徳三年二月丙寅、五年九月庚戌の条。
(111)『宣宗実録』宣徳三年五月甲戌、六年一〇月癸丑、八年八月丁未、九年三月甲申の条。
(112)『宣宗実録』宣徳四年九月庚戌の条。
(113)『宣宗実録』洪熙元年九月丁巳、宣徳二年四月戊寅、七月己亥、一二月戊午、三年閏四月庚戌の条。
(114)『宣宗実録』宣徳元年五月庚申、四年正月戊辰、六月辛巳、一一月丙辰、五年五月癸卯、九月癸丑、七年四月辛卯、七月壬申、八年正月癸亥の条。
陳瑄の漕運に関する事績については『明史』巻八五・河渠三にコンパクトにまとめられているが、谷光隆氏『明代河工史研究』(同朋舎、一九九一年)の第一篇第二章、第二篇第一章、第三篇第一・二章に詳述されている。
(115)『宣宗実録』洪熙元年六月乙卯、八月癸酉、宣徳二年六月甲子、五年三月己巳、一〇月癸酉、六年六月乙卯、七年九月甲辰の条。
(116)『宣宗実録』宣徳四年一一月戊午の条。
(117)『宣宗実録』宣徳三年六月辛卯、五年一〇月癸酉の条。
(118)『宣宗実録』宣徳三年一二月壬午の条。
(119)『宣宗実録』宣徳六年一〇月丁巳、七年一一月壬戌の条。
(120)『宣宗実録』宣徳五年三月丙辰、七年七月乙酉の条。
(121)『宣宗実録』宣徳二年七月丁未、五年三月丙辰の条。

(122)『宣宗実録』宣徳二年六月甲申、三年一〇月丁酉、丙午、五年正月乙卯の条。
(123)『宣宗実録』宣徳元年三月戊午、六月庚午、二年六月丁卯、三年五月戊午、五年四月丙子、六月癸酉の条。
(124)『宣宗実録』宣徳元年三月壬子、六月庚午、四年八月庚子、一一月癸卯朔、五年五月辛酉の条。
(125)『宣宗実録』洪熙元年七月己卯、宣徳元年二月甲戌、四月丙戌、二年五月癸巳、三年閏四月戊戌、四年正月癸亥、六月甲午、庚子、五年四月丁酉、五月丁未の条。
(126)『宣宗実録』宣徳二年九月丙申の条。
(127)『宣宗実録』宣徳四年八月壬辰、五年四月甲戌の条。
(128)松本隆晴氏「明初の総兵官」(『明代史研究会創立三十五年記念論集』汲古書院、二〇〇三年)。松本氏は総兵官の任務について、一方の「軍政」を担当したとして、軍政という言葉を頻りに使用される。確かに史料中にも軍政の語は出てくるが、今日使われる軍政とは意味が異なる。現在、軍政の語は、一つは、軍の統帥・用兵を担当する軍令に対する言葉として、軍事上の政務を示す意味に使われ、もう一つは、民政に対して、占領軍による行政を示すものとして使われる。これまで総兵官の職務・権限についてみてきたように、総兵官の任務にこのような内容は含まれていない。どうしても軍政の語を使うのなら「 」つきで使用しなければならない。
(129)『宣宗実録』宣徳元年一一月乙未、二年二月乙丑、九月乙未の条。なお宣徳元年三月己亥の条には、栄昌伯陳智と都督方政が茶竜州で黎利に敗北し、宣宗が叱責を加えた記事があるが、この記事でのみ陳智は総兵官と記されている。前後の記事では全て参将となっており、陳智の総兵官就任は確認できないのでこの例は除外する。
(130)『宣宗実録』宣徳元年一二月甲子、乙酉、二年四月己巳、一〇月戊寅、癸未、一一月乙酉朔、一二月庚午、三年二月庚申、癸亥、丙寅の条。
(131)『宣宗実録』宣徳元年四月乙丑、一二月乙酉、二年三月庚寅、一一月乙酉朔、三年二月癸亥、丙寅、閏四月乙酉の条。
(132)『宣宗実録』宣徳元年一〇月癸酉の条。
(133)『宣宗実録』宣徳元年四月丙寅の条によれば、宣宗は栄昌伯陳智と都督方政に勅して、両者の不仲が敗北を齎したとして叱責を加え、官爵を削って為事官として王通の下で立功贖罪させることとした。又、七月庚子の条では王通らが黎利に攻撃をかけて失敗した際、安平伯李安・都指揮于讃・謝鳳・薛聚・朱広・陳封が臨陣退縮して、敗北の原因となったとして、為事官に充て王通の下で立功贖罪させることにした。これらはいずれも帝の勅命によって行われた処罰だが、告発者が王通か否か確認できないので⑤の例に加えなかった。

(134) 『宣宗実録』宣徳三年二月壬戌、癸亥、三月戊戌、閏四月戊申、庚戌、五月丁卯の条。

(135) 『太祖実録』洪武一六年八月丁亥、二二年二月壬戌、五月乙未の条等。このことに関しては拙稿「軍拡から粛軍へ――洪武朝の軍事政策――」(『国士舘史学』七号、一九九九年、同『明代軍政史研究』(汲古書院、二〇〇三年)第Ⅰ部第一章に収録)でのべた。

(136) 佐藤文俊氏『明代王府の研究』(研文出版、一九九九年)第一部第二章、四〇頁。

(137) 拙稿「明代巡撫制度の変遷」(『東洋史研究』四五―二、一九八六年、同『明代軍政史研究』(汲古書院、二〇〇三年)第Ⅲ部第四章に収録)。

(138) 総督については本橋大介氏「明・正統年間における総督軍務の職掌」(立正大学『大学院年報』二二、二〇〇四年)、「明代成化年間における総督軍務の地方常設」(『立正大学東洋史論集』一七、二〇〇五年)、「明代中期における総制陝西三辺軍務の常設」(山根幸夫教授追悼記念論叢『明代中国の歴史的位相』汲古書院、二〇〇七年)等がある。

(139) 松本隆晴氏は前掲の論考の中で鎮守にも触れ

鎮守と鎮守総兵官とは、職務内容や職務権限および被任命者の地位についてきわだった差がみいだせず、両者の違いは必ずしも明確でない。

と述べている。しかし、氏は個々の総兵官と鎮守武臣について具体的に検討した上で述べているわけではなく、扱った時期も洪武・永楽期のみなので、少なくとも宣宗朝の鎮守武臣については不明のままである。

(140) 『宣宗実録』宣徳元年七月丁未、一一月丙辰、六年六月乙未、七年正月乙亥、九年一一月壬午の条。

(141) 『宣宗実録』洪熙元年八月壬申、宣徳元年六月癸亥朔、戊寅、二年九月丙申、四年一一月戊辰、六年正月庚寅、六月己亥、八年五月庚申、九年一二月辛亥の条。
(142)『宣宗実録』宣徳三年三月乙未、六月辛卯、四年八月己卯、癸未、七年二月甲寅、九年六月癸丑の条。
(143)『宣宗実録』宣徳元年五月丁酉、九月庚戌、二年二月甲子、四年一二月己卯、五年一二月甲午、閏一二月壬寅、六年一二月乙未、七年九月丁巳、辛巳、九年正月甲午の条。
(144)『宣宗実録』宣徳四年二月壬寅、七年九月己未、八年六月丙戌の条。
(145)この件は王貴と呂昇の抗争に発展した。『宣宗実録』宣徳八年閏八月癸酉の条に

監察御史羅閏奏、比者、掌粛州衛・署都指揮僉事呂昇奏、鎮守・都督僉事王貴、杖死軍士、交通夷人、造軍器、往西番易駝馬、擅宮人以充使令、占畊官軍屯地、幷受賕私役軍卒等事。命臣往勘其実、昇所言多妄、実者惟二三。謹以聞。命宥之。

とあり、呂昇も王貴の不正を劾奏した。しかし御史羅閏の調べたところ二、三のことを除いて多くは妄言だったという。ついで九年三月乙酉の条に

掌粛州衛・署都指揮僉事呂昇、有罪下獄。初、鎮守・都督王貴奏、昇挾私杖殺千戸、及侵盗官粮等事。上遣監察御史羅閏往鞫之。閏還奏皆実。至是、法司論昇罪応斬。上命監候如律。

とあり、呂昇の罪状は皆事実であるという羅閏の報告にもとづいて、法司は斬刑に当たると論告し、呂昇は獄に下された。一方、王貴について同月丁酉の条に

宥鎮守粛州・都督僉事王貴罪。先是、赤斤蒙古衛部属屢有来帰者、貴、私有其駝馬人口、悉不以聞。事覚、始以半首官。又、擅縦沙州衛人、入関市易、有発其事者。上命総兵官・都督僉事劉広、執貴従人鞫之。広奏事皆実、請治貴罪。上命姑宥之。

とある。先に羅閏が王貴の不正について事実なのは二、三のみだと述べたものがこれなのかも知れない。赤斤蒙古衛から来帰した人馬を私有して報告しなかったこと、沙州衛の人に密貿易させたことである。宣宗は総兵官の劉広に取り調べさせ、劉広は王貴の従人を執えて訊問した結果、王貴の不正は事実として処罰を奏請したが、宣宗は姑く之を宥す措置をとった。当初、鎮守は配下の掌衛事の不正を告発し、総兵官も命を受けて鎮守の罪状を調査したわけだが、ともに配下の武臣の処罰権はない

ことがわかる。

同じような事件は宣徳元年にもあった。『宣宗実録』宣徳元年五月丙申の条に

隆慶三衛指揮李景等劾奏、都督沈清鎮守居庸関、不能約己恤人、奉公守法。惟務貪虐、百計誅求、剋削月糧、侵盗官物、私役軍余、不分屯守、計名科需。或邀阻関口商人、取其物貨。或以死畜、分給隊伍、令納価銭。擅開已塞山口、役軍伐木私用。凡十八事。行在都察院、請治其罪。上曰、都府大臣、非有重過、宜存恩意。可先鞫所使之人、事果有実、別奏処置。

とあり、隆慶衛等の指揮使李景らが上官である鎮守居庸関・都督沈清を劾奏したが、種々の不正から人格的欠点をもあげたものだった。沈清もすぐ駁論し、同月丁酉の条に

鎮守居庸・都督僉事沈清奏、隆慶三衛指揮向広・李景等、私役軍士、及売放軍伍等事。上、以付行在都察院、左都御史劉観言、清与景等、互相訐奏。請令質対。上従之。

とある。沈清も李景らが軍士を私役したり売放していると劾奏し、宣宗がこの問題を都察院に付したところ、左都御史劉観は両者を対質させたいと述べ宣宗の承認を得た。この事件の結果は記されていないが、沈清はその後都督に進み、正統六年には脩武伯に封ぜられ、翌七年に没したことがわかる。これらの例からみると鎮守には配下の武臣の処罰権がないだけでなく、その統制も必ずしも強いものでなかったことが窺える。

(146) 『宣宗実録』宣徳四年三月甲子、八月癸未、一二月己卯の条。

(147) 『宣宗実録』宣徳八年五月辛未の条に

行在兵部右侍郎王驥奏、鎮守山西・都督僉事李謙言、欲厳飭武備、莫若委任得人、則事無不挙。成国公朱勇亦言、……宜行各処巡按監察御史・按察司及総兵・鎮守官、従公推選、毎都司衛所、掌印官各一人、及選老成能幹佐弐官二人。……皆従之。

とあり、巡按御史・按察司・総兵官・鎮守に都司や衛所の有能な武臣を推挙させることになったが、鎮守も武臣を推挙するわけで、武臣の人事に当たって鎮守の意見も尊重されたことが窺える。

(148) 『宣宗実録』宣徳二年四月辛巳、三年閏四月丙戌、六年六月辛酉の条。

(149)『宣宗実録』宣徳六年二月庚子の条に
鎮守河州・都督劉昭奏、今、烏思蔵等処使臣往来者、多用脚力・犏牛、缺茶買弁。乞令四川運茶三十万斤、分貯河州三茶馬司、以備支用。上諭行在戸部臣曰、聞四川民貧、近時、茶課多不足。今、欲運茶三十万斤、民不堪命。但令近河州軍衛・有司官庫所貯物貨、従昭用以易牛、庶幾少甦蜀民。

とあり、鎮守が軍糧のほかにも外夷の使臣の応接にも関わって必要な物品の確保に関与していたことがわかる。
(150)『宣宗実録』宣徳四年七月辛未の条。
(151)『宣宗実録』宣徳二年正月乙巳、七年一二月丁亥の条。
(152)『宣宗実録』宣徳二年二月甲子、一〇月壬申の条。
(153)『宣宗実録』宣徳八年六月乙巳の条によれば、江西都指揮僉事呉堅に勅して贛州衛及び信豊・南安・会昌三千戸所に鎮守することを命じたが、これは、副都御史陳勉が、贛州に鎮守を置くべきことを要請したのを受け、宣宗が兵部に人選を命じたところ侍郎王驥が呉堅を推挙した結果だった。総兵官や都督クラスの鎮守と異なり、少なくとも人選の段階では兵部が主導することがあったとみられる。
(154)『宣宗実録』洪熙元年一一月庚戌、宣徳七年二月乙卯、三月辛酉の条。
(155)『宣宗実録』宣徳五年九月甲子の条。
(156)『宣宗実録』宣徳二年一一月甲辰、四年正月癸亥の条。
(157)『宣宗実録』宣徳五年九月丁卯、九年三月丙戌の条。
(158)『宣宗実録』宣徳六年八月庚戌の条。
(159)『宣宗実録』宣徳七年九月己巳の条によれば、隆慶衛の指揮同知袁泰らが上奏し、本衛指揮同知李景は勅を奉じて居庸関に鎮守しているが「調度有方、行事得宜」である。現在、隆慶衛では指揮使が欠員なので李景をこれに充ててほしいと要請した。しかし、宣宗は武臣の人事を軍中の言によって行うのはよくないとして却下した。
(160)『宣宗実録』宣徳五年八月乙未の条。

(161)『宣宗実録』宣徳元年八月乙丑の条。
(162)『宣宗実録』宣徳二年正月己酉、四月甲子、八月甲申、三年七月丁卯の条。
(163)例えば『宣宗実録』宣徳四年八月癸未の条によれば、陳景先が、六月の長雨の為に山水が泛漲して、薊州永平山海の口外の長城や諸衛の城垣が破壊されたと上奏し、宣宗は、陳景先に対して、官軍を動員してすぐ修理するよう命じており、同月乙酉の条には、太監楊慶に神機営の銃手を率いて薊州永平山海に往き、陳景先とともに守備に当たるよう命じた記事があるが、宣宗は楊慶に対して「一切軍務、必与陳景先計議而行。不許偏執私見誤事」と命じており、陳景先が同地の軍務を統轄していたことがわかる。
(164)『宣宗実録』宣徳五年五月丁未の条によって陳敬が総兵官に任命されたことが確認できるが、九年正月甲午の条では陳敬は「鎮守薊州等処・都督僉事」と記され、同年六月癸丑の条では「鎮守都督」と書かれている。鎮守総兵官を単に鎮守と記すこともあるが、同地では総兵官をやめて鎮守のみを置いた可能性も否定できない。しかし、そのことを示す記事はないので、陳敬は総兵官のままで在鎮したものとしておく。
(165)『宣宗実録』宣徳八年五月辛未の条。
(166)ただ『宣宗実録』宣徳八年二月己亥の条によれば、鎮守河州・西寧の都督同知劉昭が疾病を理由に致仕を乞うた時、宣宗は劉昭に対し、卿は練達老成の将であり、微疾があってもなお努めるよう励まし「卿宜善加調摂、竭誠効忠、以副朕命」と述べた。又、劉昭の子の震は本来正千戸を世襲すべきだが、特に河州衛指揮僉事の職を授け、劉昭の左右に侍させる措置をとった。又、同年一〇月戊寅の条によれば、西番に派遣した中官が罕東衛の番寇箚児加らに殺害された事件について、総兵官劉広・鎮守劉昭・太監王安に命じて罕東の番寇を詰問させた。ここで鎮守は総兵官・鎮守太監と並んで命令を受領している。これらの例からみて、甘粛では鎮守が総兵官の節制下におかれたといっても、総兵官麾下の一部将というものではなく、総兵官と同じく帝に直結する特命職であることに変りはなく、ある程度の自立性は維持していたとみられる。
(167)遼東鎮の事情や遼東都司の役割については荷見守義氏『明代遼東と朝鮮』(汲古書院、二〇一四年)に詳しい。
(168)『宣宗実録』宣徳三年二月己巳の条。

(169) 『宣宗実録』宣徳四年七月甲戌の条。
(170) 『宣宗実録』宣徳五年七月丙寅、一〇年正月甲戌の条。
(171) 『宣宗実録』宣徳六年七月壬午、丁亥、七年二月己未の条。
(172) 『宣宗実録』宣徳六年二月己亥の条。
(173) 『宣宗実録』洪熙元年九月壬子、辛酉、宣徳元年一〇月甲子、二年二月甲子、七年九月辛巳の条。
(174) 『宣宗実録』洪熙元年一一月乙卯の条。
(175) 『宣宗実録』宣徳九年二月乙丑、壬申の条。
(176) 拙稿「明・宣徳朝における武臣の「自陳」」(『国士館人文学』四、二〇一四年)。
(177) 『宣宗実録』宣徳九年八月庚午、一二月丁未の条。
(178) 『宣宗実録』宣徳八年七月庚辰の条。
(179) 『宣宗実録』宣徳二年八月丁丑、一二月庚辰、四年一〇月丙戌の条。
(180) 『宣宗実録』宣徳五年閏一二月丁未の条。
(181) このほかにも『宣宗実録』宣徳六年三月己丑の条に、劫掠を重ねる蠟匝の生番に対し、宣宗が陳懐・四川三司・巡按御史に勅を下し、招撫・勦捕を命じた記事があり、同年八月丙午の条にも、成都府雑穀安撫司の士官をめぐる紛争に関し、宣宗が陳懐と四川三司に撫諭・討伐を命じた記事がある。いずれの例でも、命令は総兵官と三司・或いは巡按御史を並記して下されている。
(182) 陳懐については『明史』一五五、『明史列伝』二二、『吾学編』一九等に伝があるが、その後、土木の変で戦死し、平郷侯を贈られた。
(183) 『宣宗実録』洪熙元年一〇月乙未、宣徳二年九月丁酉、三年七月癸丑、五年正月丙寅、一二月癸巳、六年六月丙辰、八月丙辰の条。
(184) 『宣宗実録』宣徳三年四月甲戌、閏四月乙酉、八年二月甲辰、八月壬午、一〇月癸丑、九年二月甲戌の条。

(185)『宣宗実録』宣徳元年三月壬子、四年三月丙辰、一〇月丙戌の条。
(186)『宣宗実録』宣徳五年五月丁巳の条。
(187)『宣宗実録』宣徳二年二月庚辰、八年八月壬午の条。沐昂については『明史』一二六・列伝一四、『明史列伝』五等に短いながら記述がある。更に川越泰博氏が沐晟と沐昂それぞれの靖難の役時の立場について明らかにしている。(『永楽政権成立史の研究』(汲古書院、二〇一六年)一二五〜一三五頁)。
(188)『宣宗実録』宣徳元年二月乙丑朔、四年八月丁亥、七年二月癸卯、九年八月戊申の条。
(189)『宣宗実録』宣徳元年三月甲辰の条。
(190)『宣宗実録』宣徳二年七月癸卯、九年三月壬午の条。
(191)『宣宗実録』宣徳三年五月庚午の条。
(192)『宣宗実録』宣徳七年二月己未の条。
(193)『宣宗実録』宣徳九年九月丁丑の条。
(194)『宣宗実録』宣徳元年八月丙子の条。
(195)『宣宗実録』宣徳二年五月戊申の条。なお七月乙未の条の記事によってこれが実施されたことが確認できる。
(196)『宣宗実録』宣徳二年七月己酉の条。
(197)『宣宗実録』宣徳三年四月丁丑の条。
(198)『宣宗実録』宣徳四年九月庚戌の条。
(199)『宣宗実録』宣徳五年九月甲子の条。
(200)『宣宗実録』宣徳五年閏一二月庚申の条。
(201)『宣宗実録』宣徳六年一一月乙酉の条。
(202)『宣宗実録』宣徳九年三月戊戌の条。
(203)『明史』一五四・列伝四二に陳洽の交阯における活動が簡潔に記されている。

(204) 『宣宗実録』洪熙元年閏七月癸丑の条。

(205) 『宣宗実録』宣徳二年九月乙未の条によれば、柳升が戦死した倒馬坡の戦いの直前に、礼部郎中史安・主事陳鏞が、李慶に警戒すべきことを進言し、李慶は病をおしてそのことを柳升に力言したという。この史安や陳鏞が、李慶に随行した文学・幹弁の才だったのだろう。

(206) 黄福は、成祖の交阯出兵以来、一九年間にわたって同地の統治に手腕を振るった人物で『明史』一五四・列伝四二、『明史列伝』二三、『国朝献徴録』三一等に伝がある。

(207) 『宣宗実録』宣徳三年二月丁丑、九年三月辛丑の条。

(208) ここの記事では、沈固は単に「参政」としか書かれていないが、宣徳八年五月庚辰の条の記事から山東布政司の参政だったことがわかる。

(209) 『宣宗実録』宣徳八年五月庚辰の条。

(210) 『宣宗実録』宣徳二年七月戊戌の条。

(211) 『宣宗実録』宣徳九年五月丁亥の条。

(212) 分守道・分巡道・兵備道の成立の経緯については、小川尚氏『明代地方監察制度の研究』(汲古書院、一九九九年)第五章、同『明代都察院体制の研究』(汲古書院、二〇〇四年)第二部第二章に詳しい。

(213) 『宣宗実録』宣徳六年一〇月癸丑、八年八月丁未の条。

(214) 鎮守内臣については丁易氏『明代特務政治』(中外出版社、一九五一年)、方志遠氏「明代的鎮守中官制度」(『文史』四〇、一九九四年、後に同『明清中央集権与地域経済』に収録)、胡丹氏「明代「九辺」鎮守内官考論」(『中国辺疆史地研究』二〇〇九年―二)等があり、日本では野田徹氏「明代在外宦官の一形態について」(『九州大学東洋史論集』二六、一九九六年)、「嘉靖期における鎮守宦官裁革について」(『史淵』一三七、二〇〇〇年)、貞本安彦氏「明代における鎮守宦官の設置と兼官」(『立正史学』一一一、二〇一二年)、「明代鎮守宦官の職務と三堂体制」(『立正史学』一一七、二〇一五年)等がある。

(215) 『宣宗実録』宣徳三年一一月庚午の条。

(216) 三大営については青山治郎氏『明代京営史研究』(響文社、一九九六年)第一章に詳しい。
(217) 『宣宗実録』宣徳四年八月己卯の条。
(218) 『宣宗実録』宣徳七年九月壬戌の条。
(219) 内臣と火器の関係については拙稿「明代中期の京営に関する一考察」(『明代史研究』八、一九八〇年、その後『明代軍政史研究』(汲古書院、二〇〇三年)第Ⅲ部第一章に収録)でもふれた。
(220) 佐藤文俊氏『明代王府の研究』(研文出版、一九九九年)六九～七〇頁。
(221) 『宣宗実録』宣徳元年七月庚子の条。
(222) 『宣宗実録』宣徳二年一〇月壬申の条。
(223) 『宣宗実録』宣徳三年閏四月乙巳の条。
(224) 『宣宗実録』宣徳元年一二月乙酉の条。
(225) 『宣宗実録』宣徳二年三月庚寅の条。
(226) 『宣宗実録』宣徳二年七月辛丑の条。
(227) 『宣宗実録』宣徳五年三月己巳の条。
(228) 『宣宗実録』宣徳二年八月丁卯、五年三月丙辰、癸亥、四月戊寅の条。
(229) 『宣宗実録』宣徳二年七月辛丑、四年三月丁未朔の条。
(230) 『宣宗実録』洪熙元年一一月甲子の条。
(231) 『宣宗実録』宣徳二年一一月甲辰の条。
(232) 『宣宗実録』宣徳三年四月丁丑の条。
(233) 『宣宗実録』宣徳元年一二月乙酉、二年三月庚寅の条。
(234) 『宣宗実録』宣徳六年六月乙卯、九月癸亥の条。
(235) 『宣宗実録』洪熙元年七月己卯の条。

(236) 拙稿「明代軍士の行糧について」(国士舘大学文学部『人文学会紀要』二三、一九九〇年)その後同『明代軍政史研究』(汲古書院、二〇〇三年)第Ⅱ部第三章に収録。
(237) 『宣宗実録』宣徳二年二月甲子の条。
(238) 『宣宗実録』宣徳五年四月戊寅の条。
(239) 『宣宗実録』宣徳七年九月辛巳の条。
(240) 『宣宗実録』宣徳八年一二月甲子の条によれば、独石の倉糧一万二七二〇石を開平に運ぶ為に、鄭亨のもとから五〇〇〇人、宣府の譚広のもとから七七〇〇人の軍士を派遣したが、この軍は他の武臣の指揮下に移されたわけではないので、まもなく大同・宣府に帰還したとみられる。
(241) 『宣宗実録』宣徳六年四月丁未、七年一〇月癸丑の条。
(242) 『宣宗実録』宣徳七年一二月辛卯の条によれば、沐晟は指揮董保を遣わして、馬を献じ謝意を表したが、結局、雲南に留まり上京しなかった。
(243) 『宣宗実録』宣徳三年正月己亥の条。二月乙丑に費瓛は甘州で没した。
(244) 『宣宗実録』宣徳五年六月壬辰の条。七月辛酉の条によれば、この日に薛禄は没したが、宣宗は遣官賜祭を命じるとともに、鄞国公に追封した。
(245) 『宣宗実録』宣徳八年二月丙戌の条。
(246) 『宣宗実録』宣徳九年六月戊午の条。
(247) 『宣宗実録』宣徳八年八月癸未、一〇月丙寅の条。
(248) 『宣宗実録』宣徳九年二月乙丑の条。
(249) 『宣宗実録』宣徳九年六月壬子の条。
(250) 京営の成立とその後の変遷については、青山治郎氏『明代京営史研究』(響文社、一九九六年)に詳しい。拙著『明代軍政史研究』(汲古書院、二〇〇三年)第Ⅲ部第一・二・三章でも触れた。

第二章　武臣の犯罪

はじめに

従来、明代軍制の研究は、衛所制の制度そのものを主な対象としてきたが、明軍を一つの社会的な集団としてみると、武臣と軍士に、その家族を加えれば、数百万人にのぼる規模の大きな集団である。しかも、少なくとも明代中期以前は、武臣・軍士ともに世襲を原則として、かなり閉鎖的な集団でもある。このような明軍の内部で特有の矛盾や様々な動きがあったことは想像に難くない。この章では、このような観点から武臣の犯罪について考えてみたい。太祖朝に関しては『大誥武臣』等の史料によって、ある程度、武臣の犯罪の様子を窺うことができるが、成祖朝以後は却ってよくわからない。まず告発された事例を分析して武臣の犯罪の実態を明らかにしたい。告発された段階の内容にもとづいて検討するので、或いは結果的に無実だったものも含まれるかもしれないが、大凡の傾向は知り得るだろう。

明軍は正統九年（一四四四）の兀良哈征討[1]を最後に、対外的な戦役では殆ど勝利を得ていない。アジア全域に武威を耀かせた成祖朝の後、英宗朝に至る比較的短い期間に、明軍は急速に弱体化したことになる。その理由を探る為にも、宣宗朝における明軍の内部事情をみる必要がある。明軍衰退の原因として、武臣の軍事能力の低下や、武臣による軍士の酷虐はよくいわれることだが、その実態についてはよく分からないので、まずこの点を明らかにしたい。

なお文中では、公・侯・伯の勲臣、左右都督（正一品）、左右都督同知（従一品）左右都督僉事（正二品）、都指揮使（正二品）、都指揮同知（従二品）、都指揮僉事（正三品）、指揮使（正三品）、指揮同知（従三品）、指揮僉事（正四品）、千戸（正五品）、副千戸（従五品）、衛鎮撫（従五品）、百戸（正六品）、所鎮撫（従六品）を武臣として扱う。又、都督・都指揮・指揮の各クラスは、特に必要な場合を除いて、同知・僉事を含めて、各々都督・都指揮・指揮と表記する。

第一節　全体の傾向

全体的な傾向をみる為に、まず**表1**で各年の地域ごとの告発件数を示す。表は『宣宗実録』に拠って作製したが、同一人物が複数回告発された場合は、その内容をみて、同じ案件の時はまとめて一件とし、罪状が異なるときは各々一件として数えた。地域については、遼東から甘粛に至る長城沿いの地域を北辺とし、南辺には四川・雲南・貴州・広西・福建・広東・交阯の事例を含めた。北京には親軍衛・京衛・行在五府・勲臣等の軍関係者が多いので一項目を立て、これ以外の地域は内地とした。

表1のように全体で二五七件あり、年平均で約二六件、宣宗の在位期間が半年余りの洪熙元年を除けば、各年約二七件となる。これを上回っているのは宣徳二・四・五・六年だが、宣徳二年の数字を押し上げているのが南辺で、四年は北辺、五年は内地、六年は北辺である。地域ごとにみると、北辺が圧倒的に多く四割以上を占め、これに次ぐのが南辺で三割近くあり、合わせて七割余りとなる。武臣の犯罪の大部分は南北辺で起ったもので、内地は各地を合わせて二割に満たない。**表1**には示せなかったが、各地域の主な内訳は次のようである。北辺で多いのは遼東二四件、

薊州・永平・山海一〇件、宣府七件、赤城・開平一三件、陝西一三件、寧夏九件、甘粛一〇件等で、遼東が非常に多く、陝西がこれに次ぐ。内地は全体で五一件あったが、地域的に片寄っていて、多いのは山東八件、河南六件、鳳陽八件、松江・揚州等七件、湖広七件、江西八件などである。南辺で多いのは四川二三件、広西一八件、広東一四件、交阯八件等である。北の遼東と南の四川がとび抜けて多く、合わせると全体の二割に近い。第一章で宣宗朝の軍事情勢について述べたように、北辺は大規模な戦闘は少なかったが、六ヶ所に置かれた鎮守総兵官のもとに大軍が配備されており、南辺では少数民族との間に激しい戦闘が連続的に起り、やはり大兵力が投入されていた。宣徳二年一〇月の放棄以前の交阯も大軍が投入されていた地域である。北京は常駐の親軍衛・京衛に加えて、各地からの番上軍もあって、これまた大兵力が駐箚していた場所である。つまり、当然のことではあるが、大兵力が配置されていた地域で武臣の犯罪も多発していたということになる。武臣の犯罪は、明軍内部の様々な矛盾の現われであるが、遼東や四川に端的に示されるように、大軍が配置された軍事的緊張地帯では、それだけ矛盾も大きかったということであろう。『宣宗実録』によく記載されているのは、朝廷がこれらの地域の状勢に絶えず注目していたということでもある。

表1　告発の件数

	北辺	北京	内地	南辺	合計
洪熙1	7	2	2	2	13
宣徳1	11	5	5	5	26
2	7	1	11	15	34
3	9	0	6	8	23
4	18	3	4	6	31
5	9	6	12	10	37
6	17	5	5	10	37
7	10	2	4	4	20
8	12	1	1	7	21
9	10	1	1	3	15
合計	110 (43%)	26 (10.1%)	51 (19.8%)	70 (27.2%)	257件

次に告発された武臣の官衙を示したものが表2である。

表2　武臣の官銜

勲臣	21
都督	19
都指揮	83
指揮	79
千戸	39
百戸	27
鎮撫	9
他（為事官等）	4
（合計）	281人

一件で複数の武臣が告発された場合は各々の項に算入し、一人で何回も告発された時には、その罪状をみて、同じ案件ならば一件とし、異なる内容ならば各々算入したので、表1に示した件数とは数字が異なる。なお、前述のように、都督・都指揮・指揮には同知・僉事も含めてある。

人数でみると、最も多いのは都指揮で三割以上、これに次ぐのが指揮で二割余あり、両者を合わせると全体の五割を越す。『宣宗実録』に記載された武臣の犯罪の過半は都指揮・指揮によるものだったといえる。このクラスの武臣が勲臣や都督に比べると人数が多いということもあろうが、それならば、もっと数の多い千戸や百戸の告発件数が、都指揮や指揮よりずっと少ないことの説明がつかない。各クラスの武臣数と犯罪率は必ずしも比例しているわけではないのである。それは記事がどうしても高位者に偏りがちな『宣宗実録』の史料としての性格による面もあろう。しかし、それだけではなく、その職務とも関係があると思われる。後に述べるが、一つには、軍事行動や地域防衛の直接の責任者には都指揮・指揮クラスの武臣が充てられる場合が多かったことがあげられる。二つには、指揮は、千戸・百戸・鎮撫等とともに、所謂衛所官と称されるもので、各衛所で総旗・小旗・軍士の旗軍を直接掌握し、彼らやその家族とも日常的に接している立場の武臣である。旗軍に対する月糧等の支給も衛所官の管理のもとで行われる。この指揮を筆頭とする衛所官の比率が四割をこす。衛の責任者は、通常は指揮だが、要衛の衛には都指揮クラスの武臣が掌衛事として配置されることも少なくない。このようなケースも加えれば、衛所官の比率はもっと高くなるだろう。つまり、軍の動員・配置先における各部隊の責任者と、各軍士が所属している衛所の衛所官による犯罪が多かったといえる。

次に告発された罪状ごとに分類したのが表3である。その内容によって①から⑭の項目に分けた。一回の告発に複数の罪状が含まれている場合が少なくないが、そのときには罪状ごとに各項目に算入した。例えば、武臣が軍屯を占奪し、そこで軍士を私役して耕作させたようなケースでは、③の私役と⑨の土地占奪の双方に算入してある。幾つかの項目に関わり分類しにくい例もあるが、その際には内容を吟味して主たる項目に入れた。そのようにして作成したので、**表1**で示した告発の件数とは数字が異なる。表をみると、単独で最も多いのは①で、②も軍務に関わる内容であり、両者を合わせると全体の三割五分ほどになる。つまり、武臣本来の軍務に関するものは三分の一程度で、他は軍務以外の罪を犯して告発されたということになる。④・⑤・⑥・⑧・⑨・⑩・⑪は、武臣が様々な不正手段で経済的利益を図ったもので全体の約四割となる。③の軍士の私役もこれに近いが、これを加えると約半数にのぼる。宣宗が「武人は利を知りて、法を知らず」とか「武夫は利を嗜むを知るのみ」(2)といって慨嘆したありさまが窺える数値である。又、③・④・⑤・⑥・⑦が主に配下の軍士を対象にしたもので約三割五分となる。この中の③・④・⑤・⑥が経済的利益を目的とした犯罪で二割七分ほどになる。つまり全体の四分の一強が配下の軍士を経済的に搾取した事件ということになる。武臣が様々な手段で軍士に圧迫を加えて魚肉にしていた様子が窺える。各項の内容については次節以下で詳述する。

次に告発者についてみると、武臣が告発した例は七七件あるが、武臣の中では総兵官が圧倒的に多く、三六件と約半分に近い。これに対して都司による告発は八件しかない。都司には断事司が置かれ、正六品の断事、正七品の副断事が配置されており、司獄司には従九品の司獄があって、本来ならば管下の衛所の犯罪を扱う筈だが、(3)第一章でみたように、鎮守総兵官が常設化すると、都司の機能も次第に総兵官に吸収され、地方の軍務は総兵官に統合されつつあったことが窺える。一方、文臣が告発したケースをみると、兵部・刑部・給事中・鴻臚寺等の中央の機関から、地方の知府に至るまで多岐にわたるが、最も多いのが巡按御史の四〇件、按察司の三〇件、各道御史の四八件である。地方では総兵官・巡按御史・按察司が、中央では各道御史が武臣の犯罪を告発する主力だったといえる。ただ、告発した罪状をみると相違がある。各々が告発した内容を示すと表4のようである。①から⑬の項目の内容は表3と同じである。又、一件に複数の罪状を含む場合は各々の項目に算入してある。総兵官についてみると、第一章で述べたように、総兵官は配下の武臣の処罰権は与えられておらず、罪があってもその処罰を奏請するのみであった。表4のように、総兵官の告発は殆ど①・②の軍務、特に①の軍事行動に関わる罪に限られており③以下は極く少ない。ここから総兵官が与えられているのは軍事行動上の指揮権のみであり、配下の武臣の日常を監督・統制する立場にはなかったことが窺える。これに対して、按察司・各道御史は①の告発例が殆どない。専ら③以下の項目で、武臣の日常の行状

表3　告発された罪状

①	軍事行動に関わる罪	72
②	任務遂行上の不正・怠慢	49
③	軍士の私役	29
④	金品の強奪	34
⑤	月糧等の横領・搾取	13
⑥	軍士の売放	19
⑦	配下の虐待・私刑	27
⑧	官物・糧米の侵盗	26
⑨	土地占奪	16
⑩	商業行為・密貿易	11
⑪	商・民・番人等からの金品搾取	22
⑫	一般的な犯罪・スキャンダル	14
⑬	礼法上の違反・怠慢	15
⑭	不明	3
	（合計）	350

表4　告発者

	総兵官	巡按御史	按察司	各道御史
①	25	16	1	0
②	6	6	6	10
③	2	2	3	7
④	2	3	6	2
⑤	0	1	0	2
⑥	1	1	2	5
⑦	0	2	3	4
⑧	0	0	1	3
⑨	0	3	2	6
⑩	0	2	0	0
⑪	0	3	2	0
⑫	0	1	2	5
⑬	0	0	2	4
合計	36	40	30	48

を監視し、非違を告発する役割だったとみられる。特に⑫・⑬のような一般的犯罪やスキャンダル・或いは礼法上の違反等の告発が目立つこともそのような立場を窺わせる。つまり、軍務に関しては総兵官、日常の行状については地方では按察司、中央では各道御史が監視・告発するという、一種の役割分担のかたちだったとみられる。この両者に跨がっているのが巡按御史で、①・②の軍務と③以下の項目がほぼ半々である。これは巡按御史が監視告発というかたちで軍事行動にも関与していたことを示しており、後に強い軍事的権限を獲得していく要因になったと思われる。(4) ただ、ここでは巡按御史、按察司の地域差は勘案していない。

全体の傾向については以上にみたとおりである。告発の事例三五〇件は『宣宗実録』から収集したものである。『宣宗実録』には前述のように記事が高位者に偏りがちな制約があり、そこに記された事例は武臣の犯罪の中の限られた一部分にすぎないわけだが、その分母に当たる当時の武臣の数についてみておこう。宣宗朝の正確な武臣数はわからないが、『太祖実録』洪武二五年閏一二月是月の条には在京の「武官」が二七四七人、在外が一万三七四二人で、合わせて一万六四八九人と記している。この数字に対し、嘉靖期の史料だが霍韜の『渭厓文集』巻三「再辞礼部尚書疏」には

臣、謹んで按ずるに、洪武の初年、天下の武職は二万八千七百五十四員なるに、成化六年には、増して八万一千三百二十員に至る。……天下の武職、成化に由りて洪武を視れば、増すこと四倍なり。今に迄《いた》るまで増《くわ》えること幾倍なるやを知らず。

とある。太祖朝の員数について大きな隔たりがあるが、霍韜は「武職」といっており、「武官」でない総旗・小旗を含めて記した可能性が高い。もしそうであれば両者の数字にさほどの矛盾はない。霍韜のいう中後期における武臣の激増は捐官によるもので、宣宗朝ではまだそれほど盛行していないから、武臣数は太祖朝と大きな差違はないとみ

られ、概ね二万人前後とみて大過あるまい。以下表3に示した各項目に沿ってその内容についてみていくことにする。

第二節　軍務上の罪

ここでは表3の①軍事行動に関わる罪、②任務遂行上の不正・怠慢について述べる。

①　軍事行動に関わる罪

この項は戦闘における敗北や虜・番・蛮・猺・獞族等の侵入劫掠を防げなかった責任を問われたもので七二件ある。(5) 各年次・地域ごとの件数、告発された武臣の官衙を示すと表5のようになる。なお一回の告発に複数の武臣が含まれる場合もあるので、件数と武臣数は異なっている。又、一人の武臣が何度も告発されたときには、内容をみて別件であることが確認された場合にはその都度算入してある。以下の表も同様である。

各年の件数をみると、宣徳二～六年に多くその前後は少ない。少なくとも、告発された件数は宣宗朝の中期に多かったといえる。又、地域をみると、当然ではあるが、一例を除いて全て北辺と南辺である。内訳を示すと、北辺は、遼東一三件、薊州永平山海一件、万全一件、宣府三件、赤城一件、開平五件、大同三件、陝西一件、甘粛五件で、遼東が飛び抜けて多く、開平と甘粛もやや多くなっている。南辺は北辺を上回る件数があるが、四川一〇件、福建二件、広東五件、広西一三件、交阯八件である。内地に一件あるが、これは、湖広茶陵衛の指揮使が、劫掠を働いた少数民族の追捕に当たった際の不法行為を巡按御史に弾劾されたもので、(6) 内容的には他の南辺の諸事例と同様の事件である。

第一章でも述べたが、当時、北辺は虜・番侵入の件数はともかく、その規模は小さく、精々一〇〇人程度であり概ね平穏であった。これに対して、交阯は勿論だが、南辺一帯では少数民族との間に激しい戦闘が連続的に起っており、明朝側も大兵力を投入して作戦を実施していた。表示の南辺の件数はそのような情勢の反映とみられる。同時に、四川と広西での告発件数が多いことは、この地域の戦況が予断を許さない状態で、朝廷の注意も集中していた様子を示している。又、告発された武臣の官銜をみると都指揮・指揮が圧倒的に多く、軍事行動や地域防衛の直接の責任者がこのクラスの武臣だったことが窺える。

表5　軍事行動に関わる罪

洪熙 1	1	勲臣	10	北辺	33
宣徳 1	4	都督	5	北京	0
2	9	都指揮	48	内地	1
3	11	指揮	34	南辺	38
4	14	千戸	13	（合計）	72件
5	12	百戸	14		
6	10	鎮撫	0		
7	2	他（為事官等）	8		
8	7	（合計）	132人		
9	2				
（合計）	72件				

①の中にも様々な性質のものが含まれているので、主な事例を示しながらその内容を見てみよう。

ⓐ、まず戦闘における敗北の事例である。『宣宗実録』宣徳元年一〇月癸酉の条に

総兵官・成山侯王通奏すらく、従征の交阯都指揮袁亮、利を失えりと。時に黎利の党黎善広威州に拠る。為事官陳智は亮を遣わし、指揮の王勉・司広等とともに之を禦がしむ。兵その地に至るに、亮は河を渡りて営せんと欲す。土官指揮の何加伉曰えらく、彼必ずや伏有らん。宜しく持重して軽々しく進むことなかるべしと。亮従わず。指揮陶森・銭輔等を遣わして、河を渡りて賊を撃たしむるに、賊の伏兵、後より繞出し、森・輔及び千戸趙禎を殺し、士卒の陥いる者五百余人な

り。亮も亦た執えらる。通及び巡按御史以聞す。

とある。苦戦が続いている交阯の例だが、広威州を占拠した黎善に対し、為事官陳智は交阯都指揮袁亮を派遣し、付近に在った指揮王勉・司広と協同して対応させようとした。為事官については後に述べる。現地に至った袁亮は、土官指揮何加伉の警告を無視して攻撃を掛け、伏兵に背後を襲われて大敗し、指揮陶森・銭輔・千戸趙禎は戦死し、本人以下軍士五〇〇余人が捕虜になる事態となってしまった。明らかに都指揮が戦術的な判断を誤って大敗してしまった事件である。続いて宣徳二年六月丁卯の条に

叙南衛の指揮呉玉等、軍を領《す》べて蛮寇を勦殺し、其の巣穴を焚く。軍を回《めぐ》らすに及び、蛮賊万余、中道に伏して掩撃し、官軍陥没する所多し。玉は退走し余兵は潰散せり。四川都司奏請すらく、玉を罪せられんことをと。

とあり、叙南衛の指揮呉玉が、蛮賊を攻撃してその根拠地を焼き払ったが、帰路を蛮の大軍に襲われて多くの捕虜を出すとともに、本人も敗走し一軍は潰乱した。明らかに蛮賊の計略に嵌まったとみられる敗北で、四川都司が呉玉の処罰を奏請したものである。又、宣徳八年八月癸未の条に

四川都指揮宮聚・趙諒の罪を宥し、邢安を獄に下す。是より先、総兵官・都督陳懐、聚等を遣わして叛蛮を夜襲せしめんとす。安は軍を領《す》べて前に行き、聚之に次ぎ、諒又之に次ぐ。至れば則ち已に曙なり。寇覚りて衆を率いて迎敵す。安、寇の衆きを畏れ、軍に麾《さしず》して退き、諒殿《しんがり》す。寇、伏を発し、諒の領べる所の二十余人、力戦するも支えず、皆寇の執える所と為る。聚、軍を引れ還《つ》りて闘い、執えられし所の者の半ばを奪いて帰る。諒も亦た奮戦して、免れて帰るを得たり。懐奏すらく、安・聚・諒は皆失機せりと。上、参将の都指揮蔣貴に命じ、巡按御史と同《とも》に実を覈べて以聞せしむ。是に至り、其の実なるを具奏す。

とある。鎮守四川総兵官の陳懐が、三人の都指揮に叛蛮の夜襲を命じ、邢安が先鋒となり宮聚・趙諒がこれに続く序

列で前進したが、夜間行軍の為であろうが時間が掛り、現地に着いた時には既に夜が明けてしまい、蛮側に発見され迎撃された。邢安は敵の多いことに怯えて退却し、趙諒が殿軍となったが、蛮軍の伏兵に遭い、趙諒と配下の二〇余人は奮戦したが捕虜になってしまった。宮聚が軍を返して闘いその半数を奪還し、趙諒も逃れて帰還したというのである。陳懐は三人の失機の罪を劾奏したが、宣宗は参将の蔣貴と巡按御史に調査を命じた。蔣貴はこの作戦に関わりがなかった為だろう。この作戦の兵力は記されていないが、三人の都指揮が指揮をとったのだからかなりの兵力と思われる。大兵力での夜間行軍に時間が掛ることは当然予想された筈だが、この作戦を命じた陳懐は全く責任を問われていない。このほかにも四川都指揮韓整・高隆が威州で蛮寇に敗北した例がある(7)。

ⓑ、次に遁走・不策応・不援等を告発された事例をみてみよう。『宣宗実録』宣徳四年七月癸丑の条に

巡按監察御史効奏すらく、開平衛の指揮方敏は赤城を備禦するも、恇怯畏懦にして、兵を練り寇を禦ぐ能わず。乃ち予《あらかじ》め妻子を鵰鶚に徙して以て之を避けしむ。寇、赤城に至り、人畜を殺掠して以て去るに比《およ》ぶも、士卒は闘志有る莫し。請うらくは敏を誅し、以て其の余を励まされんことをと。

とある。赤城の守備に当たっていた開平衛の指揮方敏は、防備態勢を整えることもできず、予め家族を後方に避難させておくありさまで、韃虜が侵入して人畜を殺掠しても、配下の士卒に全く闘志がなかったというのである。巡按御史は「恇怯畏懦」と武臣にとって最大の侮辱の言葉をつかって弾劾した。しかし、これにとどまらず方敏は四ヶ月後に再び弾劾された。宣徳四年一一月乙丑の条に

宣府総兵官・都督譚広奏すらく、是の月十九日夜、虜寇百余人鵰鶚に入り、浩嶺駅の官軍を殺傷し孳畜を掠む。懐来衛は已に軍を発して勦捕するに、開平衛の指揮方敏・王俊は兵を出して策応せず。請うらくは其の罪を治《ただ》されんことをと。

とあり、この月の一九日夜に韃虜一〇〇余人が侵入し、浩嶺駅を襲って駅軍を殺傷し、家畜を劫掠した際、懐来衛は出動したが、開平衛は兵を出して策応しなかったとして、総兵官譚広が指揮方敏と王俊の処罰を奏請したのである。この記事では方敏と王敏が二人とも開平衛の所属のように記されているが、実際には方敏が開平衛の指揮で、王俊は保安衛の指揮同知である。このとき方敏とともに弾劾された王俊は二ヶ月後にまた罪に問われた。宣徳五年正月丁卯の条に

　保安衛の指揮同知王俊の死罪を宥し、降して軍に充て立功せしむ。俊は先に赤城を守り、虜、辺に寇するに、俊と指揮方敏は軍を率いて之を禦ぐ。敏は戦死するに、俊は之を援けず。其の麾下とともに、甲を解き弓矢を棄て、身を脱して走り、赤城にも帰らず、径ちに宣府に走る。上、聞せられて、法司に命じて逮《とら》えて至らしむ。

とある。方敏と王俊は、ともに赤城の守備に当たっていて韃虜の侵入に遭い、今度は防戦して方敏は戦死したが、王俊は上官を援けようとせず、配下とともに武器を棄てて逃走し、しかも、赤城には戻らずに一気に宣府まで逃げたというのである。次に宣徳四年三月戊申の条に

　福建都司奏すらく、倭賊、鎮海衛の古雷巡検司より登岸し、城池を攻囲し、人民を劫傷するも、付近の銅山千戸所は策応して追勦せず。都司の把総・都指揮僉事洪貴も、兵を厳しくして隄備する能わず。亦た兵を督して赴援して悉《つく》さず。請うらくは罪を論ぜられんことをと。上、行在都察院に命じ、人を遣わして、逮えて京に赴かしめ、之を治《ただ》さしむ。

とある。福建都司の劾奏だが、倭賊が鎮海衛の古雷巡検司から上陸し、城池を攻囲したり、人民を劫掠したりしているのに、銅山千戸所は追捕しようとせず、把総の都指揮僉事洪貴も警備に手抜かりがあったばかりでなく、赴援しようとしないというのである。宣宗は、都察院に、人を派遣して逮捕し、北京に連行して処罰するよう命じた。城池を

攻囲したとあるから、一過性のものではなく、ある程度の期間にわたっているのに出兵しなかったことを重くみたのであろう。更に宣徳五年一二月壬午の条に

遼東総兵官・都督僉事巫凱奏すらく、韃賊百余人、開原の境内に入れり。又、賊四十余人、柴河等の屯を劫掠せり。備禦の都指揮鄒溶は、指揮呉禎等を遣わして哨探せしめ、都指揮佟答剌哈《ダルハン》等を遣わして、兵を率いて捕撃せしめんとするも、佟答剌哈は賊に遇いて遁れ、禎は賊に遇いて与に戦うも、傷を被りて還る。都督《ママ》指揮夏通を調して、都督王真と同に賊を追わしむるも、皆及ばずして還る。其れ都指揮鄒溶・佟答剌哈等の官、倶に応に罪を治すべしと。上、勅を遣わして凱を責めて曰わく、此れ皆爾平昔に守備の方を規画する能わざればなり。故に下に在る者、皆放肆にして号令に循わずと。

とあり、韃賊一〇〇余人が開原の境内に侵入し、又、賊四〇余人が柴河屯等を劫掠したという。両者がどういう関係なのか分からないが、或いは当事者達もわからずに混乱したのではないか。備禦の都指揮鄒溶は指揮呉禎に警戒させるとともに、都指揮佟答剌哈[8]に追討を命じたが、佟答剌哈は遁げ帰り、呉禎は負傷して帰還するありさまだった。総兵官巫凱は、都指揮夏通を動員して、都督王真とともに追撃させたが、得る所なく戻ってきたという。巫凱は鄒溶・佟答剌哈らの処罰を奏請したが、宣宗は勅を下して、総兵官巫凱が常日頃から防備の計画を策定して配下に徹底していないから、かかる事態を招いたのだと叱責した。僅か一〇〇余人の賊の侵入に、総兵官以下多くの武臣が振り回されて、右往左往しながら何の戦果も挙げられず、徒らに無統制ぶりを暴露した事件である。更に宣徳六年八月辛丑の条に

行在刑部奏すらく、遼東の百戸張富・程玘は、初め、指揮皇甫斌に従いて巡辺するに、猝《にわ》かに寇に遇い斌を囲まる。而して富等は皆に走匿して救わず。律に於いて応に斬すべしと。……（上）因りて刑部の臣に諭して曰わく、

古人に敗将を用いて功を成す者有り。昔、皇祖も亦た朕の為に言えり、功あるものを使うは、過《つみ》あるものを使うに若かずと。今は姑く之を宥せと。（（ ）は筆者）

とある。百戸張富・程玘は、指揮皇甫斌に従って巡辺していた際に寇に遭遇し、皇甫斌が包囲されたのに、二人は救援をしようとせずに逃げ隠れしたとして、刑部が斬罪に当たると告発した。これに対して、宣宗は、死罪にはせず身分回復の機会を与えたが、そのコメントで成祖の言を引いて、過失があって追い詰められている人間は必死で事に当たるから有効だと述べており、その極めて現実的な姿勢を窺うことができる。

このほかにも、宣徳二年五月に、開平衛の指揮劉昭が軍を率いて採樵に当たっていたとき、韃虜に遭遇したのに戦おうとせず、韃虜は軍士を殺し馬を奪って去ったとして、行在兵部が処罰を奏請した事件がある(9)。又、六年八月、海南衛の千戸兪華が上奏していうには、兪華は指揮黄瑀に従って崖州の黎寇の討伐に当たったが、事前に兪華が先鋒となり黄瑀が後に続くことを打ち合わせていた。兪華が進撃すると、険阻な山路で賊の伏兵に遭い損害を出したが、奮戦して軍を後退させることができた。この間、黄瑀は全く応援せず、却って兪華の敗北の罪を責め、巡按御史も黄瑀の誣告を真に受けて、兪華の罪を問おうとしていると訴えた。これに対して、宣宗は「蓋し同力一心なれば則ち功成るべし。今、前後相に応ぜず。固より是取敗の道なり」と述べて、御史に実状の取り調べを命じた(10)。戦術的な拙劣さとともに、武臣同士が責任のなすり合いをしているところに、相互の紐帯の薄弱さという当時の明軍内部の通弊が現われている。これらの事例は遁走・不策応・不援等の武臣にあるまじき振舞いや、敗北の原因になりかねない行為を告発されたものである。このような事例をみると、武臣の軍事能力が著しく低下していた様子が窺える。しかし、個々の事例の詳細については後述するが、このような罪で武臣が死罪になった例は一件もない。

ⓒ、次に前項と似た内容のものも含むが、畏縮・不進等を告発された事例を示す。『宣宗実録』宣徳元年一二月辛

巳の条に

巡按広東監察御史金濂奏すらく、瓊州府の黎寇乱を作し、広東都指揮僉事程瑒等、兵を領《す》べて往きて捕えんとするも、逗留して進まず。定安・会同二県の官署・民居は皆焚尽を被り、公私の財物を掠めて以て去る。瑒等は機を失して賊を縦《ほしいまま》にせしむ。請うらくは之を罪せられんことをと。

とあり、瓊州府の黎族が乱を起し、広東都司の都指揮僉事程瑒が追捕に出動したが逗留して進撃せず、その間に賊は定安・会同二県の官署や民居を焚き払い、掠奪して去ってしまったという。単に進撃が遅れて間に合わなかったのか、賊を恐れて畏縮したのかわからないが、結果的に「賊を縦にせしめ」たことは間違いない。又、宣徳三年閏四月辛卯の条に

広西総兵官・都督僉事山雲奏すらく、忻城県の蛮寇譚団等一千余人出劫す。臣、親しく軍を督し、追いて横州の永淳県に至り、賊の首二百九十余級を斬り、掠められし人口を収回せり。縁《ちなみ》に横州地方は、旧《もと》、馴象衛の指揮張玐等を調して哨守せしめしも、玐等は畏避・退縮して防禦する能わず。遂に良民をして害を受けしむ。請うらくは其の罪を治されんことをと。上、尚書張本に謂いて曰わく、兵は以て民を衛るなり。今、寇に臨みて畏縮し、百姓をして禍いを受けしむ。法に於いて何ぞ容《ゆる》すべきや。其れ雲をして厳しく之を治さしめよと。

とあり、鎮守広西総兵官山雲が上奏するには、忻城県の蛮寇譚団ら一〇〇〇余人が出劫し、山雲が自ら出動して、横州永淳県で賊を捕捉撃破し被掠の男女を奪回した。しかるに、この間、横州に配置して警戒・守備に当たらせていた馴象衛の指揮張玐らは「畏避・退縮」して良民を守ることができなかったとして、その処罰を奏請した。これをうけた宣宗は山雲に厳しく取り調べさせるよう命じた。しかし、この結果については同年六月辛丑の条に

馴象衛の指揮僉事張玐等の罪を宥し、都督山雲に随いて寇を討たしむ。是より先、雲奏すらく、蛮寇横州を掠め

るに、玑及び千戸徐礼・百戸周俊は、兵を領べて哨守するも畏縮して進まず。民、害を被るに致れりと。上、雲に命じて厳しく之を治さしむるに、玑等は皆に失誤軍機に坐し、当に斬すべしと。械せられて至り、行在兵部尚書張本以聞す。上曰わく、功あるものを用いるは、過《つみ》あるものを用いるに若かず。姑く之を宥し、雲に随いて寇を討ち自効せしめよ。如し功有らば職を復し、功無ければ仍りて前の罪に坐せしめよと。

とあり、山雲は、斬に当たるとして、張玑らを北京に械送してよこした。しかし、宣宗は死罪にはせず、山雲のもとで討寇自効させるように命じた。ここでも成祖の「功あるものを用いるは、過《つみ》あるものを用いるに若かず」との言葉をあげている。また、宣徳三年一二月癸巳の条に

遼東総兵官・都督僉事巫凱奏すらく、昨《さきごろ》、金吾右衛の指揮使劉端を迤北に遣わし、巡哨せしめんとするに、端は難を畏れて広寧に逃回して行かず。請うらくは之を罪せられんことをと。

とあり、総兵官巫凱が、遼東に配置されていた金吾右衛の指揮劉端に巡哨を命じたが、劉端は畏れて広寧に逃げ帰ったまま出動しようとしないと述べ、その処罰を奏請した。又、宣徳四年一二月己卯の条に

臨洮衛の指揮李敬・千戸王瑀、嘗て臨洮府の推官許疊と同に強賊を捕えんとするに、敬・瑀は賊を畏れて、鎧甲・腰刀を解き、民丁に付して闘いに赴かしむ。民丁奮闘して直ちに前《すす》み、皆擒獲有り。疊嘗て之を奏す。敬等之を聞き、罪を得んことを懼れ、遂に府官の受賕の事を誣《し》う。上、陝西按察司に命じて逮問せしむ。且つ都察院の臣に諭して曰わく、其れ按察司をして必ず虚実を明らかならしめ、人を枉すべからずと。已にして侍臣に語りて曰わく、此必ずや指揮の府官を誣せしものならん。府官の前に奏せし所を忿ればなり。武臣は国の爪牙なり。一たび調発有らば、当に奮いて身を顧みざるべし。今、小寇に遇うも輒ち畏縮す。設し大敵に遇わば、豈に能く奮勇して功を成さんやと。

とある。臨洮衛の指揮の李敬・千戸王瑀は、臨洮府の推官許釁と協力して賊の追捕に当たることになったが、畏れて自分達の武具を民丁に押しつけて、闘いに駆り立てたというのである。民丁たちは奮戦して賊は擒獲されたが、許釁がこのことを上奏した。李敬と王瑀は罪を得ることを畏れて、許釁の受賕の事を誣告したというのである。宣宗は先に許釁が上奏したことを怨んでの行為だろうと述べつつ、按察司に慎重な取り調べを命じた。この結果は明らかでないが、李敬らの行為は、宣宗のいうとおり、武臣としての資格を問われるものであろう。更に宣徳六年九月丁卯の条に

巡按四川監察御史王翺劾奏すらく、四川都指揮趙得、松潘に鎮守し、賊、旗軍を斫傷するも、得は畏憚して兵を率いて追討せず。請うらくは之を罪せられんことをと。

とあり、鎮守松潘の四川都指揮趙得は、賊に配下の旗・軍を傷つけられたのに、畏れて追討しようとしないと巡按御史に劾奏された。このほか、宣徳八年七月には、広東神電衛の指揮張演が、神電・雷州・廉州三衛の軍を率いて賊の追捕に当たったが、返って損害を被り退縮してしまったとして、配下の千戸李原・百戸張興とともに劾奏された事例がある。(11)

以上、畏賊・退縮・逃回・不進等の軍事行動に当たっての怯懦を告発された事例の主なものをみてきた。これも敗北や遁走・不策応等と同様に、武臣として咎められるべき最も基本的な罪状であろう。宣宗がくりかえし「功あるものを用いるは、過あるものを用いるに若かず」と述べているのは、宣宗の非常に現実的な人柄があらわれているが、同時に武臣の軍事能力の低下が深刻な状態だったことも示している。

ⓓ、次に失機・守備不厳・坐視等を告発された事例をみてみよう。数からいえばこれが最も多く、警戒が不十分で、賊の侵入を防げなかった責任を問われたものである。何処に来るかわからない敵に常時備えるという、宣宗が採った

専守防衛方針の困難さを物語るものであるが、同時に、当時の明軍の敏速な即応能力の低さをも示している。北辺一六件、南辺五件の事例があり、北辺が圧倒的に多く、その中でも遼東が八件と全体の三分の一強を占めている。ただ、この件数が必ずしもそのまま南北辺の軍事情勢の緊迫度を反映するものではないかもしれない。第一章でみたように、南辺では少数民族との間に激しい戦闘が継続的におこっており、北辺より遙かに大規模な作戦が行われていた。南辺では緊張感が高まっていて「失機・守備不厳・坐視」の事例が実際に少なかった可能性がないでもないが、『宣宗実録』の性格を考えれば、朝廷にとって最大の課題である北辺の防衛態勢の方により関心が向いていたためで、朝廷の危機感の所在によるとみた方が妥当であろう。

まず、件数の多い遼東について、主な事例を示すと次のようである。宣徳三年一二月甲辰の条に

巡按山東監察御史包徳懐奏すらく、近《ちかごろ》、広寧の曹荘・義州等の処、韃賊屢《しばしば》入境し、人畜を殺虜す。都指揮李信・魯得等は、守備不厳にして、賊至るも又兵を率いて之を撃たず。請うらくは其の罪を治《ただ》されんことをと。

とある。巡按御史が武臣の行状を厳しく監視していた様子が窺えるが、韃虜が広寧・義州等に侵入し人畜を殺掠したことについて、都指揮李信・魯得の守備不厳を弾劾した。続いて宣徳四年一〇月辛丑の条に

遼東総兵官・都督僉事巫凱奏すらく、九月中、虜寇数《しばしば》入境して劫掠し、官軍を射傷せり。都指揮魯得等、守備不厳なり。請うらくは其の罪を治されんことをと。

とある。九月中に韃虜が度々侵入して、軍士にも被害が出たとして、総兵官巫凱が、魯得の守備不厳を告発し、その処罰を奏請した。更に二ヶ月後の宣徳四年一二月癸巳の条に

遼東総兵官・都督僉事巫凱奏すらく、虜寇竊かに鉄嶺・広寧の境内に入り、人畜を劫掠せり。都指揮魯得・金声等は、守備を厳しくせず、百戸陳善等は瞭望を失す。皆に当に罪を問うべしと。

とあり、虜が鉄嶺・広寧に侵入して人畜を劫掠したことについて、総兵官巫凱が、再び都指揮魯得・金声の守備不厳と、百戸陳善らの見張りの不備を弾劾しその処罰を奏請した。この間、都指揮魯得は三回も「守備不厳」を弾劾されたことになる。しかし、一貫して「都指揮」と記されていることからもわかるように、実質的な処罰は受けていないのである。それは韃虜の動きが活発な地域で、武臣をいちいち処罰すると防衛態勢に穴が空いてしまうからである。魯得の例は防衛態勢の維持を第一として、敢えてその過失に目を瞑っている朝廷の態度を示してもいる。[12] 宣徳五年七月辛酉の条に

赤城備禦・都指揮僉事汪貴の罪を宥す。是より先、虜寇、赤城の潘家荘屯に入り、人口を殺虜す。貴奏すらく、百戸張勝防禦を失せり。請うらくは之を罪せられんことをと。上曰わく、貴の任ずる所は何事ぞ。而して罪を勝に委ねんとすと。行在兵部に命じて、移文して之を詰《せ》めしむ。是に到り、貴奏すらく、罪に伏せんことを請うと。命じて姑く之を宥す。

とあり、赤城の潘家荘屯に虜が侵入した事件について、備禦の都指揮僉事汪貴が百戸張勝の処罰を奏請した。これに対し、宣宗は汪貴の責任転嫁であるとして、兵部を通じて叱責したところ、汪貴が罪を認めたのでこれを宥したというのである。自分の任務を果さず、部下に責任を押しつけようとする武臣もあったのである。武臣と軍士の間だけでなく、武臣同士でも相互の紐帯が弱まり、一種の無責任態勢が生じつつあったことが窺える。又、宣徳七年九月辛未の条に

甘粛総兵官・都督劉広奏すらく、近《ちかごろ》、虜寇蘭州衛の境に入り馬を掠め、又、永昌衛に入りて水泉児・水磨川二駅の人畜を劫掠せり。其の指揮馬驥・千戸阮徴等、巡備不厳にして寇の侵犯するを致す。臣、兵を領べて追撃するも、賊已に遁去せりと。勅して広等を責めて曰わく、守辺の道は惟だ謹厳に在り。未だ寇有らずと雖も、常に

敵に臨むが若くして、然る後、無虞を保つべし。今、賊縦横に往来し人馬を劫掠するは、蓋し爾等平素の怠慢の過《とが》に由る。今、賊去ると雖も、或いは爾の甘州に回るを伺い、仍復《やはり》来犯せん。勅至らば即《ただ》ちに驥等を執えて之を罪せよ。各屯堡の官軍を厳督し、昼夜警備せば、前失を踏まざるに庶幾《ちか》からんと。

とあり、韃虜が蘭州衛・永昌衛に侵入したことについて、甘粛総兵官劉広が、指揮同知馬驥・千戸阮徴らの巡備不厳を効奏した。この段階では、宣宗は、勅を下して劉広を叱責するとともに馬驥らの逮捕処罰を命じた。しかし、更に宣徳八年三月甲戌の条にも

陝西永昌衛の指揮同知馬驥の罪を宥す。初め、驥は兵を領べて寧遠・昌寧を往来し、哨備を専督す。而るに虜寇其の不備を掩い、分かれて二道と為り、人畜を搶掠せり。総兵官劉広等、驥等の罪を治さんことを請う。

とある。ここで韃虜侵入の原因とされたのは「哨備を専督」していた永昌衛指揮同知馬驥の「巡備不厳」であった。馬驥らは決められたルートを定期的に巡回警備していたのだろうが、韃虜はそれをよく観察して隙を衝いて侵入したとみられる。宣宗は先に総責任者である鎮守甘粛総兵官劉広の「平素の怠慢」を叱責したが、馬驥らも機械的に同じパターンをくりかえすだけで、臨機応変の柔軟さや即応力に欠けていた様子も窺える。宣宗は、成祖と異なり、専守防衛の方針を採ったわけだが、宣宗自身が「未だ寇有らずと雖も、常に敵に臨むが若くして、然る後、無虞を保つべし」といっているように、いつどこにくるか分らない敵に常に備えていなければならない専守防衛態勢の難しさを示す事例でもある。

このほか南辺にも次のような事例がある。宣徳五年四月辛巳の条に

広西潯州大藤峡の猺賊、竜頭山の賊と合し、行きて郷村を劫《かす》め人財を掠《うば》うに、守備の都指揮陳全は坐視して、兵を率いて勦捕せず。巡按御史張善、其の罪を正さんことを請う。上、総兵官・都督山雲に命じて治《ただ》さしむ。

とあり、大藤峡の猺族が竜頭山の賊と合流して郷村を劫掠したが、守備の都指揮陳全は「坐視」して勦捕しようとしないとして、巡按御史張善がその処罰を奏請した。宣宗は広西総兵官山雲に取り調べを命じたが、陳全が実際にどのような処罰を受けたかわからない(13)。ここまで主に軍事的な過失や怯懦等を告発された事例をみてきたが、専守防衛の難しさとともに無能・無責任で柔軟さや即応力に欠ける武臣が少なからずいたことも窺えた。しかし、これらは故意のものではない。

ⓔ、このほかに軍務に関わるもので、意図的な罪状を告発された事例もあるのでみてみよう。『宣宗実録』宣徳二年三月辛亥の条に

広西南寧衛の百戸許善を斬す。初め、善は崇善県の土官知県趙暹の兵を興して謀逆し、左州を攻陥せんとするを知るも、善、旧《もと》より暹と交わりありて、之が為に容隠す。総兵官、善を遣わし暹を追わしむに及び、又、暹より馬十四・銀百両を受け、故《ことさら》に暹を延緩し苟免《いちぢのがれ》せしめんと冀図《くわだ》てり。事覚われ、御史に下して鞫問せしむるに、実なるを得て、斬罪を論ぜらる。

とある。広西南寧衛の百戸の許善は、従来から土官知県趙暹と交際があり、趙暹が挙兵して左州を攻めようとしているのを知りながら、報告しようとせず、総兵官顧興祖が、許善に趙暹の追捕を命じると、趙暹から馬や銀を受けて、故意に討伐を遅延して逃そうとしたというのである。更に宣徳三年五月辛巳の条に

蔡福・朱広・薛聚・于瓚・魯貴・李忠、誅に伏す。福は都督為《た》り、広・聚・瓚は皆都指揮にして、貴は指揮、忠は千戸為り。福等、初め、交阯に在りて、乂安に鎮守するに、賊の囲む所と為る。福は与に戦わずして、広等を率いて賊に降る。且つ賊に攻具を造るを教え、以て東関を攻めしむ。時に官軍九千余人有りて、賊営を焚かんと欲す。福等、百戸牟英をして賊に告げしめ、賊尽く九千余人を殺す。遂に昌江等の城を攻めしに、福は歴《めぐ》りて各

城の人に出降を説けり。嘗て清化に至るに、馬を城下に馳せ、大呼して曰えらく、城を守る者、見幾《りがいをさっち》せば則ち生を保つべし。然らざれば肝脳地に塗《まみ》れんと。知州羅通の大いに罵るところと為りて去る。是に至り、利、福等を送りて京師に帰らしむ。公・侯・伯・五府・六部・都察院及び京衛の官三・四に命じて、之を鞫さしむるに、皆罪に伏す。覆奏して、命じて悉く棄市して其の家を籍せしむ。

とある。乂安に鎮守していた都督蔡福らは、黎利軍に包囲されると戦わずして降伏した。一軍の首脳が皆行動を共にしたようである。問題はその後で、蔡福らは積極的に攻城兵器の造り方を教え、東関の攻撃に当たっては、明軍に火攻の計画があるのを察知すると、これを黎利軍に通報したので、明軍九〇〇〇余人は尽く殺されてしまった。更に昌江や清化では、籠城している明軍に降伏を呼び掛ける等の行為があったという。成山侯王通麾下の明軍が交阯から撤退したこの段階で、黎利は蔡福らを送還してよこした。講和が成った後の黎利にとって、蔡福らの存在は対明関係の障害になると判断したのか、或いは自軍の利にはなったものの、その心情を憎んだのかもしれない。敗色の濃い交阯でのできごととはいえ、このような寝返り、利敵行為は他にみられないケースである。また、宣徳五年一〇月甲午の条に

巡按湖広監察御史朱鑑奏すらく、茶陵衛の指揮喩成は、軍を領《す》べて賊の賀麻哥等を捕えんとして、私かに賊と通じ、賊の銀五百余両を受け、妄りに平民を執えて賀麻哥と為し、殺して以て衆に徇す。而して賀麻哥は実は在りて、害を為すこと未だ已まずと。

とあり、茶陵衛の指揮喩成は、賀麻哥なる賊の追捕に当たり、密かに賀麻哥から銀を受けて見逃し、良民を捕らえて賀麻哥と称して処刑したというのである。実際には賀麻哥は健在で劫掠を重ねていると巡按御史が劾奏したものである。同じような事件だが、宣徳五年一一月庚戌の条にも

四川寧川衛の指揮僉事陳忠等、嘉・眉州に往き賊を捕え、其の八人を獲るも、皆賂を受けて之を縦《はな》つ。而して平民を執えて拷掠し、之を誣いて盗と為し、賄賂を逼取して、又、之を縦てり。按察司奏請すらく、之を罪せられんことをと。

とあり、按察司の上奏によれば、寧川衛の指揮僉事陳忠らは、嘉定・眉州での賊の追捕に当たり、その八人を捕えたが賄賂を取って皆解き放ってしまい、平民を捕らえて盗賊であると言い掛かりをつけて拷掠を加え、賄賂を強要してから釈放したという。次も同様の例だが、宣徳六年三月乙亥の条に

行在右都《ママ》督府奏すらく、広西馴象衛の百戸周寿は、蛮賊を追捕して上林県に至るも得る所無し。横州の平民二人を殺し、其の首を取り、以て功賞を徼む。請うらくは之を罪せられんことをと。

とあり、馴象衛の百戸周寿は、蛮賊の追捕の為に上林県まで行ったが獲えることができず、平民二人を殺して賊と偽り功賞をもとめたというのである。また、宣徳八年閏八月壬子の条に

広西都指揮同知陳全、罪有りて罷めて軍に充つ。全は潯州に於いて蛮寇を防守するも、所部の財物を受けて備えを為すを知らず。大藤山の猺賊、軍士二人を掠去するも、兵を督して追捕せず。而して私かに塩を以て贖い帰らしむ。事覚われ、法司、全の犯せし所は杖一百・戍辺なりと論ず。

とある。広西都指揮同知陳全は潯州の防備に当たっていたが、配下の賄賂を受けて防備を厳重にしなかった。つまり、軍士を売放して任務から外していたとみられる。その結果、猺族に二人の軍士を拉致されてしまったが、陳全は軍を出して奪い返そうとはせず、密かに猺族に塩を与えて連れ戻したというのである。法司は満杖のうえ戍辺を論告した。

明軍弱体化の一因として武臣の軍事能力の低下がよくいわれるが、まとまった研究はなく実情は明らかでない。ここまで武臣が軍事行動上の罪を告発された事例をみてきた。太祖朝から世襲を重ねてきた宣宗朝の武臣の中には無能

かつ無責任な者が少なからずあったことが看取される。特にⓔで示した例は意図的に罪を犯したもので、中には交阯で黎利軍に降伏したばかりでなく積極的に利敵行為を行った者や、賄賂をとって盗賊を逃し、無辜の民を殺害して盗賊と偽って衆に示すなど、極めて悪質な武臣もあったことがわかる。このような武臣の能力の低下を窺わせる多くの事例が『宣宗実録』に記載されていることは、朝廷もこの点に強い危機感をもっていたことを示している。

② 任務遂行上の不正・怠慢

次に表3の②に含まれる事例についてみることにする。ここでとりあげるのは、軍務に関するものの中の、直接戦闘に関わったもの以外の事例である。表6に示したように、これは四九件ある。(14)

時期に関しては、宣宗即位の後しばらくと、宣徳四・五・六・七年に多い傾向があるが、これは①の場合と同様である。地域ごとの件数をみると、北辺が遼東三件、薊州永平山海四件、真定一件、万全一件、開平四件、大同一件、陝西二件、寧夏一件、甘粛一件の一八件で、三割七分を占めて最も多い。北京が一割二分ほどで、内地は山東一件、河南三件、松江一件、鳳陽二件、南京二件、湖広五件、江西一件、場所が特定できないが漕運関係のもの一件の一六件で三割をこす。これは前述の①と異なるところである。湖広が多くなっているが、内容は南辺の諸事例と類似のものである。南辺は四川四件、貴州一件、広東四件の九件で二割弱である。①に比べて内地の比率が高くなっているが、それでも南北辺が過半数を占めることは①と同じである。告発された武臣の官衙では、やはり、①と同様に都指揮・指揮が最も多く、両者で全体の半数以上を占める。①では軍事行動に当たっての過誤に関する事例をみたが、②には幅広い罪状を含めたので、いくつかの項目に分けて主な事例を示すことにする。

ⓕ、まず動員や配置転換を忌避して告発された事例をみてみよう。『宣宗実録』洪熙元年八月乙酉の条に

行在刑部奏すらく、安東中護衛の百戸丁源を鞫《ただ》すに、当に韓王の平涼に之国するに随うべきなるに、遠く去くを憚り、乃ち旗・軍五十余人と同《とも》に、韓府の長史・指揮・承奉等の官の庫兵を取り、女子を選びしこと、幷せて科斂等の事を誣告せり。意《こころ》護衛より脱免せんことを求めしなりと。

とある。開原から平涼に転封されることになった韓王に同行するのを忌避した護衛百戸の丁源は、配下の旗・軍五〇余人とともに、王府首脳の不正を誣告して、随行を免れようとしたというのである。「遠く去くを憚り」とあるから、韓王や幹部に対する不満があったというよりは、旗・軍の間に平涼へ移動することへの不安があったのだろう。次に

表6　任務遂行上の不正・怠慢

洪熙 1	5	勲臣	3	北辺	18
宣徳 1	7	都督	6	北京	6
2	5	都指揮	17	内地	16
3	3	指揮	17	南辺	9
4	6	千戸	9	（合計）	49件
5	5	百戸	3		
6	8	鎮撫	3		
7	6	他（為事官等）	5		
8	2	（合計）	63人		
9	2				
（合計）	49件				

宣徳二年三月丙午の条に

巡按広西監察御史汪景明劾奏すらく、湖広都指揮張貴・魯曽は、兵を領《す》べて交阯に赴くに、貴は広西に至りて留止し、妾を娶り延《の》ばすこと四十余日なるも行かず。又、催軍と仮《いつわ》りて名と為し、復た湖広に還る。曽は起程して自り、縁途に逗遛して進まず。人臣たるもの、国の為に当に奮いて身を顧みざるべきに、貴等は皆欲を縦にして偸安《いちじのがれ》し、奮勇敵愾の義無し。請うらくは其の罪を治されんことをと。上、行在都察院に命じて之に識らしめ、回軍の日を俟ちて罪を論ぜしむ。

とあり、交阯への出動を命じられた湖広都指揮張貴は、広西まで来たがここで停止して、妾を娶ったりして四〇日以上も滞留したうえ、更に軍を動員するという名目で湖広に帰ってしまい、もう

一人の魯曽も、出発はしたが途中で逗遛して進軍しなかったという。宣宗朝では湖広に総兵官は置かれなかったので、都司の都指揮クラスは湖広軍の最高責任者である。宣宗は、巡按御史の弾劾があったことを本人達に通知し、交阯から帰還した段階で改めて罪を論ずるよう命じた。ところが宣徳二年一〇月己未の条に

湖広都司の都指揮僉事張貴の官を罷め讁して軍と為す。貴は交阯に征進するも逃回せり。事覚われて、都察院、其の法として死に当たるを言うも、上、特に命じて死を宥し、降して軍に充てしむ。

とあり、張貴は、その後ようやく交阯まで行ったものの、間もなく逃げ帰ってしまったようで、死罪を論告されたが、宣宗は官銜を剝奪して軍に充てるにとどめた。

又、番・蛮が四川の松潘・疊渓を攻囲し、その討伐にむかった四川都指揮の韓整・高隆らは不首尾を重ねたが、これに関連して巡按四川御史厳孟衡と布政司参議李勶が、この事件のきっかけは、千戸銭宏らが、交阯への出征を免れる為に番・蛮を激変したことにあると上奏したのをうけ、宣宗は、宣徳二年一〇月、取り調べの為に御史李玨と行在錦衣衛指揮任啓を現地に派遣した(15)。その結果が宣徳三年二月己卯の条に記されており

松潘衛の千戸銭宏を斬し、都指揮高隆・為事官韓整・鄧鑑等は、軍に充て広西に讁す。是より先、宏は番人容児結等を激変し乱を作さしむ。上、行在錦衣衛指揮任啓・監察御史李玨に命じて、其の実を究問せしむ。是に至り、啓等奏すらく、番・蛮の叛は実に千戸銭宏の激せし所なり。初め、松潘は当に官軍を発して交阯に戍すべきも、衆懼れて行くを肯んぜず。宏に謀るに、宏曰えらく、惟だ番人叛すと言うこと有らば、則ち都司は必ずや奏せん。奏あらば則ち必ずや松潘の兵を発して之を討たしめん。而して交阯の行は必ずや止まんと。遂に衛に蛮人容児結等叛反せりと誣告す。衛は星馳して都司に報じ、果して交阯の役を止め、而して指揮陳傑等を遣わして、兵を以て撫捕せしめんとす。然れども容児結等実は叛せず。宏、都司の官軍の至るを見て、潜かに其の衆を率いて寨に

入り、言を以て之を脅かして曰えらく、朝廷は爾の叛するを以て、大軍を出して征討せんとす。能く我に牛・馬・財物を遺《おく》らば或いは止むべしと。容児結、牛・馬を斂《あつめ》て之に与う。然れども兵已に境を圧するを聞き、遂に恐懼して奔走し、黒水の諸生番と約して乱を為し、軍民を殺掠す。陳傑等は賊の害する所と為り、番兵大擾す。韓整・高隆は兵を駐《とど》めるも、宿留して進まず。惟だ貪淫を事とし、辺民之に苦しむ。而して賊勢猖獗し、殺掠すること愈《いよいよ》甚だし。具《つぶ》さに実跡有りと。

とある。交阯に動員されることになった松潘衛の軍士たちが、懼れて千戸銭宏に相談したところ、銭宏は、番人が叛乱を起したといえば、きっと交阯派遣は中止になるに違いないと述べ、容児結なる者が叛したと誣告したというのである。その結果、本当に叛乱が起こってしまったが、この間にも、銭宏は容児結から牛・馬を詐取するなどの行為があった。この事件は四川の例だが、前述の湖広の例と同じく、交阯への出動を忌避したものである。敗色の濃い交阯の戦況は広く知られており、武臣・軍士を問わず、厭戦気分が瀰漫して、士気が低下していた様子が窺える。このような明軍内のありさまも、宣宗が交阯放棄を決断する一つの要因だったろう。

次は北辺の事例だが、宣徳四年三月壬子の条に

行在都察院奏すらく、山海衛の指揮趙忠は、軍を領《す》べて開平を備禦するに、軍の財を科斂し、行賂して原衛に回らんことを求め、而して其の半ばを私有せり。事覚われ、当に降用すべきなるも、今、所領の軍、忠の能く下を恤れむを以て告《うった》う。乞うらくは其の職を復せられんことをと。

とある。行在都察院が上奏するには、山海衛の指揮趙忠は、同衛の軍を率いて開平の守備に当たっていたが、原衛に戻してもらう為に要路に賄賂するという名目で配下から財物をあつめ、その半ばを懐に入れてしまった。降格すべきところだが、配下の軍から趙忠はよく軍士の面倒をみる武臣であるとの訴えがあったので、原職に留めたいというの

である。文言からみて、趙忠は、軍士たちに原衛に戻る為の工作費ということを告げて財物を差し出させたのだろう。動員先から原衛に戻りたいという配下の軍士の不満を利用しての行為だったとみられる。又、宣徳六年九月丁亥の条に

総兵官・都督僉事劉広奏すらく、秦州衛の指揮于諒等は、宣徳三年に甘州の操備に調せるも、蘭県に至りて逃帰す。之を促すこと三年、荘浪に到るも復た逃帰せり。請うらくは其の罪を治されんことをと。

とあり、甘粛総兵官劉広の劾奏によれば、宣徳三年に秦州衛指揮于諒に甘州への動員を命じたが、蘭県から逃げ帰ってしまった。その後三年にわたって督促し続け、今年になって、今度はようやく荘浪まで行ったが復た逃げ帰ったとしてその処罰を要請した。第一章で述べたが、このような場合でも総兵官は麾下の武臣を処罰できず、治罪を奏請するだけである。于諒がどのような処罰を受けたかはわからない。更に宣徳七年六月庚寅の条に

副総兵・都督方政に勅するに、比者《このごろ》、保安衛の指揮高栄奏すらく、万全都指揮唐銘は私を挟みて罰を行うと。朕、銘をして自陳せしむるに、蓋し銘は諸衛の軍を率いて開平を戍《まも》らんとするに、皆期を失し、追すること六・七次に至りて方《はじ》めて至る。此を以て指揮以下を笞うつ。栄は乃ち逃帰して妄奏せりと。昔、穰苴は荘賈の期を失せしを以て之を斬す。豈に但だに笞のみならんや。銘は無罪と為し、其れ栄を執えて之を治せよと。

とある。方政に対する勅によれば、保安衛の指揮高栄が、万全都指揮唐銘は私刑を行っていると劾奏したので、唐銘に自陳を命じたところ、唐銘のいうには、開平の守備に諸衛の軍を動員したが一向にやってこない。六・七回も催促してやっと来るありさまなので、遅れた指揮以下の武臣を笞打ったというのである。諸衛の軍とあるから、高栄ばかりでなく、広く諸衛に前線への配置を忌避する厭戦気分があったことが窺える。又、宣徳九年八月戊申の条に次のような記事がある。

遼東都指揮僉事黄順の職を復す。順は、初め、赴任するに都指揮王祥・張栄等五人と偕に行き、薊州に至りて民家に分宿するに、栄、酒に酔いて自刎して死し、栄の弟永ら順に報ず。順と祥等は其の事を疑い、永を擒えて人を遣わして械送せり。行在刑部、永を鞫治するに、永は順の己を擒えしを憾み、遂に順は栄を殺せりと誣う。順を逮えて至らしめ、謀殺の重罪を論ずるに、順の妻冤枉を訴え、法司久しく未だ決せず。上曰わく、順何ぞ栄を悪《にく》むこと有らんや。且つ何ぞ之を図らんとする所あらんやと。御史張聡・錦衣衛千戸尹亢を遣わし、薊州の栄等の止宿せし処に詣りて実を覆べしむるに、其の所舎の家皆言えらく、栄は遼東に往き辺を守るを畏れ、坐臥に口語して已まず。晩、酔に因り遂に自刎せり。実に殺死に非ずと。聡等還りて具奏す。

とある。遼東都司の都指揮僉事黄順は、遼東に赴任するにあたって、都指揮王祥・張栄らと同行したが、薊州で民家に分宿した際に、張栄が酒に酔って自殺してしまったという事件である。張栄の弟の張永が黄順らに急報したところ、黄順と王祥らは張永を疑い擒えて北京に械送した。刑部の取り調べに対し、黄順の仕打ちを怨んだ張永が黄順の犯行だと申し立てたので、黄順は逮捕されて謀殺の罪に擬せられることになった。黄順の妻が冤罪であると訴えたので、法司も決することができなかった。疑問をもった宣宗が御史と錦衣衛千戸を現地に派遣して調べさせたところ、張永は遼東に赴任することを恐れて自殺した経緯が明らかになったというのである。文言からみて、張永の弟だけでなく、黄順の妻も現地にいたのではないかと思われる。武臣の家族が任地に同行したのかどうか不明の場合が多いが、この例では同行していたことがわかり興味深い[16]。遼東は謫戍地だが、張永らにそのような様子はなく普通の赴任だったとみられるが、正二品の高官たる都指揮が遼東への配置を苦にして自殺してしまったケースである。このほかにも永平の守備、北京への番上、漕運、広西への出動等を忌避して告発された例がある[17]。ここまで動員や配置転換を忌避して告発された事例の主なものをみてきた。当然ながら全て故意の不正である。安東中護衛の百戸丁源や皇陵衛の指揮董琳等のように、単に遠隔地への移動を忌避した例もあるが、多くは交阯・開平・遼東等の、危険が予想される南北辺の前線への動員を忌避したケースである。その中には松潘衛の千戸銭宏や山海衛の指揮趙忠のように、武臣本人だけでなく、背景に配下の軍士たちの意向があったことがわかる例もある。南北辺への動員は、不正な手段に訴えても逃れようとするほど、厭戦気分が瀰漫していた当時の明軍内部の雰囲気が窺える。

ⓖ、次に職務怠慢を告発された事例についてみてみる。『宣宗実録』洪熙元年一二月壬申の条に

金山衛の指揮魏保奏すらく、近《ちかごろ》、倭舡海岸に泊し、軍を督して巡捕せんとするも、後所千戸蕭旻は、日に酣飲を事とし、調遣するも至らず。又、本所の城垣・峰候も倶に修葺せず。乞うらくは其の罪を治されんことをと。

とある。倭船が着岸したので、金山衛指揮の魏保が軍を出して追捕させようとしたが、同衛の後千戸所の千戸蕭旻は、飲酒に耽って出動しようとせず、同所の施設の整備も疎かになっているとして、その処罰を奏請した。これは酣飲に耽り任務を果たさないケースである。又、宣徳三年二月乙丑の条に

宣府総兵官・都督譚広奏すらく、万全右衛は臨辺の重地にして、往往にして声息絶えず。其の鎮守・都指揮黄真は厳謹に務めず。近《ちかごろ》、辺卒の言うもの有り。真は数《しばしば》擅に軍を出して囲猟し、虜使を招致して私家に飲むと。請うらくは之を逮鞫されんことをと。

とあり、宣府総兵官譚広が、鎮守万全の都指揮黄真は、勝手に軍を出して狩猟させたり、虜使を自宅に呼び込んで酒を飲んでいると告発し処罰をもとめた。また、宣徳四年七月庚申の条に

行在虎賁右衛の指揮使侯端奏すらく、指揮同知呉瑛は荒惰にして事を治めず。常に朝参せず、惟だ日に遊蕩酣飲するのみなりと。上、行在錦衣衛に命じて、執えて法司に付し之を治さしむ。曰わく、前日、指揮顧斌、方めて羣飲を以て罪を得。此の人、又之に継ぐ。国家廩禄を費やし、此の輩を養うも何ぞ用いんや。之を治さざれば、

以て衆を警《いまし》むる無しと。

とある。虎賁右衛指揮の侯端が配下の指揮同知を告発した例だが、呉瑛は毎日飲んだくれて遊蕩に耽るばかりで朝参もしないという。これ以前にも顧斌なる指揮が群飲の廉で処罰されたことがあったようで、宣宗は、貴重な廩禄を費やしてこのような輩を養っても何の役にもたたないと、唾棄するような口吻で処罰を命じた。ただ「方めて」といっているが、これは宣宗の即位以来ということであろう。太祖朝でも、武臣が飲酒に耽り太祖が叱責したり処罰を加えた例は少なくない(18)。ただ、宣宗朝では酣飲に耽って任務を疎かにしたことを告発された例は、太祖朝よりも更に多くみられ、当時の武臣の士気の弛緩や享楽的風潮の一端を窺うことができる。このほかにも山海関や居庸関、或いは北京の西華門等で勝手に持ち場を離れたり職務に熱心でないことを告発された例がある(19)。

ⓗ、次に職務遂行に当たっての不正やミスを告発された例をみてみる。前項の職務怠慢と紛らわしい内容のものもあるが、まず『宣宗実録』洪熙元年七月丁丑の条に

行在錦衣衛の指揮僉事曹彬、朦朧として奏して重囚を釈すに坐す。行在都察院奏すらく、彬の犯す所は律に於いて応に斬すべしと。

とある。錦衣衛の指揮僉事曹彬が知らぬふりをして重囚を釈放してしまったというのである。或いは賄賂の授受があったのかもしれない。次に宣徳元年六月壬申の条に

行在大理寺奏すらく、開平衛の指揮同知方敏は赤城に屯し、逃軍を交逓して開平に赴かしむるに、専人もて押送せず。而して公差の百戸何閏をして挟帯して以て往かしむ。防慎に加意せしめず、逃る者七人を致す。今、閏は已に罪を得。敏も亦た応に杖して降用すべしと。

とある。この武臣に関しては以前にも述べたが、行在大理寺が奏するには、赤城に駐屯している開平衛の指揮同知方

敏が、逃軍を開平に護送するに際して専任の責任者を用意せず、他の任務で派遣される百戸何閏に任せたうえ、十分に注意させなかった為に七人の逃亡者を出してしまった。何閏は既に責任を問われているが、命じた方敏も処罰すべきであるというのである。任務上の手抜かり或いは不注意というべき内容である。更に宣徳四年七月癸亥の条に

行在金吾左衛の将軍千戸李春奏すらく、管隊指揮張三は、未だ奏請を経ずに擅に王栄・李舟を収めて将軍と為し、帯刀して上直せしむと。

とある。千戸が上官を告発したケースだが、帝の護衛の為に、その左右に帯刀して侍立する将軍に、所定の手続きを経ないで、指揮使が勝手に二人を充てたというのである。帝の身辺に侍する者の選任についてもやや綱紀が緩んでいた様子が看取できる。ただ、張三がどのような処罰に当てられたかはわからない。又、宣徳八年閏八月壬子の条に

初め、掌南京右軍都督府事・都督陳政、嘗て人を遣わして貴州都司を督事せしめるに勘合無し。貴州按察司以聞す。上、政をして自陳せしむるに、是に至り、政等言えらく、素より諳練ならず、錯誤有るに致る。罪に伏せんことを請うと。上曰わく、勘合は以て姦弊を防ぐなり。錯誤を容《ゆる》すべけんや。姑く之を宥すも、再犯すれば宥さずと。

とある。南京右軍都督府から、管下の貴州都司に要務の為に人を派遣した際に勘合を持参させなかったとして、貴州按察司が掌南京右府事の都督陳政を告発した。宣宗が陳政に自陳を命じたところ、陳政は事務仕事に疎いのでついうっかりしてしまったと述べ、宣宗は叱責のうえ宥した。また、宣徳九年三月丙戌の条には

鎮守延安・都指揮劉儼、擅に銃甲を改造せしこと、及び科斂等の事に坐す。

とあり、鎮守延安の都指揮劉儼が、勝手に銃・甲を改造したこと、軍士を科斂したことの罪を問われた。火器は地方での製造を禁じられていたので、その規定に抵触することになったのである。このほかにも王府に対する過剰な行動

や広東都司からの降香からの輸送にあたってのミスを告発された例がある[20]。ここまで職務遂行に当たって不正やミスを告発された主な例をみてきた。意図的な不正からうっかりミスまで様々なものがあるが、いずれにしても当時の軍内部の綱紀の弛緩が窺える。

ⓘ、太祖朝以来、武臣は民事に関わることを禁じられてきたが[21]、宣宗朝で民事に関与して告発された事例をみてみよう。まず『宣宗実録』宣徳元年七月己未の条に

　山東都指揮僉事馮凱は、掌済寧左衛事たりて、擅に民の訴状を受く。巡按御史劾奏するも、凱は応ぜず。上曰わく、武夫吏事に諳《な》れず。姑く之を宥せと。

とあり、済寧左衛を管理している山東都指揮僉事馮凱が勝手に民の訴状を受理し、巡按御史に弾劾されたが改めようとしないというのである。民の訴えの内容はわからない。宣宗は、武臣は吏事がわかっていないのだからと述べて罪には問わなかったが、馮凱が訴状を扱うことは禁じられたのであろう。次いで宣徳五年七月甲寅の条に

　広東潮州衛奏すらく、指揮同知頼啓は蔭を以て官を得るも、滋《ますます》酷虐を肆にして犯を累ね、赦に遇うも怙みて終に悛めず。近《ちかごろ》、故無く総旗を杖殺し、擅に民の訟を受けて肆意に誅求す。又、擅に官軍を調して郷に下り民を擾《みだ》す。其の悪日に深し。請うらくは其の罪を治されんことをと。

とあり、潮州衛が、衛として同衛の幹部である指揮同知を告発したケースである。指揮同知の官を世襲した頼啓は不法を累ね、一旦宥されたが、結局その行状は改まらないとして劾奏された。他の罪状と併せて、勝手に民の訴訟を受けつけ、それを種にして誅求したことが挙げられている。頼啓が同衛の中で持て余し者になっていた様子が窺える。頼啓は、本来その地位に不適格な人間のように思えるが、世襲を重ねた武臣の中にはそのような者もいたのだろう。これらは武臣が民の訴訟に関与したことを咎められたものだが、次のような例もある。宣徳五年一一月癸丑の条に

江西按察司奏すらく、贛州衛の指揮張俊、軍三百を領べて茶陵に赴き盗を捕らえんとす。俊は擅に贛州府に逼り、鑼・鍋・帳房等の物を造らしむ。事違法に属すと。

とある。贛州衛の指揮張俊は、捕盗の為に出動するに当たり、贛州府に逼って軍需品を調達したとして、按察司に劾奏された。太祖朝以来、現地の軍が直接に州県から物品を調達することは固く禁じられており、これはその違反を咎められたものである。このほか、宣徳九年一〇月辛未の条に

陝西行都司の都指揮僉事紀勝奏すらく、此《このごろ》、臣を告《うった》えしもの有り。先に通州右衛指揮に任ぜられし時、知州王琬を殴りて傷つけ、及び賂を受餽して軍人を縦放せりと。旨を奉ずるに、臣をして其の実を自陳せしめらる。臣勝は初め王琬と公事を争論し、語相《とも》に激して推すに、琬は地に仆れたるも実は傷無し。軍人を縦放して賂遺を受けしは臣実に之有り。請うらくは罪を受けんことをと。

とあり、都指揮僉事紀勝は、以前に通州右衛の指揮だった時に通州知州王琬を殴って怪我させたこと、軍士を売放したことを告発され、宣宗に自陳を命じられた。これについて、紀勝は、王琬と裁判に関することで争論となり、互いに興奮して、紀勝が王琬を押したところ、王琬は倒れたが怪我はなかったと釈明し、売放については事実であると認めた。紀勝も民間の訴訟に関与し知州と争論になったのであろう。このほか、鎮守四川総兵官陳懐が、布政司・按察司と抗争した事件があるが、これについては第一章でのべた。

ここまで武臣が民事に関与して告発された例をいくつかみてきたが、件数そのものが少ないことからみて、余り頻繁にあることではなかったのだろう。示した例のうち、贛州府に軍需品の調達を強要した指揮張俊を除いて、他は全て民間の訴訟に関与したことを咎められたものだった。いずれも訴訟の内容はわからないが、武臣による民事関与は監視態勢も厳しく、少しでも違反があると透かさず告発された様子が窺える。

小結

明軍弱体化の原因として、武臣の軍事能力の低下、武臣による軍士の酷虐、軍屯の占奪等がよく挙げられるが、その実態は必ずしも明らかではない。ここでは、表3の①・②項に示した軍務上の罪に対する告発事例の内容を検討したが、武臣の軍事能力低下の実情をある程度窺うことができたと思う。まず①の軍事行動に関わる事例をみると、七二件と最も数が多いが、戦闘の敗北、敵からの遁走や不策応、畏縮、失機や守備不厳等を告発されたものである。敗北は武臣にとって最も基本的な罪であり、なかには明らかな戦術的判断ミスとみられる例もある。畏縮は軍事行動に当たっての怯懦を告発された事例で、武臣としての資格を問われるものであろう。失機・守備不厳は警戒不十分で敵の侵入を防げなかった例である。これらの事例は武臣個人の軍事能力の低さ、怯懦、即応力の低さを示しているが、同時に連携不足、軍内部の相互の紐帯の希薄さなど、組織力の弱さを窺わせるものである。ただ、これらの事例は武臣の無能振りを示しているが故意のものではない。このほかに意図的な利敵行為や通敵の事例もみられ、忠誠心や責任感を欠く武臣もあった。

次に②の職務上の不正・怠慢を告発された例は四九件あったが、交阯・開平・遼東等の危険が予想される地域への動員配置を、不正な手段に訴えても忌避しようとした例が多い。武臣本人だけでなく、背後に配下の軍士たちの意向もあったことがわかる事例もあり、当時の明軍内に厭戦気分が瀰漫し士気が低下していた様子が窺える。又、飲酒に耽って任務を果たさない例も少なからず見られ、綱紀の弛緩や享楽的風潮も看取される。中には性格的な不適格者とみられるような事例もあるが、世襲を原則とする武臣にはこのような人物が任につく場合もあったのであろう。これらの事例は、明軍全体からみれば必ずしも多いとはいえないかもしれないが、決して有能とはいえない武臣が少なからずいたことも確かである。又、これらの事例をみると、告発されたものの大半が都指揮・指揮クラスで、軍事行動や地域防衛の直接の責任者がこのクラスの武臣だったことがわかるが、一方で、これらの任務を命じた上級の総兵官や鎮守等が責任を問われた例はない。いわば現場任せの傾向が強く、当時の明軍の指揮命令系統の曖昧さや不徹底ぶりも窺える。

第三節　軍士の酷虐

この節では、表3の③軍士の私役、④金品の強奪、⑤月糧等の横領・搾取、⑥軍士の売放、⑦軍士の虐待・私刑の、配下の軍士を対象にした犯罪について考える。この種の犯罪は、それでなくとも世代交代の進行とともに薄れつつある軍の中の紐帯を更に弱めるものである。世襲を重ねた武臣には初代のような心配りや細心さはなく、軍士を搾取・虐待の対象としてしかみない者が多かった。武臣・軍士ともに世襲という体制では半ば不可避の弊害かもしれないが、武臣による搾取・虐待は士気を低下させ、命令系統に対する軍士の不信感・反感を招いて、軍を機能不全に陥らせるだけでなく軍士の逃亡を増加させる。軍士の逃亡は兵力不足をもたらし、逃亡軍士は社会不安の源にもなる。その意味で、軍士の酷虐は軍の弱体化の最も直接的な原因だったといえる。勿論、このような弊害は宣宗朝の明軍に限らず、いつの時代どこの軍隊にも多かれ少なかれ見られたものであろうが、要は程度の問題である。明代の中後期には、この弊害が更に激化して軍に極めて深刻な影響を及ぼすことになるが、宣宗朝の実情はどうだったのか。また朝廷はどのようにみていたのだろうか。『宣宗実録』からみたという但し書きがつくが、どの地域で、どんな犯罪が、どのクラスの武臣によって引きおこされていたのか、③から⑦の項目ごとにみていきたい。

③　軍士の私役

『宣宗実録』には、武臣が不法に軍士や軍匠等を私役したことを告発された事例が表7に示したように二九件あった[22]。中後期の状況から考えてもっと多いのではないかと予想したが意外に少ない。年ごとの件数をみると、宣宗の即位直後と宣徳中期の四・五・六年にやや多い傾向があるが、これは第二節でみた軍務上の罪と同様である。地域ごとの件数では北辺が圧倒的に多く六割以上を占める。内訳をみると、遼東一件・薊州永平山海一件・居庸関二件・宣府二件・大同二件・開平一件・山西二件・陝西二件・寧夏三件・甘粛二件で、北辺の全域にわたる。やはり私役も他の犯罪と同じく、大兵力が配置されていた地域で多く発生していたといえる。同時に、それは朝廷の監視の目が北辺に強く注がれていたからでもあろう。というのは、放棄前の交阯を含めれば、やはり大兵力が配置され、他の犯罪では北辺に次いで多い南辺についての記事が案外に少なかったからである。或いは朝廷の関心の度合いの反映かもしれない。ただ、第一章で述べたように、北辺では小規模な事件はともかく、虜・番の大規模な侵入や戦闘はなく概ね平穏だったのに対し、南辺では絶えず少数民族との間に激しい戦闘が続いていた。軍士の私役のような不正は、実際に戦闘が展開されてい

表7　軍士の私役

洪熙1	2	勲臣	2	北辺	18
宣徳1	6	都督	8	北京	2
2	1	都指揮	20	内地	6
3	0	指揮	9	南辺	3
4	5	千戸	4	（合計）	29件
5	5	百戸	0		
6	4	鎮撫	0		
7	3	不明	1		
8	2	（合計）	44人		
9	1				
（合計）	29件				

る地域ではかえって起りにくいのかもしれない。或いは起っても問題にされなかったり、告発されないでしまうケースが多かったとも考えられる。告発された武臣の官衙をみると、これも①・②の軍務上の罪と同じ傾向だが、都指揮が断然多く、指揮がこれに次ぐ。両者を合せると全体の七割に近い。ただ、これは『宣宗実録』の史料としての性格による面があるかもしれない。武臣の職務が確認できる例をみると、平時に衛所で軍士を掌握している指揮・千戸・百戸・鎮撫等の所謂衛所官は比較的少なく、総兵官・鎮守・参将・備禦等の戦時態勢のもとで前線で軍の統率に当たっていた武臣に多い。この点からみると、軍士の私役は、軍士が所属する原衛で、そこの衛所官によって行われるケースよりも、動員先でより高位の武臣による場合が多かったのかもしれない。大凡の傾向として、宣宗朝における軍士の私役は、宣徳の中期を中心にして北辺で高位の武臣によって起されることの多い犯罪だったとみることができよう。それでは次にいくつかの事例によってその内容をみてみよう。

まず、最も件数が多い北辺についてみると、宣宗即位直後の『宣宗実録』洪熙元年閏七月戊午の条に

行在都察院左僉都御史劉観等奏すらく、掌陝西都司事の右軍都督僉事胡原は、前に六罪を犯すも、聖恩もて之を宥され、之をして改過せしめらる。今、陝西按察司、又奏すらく……（胡原は）軍士五十余人を家に私役し、又、擅《ほしいまま》に屯種の軍士を役して、其の農業を廃せしむ。悪を累ねて悛めず。請うらくは其の罪を治《ただ》されんことをと。

（（　）は筆者）

とある。文中に先に六罪を犯したが宥されたとあるのは、前月に秦王府に対する不敬や私茶の売買を弾劾されたが、宣宗が「旧臣なるを念う」という理由で罪に問わなかったことをさす。[23] 今回は陝西按察司が六ヶ条にわたる胡原の不正を告発したが、その中に軍士五〇余人を自宅で私役していることと、屯軍を私役していることが含まれている。屯軍の数がわからないが、この記事の中で軍の教場を占奪して耕種したことも弾劾されているので、屯軍はそこで私役

されたのであろう。五〇余人の軍士を自宅で私役したとあるが、具体的に何をさせたのかはっきりしない。又、この場合、その規模は必ずしも明らかでないが、屯田や教場を占奪してそこで軍士を私役し耕種させるのは中後期によくみられる典型的なパターンである。陝西では、宣宗朝ですでにこのような例がみられることに注目したい。次の山西の事例も同様である。洪熙元年一〇月戊子の条に

行在監察御史李笥奏すらく、山西天城衛の鎮守都指揮僉事魏清は、官軍の屯田二頃を私占し、及び軍士五十余人を家に役すと。

とあり、鎮守都指揮僉事魏清も五〇余人の軍士を自家で私役したこと、軍屯二頃を占奪したことを劾奏された。やはり自家での私役の内容は分からない。占奪した軍屯を誰に耕作させたのか記されていないが、或いは屯軍をそのまま使ったのかもしれない。又、宣徳元年五月丙申の条に

隆慶三衛指揮李景等劾奏すらく、都督沈清は居庸関に鎮守するも、己を約《つづまやか》にし人を恤《あわ》れみ公を奉じて法を守る能わず。……軍余を私役し……軍を役して木を伐らしめて私に用う。凡そ十八事ありと。行在都察院、其の罪を治《ただ》されんことを請う。

とあり、同月丁酉の条に

鎮守居庸関・都督僉事沈清、隆慶三衛指揮向広・李景等の軍士を私役せしこと、及び軍伍を売放せし等の事を奏す。

とある。鎮守居庸関とその節制を受けるべき管下の衛との間に何らかの軋轢があったようで、互いにその不正を弾劾しあった事件である。沈清は一八件を告発されたが、その中で軍の余丁を私役したこと、私用の為に軍士を使って伐木させたことを挙げられ、向広・李景らは軍士の私役と売放を告発された。先に対立があって、相手を攻撃するため

に材料を集めたのだろうから、果して事実かどうか分らないという点はある。しかし、李景らにすれば上官を弾劾するのだから、それなりの覚悟はあった筈で、ある程度は調査・確認のうえで告発したと思われる。この記事では具体的な人数等は分からないが、私用の為の伐木等のことは恐らく事実だろう。この頃、自家の建造の為に官木を盗んだり、木を伐採させた記事が少なからずみられるので、沈清の場合も燃料等ではなく建材としての木だったかもしれない。一方、李景らの軍士の私役・売放を告発した沈清の上奏は、反撃の為に慌しく用意したものとみられ具体性に欠ける。しかし、それだからこそ、却っていかにもありそうな事を挙げたとも思われる。当時、軍士の私役はよくあることという印象があったのではないか。

いずれにしても、ここまでみてきたのは武臣の個人的かつ単発的な事例である。これよりもより組織的で大規模な例もあった。宣徳四年六月壬寅の条に

陝西岷州衛の軍雷霖なるもの言えらく、岷州衛の山口は、旧《もと》関隘を設け、哨備に軍千五百人を用う。今、多く管軍官の私役するところと為り、仍りて岷州に於いて民丁五百余人を調集し、軍を助けて巡守せしむ。農業を妨廃し、甚だ民の患と為る。乞うらくは所司に勅し、旧例に依りて軍を以て哨備せしめ、管軍官に戒約して私役を許さざらしめんことを。若し死亡するもの有らば、急ぎ其の闕を補えば、軍民をして各々其の職を得しむに庶《ちか》からんと。

とある。岷州衛の山口の関所に、もとは一五〇〇人の軍を配置していたが、「管軍官」の私役の為に減少し、仕方なく民丁五〇〇余人を調集して守備の補助に充てている、農事の妨げになっているので、もとどおり軍士で哨備させるようにし、管軍官には軍士を私役しないように命じてもらいたいというのである。ここで管軍官とあるのは関所の責任者ということだが、岷州衛の衛所官が当たっていたとみられる。具体的な人名が挙げられていないから岷州衛の衛

所官一般ということであろう。私役の規模はわからないが、民丁五〇〇余人を調集したというのだから、私役もそれに近い人数だったと思われる。これは岷州衛の軍士の訴えで、本人が私役の対象になったのかどうかは分からないが、身近で実情を知悉できる立場の者による告発である。衛所官の組織的な私役によって兵力が減少してしまい、防衛態勢の障害となった例である。又、宣徳六年二月壬子の条所載の記事は、寧夏左屯衛指揮の張泰が、上官に当たる鎮守寧夏総兵官・寧陽侯陳懋の七項目にわたる不正を告発したもので、宣宗朝における武臣の犯罪の代表的な例の一つである。その中の軍士の私役に関わる部分を示すと

寧夏左屯衛指揮使張泰奏すらく、寧陽侯陳懋は、私《ひそ》かに軍士二百余人を遣わして、舟三十余艘を操《あやつ》り、出境して捕魚・採木せしむるに、虜の執える所と為る者十余人なり。又、軍士二十人を遣わし、人ごとに二馬を給し、銀を齎《あた》えて杭州に往きて貨物を市《もと》めしむ。……又、軍を私役し三千余頃に種田せしめ、民の水利を奪い、歳収の粟は商賈を召きて収糴して塩に中《あ》てしむ。又、(都指揮)閻俊等と軍を遣わして車九百余輛を輓きて、大塩池の塩を載せ、西安・平涼等の府に往きて売らしむと。

(( )は筆者)

とある。私役に関して四ヶ条あるが、一つは、軍士二〇〇余人に舟三〇余艘を仕立てて捕魚・採木に当たらせていたところ、虜に襲われて一〇余人が捕虜になってしまったこと、二つには、二〇余人の軍士に各々馬二頭を連れ、銀をもたせて杭州に派遣し杭州の産品を買い入れさせたこと、[24] 三つには、軍士を私役して三〇〇〇余頃の田土を耕作させ、収穫した穀物を開中法に応じようとする商人に売りつけたこと。四つには、都指揮閻俊らと共謀し、軍士を私役して車九〇〇余輛を仕立てて、西安府・平涼府に私塩を運んで売らせたことである。つまり、私役の内容は、捕魚・採木、杭州産品の買い付け、耕作、私塩の運搬と多様である。また私役された軍士の数は、具体的に記されているのは二二〇余人だが、耕作に当たった軍士や塩を運んだ軍士を加えれば非常な人数にのぼるだろう。その私役内容の多様さや

規模の大きさは他に余り例をみない。なお、次に述べるが、これも大規模な不正事件を引き起した掌中都留守司事・都督陳恭は陳懋の兄である。兄弟そろって宣宗朝を代表する不正事件を起したことになる。北辺における私役の状況をみると、件数からいえば、まだ個人的・単発的なケースが多いが、陝西岷州衛の衛所官による組織的な私役や、勲臣の総兵官という最高位の武臣による非常に大規模な例も現われてきていることがわかる。これらは中後期の私役を彷彿とさせるものがあるが、件数はともかくこのような事例が宣宗朝に既にみえることが注目される。

次に内地についてみてみよう。内地は北辺に比べて遙かに件数が少ないが、中都に顕著な例がある。宣徳五年七月甲子の条に

中都留守司奏すらく、留守左衛の指揮陳鑑は……軍匠一百三十七人を私役して私宅を修蓋せしむ。……刻害厭くこと無し。請うらくは其の罪を治《ただ》されんことをと。

とあり、留守左衛指揮の陳鑑が四ヶ条の不正を弾劾されたが、その中に自宅の修築に軍匠一三七人を私役したことが挙げられている。自宅の建築や修理に関わる武臣の不正はこのころよくみられたものである。ただ、その為の私役が一〇〇人を越すのはかなり多い方である。ここでは中都留守司が管下の衛の指揮使を告発したわけだが、同様の不正は中都留守司そのものの幹部にも及んでいた。宣徳六年一二月己酉の条によれば、掌中都留守司事の都督陳恭が一〇ヶ条に及ぶ不正を告発されて遼東に謫戍されたが、その罪状の中の私役に関するものを示すと次のようである。

掌中都留守司（事）・都督陳恭の死罪を宥し遼東に発戍す。恭は中都に在りて……擅に軍士を役して、皇陵の前の馬鞍山の頂を平らかにす。……軍士の田地十余頃を強占し、歳ごとに軍民を役して耕種せしめ、米麥三千余石を収む。……軍士六百八十余人・匠七十余人を占めて更番私役す。（（　）は筆者）

とある。陳恭は、目的ははっきりしないが、勝手に軍士を使って皇陵の前の馬鞍山の頂を平らに均したこと、軍士の

田土一〇余頃を奪って軍民に耕種させたこと、軍士六八〇余人・軍匠七〇余人という多数を更番で私役したことを告発された。「更番」とあるから恒常的に私役していたということである。占奪した軍士の田土の耕作に当てたのは「軍民」と一般的な言い方になっているので軍士だけではなかったかもしれない。又、更番で私役に当てた軍士・匠が合せて七五〇余人と非常に規模が大きいが、ここの一文には何に使ったかは書かれていない。ただ、同じ記事の中に

圜丘・方丘・皇陵の牆外の樹を盗移して私家に植え、旧内千歩廊の材を盗取して楼居を造る。

とあるので、これらの仕事に当たらせたのだろう。更に宣徳七年八月戊子の条に

中都正留守蕭譲等、軍を私役せしを以て罰俸とす。是より先、駙馬都尉趙輝に命じ、鳳陽に往きて皇陵を修理せしめんとするに、輝奏すらく、軍少なく用いるに足らずと。上、御史を遣わして査理せしむ。是に至り、御史奏すらく、皆譲及び掌中都留守事・都督陳恭、都指揮僉事徐震、署都指揮僉事楊興、李弘等の私役せしものにして一千六百八十余人を計う。請うらくは倶に之を罪せられんことをと。

とある。駙馬都尉趙輝を皇陵の修理の為に中都鳳陽に派遣したところ、趙輝から軍士が足りなくて工事ができない旨の上奏があった。御史を派遣して調査させた結果、正留守蕭譲以下の幹部による軍士の私役がその原因で、その数は一六八〇余人にものぼることが発覚した。ここで六年一二月に既に遼東に謫戍された陳恭の名がまた挙げられているが、それは陳恭に私役されていた軍士がまだもとの部署に戻されていないか、新たに補充されていないことを示しているのだろう。前年の陳恭の私役摘発・処罰の後も武臣による軍士の私役が後を断たず、習慣化して恒常的なものになっていたことが窺える。なお、陳恭は、前述のように、寧夏総兵官・寧陽侯陳懋の兄である。宣宗は私役の人数に応じて罰俸を科すよう命じたが、その措置をみても、名前が挙げられた幹部以外にも多くの武臣が関わっていたことは明らかで、中都留守司ぐるみの悪慣行となっていたのだろう。この中都留守司の事例は、宣宗朝を通じて私役が摘

発された最も大きなケースの一つである。私役が恒常化していること、組織ぐるみであることも、中後期の様相を思わせるものがある。

数は少ないが北京や南辺でも私役はみられる。宣徳五年一一月庚子の条に

監察御史沈敬等劾奏すらく、行在後軍都督僉事張廉は、官木及び甎瓦《しきがわら》を盗み、軍匠を役して私居を創造せり。請うらくは法に寘《お》かれんことをと。

とあり、行在後軍都督府の都督僉事張廉が木材や甎瓦を盗用し、軍匠を私役して私宅を造らせたとして御史に劾奏された。創造とあるから新築したのであろう。又、宣徳四年二月壬午の条によれば、鎮守竜州の都指揮僉事張貴と黄玹が広西按察司に弾劾された記事があるが、挙げられた罪状は

厚く部属の供給を索し、財物を掊剋し、民居を折毀し、軍を役して漁猟せしめ、蛮民を激変して多く逃竄せしむるを致す。

とあり、勝手に軍を使って漁猟させたことが挙げられている。軍の人数や漁猟の内容はよく分からない。

ここまで私役の主な事例の内容をみてきた。記事を引用できなかったものも含めて、その特徴を考えてみたい。先に『宣宗実録』に記された私役の事例は二九件で、意外に少ないと述べた。ただ、これらの事例は偶々記録されて残ったもので、勿論、これが宣宗朝の私役の全てでないことはいうまでもない。更に『宣宗実録』という史料の性格を考えると、所載の事例は規模が大きいとか悪質だとか、何らかの点で朝廷の危機感を刺激し朝廷の注意を引いたものであろう。その意味でやや特殊な例かもしれず、ここから宣宗朝の私役一般の特徴をみようとするのはなかなか難しい。しかし、この二九件もまた当時の明軍内の私役の実態の一部であることも間違いない。上記の点に留意しつつ考えれば、ある程度の傾向や特徴は窺えるのではないかと思う。まず、地域や年次と件数の関係、或いは武臣の身分や

ポストとの関係は、先に表7に基づいて述べたとおりである。

私役の対象をみると、配下の軍士のケースが圧倒的に多いが、それだけではなく、軍戸の余丁や老軍と称される退役軍士、或いは下士官に当たる総旗や小旗も含まれていたことが看取される。又、彼らがやらされた仕事の内容に注目すると「役する」、「家に役す」とあるだけで、よく分からないものも多い。具体的に挙げられたものをみると、北辺での事例が多いが、「耕種」・「伐木・採木」・「薪・まぐさの採取」・「馬・騾の放牧」・「漁労」・「狩猟」・「野馬・鹿の捕獲」・「武臣の私宅の建築・修理」・「土木作業」・「杭州での物品買い付け」・「私塩の運搬」等があり、非常に多様である。占奪した土地を耕作させるという中後期によくみられるパターンもあるがまだそれ程多くない。木材の採取や武臣の私宅の建造、或いは漁労・狩猟や家畜の世話等がめだつ。「家に役す」とあって内容がはっきりしないものも、このような仕事だった可能性が高い。例外はあるが、大半のケースは余り大掛りではなく、武臣の個人的で単発的な雑用に当てられる傾向が強かったように思われる。それは私役の人数にも表れている。記事には人数が記されていないことが多いが、具体的に示されたものを見ると、二人、二〇騎、五〇余人、一〇〇余人、一三七人、私役と売放を合せて一〇〇余人等の例がある。一〇〇人未満で数十人程度というケースが多かったのではないかと思われる。

ただ、件数は多くないが、大規模な事例も現われてきている。鎮守寧夏総兵官陳懋の例はその典型で、記された人数は二二〇余人だが、これに三〇〇〇余頃の土地の耕作と九〇〇余輌の車で塩を運ばせた軍士を加えれば非常な数になるだろう。やらせた仕事も耕作、捕魚採木・杭州での物品買い付け、私塩の運搬と多岐にわたる。又、陝西岷州衛の例は五〇〇人程の私役があったとみられるが、一衛の多くの武臣が加担しての集団的・組織的な私役で、軍務に支障をきたす程だった。更に、北辺に比べて件数の少ない内地でも中都留守司の例があった。最高幹部の都督陳恭は、明記されているだけでも軍士六八〇余人・軍匠七〇余人を恒常的に私役していた。させた仕事も耕作・建物の築造・

土木作業と多様である。しかも、陳恭だけでなく中都留守司の多くの武臣も軍士を私役しており、その数は合せて一六八〇余人にも及んだという。軍士の私役は、中都留守司ぐるみの悪慣行となっていたことが窺える。これらの事例は、大規模で組織的な点で中後期の私役を彷彿とさせるが、まだこのような事例の件数は多くない。それに陳懋は寧夏総兵官を解任され、陳恭は遼東に謫戍された。まだこのようにブレーキがかけられた点で中後期とはやや異なっている。

以上のようにみてくると、宣宗朝における軍士の私役は、概して各武臣の個人的・単発的な不正に留まっている感があり、中後期に比べるとまだ極めて深刻という程ではないが、その兆候は既にはっきりと現われている段階といえよう。なお、告発された罪状をみると、私役以外の余罪を含むものが約半数ある。私役は様々な不正の一環として行われる場合が多かったのかもしれない。

④ 金品の強奪

武臣が配下から金品を強奪したとして『宣宗実録』に記載されている事例は三四件あり、告発された武臣は四一人である[25]。その内訳を示したのが表8で、これをみると各年次ごとの件数では、やはり宣宗の即位後しばらくと中期の宣徳四・五・六年ごろにやや多い傾向がある。地域では内地も案外に多いが、北辺が三割五分、南辺が三割二分ほどで、両者を合せると全体の七割に近い。表8で示した事例の大半は南北辺で起ったものだといえる。どちらも軍事的緊張地帯で、大兵力が配置されていたことは共通しているが、③の私役は北辺が圧倒的に多く、南辺は少なかった。④金品の強奪はこの点でやや様相が異なっている。各地域の内訳は次のようであった。北辺は、遼東・居庸関・開平・赤城・大同・山西・寧夏が各一件、大寧二件、陝西三件であり、内地は、山東・儀真揚州・杭州湖州・湖広・浙江各一件、中都と江西が二件ずつである。南辺は、貴州一件、四川と広東が各三件、広西四件で、個々の場所には、余り大きな偏りはみられない。告発された武臣の官衙をみると、都指揮が最も多くてこれに次ぐ指揮を合わせると全体の半分となる。これは他の犯罪と同じ傾向である。ただ、④金品の強奪では、衛所官として指揮・千戸・百戸・鎮撫を括るとこれが全体の五割を占める。③私役では千戸は極く僅かで、百戸や鎮撫は全くみられなかったので、これに比べると④金品の強奪は衛所官による犯行が多いという点で、私役とはかなり趣を異にしている。千戸・百戸・鎮撫等は、所属衛で日常的に軍士と接している立場であり、このような中下級の武臣は、私役等よりもより直接的な金品の強奪にはしる傾向が強かったのかもしれない。これは南北辺の動員先だけでなく内地の件数が少なくなかったことの理由でもあろう。以上のように、④金品の強奪は、③の私役とは地域や武臣の官衙にやや相違がみられるが、いくつかの事例を示して、その具体的な内容についてみてみよう。まず北辺の事例をみると『宣宗実録』洪熙元年閏七月戊午の条に記された掌陝西都司事・都督僉事胡原については③私役の項でも触れたが、ここの④金品の強奪にも該当する罪状が含まれている。

表8　金品の強奪

洪熙1	3	勲臣	3	北辺	12
宣徳1	4	都督	3	北京	1
2	7	都指揮	11	内地	10
3	1	指揮	10	南辺	11
4	6	千戸	6	（合計）	34件
5	5	百戸	4		
6	3	鎮撫	1		
7	1	他（不明、為事官、舎人）	3		
8	3				
9	1	（合計）	41人		
（合計）	34件				

今、陝西按察司、又奏すらく、原は指揮僉事劉定の金帯・珠環を索取せり。……悪を累ねて悛めず。請うらくは其の罪を治《ただ》されんことをと。

とあり、胡原が指揮僉事劉定から金帯と珠環を索取したことを告発された。被害者は軍士ではなく配下の武臣である。劉定の反応はよく分からないが、上官に訴えるにも、加害者の胡原は上官であると同時に、この地域の最高責任者であり、訴えようがなかったろう。劉定から何らかの申し立てがあったのかどうかはっきりしないが、按察司は六ヶ条の罪状の中でこの件を最初に挙げている。この事件は、部下がもっているものが羨ましくてたまらず、上官が無理矢理とり上げたという感じである。悪質というよりやや幼稚な印象がある。次も③私役で触れた例で、鎮守居庸関の都督沈清が管下の隆慶三衛指揮李景らに弾劾されたものである。李景らは沈清の罪一八事を告発したが、宣徳元年五月丙申の条に

(都督沈清は)惟だ貪虐に務め、百計もて誅求す。……或いは死畜を以て、隊伍に分給し価銭を納めしむ。……凡そ十八事ありと。行在都察院、其の罪を治《ただ》されんことを請う。　（（　）は筆者）

とある。沈清は、死畜の肉を配下の各部隊に強制的に割り当て、その代価として銭を強要したというのである。死畜の肉の量や銅銭の額は分からない。直接に銅銭を強奪したものではないが、より悪質ともいえる搾取である。また宣徳二年五月戊申の条には

大寧都指揮僉事潘礼、百戸の材木を詐取するに坐す。律に于いて徒に当たるも、例に准《よ》りて罰工とし、畢る日調用す。

とある。「詐取」とあるので強奪とはニュアンスが異なるが、武臣が被害者になった例である。上官が配下の武臣から材木を巻き上げたものである。又、宣徳三年四月癸亥の条に

軍官の軍士を虐害するを禁ず。時に行在都察院奏すらく、大寧中衛の百戸劉勉は、軍を管《つかさど》りて操練するに、……病軍を殴りて財を求むるも得ず。而して其の避操を誣奏せり。律に於いて当に斬すべしと。

とある。ここで示したもの以外にも多くの罪があってのことだが、軍士虐害の禁令発布のきっかけになった事件であ

る。大寧中衛の百戸劉勉は、病気の為に訓練に出られない軍士を殴って財物を強要したが得られないので、故意に訓練を忌避したと誣告したという。後述する⑦軍士の虐待・私刑にも該当する内容だが、これも悪質な事例である。ただ、要求した「財」の内容や額、或いは病軍の数は不明である。更に宣徳四年三月甲寅の条に

　行在都察院奏すらく、遼東総兵官・都督巫凱、衛鎮撫鄒敏を遣わして遼海衛の未完の軍器を促さしむに、指揮費徴は衆財を斂《あつ》め、馬及び貂鼠の皮を買いて敏に賂いす。敏、賂いを受けて竟に完《はた》すを責めず。徴・敏皆に当に之を罪すべしと。

とある。鎮守遼東総兵官の巫凱が遼海衛に武器の整備を命じていたようで、衛鎮撫鄒敏を派遣して督促させたが、遼海衛の指揮費徴は、配下から財物を掻き集めて馬と貂鼠皮を買い調えて賄賂として鄒敏に贈り、その結果、鄒敏は武器の整備の遅れを見逃したというのである。「衆財」の内容やどの範囲に強要したのかは分からない。他にも同様のケースがみられるが、これは賄賂として贈る物品を購入する為に資金を強要したものである。恐らく武器を完納できなければお前たちも処罰されるぞと脅して衆財をあつめたのだろう。当然、集めた衆財の中からピンハネもしたと思われる。当時の武臣の間に賄賂が横行していた様子も窺える。又、宣徳六年六月己未の条に

　赤城備禦の都指揮汪貴を譴して為事官に充て、広西に往かしむ。初め、貴は軍士の財物を科斂し、又、官給の軍士の綿花を剋減して入己す。

とあり、赤城備禦の都指揮汪貴が、軍士から財物を科斂し、支給される綿花をピンハネして懐に入れたことを告発された。財物の内容や綿花の量は分からない。⑤月糧等の横領・搾取の項に入れてもいい内容だが、当時、北辺では大量の綿布・綿花が軍に支給されており(26)、これを対象にした事件である。このほか北辺では、宣徳元年七月、寧夏参将の保定伯梁銘が配下の士卒から金帛を奪ったことを弾劾された例(27)や、宣徳八年六月、掌粛州衛事の署都指揮僉事呂昇

が配下から金・銀・駝・褐布・絹・米・麦・牛・羊等を索取したことを告発された例がある。[28]

次に内地の事例をみてみよう。この④金品の強奪は南北辺だけでなく内地でもかなりみられることは前述のとおりである。まず宣徳元年一二月乙丑の条に

台州衛の鎮撫宮璞奏すらく、指揮於昶・劉慶は、姦貪酷虐にして兵政は修めず。前に士卒の告《うった》える所と為り、旨を奉じて按察司をして逮問せしめられんとするも、昶等は延玩して赴かず。又、軍士より金帛等の物を逼取して、人を遣わして潜かに浙江に赴かしめ、問事者に賄《まいな》いせりと。

とある。浙江都司管下の台州衛の鎮撫が上官の指揮を告発した例だが、於昶・劉慶の二人は、軍士からその貪欲な酷虐ぶりを告発され、浙江按察司に逮問されることになった。しかし、引き延して出頭しようとせず、軍士から金帛を取り立てて、密かに人をやって取り調べの担当者に贈賄したというのである。遼東でも同じような例があったが、賄賂の資を調達するための搾取というケースである。贈った金帛の量は分からないが、当然ながら、於昶らは按察司の担当官に贈賄することが有効だと考えたわけである。武臣のみでなく、文臣も含めて賄賂が横行していた当時の雰囲気が窺える。又、宣徳二年三月甲寅の条に

法司奏すらく、江西都指揮同知王欽は、属官より白金等の物を脇取せり。罪として応に徒なるべきも、其の年、今七十有九なり。例に于いて宜しく贖わしむべしと。

とある。江西都司の都指揮同知王欽が、「属官」から銀などを脅し取ったとして告発されたが、法司は王欽が既に七十九歳であることを理由に贖罪の適用を提案した。属官とあるから、被害者は王欽の配下の武臣であろう。年老いてもものの役に立つとも思えないが、物慾のみ旺盛な武臣の様子が看取できる。つづいて宣徳四年三月壬戌の条に

行在錦衣衛の舍人張恕、罪有りて誅せらる。恕は工部の差を奉じて江西に往き、逃匠併びに其の家属を取りて京

に赴かしむ。恕は貪虐を肆にし、人ごとに銀若干を索《もと》め、貧にして居る所を以て銀に易えて之に与えしもの有り。足らざれば固く之を縶《しば》りて、其の妻を捶《う》って死に至らしめ、又、其の幼女を取る。事覚われ、上、法司に命じて鞫問せしむるに、実なるを得て以聞す。

とある。加害者が武臣ではなく被害者も軍士ではない事例だが、非常に悪質なケースなので記しておく。錦衣衛舎人の張恕は、工部から派遣されて江西に行き、逃匠とその家族を北京に連れ戻す任務に当たったが、逃匠に銀を差し出すよう強要した。逃匠の数や銀の額が分らないが、見逃すかわりに銀を出せということであろう。なかには住居を売り払って銀を出す者もあったが、要求額に足りないと本人を縛りあげ、その前で妻を死ぬまで鞭打ったり、売り払う為に幼女を取り上げたりしたというのである。張恕は死罪に当てられたがそれも当然であろう。錦衣衛の配下には一段と悪質な者が目立つ。宣徳四年六月丙申の条に

登州衛の指揮戚珪は、操備を以て軍士の綿布万七千余疋を科斂す。事覚われ、山東按察司、其の罪を治《ただ》されんことを請う。

とある。登州衛の指揮戚珪が、配備を口実にして軍士から綿布一万七〇〇〇余疋を取り立てたことを告発された。物品の内容や量が記されていないことが多いが、さいわいこの例ではそれが分かる。この量からみて一衛に広く割り当てて搾取したのであろう。又、宣徳五年五月辛丑の条に

行在後軍都督府奏すらく、寧山衛の指揮李昭は、……各所に銅鉄六千三百斤を科し……皆入己す。軍吏二人、之を奏せんと欲するに、人を遣わして追回せしめ、皆《とも》に之を杖殺せり。請うらくは其の罪を治されんことをと。

とある。寧山衛指揮の李昭が、管下の千・百戸所に銅や鉄を割り当てて徴収し、自分の懐に入れていたことを弾劾された。各所とあるが実際の被害者は軍士だったと思われる。軍吏二人が北京に上って帝に訴えようとしたというから、

被害は衛内の軍士に広く及んだのであろう。李昭はその二人を引き戻させて杖殺してしまった。口を閉ざしていないとこうなるぞと軍士たちに脅しをかけたのだろう。ここまで内地の事例をいくつかみてきた。引用した事例でも浙江の台州衛・山東の登州衛・河南の寧山衛のケースがあるように、内地では軍士の所属する原衛の衛所官による犯行が多かった。

次に南辺の様子をみると、まず洪熙元年九月丁巳の条に

行在都察院奏すらく、比者《このごろ》、広西の故都指揮同知葛森の妾許氏告《うった》えるに、総兵官・鎮遠侯顧興祖は、色に耽り財を貪り、官軍を朘削し、大いに第宅を修め、広く園池を拓き、故夫の旧居を逼取し、故夫の次妾を抑求す。寡弱を欺凌すること、情として実に堪え難し。請うらくは之を逮治せられんことをと。

とある。すでに死亡した広西都指揮同知葛森の妾許氏が、鎮守広西総兵官・鎮遠侯顧興祖の様々な不法を訴えたが、その中に葛森の旧邸と次妾を奪ったことが挙げられている[29]。葛森は都指揮同知だったから広西都司の最高幹部の一人で、総兵官の顧興祖とは密接な交渉があった筈である。それにも拘わらずもとの部下の関係者に圧迫を加え餌食にしようとしたものである。当時の武臣相互の信頼関係の希薄さが窺える事例である。次に宣徳二年四月乙酉の条に

貴州新添衛の副千戸宣輔、軍士の綿布三百余疋を取受す。行在右軍督府《ママ》奏請すらく、都司をして之を逮鞫せしめられんことをと。上、之に従う。

とある。貴州の新添衛の副千戸宣輔が軍士から綿布三〇〇余疋を取り立てたとして告発された。単独の犯行としては額の大きい事例である。又、宣徳五年二月乙酉の条に

広東按察司奏すらく、廉州衛の指揮王泓は、毎月軍伴をして鈔を納めしむるに、納めざる者有りて、之を撃ちて死せしむ。請うらくは其の罪を治されんことをと。

とある。これも衛所官による事件だが、廉州衛の指揮王泓は、自分につけられた当番兵である軍伴から鈔を取り立てていたという。「毎月」とあるので一時的なものではなく、搾取が恒常化していたとみられる。或いは金品を差し出させて任務からはずす売放だった可能性もある。軍伴の中に鈔を納めない者があり、王泓がこれを撃ち殺してしまったというのである。軍伴を死亡させたので事件になり按察司が劾奏したわけで、鈔の取り立てだけだったら有耶無耶のままだったかもしれない。いずれにしても搾取が恒常的になっていたことがわかる事例である。ついで宣徳五年七月辛酉の条に

松潘衛の指揮呉瑋、罪有りて誅に伏す。瑋は松潘を守り、大いに貪虐を肆にし、番人を激変して、官軍四十余人を掠せらるを致す。又、総旗の豹皮を索《もと》めるも得ず、之を杖殺す。千戸張禎等、之を官に訴えんと欲するに、瑋は其の叔及び旗・軍の瑋を訴えんと欲せし者を執らえ、皆拷掠して死に至らしむ。禎等遂に之を告《うった》う。四川道御史、瑋の応に斬すべきを論ず。

とあるが、これも衛所官による犯行である。前述の掌陝西都司事・都督僉事胡原の事件と似た内容だが一段と悪質なケースである。松潘衛指揮の呉瑋は、配下の総旗がもっていた豹皮を取り上げようとしたが拒まれ、これを杖殺してしまった。千戸の張禎がこのことを告発しようとしたら、呉瑋は張禎の叔父と呉瑋を訴えようとしていた旗・軍を捕え、拷問を加えて殺してしまった。張禎やこれに同調する者に脅しをかけたのだろう。殺されたのが何人かはっきりしないが、最初の被害者の総旗と張禎の叔父と旗・軍、つまり総・小旗と軍士とあるから、四人以上となる可能性が高い。最初は豹の皮を取り上げようとしたことから始まり、少なからぬ人を殺害してしまったのである。結局、千戸張禎が告発し、呉瑋は死罪に処せられたが、呉瑋が一衛の鼻摘みだった様子が窺える。呉瑋の行動をみると、他人がもっている豹皮が欲しくて我慢できないという一種の幼稚さと、何人も殺してしまうようなブレーキのきかない凶暴

さが同居しており、やや異常な感じがする。指揮は世襲の職だから不適格な人間がその地位についてしまうこともあったのだろう。松潘衛は要衝の衛だが、この事件では指揮・千戸・総小旗・軍士が関係している一方で、本来なら衛所内の監察に当たるべき鎮撫が何をしていたのか分からない。一衛の中が上から下までバラバラだった様子が看取できる。ここまで主な事例の内容をみてきたが、このほかにも寧陽侯陳懋が既に亡くなった都督袁瑀の旧居を奪おうとした事件[30]や、掌中都留守司事の都督陳恭が軍士から銀二〇〇余両を奪った事件もあった[31]。

記事を引用しなかった事例も含めて、三四例からみられる④金品の強奪の特徴をまとめておきたい。地域や年次ごとの件数や加害者の官衙については、先に表8にもとづいて述べたとおりである。このほか、まず強奪された金品についてみると「財」とか「財物」と記されているだけで不明の場合が多い。明記されているもので最も多いのが金・銀・銭・鈔である。金が二件、銀が一〇件、銭が二件、鈔が二件ある。件数の多い銀で額が示されているのは広西の七〇両（加害者は都指揮同知陳全、以下同じ）、四川の四〇〇余両（為事官韓整）、中都の二〇〇余両（都督陳恭）、広東の一三〇両（都指揮花英）と四件あるが、中後期と比べるといずれも微々たる額である。銀の件数と地域の関連をみると中都二件、江西二件、四川二件、広東二件、広西一件、甘粛一件で、北辺は甘粛の一件しかない。中後期のイメージがあったので、北辺の銀に注意しながら『宣宗実録』を丹念にみたが殆どなかった。中期以後の北辺の軍糧・軍事費は屯田・民運糧・開中法・京運年例銀を主な柱とした。この中の京運年例銀は太倉庫あるいは内承運庫から各辺鎮に給付される銀両である。寺田隆信氏がその実状や給付額の詳細を明らかにされたが[32]、給付が始まるのは正統年間である。更に当時は開中法もまだ銀納化しておらず納糧開中の段階である。宣宗朝では、まだ北辺に存在する銀そのものが少なく、それが武臣の犯罪の面にも現われているのであろう。銀以外で額がわかるのは寧山衛での銅・鉄六三〇〇斤と広西の鈔六二二〇錠の二件だけである。このほかの物品として綿布・綿花が三件、褐布一件、絹一件、綵緞一件、文綺一件と金帛と記されたものが二件ある。綿布では貴州の三〇〇疋（新添衛副千戸宣輔）、山東の一万七〇〇〇余疋（登州衛指揮戚珪）と、量のわかるものが二件あるが、後者はかなりの量である。また牛・馬・羊等の家畜が三件あるが、数量がわかるのは四川の馬五匹（為事官韓整）という事例だけである。更に居宅二件、材木一件、金帯、珠環一件、豹皮一件の例がある。このようにみてくると、勿論、金・銀・銭・鈔などの貨幣も多いが、様々な物品そのものが目立つ印象がある。

次に被害者についてみると、軍士と記されている例が最も多いが、官軍・士卒・隊伍・部属・所部・衆などと記される場合もある。これらも実際には軍士を指していることが多いとみられるので、被害者の大部分は軍士だったといえよう。このほか総旗・余丁・軍伴・軍匠・軍吏が被害にあった例もある。更に、これだけでなく武臣そのものが被害者になった例が六件ある。武臣相互の告発の応酬や、配下が上官の罪を告発する例が少なくないこととも合せて考えると、武臣と軍士だけでなく、武臣同士でも相互の紐帯が非常に希薄になっていたことが窺える。ここに当時の明軍内部の問題の一つがある。又、告発された事例の罪状をみると、金品の強奪だけでなく、他の様々な余罪を含むものが約半数の一五件あり、そのうち殺人を伴っているのが八件ある。前述の③私役の場合もそうだったが、金品の強奪も、凶暴な武臣による広範な不正行為の中の一環として現われるケースが多かったといえる。同時に、中後期のように軍士に対する搾取が、まだ恒常的・組織的なものになっておらず、個人的・単発的な事例が主で、この点、③私役の場合と同じ傾向が認められるように思う。

⑤　月糧等の横領・搾取

この項目に該当するのは表9に示したように一三件である。[33]中後期の状況から考えて、宣宗朝でももっと多いかと

表9　月糧等の横領・搾取

洪熙1	1	勲臣	0	北辺	5
宣徳1	1	都督	3	北京	2
2	1	都指揮	9	内地	4
3	1	指揮	7	南辺	2
4	2	千戸	0	（合計）	13件
5	2	百戸	1		
6	2	鎮撫	0		
7	1	（合計）	20人		
8	1				
9	1				
（合計）	13件				

予想したが意外に少なかった。勿論これには『宣宗実録』所載の記事ではという但し書きが必要なことはいうまでもない。事例数が少ないので表からはっきりした傾向をみることは難しいが、なかには多数の武臣が関わった組織的な事件や、高位の武臣による大規模なものもみられ、徐々にこの種の犯罪が拡大しつつあったことが窺える。各年ごとの件数に大きな偏りはみられないが、宣徳四・五・六年がやや多い傾向がある。地域ではやはり北辺が最も多い。しかし、北辺が圧倒的に多いわけではなく、内地がほぼ北辺に匹適し、朝廷の目が届きやすい在京衛でもみられることが注目される。告発された武臣の官銜は、他の多くの犯罪と同様に、都指揮と指揮で大部分を占めるが指揮の割合が大きい。それは月糧等の給与の支給が、指揮等の衛所官の管理のもとで行われる為であろう。後の事例でもみられるように、事例の多くが動員先でなく軍士の所属する原衛でみられたこととも照応する。では北辺から主な事例の内容をみてみよう。

③私役、④金品の強奪の項目でも挙げた例だが、宣徳元年五月、隆慶衛指揮李景らが上官に当たる鎮守居庸関の都督沈清の不正一八事を告発した。この中で挙げられたのが沈清による軍士の月糧の横領であったが(34)、横領の規模は分からない。又、宣徳六年六月、赤城備禦の都指揮汪貴が軍士に支給される綿花を横領し法司に死罪を論告された(35)。更に宣徳八年閏八月、御史鄭夏・給事中蔡錫らが、山海関から隆慶に至る間の関塞二四八処・営堡二二処の軍士数を点

検した結果を報告したが一二〇〇余人の欠員があると述べ、その原因として武臣による私役・売放とともに月糧の横領を指摘した(36)。この事例も横領の具体的な額は分からない。しかし、科道官が指摘したように、武臣による私役、売放、給与の横領が前線における兵力減少の最も主要な原因だったことが窺える。また宣徳九年三月乙酉の条には

遼東都指揮同知裴俊の罪を宥す。旧《もと》三万衛の指揮に任ぜられしとき、軍士、其の官軍の月糧を減らし、以て屯田子粒の数を補うと告《うった》う。同犯の者は倶《すべ》て已に罪に坐すに、俊は土人なるを以て、命を奉じて外夷を招諭す。是に至りて還り、罪有るを自陳するも、命じて之を宥す。

とある。裴俊は、以前、三万衛の指揮だったときに、所定の屯田子粒の不足を補塡する為に軍士の月糧を減額したというのである。裴俊だけでなくほかの衛所官も関与したようで、軍士たちの訴えの結果、他の衛所官は既に処罰されたが、非漢人の裴俊は外夷の招諭に当たっていて処罰されなかった。帰還してそのことを知った裴俊は自ら罪を申告したが宥された。自分の懐を肥やす為に月糧を横領したのではなく悪意はなかったということであろう。しかし、犯意はないかもしれないが、被害者の軍士からみれば同じことである。

次に京衛の事例をみてみる。宣徳四年一一月辛亥の条に

武徳衛の指揮使高山、軍士の月糧を横《ほしいまま》に取る。事覚われ、上、錦衣衛の臣に諭して曰わく、指揮使の月俸と軍の糧と厚薄懸絶するに、而して勢いを挟《たの》みて横に取る。此《これ》、豈に良将は下と甘苦を同《とも》にするの道を知らんやと。命じて執えて刑部に付して之を治《ただ》さしむ。

とあり、武徳衛指揮の高山が軍士の月糧を横領したことが発覚し逮捕された。武徳衛は右軍都督府管下の在京衛であり、前述の遼東三万衛の場合と同様に、この事件も衛所官によるものである。残念ながら横領した月糧の額など事件の詳しい内容は分からない。宣宗の言葉をみると、武臣の搾取が将士の間の信頼関係を損うことを危惧している様子

が窺える。宣宗も軍事の経験があるので、上下の信頼関係が軍の最も重要な要素であることを知っていたからであろう。続いて宣徳七年九月辛未の条に

行在河南道監察御史李彝等劾奏すらく、忠義後等の五衛の指揮・千・百戸李源等一百六十六人は、軍役を勾補するに、老弱を以て精壮に易える者有り。未だ衛に到らざるに妄《いつわ》りて已に到ると云う者有り。衛に到るに之を虐《しいた》げて逃げしむ者有り。逃げし後、月糧を冒関すること三月の上にして、文書を改竄する者有り。倶に合に究問すべしと。

とある。忠義後衛は後軍都督府下の在京衛だが、「五衛」とあるうちのあとの四衛が分からない。忠義衛には前後左右の四衛があるが、これらを含むのか全く別の衛なのか不明である。ただ、書き方からして李源は忠義後衛の指揮なのだろう。配下の軍士が逃亡した場合の武臣の罰則については『大明律』に規定があるが[37]、欠員補充に関しては万暦『大明会典』に示されている[38]。根補は逃亡軍士の身柄そのものを確保することで、勾補は当該軍戸から代りの壮丁を補充するものである[39]。宣宗朝は軍士の逃亡が大きな問題になってきた時期である。ここで御史李彝が指摘したのは、一つには、勾補に当たって精壮な者を老弱者に摩り替えてしまうことである。当然そこには賄賂の授受があろう。軍士から賄賂をとって任務からはずす売放の一種ともいえる。二つには、勾補された軍士がまだ衛に到着していないのに、偽って既に補充されたと報告する、そしてその軍士の分の月糧を支出させて自分の懐に入れる。三つには、到着した軍士をことさらに虐待して逃亡するように仕向け、逃亡後はその軍士の分の月糧を詐取し、帳簿を改竄してごまかしてしまうなどの手口である。このような不正は武臣だけではできないことで、衛所の実務に当たる胥吏も巻き込んでのものと考えられる。この事件は、関係者が一六六人とあるように、個人的・単発的なものではなく、複数の衛にまたがって多数の衛所官を含む衛ぐるみの組織的でかつ恒常的に行われてきた不正であった。月糧を無理矢理に強

奪するケースに比べて手が込んでいてより悪質である。このような事例はまだ多くはないが、中後期に更に深刻になるこの問題が宣宗朝で既に表面化しつつあり、しかも、地方に比べて監視の目が厳しい筈の在京衛で起っていたことが注目される。

次に内地の各地の事例をみてみよう。洪熙元年一〇月壬辰の条に

巡按直隷監察御史顧達奏すらく、鳳陽衛の指揮蕭敬等、軍士の月糧を剋減せりと。

とあり、鳳陽衛の指揮蕭敬らが軍士の月糧をピンハネしたとして巡按御史に劾奏された。ピンハネした月糧の額等の詳しい内容が分からないが、やはり衛を舞台にした衛所官による犯罪で、「蕭敬ら」とあるので複数の衛所官が関係したものだったと思われる。又、宣徳二年四月丁卯の条に

山東按察司奏すらく、寧海衛の指揮使李永は、綿布五十八疋を以て五千戸所に散給し、米に易えて馬を買うとし、共せて軍糧一百二十五石を出さしむ。請うらくは之を罪せられんことをと。

とある。寧海衛の指揮李永が、管下の五つの千戸所に綿布五八疋を支給し、その代りに馬匹を購入するという名目で糧米一二五石を出させたというのである。この糧米を懐に入れたのであろう。記事が簡略で、微々たる量だが五八疋の綿布を五つの千戸所にどのように割り当てたのか、一疋当たりいくらの糧米を出させたのか等のことが分らない。有無をいわせぬ強引な搾取というわけではなく、一応口実を整えての詐取というべき手口である。これも衛所官による衛を舞台にした不正である。又、宣徳五年五月辛丑の条に後軍都督府管下の寧山衛の指揮李昭に関する告発の記事がある。これには多くの罪状が含まれ③私役・④金品の強奪の項目でも示したが、ここでも

行在後軍都督府奏すらく、寧山衛の指揮使李昭は……各屯の子粒二万余石を斂し、軍粮五百石を減剋して皆入己す。……請うらくは其の罪を治《ただ》されんことをと。

とあり、李昭が屯田子粒二万余石・軍糧五〇〇石を横領して懐に入れたことが挙げられている。額の大きな事例だが、李昭は他にも多くの余罪があり、犯罪常習者の感がある。次に宣徳五年七月甲子の条に

　中都留守司奏すらく、留守左衛の指揮陳鑑は、京の操備に赴かんとするに、軍粮二千五百石を逼取し……屯軍の小麦を侵用す。刻害して厭くこと無し。請うらくは其の罪を治されんことをと。

とある。これも③私役でも示した例だが、留守左衛指揮の陳鑑は、北京に番上するに当たって軍糧二五〇〇石を脅し取り、屯軍の小麦を掠め取ったことを弾劾された。ただ、脅して軍糧を取り立てたというが、その対象が北京に従軍する軍士たちなのか、動員を免れた軍士なのかはっきりしない。いずれにしても中都留守司が管下の留守左衛の指揮を「刻害して厭くこと無し」と劾奏して処罰をもとめたのだから、陳鑑が常習の鼻摘みのような存在だったことが窺える。しかし、中都留守司そのものも問題が多く、宣徳六年一二月に最高責任者である掌中都留守司事の都督陳恭の不正が告発されたことは前述した。この時の陳恭の罪状の中に軍士の糧米二〇〇〇余石を横領したことが含まれている。[40] 南辺は事例が少ないが、宣徳四年二月、鎮守竜州の都指揮僉事張貴と土官の黄弦が四ヶ条の不法を告発され、その中に配下の給与を搾取したことが挙げられた。[41]

　ここまで武臣が月糧等の軍士の給与を横領したとして告発された事例をみてきた。これは単発的な傾向の強い④金品の強奪とはやや性質が異なって恒常化しやすく、軍士の生活に最も直接的な影響を与えるもので、逃亡・兵力不足に直結しやすい犯罪である。搾取の内容をみると、綿花等の例もあるが、大部分が月糧で被害者は全て軍士である。場所は主として南北辺の動員先と軍士の所属衛所であるが、事例の半分以上は原衛を舞台にしたものであった。内地の事例が比較的多いのはそのためだったと考えられる。月糧等の支給は、軍士の所属衛で、衛所官の責任のもとで行われるのが原則なので、その際に不正が起りやすかったことを示している。各事例をみると、有無をいわせず強引に

搾取したとみられる場合も多いが、様々な口実を構えたり手段を弄して横領するケースも少なくない。月糧等の横領は、その性質からして発覚することが目に見えている犯罪なので、武臣側にしても何らかの工夫が必要だったのだろう。件数は予想より少なかったが、宣宗朝の末には忠義後衛等の五衛の衛所官一六六人が告発された例のような、中期以後を彷彿とさせる組織的で大規模な事件もみられるようになり、朝廷も危機感を強めつつあった様子が窺える。

⑥ 軍士の売放

『宣宗実録』に記載されている売放の事例は一九件である。[42] これは偶々記録されて残ったのが一九件ということで、売放の全ての件数を示すものでないのはいうまでもない。少ない事例数だが、売放がどのようなものであるのか窺うことはできよう。各年次、地域ごとの件数と告発された武臣の官銜は表10のとおりである。荻生徂徠は『問刑条例』兵律・軍政「縦放軍人歇役条附」の「売放軍人・包納月糧」で

売放軍人・包納月糧とは、金をとりて軍人に軍役をゆるして、其軍人のとるはづの月糧銭を手前にとりこむことなり。

と述べている。[43] 売放は軍士から直接に搾取するのとかたちは異なるが、月糧等の横領・詐取である点では同じである。ストレートに兵力の減少を齎す点では、朝廷にとってより深刻であるといえる。ただ、売放は、軍士の側からみれば「納粟買閑」とも称されるように、軍士が武臣に賄賂を贈って任務を免れるのだから、軍士が一方的な被害者というわけではなく、ある意味で武臣と軍士は共犯者ともいえる。他の犯罪のように被害者の側からの訴えがないので表面化しにくい不正でもある。事例数が少ない一因かもしれない。武臣は売放時の賄賂とその後の軍士分の月糧の両方を取り込むことになる。

表10　軍士の売放

洪熙 1	0	勲臣	1	北辺	9
宣徳 1	3	都督	1	北京	3
2	1	都指揮	13	内地	3
3	1	指揮	9	南辺	4
4	1	千戸	2	（合計）	19件
5	3	百戸	2		
6	4	鎮撫	0		
7	1	（合計）	28人		
8	3				
9	2				
（合計）	19件				

件数が少ないのではっきりした傾向をみるのは難しいが、表10に示した各年の件数の増減では、宣宗の即位の直後と中期の宣徳五・六年がやや多くなっている。これは他の多くの犯罪の場合と同じである。このほか宣徳末も少し増えているようである。地域ごとの件数は、やはり北辺が最も多く南辺がこれに次ぎ、両者を合わせると全体の七割弱となる。売放もその大部分は軍事的緊張地帯で大軍が配置されていた南北辺で起っていたとみられる。ただ、③軍士の私役では北辺が圧倒的に多かったが、⑥軍士の売放は南辺の比率もやや高く、この点、私役の場合と少し異なっている。又、武臣の官銜をみると、都指揮が最も多く指揮がこれに次ぎ、両者を合わせると八割弱を占める。売放も他の犯罪と同様に、このクラスの武臣によるケースが多かったことが窺える。

それではまず北辺から幾つかの事例を示してその内容をみてみよう。『宣宗実録』宣徳三年四月癸亥の条の記事は、④金品の強奪、⑤月糧等の横領・搾取の項でも示したものだが

軍官の軍士を虐害するを禁ず。時に行在都察院奏すらく、大寧中衛の百戸劉勉は、軍を管《つかさど》り操練するに、軍士の賂いを受け縦《ほしいまま》に家に遣還せしむ。

とあり、大寧中衛の百戸劉勉は三ヶ条の不法を告発されたが、その最初に、訓練に当たって賄賂を受けて軍士を勝手に帰宅させたことが挙げられている。これは大寧中衛の衛所官によるケースだが、売放した軍士の数、賄賂の内容、

また売放を持ち掛けたのが劉勉なのか軍士の側なのか等は分からない。前述のように、売放は、周囲の軍士はともかく、少なくとも当事者本人からの訴えはないので発覚しずらいが、この場合は外に悪質な余罪があったので明るみに出たのかもしれない。又、宣徳五年五月壬子の条に

巡按直隷監察御史余思寛劾奏すらく、永平都指揮僉事蕭敬は、縦《ほしいまま》に所部の軍士を放ち、守備を厳しくせず。寇、境に入りて殺掠するを致すも、又、兵を出して追捕せず。賊の去りし後、始めて三十余人を以て、追いて蟒山に至るも、兵寡なく敵せずして退き還る。後に内使馬真等と同に賊を追い、鶏林山の下《もと》に至り人馬を擒獲すと雖も、亦た前の罪を贖い難しと。

とある。記事の中に売放とか賄賂等の文言はないが、「縦に所部の軍士を放ち、守備を厳しくせず」とあり、明らかに売放の事例である。売放の規模は分からないが、「兵寡なく敵せずして退き還る」とあるように、その為に兵力が減少していて寇の侵入を防げず、追撃するにも三〇余人しか動員できなかったのだから、売放はかなりの人数にのぼったのではないかと思われる。蕭敬による売放は恐らく単発的なものではなく慢性的に行われてきたものとみられる。巡按御史余思寛が、後の戦果で贖い難いと述べて処罰をもとめたのもこの点を重視したからであろう。売放の結果、前線での軍事行動に支障がでた例である。

このほか、北辺では次のような事例もみられた。宣徳元年七月、監察御史石璞が寧夏参将・保定伯梁銘の不正四ヶ条を劾奏したが、その中に梁銘が守辺の軍士を軍務から外して原籍地に還って商業に従事することを許したことが挙げられている(44)。当然、軍士からの贈賄があったとみられ売放であろう。又、宣徳元年五月、鎮守居庸関の都督沈清と隆慶衛指揮李景・向広らが互いに不法を告発しあったことは前に述べた。このとき、李景と向広は「軍士を私役し、軍伍を売放す」と弾劾された(45)。更に宣徳六年七月、巡按山東監察御史張政が開原備禦の都指揮鄒溶の不正を告発した

が、そこで「軍士を私役せしこと、及び納粟買閒を聴《ゆる》せしこと約《ほぼ》百人に及ぶ」と述べた(46)。これらの事例で一つの記事の中で私役と売放が並記されていることに注目したい。特に後者では私役と売放の人数を合わせて記している。軍士の私役と売放は連動しやすい不正なのかもしれない。

次に北京の事例をみてみよう。宣徳五年閏一二月丙午の条の記事は、③軍士の私役の項でも示したものだが

> 監察御史孫泓等奏すらく、行在府軍衛の指揮傅全等は、軍士を私役し、月を按じて財を取り、守衛上直せしめず。請うらくは之を罪せられんことをと。上曰わく、親軍は専ら守衛に備う。私役すら已に不可なるに、況んや又其の財を取るをや。罪逃るべけんやと。

とある。親軍衛である府軍衛の指揮傅全らは、軍士を私役するとともに、月ごとに財物をとって、上直守衛の任務から外していたというのである。「財物」の内味が分からないのが残念だが、これも売放と私役が連動した例である。その内容からみてもこの二つは連動しやすいと思われる。軍士が危険かつ困難な任務をいやがり、上官に賄賂を差し出して任務から外してもらうというのが元来の売放であろうが、私役と連動するケースを考えると、私役が先でそのあと売放という順序になるだろう。逆は考えにくい。この場合も、宣宗の言葉からみて、傅全らの犯行も、まず私役があって、ついで売放という段取りだったことが窺える。続いて宣徳六年正月癸巳の条に

> 金吾右衛の千戸閻順は、軍を領《す》べて西華門を守衛するに、私《ひそ》かに三人の下直を縦《ゆる》す。御史の点視に及び、又私かに余丁をして之に代らしむ。御史、順を劾奏す。上、行在都察院に命じて縦《はな》たれし所の軍を併せて之を治《ただ》さしむ。

とある。これも親軍衛である金吾右衛の千戸閻順は、西華門の守衛に当たって三人の軍士を任務から外し、御史の点検の際には余丁を代りに当ててごまかしたことを弾劾された。賄賂の授受の記述はないが内容からみて売放である。宣宗が閻順だけでなく軍士の処罰を命じたことからもわかるように、売放は武臣と軍士双方の共謀による不正である。

さきの府軍衛といい、この金吾右衛といい、皇帝に直属してその護衛に当たることを誇りとする親軍衛だが、このような衛でも綱紀が弛緩していた様子が窺える。

次に内地の事例についてみる。宣徳五年二月癸酉の条に

江西按察司奏すらく、遼東金州衛の指揮陶春は、豊城等の県より軍丁五人を取るに、皆其の賄いを受け、放免して解《おく》らず。請うらくは之を罪せられんことをと。

とある。江西豊城県等で軍士の勾補に当たっていた遼東金州衛の指揮陶春は、そこで得た軍士五人から賄賂を受けて、みな放免してしまったことを江西按察司から弾劾された。逃亡等で軍士に欠員が出た場合、軍士本人の身柄を確保するのが根補、軍士の属する軍戸から補充するのが勾補であることは前に述べた。なぜ遼東金州衛の軍士を江西豊城県で補充するのかについては次のような事情がある。前著で述べたが[47]、太祖が全国に衛所を設置していった際、各衛に配置された軍士はその地域の出身者とは限らない。各地から様々な軍士が送られたので、軍士の本籍は遠隔地であることが少なくない。当初の衛所は所謂郷土部隊ではないのである。その後、朝廷は軍士の父母妻子を軍士の配置されている衛所に送って同居させる方針をとった。その結果、軍戸として登録されて本籍地に住んでいる人々は、直接の家族以外のむしろ縁の薄い同族ということになる。欠員が出た場合、普通は同じ衛所内に住む家族から補充するが、適当な者がいない場合は本籍地の軍戸から取ることになる。遠隔地に住んでいて、普段あまり付き合いもないような疎族にとって、いきなり軍士に取られ遠い衛所に連行されるのは災難以外の何物でもない。勾補が様々な社会的混乱をもたらした理由である。次の例も全く同じようなケースである。宣徳六年一二月壬子の条に

行在大理寺奏すらく、営州左屯衛の百戸范英は、金華等の府に往き、勾軍して六十六人を得るも、回りて通州に至るに、銀幣等の物を受け、皆縦《ほしいまま》に之を遣《はな》つ。律に於いて応に絞すべきも、近例もて罰役還職せしめられん

> ことを。

とある。これも勾補に当たって売放が行われた例である。営州左屯衛の百戸范英が、浙江金華府等で勾補に当たり六六人を得たが、帰途通州まで来たところで銀幣等を受けてみな放還してしまったという。これらの事例をみると軍士の動員先や所属衛での場合とやや性質が異なるが、勾補の際にも売放が行われたことがわかる。これもさきに引用した記事だが、宣徳九年一〇月辛未の条に

> 陝西行都司の都指揮僉事紀勝奏すらく、比《このごろ》、臣を告《うった》えるもの有り。先に通州右衛指揮に任ぜられし時、知州王琬を殴りて傷つけ、及び賂いを受餽して軍人を縦放せりと。旨を奉ずるに、臣をして其の実を自陳せしめらる。臣勝は初め王琬と公事を争論し、語相《とも》に激して推すに、琬は地に仆れしも、実は傷無し。軍人を縦放して賂遺を受けしは、臣実に之有り。請うらくは罪を受けんことをと。

とある。陝西行都司の都指揮僉事紀勝が、通州右衛指揮だった時のことを訴えられ、宣宗の命によって自陳したときの記事である。紀勝は知州王琬との争論については縷々弁解したが、軍士の売放についてはあっさり認めた。調べられればすぐ分かってしまい言い逃れできないという事情もあるかもしれないが、紀勝自身が売放をあまり大したことと考えていないような印象もある。このほか、宣徳元年五月、掌青州左衛事の山東都指揮僉事王銘が「賕《まいない》を受けしこと及び軍を私役せしこと」を告発された例がある。[48] 賄賂を受けたとしかないが、武臣が軍士から贈賄される理由として第一に考えられるのが売放である。もしこれも売放だとするとやはり私役と連動したケースである。

次に南辺についてみると、宣徳二年三月乙巳の条に

> 福建按察司奏すらく、平海衛の指揮同知卜祥・指揮僉事朱銘は、軍士の賄賂を受けて、縦《ほしいまま》に間逸せしめて伍に著《つ》けず。請うらくは之を罪せられんことをと。

とある。これも衛所官によるケースだが、平海衛の指揮同知卜祥と指揮僉事朱銘が、軍士から賄賂を受けとり任務につけない、つまり売放を按察司から告発された。軍士の数や賄賂の内容は分らない。このほか宣徳八年閏八月、潯州の防備に当たっていた広西都司の都指揮同知陳全が「所部の財物を受け、備えを為すを知らざる」ことを告発された例がある。文言にはないが、内容からみて売放である。(49) 又、宣徳九年四月、広東都指揮花英が、広東恵州衛の「箇軍」つまり軍士の点検・選抜に当たり、銀一八〇両を受けたことを巡按御史に弾劾された例がある。(50) これは花英自身が売放したというより恵州衛での売放を見逃す代償だった可能性が高い。

以上、武臣が軍士の売放を告発された主な事例をみてきた。年次ごと地域ごとの件数や武臣の官衙ごとの人数は表10に示したとおりであるが、各事例からみた特徴をまとめると次のようである。他の犯罪もその傾向があるが、売放では特に人数や賄賂の内容までが分からない例が多い。それは軍士が一方的な被害者というわけではなく、武臣と軍士の納得ずくの不正で、軍士の側からの訴えがなく、特に点検でもないかぎり表面化しにくいからと考えられる。それは武臣のみでなく軍士に対しても逮捕・処罰の命令がだされることにも示されるが、他の犯罪と異なる売放の特徴である。少ないながら人数が分かるケースとして三人・五人・六六人等の例がある。これだけからは何ともいえないが、宣宗朝ではまだ売放の規模はそんなに大きくなかったといってもよいかもしれない。ただ、永平の都指揮僉事蕭敬や第四章で示す遼東海州衛のケースのように、防衛態勢に支障を来たしたような例も現われてきており、次第に深刻化しつつあった様子が窺える。軍士が差し出した賄賂については粟・銀幣とあるのが各一件のみで、あとは「財」や「賄い」と記されているばかりでよく分からない。いわば売放の相場がわからず残念である。売放の舞台は軍士の所属衛と動員先が主たるものだが、特に原衛で衛所官によるケースが目立つ。このほか、やや性質が異なるが欠員軍士の勾補の際の売放もあり、清軍にまつわる問題として注目される。又、売放以外にも余罪を含めて告発された例が約半数あり、その中でも特に私役と連動しているものが目立つ。内容から考えても両者は一緒に起りやすいのかもしれない。又、地域による件数の多寡はあるが、そのパターンは意外なほど地域差がない。武臣からみれば賄賂をとって任務から外してやる、軍士の側からみれば「納粟買閒」といういい方があるように、賄賂を差し出して困難な任務から逃れるというかたちが全国のどこでもみられたということである。

⑦ 配下の虐待・私刑

ここでは、背景に経済的要因のあるケースも含むが、直接的にはそれ以外の様々な理由で、武臣が配下の武臣や軍士を虐待したり私刑を加えた事例について述べる。『大明律』一・名例律・軍官有犯には、武臣が罪を犯した場合、本管の衙門、つまり百戸所・千戸所の武臣ならば衛、衛の武臣のときには都司が五軍都督府に報告し、五軍都督府から帝に奏聞して、帝の命令を受けて取り調べを行うことが定められている。つまり、各級武臣は配下を独自に処罰できる権限は与えられておらず、これは平時の都督府・都司・衛・所の系列だけでなく、帝から直接の命を受けて臨戦態勢で各地に駐劄する総兵官や鎮守の場合も同様であった。このことについては第一章で述べたとおりである。それ故、武臣が配下の武臣や軍士に私刑を加えることは違法であるが、これを告発された事例は『宣宗実録』に二七件記載されている。(51) これを示したのが表11である。年ごとの件数をみると、宣宗の即位直後と宣徳の中期に多いのは他の犯罪と軌を一にするが、⑦配下の虐待・私刑では宣徳五・六・七・八年と、やや後にずれており、時期とともに次第に増加する印象がある。地域では、やはり北辺が最も多く四割以上を占める。内訳は遼東二件、大同一件、宣府一件、山西一件、陝西二件、寧夏三件、甘粛二件である。これに次ぐのが南辺で、内訳は四川五件、貴州一件、広東二件である。南北辺を合わせると全体の七割四分ほどになり、⑦配下の虐待・私刑も、その大部分は軍事的緊張地帯で大軍が配置されている南北辺で起っていたことがわかる。他の犯罪でも同様の傾向がみられるが、大兵力が展開していた南北辺に、当時の明軍内の矛盾が集中的に現われていたとみられよう。次に告発された武臣の官衙をみると、都指揮が多いのは他の犯罪と同じだが、⑦配下の虐待・私刑ではより上位の都督が最も多くなっており、この点、他の犯罪とはやや趣を異にしている。南北辺にあって都督クラスの武臣が任ぜられるポストは総兵官か一部の鎮守である。全体的にみれば、⑦配下の虐待・私刑は、軍士の属する原衛でその衛所官によってというケースより、動員先の南北辺の前線で、官・職ともに、より高位の武臣によって起されることの多かった犯罪といえよう。では地域ごとに主な事例の内容をみてみよう。

まず、北辺についてみると『宣宗実録』宣徳元年二月己丑の条に

遼東都司義州備禦の都指揮同知李信は、私を挟《さしはさ》みて義州衛の指揮馬迅を杖殺す。

とある。簡略な記事で詳細はわからないが、李信という義州備禦の都指揮同知が配下の義州衛指揮を杖殺した事件である。被害者が義州衛の長官で正三品の指揮であること、「挟私」とあることが注目される。馬迅は備禦の李信に次ぐ地位だった筈だが、私忿からということだから、二人の間に公務上の対立ではなく何らかの私的なトラブルがあったことが想像される。次も遼東の事例だが、宣徳元年二月壬辰の条に

表11　配下の虐待・私刑

洪熙1	0	勲臣	1	北辺	12
宣徳1	3	都督	9	北京	1
2	5	都指揮	8	内地	6
3	0	指揮	4	南辺	8
4	1	千戸	1	（合計）	27件
5	3	百戸	2		
6	5	鎮撫	1		
7	3	他（為事官）	1		
8	5	（合計）	27人		
9	2				
（合計）	27件				

遼東都指揮僉事牛諒の官を復す。初め、諒は勢いを挟《たの》みて故官の女子を逼取して婦と為さんと欲す。

とある。牛諒は既に死亡した武臣の娘に強制して婦としようとした。牛諒と「故官」の関係は明らかではないが、「挟勢」とあるから恐らくもとの上官の地位を笠に着て強要したのであろう。配下の武臣や軍士本人だけでなく、その家族も被害を受ける場合もあったことがわかるが、「故官」がもし牛諒の配下だったとしても、既に没したのだからその関係は消えた筈である。しかし、現実にはその関係が家族にまで影響力をもっているわけで、世襲を原則とする軍内部の狭い人間関係と、そこから生じる弊害の一端が窺える事例である。又、宣徳二年四月壬午の条に

陝西荘浪衛の百戸張春、故無く軍人を殴りて死に至らしむ。

とあるが、これは衛所官による犯行の例である。「無故」とある所が注目されるが、死ぬまで殴りつけたわけで凶暴な武臣による常習化した虐待の様子が窺える。更に宣徳七年一一月庚午の条に

寧夏総兵官・都督僉事史昭は、軍士を恤《あわ》れまず、大杖を被りて撃死せられし者有りと言うもの有り。

とあり、寧夏総兵官の史昭が、軍士に大杖を加え撃ち殺したと告発するものがあった。史昭の罪を告発したのがどういう人間なのかわからないが、ここのいい方が簡略なので、軍士を恤れまないことの証拠として軍士を撃殺した事件を示したのか、それとも撃殺を言うための前置きとして軍士を恤れまないといっているのか、どちらに重点があるのかはっきりしない。もし前者ならば告発したのは史昭の配下の軍士かもしれない。又、史昭が軍士を撃殺させた理由も記されていないが、後に続く宣宗の言葉の中に「縦《たと》い小人法に違うも」とあるので、撃殺された軍士に何らかの罪があった可能性がある。もしそうであれば、史昭の罪は公罪つまり故意でない公務執行上の行き過ぎや過ちだったケースかもしれない。というのは、第一章で総兵官について述べたが、そのとき史昭に関しても種々調べた。その際、史昭は実直な武臣という印象で、余り悪辣な感じはなかった所為でもある。更に宣徳八年正月丁丑の条に

監察御史・給事中劾奏すらく、宣府総兵官・都督譚広は、万全都司の経歴蕭翔を杖殺し、又、虚詞を造りて過ちを飾《おお》わんとす。請うらくは其の罪を正されんことをと。

とある。寧夏総兵官史昭の場合と同じような事件だが、宣府総兵官の都督譚広が万全都司の経歴を杖殺したとして科道官に劾奏された。第一章で述べたように、この頃は都司が鎮守総兵官の節制下に入りつつある時期で種々の軋轢があった。これもその一環ともみられる事件だが、少なくとも譚広が粉飾してごまかそうとしたというのだから、正当な理由がなかったことは確かである。次の事例は、鎮守陝西行都司の都督僉事王貴と掌粛州衛事の署都指揮僉事呂昇が対立し、互いに不法を告発しあう中で指摘された事件である。まず宣徳八年六月丙戌の条に

鎮守陝西行都司・都督僉事王貴奏すらく、掌粛州衛事の署都指揮僉事呂昇は、私を挟みて軍士二人・千戸一人を杖殺せり。……請うらくは之を治《ただ》されんことをと。

とある。④金品の強奪の項でも示した事例だが、王貴は配下の掌粛州衛事の署都指揮僉事呂昇が軍士二人・千戸一人を杖殺したことを弾劾した。「挟私」とあるから、王貴は何らかの私怨による犯行とみていたことがわかる。呂昇も反発して王貴の不法五ヶ条を告発した。宣宗は事実の調査のために御史を現地に派遣したが、宣徳八年閏八月癸酉の条に

監察御史羅閏奏すらく、比者《このごろ》、掌粛州衛・署都指揮僉事呂昇奏すらく、鎮守の都督僉事王貴は軍士を杖死せしむと。……臣に命じ往きて其の実を勘《ただ》さしむ。昇の言う所は妄なること多く、実なるは惟だ二、三のみなり。謹んで以聞すと。命じて之を宥す。

とある。呂昇が告発した王貴の不正の調査に当たった御史羅閏の報告である。羅閏は二、三のことを除いて大部分は虚偽だと述べたが、事実である二、三のことの中に軍士の杖殺が入っているのか否かが問題である。しかし、宣宗が

命じた「之を宥す」の之は王貴であるから、軍士の杖殺は事実でなかったのだと思われる。続いて一方の呂昇について宣徳九年三月乙酉の条に

掌粛州衛・署都指揮僉事呂昇、罪有りて獄に下さる。初め、鎮守の都督王貴、昇の私を挟みて千戸を杖殺せしこと、及び官粮を侵盗せし等の事を奏す。上、監察御史羅閠を遣わして往きて之を鞫さしむ。閠還りて奏すらく、皆実なりと。

とある。結局、羅閠は調査の結果、初めに王貴が訴えた呂昇の罪状は事実だったと報告した。ただ、当初の王貴の告発には、呂昇が私怨から千戸一人・軍士二人を杖殺したとあったが、羅閠の報告では千戸の杖殺のことは記されているが二人の軍士については触れていない。軍士の杖殺が事実でなかったのか、或いは「挟私」ではなく、相応の理由があってのことだったので罪に問わないという判断なのか分からない。いずれにしても、呂昇が配下の千戸を私怨から杖殺したことは事実と認定されて処罰を受けることになった。

また宣徳九年二月癸酉の条に

山西行都司の都指揮呂整奏すらく、鎮守大同参将曹倹は……雲川衛の罪無き軍士を捶死せしむと。倹も亦た整の強を恃みて私を逞しくして節制に聴《したが》わず、馬を領し粮を護りて開平に往くに、官軍の財物を科斂せし等の事を奏す。

とある。第一章でも述べたが、これは背後に総兵官と都司の統属関係をめぐる軋轢があった事件である。宣徳九年二月一七日に鎮守大同総兵官の武安侯鄭亨が在職のまま歿すると、すぐには後任が発令されず、参将の都指揮曹倹が印信を預かり総兵官代行をつとめた。これに都司側が反発して曹倹の不法四ヶ条を告発したのである。その中に軍士を捶死させた一件が入っている。宣宗は曹倹に自陳を命じたが、宣徳九年三月壬午の条に曹倹の釈明が載っている。軍

士の捶死については

大同参将・都指揮使曹倹奏すらく、……軍人吉僧住なるものあり。神銃を習用し、嘗て辺に備えしむるに、銃を棄てて逃帰し、又、所管の千戸を辱罵せり。千戸、執えて以て臣に告《うった》う。臣、総兵官・武安侯鄭亨と同に審訊して責決し、断事司に送るに半月を越えて死せり。皆臣実に犯せしことなり。敢えて情を隠さず、伏して乞うらくは、愚昧を矜宥され、まさに改過を図らしめられんことをと。

と述べた。曹倹がいうには、この軍士は吉僧住という者で、銃器の扱いに慣れているので前線に配置したところ、銃を棄てて逃げ帰ってしまった。更に、これを咎めた直属の上官である千戸を罵って侮辱するなどの行為があり、千戸が本人を突き出してきた。自分は在世中だった大同総兵官の鄭亨とともに訊問し、都司の断事司に身柄を送ったが、半月ほどして死亡したものであるという。或いは訊問の時にむち打つ等の行為があり、それがもとで死亡したのかもしれない。結局、宣宗はこの件については不問に付した。公務執行上の行き過ぎで故意のものではないとの判断であろう。このほか次のような例がある。③軍士の私役でも示した例だが、宣徳元年四月、寧夏参将の都督同知陳懐が勝手に騎士二〇余人に命じて出境させようとし、配下の守備・指揮張善に制止された。このことを憾んだ陳懐が張善を杖で打ったという。これを告発したのは陳懐と同僚の参将だった保定伯梁銘である。両者は不和だったのかもしれない[52]。次の例も他の罪状で示したものだが、宣徳六年九月、行在工部侍郎羅汝敬が鎮守寧夏総兵官・寧陽侯陳懋の数々の不法を告発したが、その中の一つに陳懋が掾史に命じて軍士を箠打って死亡させたことが挙げられている[53]。この件の理由は分からない。このほか、犯人が武臣の範疇に入らないので**表11**の事例には含めなかったが次のような例もある。宣徳八年一一月己亥の条に

掌左軍都督府事・武進伯朱冕言えらく、比《このごろ》、舎人林寛等を遣わして、囚百七十人を送りて遼東に戍せしめるに、

到る者僅かに五十人にして、余は皆道に死せり。請うらくは之を罪せられんことをと。

とある。府軍前衛の管轄下にある帯刀舎人の林寛らが遼東に謫戍される囚人一七〇人を護送していったが、現地に到着したのは五〇人のみで、他の一二〇人はみな途中で死亡してしまったという。おそらく囚人から財物を搾取して、差し出せない者を殺してしまった事件で、その惨状と悪辣さは目を覆うばかりである。下位の者に対する酷薄さは武臣に限られたものではない。ここまで北辺の主な事例をみてきたが、表11にも示されていたように、総兵官・鎮守・参将・備禦等の動員先における高位の武臣によるものが多い。被害者は軍士だけでなく配下の武臣も含まれていた。現地の主兵だけでなく、各地からの客兵も多い北辺の軍はいわば寄り合い所帯である。武臣と軍士の間だけでなく、武臣同士でも相互の紐帯の薄弱な様子が窺える。

次に内地の事例をみてみよう。宣徳二年六月丁丑の条に

行在刑部員外郎何回を釈す。初め、兗州護衛の指揮宋貞、私の憾みを挟《さしはさ》み、小旗馬全の父鈔法を阻滞すと誣《し》い、全の家に往き執えて之を捶《むちう》たんとす。全の子、其の祖を護らんとするに、貞は子の彬に命じて全の子を撃ち死に至らしむ。事聞せられ、行在刑部に下されるに、員外郎何回、貞は斬罪、彬は従と為して応に流すべきを論ず。回は貞の金を（受）くと言う者有り。錦衣衛に下して掠問するに、回は楚《しもと》に勝えず、遂に承服す。家人冤なるを訴う。

（　）は筆者

とある。途中から刑部員外郎の何回を捲き込むことになってしまったが、もとの事件は兗州護衛の指揮宋貞が配下の小旗の家族に私刑を加えたものである。宋貞は小旗の馬全か或いはその父親に私的な恨みをもち、鈔法阻滞の言い掛りをつけ、息子の宋彬という者を連れて馬全の家に押し掛け、馬全の父を鞭打とうとした。馬全の子が祖父を庇おうとして抵抗したので、宋貞は宋彬に命じて撃ち殺させてしまったというのである。事が発覚して行在刑部に下された

が、事件を担当した何回は宋貞を斬罪、子の宋彬は従犯とみなして流罪と論告した。恐らく『大明律』の刑律二・人命「闘殴及故殺人」、刑律五・訴訟「誣告」の罪に擬定したのだろう。ところが何回が宋貞から賄賂を受けているという者があり、何回は錦衣衛の獄に下されて拷問を受け、苦痛に耐えかねて罪を認めてしまった。何回の家人がその冤罪であることを訴え、結局、何回は無罪を認められ釈放された。この事件は被害者の属する原衛の衛所官による犯行である。ただ、犯行の原因について「私憾」とあり、私的な怨みではあるがその内容がよく分からない。宋貞は指揮使で一衛の最高責任者なのだから、軍士一〇人を指図する下士官にすぎない小旗の馬全を陥れるつもりならば、任務に託けていくらでもやり方があるだろうに、その父の鈔法阻滞という軍務以外の言い掛りをつけ、しかもこれを公に訴えた様子もなく、自分で馬全の家に乗り込んだわけである。宋貞も自分の息子を連れて押し掛けたが、馬全の家でもその父や子を捲き込んで、双方とも家族ぐるみの乱闘となった。どうも「私憾」の内容や事件の経緯について釈然としない点があるが、或いは背景に何か双方の家同士のトラブルがあっての事件かもしれない。動員先の前線でなく、どちらも世襲で一衛の中で日常的に接している衛所官とその配下をめぐる事件だからその可能性も考えられる。

次に宣徳六年四月乙卯の条に

江西按察司奏すらく、贛州衛の鎮撫劉福は、嘗て私事を以て贛県の典史に干《もと》めるも従わず。路に遇うに避けざるを嗔り、馬策を以て之を撃つ。事、違法に属すと。

とある。贛州衛鎮撫の劉福は、以前に贛県の典史に私的なことで便宜を図ってくれるよう頼んで拒否された。たまたま路上で出会った際、その典史が道を譲ろうとしなかったので、怒って乗馬用の鞭で打ったというのである。「私事」の内容は分からないが、少なくとも典史は衛の属官ではないのだから、軍務に関わることでないのは確かである。些細な事件だが、武臣の州県への干渉は太祖以来厳しく禁じてきたところで、武臣がその行状を厳しく監視されていた様子も窺える。

内地ではこのほか次のような例もある。宣徳二年正月、金山衛の百戸王銘が、軍を率いて松江府に赴いた際、軍士から賄賂を受けて私塩の売買を黙認した。この軍士を逮捕しようとした金山巡検司の弓兵を殺傷したというのである。この例は配下の軍士が被害者というわけではなく、百戸と軍士がグルになって悪事をはたらこうとして、取り締まりの弓兵を殺傷してしまった事件である。行在刑部は、軍士はすでに罪を認めているとして、王銘も処罰するようもとめた[54]。同じく宣徳二年正月、湖広按察司が蘄州衛の千戸羅安を告発した。これは④金品の強奪や⑧官物・糧米の侵盗にも該当する事例だが、罪状の中に配下の軍士を殴り殺したことが含まれている[55]。ただ簡略な記述でその原因は分からない。次の例も多くの罪状を含み、③軍士の私役、④金品の強奪、⑤月糧等の横領・搾取等のところでも示したものである。宣徳五年五月、行在後軍都督府が寧山衛の指揮李昭の不法を劾奏したが、その中に「軍吏二人、之を奏せんと欲するに、人を遣わして追回せしめ、皆に之を杖殺せり」とあり、北京に行って李昭を訴えようとした軍吏二人を引き戻して杖殺したことも挙げている[56]。次の掌中都留守司事・都督陳恭の場合も多くの罪状を含み、③軍士の私役、④金品の強奪、⑤月糧等の横領・搾取の項でも示したものである。宣徳六年一二月、現地に派遣された御史焦宏の調査によって陳恭の不法が明らかになった。その中に「所部の女子を強取して妾と為す。……総旗楊榮、嘗て恭の不法を告《うった》えんと欲するに、恭、榮を捕えて之を欧《ママ》殺し、文案を虚飾して榮の罪を言い、其の貲財を取る」とあり、配下の娘を無理矢理妾としたこと、不法を訴えようとした総旗を殺害してその財産を奪ってしまったことが挙げられている[57]。前述の松潘衛の指揮呉瑋や寧山衛の指揮李昭と同じように、自分の不正を隠蔽しようとして、更に重大な犯罪を重ねてしまったケースである。ここまで内地の事例をみてきたが、同じ配下に対する私刑でも、動員先の前線における高位の武臣による事件は突発的な印象があるが、内地の原衛における衛所官の犯行は余罪も多く、日頃からの加害者と被害者の人間関係が影響しているようで、根の深いケースが多いように思われる。

次に南辺の事例をみることにする。宣徳四年八月戊戌の条に

都督同知徐甫の罪を宥す。甫、四川都司を掌《つかさど》るに、初め其の人を杖殺するを告《うった》えし者有り。按察司、之を罪せんことを請う。上、甫をして実を具えて以聞せしむ。是に至り、甫言えらく、軍丁の糧を運びて松潘に赴かしむるに、中路にて糧を棄てて逃げるものあり。又、軍の逃げること三次なる者有り。皆《とも》に捕えられて至る。臣愚、其の法に違うを忿り、各々杖四十とするに、瘡潰れて死せり。実に臣の罪なりと。

とある。掌四川都司事の都督同知徐甫が人を杖殺したと告発する者があり、按察司が処罰を奏請したが、宣宗は徐甫に自陳を命じた。徐甫がいうには、松潘への軍糧輸送に当てられていた軍士で、途中で軍糧を棄てて逃亡した者、三回も逃亡を繰り返した者が捕えられ連行されてきた。自分は怒りに任せて杖四〇を加えたが、その後、傷あとが破れて死亡してしまったというのである。これは凶暴な武臣が私怨から犯行に及んだというようなものではなく、公務執行上の行き過ぎで公罪というべきケースである。記事からは徐甫を告発したのが何者なのかは分からない。或いは死亡した二人と同じ任務についていた仲間の軍士かもしれない。困難な軍糧輸送に従事していたのだから、軍士たちは軍糧を棄てて逃亡までではしないにしても怨嗟の気分は同様だったと思われる。そして命じた方も任務の困難さは分かっていたであろう。というのは、徐甫が、結局、宥されてお咎めなしになったにも拘らず、徐甫を告発した者が処罰された様子がないからである。それは訴えた者の言い分が根も葉もない誣告とはみなされなかったからであると考えられる。又、宣徳七年三月乙酉の条に

四川都指揮僉事李斌を宥す。斌は重慶に往きて官木を査《しら》べるに、公に因りて百戸を杖すること数十、十余日にして死せり。法司奏請すらく、之を罪せられんことをと。

とある。四川都司の幹部である都指揮僉事李斌が重慶に行って官木の検査に当たった際、何かの不正や怠慢を咎めたのか、百戸を杖したところ十数日後に死亡してしまったとして法司に劾奏された。前述の都督同知徐甫と似たケースである。これまで度々述べたように、最高位の総兵官以下、各級武臣は独自に配下を処罰することはできない。李斌はこの点を咎められたわけだが、「因公」とあるように、公罪つまり故意でない公務執行上の行き過ぎ・過失と認められて処罰を免れた。ただ、被害者が軍士ではなく武臣の百戸だったにも拘わらず宥されたところをみると、百戸のミスが軽くないものだったのだろう。又、宣徳八年五月癸酉の条に

広東都司の都指揮同知李端を降して本司の都指揮僉事と為す。端は、……本衛の総旗を杖殺す。宥を蒙り追贓して罰俸とせらるるも、端、悛めず。又、徳慶守禦千戸婁俊を杖殺す。行在都察院、按問して実なるを得て奏すらく、公に因りて人を殴りて死に至らしむ。罰役復職に擬せんと。

とある。これは④金品の強奪の項でも示した例だが、李端の最初の罪は広海衛の指揮から金品を受けたこと、広海衛の総旗を杖殺したことであった。今回は徳慶守禦千戸所の責任者である千戸婁俊を杖殺したものである。先の総旗杖殺の理由が分からないが、受けた処分は広海衛の指揮から受けた金品の追徴と罰俸だけだったのだから、恐らく公罪と認められたのだろう。今回の千戸杖殺についても内容が分からないが、取り調べに当たった行在都察院は「因公」としており、公務執行上の過失致死との判断である。ただ、今回は武臣たる千戸の杖殺であり、全くお構いなしとはいかず都指揮僉事に降格された。李端という人間は、公罪と認められたとはいえ、千戸と総旗を杖殺しているのだから怒りっぽくて感情の抑制のきかない性格ではあったろう。そのような李端にとって、一階級降格にすぎないとはいえ、広東都司という、いわば同じ職場内での降格は屈辱的な処分かもしれない。

このほかにも南辺では次のような例もある。これも④金品の強奪でも示した例だが、宣徳二年一〇月、四川の巡按

御史厳孟衡と布政司参議李勢が、もと四川都指揮の為事官韓整の不法を劾奏したが、その中に「千・百戸及び軍民の妻・女を姦汙す」とあり、配下の千戸・百戸あるいは軍民の妻や娘を強姦したことが挙げられている。[58] ほかにも同様の例があるが、配下の武臣や軍士本人だけでなく、その家族も被害を受けることがあった。被害者の中に武臣やその家族も含まれることは、武臣同士でも相互の紐帯が希薄になっている状況を示している。また広東潮州衛の指揮同知頼啓については、②軍務遂行上の不正・怠慢の項でも挙げたが、宣徳五年七月、潮州衛が頼啓の三ヶ条の罪を告発した。その中に「近《ちかごろ》、故無く総旗を杖殺」したことが含まれている。[59] 前述の荘浪衛百戸張春と同様だが「無故」とあることが問題で、凶暴な武臣による日常化した暴力行為のありさまが窺える。潮州衛当局が自ら同衛の幹部である頼啓を告発したわけで、同人の行状が一衛にとって深刻な問題になっていた様子が看取される。衛所官は世襲だから本来不適格な人間がその職につくこともあったのだろう。次も同じような印象をうける例である。既に④金品の強奪で示したものだが、宣徳五年七月、松潘衛の指揮呉瑋が配下の総旗がもっていた豹皮を取り上げようとして拒否されて殺し、これがきっかけになって更に千戸の叔父や旗軍を殺害した事件があった。[60] この武臣も異常な性格の人間のように思われる。鎮守四川総兵官・左都督陳懐についても、他の項目でもあげたが、宣徳六年四月、御史王礼が告発した罪状の一つに「軍の妻を奪い、甥に与えて妾と為さしむ。」とある。更に陳懐は宣徳八年八月に総兵官を解任されたが、このとき挙げられた罪状の中に「私の憾みを以って官軍を杖殺」したことが挙げられている。[61] 貴州都指揮僉事蘇保についても、②任務遂行上の不正・怠慢と③軍士の私役の項目でも示したが、このほかに庫吏を殺害した罪も挙げられた。蘇保の場合も、その理由は「無故」と記されている。[62]

ここまで武臣が配下の者を虐待したり私刑を加えたりした事例をみてきた。年次ごと、地域ごとの件数や、武臣の官銜については、**表11**によって前に述べたとおりである。このほか、主な事例を通してみられる特徴をまとめておくと次のようである。まず、被害者に関しては「所部」とだけあって特定できない例もあるが、旗・軍つまり下士官・兵に当たる総旗・小旗・軍士が最も多い。彼ら本人だけでなくその妻や娘などの家族が被害を受けるケースもあった。更に旗・軍だけでなく、指揮・千戸・百戸等の武臣やその家族が被害を受けることも少なからずみられた。武臣と軍士の間だけでなく、武臣同士でも相互の信頼感や紐帯が弱まってきている様子が窺える。それは軍士や武臣が、その上官を告発するケースや武臣同士が告発しあう場合が少なくないことにも示されている。このほか都司の経歴・県の典史・庫吏・弓兵等が被害を受けることもあった。虐待・私刑の内容については杖殺・殴殺・撃死・捶死等が大部分を占める。更に女性が被害を受けた性的な虐待や杖・笞を加えた傷害事件もある。このような犯行に至った理由については、詳しい内容は分からない場合が多いが、「挟私」・「私憾」・「私忿」等と記されている事例が最も多い。何らかの個人的な怨恨や怒りやトラブルによるもので悪質なケースである。ただ、犯行が突発的な怒りによるものなのか、或いは被害者・加害者の間に日常的なトラブルの積み重ねがあってのことなのかは分からない。このほか、数は多くないが「無故」と書かれている例があり異様な印象を受ける。何の理由もない犯行というわけだから、犯人の武臣はやや異常な人格の人間であろう。当初の不正を隠す為に更に殺人を重ねるケースもある。このような武臣は他にも余罪をかかえていることが多い。また「因公」と記されている事例もある。これは公罪、つまり、公務執行上の行き過ぎ・過失と認められるもので、南北辺、特に南辺の動員先の前線における事例が目立つ。南北辺では総兵官・鎮守・参将等の高位の武臣のもとに大兵力が配置されているが、現地軍である主兵と各地からの増援軍である客兵が混在しており、いわば寄り合い所帯で相互の紐帯が薄く、トラブルが生じやすかったと思われる。特に南辺では少数民族との激しい戦闘が続いており、現場での処分が行き過ぎることがあったのであろう。事件の中で動員先での高位の武臣によるものは、怒りに駆られての突発的な犯行という印象をうけるケースが少なからずある。これに対して、軍士が所属する原衛を舞台として、そこの衛所官による犯行は、加害者と被害者の日常が影響しているようで、根が深い感じのケースが多い。いずれにしても、このような犯罪の横行は、内部の紐帯が非常に希薄になって、相互の信頼感が損われてきている明軍の問題点を示すものである。

小結

ここまで表3の③軍士の私役、④金品の強奪、⑤月糧等の横領・搾取、⑥軍士の売放、⑦配下の虐待・私刑についてみてきた。このうち④・⑤・⑥は経済的利益を図る為の犯罪で五割四分と全体の半分以上を占める。⑦は背景に経済的要因がからんでいることがあるかもしれないが、やや性質の異なる犯罪である。③はこの両方にまたがる面があるが、やはり経済的利益を図る性質の方が強いだろう。③を加えれば不当な経済的利益の為に軍士を魚肉にした犯罪が約八割を占めることになる。所謂、軍士の酷虐といわれるものの内容である。明軍弱体化の要因として軍士の酷虐がよく挙げられるが、二、三の実例が紹介されることはあってもまとまった研究はなく、その実態は明らかではなかった。本節で示したのは、宣徳年間という限られた期間の、『宣宗実録』という制約のある史料から収集した事例にすぎないが、軍士の酷虐の実態の一端はみることができたと思う。

時期による変化では、多くの犯罪は宣宗の即位直後と宣徳四・五・六年頃に多いが、⑥軍士の売放と⑦配下の虐待・私刑は宣徳末にも多く、時期とともに増加する傾向がみられる。地域的には、どの犯罪も北辺が最も多く、③軍士の私役は全体の六割以上、④金品の強奪は四割弱、⑤月糧等の横領・搾取は四割六分、⑥軍士の売放は四割七分、⑦配下の虐待・私刑は四割四分と、いずれも全体のほぼ半数前後を占める。これに次ぐのが南辺で、③は約一割と低いが、④は三割二分、⑤は一割五分、⑥は二割一分、⑦は三割三分となる。これらの犯罪の大部分は、軍事的緊張地帯で大兵力が配置されている南北辺で起ったものだといえる。告発された武臣の官銜については、『宣宗実録』の性格上どうしても記事が高位の武臣に偏る傾向があり、この点を勘案しなくてはならず、その点を留保したうえでのことだが、どの犯罪でも都指揮・指揮が多いのは共通している。ただ、その職に注目すると罪状によって違いがあることが分かる。③軍士の私役は、所謂衛所官は少なく、総兵官・鎮守・参将等によるものが多い。つまり動員先の前線におけるケースが多かったといえる。④金品の強奪は、千・百戸等も含む衛所官によって起された事件が多くて約半数にのぼる。これは軍士が所属している原衛で起る場合が多かったことを示しており、日常的に軍士と接している衛所官は、直接的な金品の強奪にはしる傾向が強かったといえよう。これは⑤月糧等の横領・搾取も同様で、軍士の所属衛を舞台にして、衛所官によって行われることが多かった。月糧等の支給が衛所官の管理のもとで行われることと関係するのであろう。⑦配下の虐待・私刑は、官銜でいえば都督、職でいえば総兵官や鎮守による場合が多く、動員先の前線で高位の武臣によって行われることの多い犯罪だったといえる。

いずれの犯罪も、被害者は軍士が主で、このほかに余丁・総旗・小旗・軍匠等も含まれる。⑦配下の虐待・私刑では武臣、旗軍の妻や娘、都司の経歴、県の典史、弓兵等が対象になることもあった。被害の規模は、③軍士の私役では一〇〇人未満の場合が多いが、中には数百人に及ぶとみられる例も現われてきている。⑤月糧等の横領・搾取は、単発的な④金品の強奪と異なって恒常化しやすく、軍士の生活に直接影響を及ぼすものだが、まだ件数は意外に少なかった。ただ、宣徳末には忠義後衛等の五衛の衛所官一六六人が告発された事件のような組織的かつ大規模な例も現われてきている。このケースでは被害を受けた軍士の数は万単位にのぼるだろう。⑥軍士の売放は数人から一〇〇人程度の場合が多く、まだ必ずしも多いとはいえないが、中には売放の結果、守備態勢が疎かになった例もある。

目的や内容についてみてみると、③軍士の私役では、狩猟・採木や武臣の私宅で雑用に使役したケースが多く、田土の耕作や商業行為に当てた例もある。ただ、中後期に広くみられる軍屯を占奪し、そこで大規模に軍士を私役して耕作させるような事例は未だ多くない。④金品の強奪で対象になった物品には金・銀・銭・鈔・綿布・家畜・豹皮・金帯・珠環等の多様なものがあるが、北辺で銀を強奪した例はみあたらない。中後期と異なってまだ北辺における銀そのものが少なかった為であろう。⑦配下の虐待・私刑では杖殺・殴殺が約八割を占めるが、その理由は「挟私」・「私憾」・「私忿」等によると記されているものが最も多く、自分の不正を隠蔽する為や、何の理由もなく殺すというような場合もあった。女性が被害者になったケースは全て強姦や強制的に妾としたもので性的な虐待であった。

以上のような弊害は、いつの時代のどこの軍隊でも多かれ少なかれみられたものだったと思うが、要は程度の問題である。③軍士の私役、⑤月糧等の横領・搾取、⑥軍士の売放等は、中後期には恒常化し組織的で大規模なものになり、軍士の逃亡ひいては兵力不足をもたらす大きな要因となっていった。宣宗朝では、その萌しは十分に現われているが、まだ辛うじて単発的・個人的な段階に留まっていたような印象がある。しかし、軍士や武臣が上官を告発するケースや武臣同士が不正を告発しあう場合が少なくないことに示されるように、軍内部の紐帯が薄弱となり、相互の信頼関係が非常に弱まっていた様子が窺える。武臣の犯罪が指揮・命令系統に対する不信感や反感を著しく増幅させ、軍の内部をバラバラにする方向に働いたことは間違いない。この節でみてきた武臣による軍士の酷虐が明朝の軍事力を弱体化させた大きな原因の一つだったといえよう。

第四節　経済事犯

ここでは表3の⑧官物・糧米の侵盗、⑨土地占奪、⑩商業行為・密貿易、⑪商・民・番人等からの金品搾取について述べる。前節でも武臣が不正に経済的利益を図った事件について検討したが、主として配下の軍士からの搾取であった。ここでは直接軍士を対象としたもの以外の様々な経済的犯罪についてみていくことにする。

⑧　官物・糧米の侵盗

これに該当する事例をまとめたものが表12で二六件ある。[63] まず、各年ごとの件数をみると、宣宗の即位後まもなくと宣徳五・六・七年にやや多い傾向があるが、これは他の犯罪と同様である。地域的には、やはり北辺が最も多く六割近くを占める。その内訳は薊州一件・居庸関一件・保安一件・大寧一件・万全一件・山西二件・陝西三件・寧夏三件・甘粛二件である。ほかの地域では、他の犯罪と異なり、北京と内地がかなり多く合わせて一一件ある。告発された武臣の官銜をみると、他の犯罪では都指揮と指揮、特に都指揮の数が多かったが、ここの罪状では都指揮が意外に少なく、指揮・千戸・百戸・鎮撫の衛所官が全体の半数に及ぶ。彼らが軍糧の管理や衛所施設の直接の責任者であったことと関係があるのだろう。又、勲臣・都督という最高位の武臣も三割二分と多くなっている。勲臣・都督は総兵官や鎮守に任ぜられるランクであり、これらの高位のポストの武臣と衛所官に多い犯罪だったといえる。都指揮が少ないこと、他の犯罪では北辺に次ぐ件数があることの多い南辺にみられず、内地や北京がかなり多い点が他とやや異なる傾向である。

それでは各地域ごとに主な事例を示して内容を検討することにする。まず北辺をみると、ここでも鎮守寧夏総兵官・寧陽侯陳懋の事件が挙げられる。これは宣宗朝を代表する不正事件であり、大規模で多くの罪状を含んでいる。ここでの罪状に該当するものについて『宣宗実録』宣徳六年二月壬子の条に

寧夏左屯衛の指揮使張泰奏すらく、寧陽侯陳懋、……又、寧夏各衛の倉、遞年に収粮するに、懋は文書を治《つかさど》る者をして実数を作さしめず、侵盗して入己せり。軍士に告《うった》えるもの有り。懋は宣徳二年より五年に至るまで、都指揮閻俊等と倉糧一万九千余石を盗売せり。又、延慶等の府の通関の計糧二十四万余石を虚売して入己せりと。

とある。ことの発端は寧夏左屯衛の指揮張泰の劾奏で、張泰は陳懋の不正七ヶ条を告発した。その中に、寧夏の各衛の倉吏に納入された軍糧の実数を記載させず、実際よりも少なく書かせておいて差額を着服したこと、宣徳二年から五年の間に倉糧一万九〇〇〇余石を盗売して代金を懐に入れたこと、延慶などの通関の糧あわせて二四万余石を空売りして納入すべき商税をごまかし横領したことが挙げられている。これが最初の段階で指摘された不正である。その後、現地にあった工部侍郎羅汝敬も陳懋の不正を弾劾し、九月に入って御史凌輝が取り調べの為に派遣された(64)。宣徳七年一〇月癸丑の条にその報告が記されており

鎮守寧夏・寧陽侯陳懋の罪を宥す。初め、侍郎羅汝敬、寧夏軍倉の収糧官吏の虚出して通関せしむるは、皆懋の主《す》べし所

表12　官物・糧米の侵盗

洪熙1	1	勲臣	4	北辺	15
宣徳1	1	都督	7	北京	4
2	3	都指揮	5	内地	7
3	3	指揮	8	南辺	0
4	0	千戸	6	（合計）	26件
5	5	百戸	1		
6	4	鎮撫	2		
7	4	他	1		
8	2	（合計）	34人		
9	3				
（合計）	26件				

なること、及び懋の為せし所の不法等の事を奏す。上、監察御史凌輝等を遣わし、往きて其の実を覈べしむ。輝、奏すらく、懋と其の子昭と、倉官に逼令《きょうせい》して、虚出通関せしめ、其の糧直を受く。及び贓罪の金・珠・紵絲・紗羅・馬・驢・牛・羊を乾没《おうりょう》す。皆累《かさ》ねしこと万もて計う。又、衛鎮撫曹昇等に逼令して、積出の附余米を以て、己の為に塩に中《あ》てしめ、金銀物貨に易売して入己せり。計るに懋の盗売せし所の糧は七千余石にして、官米を盗みて塩に中てしところは六千七百余引なりと。又、懋の他の罪も一端に非ざるを劾奏す。

とある。御史凌輝の報告によれば、確認された陳懋の罪状は、倉官に強要して糧を虚出通関させて、納入すべき商税をごまかして懐に入れたこと、贓罪で追徴され官に納むべき金品を横領したこと、衛鎮撫に強制して糧米を出させ、納糧開中に応じようとする商人に売りつけ、その代価を着服したこと等で、陳懋が盗売した糧米は七〇〇〇余石、不正に入手した塩引は六七〇〇余引にのぼるというのである。陳懋はこのほかにも様々な不正を行っている。ここで示した不正も大掛りで、しかも手が込んでおり、とても一人でやれることではない。記事の中で共犯者として息子の陳昭と配下の都指揮閻俊が挙げられているが、閻俊は都指揮という高位者である。恐らく総兵官の陳懋以下、軍の幹部ぐるみの不正だったのだろう。陳懋は、靖難の役で燕王の下で戦った陳亨の子である。寧夏とは縁が深く、宣徳元年に寧夏の総兵官に任ぜられたのは三度目の寧夏勤務であった。現地に様々な人脈があったのだろう。『明史』一四五・列伝三三の伝では、この間のことについて「寵を顧恃して自ら恣《ほしいまま》にし、乾没すること鉅万なり」と簡潔に記している。陳懋は没落もせずに天順七年（一四六三）まで生きて八四才の天寿を全うした。次に宣徳七年一二月丁未の条に

成国公朱勇等、陝西都指揮同知曹敏の監臨自盗等の罪を会問し、応に斬すべしとす。

とある。非常に簡略な記事で、文言からは罪状の内容は分からない。ただ『大明律』刑律一・賊盗「監守自盗倉庫銭

糧」の規定では四〇貫以上は斬刑で、曹敏はこれに抵触したようなので、自分の管理すべき銭糧をたくし込んだのだろう。又、宣徳六年一二月乙未の条に

山西道監察御史盧睿等、備禦薊州太監劉通と総兵官・都督陳敬の蒙蔽侵欺の罪を劾奏す。時に錦衣衛の指揮僉事王息、兀良哈より帰り、駝・馬を以て入関するに、通等、息と交通して馬七十匹・駝五頭を匿し以聞せず。

とある。錦衣衛指揮僉事の王息がウリャンハからの帰途・山海関に入った際に、鎮守の太監劉通らと示し合わせて馬・駱駝を隠匿して横領しようとしたことを弾劾された。王息が連れてきた馬と駱駝の総数が不明なので、馬七〇匹・駱駝五頭がどのくらいの割り合いなのか分からない。劉通と王息が主謀者とみられるが、文言からは劉通の方から話を持ち掛けたような印象を受ける。鎮守薊州永平山海総兵官の陳敬は監督責任を問われたのであろう。次の鎮守陝西行都司の都督僉事王貴と掌粛州衛事の署都指揮僉事呂昇が抗争し、互いの不正を告発しあったことは、④金品の強奪、⑦配下の虐待・私刑の項でも述べた。この項に該当する罪状として、王貴が呂昇の罪を次のように告発した。宣徳八年六月丙戌の条に

掌粛州衛事・署都指揮僉事呂昇は、……官木を盗みて私居を造り、官軍の俸糧鈔四十五万有奇、及び軍糧二百八十余石を盗用し、財を受けて塩倉の鈔を虚出せし……等の事を奏し、之を治《ただ》されんことを請う。

とある。王貴は呂昇の不正五ヶ条を告発したが、その中で、官木を盗用して自宅を造ったこと、軍に支給すべき糧鈔を侵盗したこと、賄賂をとって塩倉の鈔を虚出したことを挙げた。記事の中で「俸糧」とあるから武臣の俸給と軍士の月糧の両方が含まれており、軍士の分のみではない。調査の為に現地に派遣された御史羅閏が、これらが事実であることを確認し、呂昇は獄に下された。ただ王貴についても宣徳九年三月丁酉の条に

鎮守粛州・都督僉事王貴の罪を宥す。是より先、赤斤蒙古衛の部属、屢《しばしば》来帰する者有り。貴は其の駞馬、人口

を私有して、悉く以聞せず。事覚われて始めて半ばを以て官に首《もう》す。

とある。王貴は赤斤蒙古からの来帰者や馬匹を私有して全く報告せず、発覚すると半分だけ申告したというのである。「屢来帰する者有り」とあることからみると、一度に来帰した者を隠匿したのではなく、これまでも同様のことを繰り返してきたようである。しかし、辺防態勢の混乱を避ける為か王貴は宥された。次に、宣徳九年四月戊辰の条に

万全都指揮僉事汪貴の罪を宥す。貴は嘗て私かに官船を毀ちて什器を為《つく》り、官皮を盗んで帳房を作る。

とある。汪貴はかってに官船を壊して、その材料で什器を造ったり、政府の皮革を盗んで帳房を作ったという。簡略な記事で、船を壊して什器を造ったというがその内容がよく分からない。什器というから家庭用の道具で、そんなに大きなものではないと思うが、船を壊して造る什器がどんなものなのか、数はいくつくらい造ったのか不明である。船も全部解体してしまったのか、一部を壊しただけなのか分からない。いずれにしても官船を壊したこと、これも量は分からないが官皮を盗んだことが汪貴の罪だが、結局、宥されたのだから、余り悪質なものではなかったのだろう。

このほか北辺では次のような例もある。まず、③軍士の私役、④金品の強奪の項でも示したものだが、掌陝西都司事・都督僉事胡原の事件がある。洪熙元年閏七月、陝西按察司が胡原を弾劾したが、この項に該当する罪状として「官倉の材料を折毀して演武亭を造」ったことが挙げられている。必ずしも私腹を肥やす為の行為ではないようだが、官物の毀損というべき内容である。(65) 次もすでに④金品の強奪、⑤月糧等の横領・搾取、⑥軍士の売放の項で示したものだが、宣徳三年四月、行在都察院が劾奏した大寧中衛の百戸劉勉の罪の中に「其の馬料を冒支」したことが挙げられている。(66) 軍士に支給したことにして、実際には自分が着服したのだろう。ここまで北辺の事例をみてきたが、中には寧夏の陳懋や粛州の呂昇のような、中後期を彷彿とさせる大規模な不正事件が現われてきていることが注目される。又、ここの⑧官物・糧米の侵盗の罪だけでなく余罪をかかえているケースが多い。つまり、偶々不正を犯してしまっ

たというような者ではなく、常習的に様々な不正を行う武臣が少なからずいたということである。

次に北京の事例をみてみる。宣徳三年三月癸卯の条に

神武前衛の衛鎮撫夏尚忠は、倉糧を盗みて斬に当てられんとするに、母をして奏して充軍贖罪を乞わしむ。

とある。外衛よりも監視の目が行き届いていたと思われる在京の衛でもこのような不正が行われていた。盗んだ倉糧の額は分からないが、夏尚忠は一衛の不正を糺すべき衛鎮撫である。しかも母親に減刑を嘆願させたというのであるから印象は頗る悪い。結局、減刑は認められなかった。又、宣徳三年八月癸未の条に記されている事例は、左副都御史陳勉らの行在都察院の幹部を巻き込む誤審事件に発展したが、その発端は京衛の竜驤衛の三人の千戸の軍糧侵盗だった。記事には

是より先、竜驤衛の千戸劉広・劉震・王文は、軍糧を剋するに坐し、監守自盗を以て応に死すべきを論ぜらる。広等は死を懼れ、妄りに冤なるを訴え、(陳)勉等、遂に改めて杖罪を論ず。（( )は筆者)

とある。劉広らは、当初、刑律一・賊盗「監守自盗倉庫銭糧」の罪に問われ、死罪に擬定されたが、頻りに冤罪であると訴えたので混乱してしまったという経緯である。盗んだ軍糧の量など詳しいことは分からないが、三人の千戸が共謀しての組織的な犯行だったとみられる。次に宣徳七年五月丙子の条に

監察御史盧睿等劾奏すらく、恭順侯呉克忠は、家人及び所部の韃官卜答失里等を縦《はな》ち、騎を馳《は》せ兵を挾みて官馬を劫掠し、牽馬の人を国門の外に殺傷せしむ。請うらくは克忠等を逮え、其の罪を明正にせられんことをと。

とある。御史盧睿が劾奏するには、恭順侯呉克忠が、家人や配下の者を放って官馬を掠奪し、御者を殺傷したというのである。白昼の半ば公然たる行動のようだが、呉克忠も配下もモンゴルの出身者で、馬をみて矢も楯もたまらなかったのかもしれない。次の例も③軍士の私役の項で示したものだが、宣徳五年一一月、御史沈敬が行在後軍都督府の

都督僉事張廉を劾奏した。その罪状は「官木及び甎瓦を盗み、軍匠を役して私居を創造」したことであった(67)。官木等の材料を盗んで自宅を造る例は、ほかにも少なからずみられ、この頃多い不正の一つである。

次に内地の事例をみてみよう。宣徳二年正月戊午の条に

行在兵部奏すらく、保安衛の指揮使李暠・指揮同知聶垣は、皆に粮米を攬納するに因り、当に官を降すべしと。

とある。これは単純な侵盗ではなく、指揮の李暠と指揮同知の聶垣が共謀し、糧米の納入を請け負って、数量をごまかし着服したとみられる。攬納は中後期には多くみられるが、この頃はまだそれほどでなく、これは早い例の一つだろう。しかも、一衛の最高幹部が自ら手を下しての不正である。又、宣徳二年五月乙卯の条に

行在都察院奏すらく、鎮守徳州の都督僉事郭義は、指揮関容・千戸楊嵩等の言に聴《したが》い、逆党の応に官に没すべきの贓物を竊取せり。義、嘗て自ら首《もう》すと雖も、然れども公法を廃すべからず。請うらくは容等と幷せて皆に之を罪せられんことをと。

とある。鎮守徳州の都督僉事郭義が、配下の指揮関容・千戸楊嵩らに誘われて、没官すべき逆党の贓物を着服しようとしたとして、行在都察院がその処罰をもとめた。漢王高煦の王府が山東武定州にあったので、逆党というのはその関係者であろう。籍没の対象となる人数や物品の内容・数量は分らない。郭義は部下に唆されてその気になったが、結局実行できず自分から申し出たわけで、貪欲ではあるが気の弱い人間だったのだろう。次に宣徳六年一二月甲午の条に

行在中軍都督府奏すらく、太倉衛の指揮徐整は、運糧を以て名と為し、軍糧一百一十石を減除して己に帰《おさ》む。当に其の罪を治《ただ》すべしと。

とある。太倉衛の指揮徐整が糧米の輸送を名目として軍糧一一〇石を着服したとして中軍都督府に劾奏された。記事

が簡略で詳しいことは分らないが、一一〇石といえばおおよそ百戸所の一ヶ月分の月糧に当たる。糧米輸送を口実としたとあるから、動員する人数を実際よりも多く申告して支出させておいて、差額を懐に入れたのかもしれない。徐整は指揮だからこの衛の最高責任者である。内地ではこのような衛所官が様々な手段を弄して不正をはたらくケースが目立つ。宣徳七年四月辛亥の条の記事は、南北の都察院同士が事件の取り扱いをめぐって紛糾したことを記している。その原因となったのが横海衛の鎮撫李顒の扱いであった。李顒の罪については「盗糧を以て死に当たる」とある。極く簡単な記載で詳しいことは分からないが、糧を盗んで死罪というのだから、恐らく刑律一・賊盗の「監守自盗倉庫銭糧」の規定に抵触する罪だったと思われる。

このほか次のような例もある。これも④金品の強奪、⑦配下の虐待・私刑の項で示したものだが、宣徳二年正月、湖広按察司が蘄州衛の千戸羅安の罪三ヶ条を劾奏したが、その中に「官屋を毀ちて、以て私居を造」ったことが指摘されている(68)。これも簡単な記事で、官屋を壊したのが場所を空ける為なのか、或いは材料を調達する為なのかはっきりしない。ただ、この頃、官木を盗用して自宅を建てる記事が少なからずみられるので、この場合も官屋を分解して、その材料で自宅を造ったのではないかと思われる。次の例も同様の内容である。やはり既に③軍士の私役、④金品の強奪、⑤月糧等の横領・搾取、⑦配下の虐待・私刑でも示したもので、多くの罪を重ねた典型的な常習犯の寧山衛の指揮李昭に関するものである。この項に該当する罪として「城楼を毀ちて、以て私居を造」ったことが挙げられている(69)。これも前述の千戸羅安の場合と同様、材料調達の為か、スペースを確保しようとしたのか分からない。恐らく前者であろう。次の掌中都留守司事・都督陳恭の事例も多くの罪状を含み、弟の寧夏総兵官・寧陽侯陳懋の件と並んで、宣宗朝を代表する不正事件である。既に③軍士の私役、④金品の強奪、⑤月糧等の横領・搾取、⑦配下の虐待・私刑の項でも述べてきたが、ここの罪状に該当するものとして「圜丘・方丘・皇陵の牆外の樹を盗移して私家に植え、旧内千歩廊の材を盗取して樓居を造る。……又、官木を盗用す」とある。(70) 現地に派遣された御史焦宏の調査の結果明らかになった不法の一部である。その不正の種類の多さ、規模の大きさは、弟の陳懋のケースを除いて他に例をみない。ここでの罪状も十悪の「謀大逆」に触れかねないもので、どうしてこんなことをしたのか聊か理解に苦しむ。陳懋の寧夏での不正も大掛りで多様なものだったが、同時に手が込んでいて計画性がある。それに比べて陳恭の場合はストレートで手当り次第という印象が強い。二人に共通しているのは、内容からみてその不正は一次的なものではなく、多年にわたって行われてきたのだろうということである。それなのに陳懋は宣徳六年の二月、陳恭は一二月と同じ年に告発された。陳懋はその後復活したが、陳恭は遼東に謫戍され家は籍没された。彼らの告発には、その不正の甚だしさ以外にも背景に何らかの事情があるのかもしれない。

以上、武臣が官物や糧米を侵盗した事例をみてきた。年次・地域ごとの件数や告発された武臣の官衙については、**表12**によって前述した。南辺の事例が見当たらないが、これは『宣宗実録』に記された例がないということで、南辺でこのような不正が全くなかったとは考えられない。『宣宗実録』の史料としての性格などにもよるのであろう。ただ、南辺では少数民族との間で激しい戦闘が継続的に起っており、軍需品に対する監視の目が厳しかったということはあるかもしれない。武臣のポストをみると、総兵官や鎮守などの前線の高官と各衛の衛所官で大半を占めるが、特に衛所官が多い。これは侵盗が動員先の前線と原衛で行われたが、中でも原衛が主な舞台だったことを示している。又、内容をみると引用した事例の中でも、指揮をはじめとする衛所官が様々な手段を弄して侵盗する有様が窺えた。④金品の強奪や⑤月糧等の横領・搾取と紛らわしい例もあるが、種々の余罪を含むケースが多く全体の半数にのぼった。更に寧夏総兵官の陳懋や掌中都留守司事の陳恭がその典型的な例だが、官物・糧米の侵盗も、様々な不正の一環として、他の犯罪と連動して行われることが多かったといえる。偶々ある不正を犯してしまったというようなケースではなく、常習的に種々の不正を行っている武臣が少なからずいたということである。また件数からいうと糧米の侵盗が最も多いが、官木を盗用して自宅を造るというケースの多いことが目につく。英宗朝以後の実録ではそんなに目立たないようにも思うがはっきりしない。各実録で取り上げる内容や書き方に相違があるから、『宣宗実録』に特によく記録された為なのか、実際に宣宗朝にこのような不正が多かったのか必ずしも明確でない。

⑨　土地占奪

中後期に軍屯が衰退した原因として、よく武臣による占奪がいわれるので、この項目についてはよく注意して『宣宗実録』をみたが意外に少なく、軍屯と民田を合わせて一六件で、表13に示したとおりである。[71] 事例が少ないことは、史料残存の偶然性にもよることで、実際にそうなのかどうかは一概にはいえない。又、各実録によって取り上げる内容や書き方に違いがあるのも確かである。しかし、土地占奪は重要な事で、どの実録でも記録される可能性の高い事柄である。やはり『宣宗実録』に記された件数が少ないということは、ある程度、宣宗朝の実情の反映とも考えられる。ともあれ表13からみると、年ごとの変化では、宣宗の即位直後と宣徳の後半に集中している。全体的に他の犯罪と同様の傾向といえるが、土地占奪は宣宗朝の後半から徐々に増えつつあったようである。地域別では、やはり他の犯罪と同じく、

表13　土地占奪

洪熙 1	4	勲臣	5	北辺	8
宣徳 1	0	都督	5	北京	0
2	0	都指揮	4	内地	4
3	0	指揮	4	南辺	4
4	0	千戸	0	（合計）	16件
5	2	百戸	0		
6	4	鎮撫	0		
7	1	他	0		
8	3	（合計）	18人		
9	2				
（合計）	16件				

北辺が最も多くて全体の半分を占め、南辺と合わせると七割五分にのぼる。どちらも軍事的緊張地帯で大兵力が配置され、高位の武臣が多く駐劄していたところである。告発された武臣の官銜は、他の犯罪とかなり異なる傾向がみられ、勲臣と都督という最高位の武臣が半分以上を占め、一方で衛所官は極く少ない。衛所官が直接的に自分の所属する衛の屯田を占奪するパターンは、まだそれほど多くなかったことを窺わせる。全体として件数は少ないが、北辺を中心として総兵官や鎮守などの高位の武臣による占奪が、宣宗朝の後半に徐々に増えつつあったとみられよう。

それでは、北辺から各地ごとに事例をみながら、その内容を検討してみよう。まず、③軍士の私役の項でも示したものだが、『宣宗実録』洪熙元年一〇月戊子の条に

行在監察御史李笴奏すらく、山西天城衛の鎮守都指揮僉事魏清は、官軍の屯田二頃を私占し、及び軍士五十余人を家に役す。罪として応に杖すべきも、罰役に当てられんことをと。

とある。衛の長官は基本的には指揮使だが、要衛の衛には都指揮僉事が配置されることも屢々ある。魏清は鎮守として天城衛を預っており、ここの最高責任者である。その魏清が天城衛の屯田を占奪したのだから、ある意味で典型的なパターンだが、その占奪は二頃と北辺の事例としては必ずしも規模の大きなものではない。その占奪がすかさず御史の告発の対象になるところに、当時の状況の一端が反映されているように思う。衛所官による自衛の屯田占奪が頻繁にみられる状況ならば、いくら土地占奪は記録に残りやすいとはいっても、この程度の占奪がすぐに告発され、実録に書き留められることにはなりにくいのではなかろうか。一方で、以下のような高位の武臣による大規模な事例が現われてきている。既に様々な罪状で示してきた寧夏総兵官の寧陽侯陳懋の例で、同じ部分を③軍士の私役の項でも示したが、宣徳六年二月壬子の条に

寧夏左屯衛の指揮使張泰奏すらく、寧陽侯陳懋は、……又、軍を私役して三千余頃に種田せしめ、民の水利を奪

い、歳収の粟は商賈を召きて収糴して塩に中《あ》てしむ。

とある。占奪の面積が記されている事例は多くないが、三〇〇〇余頃というのはその中で断然トップである。その規模からみて一ヶ所にまとまった土地ではなく、各所に分散していたと思われる。ただ、軍士を私役するのは勿論違法だが、三〇〇〇余頃の田土そのものについては、陳懋が不正に占奪したものなのか、或いは合法的に所有しているものなのか、ここの文言からだけでは必ずしも明らかではない。しかし、いずれにしても、陳懋がその威勢にまかせて広大な田土を強引に経営していたことは確かである。次に宣徳六年七月辛未の条に

行在兵部尚書許廓及び御史・給事中劾奏すらく、会寧伯李英は法律を守らず、逋逃の軍民周買児・郭三三等の七百六十余戸を招致して、荘所に分置し、其れをして屯田せしめ、家人を立てて総管の名号と為し、以て之を帥《ひき》いしむ。辺人は皆英を畏れて敢えて言わず。当に英の罪を正すべしと。

とある。李英は西番の出身で、宣徳二年に会寧伯に封ぜられた人物で、このころ西寧に居住していた(72)。ここで逃軍・逃民の七六〇余戸を招致して「荘所」に分置して屯田させ、総管と称する家人に管理させていたというのである。田土の具体的な規模は分からないが、耕作に当たる者が七六〇余戸というのだから、李英がかなり広大な田土を占拠していたことは確かである。しかし、記事の文言からだけではよく分からないところがある。許廓らが李英の罪として告発したのは、逃軍、逃民を招致したこと、これを「荘所」に配して屯田させていること、総管と称する家人に管理させていることの三つである。このうち勝手に逃軍・逃民を抱え込んで私有したことの違法性は分かるが、「荘所」の獲得が不法なものだったのか、総管と称する家人の管理態勢に違法性があったのかについてははっきりしない。ただ、辺人が李英を恐れて何も言わなかったとある。このことから考えると、許廓らが挙げた三点のうち、李英が逃軍・逃民を抱え込むのは、辺人にとって特に痛痒はないことだろう。とすると他の二点、つまり「荘所」が辺人の土

地を囲い込んだり、そこで辺人の水利を奪うなどの強引な経営があったりして、それが辺人の脅威になっていたのだろうと考えられる。これらの推定は次の記事で裏付けられる。宣徳七年五月壬午の条に

会寧伯李英等を錦衣衛の獄に下す。時に西寧衛の指揮同知祁震卒し、其の嫡子成、当に職を襲《つ》ぐべきなるも、庶子の監蔵は英の甥なり。成と襲ぐを争う。震の叔太平、成を以て京師に詣《いた》り弁明せんとす。英は監蔵を右《すす》め、太平の成を右《たす》けるを怒り、千戸海林及び家人撒礼等を遣わし、京城の外数十里に出でて、太平及び其の義児等を捕《と》執《ら》えて家に至らしめ、大杖を用いて殴撃し、尽く其の齎す所の貲を奪い、其の義児を死に致らしむ。御史・給事中、交《こもごも》章して、英の兇を逞しくし威を作して、無罪の人を殺せしを劾す。併せて、英は前に西寧に在りて、叛亡を招納して、官民の田地を侵奪し、凡そ其の家人は皆総管の名色を号せり。不臣の心有り。春秋の人民に将無しに法《のっと》れば、今、英の罪悪已に著わる。宜しく法司に下し、国典を明正にせらるべしと奏す。

とある。李英は、西寧衛の指揮同知の襲職を廻って、殺人事件を起したことを弾劾されて失脚した。このとき科道官は前の西寧における件も併せて劾奏した。そこで李英の「荘所」が「官民の田土を侵奪」した違法なものだったことを指摘している[73]。次の例も多くの罪状を含み、既に③軍士の私役、④金品の強奪、⑦配下の虐待・私刑の項でも示したものだが、宣徳九年二月癸酉の条に

山西行都司の都指揮呂整奏すらく、鎮守大同参将曹倹は、……応州等の処の荘地一百五十余頃を占め、又、大同諸衛の軍百余人を私役して耕種せしむと。……倹も亦た整の強を恃みて私を逞しくし、節制に聴《したが》わず、馬を領し粮を護りて開平に往くに、官軍の財物を科斂せし等の事を奏す。

とある。これは背景に大同総兵官と山西行都司の統属関係をめぐる両者の対立があっての応酬だが、そこで呂整は、曹倹が応州などに一五〇余頃の荘田を所有していることを指摘した。これについて宣徳九年三月壬午の条に曹倹の釈

明が載っており

大同参将・都指揮使曹倹奏すらく、……応州・白堂《ママ》等の処、所種の田荘あるも、歳ごとに例の如く税粮を輸納し、実に人力を借りて耕種せしむ。

と述べた。文中の「白堂」は場所からみて「白道」の問違いかと思われるが、曹倹が釈明するには、確かに応州などに荘田をもっているが、規定の税糧を納めているし、「人力」を借りて耕作させているという。曹倹のいう人力は奴僕や佃戸をさしているのだろう。曹倹はその経営や税負担に違法なことはないと釈明したが、規模については何もいっていない。呂整が指摘した一五〇余頃というのは事実だったのだろう。その弁明からみると、あるいは土地も不法に占拠したものではないかもしれない。しかし、寧夏総兵官陳懋の三〇〇〇余頃には及ばないが、大同参将の曹倹も北辺にかなりの規模の田土をもって経営していたことがわかる。又、宣徳九年一二月庚申の条に

巡按監察御史邵宗言えらく、隆慶衛の致仕指揮周鑑は、民田七頃有奇を占耕して子粒を納めず。民、官に訴えんと欲するに、始めて十畝を還す。又、家人を率いて之を殴撃し、其の肢体を残《そこ》なえり。請うらくは其の罪を治《ただ》されんことをと。

とある。御史が弾劾するには、隆慶衛の退役指揮使の周鑑は、民田七頃余りを占奪して子粒を納めず、持ち主が官に訴えようとすると、やっと一〇畝だけ返したが、家人を連れて押し掛け、その民を殴打して大怪我をさせたという。この場合の子粒は借地代のことであろうか。周鑑はもと衛所官だが、この民田の占奪が現役の時からなのか、退役後に始まったのかよく分からない。すでにかなりの年齢と思われるが、誠に貪欲・吝嗇で凶暴な武臣である。

このほか次のような例もある。これも多くの罪状を含み、既に③軍士の私役、④金品の強奪、⑧官物・糧米の侵盗の項でも示したものだが、洪熙元年閏七月、掌陝西都司事の右軍都督僉事胡原が弾劾された。その罪状の一つに「教

場を侵占して、糜穀を種芸せしめ、民田の禾稼を剗刈して、築きて教場と為す。……悪を累ねて悛めず。請うらくは其の罪を治されんことを」とある[74]。練兵場をつぶして作物を植えてしまい、その代りに民田の作物を刈りとって練兵場にしたというのである。練兵場の位置が便利だったからなのか、土地柄がよかったからなのかよく分からないが、胡原も様々な罪状の項に登場する常習的な犯罪者の一人である。又、鎮守陝西行都司の都督僉事王貴と掌粛州衛事の署都指揮僉事呂昇が抗争して、互いに不正を告発しあったことは既に述べたが、呂昇が挙げた王貴の不正の中に「官軍の屯地を占畊」したことが含まれている。しかし、調査の為に現地に派遣された御史羅閏の報告や、現地で王貴の従人を取り調べた甘粛総兵官劉広の報告にこのことは含まれていない[75]ので、この件は呂昇の捏造だった可能性が高い。ここまで北辺の事例をみてきたが、既に宣宗朝でも寧夏総兵官陳懋・西寧の会寧伯李英・大同参将曹倹などの高位の武臣が、合法・非合法なものを含めてかなり大規模に田土を占有していたことが分かる。これらの事例は中後期を彷彿とさせるものがある。

それでは内地の様子はどうだったろうか。宣徳五年二月己卯の条に

> 武定侯郭玹の罪を宥す。時に巡按直隷監察御史白圭劾奏すらく、玹は家人をして滄州南皮県の民十七家の田土を強奪し、民居を折毀して、荘屋を置立せしむ。天津右衛の指揮呂昇は、玹の勢いに阿附し宮軍の屯田一千九十余畝を奪いて玹に与う。軍・民業を失い、嗸嗸として怨嗟す。玹等の為す所は法に非ず。請うらくは其の罪を治されんことをと。

とある。『明史』一〇五・功臣世表一によれば、郭玹は洪武一七年に武定侯に封ぜられた郭英の後で、永楽二二年に襲封した人物である。郭玹は家人を使って南皮県の民一七家の田土を強奪し、住民の住いを取り壊して荘屋を置いたという。この地が郭玹とどういう関係だったのか、奪った田土の規模はどのくらいだったのか、一七家の住民をどう

したのか等は分からない。他に余りみない「強奪」という書き方がしてあるからその強引さが窺える。更に天津右衛の指揮呂昇は郭玹に阿り、同衛の屯田一〇九〇畝を軍士から取り上げて郭玹に贈った。他にも同様の例があるが、高位の武臣に衛所官が阿附して不正が更に拡大する構図である。北辺の高位者の例からみれば規模は小さいが、郭玹もこれに媚びる指揮の呂昇もより露骨で悪質な武臣たちである。次の寧山衛の指揮李昭もやや異常と思われる常習犯で、既に③軍士の私役、④金品の強奪、⑤月糧等の横領・搾取、⑦配下の虐待・私刑、⑧官物・糧米の侵盗の項でも示したように殆どあらゆる種類の罪を犯している。ここの項目に関しても「官軍の屯田百余頃を占耕」したとある(76)。簡略な記事で場所や労働力の詳しい内容は分からない。衛所官による犯行は既して小規模な例が多いが、「百余頃」とあるのが事実ならば例外で、内地ではとびぬけて大きな事例ということになる。次の掌中都留守司事の都督陳恭も李昭と同様で、既に③軍士の私役、④金品の強奪、⑤月糧等の横領・搾取、⑦配下の虐待・私刑、⑧官物・糧米の侵盗の罪のところで触れた。ここでも「軍士の田地十余頃を強占し、歳ごとに軍民を役して耕種せしめ、米麦三千余石を収め」たことが挙げられている(77)。軍士の田地とあるから屯田だと思われるが、一〇余頃と北辺に比べると余り大規模ではない。しかし米麦三〇〇〇余石の収穫があるのだから北辺に比べて生産性が高いのだろう。ここまで内地の事例をいくつかみたが、内地は件数も少なく、寧山衛指揮李昭の例を除いて、余り規模も大きくはないようである。

次に南辺についてみてみよう。宣徳六年四月丁未の条に

総兵官・左都督陳懐の罪を宥す。是より先、御史王礼劾奏すらく、懐は、……家人を縦《はな》ちて官軍の屯田二百四十余坵を奪い、軍をして子粒を虚納せしむ。……請うらくは懐等の罪を治《ただ》されんことをと。

とある。陳懐については②軍務遂行上の不正・怠慢、⑦配下の虐待・私刑にも該当する罪があって既に示した。結局、陳懐は失脚して四川総兵官を解任されることになるが、その経緯は第一章で述べた。ここでの罪は軍の屯田を占奪し、

そこからあがる屯田子粒を懐に入れたことである。総兵官という高位の武臣による犯行であること、規模が大きいことなど、北辺に通ずる要素が窺える。次に宣徳八年八月戊戌の条に

　監察御史馬駿劾奏すらく、四川行都司の都指揮僉事朱忠・陳栄は、任所に於いて官田を佃種せしめ、官屋に僦任《ママ》せしめて税糧を納めず。事覚わるるを聞きて補納し、首領官吏をして前の年月を以て文書を具えしむ。請うらくは之を治されんことをと。

とある。朱忠・陳栄という四川行都司の都指揮僉事が、勝手に佃戸を官屋に住まわせて官田を耕作させ、その収穫を懐に入れて税糧を納めなかった。事が発覚すると慌てて未納分の税糧を納め、首領官に帳尻を合わせる工作をさせたというのである。田土の規模等については分からない。ただ、行都司の幹部二人の共謀による犯行だが、総兵官等の高位の武臣による強引な占奪とはやや印象が異なる。典型的なパターンとして、軍の屯田を占奪して軍士を私役して耕作させるというかたちがあるが、この例は佃戸に耕作させたのだから様子が違っており、当然懐に入れる分も少ない。更に不正が発覚すると慌てて税糧の未納分を納めたり、文書の工作をしたりしており、おっかなびっくりで及び腰の不正という印象がある。このほか次のような例がある。これも④金品の強奪でも示したものだが、既に死亡した広西都指揮同知葛森の妾許氏が、広西総兵官・鎮遠侯顧興祖の不法を訴えたが、その中に「広く園池を拓く」ということが挙げられている[78]。ただその詳細は分からない。又、洪熙元年一〇月、降格されていた福建漳州衛の千戸甘斌が上京して、宣宗即位を機にもとの指揮使に戻してほしいと訴えたことがあった。結局、復職は認められなかったが、その理由として以前の罪の中に「民田を強奪」したことが挙げられている[79]。

　以上、武臣の土地占奪についてみてきた。『宣宗実録』に記録された事例が少ないから、宣宗朝では土地占奪そのものが少なかったとは必ずしもいえない。このことは前に述べたとおりである。しかし、中後期に比べて、まだそれ

ほど多くなかったことも事実だろう。というのは、土地占奪は各種の不正の中でも大掛りなものである。単発的・一時的な物品の横領などと違って、占奪した田土を経営することになるのだから、多年にわたり半ば公然たるものにならざるをえない。どうしても記録に残りやすい面があると考えられる。それにも拘わらず『宣宗実録』の事例が少ないというのは、ある程度は実情の反映でもあると思う。少ない件数だが、その中にみられる特徴として次のような点が挙げられる。告発された武臣のポストをみると、総兵官・鎮守・参将といった高位の者が多く衛所官は少ない。又、地域的には南北辺が事例の大部分を占め、特に北辺が多く内地は少ない。全体的に北辺を舞台にした高位の武臣によるケースが多かったといえる。規模が記されているものに二頃・七頃・一〇頃・一〇〇頃・一五〇頃、或いは一〇九〇畝・二四〇坵などの例があり、とびぬけたものに寧夏総兵官陳懋の三〇〇〇余頃という例がある。具体的には分からないが西寧の会寧伯李英のケースも大規模だったと思われる。土地は不法に占奪したものか、合法的なものか、或いはそれらが入り混っているのか、はっきりしないケースも少なくない。地域によって生産性が違うから、面積だけで単純に比較はできないが、規模が大きいのは主に北辺である。南北辺は軍事的緊張地帯で大兵力が配置されているが、生産力が低くて糧食の自給が困難で、常に軍糧の確保に腐心しなければならなかった。高位の武臣にとって田土の経営はそれだけ大きなメリットがあったということであろう。占奪の対象となった田土は軍の屯田が最も多く民田がこれに次ぐ。なかには軍の練兵場といった例もある。耕作に当てた者としては軍士・逃軍・逃民・家人・佃戸などの例がある。全体として土地占奪の事例はまだ多くないが、宣宗朝の後半には北辺で大規模なケースが現われてきているといえよう。

また土地占奪が大掛りな不正だということと関連するが、土地占奪だけを告発された例は極く少なく、犯人の大半は他にも多くの余罪をもっている常習犯的な武臣である。土地占奪は大掛りなのでほかの種々の不正も連動しないと実行が難しいという面もあるのだろう。その代表的な武臣が寧夏総兵官陳懋と掌中都留守司事陳恭の兄弟、掌陝西都司事の胡原や寧山衛指揮の李昭である。

⑩　商業行為・密貿易

武臣が禁じられている商業行為や密貿易を告発された事例は表14に示したように一一件ある。[80] 年ごとの件数をみると、他の犯罪は宣宗の即位直後と宣徳四・五・六年頃に多い傾向があるが、⑩商業行為・密貿易は、これと異なり、宣徳六年以後に徐々に増えつつあったようにみえる。この点、⑨土地占奪と同様である。地域では殆どの事例が北辺である。告発された武臣の官銜は、都指揮が最も多いことは他の犯罪の場合と同様だが、これに都督・勲臣を加えた高位の武臣が圧倒的に多く、指揮以下は極く少ない。主として宣宗朝の後半に、北辺の都指揮以上の高官に多くみられた不法行為だったといえる。これらの点は概ね他の犯罪にも共通しているが、特に⑨土地占奪とよく似た傾向を示している。

では北辺から主な事例の内容をみてみよう。最初は、他の罪状でも度々登場する寧夏総兵官・寧陽侯陳懋の例である。陳懋については既に③軍士の私役、⑧官物・糧米の侵盗、⑨土地占奪の項でも述べたが、ここの罪状に該当するものとして、『宣宗実録』宣徳六年二月壬子の条に

寧夏左屯衛の指揮使張泰奏すらく、寧陽侯陳懋は、……軍士二十人を遣わし、人ごとに二馬を給し、銀を齎《あた》えて、杭州に往きて貨物を市《もと》めしむ。……又、(都指揮)閻俊等と軍を遣わし、車九百余輌を輓きて、大塩池の塩を載せ、西安・平涼等の府に往きて売らしむと。　(( )は筆者)

とある。張泰が告発した陳懋の罪状は七ヶ条あるがそのうちの二つである。一つは、陳懋が軍士二〇人に各二頭の馬

を引かせ、銀をもって杭州に行き貨物を購入させたことが挙げられている。この貨物について、寺田隆信氏が杭州の絹織物であろうと述べていることは前述した。記事の文言からして、告発した張泰は、軍士たちの派遣のことは知っているが、その詳しい目的は知らないか、或いはこの軍士たちはまだ寧夏に帰っていないのかもしれない。いずれにしても、陳懋がもたせた銀の額は分からないが、二〇人の軍士と四〇頭の馬を派遣したのだから、本人が用いる為などではなく、商売の為に大量の物品を仕入れるつもりであろう。絹織物と思われる杭州の産品は寧夏を始めとする北辺で売り捌くのか、或いはモンゴルに持ちこんで売るのかもしれない。もう一つは、都指揮閻俊と共謀しての私塩の販売である。九〇〇余輌の荷車に大塩池の塩を積んで西安・平涼等に運んで売らせたというのである。量は記されていないが、車輌数からみて莫大な量には違いあるまい。都指揮の閻俊については、宣徳八年一二月癸酉の条の記事によって、「陝西都指揮同知」だったことが分かる。閻俊は陝西都司の次官に当たる幹部だったわけで、陳懋が寧夏から送り出した私塩を現地で受け取って販売する役割だったのだろう。陳懋は九月になって再度弾劾された。宣徳六年九月庚午の条に

行在工部侍郎羅汝敬奏すらく、寧陽侯陳懋は、前に寧夏に鎮守するに、家奴をして私塩を鬻《ひさ》がしめ、掾史祁傑等の貪暴を縦《ほしいまま》にせしめ、軍人を箠死せしむ。

とある。当時、任務の為に寧夏に在った行在工部侍郎羅汝敬の劾奏である。陳懋は既に四月に北京に召還されていたが、寧夏在任

表14　商業行為・密貿易

洪熙 1	1	勲臣	2	北辺	9
宣徳 1	0	都督	3	北京	0
2	1	都指揮	7	内地	1
3	0	指揮	2	南辺	1
4	0	千戸	1	（合計）	11件
5	0	百戸	1		
6	2	鎮撫	1		
7	1	他	1		
8	3	（合計）	18人		
9	3				
（合計）	11件				

中のこととして、家奴を使って私塩を売らせていたことが挙げられている。これが二月に張泰が告発した西安・平涼での私塩の販売と同じことを指しているのか、或いは別件なのかはっきりしない。いずれにしても陳懋がさかんに私塩の売買をしていたことは確かである。結局、陳懋は四月に北京に召還された[81]。次の事例は武臣の個人名を挙げての告発ではないが、却って北辺一帯で違法の交易が常態化していた様子が窺える。宣徳七年一二月戊申の条に

> 右副都御史賈諒、公事を以て甘州に往くに、人を遣わして奏して言えらく、蘭県迤北の諸駅を経過せるに、凡そ逓運の馬・驢及び牛は多く痩損し、軍も逃亡せるもの多し。老幼の男女を役して輓逓せしめ、昼夜未だ嘗て休息あらず。人・牛一時に倶て凍死せし者有り。蓋し甘州操備と下番の官軍、法律を守らず、仮《いつ》わりて衣装を取討し、馬・驢を置買するを以て名と為し、擅に各站の馬・驢に乗り、陝西に往来して交易し、又、逓運所を威逼し、車載を用いて甘州に送りて貿易し、及び下番の官は倶《みな》軍伴を帯するに、駅馬に混乗し、恣に民害を為すに因る。乞うらくは該司に勅し、禁約を掲榜せられんことを。幷せて諸衙門に行して、凡そ関文を起こすに、応に送るべきの官物を将《もっ》て、数目を塡写して、私貨を夾帯するを許さず。仍《また》、廉幹の京官一員を遣わし、京師より甘州に抵るまで、往来して巡視せしめ、官軍人等の経過するに遇わば、関文の開せる所の正数を除くの外、余の私物は所在の有司をして見数を称《しら》べて入官せしめ、及び応に馳駅すべからずして、輒《みだ》りに応付せし者を査《しら》べ、倶て擒えて京に解《おく》らば、奸頑なるものをして懼れを知らしめ、人も亦た安きを獲るに庶《ちか》からんと。

とある。裁判関係の任務で甘州に赴く右副都御史賈諒が、途中から人を遣わして上奏してきたものである。途中から急報してきたところに、北辺の駅伝の疲弊の深刻さと賈諒の危機感の強さが窺える。蘭県以北の諸駅では馬・驢・牛は痩せ細っており、配置されている筈の軍士の多くは逃亡し、老人や女子供が休む間もなく追い使われ、人・牛ともに凍死してしまうことすらあるという。賈諒は、その原因として、甘州に動員されてゆく部隊や帰還してくる部隊が、

様々な口実を設けて陝西や甘州での交易に駅伝の牛馬や車を使用すること、武臣の軍伴たちも駅馬を使うこと等を挙げた。その対策として、符験の濫発の取り締りや、官物に紛れ込ませて運ぼうとする私物の検査を強化することを提案した。このような違法の交易は、武臣本人だけでなく、武臣に配属された当番兵である軍伴や一般の軍士も巻き込んでの不正であろう。中後期の駅伝の弊害と破綻の状況については星斌夫氏が明らかにしている[82]が、そのような弊が既に宣宗朝でも現われていたことが窺える。

このほか宣徳八年正月庚午の条に

陝西鞏昌府の通判翟霖奏すらく、鞏昌衛の都指揮僉事汪寿は、私かに店舎五百余間を造り、私茶を潼関等の処に停塌し、軍民・客商を縦《はな》ちて、青紅の布帛・段疋を販帯して入関せしむ。又、金牌を齎して馬を買わしむ。内官人等も亦た私貨を帯びて入番し、又、番人の馬の直を減じ以て私馬に易う。又、番人の贄見の馬匹・諸物を索し、番を出ずるに比《およ》び、官馬の数少なく、私馬の数多きに、混同して芻料を支給す。欺弊百端なり。請うらくは悉く禁止せられんことをと。

とある。前にも述べたが、衛の長官は基本的に指揮使だが、要衝の衛には都指揮僉事が配置されることがままある。この汪寿も実質的には鞏昌衛を預る衛所官である。それがこのように大掛りな交易活動をしていた例は珍しい。「私かに」とあるものの、五〇〇余間に及ぶ店舎を構えているのだから、非合法とはいえ半ば公然たるものであろう。これを拠点として私茶を商い、軍民や客商を使って盛んに布帛・段疋の密貿易を行っていた。このほか不正に金牌信符を使って番人から馬匹を購入していたという。谷光隆氏によれば、金牌信符は、陝西方面における茶馬貿易が盛んになったのを受けて、これを統制・監督する為に洪武二六年に定められたもので、私茶の出境を取り締まって、茶馬貿易を朝廷の統制下におく為の制度である。具体的には、三年に一度、内府に所蔵してある金牌信符（上号）を京官が預って現地に赴き、三司の官とともに番境に入り、予め西番諸族に交付してある金牌信符（下号）と照合して茶馬の交易を行うものであった(83)。汪寿はこれを不正使用して馬匹の密貿易を行っていたのだろう。軍馬の確保は朝廷にとって重大な問題で、虜・番との茶馬貿易はその重要な手段である。対虜・番に用いる馬匹を相手方から購入するのだから、茶馬貿易自体が微妙な問題を孕むもので、朝廷の対応は慎重だった。汪寿はこれを悪用して多大の利益をあげていたのであろう。

次の鎮守陝西行都司の都督僉事王貴と掌粛州衛事の署都指揮僉事呂昇の抗争と弾劾の応酬については他の罪状のところでも度々触れた。ここの罪状に該当するものとして、王貴が呂昇を告発した宣徳八年六月丙戌の条の記事の中に

掌粛州衛事・署都指揮僉事呂昇は、……出境して私かに赤斤蒙古衛の韃官鎖可なる者と通じ、禁に違いて駝・馬を買いて塩に中《あ》てし等の事あり。請うらくは之を治されんことをと。

とあり、呂昇が赤斤蒙古衛の鎖可という者と密貿易を行っていたことを挙げている。ただ、「塩に中て」るとあるので開中法を悪用して利益を図るのかと思うが、買い入れた駝・馬をどのように利用するのか、その手段がよく分からない。呂昇も反発して王貴の罪を告発した。それについて宣徳八年閏八月癸酉の条に

監察御史羅閏奏すらく、比者《このごろ》、掌粛州衛・署都指揮僉事呂昇奏すらく、鎮守・都督僉事王貴は、……夷人と交通し、軍器を造りて西番に往き、駝・馬に易えりと。……臣に命じて往きて其の実を勘べしむ。昇の言えし所は妄なること多く、実なるは惟だ二、三のみなり。謹んで以聞すと。

とある。呂昇が劾奏した王貴の不法の中には夷と交通していること、西番との間で武器と馬・駝の交易をしていることが含まれている。しかし、調査の為に現地に派遣された御史羅閏は、呂昇の告発には虚偽が多いと報告した。ただ、羅閏は二、三の事実はあるといういい方もしている。その事実の中に密貿易のことが含まれていたのかどうか、文言

からだけでは分からない。この点について、宣徳九年三月丁酉の条に

鎮守粛州・都督僉事王貴の罪を宥す。是より先、……又、擅縦《ほしいまま》に沙州衛の人をして入関して市易せしむ。其の事を発せし者有り。上、総兵官・都督僉事劉広に命じて、貴の従人を執えて之を鞫さしむに、広奏すらく、事皆実なり。請うらくは貴の罪を治《ただ》されんことをと。

とある。王貴が沙州衛の人を使って密貿易をさせていたことを告発された。宣宗が、鎮守甘粛総兵官劉広に命じて、王貴の従人を取り調べさせたところ、事実であることが確認されたが、結局、王貴は宥された。ここの記事には「是より先」とあるが、これが前年の呂昇の告発と関わりがあるのかどうかはっきりしない。今回は「其の事を発せしもの有り」と記されており、告発者は呂昇ではないように思われる。或いは呂昇が告発したこととは別件なのかもしれない。いずれにしても、呂昇は告発されたことが事実と認定されて獄に下された。王貴は、結果的に宥されたものの、総兵官劉広の調査によって、密貿易が事実だったことを確認された。結局、二人とも密貿易をしていたことになる。舞台が甘粛だから、元来交易の盛んな地域ということもあろうが、高位の武臣がさかんに密貿易を行っていた様子が窺える。このほかに次のような例がある。これも他の多くの罪状でも度々示したものだが、洪熙元年七月、西安衛の軍校が掌陝西都司事・都督僉事胡原の不正を告発した。その中に「私茶を市《あきな》う」という一条がある。(84) しかし、簡単な記述で詳しいことは分からない。次の例も既に様々な罪状で示したものだが、宣徳九年二月、山西行都司の都指揮呂鏊が大同参将の都指揮曹倹の不正を劾奏した。その中で、曹倹が阿魯台の使者との間で、武器と駱駝を交易したことが挙げられている。これについて曹倹は次のように釈明した。「往年、虜使阿都赤の北に帰るを送るに、彼に駝の病みて前《すす》む能わざるもの有り。因りて衣服を以て之に易《か》えしものなり」と述べた。(85) 阿魯台の使者の阿都赤の帰還を送った際、病気で進めなくなった駱駝を引き取って、代りに衣服を贈ったのだということである。武器を与えたこと、

商取り引きであることを否定したわけである。宣宗はこれを曹倹の粉飾だろうと述べたが、結局、曹倹を処罰しなかった。

次に内地の事例だが、宣徳二年正月、金山衛の百戸王銘が配下を率いて松江に赴いた時、軍士から賄賂を受けて私塩の取り引きを黙認したとして行在刑部に劾奏された(86)。詳しいことは分からないが、必ずしも王銘自身が私塩を扱ったわけではないようで、武臣と軍士の共犯のケースで、内地での唯一の事例である。次に南辺をみると、宣徳九年三月辛卯の条に

巡按福建監察御史黄振奏すらく、漳州衛の指揮覃庸等は番国と私通せり。巡海の都指揮張翥・都司の都指揮金瑛・署都指揮僉事陶旺等、及び左布政使周克敬も倶《みな》嘗て庸の金・銀・帽・帯等の物を受く。庸は已に事覚われて籍没せられ、翥等の原《もと》受けしところの物も、亦た皆官に輸せしめらる。但だ方面の重臣たるもの、小人と交通し、其の賍賄を受けしは、寛仮すべからず。請うらくは究治すること律の如くせられんことをと。

とある。件数の少ない南辺の事例だが、巡按御史の黄振が劾奏するには、漳州衛の指揮使覃庸らが番国と密貿易を行い、巡海都指揮張翥、福建都司の都指揮金瑛、署都指揮僉事陶旺から福建左布政使周克敬まで、みな覃庸から金品を贈られて受けとっていたというのである。御史黄振は彼らの処罰をもとめたが、文中に「方面の重臣たるもの」云々ということばがあるから、主たる狙いは金瑛や周克敬の処罰にあるのだろう。ここでは「番国」と記されているだけで、どこの国と何をどのくらい交易したのかは分からない。ただ、一衛の長官たる指揮使が主謀者で、海上警備の責任者である巡海都指揮や都司・布政司の最高責任者まで巻き込んだ非常に大掛りなものである。さすがに取り締まりの元締めの按察司には工作していないようだが、都司・布政司の福建における軍・民政の最高幹部を取り込み、彼らの黙認のもとに行われた密貿易である。恐らく、単発的なものではなく、ある程度の期間にわたる半ば公然たる行

為だったろう。主謀者の覃庸が布政使や都指揮使に様々な金品を贈ったとあり、弾劾した御史の黄振は、「賍賄」とあるから、これを密貿易見逃しの代償とみたのだろう。しかし、実際は布政使や都指揮使がもっと深く関わっていて、密貿易の利益の分配だった可能性もあるのではないか。いずれにしても、大掛りで組織的な海禁違反の密貿易で、北辺とは別な意味で構造的な背景をもった事例である。

以上、武臣の商業行為・密貿易の実例をみてきたが、殆どが北辺を舞台にしたものである。扱われた物品で記されているものをみると茶・塩・馬・駝・布帛・段疋等があり、実際に交易の対象になったかどうかは分からないが武器も挙げられている。特に目立つのは茶・塩・馬匹であり、北辺での茶馬貿易に関わる不正が最も多い。交易の相手など関係者として挙げられているのは西番・赤斤蒙古・沙州衛等であった。大規模なものとして寧夏総兵官陳懋による私塩の大量販売、鞏昌衛都指揮僉事汪寿の店舗五〇〇余間を構えての私茶をはじめとする種々の物品の交易などの例がある。又、駅伝の牛馬・車輛を不正に使用しての交易を告発された例があったが、これは恒常的な弊害となっていたものであろう。このほか、一件だけだが、福建を舞台とした都司・布政司を巻き込んでの番国との密貿易の例がみられた。これも大規模なもので、奥の深い問題を孕んでいる。北辺でも南辺でも、中後期に一段と顕著になるこれらの弊害が、宣宗朝にも既に現われていたといえる。

⑪　商・民・番人等からの金品搾取

ここでは、武臣が、配下の軍士等ではなく、一般の農民や商人、或いは番・蛮・黎人等の少数民族から金品を搾取した事例をみていく。表15に示したように、このような犯罪は二二件ある(87)。年ごとの告発件数をみると、他の犯罪の多くは宣宗の即位直後と宣徳四・五・六年頃に多く、⑨土地占奪と⑩商業行為・密貿易は宣徳の後半に増加する傾向

表15　商・民・番人等からの金品搾取

洪熙1	0	勲臣	2	北辺	10
宣徳1	2	都督	2	北京	0
2	3	都指揮	7	内地	7
3	2	指揮	6	南辺	5
4	3	千戸	5	（合計）	22件
5	6	百戸	7		
6	3	鎮撫	1		
7	1	他	1		
8	2	（合計）	31人		
9	0				
（合計）	22件				

がみられた。しかし、ここの項目の犯罪は、やはり宣徳四・五・六年にやや多いようだが、それほどはっきりしておらず、割合い平均した印象がある。いつもみられた犯罪ということであろう。地域をみると、やはり北辺が最も多く、南辺を合わせると全体の七割近くになる。これは他の多くの犯罪と同じだが、内地が意外に多い点、他の犯罪とやや趣が異なる。各々の内訳を示すと、北辺は山海関四件、居庸関一件、寧夏二件、陝西三件で、内地は山東一件、鳳陽一件、儀真揚州一件、松江一件、杭州一件、江西二件であり、南辺は福建一件、広東二件、広西二件である。山海関や居庸関など、北辺の諸関の件数の多いことが目につく。告発された武臣の官衙では、都指揮が最も多く、この点は他の多くの犯罪と同じだが、指揮以下を衛所官としてまとめるとこれが六割以上を占め、特に千戸・百戸等の中下級武臣が多い。これは他の犯罪には余りみられない傾向である。記事がどうしても高位の武臣に偏りがちな『宣宗実録』の性格を考えると、それにも拘わらずこのような傾向がみられることは非常に興味深い。実際には、この犯罪は衛所官によるケースが大部分を占めていたのかもしれない。土地占奪や密貿易など、大掛りな犯罪が勲臣や都督などの高位の武臣によるものが多かったのと対照的である。農民や商人などに対する強請・たかりのような犯罪は中下級武臣によって行われる場合が多かったのだと思われる。

それでは幾つか事例を示しながら、その内容について検討する。所謂「邀阻」の害が最も多いので、まずこれにつ

いてまとめてみておくことにする。『宣宗実録』宣徳元年六月戊辰の条に

巡按山東監察御史王紹奏すらく、吏部、吏の張貴等七十人を遣わして、遼東に赴役せしむ。路に山海を経るに、守関の指揮蘇晟等、邀阻すること旬日、綿布三百九十五匹を逼取して、方《はじ》めて関を度《こ》えしむ。請うらくは之を罪せられんことをと。

とある。巡按山東御史王紹の告発によれば、吏部が派遣した胥吏七〇人が遼東に赴任する途中、山海関で指揮蘇晟らに一〇日間も通行を阻止され、綿布三九五匹を差し出して、ようやく通過することができたという。これは「邀阻」と称され、関隘の通行を妨害して金品を巻き上げるもので、軍による犯罪の中でも非常に頻繁にみられたものである。この例で被害を受けたのは、私人というわけでなく、吏部が派遣した七〇人にものぼる胥吏の一行である。当然、吏部は彼らの派遣について事前に正規の手続きをとり、勘合も持参していたと思われる。それにも拘わらず邀阻の害を受け、単純に平均すれば一人当たり綿布五・六疋ほどを搾取されたのである。この事件を機に邀阻の禁令が榜示されることになった。しかし、その効果はなかったようで、宣徳三年八月甲申の条に

遼東安楽州知州侯進奏すらく、臣は命を奉じて赴任せんとし、家を携えて以て行き、山海関を経。已に行（在）後軍都督府の出関の勘合を給せらるるに、守関の指揮葛昇等、稽留して遣《や》らず。必ずや賄賂を索取して始めて放行を得しめんとせしならん。凡そ経過する者、皆其の貪暴に苦しむ。請うらくは之を罪せられんことをと。

（（ ）は筆者）

とある。安楽州に赴任する知州の侯進が家族とともに山海関に差し掛ると、行在後府発行の勘合があるのに通過を阻まれたというのである。結局、侯進は金品を取られないで済んだようだが、指揮葛昇らは通行する者に誰彼なく袖の下を強要し、これを差し出さないと通過できず人々が苦しんでいると劾奏した。知州でさえスムースな通過を妨害さ

れたケースである。更に宣徳四年八月癸未の条に

都指揮使李昌、受賕に坐し贖罪せしめらる。昌は山海衛を掌り、関を度《こ》えんとする商人より財物を逼取せり。事覚われ、行在都察院、徒罪を論ず。都御史顧佐言えらく、昌は老にして応に贖わしむべしと。

とある。掌山海衛事の都指揮李昌が、山海関を通る商人から財物を搾取し納賄の罪に問われた。これらの事例をみて注目されるのは、宣徳元年・三年・四年と山海関警備の責任者が蘇晟・葛昇・李昌と代っているにも拘わらず、邀阻の弊がやまないことである。邀阻が習慣化して一種の利権のようになっていたのであろう。邀阻では山海関が最も目立つが、これは山海関が遼東への関門として軍事・交通の要衝で人の交通が頻繁であることに加え、北京にも比較的近くて朝廷に情報が入りやすく記録されやすかったという事情もあったと思われる。山海関以外でも次のような例がある。宣徳元年五月、鎮守居庸関の都督沈清がその不法を弾劾された。この例も多くの罪状を含み、③軍士の私役、④金品の強奪、⑤月糧等の横領・搾取でも示したが、ここの項目に該当するものとして「関口に商人を邀阻し、其の物貨を取る」とある。[88] 居庸関でも通過する商人から貨物を召し上げていたことが分かる。簡単な記述で詳しいことは分からないが、山海関のような衛所官ではなく、鎮守の都督という高位の武臣によるケースである。或いは大掛りなものだったかもしれない。

更に邀阻は北辺に特有なものではない。次は内地の杭州前衛の百戸李真の例である。他の罪でも示したものだが、李真は関津の警備に当たっていて「老軍をして行人を邀阻して財物を需索せしめ、月納に定数有りて、足らざるものは之を撃ちて死せしめ」たという。[89] 退役軍士に強制して邀阻をやらせ、毎月ノルマを決めて財物を差し出させ、額の足りない者を撃ち殺したというのだから誠に悪質なケースである。簡略な記述なので、関津が具体的にはどこなのか、どんな人々を対象に何を搾取したのかはっきりしない。しかし、退役軍士たちはノルマを達成しようと必死だったろ

うし、「行人」とあるから通行人を誰彼かまわず、手当り次第に何でも奪ったのであろう。結局のところ、路上の強盗と変りないありさまだったと思われる。又、南辺については宣徳五年正月丙寅の条に

福建万安千戸所の千戸夏麟奏すらく、本所の城池は切に大海に臨み、近《ちかごろ》、延平衛の官軍五百人を増して同《とも》に守る。領軍の千戸張忠・百戸陳瑾は、軍士をして納糧の人を邀阻せしめ、糧米を強取し、財物を搶奪し、及び婦女を強姦し、肆《ほしいまま》に非法を為すと。

とある。万安千戸所の千戸夏麟が、延平衛からの増援軍の行状について劾奏したものである。援軍を率いてきた延平衛の千戸張忠・百戸陳瑾は、配下の軍士に納糧の人を邀阻させて糧米や財物を強奪させ、婦女を強姦しているというのである。「納糧の人」というのは衛所の倉に糧を納めに来る農民であろう。この例は現地軍と増援軍の間がうまくいっていないというだけでなく、或いは背景に増援軍の給与支給に関するトラブルがあっての事件かもしれない。というのは、規定のうえでは現地軍は月糧一石を支給されている。一方、増援軍は、原衛の残った家族に月糧が支給されているものの、動員先の本人には一日一升か一升五合、月にすれば三斗か四斗五升の行糧しか支給されない。同じ任務についていながら、延平衛からの増援軍は現地の万安千戸所の軍に比べて二分の一か三分の一の給与しかもらっていないのである。増援軍の責任者の千戸張忠ひとりだけでなく、補佐役とみられる百戸陳瑾も一緒に告発されており、この点からみると、増援軍幹部の相談のうえの行動で、張忠らが個人的な利益を図っての邀阻ではなかった可能性が高い。だからこそ、現地の千戸夏麟も当初あまり強く阻止できなかったのかもしれない。しかし、財物の強奪や婦女の強姦は明らかな犯罪行為であり、軍は所属の原衛でよりも動員先で悪事を働くことが多いが、これもそのケースの一つである。以上のように、鎮守居庸関の都督沈清という例外はあるが、交通を妨害しての強請・たかりである邀阻の殆どは指揮以下の中下級武臣によって行なわれたもので、被害者は農民・商人から胥吏に及び、時には官僚ま

で巻き込まれることもあった。ここまで件数の多い邀阻について先にまとめてみてきた。ここから、また地域ごとに種々の犯罪の事例をとりあげることにする。

まず北辺について、宣徳二年三月甲寅の条に

陝西岷州衛の百戸陳瑛、罪有りて誅せらる。瑛、初め番民の馬を劫奪し、番民の告《うった》えんと欲するを聞き、執えて之を殺す。法司逮問し、実なるを具えて斬罪を論ず。

とある。岷州衛の百戸陳瑛は、番民の馬を強奪し、番民がそのことを訴えでようとしているのを聞いて、これを捕えて殺してしまったというのである。奪った馬の数などは分からない。虜・番・蛮民等を激変すること、つまり不用意に刺激して不穏の動きを醸成することは、朝廷にとって極めて警戒すべき危険な行為といわねばならない。朝廷の厳しい処分には番民たちの心情を宥めようとする狙いもあったと思われる。次に宣徳七年九月辛巳の条に

長陵衛の指揮僉事秦英等誅に伏す。英と百戸李忠と天寿山を守るに、毎月、山に近きの軍民五十余家を召きて、各々布一疋を納めしめて、山に入りて樹を伐り鬻売するを聴《ゆる》す。累受の布は三百疋に至る。事覚われ、法司、其の罪の死に当たるを論ず。

とある。皇帝直属の親軍衛の一つである長陵衛の指揮僉事の秦英と百戸李忠は、天寿山の守備に当たっていて、附近の五〇余家に毎月布一疋を差し出させて、天寿山の樹木を伐採して売ることを許していたというのである。受け取った布の合計が三〇〇疋になるというのだから、単純計算すれば半年近くに及ぶことになり、衝動的に悪事をはたらいたというようなものではない。十悪の山陵の毀損に抵触するような事件だが、悪質さというより綱紀・軍紀の弛緩という印象が強いケースである。わずかばかりの袖の下を取って重大な規則違反を認めたところに、けちくささと計画性が入り混ったちぐはぐな感じがある。軍民の五〇余家がどのような処分を受けたのかは分からない。

このほか、北辺には次のような例がある。宣徳三年二月、陝西の文県守禦千戸所の千戸楊瑛が、馬児潘関の生番が命を拒んでいるとして討伐を要請してきた。招撫を命じられた隆平侯張信が、指揮劉瑛を現地に派遣して調査させたところ、楊瑛が軍糧を強制的に取り立てた為に番人が抵抗したという事情が明らかになった。これも番人の「激変」を招きかねない危険な行為である。「糧を納めしめて軍需に充つ」とあるので、楊瑛が自分の利益を図って搾取したのではないかもしれないが、結果的に番民の騒擾を招いてしまったケースである[90]。又、宣徳八年一〇月、永平府知府の李文定が、鎮守永平山海総兵官の都督僉事陳敬を劾奏した。陳敬が配下の吏属を使って「民の馬を強取し、民の財物を奪」わせたというのである[91]。極く簡単な記事なので、馬匹や財物の内容は分からない。又、陳敬が馬や財物を自分の懐に入れたのか、或いは吏属の監督責任を問われただけなのかもはっきりしない。ここの項で扱っている犯罪に総兵官という高位の武臣が関わることは少ないので、あるいは後者だったかもしれない。又、宣徳八年一二月、陝西都指揮同知閻俊が、かつて寧夏衛の責任者だったとき「運糧の民より白金等の物を受けて虚出通関」させたことを告発された[92]。閻俊は前述の寧夏総兵官陳懋による私塩の大量販売の共犯者でもある。前述の天寿山の樹木を伐採させた事件と同様、民が一方的な被害者というわけではなく、武臣と民の共謀ともいえるケースである。

次に内地の事例をみると次のようなものがある。ここで扱う犯罪は衛所官によるものが多いこと、内地の事例の多いことが特徴である。宣徳五年二月己卯の条に

> 巡按監察御史章聡奏すらく、徳州左衛の指揮・千・百戸・鎮撫の張鑑等三十五人は、山東平度州の秋糧二万五千石を収むるに、堆積して延べること両月の上にして、五十石毎《ごと》に布三十匹を索《もと》め、方《はじ》めて上倉を与《ゆる》す。又、多く米を収めしめて入己せり。民、其の害を受け、車・牛を売りて以て之に賂《まいな》いするに至る。通計するに受けし所少なからず。請うらくは其の罪を治《ただ》されんことをと。

とある。巡按御史章聡が劾奏するには、平度州から山東徳州左衛の倉に上納すべく運ばれてきた糧米二万五〇〇〇石を二ヶ月以上も積み上げたままで放置し、受理の手続きをしようとしない。五〇石ごとに布三〇匹を強要し、糧戸がこれを差し出すと始めて受理手続きをするというのである。糧戸の中には賄賂の費用を工面する為に荷車や牛を売り払う者もあるという。勿論、賄賂のほかにこの間の滞在の費用も掛ることになる。更に章聡は、受理に当たって規定より多くの糧米を納めさせて、差額を横領しているとも指摘する。名前が挙げられた張鑑が同衛の指揮使とみられるが、千戸・百戸・鎮撫に至るまで三五人というのだから、一衛の衛所官の殆ど全てが関与しての組織的な犯行である。このような不正は徳州左衛に特有なものではなく、程度の差こそあれ、どこの衛でもみられたであろう。ある意味で、衛所官によるいやがらせ・搾取の典型的な手口である。誠に悪質な犯罪といわねばならない。次に宣徳五年三月丁卯の条に

応城伯孫傑、罪有りて獄に下さる。初め、傑は命を受けて、鳳陽の諸郡に往き、馬に印識するに、過《よぎ》る所貪暴にして、盱眙《くい》の県官は、傑の酷刑を畏れ、牧馬の家より白金七十両を斂《あつめと》りて之に賂《まいな》いせり。江都の県官も亦た白金二百余両を斂りて之に賂いせり。巡按御史李叙廉、其の実を得て以聞す。

とある。孫傑は、官馬を確認して焼き印を押す任務を帯びて鳳陽に派遣されたが、沿途でも貪暴の振舞いが多く、孫傑を恐れた盱眙の県官は、官馬を養っている馬戸から合わせて銀七〇両を取りたてて差し出し、江都の県官も同様に二〇〇余両を贈ったという。(93) 盱眙や江都の県官とあるのが知県なのか、馬戸を管理している担当者なのか、或いは被害にあった馬戸の数などについては分からない。ただ、差し出した銀の額が七〇両・二〇〇余両というのだから、まだ銀が豊富に出回ってはいない当時の様子も窺える。この例の最終的な被害者は馬戸だが、県官もまた高位の武臣から威嚇される場合もあったことが分かる。ここでは勲臣の事例は珍しいが、孫傑は、靖難の役の功臣で成祖の即位と

ともに応城伯に封ぜられた孫巖の四代目である。永楽二二年に襲爵し、この時獄に下されたがその後爵に復し景泰二年に歿した。世襲を重ねた勲臣の無能で凶暴なありさまが窺える。次に宣徳五年七月壬子の条に

江西按察司奏すらく、横海等の衛の千戸文荘等、旗・軍を領《す》べて公用を以て名と為し、袁州府分宜県の民の納税の山木を斬伐し、及び商人の已に買いし木を奪えり。荘等は出入するに鳴金為号し、其の兇威を肆《ほしいまま》にし、民の家財を掠め、郷村を震驚し、商旅を撹擾せり。得し所の木は三万余根にして、又、皆売財して入己せり。請うらくは其の罪を治《ただ》されんことをと。

とある。江西按察司が劾奏するには、横海衛の千戸文荘らは、公用との名目で分宜県の民間の税木を勝手に伐りとり、商人が既に買い付けてある材木を奪い、出入りの際には銅鑼を鳴らし大声で号令を掛け、民の家財を劫掠するなど、郷村や商旅をさわがせ、結局、掻き集めた材木三万余本を売り払って、その代金を懐に入れてしまったというのである。「公用」の内容が分からないが、北京で必要な材木を集める為に京衛から派遣されたのだろう。普通に考えれば、命ぜられた数量を残して、余分なもの三万余本を売却したのかと思うが、文言からみると掻き集めた材木を全て売り払ったようにも思われ、どうもはっきりしない。ただ、民の家財を劫掠したのは明らかな犯罪である。次に宣徳五年一一月甲寅の条に

直隷松江府奏すらく、太倉衛の千戸卞瑾は、捕盗を以て名と為し、亡頼の軍民二百余人を率いて金鼓、器仗を執り、官司を経ずして上海県に越入し、郷村の民皆驚走するに、遂に財物を掠取し、又、火を縦《はな》ちて民の廬舎・積聚を焚けりと。

とある。松江府の訴えによれば、太倉衛の千戸卞瑾は、捕盗の名目で亡頼二〇〇余人を率いて、事前の通知もなく上海県に入り、郷村で財物を劫掠し民家や貯蔵物に放火したという。本来、軍の出動に当たっては、沿途の府県で行糧

が支給されることになっているので、その準備の必要もあり、事前に府県に通知して了解を得ておかなければならない。しかし、この場合は「亡頼の軍民」とあり、正規の軍士ではないので行糧支給は期待できない。郷村を掠奪したのはその為かもしれない。「捕盗」という名目ではあるが、これも正規の命令によるものではあるまい。或いは始めから掠奪の目的で出動した可能性もある。いずれにしても、実際のところ盗賊の行為と違いはない。次に宣徳六年六月丙辰の条に

　建昌府知府陳鼎奏すらく、荊府の承奉蕭韶は民家・池塘・土地を強占せり。護衛の指揮文斌は、軍牧の馬を縦《はな》ち、民田の稼を傷つく。又、生事《ことをな》して軍民を縶縛して捶辱し、財物を掠取せりと。

とある。建昌府知府陳鼎の告発には、王府の承奉蕭韶の悪事とともに、護衛の指揮文斌が牧馬の馬を放って民田の作物を踏み荒したこと、騒動を起して軍民に財物を強要したことが挙げられている。文斌がなぜ馬を放ったのかは分からない。このほか、宣徳四年九月、鎮守儀真揚州の都指揮僉事陳文が「官民の財物を求索」した廉で告発された例がある[94]。しかし、極く簡略な記事で詳しい内容は分からない。

次に南辺の事例についてみる。鎮守広西総兵官・鎮遠侯顧興祖は問題の多い人物で、他の罪状のところでも示したが、ここに該当するものとして、宣徳二年七月己亥の条に

　詔して鎮遠侯顧興祖を逮えしむ。……興祖、又、指揮張珩等を遣わして、仮《か》りるに軍務を以てし、土官人等より金・銀二千五百余両、馬百余匹を逼取せしむ。又、民居を強奪し、女婦を挟娶せし等の事あり。巡按御史の劾奏するところと為る。

とある。顧興祖が逮捕され広西総兵官を解任されたが、その罪状の一つとして、指揮張珩に命じて、軍務の為という名目で、土官から金・銀・馬匹を差し出させたことや、民の住居を強奪し婦女をとりあげたことが挙げられている。

土官もまた搾取の対象となったことが分かるが、当時としては少なくない金・銀の額や馬匹の数からみて、被害を受けた土官は一人ではあるまい。金・銀・馬匹は、顧興祖とその手先になった指揮の張珩が懐に入れたのだろうが、張珩が顧興祖とどのような関係でどこの衛に所属していたのか等は不明である。又、民居や婦女を奪ったことの詳しい事情も分からない。次に宣徳六年一一月乙酉の条に

広東海南衛の管屯百戸劉得は、軍を領べて文昌県の黎村に入り、黎民の財物を掠取せり。按察司奏請すらく、之を治《ただ》されんことをと。

とある。海南衛百戸の劉得が黎族から財物を掠取したとして按察司に弾劾された。北辺でも同様の事例がみられたが、少数民族の「激変」、つまり無用に刺激して不穏の動きを醸すことは、朝廷が最も強く警戒するところである。掠取した物品や量など詳しい内容は分からないが、劉得の「管屯」という役目からみると、或いは屯田をめぐる紛争があった可能性も考えられる。このほか南辺には次のような例もある。宣徳二年六月、広東都司の最高幹部の都指揮趙成と李竜が巡按御史連均に弾劾された。「初め、海南の盗、民の財物を劫《かす》めるも、既にして捕獲せらる。劫めし所の財を追し、解《お》りて都司に至るに、成らは之を匿して民に還さず」というのである(95)。これは、趙成らが強奪したわけではなく横領・着服したというケースである。又、③軍士の私役、④金品の強奪、⑤月糧等の横領・搾取でも示したものだが、宣徳四年二月、鎮守竜州の都指揮僉事張貴・黄玹が広西按察司に弾劾された。黄玹は土官であるが、「民居を折毀して、……蛮民を激変し、多く逃竄するに致」ったことを告発された(96)。民居を「折毀」した理由や経緯は分からない。

以上、軍関係者以外の人々が被害を受けた例をみてきたが、その内容から概ね三つのパターンに分けられよう。一つは「邀阻」と称されるもので、通行する人を待ちうけて通過を阻み、通す代りに金品を強要する。山海関がその代

表で、居庸関でも同様の例がみられた。北辺以外でも、杭州や福建では一般の通行人や糧戸を対象にした例があった。二つには、衛所倉への糧米納入に関わる搾取である。巡按御史章聡が劾奏した徳州左衛の例がその典型で、指揮使以下三五人の衛所官が組織ぐるみで、納米の受理手続きの際に賄賂を強要したものである。三つには、有無を言わせず財物を強奪する盗賊まがいの行為で、件数からいえばこれが最も多い。

犯人については、表15の分析からも窺えたが、実例をみてくると、徳州左衛の例にもみられるように、指揮・千戸・百戸・鎮撫等の衛所官、つまり中下級の武臣だったことが一層はっきりする。確かに事例の中には広西総兵官の鎮遠侯顧興祖や鎮守居庸関の都督沈清のような高官も含まれている。しかし、彼らには多くの余罪があり、多方面にわたる様々な不正を行う中に、この項で扱った罪も含まれていたというケースであり、ここの罪状が主役ではない。やはり⑪商・民・番人等からの金品搾取の中心は衛所官であった。そうだとすれば、南北辺だけでなく、内地での事例が意外に多かったことも頷ける。又、被害者は民とのみ記されている場合が多いが、ある程度わかるものに次のような例がある。まず商人・納糧の農民・馬戸等の一般の人々とその婦女等から、番人・黎人等の少数民族、更に胥吏・土官まで含まれる。直接的な被害までは受けなくとも県官や知州などの文臣が影響を被ることもあった。被害は非常に広い範囲に及んでいる。武臣たちが、配下の軍士に限らず、機会さえあれば軍関係者以外の人々をも搾取の対象にしていた様子が窺える。搾取の対象となった物品については財・財物と記されているだけで、内容の分からない場合が多いが、分かる例としては金・銀・馬・綿布・材木等がある。その数量に関しては、中には材木三万根というような例があるものの、驚くような事例は多くない。つまり、ここの⑪商・民・番人等からの金品搾取で扱った犯罪は、内地も含めて、衛所官に代表される中下級の武臣によるケースが主で、露骨で直接的であると同時に、概していわばけちな犯罪が多かったといえる。この点、軍士を対象にした④金品の強奪の場合とよく似た傾向がみられた。

小結

前節では武臣が軍士等の配下を搾取・圧迫した事例をみたが、その中の④金品の強奪、⑤月糧等の横領・搾取、⑥軍士の売放は経済的な利益を目的にした犯罪であり、③軍士の私役もこれに近い。本節の事例も不正に経済的利益を図ったものだが、直接的に軍士等を対象にしたもの以外の犯罪について検討した。その内容は⑧官物・糧米の侵盗、⑨土地占奪、⑩商業行為・密貿易、⑪商・民・番人等からの金品搾取で、合わせて七五例あった。これらの事例は『宣宗実録』から収集したものである。これまで何度か述べたように、『宣宗実録』には史料の性格からくる制約があり、史料残存の偶然性ということも考えなければならない。それ故これらの事例にみられる傾向や特徴をストレートに明軍全体に敷衍することは慎まなければならない。一方で、これらの事例もまた当時の明軍の実情の一端を示していることも間違いない。以上の点を念頭におき『宣宗実録』所載の記事という条件をつけたうえだが、⑧から⑪の事例をみると、罪状によって舞台となった地域や武臣の官・職に特定の傾向がある。まず各罪状ごとにそれをみておきたい。

⑧官物・糧米の侵盗についてみると、他の多くの犯罪と共通するが、宣徳五・六・七年の中期にやや多い傾向がある。地域では北辺が断然多くて全体の六割近くを占める。一方、他の犯罪では北辺に次ぐことの多い南辺でみられず、内地の割り合いが他の犯罪に比べて高く三割を超す。告発された武臣の官・職に注目すると、他の多くの犯罪で最も多数を占めた都指揮が比較的少なく、指揮以下の中下級武臣が全体の五割と多くなっている。また最高位の勲臣・都督も三割強の比率がある。職でいえば、指揮・千戸・百戸・鎮撫等は、衛所を管理する衛所官であり、勲臣や都督は

前線の総兵官や鎮守に任じられる。武臣の犯罪の主要な舞台は、軍が日常生活をおくっている原衛と動員先の南北辺に大別できるが、⑧官物・糧米の侵盗の場合、前線で高位の武臣によるケースも少なからずあるけれど、件数からみれば原衛で衛所官による場合がより多かったといえる。内地での事例が多いこともこれと関連している。侵盗の対象の物品としては軍糧が最も多く、それに次ぐのが私宅造営の為の官木で、これに馬匹等の家畜を加えた三つが主要なものであった。このうち、自宅を造るための官木盗用という罪状は、その後の実録ではそんなに頻繁には見ないように思われるがはっきりしない。軍糧侵盗の件数は予想よりも少なかったが、中には寧夏総兵官の寧陽侯陳懋のような大規模な例も現われてきている。又、告発された際の罪状をみると、⑧官物・糧米の侵盗以外にも複数の余罪を含むものが約半数あり、様々な不正と連動して行われるケースが多かったといえる。又、多方面にわたって不正を行っている常習犯的な武臣が少なくなかったことも窺える。

次の⑨土地占奪も中後期に広範に蔓延した状況から考えて、もっと多いかと予想したが件数ではまだそれほど多くなかった。しかし、宣宗朝の後半に次第に増加しつつあったことが看取された。地域では北辺が五割、南辺が二割五分で、大部分が南北辺での事例であり、特に北辺に多い。武臣の官・職をみると、⑧官物・糧米の侵盗とは明らかに違っていた。千戸以下の例は全くみられず、勲臣・都督といった最高位の武臣の割り合いが六割近くを占める。つまり、宣宗朝の段階では、衛所官が自分の所属する原衛の屯田や附近の民田を占奪するというパターンよりも、南北の前線地域で総兵官・鎮守・参将のような高位の武臣によって行われるケースが多かったといえる。土地占奪は各種の不正の中でも大掛りなものなので、有力な高官によることが多かったということであろう。事例が南北辺に多かったということに関しては、これらの地域は軍事的緊張地帯で大兵力が配置されているにも拘わらず、生産力が低くて軍糧の確保が困難だった事情が背景にあったと思われる。規模が記されている例をみると、まだ一〇頃以下の場合が多いが、中には寧夏総兵官の寧陽侯陳懋の三〇〇〇余頃、大同総兵官代行で参将の都指揮曹倹の一五〇頃、寧山衛の指揮李昭の一〇〇余頃等の大規模な例が、宣宗朝の後半に現われてきている。地域によって生産力が異なるから、面積だけで一概にはいえないが、これらの大規模な土地経営の事例の殆どは北辺におけるものである。勿論、これらの土地は非合法に占奪したものだけではなく、合法的に得たものも含まれていると思われるが、その中で不法な占奪の対象となったのは、軍の屯田等の官有地が最も多く、民田がこれに次ぐ。耕作に当たらせた労働力としては、配下の軍士・逃軍・逃民・家人・佃戸等が挙げられている。中後期の典型的なパターンとして、北辺で、高位の武臣が軍屯を私物化し、配下の軍士を私役して耕作させたということを考えると、宣宗朝の後半には、まだ件数は多くないが、その萌芽が明らかに現われていたといえる。

⑩商業行為・密貿易も予想したより件数が少なかったが、⑨土地占奪とよく似た傾向がみられ、宣宗朝の後半に増加しつつあったことが窺える。地域別の件数では北辺が八割以上を占め、殆ど北辺に限られた犯罪だったといってもよい。武臣の官銜では勲臣・都督・都指揮、職でいえば総兵官・鎮守・参将等の高位の者が七割以上を占め、指揮以下の衛所官は三割にも満たない。扱われた主要な品物は茶・塩・馬で、西番・赤斤蒙古・沙州衛等を相手とする茶馬貿易に関わる密貿易が圧倒的に多い。大規模なものとして寧夏総兵官・寧陽侯陳懋による私塩の大量密売、鞏昌衛都指揮僉事汪寿の店舎五〇〇余間を構えての私茶・布帛等の売買の例が挙げられる。これも⑨土地占奪と同様に大掛りな不正なので、高位の武臣によるケースが多くなったのだと思われる。又、一件だけだが、福建で衛の指揮使が主導して、都司・布政司の最高幹部まで巻き込んでの大規模な海外貿易の例があり注目される。

⑪商・民・番人等からの金品搾取は、⑧官物・糧米の侵盗、或いは前章で扱った軍士を対象とした④金品の強奪や⑤月糧等の横領・搾取と共通する特徴がみられた。年ごとの件数に余り顕著な偏りはみられないが、強いていえば宣

徳四・五・六年の中期に多い。地域では、やはり北辺が全体の四割五分と最も多いが、内地の比率も三割二分と高く、二割強の南辺を上回っている。告発された武臣に都指揮が多いのは他の犯罪と同様だが、勲臣・都督のような高官は一割ちょっとで極く少なく、指揮以下の衛所官が六割三分を占め、特に千戸・百戸といった中下級の武臣が多い。内容では、盗賊まがいの金品の強奪が最も多いが、これに次ぐのが通行を妨害して金品を強要する「邀阻」と称される犯罪で、主に山海関や居庸関でみられた。又、農民が衛所倉に糧米を納入する際、わざと手続きを遅延して賄賂を強要する例もみられた。中には徳州左衛のように三五人の衛所官による組織的な犯行もあった。被害者には商人や農民ばかりでなく胥吏や土官も含まれるが、番・蛮・黎民のような少数民族が被害を受けることも少なくなかった。

武臣の犯罪の主要な舞台の一つは武臣や軍士が所属する原衛である。ここでは軍士がその家族とともに、指揮・千戸・百戸・鎮撫等の衛所官の監督のもとで日常生活を送っている。転任はあるものの、武臣・軍士ともに原則的に世襲で、両者ともいわば顔馴染みの世界である。もう一つの舞台が、各衛の軍士が動員されて配置につく南北辺の前線である。ここでは現地の衛所軍である主兵と各地からの増援軍である客兵が混在し、勲臣・都督・都指揮等の高位の武臣が任ぜられる総兵官・鎮守・参将等の指揮下におかれる。各々の舞台で異なった特色と問題があり、起りやすい犯罪にも相違がある。本節で扱った⑧官物・糧米の侵盗や⑪商・民・番人等からの金品搾取、前節の軍士を対象にした④金品の強奪⑤月糧等の横領・搾取は、主に前者の舞台で起りがちな犯罪で、共通しているのは、千戸・百戸など中下級の武臣による犯行が多いこと、内地でも少なからずみられることである。その内容も、概してストレートな盗み、或いは強請・たかりのようなけちな悪事が多い。これに対して⑨土地占奪や⑩商業行為・密貿易は不正の中でも非常に大掛りなもので、南北辺、特に北辺を舞台にして行われた。これらの悪事は大規模で長期にわたり、半ば公然たるかたちにならざるを得ない。どうしても総兵官や鎮守などの有力な高官でなければできなかったのだろう。

第五節　その他の罪

この節では表3の⑫一般的な犯罪・スキャンダル、⑬礼法上の違反・怠慢、⑭不明について述べる。

⑫　一般的な犯罪・スキャンダル

ここで示すのは、軍に特有な犯罪というわけではなく、普通にみられる犯罪で、偶々犯人が武臣だったというケースや、個人的なスキャンダルの事例である。表16に示したように一四例ある。[97] 件数が少ないのではっきりした傾向をみることはできないが、強いていえば次のようである。他の犯罪は宣徳四・五・六年頃に多いが、ここの事例は宣宗の即位直後にやや目立つだけで、そのほかは余り大きな変動はない。地域ごとの件数は表示のようだが、その内訳は、北辺は陝西二件・甘粛二件で、内地は通州・河南・湖州・浙江・江西各一件で偏りはなく、南辺は四川一件・広西二件である。内地の事例が多いのは④金品の強奪、⑤月糧等の横領・搾取、⑧官物・糧米の侵盗、⑪商・民・番人等からの金品搾取などの犯罪と似ている。しかし、告発された武臣の官銜をみると勲臣・都督などの高位の武臣が多く、この点は⑨

表16　一般的な犯罪・スキャンダル

洪熙1	4	勲臣	4	北辺	4
宣徳1	1	都督	3	北京	2
2	1	都指揮	2	内地	5
3	1	指揮	2	南辺	3
4	1	千戸	2	(合計)	14件
5	1	百戸	1		
6	1	鎮撫	0		
7	2	(合計)	14人		
8	1				
9	1				
(合計)	14件				

土地占奪や⑩商業行為・密貿易などと共通している。明らかな傾向が見出せないのは件数が少ない為だが、同時に一般的な犯罪やスキャンダルなので、どこでもみられるもので、そのため地域や犯人にとくに特徴はなかったともいえよう。いくつかの事例を示しながら、その内容をみてみよう。

まず、北辺の事例として、また掌陝西都司事・都督僉事胡原の件がある。胡原については既に③軍士の私役、④金品の強奪、⑧官物・糧米の侵盗、⑨土地占奪の罪状でも示した。ここに該当するものとして「名籍無き人を隠占して家奴と為し」たこと、「寧夏衛鎮撫の女《むすめ》を取りて妾と為し、幷せて其の父兄を挟《わきばさ》みて以て帰る。又、騎士五十八人を役して、妾の父の出入に侍せしめ」たことが挙げられている。[98] 逃民を自分の奴僕としたり、正二品の都督僉事たる胡原からみれば、遙か下僚の従五品の衛鎮撫の娘を妾とし、その父親をちやほやしていることは、どちらも高位の武臣として、あってはならないスキャンダルであろう。次の鎮守粛州・都督僉事王貴と配下の掌粛州衛事・署都指揮僉事呂昇の抗争と相互の劾奏についても、既に③軍士の私役、⑦配下の虐待・私刑、⑨土地占奪、⑩商業行為・密貿易のところでも示した。ここの罪状に該当するものとして、王貴が「擅《ほしいまま》に人を宮して、以て使令に充て」たことが挙げられている。[99] 勝手に人を去勢して使役したというのであるが、これは呂昇の告発の中にあることで、現地で調査に当たった御史羅閏は呂昇の訴えには虚偽が多いといっているので、このことも事実かどうか必ずしも明らかではない。しかし、虚偽だとしても、高位の武臣にはまま有り勝ちな不正として挙げられたともいえる。

次は北京の事例だが、『宣宗実録』宣徳元年三月戊戌の条に

> 羽林前衛の指揮使陳広誅に伏す。広は酒を貪り暴横にして、亡頼と結びて盗を為し、人を殺して獲えらる。法司、鞫訊して実なるを得、当に斬罪を以てすべきも、其の母存養を訴乞す。

とある。羽林前衛の指揮使陳広は、日頃から飲酒に耽って横暴だったが、無頼と結託して強盗をはたらき人を殺して

獲えられた。法司は斬罪を論告したが、陳広の母親が死罪を免じて存養させてほしいと哀訴したというのである。恐らく陳広が母親にそうさせたのであろうが、結局、訴えは却下された。この事件は、犯人が偶々武臣だっただけで、全く普通の強盗殺人を犯したケースである。羽林前衛は皇帝直属を誇りとする親軍衛であり、陳広はそこの最高責任者である。これは当時の北京でも衝撃的な事件だったのではないかと思われる。

次は内地の事例だが、宣徳二年四月丙子の条に

法司奏すらく、河南都指揮僉事王真は、罪人の女《むすめ》を買いて妾と為すに坐す。罪として応に徒たるべしと。

とあり、河南都司の都指揮僉事王真が、罪人の娘を買い取って妾とした廉で法司に徒刑を論告された。どういう罪人なのか、また王真が事前に罪人の娘であることを知っていたのかどうかは分からない。前述の胡原と似たような事件だが、王真の方がよりスキャンダラスである。又、宣徳三年一二月丁未の条に江西道監察御史陳憲が歿した記事があり、その治績が記されているが、そこに

行在江西道監察御史陳憲卒す。憲、字は延章、浙江定海県の人なり。進士より監察御史に擢んでられ、湖広・江西を巡按するに、荘重にして憲体を知る。其の江西に在るや政績尤も著わる。……吉安守禦千戸の臧清は、貪淫兇悪にして殺人破家すること、殆ど紀《しる》すに勝《た》えず。都司は賂いを受けて常に之を曲庇す。按察司・巡按御史も之を知ると雖も、皆怯懦にして、敢えて問うもの莫し。憲の至るや清の一家の罪無き三人を殺せしを廉得し、執訊して引伏せしめ、京師に械送す。一郡宴然として道に舞忭す。

とある。時期は必ずしも明らかでないが、兇悪な吉安守禦千戸所の千戸臧清が、貪淫・殺人・強盗をくり返していたが、江西都司は臧清から賄賂をおくられていて偽り庇い、按察司や巡按御史も畏れて手をつけることができなかった。陳憲が着任すると臧清を摘発して罪を認めさせ、北京に械送したという。陳憲の治績を顕彰する書き方になっている

が、吉安府中が舞い上って喜んだというから、兇暴で常習的な犯罪者として有名だったのだろう。臧清の犯罪については抽象的ないい方で詳しいことは分らない。しかし、陳憲が、臧清に『大明律』刑律二・人命では凌遅処死を科される「殺一家三人」の罪を認めさせたというのだから少なからぬ殺人を含む罪状だったとみられる。文言からみて、被害者は配下の軍士よりも一般の民が主だったように思われる。臧清が配置されていた守禦千戸所は、普通の千戸所と違って、衛には属さずに江西都司に直属している独立守備隊の如きもので、そこの千戸は上部の衛の掣肘を受けず、勝手なことをやり易いということもあったかもしれない。この事例も軍に特有な内部犯罪というわけではない。他にも幾つかそのような例があるが、臧清も異常な性格の常習的犯罪者だったのだろう。次に宣徳五年四月癸酉の条に

　行在三法司奏すらく、……湖州千戸所の百戸李智・馮鼐は、陰かに強盗をして行劫せしめ、劫めし所の財を以て己に帰《おさ》む。又、私怨を以て罪無き四人を殺せり。律に於いて皆《とも》に当に斬すべしと。

とあり、これも極めて凶暴な犯罪である。湖州千戸所の百戸李智と馮鼐は、陰かに盗賊を使って掠奪してまわらせ、その盗品を懐に入れていた。二人はいわば盗賊の頭目であり、もし自ら手を下していなくとも強盗をはたらいたのと同じである。更に私怨から四人の人間を殺害したという。使った盗賊の人数や、私怨の内容、或いは四人の殺害が同時なのか別々なのかといった詳しい内容は分からない。ただ、文言から盗賊も被害者も配下の軍士ではないように思われる。このほか、宣徳七年一二月に浙江都司の署都指揮僉事王璿が「貪淫の罪」で、広西に謫戍された例がある[100]。非常に簡略な記事で詳しいことは分からないが、都司の幹部が謫戍されたのだから、かなり悪質な行為があったのだろう。

次に南辺の事例をみてみよう。宣徳六年九月乙酉の条に

　会川衛の千戸丘能を斬す。能は累ねて強盗を為し財を劫む。行在都察院、律に擬して応に斬すべしとす。

とある。これも簡単な記述で詳しいことが分からないが、四川会川衛の千戸丘能が強盗の罪で斬刑に当てられた。「累ねて」とあるから一時的なものではなく常習的に強盗をくり返していたケースである。このほか南辺では広西総兵官の鎮遠侯顧興祖の件がある。④金品の強奪、⑨土地占奪のところでも示したものだが、洪熙元年九月、顧興祖のもとの配下で既に亡くなった広西都指揮同知葛森の妾だった許氏が顧興祖を訴えた。そこに「故夫の次妾を抑求」したことが挙げられている。[101] この次妾は関連する記事から「袁氏」という名前だったことが分かるが、亡くなった旧配下の妾を強制的に自分の妾にしたというのだからスキャンダラスな行為である。ここまで普通の犯罪で犯人が武臣だったものやスキャンダルの主な例をみてきた。次の例は犯人が武臣ではないので表16の数には入れていないが、誠に悪質で悲惨な事件なので記しておく。宣徳六年五月壬辰の条に

行在刑部奏すらく、定遼後衛の舎人、隣の児の銀の項圏《くびかざり》を貪らんとし、啖わすに果餌を以てし、誘いて僻地に至らしめ、殺して之を取り、尸《しかばね》を水中に沈む。当に斬すべしと。上曰わく、古語に匹夫に罪無し、璧を懐くは其の罪なりとあり。是の児は蓋し項圏之を殺せしなり。愚人の其の子を愛する者、以て戒めと為すべしと。

とある。定遼後衛の舎人が、隣家の子の銀の首飾りを奪おうとし、おやつをやって人気のない所に誘い出して殺し、首飾りを奪い子供の遺体を水に沈めて隠したというのである。宣宗は左氏伝の言葉を引きつつ、首飾りがその子供を殺したようなものだと述べ、子供が可愛いばかりに分不相応なものをもたせたりするものではないと、子供の親を戒めるような口吻である。宣宗のクールな一面を示すものの、無用に人の悪心をそそるようなことはすべきでないという趣旨は分かるが、何よりも悪いのは幼い子供を殺した犯人である。又、この首飾りがどのような細工のものか分からないが、当時、遼東ではまだ銀そのものがそれほど豊富に出回っていない様子も窺える。

以上、一般的な犯罪やスキャンダルの実例をみてきた。表16によって述べたように、地域的に大きな偏りはなく、

どこでも起り得る種類の事件だったといえる。告発された武臣には勲臣や都督といった高位の者が多いが、事件の内容をみると、逃民を奴僕にした例や人を去勢して使役した例もあるが、大部分は女性問題に関するスキャンダルであった。もう一つが、軍の内部矛盾からおこった軍に特有な犯罪というわけではなく、どこでも起る一般的な犯罪で、犯人が偶々武臣だったというケースである。このような犯罪は殺人や強盗など凶暴な内容のものが多く、しかもくり返している場合が多い。このような罪を犯す犯人の中には異常な性格をもった常習犯と思わざるを得ないような者もいる。事例の中に出てきたこのような犯人は、いずれも指揮・千戸・百戸等の中下級武臣であった。彼らは世襲で衛所官の職につくべき立場の人間である。犯罪者的な要素をもった人間はどこにでも現われる可能性があるが、そのような人間が世襲の制度によって偶々武臣の職についてしまったということであろう。このような人間は、たとえ武臣の地位になくとも犯罪を起しがちな人々だったと思われる。もう一つの世襲のグループに最高位の軍事貴族である勲臣があり、勲臣にもやはり同様の傾向がみられる。しかし、勲臣は元来その数が少ないので、中下級武臣ほどには弊害が目立たない。

⑬ 礼法上の違反・怠慢

事例は一五件で、その内容は表17に示したとおりである[102]。年ごとの件数は、宣宗の即位後しばらくと宣徳五年がやや多くなっているが、あとは年に一件あるかないかである。ただ、地域と武臣の官銜には他の犯罪と異なる傾向がはっきり表われている。地域ごとの件数では、他の犯罪のように北辺に偏ってはおらず北京が最も多い。又、勲臣や都督のような最高位の武臣が圧倒的多数を占めている。それは北京にはこれらの高位の武臣が多く居住していることと、文臣による監視の目が他に比べて密だったことによると思われる。更に以下のような理由もあったと考えられる。勲臣や都督は各地の総兵官や鎮守に充てられるべき武臣である。本来、「武臣の極重」と称された総兵官はもちろん、鎮守や参将も要職で、無能な武臣では勤まらないポストである。現にこれらの職務についている武臣は、過去の功績であれ能力であれ、何らかの意味で高い評価を受けた武臣たちである。一方、北京に居住している武臣には、そのような職務には不適とみられる者が多かったという面がある。世襲を重ねた勲臣の場合は特にそうである。このような武臣たちが文臣の監視・告発の格好の標的にされたとみられる。主な事例をあげて告発の内容をみてみよう。

まず北辺の事例として『宣宗実録』宣徳二年一二月癸亥の条に

行在戸部郎中王良、命を奉じて宣府の諸衛に於いて糧芻を理《おさ》む。劾奏すらく、総兵官・都督譚広は、表・箋を拝進するに公廨に於いてせず。私家に就いて龍亭の儀仗を陳設す。礼に於いて違《もと》ること有り。当に逮問すべしと。

とある。軍糧・馬料の処理の為に宣府に派遣されていた戸部郎中の王良が、鎮守宣府総兵官譚広は、表・箋をたてまつるのに、その仕事を役所でしなかったこと、自宅にまるで天子のような龍亭の儀仗をおいていることを弾劾した。文言からみると、恐らく王良が譚広の自宅に行った際に見たことであろうが、このようなことは宣府地方の防衛という、総兵官本来の任務とは関係のないことである。それでも礼法にうるさい文臣の目には無視できない規則違反と映ったのであろう。いずれにしても高位の武臣が些細な点まで、その行状を監視されていた様子が窺える。次の事例も同

表17　礼法上の違反・怠慢

洪熙 1	2	勲臣	16	北辺	4
宣徳 1	2	都督	9	北京	8
2	2	都指揮	1	内地	2
3	1	指揮	2	南辺	1
4	0	千戸	1	（合計）	15件
5	4	百戸	0		
6	1	鎮撫	0		
7	1	（合計）	29人		
8	1				
9	1				
（合計）	15件				

様の内容である。宣徳五年一一月庚戌の条に

万全都指揮使馬昇奏すらく、開平衛は皇太子の千秋箋及び冬至の表箋を進めるに、当に各々専《ひとり》の官を遣わすべきに、不当にも、共せて一人を遣わして齎進《すす》めり。請うらくは守禦の指揮の罪を治《ただ》されんことをと。

とある。開平衛から朝廷に皇太子の千秋箋と冬至の表箋を進上するに当たって、別々の使者を立てるべきなのに、一人に両方を持たせて派遣したというのである。宣府総兵官譚広の場合よりも更に些細な礼法違反である。当然ながら朝廷はこの訴えを取り上げなかった。ただ、この件を告発したのは万全都司の都指揮馬昇だが、告発された開平衛の責任者は「指揮」とあるだけで氏名が記されていない。馬昇の上奏に指揮の氏名がなかった筈はないから、『宣宗実録』に記載されるまでの間に何らかの事情によって削除されたものと思われる。都司の最高責任者が管下の衛の指揮を、朝廷が問題にもしないような極く些細なミスで告発したことも含めて不可解な点の多い事件である。万全都司と開平衛の間に何か問題があったのかと思い、この前後の時期の記事を注意して当たってみたが詳しい事情は分からなかった。このほか、北辺では掌陝西都司事の都督僉事胡原の例がある。胡原については、これまで多くの罪状でも示してきたが、ここの節に該当するものとして「秦王府の門を過《よぎ》るに、馬を馳せて下《お》りず。表箋を進めるに怠慢にして謹まざる」ことと「喪礼・斎宿の時に飲酒・吉服」していたことが挙げられている[103]。胡原は元来が傲慢な人柄だったようだが、秦王府の門を乗り打ちしたのは、王府に対する朝廷の厳しい態度を窺い知ってのことかもしれない。

次に北京についてみてみよう。北京の諸例はこの罪状の最も典型的なものである。まず宣徳元年四月己卯の条に

行在鴻臚寺の序班石安奏すらく、月食には文武百官は、皆、中軍都督府に赴きて救護するに、独り建平伯高遠・都督婁鬼里のみ後《おく》れて至る。怠慢不恭なり。請うらくは其の罪を治《ただ》されんことをと。

とある。月食に当たり中府に赴くべきところ、建平伯高遠と都督婁鬼里が遅刻したとして弾劾された。月食が終って

しまっていたのだろう。婁鬼里は外夷の出身だし、高遠は『明史』の「功臣世表」によれば、交阯で戦没して建平伯に封ぜられた高士文の三代目で洪熙元年に襲爵した人物である。代を重ねた勲臣の鈍感さと、武臣の行動に文臣の厳しい目が注がれていた様子が窺える。次に宣徳二年一〇月庚辰の条に

> 行在鴻臚寺奏すらく、凡そ公侯伯は、誥命を賜うを蒙らば、例として応に上表して恩を謝すべし。比者《このごろ》、会寧伯李英・忻城伯趙栄は同日に誥を受け、独り英のみ上表して謝するも、栄は表無し。簡慢《おろそか》にして不敬なり。請うらくは法司に付せられんことをと。

とある。李英と趙栄は同日に会寧伯・忻城伯の辞令を受け、李英は上表して恩を謝したが、趙栄はしなかったとして弾劾された。李英は、⑨土地占奪のところでも示したが、西番の出身で当人が始めて伯に封ぜられた人物である。これに対して趙栄は、靖難の役の功臣趙彝の子で勲臣の二代目である。どうしても謙虚さに欠けるところがあったのかもしれない。同時に仕来りにうるさい文臣の様子も窺える。ただ、この時は咎められなかった李英も、宣徳五年四月、西寧衛指揮李潜ら五一人を自分に随従させたいと奏請した。これに対し、兵部は、在京の公侯伯が官軍を随従させるのは違法だと述べて反対し、宣宗も李英の奏請を却下した[104]。又、宣徳五年四月甲戌の条に

> 監察御史李笴・給事中賈諒等、劾奏すらく、陽武侯薛禄は朋比して不敬ありと。初め、応城伯孫傑、印馬を以て賂いを受く。事覚われて、上、公侯伯と文武の大臣に命じて之を詰責せしめるに、禄は傑を党《たす》けて狠愎《ごうまん》の語有り。成国公朱勇、公朝に於いて以聞す。上、問わざるに、禄は班を出《い》でずして過ちを謝せしのみなり。是に於いて、笴等交《こもごも》章して禄を劾す。

とある。応城伯孫傑の事件というのは、⑪商・民・番人等からの金品搾取のところでも述べたように、官馬を確認して焼き印を押す任務で鳳陽に派遣された孫傑が、馬戸から合わせて銀二七〇余両を搾取したことである。孫傑は、靖

難の功臣で応城伯に封ぜられた孫巖の四代目で永楽二二年に襲爵した者である。孫傑の取り調べの際に、薛禄は孫傑を庇って「狠愎」の語があったという。内容は分からないが、朝廷の重臣としての立場に悖る傲慢ないい方をしたのだろう。成国公朱勇がそのことを報告したが宣宗は咎めなかった。それなのに薛禄は班列を出て感謝しなかったとして、科道官に朋党の誼で庇いだてした罪と不敬の罪を弾劾されたのである。武臣の態度によって、科道官の弾劾も段々エスカレートする様子が窺える。第一章で述べたように、薛禄は宣宗の信頼が厚く、鎮朔大将軍・総兵官として度々北辺に出動し、威望の高かった人物である。薛禄は代を重ねた勲臣ではなく、本人が永楽一八年に陽武侯に封ぜられた初代である。有能な反面、傲慢なところもあり、そこを文臣に咎められたのであろう。又、宣徳五年九月庚申の条に

行在江西等道監察御史汪景明等、劾奏すらく、成安侯郭晟・建平伯高遠は、郊外に扈蹕するに、奏せずして先に帰り、夜、徳勝門を叩きて入り、径《ただ》ちに私第に回《かえ》る。怠惰にして偸安なり。請うらくは其の罪を正されんことをと。

とある。このとき、宣宗は北京の近郊を巡幸して九月己未（二一日）に帰還した。郭晟と高遠は宣宗に随行していたのに、帝の許しを得ずに勝手に途中から帰ってしまい、門禁を無視して夜間に徳勝門から入り、すぐに自宅に戻ったというのである。前述のように、高遠は月食の時に中府に遅参して弾劾された建平伯の三代目であり、郭晟も靖難の功臣で成安侯に封ぜられた郭亮の二代目で、永楽二二年に襲爵した人物である。祖先の功を恃み、無神経で身勝手な彼らの行状と、これに目くじらを立てている文臣たちの様子が窺える。次に宣徳七年五月辛巳の条に

行在刑部奏すらく、右軍都督僉事致仕郭志は、室を築きて以て娼妓を居《お》らしめ、又、家人をして之に事《つか》えしむ。大臣の体を失せり。請うらくは志の罪を治されんことをと。

とある。この件は『大明律』でいえば刑律の犯姦律に抵触するもので、⑫一般的な犯罪・スキャンダルの項目に含めた方がよかったかとも思うが、宣宗が郭志について「武人は礼法に諳《な》れず。」といういい方をしているので、ここに含めた。退役都督僉事の郭志が、自宅の中に室を造って娼妓を住まわせ、家人にその世話をさせているのは、大臣たる者の体面を失うものだとして、行在刑部に弾劾された。退役後といえども高位の武臣が隙間なく行状を監視されていたことが看取できるが、このような点は北京が最も厳しかったと思われる。又、宣徳九年正月乙未の条に

　監察御史劾奏すらく、永順伯薛綬は、天地を大祀するに当たり、已に誓戒を受けしに、公署に于いて致斎《ものいみ》せず。而して私家に宿《とど》まる。請うらくは其の罪を治《ただ》されんことをと。

とあり、永順伯薛綬が、天地を祀るに当たって公署で物忌みせず、自宅にいたことを弾劾された。これも些細な礼法違反で、記事には劾奏した御史の氏名も記されていない。薛綬は永楽一八年に永順伯に封ぜられた薛斌の子で二代目の勲臣である。このような勲臣の鈍感さと文臣の喧しさが窺える。更に、北京には次のような例がある。宣徳元年七月、鴻臚寺が文武臣二八人の失悞朝参を劾奏したが、その中に定国公徐景昌・泰寧侯陳鍾・陽武侯薛禄・恭順侯呉克忠・豊城侯李賢・安順伯脱哈赤・清平伯呉成・応城伯孫傑の八人の勲臣と郭鏞・馮斌・婁鬼里・蘇火児灰の四人の都督が含まれている。[105] 既に触れた薛禄・孫傑を除くと次のような人々である。定国公徐景昌は、靖難の役の時に燕王側への内通を疑われて誅された徐達の次子徐増寿の子である。陳鍾は靖難の功臣で泰寧侯に封ぜられた陳珪の四代目である。呉克忠は、永楽一〇年に恭順伯に封ぜられた呉允誠（把都帖木児）の子で、永楽一六年に襲爵し洪熙元年に侯に進められた。李賢は永楽元年に豊城侯に封ぜられた李彬の子で永楽二一年に襲爵した。脱哈赤は脱火赤とも表記され、中国名は薛貴といい、永楽二〇年に安順伯に封ぜられた。これは初代の勲臣である。まもなく侯に進められたが宣徳五年二月に卒した。呉成も初めの名を買驢といったが、洪熙元年に清平伯に封ぜられ、宣徳四年には侯に進めら

れた。これも勲臣としては初代である。このようにみてくると、このとき鴻臚寺から礼法違反を弾劾された勲臣・都督の一二人のうち五人が漢族以外の出自で、当時の明軍の幹部に外国人出身者が少なくなかったことが窺える。彼らが明朝の礼法に疎いというのはある程度仕方がない面もある。しかし、漢族出身であっても代を重ねた勲臣に問題が多かった様子も看取できる。このほか、宣徳六年一二月、中山王徐達の孫に当たる錦衣衛指揮僉事徐景璜とその弟徐景瑜が隆慶衛に謫戍される事件があった。当初、徐景璜が脱獄囚の取り扱いに不備があり戴罪還職の処分を受けることになったが、その際に「慢語」があったことから一気に罪が重くなり、法司が「大不敬」として斬罪を奏請する事態になってしまった(106)。詳細は分からないが宣宗に礼を失するようなことを言ったのであろう。

ここまでみてきたように、礼法違反の告発は北京が最も主要な舞台だが、少数ながら内地にも事例がある。宣徳三年三月戊子の条に

> 掌彰徳衛の都指揮王友を逮えしむ。友は彰徳に在り、狠戻貪虐にして、為す所不法多し。上、数《しばしば》勅を遣わして之を戒諭するも、友は悛めず。是に至り、河南按察司奏すらく、友及び彰徳衛の指揮・千・百戸は、出郊して詔書を迎えず。開読の際も又随班して行礼せずと。

とある。掌彰徳衛事の都指揮王友らの彰徳衛の幹部が詔書を迎えるのに出郊しなかったこと、開読の時にも整列して行礼しなかったことを按察司に弾劾された。礼法違反には珍しく王友が逮捕された。直接的には礼法違反だが、王友は従来から種々の不法があって、宣宗から戒飭を受けていたようで、按察司にも目をつけられていたのだろう。その為の厳しい措置と思われる。

この項でみてきたのは凶暴な武臣による悪質な犯罪などではなく、いわば些細な礼法違反を咎められたものである。北京で主に勲臣が弾劾されたケースが多いが、それは北京は高位の武臣が多く居住し、一方で文臣たちの監視の密度

が高いことによるのだろう。北京の朝廷は、やはり礼儀三百威儀三千の世界で、科道官や鴻臚寺の官が武臣の行状に厳しく目を光らせ、些かでも非違があれば、すかさず弾劾した様子が窺える。更に、このような文臣の態度の背景には、世襲を認められている武臣、特に代を重ねて「紈袴の子弟」などと称されている無知・無能な勲臣層に対する強い反感や軽侮の念があったものと思われる。これは、この時期ばかりではなく一般的にみられる傾向である。一方、文臣たちの不満の標的となったかたちの勲臣たちをみると、身勝手・無神経・鈍感・無教養といった印象が強い。高位の身分を自動的に世襲して代を重ねればこのようになってしまうのだろう。最高幹部である勲臣層の権威失墜は、とりもなおさず明軍内の命令系統の権威を低下させ、軍の統制に悪影響を及ぼしたと思われる。このような傾向は中後期には益々強まっていったが、宣宗朝でも既にはっきり現われていたことがわかる。

⑭ 不明

表3に罪状の分からないものが三件あると記したが、それは次の事例である。一つは、宣徳元年正月、「不法」のために都察院の獄に下されていた山東都司の都指揮衛青が釈放されて復職した。宣宗が衛青の旧労を念い、且つ倭寇の跳梁に備える為にこの措置をとったものである。(107) 二つには、宣徳二年六月、番族が松潘・茂州・疊溪を攻囲する事態が起り、「事に坐」して北京に召還されていた威州守禦千戸所の鎮撫余諒が従軍を願ったので、余諒の官を復して現地に向わせたものである。(108) 三つ目は、宣徳三年三月、掌金吾左衛事の都指揮同知銭義が薊州の、済州衛の指揮李林が綏徳の守備に当てられた。この二人は「有罪」のため、これまで身分を剝奪されていたが、この段階で宥されてこの配置につけられたものである。(109) この三件は「不法」・「坐事」・「有罪」と記されているだけで、前後の記事をみたが、結局その内容が分からなかった。

第六節　多重犯・上官の告発・抗争

ここまで武臣が告発された罪状を①から⑭の項目に分けてみてきたが、事例の検討を通じていくつか注目すべき点があるのでまとめておきたい。

多重犯

その一つは、一件の中に複数の罪状が含まれている事例である。個々の事例は、これまで各節の中で示してきたが、これをまとめたのが表18である。①から⑬の罪状は表3に示したものだが、再度内容を確認しておくと次のとおりである。①戦闘に関わる罪、②任務遂行上の不正・怠慢、③軍士の私役、④金品の強奪、⑤月糧等の横領・搾取、⑥軍士の売放、⑦配下の虐待・私刑、⑧官物・糧米の侵盗、⑨土地占奪、⑩商業行為・密貿易、⑪商・民・番人等からの金品搾取、⑫一般的な犯罪・スキャンダル、⑬礼法上の違反・怠慢である。表18に示した事例は偶々不正をはたらいてしまったというようなものではなく、常習的に広範な罪を犯していた武臣たちである。件数は、表示のように、北辺が一七件、北京が二件、内地が一一件、南辺が一〇件で合わせて四〇件となる。北辺が特に多いのはこれまでみてきた各罪状ごとの傾向と同様だが、このような多重犯もやはり半数近くを北辺の武臣が占める。ただ内地や南辺も少なくないことも注目される。つまり、北辺に多いが、全国どこでも多かれ少なかれこのような武臣がいたということである。罪状をみると、①の戦闘に関わる罪が含まれているのは南辺の事例の中の四件のみで、他の大部分は③から⑦の軍士の酷虐、⑧から⑪の経済事犯で武臣の貪欲さが窺える。武臣のポストをみると、総兵官が寧夏の陳懋、薊州

表18　多重犯

年次	地域	職・官・氏名	罪状
〈北辺〉　17件（18人）			
洪熙1	陝西	掌陝西都司事・都督僉事胡原	③④⑧⑨⑩⑫⑬
	山西	鎮守天城衛・都指揮僉事魏清	③⑨
宣徳1	居庸関	鎮守居庸関・都督沈清	③④⑤⑥⑧⑪等の18事
	隆慶	隆慶衛指揮李景・何広	③⑥
	寧夏	寧夏参将・保定伯梁銘	②③④⑥
3	大寧	大寧中衛百戸劉勉	④⑥⑧
4	開平	山海衛指揮趙忠	②④
6	寧夏	寧夏総兵官・寧陽侯陳懋	③④⑦⑧⑨⑩⑪
	赤城	赤城都指揮汪貴	④⑤
	開原	開原備禦・都指揮鄒溶	③⑥
7	西寧	会寧伯李英	⑦⑨⑫
8	粛州	掌粛州衛事・署都指揮僉事呂昇	④⑦⑧⑩
	粛州	鎮守粛州・都督僉事王貴	③⑦⑨⑩⑫
	永平山海	鎮守薊州永平山海総兵官・都督僉事陳敬	⑧⑪
9	大同	大同参将・都指揮曹倹	③⑦⑨⑩
	山西	山西行都司都指揮呂整	②④
	延安	鎮守延安・都指揮僉事劉儼	②④

〈北京〉　2件（2人）			
宣徳1		羽林前衛指揮陳広	②⑫
5		行在府軍衛指揮傅全	③⑥

〈内地〉　11件（12人）			
洪熙1	松江	金山衛後千戸所千戸蕭旻	②⑫
宣徳1	山東	掌青州左衛事・都指揮僉事王銘	③⑥
	鳳陽	鎮守宿州・都指揮僉事胡貴	②③

	浙江	台州衛指揮於昶・劉慶	②④⑫
2	松江	金山衛百戸王銘	②⑥
	湖広	蘄州衛千戸羅安	④⑦⑧
5	江西	横海衛千戸文荘	③⑧⑪
	中都	留守左衛指揮陳鑑	③④⑤⑥⑧
	河南	寧山衛指揮李昭	③④⑤⑦⑧⑨
6	江西	荊府護衛指揮文斌	⑦⑪
	中都	掌中都留守司事・都督陳恭	③④⑤⑦⑧⑨⑫

〈南辺〉 10件（13人）			
宣徳2	広西	広西都指揮陳全・全州守禦千戸所千戸畢忠	③④
	四川	為事官（前四川都指揮）韓整	①②④⑫
4	広西	鎮守竜州・都指揮僉事張貴・黄玹	①②③④⑤
	広西	鎮守広西総兵官・鎮遠侯顧興祖	①②③④⑨⑪⑫ 等の15事
5	福建	万安千戸所千戸張忠・百戸陳堪	③⑪⑫
	四川	鎮守四川総兵官・左都督陳懐	①②⑥⑦⑨⑪⑫⑬
	広東	潮州衛指揮同知頼啓	②③⑦⑪⑫
	福建	巡海指揮楊全	②⑩
7	貴州	貴州都指揮僉事蘇保	②③⑦⑫⑬
8	広東	広東都指揮同知李端	④⑦

永平山海の陳敬、広西の顧興祖、四川の陳懐の四人あり、鎮守が天城衛の魏清、居庸関の沈清、粛州の王貴、延安の劉儼、宿州の胡貴、竜州の張貴と黄玹の七人、参将が寧夏の梁銘と大同の曹倹の二人あり、備禦に開原の鄒溶がいる。このほか、都督クラスの掌都司事を含む高位の都司官に掌陝西都司事の胡原、山西行都司の呂整、掌中都留守司事の陳恭、広西都司の陳全、もと四川都司の韓整、貴州都司の蘇保、広東都司の李端がいる。こ

れらを地域ごとにみれば、北辺が一一人、内地が二人、南辺が八人となる。身分でいうと、四〇件の事例のうちに勲臣四人、都督六人、都指揮一五人が含まれる。官・職ともに高位の武臣が非常に多い。つまり、経済的利益を目的とした広範かつ大規模で常習的な不正は、南北辺の高位の武臣が一方の主役だったといえる。同時に指揮以下の事例も一九件と約半数にのぼることも注目される。特に総兵官等が配置されていない内地では衛所官の割合いが高い。このような衛所官の中には、六ヶ条の罪を告発された寧山衛の指揮李昭・三ヶ条の湖広蘄州衛の千戸羅安・同じく三ヶ条の江西横海衛の千戸文荘・五ヶ条の留守左衛の指揮陳鑑・三ヶ条の福建万安千戸所の千戸張忠・百戸陳璂・五ヶ条の広東潮州衛の指揮同知頼啓のように、やや異常な常習犯と思われる者もある。

このような武臣は、全体からみれば少数とはいえ、決して軽視できない。ある意味で閉鎖的な軍の内部で、このような噂は極めて広まりやすいものと思われる。高位の武臣が多いからなおさらである。軍士からみて、たとえ身近にこのような武臣がいなくとも、噂だけでも十分に影響力があり、軍士たちに上官たる武臣への不信感をもたせ、反感を助長することになる。そして軍にとって何より重要な命令系統に対する信頼感を損い士気を低下させることになる。このような常習犯的な武臣が明軍に及ぼした悪影響は計り知れないというべきであろう。

上官の告発

各事例をみてくると、軍士や武臣が上官を告発したケースがあり、これを示したのが表19である。これをみると軍士や軍吏が武臣を告発したものと、武臣がその上官を告発したものとに分けられる。ⓗとⓘを除いて他は全て南北辺の事例である。南北辺は軍事的緊張地帯で、現地軍のほかに各地からの増援軍である客兵も動員されており、いわば馴染のない各地の軍が混在した状態で、さまざまなトラブルが起りやすかったのかもしれない。表示の事例は既に各

表19　上官の告発

	年次	告発者	対象
〈北辺〉			
ⓐ	洪熙1	西安衛軍校	掌陝西都司事・都督僉事胡原
ⓑ	宣徳4	陝西岷州衛軍士雷霖	管軍官
ⓒ	6	寧夏左屯衛指揮張泰	鎮守寧夏総兵官・寧陽侯陳懋
ⓓ	6	軍卒馮春ら	遼東都指揮鄒溶
ⓔ	7	保安衛指揮高栄	万全都指揮唐銘
ⓕ	8	掌粛州衛事・署都指揮僉事呂昇	鎮守粛州・都督僉事王貴
ⓖ	9	「其の事を発する者有り」	鎮守粛州・都督僉事王貴
〈北京〉			
ⓗ	宣徳4	行在金吾左衛将軍千戸李春	管隊指揮張三
〈内地〉			
ⓘ	宣徳1	浙江台州衛鎮撫宮璞	台州衛指揮於昶・劉慶
〈南辺〉			
ⓙ	宣徳2	広西全州守禦千戸所の軍吏	都指揮陳全・全州守禦千戸所千戸畢忠
ⓚ	5	松潘衛千戸張禎	松潘衛指揮呉瑋
ⓛ	6	海南衛千戸兪華	海南衛指揮黄瑀
ⓜ	7	貴州前衛鎮撫龔海	都指揮僉事蘇保

罪状のところで示したものが多いが、次のような内容である。まず北辺の主な事例をみると、ⓐは西安衛の軍校が、陝西都司の最高責任者である都督僉事胡原の不法を告発したものだが、その内容は、胡原が秦王府の門を下馬しないで乗り打ちしたこと、朝廷に表箋の進上を怠ったこと、私茶を売買したことである。この罪状をみると告発した軍校が直接被害を受けたものではない。ⓑは、岷州衛の雷霖なる軍士が、岷州衛の関隘には、もとは哨備の為に一五〇〇人の軍士が配置されていたが、この頃「管軍官」の私役の為

に軍士が不足し、民丁五〇〇余人を徴発して巡守に充てざるを得ず、民患となっていると述べ、軍士の私役を禁じてほしいと訴えたものである。本人が私役の被害を受けたのかどうかははっきりしないが、特定の衛所官名を挙げておらず、岷州衛の実情を見兼ねて訴えたというニュアンスが強い。ふつう軍士が武臣を訴えるのは、後難を考えれば、余程のことがない限り難しいだろう。特に武臣・軍士ともに世襲の各衛所ではそうである。軍士が自分の所属衛で、このような衛全体に関わることを訴えた例は珍しい。軍士にも拘わらず実録に氏名が記録されているところをみると、雷霖の訴えは朝廷に高く評価されたのだと思われる。その結果、武臣たちも迂闊に手を出せなくなったのかもしれない。ⓒは各罪状のところで度々触れてきた寧夏総兵官陳懋に関するものである。告発したのは陳懋の配下の寧夏左屯衛指揮張泰だったが、記事の中に「軍士に懋を告《うった》えしもの有り」とあり、初め、軍士が陳懋の不正を張泰に訴え、それを受けた張泰が劾奏したというかたちだったとみられる。この張泰の場合も、本人が陳懋から何らかの被害を受けていたわけではない。ⓓは遼東の軍卒馮春らが、都指揮鄒溶について、漢王高煦と交際があったことなど数ヶ条の罪を告発したものである。しかし、朝廷の命を受けた遼東総兵官巫凱が調査した結果、いずれも事実無根だった。馮春らがこれまで鄒溶から何らかの圧迫を受けて、その仕返しの為に告発したのかどうかは分からないが、少なくとも記事の文言からはそれは窺えない。名を挙げられているのは馮春のみだが、複数の軍士が都指揮を誣告しようとした事件である。ⓔは次のような内容である。保安衛の指揮高栄が万全都指揮唐銘を「私を挟みて罰を行」った廉で告発したが、まもなく以下の事情が判明した。唐銘は、開平の防衛の為に諸衛に動員を命じたが、みな忌避して命じられた期日までに到着せず、六、七度も督促して漸くやってくる有様なので、遅れた高栄らを笞打った。高栄はこれを怨んで逃げ帰り、唐銘を告発したものであった。これは上官の仕打ちを逆恨みした武臣が、上官を誣告しようとした事件である。ⓕ・ⓖは鎮守粛州の都督僉事王貴と掌粛州衛事の都指揮僉事呂昇の対立抗争に関わるもので、これまで各罪状のところで度々触れてきた事例である。

次に北京の事例として⒣がある。行在金吾左衛の将軍千戸李春が、直属の上官である管隊指揮張三を劾奏したものである。将軍というのは帯刀して帝の左右に侍し護衛に当たる役目である。張三は正規の手続きをしないで身元のはっきりしない者二人を将軍に採用したというのである。この例でも、李春は事前に張三から相談を受けなかったという不満はあるかもしれないが、本人が特に張三から何かの被害を受けていたわけではないとみられる。⒤は内地の事例である。浙江台州衛の鎮撫宮璞が、同衛の指揮於祀・劉慶の「姦貪酷虐にして、兵政は修めず。……軍士の金帛等の物を逼取」したことを劾奏した。記事の中に「前に士卒の告《うった》えるところと為る」とあるので、被害を受けた軍士が宮璞に訴え、それを受けて宮璞が劾奏したのだろう。宮璞にとって二人は直属の上官に当たるが、本人が被害を受けたわけではなく、衛内の非違を糺す衛鎮撫としての職務上の告発とみられる。ただ、正規の任務とはいえ、後難を考えれば宮璞にとっても劾奏は冒険でもあったろう。

次に南辺の事例をみてみよう。まず⒥は広西全州守禦千戸所の軍吏が、直属の上官である千戸畢忠と、広西都司の都指揮陳全の「科斂して財を取り、軍士を私役」したことを告発した。ただ、畢忠と陳全の二人にこの二つの罪状が該当するのか、一人一つなのかよくわからない。というのは、訴えた軍吏は同じ千戸所内で畢忠の行状は知り得ただろうが、都司の長官である陳全とどのような接点があったか分らないからである。⒦の事件では松潘衛の指揮呉瑋が極刑に当てられた。その最初の段階の罪状は「大いに貪虐を肆《ほしいまま》にし、番人を激変して、官軍四十余人を掠せらるを致す。又、総旗の豹皮を索《もとめ》て得ず、之を杖殺す」というものであった。呉瑋の配下の千戸張禎らが告発しようとしたところ、呉瑋はこれを阻止しようとして、張禎の叔父と、張禎とともに訴えでようとしていた旗軍を執えて殺害してしまった。結局、張禎が告発したが、当初、張禎本人は被害を受けていたわけではない。旗軍が呉瑋の不法を張禎に訴えたのであろう。これを受けて張禎が告発しようとして、叔父を殺されてしまった事件である。Ⓛは海南衛の千戸兪華が、上官の同衛指揮黄瑀を告発したものだが、他の事例とはやや異なるケースである。兪華によれば告発に至る経緯は次のようである。兪華は黄瑀とともに黎寇の討伐に当たることになり、事前に兪華が先鋒になり、黄瑀が後続するよう打ち合わせた。出動すると伏兵に遭い、自分は奮戦していたのに、黄瑀は救援しようともせず逃げ帰ってしまった。更に衛に帰還後、不首尾の責任を兪華に押しつけ、巡按御史も黄瑀の言葉を真に受けて自分の罪を問おうとしているというのである。両者の従来からの関係がどのようだったのか分からないが、兪華にすれば上官の誣告から身を守る為の告発だったことになる。Ⓜは貴州前衛の鎮撫龔海が都指揮僉事蘇保を劾奏したものだが、ここの記事からは、蘇保が貴州都司にいたのか、それとも貴州前衛に配置されていたのか、必ずしもはっきりしない。蘇保がどこにいたのかで、龔海の行為の意味もやや違ってくる。しかし、『英宗実録』正統一二年二月癸丑の条に「貴州都指揮僉事蘇保は老疾にして、其の孫済をして代らしめ、指揮同知と為す」とあり、やはり蘇保は貴州都司に在任したのだろうと思われる。蘇保の罪状は玉帯を僭用していること、兵器を私造したこと、軍士を私役したこと、貴州総兵官蕭授からの広西への出動命令を忌避したことである。その罪状からみて龔海本人が何らかの被害を受けていたとは思えず、告発は鎮撫としての職務からおこなったものであろう。

以上、軍士や武臣が上官を告発した事例をみてきた。その中でⓘ・Ⓜは鎮撫の職務としての行為だが、Ⓑ・Ⓓ・Ⓙのように軍士や軍吏による告発もみられる。Ⓒ・ⓘ・Ⓚも劾奏したのは武臣だが、背後に軍士の訴えがあったことが分かる例である。事例のなかでは武臣の酷虐に耐え兼ねた軍士が必死の思いで訴えたというような例は少なく、むしろ武臣に対する軍士達の冷ややかな反感ともいうべき態度が窺えるように思う。複数の軍士が都指揮を誣告したⒹがそのよい例である。直接に被害を受けた者だけでなく、軍士一般が武臣の行状を窺い、非違があれば透かさず告発するような雰囲気があったのではないか。それは武臣と軍士の間だけでなく、武臣同士にも同じような様子がみられる。上官を告発した武臣には、特に自分が被害を受けているわけではないというケースが多い。少ない例数だが、明軍内部の紐帯の希薄さの一端を窺うことができる。このような傾向が嵩じて武臣同士の不和・対立が任務に支障をきたすこともあった。このような事例を幾つかみておこう。

抗争

宣徳元年四月、交阯に派遣されていた栄昌伯陳智と都督方政が、ともに官爵を剝奪され、為事官として総兵官王通のもとで立功贖罪に努めるよう命じられた。その理由は、二人は不和で一切の協力を拒み、その結果、戦況の不利を招いたというのである。(110)抗争の原因や具体的な様子は分からないが、それが宣宗にまで報告されて官爵を奪われる程なのだから激しい対立だったのだろう。高位の武臣同士の不和が戦況にまで悪影響を及ぼしたケースである。又、『宣宗実録』宣徳五年八月壬申の条に

　湖広按察司奏すらく、五開衛の指揮倪善と趙興は、各《おのおの》私心を懐《いだ》きて、大体《たいきょく》を顧みず。凡そ公事有るも、和平に討議するを肯《がえ》んぜず。動《やや》もすれば輒《みだ》りに誼争す。文書積滞し、一事にして累月閣《お》きて行われざるもの有るに至る。請うらくは皆《とも》に罪を治《ただ》されんことをと。

とある。湖広按察司は、五開衛の指揮倪善と趙興が不仲で協力せず、訴えごとがあっても啀み合って何事も決定できず、文書は何ヶ月も滞積したままであると述べて二人の処罰を要請した。倪善と趙興は「指揮」と記されているが、同知・僉事を含めてそう書かれることがあるので、恐らく先に書かれている倪善が指揮で、趙興は指揮同知か僉事なのだろう。この例も対立の原因は分からないが、前述の交阯の場合とは異なり、平時の衛において武臣の不和の為に

日常の業務が阻害されたケースである。又、宣徳七年八月、遼東総兵官巫凱が、瀋陽中衛の指揮宋礼と鉄嶺衛の千戸朱斌の二人は、我意を張って事々に同僚と争い、各々罰俸や輸米贖罪の処分を受けたのに、その後も行状は一向に悛まらず、相い変らず同僚と争って任務の障害になっていると訴え、極辺の衛か新設の衛に左遷してほしいと要請した。(111)二人が各々の衛所の中で持て余し者になって、総兵官も手を焼いている様子が窺える。この二人が他の武臣と協調できない理由は分からないが、処分を受けても改められないというのだから、性格的に欠陥のある人間という可能性もある。更に巫凱は、今後、遼東都司所属の武臣で、同僚と争って仕事の差し障りになるような者があったら、全て困難な衛所に遷してもらいたいと述べた。遼東は謫戍地であり、しかも軍事的緊張度の高い地域であったから、或いはこのような事例が多かったのかもしれない。又、宣徳四年一二月、甘粛総兵官・都督僉事劉広の上奏によれば、漢中衛の千戸陳庸と陝西管操都指揮趙恭が、互いのもろもろの不正を攻撃しあっていると述べ、二人ともども処罰してほしいと要請した。(112)二人の間にどういう確執があったのか分からないが、趙恭も陳庸も甘粛個有の武臣ではない。各地から動員された軍が混在する北辺では武臣同士の軋轢も激しかったことが窺える。

各々の罪状のところで既に述べたので、内容は繰り返さないが、このほかにも次のような事例がある。宣徳元年の鎮守居庸関・都督沈清と隆慶衛指揮李景らの劾奏の応酬、宣徳八年から九年にかけての鎮守粛州の都督僉事王貴と掌粛州衛事の署都指揮僉事呂昇の抗争、宣徳九年の大同総兵官代行の参将・都指揮曹倹と山西行都司の都指揮呂整の対立があった。

軍士や下位の武臣が上官の罪を告発すること、武臣同士の不和・抗争は同じ背景をもつ現象だろう。軍内部の紐帯が弱まり、相互の信頼感が薄れてきて、互いに監視しあうような風潮が起っているのだと思われる。このような傾向が太祖朝の末期に既にみられたことは前著でも述べた。(113)宣宗朝ではこれが一段と進行し、武臣と軍士の間はもちろん、武臣同士の紐帯も更に希薄になり、相互の関係がギクシャクしてきた様子が窺える。軍内部における犯罪の多発も同根である。紐帯の希薄化とこれらの現象とは、互いに原因となり結果となり、更に深刻化しつつ明軍の弱体化を招いていったのだと考えられる。

おわりに

第一章では、総兵官に焦点を当てて宣宗朝の軍事態勢について考えた。これを受けて、ここの第二章では、武臣の犯罪に注目して明軍内部の実態を分析してきた。

東アジア全域に明朝の武威を耀かせた成祖の歿後、明軍は比較的短い期間にかなり急速に弱体化した。その原因はどこにあるのか。この間にみられた制度上の変化については第一章で述べたが、成祖朝に常設の中央軍である京営が編成され、成祖朝から宣宗朝にかけて従来は臨機の職だった総兵官が常設化されて鎮守総兵官として各地に配置された。この結果、中央の五軍都督府・地方の都指揮使司（都司）が次第に権限・機能を吸収され、太祖朝以来の五軍都督府→都司→衛→所という組織は実質的に大きく変化することになった。ただ、これは従来の平時の態勢を常時臨戦態勢にする為の運用上の切り換えで、大きな変化ではあるが衛所のレベルに及ぶものではない。武臣・軍士ともに世襲を旨とする衛所制の基幹部分に変更はなく、これが直ちに軍の弱体化に結びつくというような変化ではない。そうすると明軍弱体化の原因を明らかにするには、明軍の内部に目を向けなくてはならない。そのような観点から、第二章では武臣の犯罪に注目し明軍内部の実態を探ろうと考えた。ただ、分析に用いた武臣の犯罪の事例は『宣宗実録』によって収集したものである。『宣宗実録』の史料としての性格からくる制約、史料残存の偶然性については度々述べてきたとおりである。それゆえ『宣宗実録』所載の事例を分析して得られた特徴をそのままストレートに明軍全体に当て嵌めることはできない。しかし、これらの事例もまた明軍の実情の一端を示すものであることも間違いない。注意深く扱えば、そこからある程度明軍の実態に迫ることは可能であると考える。そのような前提で、第二章でみてきたことをまとめておくと次のようである。

まず、最初に述べたように、武臣として扱ったのは勲臣から鎮撫に至る範囲である。今日でいえば下士官に当たる総旗・小旗は含めていない。武臣は各々のランクによってやや性質が異なるので最初にこの点を確認しておく。明軍の最高位を占める公侯伯の勲臣は世襲の軍事貴族で、その多くは太祖・成祖朝で軍功を挙げた武将の裔である。なかには勲臣として初代の人物もあるので一概にはいえないが、世襲の代を重ねるにつれて能力の低下がみられるのは一般的な傾向である。そのような勲臣の中でも能力のある者は、総兵官や鎮守として前線に派遣されているので、北京に残っているのはことさら程度の低い者が多い。勲臣に反感を持ちがちな文臣たちから「紈袴の子弟」と蔑称され、無知・無能ぶりを嘲られるような人々である。このような傾向は中後期には更に著しくなるが、宣宗朝でも既に現われている。勲臣に次ぐのが都督と都指揮である（正一品の左右都督・従一品の左右都督同知・正二品の左右都督僉事・正二品の都指揮使・従二品の都指揮同知・正三品の都指揮僉事）。このクラスは世襲を原則とする武臣の中で例外的に一代限りの身分である。つまり、都督・都指揮は武臣の中でも何らかの功績や能力を評価されて昇進したいわば選り手の人々である。告発された武臣の事例の中で都指揮が最も多かったのはみてきたとおりである。このような選り手の武臣が犯罪の面でも重要な役割を果していたということになる。ただ、『宣宗実録』に記された数が最も多いから、実際に罪を犯した武臣の中で都指揮が一番多かったかというと、それは直ちにはいえない。『宣宗実録』は、その性質から記事が高位の者に偏る傾向があるし、第三章で述べるように、都指揮以上は高官として扱われ、指揮以下とは待遇がはっきり異なる。とすれば実際には中下級武臣による軽微な犯罪がもっと多かったとしても、勲臣・都督・都指揮の高官の中で最も人数の多い都指揮についての記事が実録に残りやすいということになる。一方で、都指揮は指揮とともに軍事行動や地域防衛の直接の責任者に充てられる場合が多く、様々な意味で責任を問われ告発されやすい立場だったことも確かである。このような種々の条件を勘案すると、一番かどうかは別として、罪を犯して告発された武臣の中で都指揮の比率がある程度高かったことはやはり事実であろう。次に指揮・千戸・百戸・鎮撫の中下級武臣（正三品の指揮使・従三品の指揮同知・正四品の指揮僉事・正五品の千戸・従五品の副千戸・従五品の衛鎮撫・正六品の百戸・従六品の所鎮撫）は世襲の武臣で、所謂衛所官として各衛所に配置される。勿論、配置の変更もあるが、同じく世襲の軍士やその家族と各衛所で日常的に接する武臣達である。告発された武臣の中で、指揮が都指揮に次いで多かったのはそのような立場によるのだろう。以上のように武臣は大きく三つのグループに分けられる。

各クラスの武臣の性格と配置された場所は武臣の犯罪全体の傾向と密接な関係がある。個々の事例を通じてみてきたように、武臣の犯罪の主要な舞台は、一つには軍事的緊張地帯の南北辺の前線である。ここでは勲臣・都督・都指揮等の高位の武臣が総兵官・鎮守・参将・備禦等に任ぜられて大軍を統率している。兵力も現地軍である主兵ばかりでなく、各地からの増援軍の客兵も混在しており、種々の問題が生じやすい面がある。つまり、動員先の南北辺を舞台にして高位の武臣によって起される犯罪というのが主要なパターンの一つである。もう一つが軍士の所属する原衛を舞台にして衛所官によって引き起される犯罪である。ここは武臣・軍士ともに世襲で、家族も共に暮らす生活の場でもあるから、動員先とは別な意味で根の深い問題が起りやすい条件がある。勿論、南北辺にも多くの衛所が置かれているから一概にはいえないが、原衛での犯罪の様々な特徴は、南北辺の衛所より内地の衛所に典型的に現われるように思われる。

第二章を通じて、告発された武臣の罪状について、軍務に関する罪、軍士の酷虐、経済事犯、その他の罪を①から⑬の項目に分けて分析してきた。舞台を原衛と動員先、武臣を勲臣・都督・都指揮の高官と指揮・千戸・百戸・鎮撫の中下級武臣に分けて、どこで、どのような犯罪が起りやすかったのかをまとめてみると次のようにいえよう。勿論、どの犯罪もどちらか一方でだけみられるというものではなく、程度の問題であることはいうまでもない。

◎南北辺の動員先を舞台にして、高位の武臣によって起される傾向の強い犯罪→①軍事行動に関わる罪、③軍士の私役、⑥軍士の売放、⑦配下の虐待・私刑、⑨土地占奪、⑩商業行為・密貿易である。なお⑥は件数は南北辺が多数を占めるが、高官と衛所官が半々で、必ずしも高位の武臣に偏っているともいえない。⑨・⑩は大掛りな不正で、南北辺とくに北辺を主な舞台とした高位の武臣による犯罪の典型である。

◎原衛を舞台として、衛所官によって起される傾向の強い犯罪→④金品の強奪、⑤月糧等の横領・搾取、⑧官物・糧米の侵盗、⑪商・民・番人等からの金品搾取などが挙げられる。④・⑪は、通行を妨げて金品を召し上げる「邀阻」に典型的にみられるように、ストレートでややみみっちいという衛所官の犯罪の一つの特徴を示している。⑤は、衛所官が軍士と日常生活をともにし、給与の支給も衛所官の管理の下で行われることが背景にあるのだろう。

◎このほか②任務遂行上の不正・怠慢は両方に跨る傾向がつよい。件数は北辺・内地・南辺に余り大きな偏りがないので、全国どこでもみられたものといえる。告発された武臣も都指揮以上の高官と指揮以下の中下級武臣がほぼ半々である。内容では危険な地域への動員の忌避が目立つ。⑫一般的な犯罪・スキャンダルは、一般的な犯罪の方は衛所官に多いが、地域的には余り偏りがない。スキャンダルは高位の武臣の女性問題が多い。⑬礼法上の違反・怠慢は、主な舞台が北京で、告発の対象が勲臣等の最高位の武臣という傾向が非常にはっきりしているものである。

①から⑬の罪状の検討を通じていくつか注目される点があった。その一つは、告発の件数でいうと全体の約半数を

占める北辺の特異さである。成祖はモンゴルに対して攻勢防禦の方針を採ったが、宣宗は防衛線を後退させ専守防衛の態勢に切り換えた。その支柱となったのが、第一章でみてきた臨戦態勢で要地に駐劄する鎮守総兵官である。専守防衛の態勢下では、いつどこに来るか分らない敵に常時備えなければならず、守る側の明朝の負担は非常に重いものになる。臨戦態勢の大軍が配置された北辺では、明軍内部の矛盾が集中的に現われたとみられる。専守防衛の方針はその後に受け継がれたが、北辺は武臣の犯罪の温床でもあり、配置された軍士にとって辛苦の場ともなった。中後期に顕在化するこのような弊害の萌しは既に現われていたといえる。又、一つには、宣宗朝の事例をみると、搾取や横領の対象として銀があまり登場しないことである。明代後期には北辺に莫大な量の銀が投入されたが、寺田隆信氏が明らかにしたように京運年例銀が始まったのは正統年間で、宣宗朝の北辺ではまだ銀そのものが少なかったのだろうと思われる。

明軍弱体化の原因として、武臣の軍事能力の低下、軍士の酷虐、軍屯の衰退等がよく挙げられるが、必ずしも実証的に検討されたうえでいわれてきたわけではない。第二章での検討によって、『宣宗実録』からみたという条件付きではあるが、これらの問題について、宣宗朝の実情の一端はある程度明らかにできたと思う。軍士や下位の武臣が上官を告発したり、武臣同士の不和・抗争の例にもみられるように、明軍の内部の紐帯が希薄になり、相互の信頼感が弱まっていた。多発する武臣の犯罪は、軍士の上官に対する反感を募らせ、命令系統に対する不信を招き、軍の根幹である士気の動揺をもたらしかねないものである。武臣の犯罪は明軍の弱体化を招いた大きな原因の一つだったといわねばならない。このような軍内部の弊害は、宣宗朝には既にはっきりと認められるが、中後期のように極めて深刻という状態にはまだ少し間があるという段階だったと考えられる。

註

（1）この戦役については川越泰博氏「明代〝以克列蘇〟戦役考」（『中央大学文学部紀要』史学五八号、二〇一三年）の専論があり、和田清氏「正統九年の兀良哈征伐について」（『東洋学報』一八―三、一九三〇年、後に『東亜史研究（蒙古篇）』に収録）とは全く別の史料にもとずいて詳論している。

（2）『宣宗実録』宣徳元年五月己酉、六年九月丁亥の条。

（3）『明史』七六・志二・職官五・都指揮使司。

（4）監察系の文臣の軍務への進出については、小川尚氏『明代地方監察制度の研究』（汲古書院、一九九九年）、『明代都察院体制の研究』（汲古書院、二〇〇四年）に詳述されている。又、拙著『明代軍政史研究』（汲古書院、二〇〇三年）第Ⅲ部第四章でも触れた。

（5）『宣宗実録』洪熙元年八月丙戌、宣徳元年四月丙寅、七月庚子、一〇月癸酉、一二月辛巳、二年三月辛亥、四月乙亥、五月丙午、六月丁卯、七月己亥、己酉、八月甲子、丁丑、一二月庚辰、三年二月己卯、閏四月辛卯、戊申、庚戌、五月丁卯、辛巳、六月辛丑、一一月壬戌、一二月癸未、癸巳、甲辰、四年二月壬午、壬寅、三月戊申、七月癸丑、甲戌、八月辛丑、九月辛亥、癸亥、一〇月壬午、辛丑、一一月乙丑、丙寅、一二月己卯、癸巳、五年正月丁卯、四月辛巳、五月壬子、六月辛未、七月乙巳、辛酉（この日には二件ある。）、八月辛巳、癸巳、一〇月甲午、一一月庚戌、一二月壬午、六年二月己亥、三月乙亥、四月丙申、七月乙亥、乙酉、庚寅、八月辛丑、乙巳、九月丁卯、丁亥、七年九月己未、辛未、八年二月辛卯、三月甲戌、六月己酉、七月戊辰、壬申、八月癸未、閏八月壬子、九年三月丁未、八月甲午の条。

（6）『宣宗実録』宣徳五年一〇月甲午の条。

（7）『宣宗実録』宣徳二年七月己酉、八月丁丑、一〇月己巳、三年二月己卯の条。

（8）この佟ダルハン（ダルガン）というジュシェン出身の武臣が清代の佟氏の祖に当たる人物であることは、杉山清彦氏から御教示を得た。佟氏とはマンジュの大族トゥンギヤ氏の漢姓であり、杉山氏は明代における佟氏の動向を明らかにしておられる。（杉山清彦氏『大清帝国の形成と八旗制』（名古屋大学出版会、二〇一五年）三二七〜三三二頁）また、「ダルハン」の称は元来、差役を免除された「自在」とか「自由」の意味だが、その由来については植松正氏『元代江南政治社会史研究』（汲古書院、一九九七年）四三九頁に記述がある。

（9）『宣宗実録』宣徳二年五月丙午の条。

（10）『宣宗実録』宣徳六年八月乙巳の条。

（11）『宣宗実録』宣徳八年七月戊辰の条。

（12）このほかにも遼東における事例が『宣宗実録』宣徳三年一二月壬戌、四年八月辛丑、九月辛亥、五年七月乙巳、六年七月乙酉の条に記されている。宣府に関しては、同じく四年一〇月壬午、大同については八年七月壬申、九年八月庚午、開平については八年六月己酉、甘粛については七年九月己未の条に各々同様の内容の記載がある。

（13）南辺に関しては、このほかに広西の事例が『宣宗実録』洪熙元年八月丙戌、宣徳四年一一月丙寅の条、広東の事例が宣徳二年八月甲子、五年八月辛巳の条に記されている。

（14）『宣宗実録』洪熙元年七月丁丑、閏七月戊戌朔、八月乙酉、九月丙午、一二月壬申、宣徳元年正月己酉、五月庚申、六月壬申、七月癸巳、己未、九月辛亥、一〇月癸亥、二年三月丙午、辛亥、四月丁卯、六月己未、一〇月己未、三年二月乙丑、閏四月乙未、一一月戊辰、四年三月壬子、六月壬辰、壬寅、七月庚申、癸亥、八月壬辰、一一月戊午、五年五月辛丑、癸丑、七月甲寅、八月辛未、一一月癸丑、六年正月庚辰、三月丁丑、四月丁未、五月丁卯、六月壬寅、丙午、八月壬子、九月丁亥、七年二月辛亥、四月甲寅、五月丙子、六月庚寅、八月癸巳、九月辛未、八年八月壬辰、九年二月辛未、三月丙戌の条。

（15）この事件については『宣宗実録』宣徳二年四月丙戌、六月丁卯、七月己酉、八月丁丑、一〇月己巳、三年二月己卯の条に関連する記事がある。

（16）軍士の家族の配備地への同伴については拙著『明代軍政史研究』（汲古書院、二〇〇三年）第Ⅰ部第六章、第Ⅱ部第一章で述べた。

（17）『宣宗実録』洪熙元年九月丙午、宣徳二年四月丁卯、四年一一月戊午、七年四月甲寅の条。

（18）例えば『太祖実録』洪武四年一一月庚申の条に

時、将士居京衛、間暇、有以酣飲費財者。上聞、召諭之曰、勤倹為治身之本、奢侈為喪家之源。近聞、爾等耽嗜於酒、一酔之費、不知其幾。以有限之資、供無厭之費、歳月滋久、豈得不乏。……自今、宜量入為出、裁省妄費、寧使有余、毋令不足。

とあり、洪武八年正月庚辰の条には

遣使齎勅、諭大将軍徐達・副将軍李文忠等曰、将軍総兵塞上、偏裨将校、日務群飲、虜之情偽、未嘗知之。縦欲如此、朕何頼焉。如済寧侯顧時・六安侯王志、酣飲終日、不出会議軍事。此豈為将之道。朕今奪其俸禄、冀其立功掩過。如猶不悛、当別遣将代還。都督藍玉昏酣、悖慢尤甚。苟不自省、将縄之以法。大将軍宜詳察之。

とある。

(19) 『宣宗実録』宣徳元年正月己酉、九月辛亥、四年六月壬辰、六年八月壬子の条。

(20) 『宣宗実録』宣徳三年閏四月乙未、五年五月辛丑、六年三月丁丑の条。

(21) 太祖朝に武臣の民事関与が禁止された経緯については拙著『明代軍政史研究』(汲古書院、二〇〇三年)第Ⅰ部第一章で述べた。

(22) 『宣宗実録』洪熙元年閏七月戊午、一〇月戊子、宣徳元年四月壬午、五月丙申、丁酉、己酉、七月癸巳、一〇月癸亥、二年正月乙卯、四年二月壬午、六月壬寅、七月庚午、八月己丑、一二月甲戌、五年二月庚辰、五月辛丑、七月甲子、一一月庚子、閏一二月丙午、六年二月壬子、七月丁丑、一〇月壬子、一二月己酉、七年四月甲寅、六月丙午、八月戊子、八年閏八月丁巳、癸酉、九年二月癸酉の条。

(23) 『宣宗実録』洪熙元年七月壬辰の条。

(24) 陳懋が購入させた「貨物」について、寺田隆信氏は『山西商人の研究』(同朋舎、一九七二年)の第四章第三節「官僚・軍人の商業活動」でこの部分の記事を示され

杭州で買い求められたのは、恐らく、彼の地の特産品である絹織物であったろう。この絹織物は、馬の背によって、はるばると、陳懋のいた寧夏まで運ばれ、高級衣料として発売されて、彼に大きな利益をもたらしたと考えられる(二一一

頁）と述べられた。

(25)『宣宗実録』洪熙元年閏七月丁未、戊午、九月丁巳、宣徳元年三月甲辰、五月丙申、七月癸巳、一二月乙丑、二年正月丁未、乙卯、三月甲寅、四月丙子、乙酉、五月戊申、一〇月己巳、三年四月癸亥、四年二月壬午、三月壬子、甲寅、壬戌、六月丙申、九月庚午、五年二月乙酉、四月癸酉、五月辛丑、七月辛酉、一〇月己巳、六年二月戊午、六月己未、一二月己酉、七年三月庚午、八年四月戊子、五月癸酉、六月丙戌、九年二月癸酉の条。

(26) 軍士に対する綿布・綿花の支給については拙著『明代軍政史研究』（汲古書院、二〇〇三年）第Ⅰ部第四章で述べた。

(27)『宣宗実録』宣徳元年七月癸巳の条。

(28) これは鎮守陝西行都司の都督僉事王貴と掌粛州衛事の署都指揮僉事呂昇の抗争に伴う告発だが、『宣宗実録』宣徳八年六月丙戌、閏八月癸酉、九年三月乙酉、丁酉の条に関連する記事がある。呂昇も王貴の不法を告発して両者の抗争となった。結局、現地に派遣された御史羅閏の報告にもとずいて呂昇は獄に下されることになった。

(29) 顧興祖については第一章でも触れたが、『明史』一四四、『明史列伝』二二、『国朝献徴録』七などに伝があり、太祖・成祖朝に軍功のあった顧成の孫である。この度の事件に関しては『宣宗実録』宣徳二年四月戊寅、六月戊寅、七月己亥、一二月戊午、三年閏四月庚戌の条に関連する記事があり、次妾の名が袁氏だったことや、この事件については宥されたが、別件で逮捕召還され、錦衣衛の獄に下されたことがわかる。顧興祖は問題の多い所謂二代目勲臣で、一時爵位も剝奪されたが、天順の初めに復爵し南京守備の任についた。

(30)『宣宗実録』洪熙元年閏七月丁未の条。

(31)『宣宗実録』宣徳六年一二月己酉の条。

(32) 寺田隆信氏『山西商人の研究』（同朋舎、一九七二年）第一章第三節の四四～六〇頁。

(33)『宣宗実録』洪熙元年一〇月壬辰、宣徳元年五月丙申、二年四月丁卯、三年四月癸亥、四年二月壬午、一一月辛亥、五年五月辛丑、七月甲子、六年六月己未、一二月己酉、七年九月辛未、八年閏八月丁巳、九年三月乙酉の条。

(34)『宣宗実録』宣徳元年五月丙申の条。なお同年五月丁酉、八月丁卯、一〇月丙寅の条に関連する記事があるが、結局、沈清は宥された。
(35)『宣宗実録』宣徳六年六月己未の条。
(36)『宣宗実録』宣徳八年閏八月丁巳の条。
(37)『大明律』一四・兵律二・軍政「従征守禦官軍逃」。
(38)万暦『大明会典』一五四・軍政一・根補・勾補。
(39)清軍については于志嘉氏『明代軍戸世襲制度』(台湾学生書局、一九八七年)第二章に詳述されている。
(40)『宣宗実録』宣徳六年一二月己酉の条。
(41)『宣宗実録』宣徳四年二月壬午の条。
(42)『宣宗実録』宣徳元年五月丁酉、己酉、七月癸巳、二年三月乙巳、三年四月癸亥、四年一二月甲戌、五年二月癸酉、五月壬子、閏一二月丙午、六年正月癸巳、六月乙未、七月丁丑、一二月壬子、七年三月庚午、八年閏八月壬子、乙卯、丁巳、九年四月丙子、一〇月辛未の条。
(43)『明律国字解』(創文社、一九六六年)七五三頁。
(44)『宣宗実録』宣徳元年七月癸巳の条。
(45)『宣宗実録』宣徳元年五月丙申、丁酉の条。
(46)『宣宗実録』宣徳六年七月丁丑の条。
(47)拙著『明代軍政史研究』(汲古書院、二〇〇三年)第Ⅰ部第六章「軍士の家族と優給」。
(48)『宣宗実録』宣徳元年五月己酉の条。
(49)『宣宗実録』宣徳八年閏八月壬子の条。
(50)『宣宗実録』宣徳九年四月丙子の条。
(51)『宣宗実録』宣徳元年二月己丑、壬辰、四年壬午、二年正月乙巳、丁未、四月壬午、六月丁丑、一〇月乙巳、四年八月戊戌、五年五月辛丑、七月甲寅、辛酉、六年四月丁未、乙卯、九月庚午、一一月丁卯、一二月己酉、七年三月乙酉、四月甲寅、一一月庚午、八年正月丁丑、五月癸酉、六月丙戌、八月壬辰、閏八月癸酉、九年二月癸酉、三月乙酉の条。

(52)『宣宗実録』宣徳元年四月壬午の条。なお同年七月癸巳、八月甲子の条によれば、陳懐と梁銘の間に軋轢があったようで、陳懐も梁銘の不正を告発した。梁銘は更に御史にも弾劾され、罰役・降爵を論告されたが、宣宗は「旧勲なるを念う」という理由で爵位はそのままとし、寧夏参将の職を免じるにとどめた。

(53)『宣宗実録』宣徳六年九月庚午の条。

(54)『宣宗実録』宣徳二年正月乙巳の条。

(55)『宣宗実録』宣徳二年正月丁未の条。

(56)『宣宗実録』宣徳五年五月辛丑の条。

(57)『宣宗実録』宣徳六年一二月己酉の条。

(58)『宣宗実録』宣徳二年一〇月己巳の条。

(59)『宣宗実録』宣徳五年七月甲寅の条。

(60)『宣宗実録』宣徳五年七月辛酉の条。

(61)『宣宗実録』宣徳六年四月丁未、八年八月壬辰の条。

(62)『宣宗実録』宣徳七年四月甲寅の条。

(63)『宣宗実録』洪熙元年閏七月戊午、宣徳元年五月丙申、二年正月丁未、戊午、五月乙卯、三年三月癸卯、四月癸亥、八月癸未、五年五月辛丑、六月戊子、七月甲子、一〇月己巳、一一月庚子、六年二月壬子、一二月甲午、乙未、己酉、七年四月辛亥、五月丙子、一〇月癸丑、一二月丁未、八年二月辛卯、六月丙戌、九年三月乙酉、丁酉、四月戊辰の条。

(64)『宣宗実録』宣徳六年九月庚午の条。なお張泰の劾奏や凌輝の報告の中に「関」とあるのは、鈔法の維持を目的として、交通・運輸のルート上に設けられ商税を徴収した鈔関である。鈔関については佐久間重男氏「明代の商税制度」(『社会経済史学』一三―三、一九四三年)、滝野正二郎氏「明代鈔関の組織と運営――清代常関の前史として――」(山根幸夫教授追悼記念論叢『明代中国の歴史的位相』上巻、汲古書院、二〇〇七年）等がある。

(65)『宣宗実録』洪熙元年閏七月戊午、一二月辛卯の条。

(66)『宣宗実録』宣徳三年四月癸亥の条。

(67)『宣宗実録』宣徳五年一一月庚子の条。

(68)『宣宗実録』宣徳二年正月丁未の条。

(69)『宣宗実録』宣徳五年五月辛丑の条。

(70)『宣宗実録』宣徳六年一二月己酉の条。

(71)『宣宗実録』洪熙元年閏七月戊午、九月丁巳、一〇月戊子（この日には二件記されている。）、宣徳五年二月己卯、五月辛丑、六年二月壬子、四月丁未、七月辛未、一二月己酉、七年五月壬午、八年八月壬辰、戊戌、閏八月癸酉、九年二月癸酉、一二月庚申の条。

(72) 李英については『明史』一五六・列伝四四、『明史列伝』三一、『吾学編』一九等に伝がある。

(73) 李英の土地占奪については、簡略だが『明史』一五六・列伝四四にも記されている。

(74)『宣宗実録』洪熙元年閏七月戊午の条。

(75)『宣宗実録』宣徳八年六月丙戌、閏八月癸酉、九年三月乙酉、丁酉の条。

(76)『宣宗実録』宣徳五年五月辛丑の条。

(77)『宣宗実録』宣徳六年一二月己酉の条。

(78)『宣宗実録』洪熙元年九月丁巳の条。

(79)『宣宗実録』洪熙元年一〇月戊子の条。

(80)『宣宗実録』洪熙元年七月壬辰、宣徳二年正月乙巳、六年二月壬子、九月庚午、七年一二月戊申、八年正月庚午、六月丙戌、閏八月癸酉、九年二月癸酉、三月辛卯、丁酉の条。

(81)『宣宗実録』宣徳六年四月癸丑の条。

(82) 星斌夫氏『明清時代交通史の研究』（山川出版社、一九七一年）前篇・第五章。
(83) 谷光隆氏『明代馬政の研究』（東洋史研究会、一九七二年）第一篇・第二章・第二節。
(84) 『宣宗実録』洪熙元年七月壬辰の条。閏七月戊午、一二月辛卯の条にも関連の記事がある。
(85) 『宣宗実録』宣徳九年二月癸酉、三月壬午、辛卯の条。
(86) 『宣宗実録』宣徳二年正月乙巳の条。
(87) 『宣宗実録』宣徳元年五月丙申、六月戊辰、二年三月甲辰、六月己未、七月己亥、三年二月乙丑、八月甲申、四年二月壬午、八月癸未、九月庚午、五年正月丙寅、二月己卯、三月丁卯、四月癸酉、七月壬子、一一月甲寅、六年六月丙辰、九月庚午、一一月乙酉、七年九月辛巳、八年一〇月辛酉、一二月癸酉の条。
(88) 『宣宗実録』宣徳元年五月丙申の条。この後の沈清の処分については宣徳元年五月丁酉、八月丁卯、一〇月丙寅の条に記載がある。
(89) 『宣宗実録』宣徳五年四月癸酉の条。
(90) 『宣宗実録』宣徳三年二月乙丑の条。
(91) 『宣宗実録』宣徳八年一〇月辛酉の条。
(92) 『宣宗実録』宣徳八年一二月癸酉の条。
(93) 民牧の形態と馬戸の負担については谷光隆氏『明代馬政の研究』（東洋史研究会、一九七二年）第二篇・第一章に詳しい。
(94) 『宣宗実録』宣徳四年九月庚午の条。
(95) 『宣宗実録』宣徳二年六月己未の条。
(96) 『宣宗実録』宣徳四年二月壬午の条。この後の張貴の処分については一〇月己丑の条に記載がある。
(97) 『宣宗実録』洪熙元年閏七月丁未、戊午、九月丁巳、一二月辛卯、宣徳元年三月戊戌、二年四月丙子、三年一二月丁未、四年九月癸亥、五年四月癸酉、六年九月乙酉、七年五月壬午、一二月己酉、八年閏八月癸酉、九年一〇月辛未の条。
(98) 『宣宗実録』洪熙元年閏七月戊午、一二月辛卯の条。

(99)『宣宗実録』宣徳八年閏八月癸酉の条。
(100)『宣宗実録』宣徳七年一二月己酉の条。
(101)顧興祖の事件に関しては『宣宗実録』洪熙元年九月丁巳、宣徳二年四月戊寅、六月戊寅、七月己亥、一二月戊午、三年閏四月庚戌、四年九月癸亥の条に記事がある。
(102)『宣宗実録』洪熙元年七月壬辰、閏七月戊午、宣徳元年四月己卯、七月乙未、二年一〇月庚辰、一二月癸亥、三年三月戊子、五年四月甲戌、己亥、九月庚申、一一月庚戌、六年一二月乙巳、七年五月辛巳、八年四月戊子、九年正月乙未の条。
(103)『宣宗実録』洪熙元年七月壬辰、閏七月戊午、一二月辛卯の条。
(104)『宣宗実録』宣徳五年四月己亥の条。
(105)『宣宗実録』宣徳元年七月乙未の条。
(106)『宣宗実録』宣徳六年一二月乙巳の条。
(107)『宣宗実録』宣徳元年正月乙卯の条。
(108)『宣宗実録』宣徳二年六月甲戌の条。
(109)『宣宗実録』宣徳三年三月辛丑の条。
(110)『宣宗実録』宣徳元年四月丙寅の条。
(111)『宣宗実録』宣徳七年八月癸巳の条。
(112)『宣宗実録』宣徳四年一二月甲戌の条。
(113)拙著『明代軍政史研究』（汲古書院、二〇〇三年）第Ⅰ部第一章第三節。

第三章　武臣の処罰

はじめに

第二章で武臣の犯罪についてみてきたが、罪を犯した武臣たちはその後どのような処罰を受けたのか。第三章ではこの点について考えるが、第二章と同じように勲臣から鎮撫までを武臣として扱うことにする。これらの武臣が受けた各種の処罰とその件数・人数を示したのが表1である。ただ、表示の項目には刑罰と懲戒のように、本来、次元の異なるものが入り混っている。例えば罰俸は懲戒と贖罪の両方の性格をもっているうえに、軽度の刑罰の一つとしても規定されている。又、『大明律』の兵律中の軍政律二〇ヶ条には作戦・用兵に関わる規定と、軍の管理・維持に関する規定が混在している。今日の言葉でいえば軍政事項と軍令事項が未分化のままである。実際には各々の境界には曖昧なところがあり、必ずしもはっきりとは分けられない。表では大まかに本人からみて重い順に示してある。又、表の中に幾つか「　」付きのものがあるが、これは史料中の用語ではなく、筆者が便宜的に用いた言葉である。この表に基づいて、死罪以下の各処罰がどのような罪状に適用されたのか、『大明律』の規定と実際の処罰の運用はどのように関連していたのか、地域的な特徴はあるのか、武臣の身分と処罰にはどのような関係があるのか等の問題について考える。更に、各処罰の運用をみることによって、武臣の犯罪の多発に示されるような軍の危機的状況に、朝廷

表1　各処罰と人・件数

	〈処罰〉	件	人
Ⓐ	死罪	22	35
Ⓑ	「如律」	19	21
Ⓒ	充軍・謫戍	17	25
Ⓓ	降・調	9	11
Ⓔ	為事官・戴罪官	12	25
Ⓕ	立功贖罪	17	40
Ⓖ	罰役	17	19
Ⓗ	罰俸	19	36
Ⓘ	記罪	15	23
Ⓙ	封示	11	12
Ⓚ	自陳	14	15
Ⓛ	「降勅叱責」	17	18
Ⓜ	「移文戒飭」	5	5
Ⓝ	「宥之」	36	51
	（合計）	230	336

あるいは宣宗がどのように対処しようとしていたのかを明らかにしたい。表1で示した二三〇件・三三六人という数字は、告発について示した前掲の第二章の表1（一七七頁）の二五七件、表2（一七八頁）の二八一人、表3（一八〇頁）の三五〇件と異なっているが、それは次の理由からである。『宣宗実録』の記事には、告発と、たとえば「下獄」というような当面の処分だけが記されていて、最終的な処罰がどのようであったのか分からない事例が少なからずある。また当初の告発の内容が分らないまま処罰のことだけ記されている例もある。第二章で示した各武臣の罪状と、第三章で扱う処罰の個々の事例をできるだけ対応するように努めたが、完全に一対一に対応させることは難しい。更に一人で何回も処罰された例や、一回で幾つもの処分・処罰を重複して科された例もあり、これらは延べで数えた。その為に前掲の告発の数字とやや違っている。また、勲臣等の高官には減刑の特権があるが、その規定については別に述べることとし、ここでは実際に科された処分・処罰についてだけ扱うことにする。なお第三章で示す事例も『宣宗実録』によって収集したものである。それ故、各処罰の運用上の特徴を抽出したり、これを明軍の広い範囲に敷衍しようとする場合には十分な注意が必要であることはこれまでと同様である。

第一節　律どおりの処罰

Ⓐ　死罪

太祖朝では、度々発動された疑獄事件で多くの武臣が死罪に当てられたが、成祖朝になるとその件数は一転して極く少なくなった。(1)それでは宣宗朝ではどうだったのか。『宣宗実録』で確認できる死罪の事例を示したのが表2である。表をみると幾つか注目すべき点がある。まず武臣が死罪に当てられたのは一五件、二八人のみであり、第二章でみた犯罪の発生件数、あるいは表1で示した処罰の事例の総数に比べて誠に少ない。『宣宗実録』所載のという条件はつくものの、死罪の事例が少なかったことは事実だろう。それはなぜなのか。又、死罪に当てられた武臣の中で、都指揮以上の高官は七人だけなのに、指揮以下の中下級武臣が二一人と三倍にのぼっている。これは何を示しているのか。更に地域と件数の関係をみると、地域による偏りが余りない。特に犯罪の発生・告発件数では圧倒的に多かった北辺が、死罪の件数では決して多くない。後に述べるように、表2には算入していないが、罪状と宣宗の態度からみて、恐らく死罪となっただろうと思われる事例が幾つかあり、これを加えると、北辺の四件、北京の三件はそのままだが、内地は七件、南辺は八件となり、北辺は南辺や内地よりも少なくなってしまう。死罪に当てられるような悪質な犯罪には地域差は余りなく、少人数ではあるがどこでもみられた為とも考えられる。しかし、各地域の犯罪発生の傾向とここまで違うのはやはり不自然である。犯罪の発生はある意味で自然現象のような面があるが、処罰の運用は人為的なものである。表2の数字をみると、そこに朝廷の政策、あるいは意図的な側面を窺うことができるように思う。死罪を始めとする各種の処罰の適用に、朝廷の軍事情勢についての判断と危機感の所在が反映されていると考

表2　死罪

洪熙1	0	勲臣	0	北辺	4
宣徳1	3	都督	2	北京	3
2	2	都指揮	5	内地	3
3	4	指揮	7	南辺	5
4	0	千戸	4	（合計）	15件
5	4	百戸	7		
6	1	鎮撫	3		
7	1	（合計）	28人		
8	0				
9	0				
（合計）	15件				

えられる。このような点を更に検討する為に各事例の内容をみていきたい。

まず北辺の事例を示すと、『宣宗実録』宣徳元年二月己丑の条によれば、遼東義州備禦の都指揮李信が「私を挟みて義州衛の指揮馬迅を杖殺」した廉で都察院に逮問され斬罪に擬された。義州備禦の李信にとって、馬迅は直属の配下に当たる。これに対して宣宗は

上曰わく、草木は微なりと雖も、尚お当に愛惜すべし。人命は至重にして、豈に枉害すべけんや。況んや指揮は朝廷の命ぜし官なるにおいておや。都指揮にして私忿を以て之を殺す。則ち士卒を虐ぐること知るべきなりと。命じて之を斬せしむ。

と述べて、都察院の擬定を承認した。都察院は「私を挟みて」といい、宣宗も「私忿を以て」といっているので、詳しい内容は分からないが私罪である。『大明律』では名例律「殺害軍人」に抵触する罪であろう。都指揮が実際に死罪になった例は極く少ない。宣宗が挙げた理由は、人命は至重であること、被害者が三品官で朝廷の任命にかかる指揮使であったこと、私忿から指揮使を殺すようでは、軍士に対する酷虐のひどさが思い遣られるということであった。その重点は指揮使の殺害は、ひいては朝廷の権威を蔑ろにするものであるという点にあるのだろう。被害者の身分によった処罰という面が強く、他に多くの事例があるが、もし杖殺されたのが軍士だったら、恐らく死罪には至らなか

ったケースと思われる。次に宣徳二年三月甲寅の条によれば、陝西岷州衛の百戸陳瑛が斬罪に処されたが、その罪状は「初め、番民の馬を劫奪するに、番民の告《うった》えんと欲するを聞き、執えて之を殺す」とあり、番民の馬を奪い、訴え出ようとした番民を殺してしまったというのである。これに対して宣宗は

上曰わく、辺将たるもの、能く辺民を撫安せば、己も亦た得安《あんのん》なるに、豈に其の利を奪いて、又、之を殺すを得んや、是、自ら禍いを求めしなり。律の如く之を斬せよと。

と命じた。『大明律』では刑律・賊盗「盗馬牛畜産」、人命「謀殺人」に当たり、番民の動きによっては兵律・軍政「激変良民」に抵触する可能性もある。宣宗は、被害者が番人であることから、この事件が番人を刺激して不穏の空気を醸成するのを恐れたのであろう。ほかにも同じような事件があるが、朝廷は少数民族の動向に非常に敏感である。現にこの頃、南辺の各地で少数民族との間に激しい戦闘が継続している状況だった為でもあろう。次に宣徳三年四月癸亥の条によれば、都察院が告発するには、大寧中衛の百戸劉勉は、操練に当たって軍士から賄賂をとって帰宅をゆるし、その軍士の分の馬料を詐取した。つまり軍士を売放したわけだが、そのうえ、病気で操練に出られない軍士を殴打して財物を強要し、差し出せない者を操練を故意に怠っていると誣告したという。宣宗は

上曰わく、朕、常に軍官を戒約し、古《いにしえ》の良将の能く士卒を愛恤せしは、能く功名を成す所以なるを謂い、其をして意を用いて撫綏し、横《ほしいまま》に害を加えること無からしめんとす。今、此の輩、悪を縦《ほしいまま》にし、又《さら》に復た面謾《たぶらか》さんとす。豈に貸《ゆる》すべけんや。教場に械置し、榜して以て衆に示し、然る後、処決すること律の如くせよ。都察院は、仍りて中外の管軍の官員に榜示し、皆に知警《いまし》めよと。

と命じた。劉勉の罪は『大明律』の戸律・倉庫「冒支官糧」、兵律・軍政「不操練軍士」・「縦放軍人歇役」、刑律・訴訟「誣告」、受贓「因公擅科斂」の規定に抵触することになろう。衛所官としてありがちな不正の全てにわたってお

り、劉勉は極刑に処せられた。ただ殺人の罪は含まれておらず、それにしては厳しい処罰だった。宣宗が都察院に命じて「禁軍官虐害軍士」を榜示させ、武臣を戒めたことからみても、劉勉の処刑は一罰百戒の効果を狙ったみせしめという側面もあったと思われる。武臣の不正に対する宣宗の苛立ちが窺えるような事例である。処罰の運用が政策の一環だったことを示す例でもある。次の事例にも同じような印象がある。宣徳五年六月辛未の条によれば、竜門関の守備に当たっていた宣府前衛の指揮僉事王林が、勝手に軍士を境外に出して野鹿を捕獲させようとしたところ、韃虜に襲われて軍士が負傷し、更に人畜を殺傷されるなどの被害を出してしまい、都察院に劾奏された。これに対して、宣宗は

　上曰わく、朕、常に辺将を戒め、寇無き時と雖も、亦た常に寇の目前に在るが如く、日夜厳備せしめんとす。此の人、朕の言に遵《したが》わず、下人の害を受くるを致す。其れ人を遣わして宣府に械送し、将校を集め、斬して以て徇《しめ》せと。

と述べ、所属衛で同僚の面前での公開処刑を命じた。王林は『大明律』では兵律・軍政「擅調官軍」・「縦放軍人歇役」、関津「私出外境及違禁下海」の罪に問われたのだろう。この頃、武臣が軍士を境外に出して、狩猟や採木等をやらせていて、韃虜に襲われるという事例は、他にも少なからずみられるが、武臣が死罪になった例は殆どない。この事例も、前述の劉勉の場合と同じく、武臣たちの引き締めを意図した処刑だったと思われる。宣宗の対応にも、時と場合に応じて犯情・武臣の地位・処罰の効果等を考慮しつつ処置する面があったことが窺える。以上、北辺の事例をみてきたが、四例中の二例が虜・番に関わるもので北辺の特徴が示されている。

　次に北京とその周辺の事例をみてみよう。宣徳元年三月戊戌の条によれば、羽林前衛の指揮陳広が「酒を貪り暴横にして、亡頼と結びて盗を為し、人を殺せし」罪で斬罪に擬定された。陳広の母親が「存養」を乞うたが、宣宗は

上、法司に諭して曰わく、三品の正官、禄を受くること薄からざるに、猶お盗を為し人を殺す。此、其の人となり知るべきなり。今、内外の軍職、誰か功臣に非ざるや。此にして誅せざれば、是、法無きなり。其れ之を斬すること律の如くせよと。

と斬罪を命じた。「内外の軍職、誰か功臣に非ざるや」とあるのは、陳広の母親が父祖以来の軍功に免じて死罪をゆるしてほしいと許えたのであろう。陳広の罪は『大明律』刑律・賊盗「強盗」、人命「闘殴及故殺人」に該当するだろう。宣宗は、陳広の指揮使たる身分を弁えない所行ということを重視したわけだが、前述の李信についても「士卒を虐ぐること知るべし」といい、ここでも「此、其の人となり知るべし」といっている。その性格を考えると、とても更正の余地はないとの判断である。羽林前衛は皇帝直属を誇りとする親軍衛で、陳広はそこの最高責任者である。それなのに酒を貪り強盗・殺人の罪を犯したというのだから、やや正常さを欠く人間だったのかもしれない。次に宣徳三年三月癸卯の条によれば、京衛の一つである神武前衛の衛鎮撫夏尚忠が倉糧を侵盗した罪で斬罪に擬された。夏尚忠はその母に減刑を乞わせたが、宣宗は

上、行在三法司に諭して曰わく、罪既に冤ならず。豈に苟免《いちじのがれ》せしむべけんや。此の輩 肆《ほしいまま》にして忌憚すること無し。之を斬せざれば、則ち犯す者 愈衆《いよいよおお》からん。其れ処決すること律の如くせよと。

と斬罪を命じた。このころ衛倉の収支は鎮撫が管理していた(2)ので、夏尚忠は『大明律』刑律・賊盗「監守自盗倉庫銭糧」の罪に問われたのだろう。規定では確かにこの罪は死罪にも当たるが、実際には、余罪がなくて倉糧の侵盗だけで死罪となった例は少ない。記事の中に「母をして奏して充軍贖罪を乞わしむ」とあるから、本人が母親に減刑を訴えさせたことが発覚したとみられ、宣宗の心証を害したのかもしれない。又、宣宗が「之を斬せざれば、則ち犯す者愈衆からん」と述べているように、この例にも見せしめの狙いがあったことが分かる。衛内の非違を取り締まるべき

鎮撫の犯罪であることも重視されたのであろう。死罪だけでなく、当時の刑罰にはみな一罰百戒のみせしめの効果を狙う性格があったのは当然だが、宣宗も犯情・武臣の身分・効果等を冷静に考慮しつつ死罪を命じていた様子が窺える。又、宣徳七年九月辛巳の条によれば、これも親軍衛の一つである長陵衛の指揮僉事秦英と百戸李忠が法司に告発された。秦英らは天寿山の守備に当たっていて、附近の軍民五〇余家に対し、毎月布一疋を差し出させて、山に入って樹を伐って売ることを許していたというのである。宣宗は

　上曰わく、小利を図りて縦《ほしいまま》に山陵の樹を伐らしむ。豈に常犯に比せんや。其れ之を斬し、首を梟《さら》して以て徇《しめ》せと。

と極刑に当てるよう命じた。記事に秦英らが受け取った布が三〇〇疋にもなるとあるので、樹木の伐採は一時のことではなく、かなりの期間に及ぶのだろう。秦英・李忠らの罪は『大明律』刑律・賊盗「謀反大逆」・「盗園陵樹木」に該当するものである。

　次に内地の事例をみると次のようである。まず、宣徳元年九月庚子の条によれば、漢王高煦の乱に関わって山東都指揮靳栄と千戸盛堅が逆党として処刑され、鎮守天津衛の都督僉事孫勝・青州左衛の指揮史誠・徳州衛の指揮鄭興・鎮撫劉志・河間衛の鎮撫温英も相い継いで誅に伏した。このほか山西都指揮張傑・楊雲は獄中で死亡し屍を曝された。なお、張傑・楊雲の二人は死罪者と同じ扱いだが、一応獄死なので表2には算入していない。名が挙げられているのはこの九人だが、誅された者は六四〇余人とある。その多くは武臣だったと思われるが、実際に何人の武臣が含まれていたのかはっきりしない。彼らは『大明律』刑律・賊盗「謀反大逆」の罪で処刑されたのだろう。更に宣徳五年四月癸酉の条によれば、宣宗は杭州前衛の百戸李真と湖州千戸所の百戸李智・馮鼐を「命じて市に斬せしめ」た。李真は、退役した老軍を関津に配置して人の通行を妨害して財物を強要させていた。つまり「邀阻」であるが、老軍から

毎月一定額を差し出させていたが、その額に及ばない者を撃ち殺したというのである。一方、李智・馮鼐は、陰かに盗賊に掠奪してまわらせ、その財物を召し上げていた。更に私怨から罪のない四人を殺害したという。李真は『大明律』でいえば名例律「殺害軍人」、兵律・関津「関津留難」、刑律・受贓「因公擅科斂」の罪に該当し、李智・馮鼐は刑律・賊盗「盗賊窩主」と人命「謀殺人」、或いは被害者四人の内容によっては「殺一家三人」の罪に当たるかもしれない。この二つの事件はともに殺人の罪を含んでいる。『宣宗実録』の同日の条に記されているが、ともに宣宗のコメントは記されていない。却って宣宗の強い怒りが窺えるようである。

続いて南辺の事例をみると次のとおりである。まず宣徳二年三月辛亥の条によれば、広西南寧衛の百戸許善が斬罪に処された。許善は従来から崇善県の土官知県趙暹と付き合いがあり、趙暹が挙兵して左州を攻めようとしているのを知りながら報告しなかった。更に、趙暹の挙兵後、広西総兵官顧興祖から討伐を命じられた際も、趙暹から馬一〇匹・銀一〇〇両を贈られて、故意に攻撃を遅らせて趙暹を逃そうとしたというのである。事が発覚して斬罪に擬されたが、宣宗は

上曰わく、人臣たるもの外交無し。況んや職として当に守禦すべきに、乃《しか》るに蛮夷と私通して、其の反逆を縦《ゆる》す。此にして誅せざれば、則ち廃法と為ると。命じて之を斬せしむ。

と述べ許善を斬らせた。宣宗のいう法は『大明律』刑律・賊盗「謀叛」、受贓「官吏受財」ということになる。許善の行為は悪質で、死罪に当てられて当然というケースである。次の例も非常によく似た内容で、少数民族が混在している南辺で起りやすい事件といえるかもしれない。同じ軍事的緊張地帯でも、北辺では余りみられないタイプの事件である。宣徳三年二月己卯の条によれば、四川松潘衛の千戸銭宏が梟首・籍没の極刑に当てられ、四川都指揮高隆・為事官韓整らが広西に謫戍される事件があった。その原因となったのは番人容児結が起した騒乱であるが、その調査

の為に現地に派遣された錦衣衛指揮任啓・御史李珏の報告は次のようなものであった。当初、松潘衛からも交阯に軍を派遣するよう命令があったが、軍士達は恐れて行きたがらず、千戸の銭宏に相談を持ち掛けたところ、銭宏は番人が叛したといえば、きっと交阯への動員は取り止めになるだろうといい、衛当局に容児結の挙兵を誣告したというのである。松潘衛・四川都司が直ぐに反応し、指揮陳傑が軍を率いて出動した。叛乱など起していなかった容児結が驚いていると、銭宏が手下を連れて山寨に潜入し、自分に牛・馬・財物を差し出せば軍を停止させてやろうと持ち掛けて、牛・馬等を巻き上げた。しかし、軍が迫ったのをみて驚懼した容児結は、黒水の生番と手を握って本当に挙兵し、陳傑が戦死する等の事態になってしまったというのである。報告を受けた宣宗は

上曰わく、蛮寇の叛せしは、朕、固より之を激せし者有るを疑えり。韓整は貪淫にして寇を玩び、重く辺民の患を貽《のこ》せり。厥《そ》の罪何ぞ逃れんやと。遂に啓等に勅して、宏を松潘に斬り、首を梟《さら》して衆に徇《しめ》し、其の家を籍没せしむ。宏に従いし二十人は倶に死を宥して軍に充て、整等は悉く広西に発戍せしむ。

と銭宏の処刑を命じた。銭宏の罪状は『大明律』では兵律・軍政「激変良民」、刑律・賊盗「謀叛」・「恐嚇取財」、訴訟「誣告」に当たる。様々な点で当時の明軍の欠陥が露骨に現われた事件だが、銭宏の行為も軽率かつ悪質で、宣宗の命令は当然であろう。又、宣徳三年五月辛巳の条によれば、都督蔡福、都指揮朱広・薛聚・于瓚、指揮魯貴、千戸李忠が棄市のうえ籍没という極刑に当てられた。都指揮以上の高官が死罪になることは少ないが、都督一人と都指揮三人が一挙に処刑されたのは、前述の漢王高煦の乱の連坐者とこの例だけである。その罪状をみると、蔡福らは交阯の乂安の守備に当たっていたが、黎利軍に攻囲されて一軍を挙げて降伏した。更に降伏後に敵側に攻城具の造り方を教え、明側の作戦を通知し、或いは籠城している明軍に降伏を呼び掛けるなどの行為をくりかえした。講和後、黎利が彼らを送還してよこし、大規模な審問の結果処刑されたものである。当時、軍事的に無能な武臣の例は多いが、こ

のような悪質な利敵行為は他に例がなく、やや特殊なケースといえる。『大明律』では刑律・賊盗「謀叛」に当たるが、或いは「謀反大逆」にも抵触するかもしれない。この例でも宣宗の怒りを示すかのように何のコメントも記されていない。更に宣徳五年七月辛酉の条によれば、四川松潘衛の指揮呉瑋が斬罪に当てられた。四川道御史が告発した呉瑋の罪状は次のようである。呉瑋は貪虐を肆にして番人を刺激し、軍士四〇余人を拉致されるに至ったこと、配下の総旗がもっていた豹の皮を取り上げようとして拒まれるとこれを杖殺したこと、更にこのことを千戸張禎が告発しようとすると、張禎の叔父と張禎に同調して訴えようとしていた旗・軍を執えて殺害してしまったことである。宣宗は

上、公・侯・伯・五府・六部・都察院・大理寺・錦衣衛・六科給事中に命じ、会問して還奏せしめるに、瑋皆に引伏す。上曰わく、死しても余り有る責なりと。命じて市に斬し、其の家を籍せしむ。

と斬罪を命じた。呉瑋の罪は『大明律』でいえば名例律「殺害軍人」、兵律・軍政「激変良民」、刑律・賊盗「恐嚇取財」に当たるであろう。一つの犯罪を糊塗する為に次々とエスカレートし、複数の殺人を重ねてしまったケースである。宣宗が大規模な審問を命じたのは、松潘衛が度々番人の蜂起が起こる紛争地域で、しかもそこの最高責任者である指揮に関わる事件であることを重視した為であろう。次に宣徳六年九月乙酉の条によれば、会川衛の千戸丘能が斬罪に当てられた。その罪状は「累ねて強盗を為し財を劫《かす》む」というものであった。宣宗は

上、命じて之を斬せしめて曰わく、五品の官は一日の労の致す所にあらざるに、甘《この》みて盗を為して身を殺す。此其の自ら取りしなりと。

と、自業自得であると述べて斬罪を命じた。『大明律』では刑律・賊盗「強盗」に当たる罪で、武臣に特有な犯罪ということではなく、普通の犯罪の犯人が偶々武臣だったというケースである。宣宗の言葉も同情の余地はないという

いい方である。

ここまで宣宗が命じ死罪に処せられたことが確認できる事例をみてきたが一五件・二八人あった。このほか、表2の事例には算入していないが、宣宗が律の規定どおりの処罰を命じた事例の中で、その罪状や宣宗の言葉からみて、恐らく死罪に当てられたと思われるものが七件ある。次にこれらの事例を示す。(3)北辺と北京にはなく、内地に四件、南辺に三件ある。まず宣徳二年正月丁未の条によれば、湖広按察司が蘄州衛の千戸羅安を告発した。その罪状は、官屋を毀して私宅を造り、配下の軍士を科斂し、軍士を殴殺したことである。これに対して宣宗は

　上曰わく、軍を害し財を取りしは赦すべきも、何ぞ常曾《かつ》て人命殺人の赦すべからざる者を赦せしや。誠に死者は以て復生《よみがえ》らすべからず。提問して律の如くせよと。

と述べた。宣宗は律の規定どおりの処罰を命じたわけだが、羅安の罪は『大明律』名例律「殺害軍人」、刑律・受贓「因公擅科斂」、工律・営造「擅造作」に該当し、もし官屋を毀した材料で私宅を建てたのならば刑律・賊盗「詐欺官私取財」も加わるだろう。殺人罪を含んでいるので、規定からみて死罪に当てられたと思われる。他の罪はともかく殺人は許せないといういい方からも、宣宗が殺人の罪を非常に重視していたことが分かる。次に宣徳五年二月庚辰の条によれば、山東按察司が平山衛の千戸潘礼の罪を告発した。潘礼は老軍、つまり退役軍士を私役したうえ、些細なことを咎めて「撃傷致死」させたというのである。宣宗は

　上曰わく、私役已に応に罪すべし。況んや私憤もて之を殺せりと。命じて執えて之を罪すること律の如くせしむ。

と命じた。潘礼の罪は『大明律』名例律「殺害軍人」、兵律・軍政「縦放軍人歇役」に当たるとみられるので、やはり死罪に当てられたと思われる。次の寧山衛の指揮李昭は、第二章でも述べたように、多重犯の代表の一人である。宣徳五年五月辛丑の条によれば、行在後軍都督府が管下の寧山衛の指揮使李昭の処罰を奏請した。そこに挙げられた

罪状は次のようであった。寧山衛の城楼を毀して私宅を造ったこと、旗・軍を私役して漆・料豆を割り当てて自分に差し出させたこと、管下の各千・百戸所から銅・鉄を科斂したこと、官軍の屯田を占奪して収穫物を着服したこと、屯軍から子粒を科斂したこと、軍糧を横領したこと、そしてこれを訴えようとした軍吏二人を杖殺したことである。これに対して宣宗は

上、都御史顧佐に諭して曰わく、治を為すの道は、善を賞し悪を罰するのみなり。其の悪此の如し。治《ただ》さざるべからず。即《ただ》ちに擒えて治すこと律の如くせよと。

と律の規定どおりの処罰を命じた。李昭の罪状は『大明律』では以下の各条に抵触するだろう。この場合、殺害した軍吏も軍士に準じて扱われるだろうから、まず名例律「殺害軍人」、それに戸律・田宅「盗耕種官民田」、兵律・軍政「縦放軍人歇役」、刑律・賊盗「監守自盗倉庫銭糧」、受贓「因公擅科斂」、工律・営造「擅造作」に該当し、更に城楼の毀損が場所の確保というだけでなく、その材料を使って私宅を建造したのならば刑律・賊盗「詐欺官私取財」の罪も加わるだろう。李昭のこの罪状からみて死罪は免れない。次に宣徳五年一〇月甲午の条によれば、巡按湖広監察御史朱鑑が茶陵衛の指揮喩成の罪を劾奏した。それによれば、喩成は賀麻哥なる賊の追捕に当たり、銀五〇〇余両を受けて見逃したばかりか、平民を捕えて賀麻哥と偽って殺し衆に示した。実際には賀麻哥は健在で、相い変らず劫掠を重ねているというのである。宣宗は

上、右都御史顧佐等に諭して曰わく、此を等《はか》るに叛逆と同じなり。死しても余り有る辜《つみ》なり。御史をして亟やかに之を問わしめよと。

と命じた。喩成の罪は『大明律』でいえば、刑律・人命「謀殺人」、訴訟「誣告」、受贓「官吏受財」、捕亡「応捕人追捕罪人」に当たるとみられる。更に賀麻哥は少数民族のようだから、この点の解釈のしようによっては、宣宗のい

うとおり刑律・賊盗「謀叛」の規定にも抵触するかもしれない。宣宗の言葉からみて減刑の余地はなく、死罪に処せられたと思われる。広西でも類似の事例があったことは後述するが、誠に悪質で死罪となっても当然という事件である。これは湖広の例だが、このような事件は漢族と少数民族が混在する南辺やそれに近い地域によくみられる。

ここまで内地の事例をみてきたが、南辺にも次のような例がある。まず宣徳五年二月乙酉の条によれば、広東按察司が廉州衛の指揮王泓を劾奏した。王泓は自分に付けられた当番兵である軍伴から毎月鈔を召し上げ、差し出さない者を撃ち殺したという。記事の文言からみて単発の事件ではなく、ある程度の期間にわたり、殺害した軍伴も一人ではないと思われる。宣宗は

上……侍臣に語りて曰わく、人命と銭と孰れか軽重ならん。人を殺せし者は死す。銭を積むこと山の如しと雖も贖うべけんやと。

と述べたが、宣宗の言葉は死罪を命じたも同然である。王泓の罪は『大明律』では名例律「殺害軍人」、刑律・受贓「因公擅科斂」に当たるだろう。或いは王泓は鈔を取って代償に軍伴を任務から外したのかもしれない。そうならば売放で兵律・軍政「縦放軍人歇役」の規定にも抵触することになる。次の広東潮州衛の指揮同知頼啓も、第二章で述べたように、凶暴な多重犯の一人である。宣徳五年七月甲寅の条によれば、潮州衛が自ら同衛の幹部である頼啓の罪を告発してその処罰を奏請した。それによれば、頼啓はこれまでも配下の酷虐を重ねてきたが、その後も行状は改まらず、近頃、理由もなく総旗を杖殺し、武臣に禁じられている民の詞訟を勝手に受け付けて、それをタネに誅求し、これも勝手に官軍を動員して民の財物を劫掠したというのである。宣宗は

因りて曰わく、軍官の世襲は、本《もと》以て功に報いるなり。渠《かれ》其の祖父の之を得るの難きを念わず、一旦にして之を傾覆す。良《まこと》に嘆くべきなり。

と述べて、都察院に逮捕・取り調べを命じた。余罪の詳しい内容は分からないが、今回の潮州衛の劾奏に記されたものだけでも『大明律』名例律「殺害軍人」、兵律・軍政「縦軍擄掠」、刑律・賊盗「恐嚇取財」、訴訟「軍民約会詞訟」等の規定に抵触するだろう。余罪があることや宣宗の言葉からみて頼啓は死罪に当てられたと思われる。次の例は、前述の湖広茶陵衛の事件とよく似た内容である。宣徳六年三月乙亥の条によれば、行在右軍都督府が管下の広西馴象衛の百戸周寿を劾奏した。周寿は蛮賊の追捕の為に上林県まで行ったが獲えられず、横州の平民二人を殺して首を取り、賊の首と偽って功賞をもとめたというのである。これに対して宣宗は

> 上曰わく、官軍、賊を捕える能わずして、乃ち平民を殺して以て賞を徼《もと》む。賊より甚だし。之を罪して貸《ゆる》すなかれと。

と命じた。宣宗の言葉からみて、律の規定どおりの処罰になったと思われるが、そうであれば『大明律』兵律・軍政「申報軍務」、刑律・人命「謀殺人」、訴訟「誣告」等の罪に問われて死罪になったとみられる。前述の湖広の事件と同様、これも誠に悪質な犯行で死罪に当てられて当然というケースである。以上の七件が恐らく死罪となったと思われる事例で、表2の数には入れていないが、最初の表1の死罪の項目にはこれらも算入してある。

以上、宣宗が死罪を命じた一五件二八人と、恐らく死罪に当てられたとみられる七件七人の事例の内容をみてきた。いくつか注目すべき点があるのでまとめておきたい。まず一つ目には死罪に対する宣宗の対応である。寧山衛の指揮李昭の事件に際し、宣宗は都御史顧佐に「治を為すの道は、善を賞し悪を罰するのみなり」と述べている。そこに宣宗の基本的な態度が示されていると思うが、悪を罰する処罰は政治の一環であるということでもある。死罪に当てられた二二件のうち一四件に殺人が含まれており、当然ではあるが、宣宗はこれを非常に重視した。都指揮同知李信の事件にあたって「人命は至重にして、豈に枉害すべけんや」と述べ、人の命の重さを強調した。湖広蘄州衛の千戸羅

安の事件では「何ぞ常曾《かつ》て人命殺人の赦すべからざる者を赦せしや。誠に死者は以て復生《よみがえ》らすべからず」といい、広東廉州衛の指揮王泓の事件でも「人を殺せし者は死す。銭を積むこと山の如しと雖も贖うべけんや」と、人命を重くみて、殺人犯は減刑などは考慮せず、厳罰に処するという方針を繰り返し述べている。このように、宣宗は、人命は最も重いもので、これを害する者は決して許さないと倫理的で原則的な立場をとる一方で、非常に現実的かつ冷徹な態度もみせる。大寧中衛の百戸劉勉に対しては「教場に械置し、榜して以て衆に示し、然る後、処決すること律の如くせよ」と命じ、更に都察院に命じて「禁軍官虐害軍士」を榜示させた。劉勉は誠に厳しい処罰を受けたわけだが、その罪状の中に殺人罪は含まれていないのである。高位の武臣だったら恐らくこのような厳罰は受けまい。武臣の身分、犯情、それに処罰の効果を冷静に勘案したうえでのみせしめとしての死罪である。ほかにも同様の例は少なくない。例えば宣府前衛の指揮僉事王林も殺人の罪は犯していないが、宣宗の「其れ人を遣わして、宣府に械送し、将校を集め、斬して以て徇《しめ》せ」との命令によって、現場から所属衛に械送されて、同僚たちの面前で処刑された。又、神武前衛の衛鎮撫夏尚忠に対しても「之を斬せざれば、則ち犯す者愈《いよいよ》衆《おお》からん」と述べて斬罪を命じた。いずれも一罰百戒の効果を狙ったみせしめである。少数民族を刺激して騒動のもととなった陝西岷州衛の百戸陳瑛、広西南寧衛の百戸許善、四川松潘衛の千戸銭宏らに対する厳しい対応にも共通する面がある。宣宗自らいうように、処罰は政治の一環なのだから当然ではあるが、死罪を命ずる場合も様々な要素を考慮しつつ、最大の効果を狙って行なっていたことが看取できる。死罪についての対応をみると、原則は重視しながらも、非常に現実的で冷徹な一面も併せもっていた宣宗の人柄の一端が窺えるように思う。

宣宗のこのような対応とも関連するが、二つ目は、死罪に当てられた武臣の罪の内容である。死罪は最も重い処罰だから、朝廷が是非とも防止したい罪状に対して科したものと考えられる。死罪に当てられた武臣の罪状は、軍の諸弊の中で、朝廷がどの部分に最も強い危機感をもっていたのかを示してもいる。そこで死罪となった武臣の罪状に該当するとみられる『大明律』の条項を示したのが表3である。なお、兵律の中の軍政律二〇ヶ条は軍政と軍令が未分化で、双方の規定が入り混っていて分かりづらいので各条ごとの件数も示した。一件で複数の罪状を含むものが多いので、死罪の件数とは一致しない。罪状は全て故意の私罪である。表をみると吏律・礼律はないが他は全て含まれている。特に刑律に抵触したものが圧倒的に多く約六割を占めた。刑律に次いで多いのは兵律だが、刑律と兵律の割合いはおよそ三対一である。刑律の中では賊盗が最も多く受贓がこれに次ぐ。一方、兵律・軍政の内容をみると「失誤軍事」や「主将不固守」のような軍事行動に関わったものは一件もない。つまり、軍事行動上の罪で死罪になった武臣は一人もいなかったということである。第二章で武臣の犯罪を、軍務上の罪、軍士の酷虐、経済事犯に大別して考察したが、表3をみると、朝廷は、このうち軍事行動に関わる罪には寛大で、軍士の酷虐や経済事犯、とくに不正な経済的利益の為に軍士を圧迫したような犯罪に最も厳しかったことが窺える。朝廷はこの種の犯罪が軍内部の上下の紐帯を弱め、命令系統に

表3　死罪

名例律	殺害軍人	9
戸律	田宅	1
	倉庫	1
兵律	軍政	9
	関津	2
刑律	賊盗	17
	人命	5
	訴訟	5
	受贓	7
	捕亡	1
工律	営造	2
(合計)		59

兵律

軍政	擅調官軍	1
	申報軍務	1
	縦軍擄掠	1
	不操練軍士	1
	激変良民	2
	縦放軍人歇役	3
関津	関津留難	1
	私出外境及違禁下海	1
(合計)		11

対する信頼感を損うことに最も強い危機感をもっていたのであろう。

三つ目は、死罪に当てられた武臣の官銜である。「謀反大逆」の罪に問われたとみられる漢王高煦の乱の連坐者、交阯で黎利側に寝返り利敵行為を行って「謀叛」の罪を犯した武臣たちの事例はめったにない特殊なケースで、他の日常的にみられる犯罪とはやや性格が異なる。この二つの事件に関わった武臣の中に都督二人、都指揮四人の高官が含まれているが、これを除くと、死罪に当てられたものの殆どが指揮・千戸・百戸・鎮撫の中下級武臣である。実質的に死罪の対象は中下級武臣に限られていたといってもよい。中下級武臣に関する記録が残りにくい『宣宗実録』の性質を考えれば、この傾向はなおさら際立っている。高煦の乱と交阯での事件以外で、一件だけ都指揮が死罪になった例があるが、それは私怨から指揮使を殺した義州備禦の李信である。これも被害者が軍士だったら恐らく死罪にならなかったろう。これと反対に、神武前衛の鎮撫夏尚忠・大寧中衛の百戸劉勉・宣府前衛の指揮僉事王林のケースは、同じ罪を犯しても高位の武臣であれば死罪にはならなかったと思われる。死罪の実施は罪の軽重や『大明律』の規定だけでなく、朝廷あるいは宣宗の意志による部分も決して少なくなかったことが窺える。それは処罰の運用が政治の一環だったことを考えれば当然である。

さきに、**表1**・**表2**にもとづいて、死罪が処罰例の中の一割ほどしかないこと、犯罪件数が他の地域に比べて圧倒的に多い北辺で死罪の事例が非常に少ないことが注目されると述べた。その理由は死罪の事例だけの検討からだけでは分からなかった。それは、犯罪はいわば自然発生のものであるのに対し、処罰の実施は朝廷の政策の一環であることによるのだろう。犯罪と処罰は次元の違うものである。上記の疑問に対する答えは、死罪だけでなく、他の全ての処罰を通じて朝廷の方針あるいは意図を検討したうえで考えなくてはならない。ここでは、とりあえず犯罪の発生と処罰の運用の、両者の傾向は必ずしも一致しないことを確認しておきたい。

Ⓑ「如律」

宣宗が告発された武臣の処罰を命じる場合のいいかたは様々である。「之を罪せよ」、「之を治《ただ》せ」、「之を罪して貸《ゆる》すなかれ」、「逮治せよ」、「追逮して鞫治せよ」、「罪に問え」等の文言が記されることが多い。しかし、これは方針を示し当面の処置を命じたもので、いわば途中経過であり、最終的に如何なる処罰を受けたのかは、ここからだけでは分からない。前述のⒶ死罪は『大明律』の規定どおりに処罰されたことが分かるものだが、なかには宣宗が何度も「如し再び失機のことあらば、必ず殺して赦さず」といいながら、結局、死罪にはされず罰俸だけで済んだような例もある。その後の経過をよくみないと最終的な処罰が分からないものも少なくない。死罪のほかにも宣宗が特に律どおりの処罰を命じた例があり、これを示したのが表4である。これらは、後述のような減刑措置が多いなかで、死罪に次いで厳しい罰を科された例といえる。事例の中には『大明律』の規定が厳密に適用されれば死罪になりかねないものも何例か含まれている。その場合でも、事例ごとに検討して、実際の処刑が確認できず、宣宗の言葉や罪状からみて、必ずしも死罪にはならなかったと判断できるものはここに含めた。表示の地域ごとの件数をみると内地と北辺が多くなっている。Ⓐ死罪のところでみたように、死罪は南辺と内地に多かった。「如律」と死罪ではやや違っている面もあるが、内地が多いこと、犯罪の告発件数では他の地域よりも圧倒的に多かった北辺が必ずしも多くないことなどの点は死罪と

表4　「如律」

洪熙1	2	勲臣	0	北辺	7
宣徳1	0	都督	0	北京	1
2	2	都指揮	1	内地	8
3	3	指揮	12	南辺	3
4	1	千戸	5	（合計）	19件
5	8	百戸	2		
6	2	鎮撫	1		
7	0	（合計）	21人		
8	0				
9	1				
（合計）	19件				

「如律」の両者に共通している。又、対象の武臣の官銜についても「如律」と死罪は同じ傾向を示している。つまり、死罪の対象は実質的に殆ど中下級の武臣だったが、「如律」はこの点が更にはっきりしている。都指揮が一例だけあるが、他は全て指揮・千戸・百戸・鎮撫といった中下級武臣である。ただ、表に示したのは『宣宗実録』で氏名が記されている武臣の数である。一九件の中の二例に氏名と官銜が不明の記事がある。一つは宣徳三年一一月壬戌の条に記された都指揮李敏の事件で、「備禦の都指揮李敏・提督瞭望の千・百戸の約束不厳」が弾劾されたが、千戸・百戸の氏名と数が分からない。二つ目は宣徳五年二月己卯の条の徳州左衛の不正が告発された記事で、そこには「指揮・千・百戸・鎮撫の張鑑ら三十五人」と記されている。代表として挙げられている張鑑が同衛の指揮使だったのだろうが、他の氏名・官銜が分からない。しかし、不明のものは、前者では千戸・百戸であり、後者は張鑑以外の衛所官だから指揮同知から鎮撫に至る武臣である。つまり、「如律」の対象には中下級武臣が多いという傾向は更に強化される内容である。以上のように、表4からみた「如律」の特徴には死罪と共通する点が少なくないが、各事例の内容をみて更に検討してみよう。

まず北辺の事例を示すと次のようである。『宣宗実録』洪熙元年八月乙酉の条によれば、これまで開原にいた韓王が平涼に之国するに当たり、随行すべき安東中護衛の百戸丁源は遠方への移住を忌避して、旗軍五〇余人と共謀して、韓王府の長史・指揮・承奉ら幹部の不正を誣告した。行在刑部は「意《こころ》、護衛より脱免せんことを求む」として処罰を奏請した。これに対して宣宗は

　上曰わく、人を枉して以て己を利せんとするは、賊の尤なる者なり。其の首謀者を獄に繋ぎ、治《ただ》すこと律の如くせよ。余は悉く王のところに械送し、自ら之を治さしめよと。

と命じた。丁源は『大明律』の規定どおりに処罰され、五〇余人の総・小旗・軍士は韓王のもとに送られ、王の処分

に任せられることになった。丁源は『大明律』兵律・軍政「従征守禦官軍逃」、刑律・訴訟「誣告」の罪に問われることになるだろう。このような動員・移動を忌避して様々な不正手段を弄して逃れようとした事例が少なからずあったことは、第二章の表3（一八〇頁）の②任務遂行上の不正・怠慢のところで述べた。頻繁な動員・移動は軍につきものの行動であり、本来、武臣・軍士ともに速応すべきものであろう。それなのに、この事例では、武臣だけでなく多数の下士官・軍士も一緒になって、移動を逃れる為に上司の無根の不正をでっち上げて誣告している。定住と安逸に馴れ惰弱化した明軍の一面が窺える。宣宗が厳しく対処しようとしたのも無理からぬものがある。次に洪熙元年九月丙午の条によれば、鎮守薊州永平山海総兵官の遂安伯陳英が、興州左屯衛の指揮同知黄勝に永平・董家口の巡邏を命じたが畏れて出動しようとしないと述べ、その処罰を奏請した。宣宗は

　上曰わく、指揮為《た》りて総帥の節制を受けざれば、千・百戸の若きも受けざらん。亦た指揮の節制を受けざれば、指揮たるものの心如何ぞ。此れ治《ただ》さざるべからずと。行在都察《ママ》に命じて、之を治すこと律の如くせしむ。

と『大明律』の規定どおりの処罰を命じた。黄勝は兵律・軍政「従征違期」の規定に抵触するが、場合によっては「失誤軍事」も適用されるかもしれない。もしそうであれば斬罪である。宣宗は命令系統の権威と機能を守るべく、厳しい処罰を命じたわけだが、実際にはこのような罪で死罪になった例はなく、黄勝の処刑も確認できない。これは危険を畏れて動員を忌避したもので、前述の丁源の例と似た内容である。惰弱となった当時の明軍内の雰囲気の一端が窺える。後に述べるように、これと全く同じ内容の事例はほかにもある。次に宣徳三年八月甲申の条によれば、遼東安楽州に赴任する知州侯進が途中の山海関に来ると、後軍都督府発行の勘合を持参しているにも拘わらず、すぐには通過できなかった。守備の指揮葛昇らが通行する者に誰彼となく袖の下を強要し、差し出した者のみ通過させているというのである。侯進自身が経済的な被害を受けたかどうか分からないが、スムースに通過できなかったことは確

かである。このような「邀阻」は他の場所でも屢々みられるが、山海関は特に多い。そのためか、侯進からの劾奏を受けた宣宗は

上、右都御史顧佐等に諭して曰わく、朝廷、関を設くるは、本《もと》以て暴を禦がんとするに、今、反って暴を為す。其れ巡按御史をして之を治すこと律の如くせしめよと。

と命じた。『大明律』どおりの処罰ということになれば、兵律・関津「関津留難」、刑律・受贓「因公擅科歛」が適用されることになろう。第二章で述べたように、邀阻は衛所官によくみられる、いわばみみっちい犯罪の一つである。宣宗が厳しい態度をとったのは、やはり要衝の山海関ということを考慮したためであろう。次に宣徳三年一一月壬戌の条によれば、韃賊が広寧後屯衛の西長嶺に侵入し、人畜を剽掠したことについて、巡按山東御史包徳懐が備禦の都指揮李敏と瞭望の千・百戸の「約束不厳」を劾奏した。これをうけた宣宗は

上、行在都察院の臣に諭して曰わく、軍官の辺に備えるや、但《ひたす》らに常法を守り、以て保境・安民すべし。如し能く謹厳なれば、豈に外患有らんや。古の良将は、安間の際と雖も、常に敵に臨むが若くして、敢えて少しも怠らず。今の失機は、皆主将の号令厳ならず、軍政修めざるの致す所に由る。其れ御史をして之を治すこと律の如くせしめよと。

と、主将たる李敏の失機の罪を認め、『大明律』の規定どおりの処罰を命じた。故意で悪質かつ重大な罪でない限り、軍事的な過誤によって、都指揮以上の高官が律どおりの処罰を命じられることは殆どなく、これが唯一の例である。軍事行動に関わる罪は公罪とみられやすいのであろう。宣宗が最も重視している北辺防衛に関することなので、事態を重くみて、他の武臣たちを引き締める為に、敢えて厳しい措置をとったのかもしれない。李敏の罪は『大明律』兵律・軍政「主将不固守」に当たり刑は斬である。しかし、この場合も李敏は実際には死罪に当てられず、それどころ

か都指揮の身分も維持したままで「戴罪復職」として、海西への軍糧輸送を命じられただけだったことが確認できる。(4)宣宗が当初「如律」を命じても、結局減刑された例はほかにもみられる。宣宗は「安間の際と雖も、常に敵に臨むが若く」するよう命じているが、宣宗が、成祖の攻勢防禦の方針を切り換えて採った専守防衛の態勢は、いつどこに来るか分からない敵に常に緊張しつつ備えなくてはならず、誠に困難なものだったことが窺える。次の宣徳三年一二月癸巳の条に記された事例は、前述の興州左屯衛の指揮同知黄勝の場合と全く同じ内容である。鎮守遼東総兵官巫凱が、金吾右衛の指揮使劉端に巡行哨戒を命じたが、劉端は畏れて広寧に逃げ帰ったきり出動しようとしないと述べ、その処罰を奏請した。これに対して宣宗は

上、行在兵部尚書張本等に謂いて曰わく、軍官の巡辺は、自ずから是常職なり。今、三品の禄を食みて效労を思わず。猶お身を脱して退避するがごときは、何を以て衆に令せんや。其れ凱をして之を治すこと律の如くせしめよと。

と規定どおりの処罰を命じた。黄勝と同様に、『大明律』でいえば兵律・軍政「従征違期」の罪に該当し、場合によっては「失誤軍事」も適用されるかもしれない。もしそうであれば斬罪であるが、やはり劉端の場合も処刑は確認できない。これは黄勝の事例の三年後であるが、事態は全く改善されていなかったことが分かる。宣宗が「常職」という通常職務のパトロールすら、恐ろしくてできない武臣がいるのである。宣宗が「何を以て衆に令せんや」と憤慨するのも無理からぬものがある。又、宣徳四年八月己丑の条によれば、宣府前衛の指揮章容が、軍士二人を境外に出し、私宅造営の為の採木に当たらせていたところを韃虜に襲われ、軍士は殺害されて馬を奪われた。巡按御史李笴が章容を劾奏したのに対し、宣宗は

上曰わく、辺関は謹んで出入を防ぐべきに、乃ち私《ひそ》かに人をして出境せしめ、寇至るも又知らず。容の罪、豈に

私役に止まらんやと。命じて之を治すこと律の如くせしむ。

と命じた。章容の罪は『大明律』兵律・軍政「縦放軍人歇役」、関津「私出外境及違禁下海」に当たる。第二章の第三節で述べたように、当時、このような事件は少なからずみられた。小さな被害だったにも拘わらず、宣宗が厳しい態度をとったのは、他の武臣たちに対する戒めの狙いがあったのかもしれない。次に宣徳九年一二月庚申の条によれば、巡按御史邵宗が隆慶衛の致仕指揮周鑑を劾奏した。周鑑は民田七頃余を奪って耕作し、持ち主がこれを訴えようとすると、ようやく一〇畝だけ返したが、家人を連れて乗り込み、その民を殴打して重傷を負わせたというのである。宣宗は

上曰わく、兇横なること此くの如し。之を治さざれば以て衆を懲《いまし》むる無し。其の家人を併せて、悉く治すこと法の如くせよ。鑑も亦た老を以て贖を論ずるを得ざれと。

と律どおりの処罰を命じ、老齢だからといって贖罪で済ませることがないようにと能々念までおした。周鑑の罪は『大明律』では戸律・田宅「盗耕種官民田」、刑律・闘殴「闘殴」または「威力制縛人」に該当するとみられる。土地占奪だから、偶々不正を犯してしまったというようなものではなく、ある程度の期間にわたることである。民の殴打は家人にやらせたのだろうが、もしこの民が死亡していたら死罪にもなりかねない悪質なケースである。ここまで北辺の事例をみてきたが、軍事行動に関わる罪状が幾つかみられることが注目される。このような事例に対しても、宣宗は「如律」と厳しい処罰を命じた。しかし、遼東の都指揮李敏のように、本来死罪に当てられるべきなのに、実際には形式的な処分で済まされているような例もあり、どの程度律の規定どおりに処罰されたかは分からない。或いは宣宗の厳しい態度は北辺防衛の任にある武臣たちを戒める為の一種のポーズだったのかもしれない。いずれにしても、犯罪の発生と異なって、処罰の運用は政策の一つであることが如実に示されている。

次に一例だけだが北京にも事例がある。宣徳五年閏一二月丙午の条によれば、行在府軍衛の指揮傅全が、軍士を私役し、月ごとに財物を召し上げて守衛上直の任務から外していること、つまり軍士の売放を御史孫泓らに弾劾された。これに対して宣宗は

上曰わく、親軍は専ら守衛に備う。私役已に不可なるに、況んや又其の財を取る。罪逃るべけんやと。命じて逮治すること律の如くせしむ。

と、皇帝直属の親軍衛の不祥事であることを重視して『大明律』の規定どおりの処罰を命じた。傅全の罪は兵律・軍政「縦放軍人歇役」に当たる。これは私役と売放の両方を規制するが、売放は「受財売放」とも称されるように賄賂を取ることも含まれている。

次に内地の例をみてみよう。まず宣徳二年正月乙巳の条によれば、行在刑部が、金山衛の百戸王銘は軍を率いて松江府に赴いたが、軍士から賄を受けて私塩を売買させ、取り締まろうとした金山巡検司の弓兵を殺傷したと劾奏し、その処罰をもとめた。これに対して宣宗は

上曰わく、武官の兵を領《す》べるや、当に紀律を厳にすべし。今、利を貪りて之を縦《はな》ちて非を為さしめ、又、拒捕《ていこう》して之を傷つく。罪を論ずれば銘の所由《よるところ》、豈に免るるを得んや。逮治すること律の如くせしめよと。

と命じた。王銘の罪は『大明律』戸律・課程「阻壊塩法」、刑律・人命「闘殴及故殺人」、闘殴「拒殴追摂人」、受贓「官吏受財」等に該当するとみられる。人命律に関わることだけでも死罪となる可能性が大きいが、弓兵の「殺傷」も自ら手を下したものではないとみられるし、宣宗の言葉の中にも傷つけたとはあるが殺害のことはない。それに王銘の処刑が確認できないので、この例は死罪ではなく「如律」の項に含めた。次に宣徳五年二月癸酉の条によれば、遼東金州衛の指揮陶春は、江西豊城県等で軍士の勾補に当たり、五人の軍士を採ったが、賄賂を受けて皆放免してし

まい、金州衛に送らなかったという。江西按察司からの劾奏を得た宣宗は

上、行在都察院の臣に諭して曰わく、将為《た》るもの全て軍士に頼《よ》りて功を立つ。将の志有る者は、常に軍伍に人を鈌くを慮《おもんぱか》る。今、此の輩、賕を受けて軍を売る。是、復た立功を思わず。蓋し無志の愚人なり。其れ之を治すこと律の如くせよと。

と、陶春を「無志の愚人」として律の規定どおりの処罰を命じた。『大明律』兵律・軍政「縦放軍人歇役」、刑律・受贓「官吏受財」の罪に該当するだろう。五人の軍士は軍政「従征守禦官軍逃」の罪に問われるとみられる。このころ根補・勾補に関わる不正が屢々あったことは第二章でみたとおりである。この例で宣宗が厳しい態度をとったのは、このような状況を踏まえてのことかもしれない。続いて宣徳五年二月己卯の条によれば、山東の徳州左衛で、衛倉に平度州の秋糧二万五〇〇〇石を受納するに当たり、二ヶ月以上も野積みにしたまま故意に受理せず、五〇石ごとに布三〇匹を強要し、これを差し出した者にだけ上倉させたとして、巡按御史章聡が指揮張鑑以下三五人の衛所官を劾奏した。宣宗は

上、右都御史顧佐に諭して曰わく、軍民は相資《あいたす》け、当に互相《たがい》に愛すべし。百姓は耕作に勤苦し、餽運に艱難す。官軍は坐食して感《ありがた》みを知らず。而して又虐害を加う。武夫には此くの若き者多しと。御史に命じて悉く之を治すこと律の如くせしむ。

と述べ、律の規定どおりの処罰を命じた。『大明律』では、納糧の戸は戸律・倉庫「収糧違限」の罪を強制されることになる。張鑑らは刑律・受贓「因公擅科斂」の規定に抵触する。一衛の武臣を挙げての行為で、衛所官による犯罪の典型の一つである。次に宣徳五年七月壬子の条によれば、江西按察司が横海衛の千戸文荘らを劾奏した。文荘らは公用と偽って、軍を率いて袁州府分宜県に赴き、官に納めるべき山木を勝手に伐採し、更に商人が既に買い付けた材

木を強奪し、鳴物をならしながら、軍を放って民家の財物を劫掠させて郷村を騒がせたというのである。宣宗は

上、右都御史顧佐等に諭して曰わく、朝廷号令して、屢《しばしば》官軍に安分を戒むるも、違犯する者已まず。固より是武人は但《ひたすら》利を貪るを知るのみなり。亦た風憲の臣も法度を振挙する能わざるに由り、縦《ほしいまま》にして其れ忌憚する所無し。其れ巡按御史をして按察司の官と同《とも》に、鞫治すること律の如くせしめよと。

と、このようなことが止まないのは、武臣が利を貪ることしか念頭になく、風憲官の取り締まりが不十分な為だと述べ、律の規定どおりの処罰を命じた。文荘らの罪は『大明律』兵律・軍政「擅調官軍」、「縦軍擄掠」、刑律・賊盗「恐嚇取財」、「詐欺官私財物」等に該当する。宣宗の厳しい態度は、貪欲な武臣の罪を正すことは勿論だが、按察司や御史に気合いを入れ励ます為でもあったようである。又、宣徳五年一一月癸丑の条によれば、江西按察司が劾奏するには、贛州衛の指揮張俊は、軍士三〇〇人を率いて、捕盗のために茶陵に赴くに当たり、勝手に贛州府に強要して鑼・鍋・帳房等を造らせたという。宣宗は

上曰わく、従来、将に出師を命ずれば、鑼・鍋・帳戸は官軍自ら備う。今、軍未だ動かざるに、已に法に違い民を害せり。其の境を出《いず》れば暴を縦《ほしいまま》にせんこと知るべきなりと。命じて法の如く之を治さしむ。

と命じた。張俊は『大明律』の兵律・軍政「辺境申索軍需」の規定を適用されると思われる。同衛が出動の際に必要な軍需品を備えておかなかった為に生じた事態である。張俊が私利を図ったわけではないが、張俊は指揮で同衛の責任者なのだから責任は免れない。軍が府州県から勝手に物品を徴発することは太祖朝以来禁止されていることである。(5)

次に宣徳五年一一月甲寅の条によれば、松江府が劾奏するには、太倉衛の千戸卞瑾は、捕盗の名目で「亡頼の軍民二〇〇余人」を率いて、事前の通知もないまま上海県に入って、民の財物を掠奪し廬舎を焚いたというのである。これについて宣宗は

上、都御史顧佐等に謂いて曰わく、軍民は各《おのおの》統属有り。何ぞ敢えて侵越して、横《ほしいまま》に暴害を加えんや。官軍を置くは本《もと》以て民を衛らんとすればなり。今、其の為す所、何ぞ寇盗と異ならんや。其れ巡按御史をして、之を治すこと法の如くせしめよと。

と命じた。卞瑾は『大明律』兵律・軍政「縦軍擄掠」の罪に当たるだろう。ただ、卞瑾が率いたという二〇〇余人の「亡頼の軍民」の内容がよく分からない。一部でも正規の軍士が含まれていたのならば軍政「擅調官軍」の規定にも抵触することになろう。そういうことが全くないなら、宣宗がいうように「寇盗」と同じで刑律・賊盗「強盗」に当たると思われる。前述の横海衛の千戸文荘の事件と似た内容だが、どちらも配下を放って公然と民を掠奪させており、発覚しない筈のない行為である。それなのに何故このようなことをするのか不可解だが、明軍内の規律が緩んでいたのは確かである。次に宣徳六年正月庚辰の条によれば、洛陽中護衛の千戸沈能・陳文は、自分達の捕えた強盗から銀を受け取って逃したことを河南按察司から劾奏された。これについて宣宗は

上曰わく、強盗は譬えれば諸《これ》豺虎なり。人共に悪《にく》みて之を殺さんと欲するに、彼は之を縦《はな》てり。是、豺虎を縦ちて人を害せんとするなりと。命じて之を治すこと律の如くせしむ。

と、『大明律』の規定どおりの処罰を命じた。沈能と陳文の罪は刑律・受贓「官吏受財」、捕亡「応捕人追捕罪人」に当たる。この事件はⒶ死罪で述べた湖広茶陵衛の指揮喩成、広西馴象衛の百戸周寿のケースとよく似た内容である。喩成と周寿の場合は賊を逃したばかりでなく、賊の身代りに平民を殺害してしまったので死罪となったとみられるが、沈能・陳文は殺人の罪は犯していないので死罪にはならないだろう。ただ、捕えた盗賊から賄賂を取って見逃すというケースが少なからずあった様子が窺える。次に宣徳六年四月乙卯の条によれば、江西按察司が劾奏するには、贛州衛の鎮撫劉福は、以前に贛県の典史に私事について便宜を図ってくれるよう依頼して断わられた経緯があり、その後、

路上で出会った際に典史が道を譲らないことを怒り、馬策で打ったというのである。これに対して宣宗は

上曰わく、典史は衛の属官にあらざるに、敢えて私を挟みて凌辱せり。況んや策馬するものを以て、諸《これ》を人に施《くわ》えるをや。武夫の横暴、懲らさざるべからずと。命じて之を罪すること律の如くせしむ。

と述べて、律の規定どおりの処罰を命じた。些細な事件だが、宣宗はこれを取り上げて厳しい対応を命じたわけである。武臣が民事に関与することに敏感な宣宗の姿勢が窺えるとともに、「武臣の横暴、懲らさざるべからず」との言葉から武臣一般への戒めを狙った処罰という面も看取できる。『大明律』には双方の統属関係を勘案した種々の規定があるが、この件は宣宗のいうとおり、被害者は衛の属官ではないので刑律・闘殴「闘殴」が適用されることになると思われる。ここまで内地の事例をみてきたが、当然ながら、北辺のように外敵を相手にした軍事行動に関わるものはない。しかし二件の「縦軍擄掠」にみられるような配下の軍をつかった悪事や、賄賂を取って様々な不正を行うなどの例が目立ち、軍紀の緩みは北辺以上だったような印象を受ける。宣宗が厳しい処罰を命じた所以であろう。

次に南辺の事例をみると以下のようである。まず宣徳二年正月乙卯の条によれば、広西全州千戸所の軍吏が、広西都指揮陳全と千戸畢忠の軍士の私役・財物の科斂を告発した。これを受けて行在刑部は陳全と畢忠を一体に審訊することをもとめた。しかし、宣宗は陳全に対しては自陳を命ずるに止め、畢忠については「逮治すること律の如くせよ」と命じた。畢忠は『大明律』兵律・軍政「縦放軍人歇役」、刑律・受贓「因公擅科斂」の罪に問われることになろう。これは同じ罪過でも都指揮以上とそれ以下では扱いが違うことを示す例だが、このことについては後述する。次に宣徳五年八月癸巳の条によれば、巡按福建御史方端が巡海の指揮楊全を劾奏したが、楊全は漳州府の竜溪県に海寇が上陸して殺掠を重ねているのに救援しようとせず、又賄賂を受けて、県人が琉球に往って貿易するのを見逃したというのである。宣宗は

上、右都御史顧佐等に諭して曰わく、官軍の巡海するは、本《もと》外寇を防ぎ、亦た小人の出境交通するを防がんとすればなり。此の輩、盗を防ぐ能わずして、又、盗を縦《ほしいまま》にせり。御史をして之を治すこと律の如くせしめよと。

と、『大明律』の規定どおりの処罰を命じた。楊全の罪は兵律・軍政「主将不固守」、関津「私出外境及違禁下海」、刑律・受贓「官吏受財」に該当するだろう。「主将不固守」が厳密に適用されれば斬刑になりかねない。しかし、宣宗は律どおりの処罰を命じはしたが、特に死罪に当てよとはいっていない。宣宗がこう命じながら、実際には死罪にならなかった事例もあり、楊全の処刑も確認できないので、この例は「如律」に分類した。更に宣徳五年一一月庚戌の条によれば、四川寧川衛の指揮僉事陳忠は、賊を捕える為に嘉眉州に赴き、八人を獲えたが賄賂を受けて放免してしまい、更に平民を捕えて盗賊と言い掛りをつけ、拷掠を加えて賄賂を召し上げてから釈放したというのである。四川按察司からの劾奏を受けた宣宗は

上曰わく、真盗を縦《はな》ちて平民を誣う。貪暴なること此くの如し。豈に国法有るを知らんや。之を罪すること律の如くせよと。

と命じた。陳忠の罪は『大明律』刑律・賊盗「恐嚇取財」、訴訟「誣告」、受贓「官吏受財」、捕亡「応捕人追捕罪人」に当たるだろう。前述の洛陽中護衛の千戸沈能・陳文と、Ⓐ死罪のところで示した湖広茶陵衛の指揮喩成、広西馴象衛の百戸周寿の二人のケースと同じ内容である。沈能・陳文は賊を放免しただけだったが、死罪に当てられたとみられる喩成・周寿は放免したばかりでなく平民を身代りにたてて殺害してしまった。陳忠は平民を捕えて賄賂を強要したが殺しはしないで釈放したわけで、悪質さの度合いとしては沈能・陳文と喩成・周寿の中間ということになる。示した四例のうち三例が湖広・四川・広西の事件で、概して南辺に多いようである。いずれにしても誠に悪質な犯罪で、宣宗が「豈に国法有るを知らんや」と述べて厳しい態度で臨んでいるのも当然である。

以上、宣宗が律の規定どおりに処罰するよう命じた事例についてみてきた。Ⓐ死罪と共通する点が少なからずある。地域でいうと、犯罪の告発件数では他の地域より圧倒的に多い北辺がそれほど多くないこと、内地の比率が高いこと等は、Ⓐ死罪とⒷ「如律」の双方に共通している。又、該当する武臣の官銜が指揮・千戸・百戸・鎮撫等の中下級武臣に集中していることも同様である。中下級武臣に関する記録が少ない『宣宗実録』の性格を考えれば、この傾向はなおさら顕著である。やや異なっているのは各事例の罪状である。Ⓑ「如律」の武臣の罪状を『大明律』の条項で示したのが表5である。どちらも律の規定どおりとはいえ、Ⓑ「如律」はⒶ死罪に比べてずっと軽い処罰である。両者の罪状を比較すれば、朝廷がどのような罪を重視し、どのような罪に寛大だったのかが窺えよう。表3で示したように、Ⓐ死罪では刑律が圧倒的に多くて全体の約六割を占め、刑律に次いで多い兵律の約三倍にのぼり、刑律の中では賊盗が最も多かった。また二二件のうち一四件が殺人の罪を含んでいた。概して直接的で凶悪な犯罪が多いといえる。これに対してⒷ「如律」では刑律と兵律がほぼ半々で、兵律の比率がⒶ死罪に比べて高くなっている。特に兵律の中の軍政の各条をみると、軍事行動に関わるものが幾つか含まれている。Ⓐ死罪ではこのようなことはなかった。それに刑律の中

表5　Ⓑ「如律」

戸律	田宅	1
	課程	1
兵律	軍政	13
	関津	3
刑律	賊盗	3
	人命	1
	闘殴	3
	訴訟	2
	受贓	8
	捕亡	2
(合計)		37

兵律

軍政	擅調官軍	1
	辺境申索軍需	1
	従征違期	2
	主将不固守	2
	縦軍擄掠	2
	縦放軍人歇役	4
	従征守禦官軍逃	1
関津	関津留難	1
	私出外境及違禁下海	2
(合計)		16

でもⒷ「如律」では賊盗よりも受贓の方が多くなっている。Ⓐ死罪の場合よりもやや間接的な悪事という傾向がみられる。Ⓑ「如律」で殺人の罪を含むのが一件だけあるが、これは弓兵を殺傷した金山衛の百戸王銘の例で、刑部の劾奏では「殺傷」となっているが、宣宗の言葉では「傷人」とあり、事実は必ずしも明らかではない。殺人を含む事例は殆どⒷ「如律」の対象にはなっていないといってもよかろう。このようにみてくると、朝廷は軍事行動上の罪には寛大だったことからみて、この面については余り危惧していないか、或いは寛大にせざるを得ない何らかの理由があったのだろう。一方、武臣による軍士の酷虐や経済事犯には強い危機感をもって、厳しく対処しようとしていた様子が窺える。Ⓐ死罪のまとめでも同じことを述べたが、Ⓑ「如律」と比較するとこの点がより一層はっきりしてくるように思われる。

小結

この節ではⒶ死罪、Ⓑ「如律」に該当する事例についてみてきた。これは宣宗が『大明律』の規定どおりの処罰を命じたものである。次節以降で述べるが、表1で示した処罰の中で、Ⓒ充軍・謫戍以下の事例は、程度の差こそあれ、全て何らかの減刑措置を受けた結果としての処罰である。その中でⒶ死罪、Ⓑ「如律」は、朝廷が減刑はせずに厳罰を以て臨もうとした事例といえる。注目すべきはその少なさで、Ⓐ死罪は、恐らく死罪になったと思われるものも含めて二二件・三五人、Ⓑ「如律」は一九件・二〇人で、両者合わせても四一件・五五人しかいない。処罰全体の二三〇件・三三六人と比べると、その人数では一割六分ほどに過ぎない。『大明律』の規定どおりの処罰はこれしかないのである。表1のⓃ「宥之」は、武臣がその罪を告発されても、宣宗が「之を宥せ」と命じてお構いなしの措置をとらせたものだが、これが三六件・五一人あり、Ⓐ死罪、Ⓑ「如律」の合計とほぼ同じくらいの数字である。そしてその中間のⒸ充軍・謫戍からⓂ「移文戒飭」は全て減刑された結果として科された処罰である。『大明律』の運用の実情が窺える数字である。勿論、度々述べるように『宣宗実録』の史料的な制約、史料残存の偶然性ということは常に念頭におかなければならないが、それにしても、第二章でみてきた武臣の犯罪の実情と、処罰のあり方は余りに乖離しているといわねばならない。それはⒶ死罪の「まとめ」のところでも述べたことだが、犯罪と処罰の次元の違いによるのだろう。犯罪はいわば自然発生のものであるのに対し、処罰の運用は政治の一環で政策の一つである。処罰のあり方には朝廷の意図が現われている。現在のように司法権が独立していない当時の中国にあっては、なおさらその傾向が強いだろう。Ⓐ死罪からⓃ「宥之」の全体をみてからでないと確かなことはいえないが、Ⓐ死罪、Ⓑ「如律」の厳罰が非常に少なくて、大部分の事例が減刑された結果だったというのは、朝廷あるいは宣宗が武臣の処罰に極めて慎重だったことを示している。特にそれが北辺において顕著だったことにも注目しなければならない。

処罰が朝廷の意図の表われだったとすると、厳罰を以て臨んだⒶ死罪、Ⓑ「如律」の罪状は、朝廷が是非とも防止したいものであり、朝廷が軍の諸弊のどこに最も強い危機感をもっていたのかを示してもいる。第二章の「おわりに」で、どこでどのような犯罪が起りやすかったかについてもまとめた。それによれば、極く大まかな傾向ではあるが、南北辺を舞台にして高位の武臣によって起されがちなものには①軍事行動に関わる罪、③軍士の私役、⑦配下の虐待・私刑、⑨土地占奪、⑩商業行為・密貿易等があった。一方、軍士の所属する原衛を舞台として衛所官によることの多い犯罪には④金品の強奪、⑤月糧等の横領・搾取、⑧官物・糧米の侵盗、⑪商・民・番人等からの金品搾取等があり、②任務遂行上の不正・怠慢と⑥軍士の売放は両方にまたがっていた。朝廷が後者の方をより危惧していたことはかなりはっきりしている。もっとも、これには罪の内容のほかに、南北辺に比べて内地は文臣の監視の目が密で、情報が朝廷に入りやすいという要因もあったかもしれない。これらの事情とⒶ死罪、Ⓑ「如律」の動向を合わせて考えると、軍事行動上の罪に寛大な朝廷の態度からみて、この罪状が多い北辺でⒶ死罪、Ⓑ「如律」の該当例が少ないことも頷ける。又、朝廷が原衛を舞台にした衛所官による軍士の酷虐、経済事犯を重視していたことは、Ⓐ死罪、Ⓑ「如律」に当てられた者の中で中下級の武臣が多かったことの理由になる。

第二節　減刑された処罰（一）

前節でみてきたⒶ死罪、Ⓑ「如律」は、宣宗が律の規定どおりの処罰を命じたもので、いわば厳罰に処された事例である。それに対して、この節と次の節でみていくものは、いずれも程度の差こそあれ、何らかの減刑措置を受けた結果として科された処罰である。各々の処罰の内容はどのようなものか、その対象となった武臣の罪状や官衙、あるいは地域的な分布にどのような特徴がみられるのか等について考えていきたい。なお、刑罰と懲戒など次元の異なるものが入り混っているが、大まかに科された武臣本人からみて重い順に並べてある。

Ⓒ　充軍・謫戍

身分を剝奪され、一兵卒として辺遠の地に流される充軍・謫戍は、武臣にとって死罪に次ぐような厳罰といえるが、『宣宗実録』で確認できるのは表6に示した一七件・二五人である。事例数が少ないので、はっきりした傾向をみることは難しいが、年ごとの件数では、宣徳の半ばがやや多く、特に宣徳六年に集中していること以外、余り大きな偏りはない。地域と件数の関係をみると、犯罪の告発件数では他の地域に比べて圧倒的に多い北辺が、ここではとび抜けて多くはないこと、内地の件数がかなり多くなっていることは、Ⓐ死罪、Ⓑ「如律」の場合と同じである。Ⓒ充軍・謫戍もⒶ死罪、Ⓑ「如律」も共に重い処罰だが、このような地域的特徴が共通しているわけで、この点注目される。ところが、対象となった武臣の官銜をみるとⒶ死罪、Ⓑ「如律」とはかなり違っている。前述のように、Ⓐ死罪、Ⓑ「如律」の主な対象は、事実上、中下級の武臣であった。Ⓒ充軍・謫戍にもまだその傾向があり、指揮・千戸・百戸・鎮撫が二五人中の一五人と半数以上を占めている。しかし都指揮以上の高位の武臣も九人とかなり多くなっている。一例ある為事官ももとの官銜は都指揮僉事である。Ⓐ死罪、Ⓑ「如律」に比べて、Ⓒ充軍・謫戍ではより高位の武臣が対象になっていたことが分かる。それでは罪状はどのように関係していたのか。各事例の内容をみていくことにする。個々の事例をみると充軍・謫戍のみ科されたケースと、他の処分もセットで付けられたものが、ほぼ半数ずつあるので、これを分けてみることにする。まず充軍・謫戍だけ科された事例を地域ごとに示すと次のようである。

表6　充軍・謫戍

洪熙1	1	勲臣	0	北辺	5
宣徳1	1	都督	1	北京	1
2	1	都指揮	8	内地	6
3	2	指揮	7	南辺	5
4	2	千戸	3	（合計）	17件
5	2	百戸	4		
6	5	鎮撫	1		
7	1	為事官	1		
8	2	（合計）	25人		
9	0				
（合計）	17件				

まず北辺の事例だが『宣宗実録』宣徳五年七月乙巳の条によれば、前月に韃虜が二度にわたって侵入して一三人が殺傷され、男婦一五人と馬牛八〇余匹が掠奪される被害を出したことについて、遼東総兵官巫凱が備禦の都指揮劉斌を劾奏して、その処罰をもとめた。これに対して宣宗は

上曰わく、備禦の失機の罪は皆死に当たる。前には寛宥もて罰俸に止むるに、今、遂に玩弛せりと。凱等に勅するに、凡

其失機の官旗は皆之を杖し、降して軍に充て、常に瞭備せしめよ。再び犯さば必ず斬すと。

と、従来、寛大な措置をとってきたことに狎れて心がゆるんでいると指摘し、劉斌らに杖刑を加えたうえで軍に充て、常時瞭望の任に当てるよう命じた。劉斌らの罪は『大明律』兵律・軍政「主将不固守」に該当するだろう。本来、死罪となるべき罪を宣宗の命によって減刑され充軍とされたものである。次に宣徳八年一二月癸酉の条によれば、掌寧夏衛事の陝西都指揮同知閻俊が、運糧の民から銀を受けとり「虚出通関」させたことが発覚し、御史は斬刑に当たると論告した。これに対して宣宗は

上曰わく、辺衛の糧、此の輩の侵す所と為り、軍士の乏食を致す。法を論ずれば、豈に宥すべけんや。但だ其の旧労を念い、糧及び贓を追して其の死を宥し、杖一百とし、遼東の辺衛に発して軍に充つべしと。

と命じた。閻俊の罪は『大明律』では戸律・倉庫「虚出通関硃鈔」と刑律・受贓「官吏受財」に当たるだろう。罪状の詳しい内容は分からないが、死罪になるべきところを、「旧労を念う」という理由で減刑され、懐に入れた糧米と賄賂の銀を追徴し満杖のうえで、充軍・謫戍を科されたものである。この事例も本来は死罪に当たる罪を減刑された結果だったことを確認しておかねばならない。

次は北京の例だが、洪熙元年七月丁丑の条によれば、行在錦衣衛の指揮僉事曹彬が重囚を勝手に釈放したことが発覚し、行在都察院は斬罪に当たるとして処罰を奏請した。記されていないが、当然賄賂の授受があったと思われる。都察院は『大明律』刑律・断獄「官司出入人罪」の罪に擬定したのだろう。これについて宣宗は「上、命じて保安衛に謫戍せしむ」との措置をとった。この例では宣宗は理由を述べていないが、やはりこれも本来は死罪に当たる罪を減刑された結果謫戍とされたものである。

次は内地の事例である。最初の例は内地に分類したが、内容からいえば南辺の交阯に関わるものである。宣徳二年

一〇月己未の条によれば、湖広都司の都指揮僉事張貴が出征先の交阯から勝手に逃げ帰ったことが発覚し、行在都察院が死罪を奏請したが、宣宗は「上、特に命じて死を宥し、降して軍に充てしめ」た。張貴はこれ以前にも、交阯への出動を命じられて広西までできたが、それ以上進まず湖広に戻ってしまい、これを巡按広西御史汪景明に劾奏された経緯がある。[6] 都察院は『大明律』兵律・軍政「従征守禦官軍逃」に擬定したとみられるが、同律によれば初犯は杖一〇〇のうえ強制的に出征させるが、再犯は絞刑である。張貴はこれに該当するが、宣宗は減刑して充軍とした。ただ、この時も「特に命じて」とあるだけで、宣宗が死罪を減刑した理由は分からない。次に宣徳六年一二月乙巳の条によれば、中山王徐達の孫に当たる錦衣衛の指揮僉事徐景璜と千戸徐景瑜が、脱獄囚の扱いについて不備があり、宣宗は「戴罪還職」の処分に当てようとしたが、その際「慢語を倍する」ことがあったので一気に罪が重くなり、法司が『大明律』名例律・十悪の「大不敬」に当たるとして斬罪を奏請する事態になってしまった。何か宣宗を嘲るようなことをいったのであろう。これについて宣宗は

上、群臣に諭して曰わく、朕、開国の元勲の孫にして、且つ皇祖母の族姪なるを念えば、豈に重罪を加えるに忍びんや。姑く辺に謫戍して、自ら懲らしむれば、保全の道に庶幾《ちか》らんと。

と述べて、隆慶衛への謫戍を命じた。やはり、これも死罪に当たる罪を減刑した結果として科されたものであった。ただ、宣宗の言葉からみれば、本人たちに反省させる為の手段として、一時的に謫戍を命じたというニュアンスの強いケースである。更に宣徳六年一二月己酉の条によれば、掌中都留守司事の都督陳恭の大規模な不正が発覚した。これは宣宗朝を代表する不正事件の一つだが、陳恭は、圜丘・方丘・皇陵の牆外の樹木を自家に盗移したほか、官物を侵盗し、軍士を私役し、配下の子女を妾婢とし、軍士の口糧を横領し、金品を搾取し、土地を占奪したうえ、これらの不法を告発しようとした総旗を殺害してしまった。陳恭は北京に召還され、公侯伯以下の大官による大規模な審問

を受け、死罪を奏請された。これに対して宣宗は

上曰わく、恭の罪至重にして、法として宥すべからず。但だ、其の父、皇祖の靖難の時に在りて、忠力を効《あらわ》せしこと多く、恭も亦た従征して労有りしを念い、姑く死を宥し、杖一百とし遼東の辺衛に戍し、仍《かさ》ねて其の家を籍せよと。

と命じた。陳恭の罪は『大明律』戸律・田宅「盗耕種官民田」、婚姻「娶部民婦女為妻妾」、倉庫「守掌在官財物」、兵律・軍政「縦放軍人歇役」、刑律・賊盗「盗園陵樹木」、「恐嚇取財」、人命「謀殺人」等の規定に抵触するとみられる。陳恭の場合も、本来死罪に当てられるべきところを、父と本人の靖難の役における功を考慮して減刑された結果謫戍とされた例である。次に宣徳六年一二月壬子の条によれば、営州左屯衛の百戸范英が金華府で軍士の勾補に当たり六六人を得たが、帰途通州まできた時に銀・幣等の賄賂を受けて皆解き放ってしまった。行在大理寺は『大明律』では絞刑だが、「近例」では罰役還職に当たると上奏した。この近例については後に述べる。当時、勾補や根補等の軍士の補充に関わる不正は他にも少なからずみられる。この例もかたちからいえば、軍士が上官に賄賂をおくって任務を逃れる売放に当たるもので、武臣と軍士の共謀による不正である。武臣だけでなく、軍士も『大明律』兵律・軍政「従征守禦官軍逃」の罪に問われることになろう。范英は兵律・軍政「縦放軍人歇役」、刑律・受贓「官吏受財」に当たる。この件に対して宣宗は

上曰わく、軍官は惟《もっぱ》ら軍伍の実《そな》わらざるを恐る。軍を売りて不死を得るは倖いなり。若し更に職に還さば、人何ぞ懲《いまし》めんや。赤城に発して軍に充てよ。売りし所の軍は、悉く追逮して之を罪せよと。

と、范英と軍士双方の処罰を命じた。范英については職に還すことは認めず、赤城への充軍・謫戍を命じた。当時、同様の不正がほかにもあったことを念頭においての厳しい対応であろう。范英の例も、本来は死罪に当たる罪だった

のを減刑されて充軍・謫戍となったものである。次に宣徳七年一二月己酉の条に

浙江署都指揮僉事王璿、貪淫の罪を以て、広西に謫戍さる。

とあるが、簡略な記述で詳しい罪状は分からない。ただ「貪淫」とあるから軍事行動に関わるものではなく、軍士の酷虐か経済的な不正と考えられる。

次は南辺の事例だが、宣徳四年一〇月己丑の条に

鎮守竜州・都指揮僉事張貴、貪刻害民を以て逮えらる。法を論ずれば死に当たるも、詔もて死を免じ、杖一百とし開平に謫戍せしむ。

とある。ここでは「貪刻害民」としか記されていないが、この年の二月に張貴が告発された記事があり、そこに記された罪状は配下の支給物を搾取したこと、民居を毀し財物を奪ったこと、軍士を漁猟に私役したこと、蛮民を激変したことであった。(7)『大明律』でいえば兵律・軍政「縦軍擄掠」、「激変良民」、「縦放軍人歇役」、刑律・受贓「因公擅科斂」等の罪に当たる。これも本来死罪に当たる罪を宣宗の命によって減刑され謫戍とされたものである。ここまで充軍・謫戍だけ科された事例をみてきたが、以下の諸点が注目される。詳細不明の一件を除いて、全て本来ならば死罪に当てられるべき罪を、宣宗自身が減刑した結果として科されたものであること、対象の武臣の官銜は都督一人・都指揮五人・指揮二人・千戸一人・百戸一人で、都指揮が最も多くなっていること、件数では内地の比率が高くなっていること等である。

次に充軍・謫戍と他の処分がセットになっている事例をみてみよう。北辺は三件あるが、まず宣徳五年正月丁卯の条によれば、保安衛の指揮同知王俊は、開平衛指揮方敏とともに赤城の守備に当たっていて韃虜の侵入に遇い、方敏が戦って戦死したのにこれを援けようとせず、赤城にも戻らないで一気に宣府まで遁走した。これに対して宣宗は

上、聞せられ、法司に命じて逮えて至らしめ、初め、之を殺さんと欲するも、是に至り、死を宥し謫して軍に充て、立功贖罪せしむ。

という措置をとった。王俊の罪は『大明律』では兵律・軍政「主将不固守」で死罪に当たる。宣宗はこれを減刑して充軍・謫戍とするとともに、更に立功贖罪の条件を付けた。つまり軍功による身分回復の機会を与えたわけである。このような条件が、かたちばかりではなく、実際に効果をもつものであることは次の例からも分かる。宣徳六年七月乙酉の条によれば、大興左衛の都指揮僉事劉聚の職を復し、改めて罰俸三年とする措置がとられた。劉聚は、広寧衛の守備に当たっていた際に、韃虜が侵入して三人の軍士が殺害されたことの責任を問われ「謫充軍立功」の処分を受けていたが、ここに至り、宣宗が

上、其の旧労を念い、宥して職に復し、専ら哨備せしむ。仍りて罰俸三年とす。

と命じたものである。損害が少なかったとはいえ、劉聚の罪は『大明律』兵律・軍政「主将不固守」に当たる。劉聚は謫戍のうえ充軍立功の処分を受けていたわけだが、宣宗は「其の旧労を念う」という理由で復職させた。この間「立功」の実が挙ったかどうかは分からない。少なくとも宣宗の言葉からみて、充軍の期間内における顕著な軍功によって復職させたとも思えない。結局、劉聚の場合、充軍の処分は懲らしめの為の一時的な措置にすぎなかったともみられる。全ての例がそうだとはいえないが、充軍・謫戍の処罰を受けても、立功贖罪の条件が付けられていれば、その後に身分が回復されることがあったとはいえる。次に宣徳六年八月辛丑の条によれば、遼東の百戸張富・程玘は、指揮皇甫斌に従って巡行して哨戒に当たっていた際に韃虜と遭遇したが、包囲された皇甫斌を救わずに遁走した。行在刑部は「律に於いて応に斬すべし」と奏請した。策応せずに「臨陣先退」したのだから『大明律』兵律・軍政「失誤軍事」の罪で斬罪に当たる。張富らについて、宣宗は

上曰わく、姑く其の死を宥し、皆《とも》に杖一百とし、降して軍に充て立功せしめよ。如し再び失機あらば、必ず斬して貸《ゆる》さずと。

とあり、満杖のうえ軍に充て立功させるよう命じた。宣宗はその理由を述べてはいないが、これも本来死罪に当てられるべき罪を減刑して充軍とし更に立功の条件をつけた例である。ここまで北辺の事例をみてきたが、立功贖罪の条件がついたものは、充軍・謫戍だけよりも一段軽い処罰であり、軍事行動に関わる罪に適用されるケースが多いようである。

このほか北京は事例がなく、内地に一件ある。宣徳三年一一月戊辰の条によれば、もと茶陵衛の指揮僉事陳倘・鄭杲、千戸白真・朱斌、百戸李剛、鎮撫王鼎は、上官の指揮王貴が谷王の謀逆事件(8)に荷担していたのを知りながら申し出なかった廉で、成祖の命で交阯に謫戍されていたが、その後勝手に復職したり、死亡した者の子弟を襲職させたりしたことが発覚し、兵部尚書張本に劾奏された。これについて宣宗は

上曰わく、前罪は已に赦さる。後罪は但だ擅に復職せしのみなり。姑く之を宥し、遼東に謫戍して立功せしめよと。

と命じた。宣宗のいう後罪は『大明律』吏律・職制「選用軍職」、「官員襲廕」に当たるとみられる。この罰則は充軍だから、宣宗の命令はほぼ律の規定にそったものだが、立功贖罪の条件が加えられ、復職の機会を与えた措置といえる。

次に南辺についてみると、まず宣徳元年一〇月癸酉の条によれば、広威州を占拠した黎善に対して、交阯都指揮袁亮・指揮王勉・司広らが攻撃を掛けたが敗北したことを総兵官の成山侯王通が報告した。これについて宣宗は

上、王勉・司広は、赴援せざりしを以て、通に勅し、勉・広を謫して軍に充て立功・贖罪せしむ。

とあり、赴援しなかった廉で、王勉と司広を充軍・謫戍して立功贖罪に当たせるよう命じた。王勉らの罪は『大明律』兵律・軍政「失誤軍事」に当たり、死罪に処さるべきものだが、減刑して立功贖罪の条件付きの充軍・謫戍とされた。軍事行動に関わる罪を減刑するのは北辺でもよくみられたケースである。ただ、宣宗は袁亮については言及していない。交阯都司の都指揮というその地位からみて、作戦そのものの責任者は袁亮だったと思われるが罪に問われることはなく、作戦を挫折させる直接の要因をつくった王勉・司広だけが処罰された。ここでも都指揮以上の高位の武臣に寛大であることと、軍事行動上の罪そのものに厳しくはない様子が窺える。次に宣徳三年二月己卯の条によれば、四川松潘の番人容児結らの反乱鎮圧に出動した都指揮高隆と、もと四川都指揮僉事の為事官韓整らは「韓整・高隆は、兵を駐するも宿留して進まず。惟だ貪淫を事とし、辺民之に苦しむ」と弾劾された。宣宗は

上曰わく……韓整は貪淫にして寇を玩び、重く辺民の患を貽せり。厥《そ》の罪何ぞ逃れんやと。……整等は悉く広西に発戍せらる。

と、韓整を広西に謫戍するよう命じた。内容が詳しく記されていないが、韓整の罪は『大明律』兵律・軍政「失誤軍事」と「辺境申索軍需」か「縦軍擄掠」に当たるとみられ、そうであれば斬刑である。既に為事官の処分を受けていて、そのうえに謫戍が加わったケースだが、やはり死罪に当たる罪を減刑された結果謫戍となったものである。次に宣徳八年閏八月壬子の条によれば、広西都司の都指揮同知陳全は、潯州で蛮寇の防守に当たっていたが、「所部の財物を受け、備えを為すを知らざる」ありさまであった。軍士からの賄賂を受けて任務から外す売放を行い、防衛態勢の整備を怠っていたのだろう。その結果、猺賊に軍士二人を拉致されたが、陳全は軍を出して奪回しようとせず、密かに猺賊に塩を贈って取り戻したというのである。発覚して法司は「杖一百・戍辺」を奏請した。『大明律』兵律・軍政「縦放軍人歇役」に擬定したわけである。これに対して宣宗は

上曰わく、所部の財物を受けしは、尚お恕《ゆる》すべし。豈に兵を率いて辺を守り、寇の為に掠せられし所の者を贖うこと有らんやと。命じて職を罷めて軍に充て、参将陳濬に随いて立功せしむ。

と命じた。法司の求刑にもみられるように「縦放軍人歇役」だけでは死罪に当たる罪ではない。宣宗もこの点はまだしもと述べつつ、拉致された軍士を塩で買い戻すという、武臣にあるまじき振舞を咎めての処罰である。立功贖罪の条件を付けたのは、法司の擬定よりもさらに減じた措置であるが、他の多くの例のように、本来死罪に当たる者を減刑した結果、充軍立功としたものではない。以上が南辺の事例である(9)。

ここまで充軍・謫戍に他の条件が付け加えられた事例をみてきたが、七例中の六例が「立功贖罪」の条件であった。これは身分回復の機会を与えるもので、充軍・謫戍だけを科される場合に比べて一段軽い処罰といえる。勝手に復職・襲職したことを咎められた、もと茶陵衛指揮僉事陳倘らの事件はやや特殊な例だが、これを除くと次のような特徴が挙げられよう。大半が本来は死罪に当てられるべき罪を減刑され充軍・立功を科されたものであること、対象は都指揮・指揮が大部分を占めるが、その罪状は七件中の五件が軍事行動に関わるものであること、これと関連するが殆どが南北辺の事例であること、更に特に立功の実が挙がらなくとも時期をみて復職させるケースがあること等である。

Ⓒ充軍・謫戍の全体についてまとめておくと次のようである。武臣にとってⒸ充軍・謫戍は死罪に次ぐような厳罰というべきだが、その実態は必ずしもそういうものではなかった。全て減刑措置の一環として科されたもので、一七件のうち一二件は、本来は死罪に当てられるべき罪を減刑された結果、Ⓒ充軍・謫戍となったものである。このような減刑は全て宣宗自身の命令によって行われた。武臣の告発→法司による罪状の確認・量刑→宣宗の決裁→処罰の実施という手続きの中で、法司が『大明律』の規定どおりの処罰をもとめても、宣宗がこれを却下して減刑を命じるというかたちである。徳永洋介氏は、明代の充軍刑について、①律の規定によるもの、②帝の判断で真犯死罪、雑犯死

罪を免死充軍とするもの、③雑犯死罪以下を事例の規定によって充軍によみかえるものの三種あったことを指摘している。[10] みてきた宣宗朝の事例の殆どがこの②に該当するものだったことが分かる。武臣の犯罪に対する宣宗のこのような対応がⒹ降・調以下の処罰に際してもみられるかどうかを注目していく必要がある。

Ⓒ充軍・謫戍が適用された事例の地域的な傾向や対象となった武臣の官衙とその罪状について、Ⓐ死罪、Ⓑ「如律」と比較してその異同を確認すると次のようである。まず、地域ごとの件数をみると、犯罪の告発件数では圧倒的に多い北辺が特に飛び抜けて多くはないこと、内地の比率が高いことは、Ⓐ死罪、Ⓑ「如律」と共通している。これに対して、適用対象となった武臣の官衙にはかなりの相違がみられる。Ⓐ死罪、Ⓑ「如律」の対象は主に指揮・千戸・百戸・鎮撫等の中下級武臣だった。これに対しⒸ充軍・謫戍でも指揮以下の武臣は少なくないが、単独では都指揮が最も多くなっている。一件ある為事官ももとの官衙は都指揮僉事である。やや他の例とは性格が異なるもと茶陵衛の指揮二人・千戸二人・百戸一人・鎮撫一人を除いてみると、Ⓒ充軍・謫戍では高位の武臣の比率が高くなっていることが更にはっきりする。このことは武臣の罪の内容とも密接に関連している。Ⓒ充軍・謫戍の対象となった武臣の罪状に該当する『大明律』の条項を示したのが表7である。これをⒶ死罪についての表3、Ⓑ「如律」についての表5と比較すると次のようなことが看取される。兵律と刑律の規定に抵触したものが大部分を占めることは、Ⓐ死罪、Ⓑ「如律」、Ⓒ充軍・謫戍とも同様である。しかし、両者の割り合いに大きな違いがある。Ⓐ死罪では刑律の件数が兵律の三倍ほどあり、刑律の中では賊盗が最も多く、刑律全体の約半数を占めた。第二章で武臣の犯罪を軍務上の罪、軍士の酷虐、経済事犯に大別して検討したが、この中でⒶ死罪では軍士の酷虐、経済事犯に分類される罪状が多かったということになる。Ⓑ「如律」では兵律と刑律がほぼ半々で、刑律の中では受贓が最も多かった。Ⓒ充軍・謫戍ではこれが逆転して兵律の件数が刑律の二倍になっている。つまり軍務上の罪に重点が移っているということである。

この変化はⒶ死罪からⒷ「如律」へ、更にⒸ充軍・讁戍へと明らかに連続した流れが看取される。該当する兵律の内容にも違いがある。兵律の中では軍政の各条が多いのはⒶ死罪、Ⓑ「如律」、Ⓒ充軍・讁戍とも同じである。しかし、Ⓐ死罪、Ⓑ「如律」では、例えば「縦放軍人歇役」のような軍士の酷虐を取り締まる為の規定に限られていた。これに対してⒸ充軍・讁戍では「失誤軍事」や「主将不固守」のような、軍事行動に関わるものが約半数を占める。Ⓐ死罪、Ⓑ「如律」、Ⓒ充軍・讁戍と、科される武臣にとって重い処罰からみてきたが、軍士の酷虐、経済事犯の比率が段々低くなり、軍務上の罪の比重が高くなってきている。Ⓐ死罪、Ⓑ「如律」のところでも述べたことだが、これは朝廷が軍務上の罪には寛容だが、軍士の酷虐や経済事犯には厳しく対処しようとしていたということであり、朝廷の危機感の所在をも示している。朝廷は軍士の酷虐や経済事犯に強い危機感をもっており、それが処罰の運用のうえにも現われていたとみることができる。それは、前述のように、充軍・讁戍だけ科されたケースと立功贖罪の条件を付加された場合の罪状の相違にも示されていた。

表7　Ⓒ充軍・讁戍

名例律	十悪	1
吏律	職制	2
戸律	田宅	1
	婚姻	1
	倉庫	2
兵律	軍政	14
刑律	賊盗	2
	人命	1
	受贓	3
	断獄	1
（合計）		28

兵律

軍政	辺境申索軍需	1
	失誤軍事	3
	主将不固守	3
	縦軍擄掠	1
	激変良民	1
	縦放軍人歇役	4
	従征守禦官軍逃	1
（合計）		14

Ⓓ　降・調

降・調、つまり降格・左遷については万暦『大明会典』一一九・兵部二「降調」に

凡そ降級は、洪武二十七年、守衛に榜例

表8　Ⓓ降・調

洪熙1	0	勲臣	0	北辺	4
宣徳1	0	都督	0	北京	1
2	1	都指揮	4	内地	2
3	1	指揮	6	南辺	2
4	2	千戸	1	（合計）	9件
5	0	百戸	0		
6	1	鎮撫	0		
7	2	（合計）	11人		
8	2				
9	0				
（合計）	9件				

するに、管軍官罪を犯さば、指揮は千戸に降して辺衛に調し、千戸は百戸に降し、百戸は総旗に降し、総旗は小旗に降し、衛鎮撫は所鎮撫に降し、所鎮撫は総旗に降す。倶て辺遠の衛に調せと。

とあり太祖朝の原則が示されている。ここでは世襲の衛所官の場合は、一級降格が基準であることと左遷がセットであることが述べられているが、一代限りの役職である都指揮や都督については言及されていない。この記事に続いて記されているのは中後期の規定である。宣宗朝では太祖朝の規定が援用されていたと思われるが、運用の実情は必ずしも明確ではない。『宣宗実録』で氏名と官衙が確認できる降・調の事例は表8で示した九件一一人しかない。非常に少ないが、これは『宣宗実録』の史料的制約や史料残存の偶然性にもよろうが、減刑措置とその適用範囲の拡大の結果とも考えられ、この事については後述する。件数が少ないので表8からは特定の傾向は見出し難い。強いていえば、地域と件数の関係ではⒶ死罪、Ⓑ「如律」、Ⓒ充軍・謫戍の場合比べて北辺の割り合いが高く、この点、犯罪の告発件数の全体の傾向と似ている。又、対象となった武臣は殆ど都指揮と指揮だけでその上と下は含まれていない。

　地域ごとに事例の内容を示すと次のようである。北辺は四例ある。まず『宣宗実録』宣徳二年正月戊午の条によれば、行在兵部が、保安衛の指揮李暠と指揮同知聶垣について、「皆に糧米を攬納するに因り、当に官を降すべし」と

奏請した。これに対して宣宗は

上曰わく、朕、武人官を得るの甚だ難きを念い、凡そ過誤有るも、毎《つね》に意を曲げて含容せり。今、暠等の為す所、蓋し功を恃みて妄作《みだりにせ》しなり。若し又矜恕《ゆる》せば、将に忌憚するところ無からん。小懲大誡は小人の福なり。其れ降罰すること例の如くせよと。

と述べ、『易経』の言葉を引きつつ行在兵部の奏請を承認した。李暠と聶垣は保安衛の最高責任者であり、衛倉に納入される糧米に関わる不正で、『大明律』では戸律・倉庫「攬納税糧」の罪に当たり、杖六〇と横領した糧米の追徴のほかに、二人の地位からみて「若し監臨主守の攬納する者は罪二等を加う」の規定にも該当することになろう。ただ、宣宗の言葉や兵部の奏請からみて、李暠らは降格だけで左遷はされなかったように思われる。宣宗は、自分が罪を犯した武臣の処罰に慎重なのは、武臣の地位を得ることの困難さに思いを致すからだと述べた。つまり過去の軍功に配慮するということである。この例にみられる李暠らの罪は軍事行動に関わるものではなく、経済事犯であることに注目しておきたい。次に宣徳四年三月壬子の条によれば、山海衛の指揮趙忠は、同衛の軍を率いて開平の守備に当たっていたが、原衛に戻る為の工作費と称して、軍士たちから財物を科斂して、その半ばを懐に入れていたことが発覚した。恐らく軍士が訴えたのだろう。行在都察院は当初「降用」に当たるとしたが、配下の軍から「忠、能く下を恤れむ」との訴えがあったとして復職を奏請した。これに対して宣宗は

上曰わく、彼能く下を恤れまば、曷《なん》ぞ科斂を為して其の半ばを私有せんや。此れ必ずや賄いを以て之を求めしものならん。朝廷の賞罰は至公なり。罪有りて懲らさざれば、何を以て衆に令せんや。小人敢えて私情を以て公法を撓めんとするや。聴《ゆる》さずと。

と、趙忠が配下にものをやってそういわせているのだろうと述べ、行在都察院の奏請を却下した。趙忠の罪は『大明

律』兵律・軍政「従征守禦官軍逃」、刑律・受贓「因公擅科斂」に該当するだろう。この事例も軍事行動上の罪ではない。宣宗は武臣には極めて寛容で、様々な理由を挙げて減刑することが多いのに、ここでは朝廷の賞罰は「至公」で、罪があれば必ず処罰すると述べて、行在都察院の減刑の奏請を却下した。趙忠が配下を使って減刑の工作をやらせようとしたことが宣宗の癇にさわったのだろう。更に宣徳七年八月癸巳の条によれば、遼東総兵官巫凱が上奏して、瀋陽中衛と鉄嶺衛の指揮宋礼・千戸朱斌は、事々に同僚と争って協力せず、各々罰俸と輸米贖罪の処分を受けたが、その後も

職に還るも終に悛革せず。毎事《ことごと》に争競し、未だ嘗て寧息せず。以て公務を廃弛するを致す。

というありさまで、巫凱は

請うらくは悉く極辺及び新置の諸衛所に調し、之をして過ちを省《さと》らしめんことを。自今、遼東都司所属の軍官にして、同僚と和せず、公務を妨廃する者有らば、請うらくは一体に調衛せられんことをと。之に従う。

と要請して宣宗の承認を得た。これ以後、遼東の武臣という条件は付いているが、公務に支障をきたすような同僚との不和に対して「調衛」の処分が適用されるようになった。ただ、その際に降格されるのかどうかははっきりしない。宋礼・朱斌も左遷されることにはなったが降格はされないようである。二人の罪については、「公務の廃弛」と同僚との「争競」の内容が分からないので『大明律』のどの規定に抵触するのかはっきりしない。ただ、この事例も軍事行動に関わる内容ではない。巫凱の上奏からみると、遼東では武臣同士の不和・対立が少なくなかったようである。北辺の軍事的緊張地域の中でも、遼東は西端の甘粛とともに、韃虜等の侵入が最も頻繁で緊張度の高い地域である。更に遼東は謫戍地ということもあって、このようなトラブルが多いのかもしれない。このほか宣徳七年二月辛亥の条に、撫寧衛等の六衛の衛所官が、配下の軍士の逃亡を咎められて、降職の処分を受けていたことが分かる記事がある。

しかし「撫寧等六衛の指揮・千・百戸陳玉等」という書き方になっていて、陳玉が撫寧衛の指揮だったのだろうと思われるが、そのほかの武臣の氏名や人数、あるいは左遷の有無については分からない。陳玉らの罪は『大明律』兵律・軍政「従征守禦官軍逃」の規定に抵触したものだが、これも直接軍事行動に関わるものではない。この事例については㊀罰俸の項でも述べる。

北京にも一例ある。宣徳八年閏八月乙卯の条に

行在府軍右衛の指揮使丘讃を降して、指揮同知と為し、辺衛に調して備禦せしむ。受贓に坐せしなり。

とある。簡略な記事で、丘讃の罪の詳細は分からないが『大明律』刑律・受贓に当たるもののようである。場所が北京だから当然だが軍事行動に関わる罪ではない。これまでみてきた北辺の例では降格か左遷のどちらか一方が科されるケースが殆どだったが、この例の丘讃は降格のうえ左遷されたことがわかる。調される辺衛の場所は分からないが、皇帝直属の誇り高い親軍衛の長官を降格されての左遷で、なかなか厳しい処罰である。それだけ重い罪状だったのだろう。

内地には二例あるが、まず宣徳三年閏四月乙未の条によれば、掌河南彰徳衛事の都指揮僉事王友が、指揮同知に降格のうえ宣府に調された。直接の理由となった王友の罪については

会《たまたま》趙王府中に、王の陰事を妄言するもの有り。友、之を聞き以て奏せずして、輒《みだ》りに官軍・火器・攻具を発して王府を圍み、騎士を縦《はな》ちて城中を馳驟せしめ、城の北門に於いて礮を放つに及び、人民驚駭す。河南三司の官も亦た友の不法を奏す。遂に執えて京に至らしめ、御史に命じて之を訊《せ》め、罪を論ぜしむるに、当に杖して職を罷め辺に戍せしむべしと。上、之を宥し、指揮同知に左遷して、宣府に往きて備禦せしむ。

とある。諸王に対する朝廷の厳しい態度を窺い知っての、軽率な跳ね返りというべき事件だが、『大明律』では兵

律・軍政「擅調官軍」の罪に該当するだろう。王友はこれ以前にも「狠戻貪虐」や

郊に出でずして詔書を迎え、開読の際も又随班して行礼せず。

などの行為を弾劾された経緯がある。(11) これは『大明律』礼律・儀制「失誤朝賀」の罪に当たる。それでも宣宗は御史の擬定よりも減刑したわけである。都指揮僉事と指揮はともに正三品なので、従三品の指揮同知にすることが、原則どおりの一級降等ということになる。王友の場合も降格と左遷の両方を科されたケースである。又、この例も実際の軍事行動に関わる罪とはいえない。次に宣徳四年九月庚午の条によれば、都指揮僉事陳文を広西に調する措置がとられた。当初、陳文は鎮守儀州揚州の職に在ったが「官民の財物を求索」したことが発覚し、京師での輸作に当てられていた。これが終了したので、行在兵部が復職を奏請したところ、宣宗は

上曰わく、揚州は内地なり。何ぞ鎮守を用いんや。彼、間暇にして富饒なるに処《お》り、徒らに以て其の欲する所を済《な》せり。宜しく之を両広に処らしむべしと。遂に是の命あり。

とやや皮肉な言い方で、陳文の広西への配置転換を命じた。詳しい内容は不明だが、陳文の罪は『大明律』では刑律・受贓「因公擅科斂」に該当するものではないかと思われる。軍事行動上の罪でないことは間違いない。結局、陳文は調と贖罪の為の輸作を併せて科されたことになるが、都指揮僉事の官銜はそのままで降格はなかったとみられる。

次に南辺をみると二例ある。まず宣徳六年九月丁亥の条によれば、四川都司の都指揮僉事万貴が「賕いを受けて辺備を厳しくせず、番人、餉道を邀阻し、人畜を殺掠するを致」したことを弾劾された。内容からみて、軍士を売放して任務から外してしまい、守備を疎かにしていたのだと思われる。『大明律』では兵律・軍政「縦放軍人歇役」に当たるが、更に「主将不固守」の「若し賊に境内に侵入して人民を虜掠せらる者は、杖一百、辺遠に発して軍に充つ」の条項にも抵触するとみられる。この点について「三法司鞫問するに罪に服し、律に擬するに杖一百、辺遠に発して

軍に充つべし」とあるので、法司が「主将不固守」の罪に擬定したことが分かる。これに対して宣宗は

上曰わく、武夫は利を嗜むを知るのみなり。然れども番夷の変は、亦た独り貴のみの致せし所に非ざるなり。朕、其の小旗より積老六十年にして此に至るを念い、姑く寛典に従い、罰役もて罪を贖わしめ、赤城に調して備禦せしめよと。

と命じた。万貴が軍士を売放したことについては、宣宗は武夫は利を嗜むを知るのみと述べて、その貪欲さを強く非難した。しかし、宣宗は、番夷の騒乱は万貴だけの責任ではないと指摘し、六〇年かけて小旗から都指揮僉事にまで昇進した万貴の経歴に強い同情を示した。結局、満杖のうえ充軍・謫戍という法司の擬罪を大幅に減刑した。宣宗が命じたのは罰役と赤城への調遣であった。四川から北辺への配置転換は厳しい措置ではあるが、都指揮僉事からの降格はなかったようである。次に宣徳八年五月癸酉の条によれば「広東都司の都指揮同知李端を降して本司都指揮僉事と為す」措置がとられた。李端は「操軍造舟」を監督した際に管下の広海衛の指揮汪源から金・銀・馬を受けとり、又、同衛の総旗を杖殺したが、このときは宥免を蒙り、贓物の追徴と罰俸ですんだ。総旗の杖殺は公罪と認められたのだろう。私罪ならばこのような処分ですむ筈がない。ところが李端の行状は改まらず、今度は徳慶守禦千戸所の千戸婁俊を杖殺したというのである。前の件については既に処分が終っているわけだが、今回の事件について、行在都察院は「公に因りて人を殴り死に至らしむ。罰役復職に擬せん」と奏請した。「公に因りて」とあるから公罪と認定したわけである。これに対して宣宗は

上曰わく、贓を犯せしは尚お恕すべし。両人を杖殺せしは、公に因ると雖も亦た是狠戾にして下を恤れまずと。命じて罰役の後、其の職を降せしむ。

と命じた。ここで宣宗は前の事件をも含めて言及しているが、広海衛の総旗と徳慶守禦千戸所の千戸婁俊の杖殺は公

表9　Ⓓ降・調

名例律	殺害軍人	1
戸律	倉庫	1
礼律	儀制	1
兵律	軍政	5
刑律	受贓	4
（合計）		12

兵律

軍政	擅調官軍	1
	主将不固守	1
	縦放軍人歇役	1
	従征守禦官軍逃	2
（合計）		5

務執行上の過失と認めた。しかし、杖殺が二人というのは異常で、心がねじけて酷薄な性格であると述べて降格と罰役を科した。李端の罪は前件も含めて『大明律』名例律「殺害軍人」、刑律・受贓「官吏受財」に当たるとみられる。李端は都指揮同知から都指揮僉事とされたから一級降格ということになる。ただ、「本司の」とあるから調遣は伴わず、広東都司のままである。或いは本人にとってより屈辱的な処分かもしれない。この事例も軍事行動に関わる内容ではなかった。

以上、Ⓓ降・調の事例の内容をみてきた。降・調は充軍・謫戍に次いで重い処罰といえるが、事例そのものが非常に少ない。前述のように万暦『大明会典』に記された太祖朝の規定では降格と左遷がセットで科されることになっていたが、宣宗朝の運用の実情をみると、降格・左遷の両方を併せて科されたのは府軍右衛の指揮丘讃と掌彰徳衛事の都指揮僉事王友の二人だけである。他は全てどちらか一方である。罰役と併せて科された例が約三分の一ある。降・調を規定どおりに当てられた事例は極く少なく、本来の規定よりも減刑されたかたちで運用されていたといえる。対象となった武臣の官衛は殆どが都指揮と指揮で、都督以上と百戸以下はみられない。罪状について、該当するとみられる『大明律』の規定を示すと表9のようである。刑律の中の受贓が四件と多く、戸律・倉庫や兵律・軍政「縦放軍人歇役」の事例を含めて殆どが経済事犯である。直接的には経済事犯とは無関係な兵律・軍政「擅調官軍」の罪に問われた都指揮僉事王友の場合にしても余罪に「貪虐」があった。又、一件だけある「主将不固守」の罪に問われた四川都指揮僉事万貴の例も背景に軍士の売放があった。経済事犯と関係ないのは、同僚との不協力を咎められた遼東の指揮宋礼・千戸朱斌の一件だけである。また軍事行動上の罪は殆ど含まれていない。この点、次項で述べるⒺ為事官・戴罪官の対象の大部分が軍事行動に関わる罪状だったのと対照的である。宣宗朝の降・調は主に都指揮・指揮の経済事犯や軍士の搾取に対して適用された処罰だったといえる。

このほか、宣宗の態度にも注目されるところがある。山海衛の指揮趙忠と四川都司の都指揮僉事万貴に対する対応の違いである。趙忠は前線から原衛に戻る為の工作費と称して軍士たちから財物を集めて半ばを懐に入れた。万貴の事件も発端は不正に経済的利益を図っての軍士の売放であった。どちらも大きな違いはない。結果的に番人の騒動の一因になっただけ万貴の方が罪は重いといえる。しかし、宣宗の対応は対照的であった。趙忠については、都察院の奏請を斥けるかたちでより重い処罰を科した。一方、万貴に対しては同情の念を披瀝したうえで、法司の擬罪を斥けて大幅に減刑した。趙忠が軍士を使って減刑工作をさせようとしたことが宣宗の心証を悪くした点はあろうが、それだけではないと思われる。万貴は都指揮僉事であり趙忠は指揮であった。どちらも官品は正三品だが、都指揮クラス以上と指揮以下では朝廷の扱いに大きな違いがある。都指揮以上は大臣として扱われ、処罰の際も非常に慎重な配慮が加えられるが、指揮以下にはそのような配慮はなく、時に厳しい処罰が加えられる。この趙忠と万貴の扱いの違いもその例の一つと思われる。

Ⓔ 為事官・戴罪官

為事官・戴罪官に当てられた事例を示したのが表10で、一二件・一二五人（延べ）ある。地域をみると全て軍事的緊張地帯である南北辺の事例で北辺と南辺は半々である。後述のように、それは適用された罪の内容と密接に関係して

表10　Ⓔ為事官・戴罪官

洪熙1	0	勲臣	3	北辺	6
宣徳1	2	都督	2	北京	0
2	2	都指揮	14	内地	0
3	0	指揮	3	南辺	6
4	1	千戸	1	（合計）	12件
5	0	百戸	2		
6	3	鎮撫	0		
7	0	（合計）	25人		
8	2				
9	2				
（合計）	12件				

いる。対象となった武臣の官銜をみると都指揮が飛び抜けて多く、それに都督や勲臣の事例も少なからず含まれ、都指揮以上の高位の武臣が全体の七割五分を占めている。勿論、記事が高位者に偏りがちな『宣宗実録』の史料的制約は念頭におかなければならないが、適用が概して高位の武臣に多かったのは事実だろう。特に都指揮が多いのも、やはりその罪状と関連している。「為事」とは罪を犯したということであり、戴罪と同じような意味だが、各事例を通じて運用のあり方をみると、為事官と戴罪官はやはり異なるものである。どの点が違うのかに留意しつつ各事例の内容をみてみよう。

まず北辺からみていくと、『宣宗実録』宣徳四年九月辛亥の条によれば、遼東義州の備禦の任に在った都指揮僉事李敏が、韃虜の侵入をゆるし、人畜を殺掠されたことを弾劾された。これに対して宣宗は

都指揮僉事李敏の罪を宥す。……上、命じて姑く之を宥し、戴罪復職せしめ、船を造りて糧を運び海西に赴かしむ。

という処分を命じた。李敏の罪は『大明律』兵律・軍政「主将不固守」に当たる。これを減刑されて戴罪官とされたわけだが、為事官の場合によく見られる「降充」という書き方はされておらず、「罪を宥」された結果である。「戴罪復職」とあるから都指揮僉事の官銜は剝奪されておらず、一種の罰工・罰役を命じられたことになる。この例にもみ

られるように、戴罪官は大幅な減刑の結果として当てられるものだが、都指揮は軍事行動の直接の責任者に任ぜられる場合が多いこと、又、故意でない軍務上の過ちは公罪と認められやすいことを念頭においてみていく必要がある。次に宣徳六年六月己未の条によれば、赤城備禦の都指揮汪貴が、軍士から財物を科斂し、軍士に支給される綿花を横領したことが発覚し、法司は『大明律』刑律・賊盗「監守自盗倉庫銭糧」に擬定して斬罪を奏請した。これに対して宣宗は

上曰わく、朝廷、辺軍の寒きを念い、故に之を賜う。彼、若し能く軍士を愛恤せば、豈に悪《いず》くんぞ侵奪して、下人をして苦を受けしめんや。残悪不仁にして、之を斬すとも過《ゆきすぎ》に非ず。但だ、其の前労を念い、姑く之を宥し、為事官に充て、広西に詣きて、総兵官山雲の調に聴《したが》わしめ、改過自效せしめよ。

と命じた。これは軍士の搾取で軍事行動上の罪ではない。このような罪状で為事官に当てられたのはこの汪貴の例だけである。ただ監守自盗だから、やはり死罪にも当たる罪である。減刑された理由は「前労を念う」であり、為事官とした目的は「改過自效」させる為であった。自分の過ちを反省して軍功を立てて償うことだから、立功贖罪と趣旨の似た措置でもある。汪貴は現任地からみれば遙か南辺の広西総兵官のもとに預けられる。総兵官の指揮・監督下におかれるのは為事官の特徴の一つである。次に宣徳八年六月己酉の条によれば、韃虜が開平の沙窩に侵入して、百戸王賢を殺し軍士一〇人を傷つけたうえ、馬匹・武器を掠奪した事件について、参将の都督僉事陳濬が都指揮唐銘を劾奏しその処罰をもとめた。これについて宣宗は

上曰わく、虜寇の出没不時にして、辺備は其れ謹まざるべけんや。御史をして銘等の死罪の状を責めしめ、戴罪理事せしめよ。仍りて停俸一年とし、如し再び誤事あらば必ず誅せと。

と命じた。唐銘の罪は、宣宗の言葉にもあるように死罪に当たるもので、『大明律』でいえば兵律・軍政「主将不固

守」に該当する。唐銘は「戴罪理事」とあるから、官銜は剝奪されず、従来の職務も維持したとみられる。又、他処への調遣もない。実質的には停俸一年を科されただけで、現在地で官銜も職務もそのままということになる。唐銘と同様に戴罪官とされた李敏の場合と合わせみると、どちらも「戴罪」とはされるが、官・職とも維持し、他処への調遣はない。一方、為事官とされた汪貴は他処の総兵官のもとに預けられた。又、宣宗がわざわざ「為事官に充て」というい方をしていることからみて、現在の官銜は失うことになるかと思われるが、この例からだけでははっきりしない。他の例もみる必要がある。次に宣徳八年七月壬申の条によれば、韃虜が鴉児崖に侵入して、千戸朱銘ら五人を殺害し、官馬九〇余匹を掠奪した事件に関し、大同総兵官鄭亨が、哨備の都指揮僉事張淮と指揮蔡麟の失機の罪を劾奏してその処罰をもとめた。宣宗は

上、亨に勅して曰わく、虜、間《すき》に乗じて寇を為し、官軍を殺し官馬を掠めしは、豈に独り下人の過《とが》のみならんや。亦た是主将の平昔姑息にして、紀律不厳の致せし所なり。自今、宜しく厳謹を加うべし。張淮・蔡麟等は、悉く戴罪官に降充し、専ら哨備に職《つと》めしめよ。如し再び失機あらば斬に処せと。

と、勅を下して鄭亨を叱責するとともに、張淮と蔡麟を戴罪官に充て、哨備の任に専従させるよう命じた。張淮らの罪は『大明律』兵律・軍政「主将不固守」に当たる。この例も、元来死罪に当たるような軍務上の罪に対してとられた措置であること、困難な任務を科したこと等は他の例の場合と同様である。戴罪官に「降充」したという書き方はこの例だけだが、これだけでは従来の官銜が剝奪されたのかどうかはっきりしない。ただ、鄭亨に対して張淮・蔡麟を哨備の任につけるよう命じているので、従来どおり鄭亨の麾下に在り、他処の総兵官のもとへの調遣はなかったことが分かる。次に宣徳九年三月丁未の条によれば、大同総兵官代行の参将・都指揮曹倹は、都指揮僉事許彬が虜の招撫の為に派遣した夜不収に未帰還者がでたこと、その捜索の為に出動した許彬の行動が不適切であったことを劾奏し

た。招撫の為の榜示そのものは曹倹が提案したことだったうえ、実施の詳細を報告していなかったので、宣宗は怒って、許彬を半月以上も境外に出動させた曹倹の責任を問い

> 上、勅を遣わして倹を責めて曰わく……飾詞欺罔の罪は万死に当たる。姑く爾《なんじ》をして戴罪理事せしむ。若し虜去りても、軍士終に還らざれば、罪悉く宥さずと。

と命じた。曹倹の罪は『大明律』では兵律・軍政「飛報軍情」の規定に抵触するだろう。この罪も軍機を失誤するような場合には斬罪ともなるものである。この例でも「戴罪理事」とあり、曹倹は官銜は剥奪されず、大同での総兵官代行の職務もそのままだった。それは次の事例の記載からも確認できる。宣徳九年八月庚午の条によれば、韃虜が楡林荘及び陽和口に侵入して牛・馬を掠奪したことについて、「大同総兵官代行の都指揮曹倹」が、東路巡哨の任にあった署都指揮僉事史直・千戸周弘・百戸曹旺・陳端の「哨備不厳」を劾奏し、その処罰をもとめたことが記されている。前の事件から約五ヶ月後だが、曹倹が官銜と職務を維持して任務を果していたことが分かる。劾奏された史直らについて、宣宗は

> 上曰わく、直等は応に死すべきも、姑く之を記し、罰して為事官に充て立功せしめよ。功無ければ仍原《もとどおり》に罪して宥さずと。

と命じた。史直らの罪は『大明律』では兵律・軍政「主将不固守」に当たる。「之を記し」とあるのは、①記罪のところで述べるが、記罪あるいは記過と称され、罪状を兵部の記録に残す処分の一つである。史直らは為事官に充てられたが、宣宗の言葉からも分かるように、やはり本来死罪となるべき軍務上の罪を減刑された結果である。ただ、官銜が剥奪されたか、他処に調遣されたかは文言からは分からない。ここでは立功贖罪の条件が付加されている。

　更に南辺の事例をみてみよう。宣徳元年四月丙寅の条に

栄昌伯陳智・都督方政の官爵を削り、降して為事官に充て、総兵官王通の調遣に聴《したが》い、前鋒と為りて立功贖罪せしむ。其の領《うけ》し所の制諭并びに征夷副将軍の印は、通に付して繳進《さしださ》しむ。智等に敕諭して曰わく、朝廷、爾に命じて兵を統べて往きて交阯に鎮せしめ、寇盗を遏絶《ほろぼ》し、黎元《たみくさ》を恵安せしめんとするに、爾等は懐私《ししんをいだ》きて苟利せんとし、相《たがい》に輯睦せず。賊、猖獗して、官軍を失陥し、虐、良善に及ぶを致す。爾の罪を論ずれば、万死するとも贖う莫し。今、姑く曲げて宥し、但だ倶に爵を削るのみとす。即《ただ》ちに成山侯王通等に従い、功を立てて以て贖え。……如し陣に臨みて不武なれば、必ず誅して宥さずと。

とある。陳智と方政の不和の内容が具体的に記されていないので、どのような罪に当たるのかはっきりしないが、結果的に軍情を悪化させ、良民に被害をもたらしたことを咎められての処置である。宣宗は「万死するとも贖う莫し」と述べた。抽象的ないい方ではあるが死罪に当たる罪との判断である。この例から、為事官は官爵を剝奪されること、総兵官のもとに身柄を預けられることが確認できる。又、この例でも立功贖罪の条件が付けられているので、軍功によって身分回復の機会が与えられていることになる。それでは官爵を剝奪されたあと陳智と方政の権限はどうなったのか。宣徳元年七月庚子の条に

行在兵部奏すらく、交阯為事官方政等、黎利を征勦するに、安平伯李安・都指揮于瓚・謝鳳・薛聚・朱広・陳封等は、陣に臨みて先に退き、政は敗績せりと。上、命じて姑く之を宥し、総兵官・成山侯王通等に勅して、安及び瓚・鳳・聚・広・封等をして倶に戴罪して為事官に充て、陳智等と同に、当先《まず》功を立てしめ、功無ければ軍法を以て処治せしむ。

とある。新たに安平伯李安以下、五人の都指揮が為事官に充てられたが、この戦闘でもと都督の為事官方政が指揮権をもっていたことが分かる。更に宣徳元年一〇月癸酉の条によれば、交阯総兵官王通と巡按御史が、広威州を占拠し

た黎善に攻撃を掛けた都指揮袁亮らの大敗のありさまを報告したが、その中で

為事官陳智、亮と指揮王勉・司広等を遣わして之を禦がしむ。

と述べている。やはり為事官陳智も、もと征夷副将軍・栄昌伯の地位に相応しい権限を保持していたことが分かる。[12]この陳智・方政の例からみて、為事官は官と職のうち、官は剝奪されるが、もとの職務権限は保持していたことが確認できる。新たに為事官とされた李安ら六人の罪は「臨陣先退」とあり、『大明律』兵律・軍政「主将不固守」の「其の官軍、陣に臨みて先に退き、及び敵城を囲困するに逃ぐる者は斬す」の規定に該当するものである。又、李安らも総兵官王通のもとに調遣されたことが確認できる。この例では「倶戴罪充為事官」と記されている。このような書き方はこの事例だけである。戴罪官と為事官の異同については後で考えるが、少なくとも両者が同じものであったらこのような言い方はするまい。又、李安ら六人についても、記事の文言からみて立功贖罪の条件が付けられたことが分かる。もと安平伯の為事官李安のこのあとの様子について、宣徳元年一一月乙未の条に

是の日、総兵官・成山侯王通等、兵を進めて賊を撃ち、大いに賊を敗り、遂に東関を囲む。是より先、賊の黎善、衆を率いて交阯城を攻めんとして、三道に分れて至れり。一は西門従《よ》り入りて、清威土城を攻め、一は教場従り入りて、下関を攻むるも、都督陳濬等、火銃・火箭を発して、撃ちて之を走らしむ。一道は辺江の小門を攻むるも、為事官李安、精鋭の士を率いて出戦し、賊の殺傷を被るもの甚だ衆く、中夜遁去せり。

とある。最終的には明側が大敗した戦闘だが、当初、総兵官王通らが黎善を撃退した戦いで、為事官の李安が王通麾下の部将として奮戦していた様子が窺える。この例からも、為事官李安は爵位を剝奪されてはいるが、軍の指揮権は保持していたことがわかる。[13]

次に宣徳二年七月己酉の条に

行在兵部尚書張本奏すらく、初め、蛮寇の松潘・疊渓・茂州を攻囲するや、指揮呉玉等、軍を領《す》べて追捕し、四川都司・布政司・按察司の官、右布政使殷序ら同《とも》に往きて招撫せんとす。玉等、隄備を謹《きびしくせ》ず、賊の敗る所と為り、威州の索橋を断たれ、鋪楼を焼毀さる。都指揮韓整・高隆、軍を率いて威州に至るに及び、賊に遇いこれに敵《あ》たるも、官軍反って賊の敗るところと為る。整等詐りて言えらく、番賊城に臨み、対敵するに官軍を混殺せりと。以て己の過《とが》を掩わんとす。巡按御史厳孟衡等、其の事を劾奏し、旨を奉ずるに、玉等の死を宥し、命じて為事官に充て立功贖罪せしめらるも、韓整・高隆等も皆失機のことあり。整は又《さら》に朝廷を欺けり。殷序等も招撫する能わずして、賊の猖獗を致せり。倶に合に之を罪すべしと。上曰わく、姑く皆之を宥し、後功を図らしめよ。

功無ければ貸《ゆる》さずと。

とある。松潘等を攻囲した蛮賊に対し、指揮呉玉が軍を率いて討伐にむかい、併せて招撫の為に四川右布政使殷序らの三司の官も同行したが、呉玉の軍は敗北してしまった。呉玉については宣徳二年六月丁卯の条に関連の記事があり、敘南衛の指揮だったことがわかる。一方、四川都指揮僉事韓整・高隆も、軍を率いて威州まで進出したが、やはり番賊に敗れ、韓整はこれを糊塗する報告をした。巡按御史厳孟衡は、まず呉玉を、ついで韓整らを劾奏したが、宣宗は呉玉を為事官に充てて立功贖罪させるとともに、韓整らについては後功を図らせるよう命じた。前述のように、都指揮以上と指揮以下では朝廷の扱いが違うが、この例もそのことを示すケースかもしれない。呉玉・高隆の罪は『大明律』では兵律・軍政「主将不固守」に、韓整はこれに加えて「飛報軍情」の規定にも抵触するものだろう。この呉玉の例も軍務上の死罪に当たる罪を減刑されて為事官にされたもので、やはり立功贖罪の条件を付けられている。総兵官のもとへの調遣については分からない。韓整はこの時は処罰を免れたが、翌月の宣徳二年八月丁丑の条に

四川都司の都指揮僉事韓整を降して為事官に充つ。時に巡按四川監察御史幷びに四川都司・布政司・按察司、倶

に奏すらく、整は官軍七千余を率い、威州に駐するも、蛮賊隔渓、大いに攻劫を肆《ほしいまま》にし、官署・民居を焚き、人畜を掠むるに、整は坐視して救わずと。故に降して為事官に充て戴死罪とし、総兵官・都督陳懐等の調遣に聴《したが》い、殺賊立功せしむ。再び畏怯にして功無くんば、必ず殺して宥さず。

とあり、四川の三司と巡按御史挙っての弾劾によって為事官に充てられた。韓整の罪は『大明律』では兵律・軍政「失誤軍事」と「従征違期」に当たるとみられる。この記事では韓整が都指揮僉事の官銜を剥奪されたかどうかはっきりしない。しかし、同年一〇月に、巡按四川御史の厳孟衡と四川布政司参議の李勣が、韓整を含む五人の武臣の不正・不法を劾奏したが、その記事の中で「為事官韓整」と記されており、都指揮僉事の官銜は剥奪されていたことが分かる。更に韓整は翌宣徳三年二月には広西に謫戍された[14]。韓整の例は、軍務上の死罪に当たる罪を犯したこと、官銜を剥奪されること、他処の総兵官のもとに身柄を預けられること、立功贖罪が付加されることなど、為事官の基本的な特徴を具備している。又、韓整について「降充為事官戴死罪」と記されており、前述の安平伯李安ら六人が「戴罪充為事官」と書かれた例とともに、為事官と戴罪官の異同を考える参考になるが、これについては後に述べる。次に宣徳六年七月乙亥の条によれば、さまざまな理由で交阯に謫戍されていたもと保定侯孟瑛・都督僉事陳濬・湖広都司都指揮同知謝鳳・南寧衛指揮甯懋が、総兵官王通の独断講和・撤退に関与していたとして、法司がその死罪をもとめた。『大明律』刑律・賊盗「謀叛」に当たるとの判断であろう。謝鳳は、前述のように、既に宣徳元年に為事官に充てられていた武臣である。法司の要請に対して宣宗は

上、瑛は旧労あり、濬・鳳・懋は頗る材幹有り。亦た通の親厚せし所の者に非ざるを念い、特に皆之を宥し、命じて為事官に充て、瑛と鳳は宣府に往きて、総兵官譚広の調に聴《したが》わしめ、濬と懋は独石・赤城に往きて、副総兵方政の調に聴わしむ。

という措置をとった。孟瑛はその旧労、陳濬・謝鳳・甯懋はその有能さと、王通と特に親しい間柄ではなかったことを考慮され、死罪を宥して為事官に充て、孟瑛と謝鳳は宣府総兵官譚広のもとへ、陳濬と甯懋は独石・赤城の副総兵方政のもとに派遣されることになった。前に述べたように、方政は宣徳元年に交阯で為事官に充てられた武臣である。身分を回復して、このころ北辺で副総兵の任に在ったことが分かる。孟瑛らの場合も、死罪を減刑されて為事官とされたこと、他処の総兵官のもとに身柄を預けられたことは他の例と同様である。ただ、他の多くの例のように軍事行動上の罪ではない点やや特殊である。次に宣徳六年九月丁卯の条に

巡按四川監察御史王翺劾奏すらく、四川都指揮趙得は松潘に鎮守し、賊、旗軍を斫傷するも、得、畏憚して兵を率いて追討せず。請うらくは之を罪せられんことをと。上、命じて姑く戴罪捕賊せしめ、獲えざれば宥さずと。

とある。趙得の罪は『大明律』兵律・軍政「主将不固守」で死罪に当たるものである。趙得は戴罪官として捕賊を命じられたわけである。この内容からみて、当面、処罰の執行を見合わせ、軍功を挙げることを期待し、功がなければ前の罪で処罰するというのが戴罪官の趣旨だったことが窺える。趙得は官銜は剝奪されていないとみられ、総兵官のもとに調遣されてもいない。これらの点は為事官に充てられた場合と異なるが、軍務上の罪によることや、職務権限はそのままであることは為事官と同様である。

以上、七件・一九人の為事官と五件・六人の戴罪官、合わせて一二件・二五人の事例の内容をみてきた。最初にその趣旨、つまり為事官・戴罪官に充てる目的を確認しておかなくてはならないが、それには各事例に記された宣宗の言葉の末尾の文言が参考になる。いずれも当該武臣について、また同じ過ちを繰り返したら決して宥さないという意味のことが述べられている。例えば開平の都指揮唐銘については「如し再び誤事あらば、必ず誅せ」とあり、大同の都指揮僉事張淮と指揮蔡麟に対しては「如し再び失機あらば、斬に処せ」とあって、どちらも「如し」、「再び」とい

ういい方をしている。又、大同の署都指揮僉事史直らに対しても、「功無ければ仍原に罪して宥さず」と述べ、四川の都指揮僉事韓整には「再び畏怯にして功無くんば、必ず誅して宥さず」と述べた。これらの文言からみると、死罪に当たる重い罪を犯した武臣に対し、当面刑の執行は見合わせておくが、罪は決して消えたわけではない。新たな軍功をたてることによって罪を贖う立功贖罪の機会を与えるが、もし功を挙げられなかったら前の罪によって処刑するというものである。軍務上の死罪を減刑した結果として科された処分である。具体的には次のような処置となる。まず為事官に当てられると、「為事官A」と表記されることから分かるように、爵位や官銜を剝奪される。そのうえで各処の総兵官のもとに身柄を預けられて軍務に服する。為事官の七例中の六例が立功贖罪の条件を付けられている。一方、戴罪官の場合、この処分を受けても表記上の変化はないので、官銜は剝奪されずにそのまま保持していたとみられる。又、服務の場所も従来のままである。為事官・戴罪官ともに従来の地位に相応しい権限は保持しており、前罪を贖うべく立功に努めることになる。ただ、官銜を維持している戴罪官はともかく、これを剝奪された為事官の場合、その間の給与はどうなったのか明らかでない。

それでは為事官と戴罪官の関係はどうなのか。官銜の剝奪、総兵官の下への調遣等の点からみて戴罪官よりも為事官の方が重い処分であるのは間違いない。そこで参考になるのが、交阯の安平伯李安らについての「戴罪充為事官」、四川の都指揮僉事韓整の場合の「降充為事官戴死罪」という書きかたである。韓整は本来死罪に当たる罪を戴いた為事官ということであろう。これらの用例からみると、戴罪の方がより広い括りで、その中の重い処分として為事官があり、為事官に当てられるところまでいかない戴罪だけの場合もあるのだと思われる。

為事官・戴罪官の事例で非常に特徴的なのがその罪状である。該当するとみられる『大明律』の規定を示したのが**表11**である。刑律・賊盗「監守自盗倉庫銭糧」の罪に問われた都指揮汪貴、成山侯王通の交阯からの独断撤退への関与を疑われ、賊盗「謀叛」に当たるとみられる保定侯孟瑛ら、相互の非協力を咎められた交阯の栄昌伯陳智・都督方政の三件を除くと、ほかは全て兵律・軍政「失誤軍事」や「主将不固守」などを始めとする、軍事行動に関わるもので、本来なら死罪に当たるような重罪である。陳智と方政の不和も、結果的に戦況の悪化をもたらしたのだから、軍事的な罪とみられないこともない。前述のⒹ降・調に当てられた事例の大半が軍士の搾取や経済事犯だったのと対照的である。罪状と適用される処罰の間に密接な関係があったことが分かる。

表11　Ⓔ為事官・戴罪官

兵律	軍政	10
刑律	賊盗	2
（合計）		12

兵律

軍政	飛報軍情	1
	失誤軍事	1
	従征違期	1
	主将不固守	7
（合計）		10

為事官・戴罪官は主として軍務上の罪に適用されるのだから、先に表10に示したように、北京や内地に例はなく、全て南北辺の事例ということになるのは当然である。ただ、北辺と南辺ではやや違いがある。北辺は為事官が二件・五人、戴罪官が四件・五人なのに対して、南辺は為事官が五件・一四人、戴罪官が一件・一人で、為事官の例は南辺に多く、戴罪官は北辺に多くなっている。それは南北辺の軍事情勢の相違によるのではないかと思われる。宣宗朝の北辺では大規模な韃虜の侵寇はなく、概して平穏ではあるが、韃虜の侵入に備えて、専守防衛を旨として常時大兵力が配置されている。このような状況の下で、武臣の配置転換による防衛態勢の混乱を避ける為に、配置転換を伴わない戴罪官の適用が多くなったのではないか。一方、現に少数民族との激しい戦闘が続いている南辺では、賞罰を明らかにする必要もあって、同じ趣旨ながらより重い処罰である為事官が多いのではないか。先に犯罪の発生は半ば自然のものだが、処罰は意図的な政策の一環だと述べたが、この場合にもそれがみられるのではなかろうか。

為事官・戴罪官に充てられた武臣の中で都指揮が圧倒的に多かったことはみてきたとおりである。それは、為事官・戴罪官は主に軍務上の罪に対して科されるもので、軍事行動の際の直接責任者には都指揮クラスの武臣が当てられることが多かった為と思われる。ただ、この点について、川越泰博氏より『衛選簿』に為事官の例が少なからずみられるとの御教示を得た。衛所官だから中下級の武臣であり、本節でみてきた都指揮を中心とする高位の武臣が主な対象ということと相違する。この理由について筆者は次のように考えている。後に詳しく述べるが、宣宗朝の末に武臣に対する減刑措置が更に一段と強化された。その過程で為事官・戴罪官に当てられる罪状が軍事行動に関わるもの以外にまで拡大適用されるようになり、その結果、事例が内地でもみられ、中下級の武臣も為事官・戴罪官となるケースがでてきたのだと思われる。現に宣徳九年三月戊戌の条によれば、宣宗によって贓罪、つまり賄賂の授受の罪を犯した武臣も為事官に当てることが命じられている。後述するⒽ罰俸の場合にも同様の変化がみられる。当初、罰俸は『大明律』でいえば「失誤軍事」や「主将不固守」などの軍事行動上の罪に対して科されてきたが、宣徳七年以降に配下の軍士の逃亡、つまり「従征守禦官軍逃」の罪にも適用されるようになった。その結果、罰俸を科される対象が一気に指揮・千戸・百戸等の中下級武臣にまで拡大した。同様の傾向はⒾ記罪やⓁ「降勅叱責」の場合にもみられる。為事官・戴罪官にも同じような動きがあったのだろうと思われる。それ以前の為事官・戴罪官は、本節でみてきたような特徴、つまり南北辺を舞台にして、軍事行動の責任者である都指揮などの高位の武臣の、軍事行動上の重罪に科されたものという特徴を備えていたと考えられる。

Ⓕ　立功贖罪

明代の贖罪の規定は、適用される対象、犯罪の種類や刑の程度等によって異なり、何によって贖罪するかも貨幣・現物・力役・軍功・罰俸など多様なものがあり、非常に複雑で『明史』刑法志や正徳・万暦『大明会典』等をみても分かりにくい。幸い宮沢知之氏の優れた研究があり、贖法の規定とその変遷を知ることができる。(15) 氏は『大明律』で定められた律贖と、その後の例によって定められた例贖があることを指摘し、例贖の整備・運用の基準を明解に示された。成祖・宣宗朝に贖法が改変・整備されたことについて

宣徳年間には北辺防衛に起因する軍事的財政的要請から、糧米を納入する贖法（納米贖罪例）が地域別に現われ、以後多様な物資・貨幣（鈔・銀）で納入して贖罪する各種の納贖法が出現した。

と述べる。この後、輸作・運甎等の力役的なものと、糧米などの物資を納めるものと二系列の贖法が併存することになったという。氏の研究を参考にしながら、宣宗朝で武臣に適用された贖罪の事例をみていくことにする。

まずここで取り上げた立功は、立功自効・立功自贖・立功贖罪など様々に記されるが、いずれも軍功によって贖罪するものである。万暦『大明会典』一一九・兵部二・降調には、弘治六年（一四九三）に定められた立功贖罪の適用基準が記され、同一二三・兵部六・功次通例には

凡そ立功贖罪は……指揮は親自《みずから》擒斬すること四名顆、千戸は三名顆、百戸は二名顆にして、倶に贖罪を准し、仍りて本《もと》の職に復す。

と、贖罪に必要な軍功の基準が示されている。宣宗朝の末における減刑措置の強化、処罰と罪状の適用範囲の拡大については後述するが、本項では実際に立功に当てられた事例をみて、その武臣の官銜や罪状の特徴を確認することにする。

立功贖罪を命じられた事例は表1に示したように一七件・四〇人ある。ただ、このうちⒸ充軍・謫戍の処分を受けると同時に立功贖罪の条件を付けられたのが六件・一四人あり、Ⓔ為事官・戴罪官に充てられるとともに立功贖罪を命じられたのが六件・一五人ある。これらの各々の事例の内容については各々のところでみたとおりである。このよ

うなⒸ充軍・謫戍やⒺ為事官・戴罪官と連動して立功贖罪を命じられた事例の罪状をみると、殆どが兵律・軍政の規定に抵触したもので、その中でも特に軍事行動に関わる罪であった。Ⓒ充軍・謫戍やⒺ為事官・戴罪官と一緒でなく、立功贖罪のみ科されたものが五件・一一人あり、これを示したのが表12である。事例数が少ないからはっきりしたことはいえないが、立功贖罪のみ科されたものは、宣宗朝の前半に集中していることが注目される。関係が深いとみられるⒸ充軍・謫戍やⒺ為事官・戴罪官の事例が宣宗朝の後半に多いことと合わせてみてみると、当初は少数民族との激しい戦闘が続いている南辺を主な舞台にして、立功贖罪のみ科されていたのが、次第に北辺や内地にも拡大し、Ⓒ充軍・謫戍やⒺ為事官・戴罪官とも合わせて科されるようになったのではないかと思われる。又、武臣の官銜をみると都指揮の欄に二人あるが、これはどちらも雲南都司の都指揮僉事で、罪状が「坐累就逮」とあるだけで、事情のはっきりしない事例である。これを除くと、立功贖罪だけ科された者の多くは指揮以下の中下級武臣だったといえる。つまりⒻ立功贖罪は、Ⓔ為事官・戴罪官と適用される罪状等がよく似ているが、主な対象がⒺ為事官・戴罪官は都指揮クラスの高位の武臣だったのに対し、Ⓕ立功贖罪は中下級の武臣だった点が違っているということになる。それでは個々の事例の内容をみてみよう。

表12　Ⓕ立功贖罪

洪熙1	1	勲臣	0	北辺	1
宣徳1	0	都督	0	北京	0
2	1	都指揮	2	内地	0
3	1	指揮	4	南辺	4
4	2	千戸	3	（合計）	5件
5	0	百戸	1		
6	0	鎮撫	1		
7	0	（合計）	11人		
8	0				
9	0				
（合計）	5件				

北辺は一件のみだが『宣宗実録』宣徳四年一一月乙丑の条によれば、宣府総兵官譚広が、一九日の夜に韃虜一〇〇余人が宣府鎮下の鵰鶚堡に侵入し、浩嶺駅の官軍を殺傷し牛馬を掠奪したが、

このとき懐来衛は出動したのに、開平衛は軍を出さなかったと報告し、同衛の指揮方敏と保安衛の指揮同知王俊の「不出兵策応」を責め、その処罰を奏請した。これに対して宣宗は

上曰わく、暮夜倉猝にして、或いは及ばざりしこと有らん。姑く之を宥し、巡辺立功せしめよ。再び犯さば恕《ゆる》さずと。

と、夜間の咄嗟のことであり、出動したくともできなかったのかもしれないと述べ、「巡辺立功」を命じた。方敏らの罪は『大明律』では兵律・軍政「失誤軍事」に該当する。文言からみて、方敏・王俊は巡辺という厳しい任務を義務づけられるとはいえ、官銜は剝奪されず、服務の場所もこれまでどおりだったと思われる。前節のⒺ為事官・戴罪官と比べると戴罪官とよく似た内容の処分である。

以下はみな南辺の事例だが四件ある。まず洪熙元年八月丙戌の条によれば、広西按察司副使の張用中が上奏し、思恩・忻城等の県では、覃公旺なる賊首が衆を聚めて劫掠を働き、宣化・桂平の両県では、猺賊が多いときには二〇〇〇人も集まって人畜を殺掠している状況なのに、哨守の指揮李璧・千戸蒯貴は「軍士を厳督して擒捕する能わざる」有様であると弾劾して二人の処罰を要請した。李璧らについて、宣宗は

上、兵部の臣に命じて曰わく、姑く璧等の罪を記し、賊を殺して以て贖わしめよと。

と命じた。李璧らも『大明律』兵律・軍政「主将不固守」に当たる罪である。「罪を記し」とあるのは、罪を犯した旨を兵部の記録に留める措置である。李璧・蒯貴は殺賊贖罪を命じられたわけだが、やはり軍務上の罪で、官銜は保持し、他処への調遣もなく、職務・権限は従来どおりで、現地で立功贖罪に努めることになる。次に宣徳二年六月甲戌の条によれば、四川威州守禦千戸所の千戸魯景と所鎮撫余諒は「事に坐」して北京に連行され、徒罪に擬定されたが、たまたま番賊が松潘・茂州・疊溪を攻囲する事態が起った。これに関連して

威州守禦千戸所の鎮撫余諒の官を復す。……上、景の罪を宥し、帰りて自効せしむ。是に於いて、諒も亦た請うらくは、弟瑄を以て徒役を代らしめ、景と同に帰りて奮力殺賊せしめられんことを乞うと。上、之に従い、其の官を復し、幷せて其の弟の役を免ず。

という措置がとられた。「坐事」とあるだけなので魯景と余諒の罪状は分らないが、宣宗が魯景の罪を宥して四川に帰還して立功自効することを命じたところ、余諒も徒役を弟に代らせて、自分は魯景とともに帰って戦いたいと申し出た。宣宗は弟の代役も免除し、余諒の鎮撫の身分を復して四川にむかわせた。これは自分から立功自効を希望したやや特殊なケースだが、「其の官を復し」とあることが注目され、為事官の場合と異なり、立功贖罪は本来もとの官銜を保持したかたちで行うものであることが分かる。次に宣徳三年六月辛丑の条によれば、広西の横州で蛮寇が劫掠を重ね、広西総兵官山雲が馴象衛の指揮僉事張玑・千戸徐礼・百戸周俊に軍を率いて哨守するよう命じたが、張玑らは「畏縮して進まず、民、害を被るを致」したことを劾奏した。宣宗が山雲に張玑らの取り調べを命じたところ、山雲は「玑らは皆に失誤軍機に坐し、当に斬すべし」として、張玑らを北京に械送してきた。行在兵部尚書張本がその到着を報告したところ、宣宗は

上曰わく、功あるものを用いるは、過《つみ》あるものを用いるに若かず。姑く之を宥し、雲に随いて寇を討ち自効せしめよ。如し功有らば職を復し、功無ければ仍りて前罪に坐せしめよと。

と命じた。山雲の報告によれば、張玑らの罪は『大明律』兵律・軍政「失誤軍事」に該当し死罪に当たるものである。しかし、宣宗の命令は、広西総兵官山雲のもとで「討寇自効」させ、軍功が有れば復職させ、無ければ前の「失誤軍事」の罪で斬刑に処すというものであった。張玑らは官銜を剝奪され、総兵官のもとに身柄を預けられることになるとみられる。立功贖罪でこのような厳しい措置がとられたのはこの例だけである。為事官に充てられてはいないが、

内容からいえば為事官に等しい措置である。第一章で述べたが、広西総兵官の山雲は宣宗の信頼が厚く、山雲が落馬して重傷を負い、歩行困難になって辞任を要請した際も、宣宗はこれを慰留して総兵官の地位に留めたほどであった。広西の軍情を考え、その山雲からの厳罰の要請を無下に却けるわけにはいかなかったのだろう。厳しい措置ではあるが立功贖罪によって身分回復の機会が与えられていることは他の例と同様である。「功あるものを用いるは、過あるものを用いるに若がず。」というのは、成祖から聞いた言葉だとして、宣宗が度々述べる文言である。宣宗の非常に現実的で冷徹な一面を示している。ただ、現実的なのはともかく、本当に冷徹ならばこの言葉を口に出して言ったりはしないとも思う。そうありたいという気持の現われかもしれない。又、宣徳四年六月辛巳の条によれば、雲南都司の都指揮僉事呉旺・陳忠を原任に復する措置がとられた。呉旺と陳忠は「累に坐」して逮捕されたが、黔国公沐晟が総兵官として交阯に出征するに当たり、二人に「領軍立功」させたいと要請して認められ従軍していたものである。この段階で沐晟とともに帰還したが、宣宗は

行在兵部奏すらく、二人は例として応に復職・調任せしむべしと。上曰わく、総師既に二人の用うべきを言う。原任に復せしめよと。

と命じた。呉旺らの当初の罪状は分からないが、沐晟が終始好意的な態度をとっていることをみると、さほど悪質なものではなかったのかもしれない。呉旺らは一旦総兵官のもとに預けられたが、そこでの「立功」の実績を認められ、「原任」とあるから、他処への調遣はなく、もとの雲南都司のポストに戻されたことになる。兵部は、「復職・調任」とあるから、呉旺らの地位は戻すが服務地は変更することを奏請したわけだが、宣宗はこれを却けて、沐晟の判断を重んずるかたちでもとのポストに戻した。ただ、沐晟は交阯にむけて出動はしたもののさしたる戦闘はしておらず、いわば往って帰ってきただけである。呉旺らの「立功」の実態もどのようなものであったか分からない。しかし、元

来、立功贖罪の実情が、一定期間そのような立場において反省させ、適当な時期にもとの地位に戻すというものだったのかもしれない。

ここまでみてきたように立功贖罪は軍功をもって罪を贖うものだが『宣宗実録』には一七件・四〇人の事例が記載されている。そのうちⒸ充軍・謫戍とともに立功贖罪を命じられたもの、Ⓔ為事官・戴罪官と立功贖罪を合わせて科されたもの、Ⓕ立功贖罪のみを命じられたものが、ほぼ三分の一ずつある。立功贖罪だけを科された場合の内容をみると、例外的なものはあるが、基本的には官銜・職務権限は維持したままで、他処への調遣はなく、現地で前の罪を贖う為の軍功を挙げるべく務めることになる。戴罪官とよく似ている。立功贖罪を命じられた武臣の罪状を示したのが表13である。表ではⒻ立功贖罪のみ科されたものと、Ⓒ充軍・謫戍、Ⓔ為事官・戴罪官と連動した場合の双方を示した。立功贖罪だけの方をみると、事例が少ないが、「坐事」、「坐累」とだけあって罪状が不明のものを除くと、みな軍事行動上の本来は死罪に当たるような重い罪である。軍士の酷虐や経済事犯のような罪は含まれない。Ⓒ充軍・謫戍、Ⓔ為事官・戴罪官と連動した事例を含めてもその傾向が顕著である。前述のように、立功贖罪の条件を付けられない事例も含めてⒸ充軍・謫戍の罪状は、軍務上の罪と軍士の酷虐・経済事犯がほぼ半々だった。それに対してⒺ為事官・戴罪官は殆どの事例が軍事行動に関わる罪で、この点、Ⓕ立功贖罪だけを科されたケースとよく似ている。ただⒺ為事官・戴罪官に当てられたのは都指揮以

表13　Ⓕ立功贖罪のみ科されたもの

兵律	軍政	3

兵律

軍政	失誤軍事	2
	主将不固守	1
(合計)		3

Ⓒ充軍・謫戍、Ⓔ為事官・戴罪官と連動したものも含む

吏律	職制	2
兵律	軍政	13
刑律	賊盗	1

兵律

軍政	失誤軍事	5
	従征違期	1
	主将不固守	6
	縦放軍人歇役	1
(合計)		13

上の高官が多かったが、Ⓕ立功贖罪のみ科されたのは主に指揮以下の中下級の武臣だった。これらの処分は軍務上の罪に科されたものだから、当然、事例は全て軍事的緊張地帯である南北辺でのものということになる。当てられる武臣からみて、重い順に充軍・謫戍→為事官→戴罪官→立功贖罪となるが、一連の減刑措置の一環で、いずれも後の身分回復を念頭においた、一時的な懲らしめの為の措置というニュアンスが強い。その主たる罪状が軍事行動上の罪であることを考えると、この点からも朝廷が軍務上の罪に寛容だった、或いはそうする必要があった様子が窺えると思う。

表14　Ⓖ罰役

洪熙 1	1	勲臣	1	北辺	7
宣徳 1	3	都督	0	北京	2
2	3	都指揮	13	内地	6
3	0	指揮	3	南辺	2
4	2	千戸	1	（合計）	17件
5	2	百戸	0		
6	1	鎮撫	1		
7	3	（合計）	19人		
8	1				
9	1				
（合計）	17件				

Ⓖ　罰役

前述のⓕ立功贖罪は軍功で贖罪するもので、主に軍事行動上の罪に適用された。これに対して本項のⒼ罰役は種々の力役で贖罪するものである。これに当てられた武臣の罪状・官銜・地域等にどのような特徴があるのかをみてみたい。『宣宗実録』で確認できるのは表14に示した一七件・一九人である。年ごとの件数には大きな偏りはない。地域ごとの件数をみると、北辺が最も多いが、内地も多くて北辺と同じくらいあり、犯罪の告発件数では北辺に次ぐ南辺が少なくなっている。やはり、Ⓖ罰役の場合も犯罪の発生・告発全体の傾向とはそのあり方が違っている。又、武臣の官銜では都指揮が断然多く、この点はⒺ為事官・戴罪官と同様だが、各事例の内容に注意する必要がある。地域ごとの例数の多寡は、恐らくⒼ罰役が適用された罪状と関係があると思われる。軍務上の罪、軍士の酷虐、経済事犯のどれに重点があるのか、注意して各事例をみていかねばならない。

まず北辺の事例として、『宣宗実録』洪熙元年一〇月戊子の条によれば、鎮守天城衛の都指揮僉事魏清が、官軍の屯田二頃を占奪したこと、軍士五〇余人を自宅で私役したことを告発された。御史李笴が「応に杖して罰役に当つべき」ことを奏請し、宣宗もこれを承認した。魏清の罪は経済事犯、軍士の酷虐に当たる内容で、『大明律』では戸律・田宅「盗耕種官民田」と兵律・軍政「縦放軍人歇役」に該当する。軍事行動に関わる罪でないことは確かだが、魏清が科された罰役の内容は分からない。次に宣徳元年正月癸丑と二月壬辰の条によれば、遼東都司の都指揮僉事牛諒が、故官の女子を逼取し「応杖」をもとめられたが、正月に恤刑の詔があって「運米贖罪」の処分に当てられることになった。このときの宣宗の詔の内容については第四章で述べる。これは「納米贖罪」のように、糧米を自分で準備して自力で指定地に納入するのではなく、官倉米を指定地まで輸送する力役である。これが終ったので、行在兵部が復職を奏請し、宣宗は牛諒を叱責したうえで復職を承認した。牛諒の罪も『大明律』戸律・婚姻「強占良家妻女」に当たるもので、重罪ではあるが軍務上の罪ではない。次に宣徳二年五月戊申の条によれば、大寧都司の都指揮僉事潘礼は、配下の百戸の材木を詐取して徒罪に擬定されたが、結局「例に准じて罰工とし、畢わる日調用」を命じられた。例贖には罰役と納鈔があるが、潘礼は罰役に当てられたことになる。ただ、このとき潘礼はその終了後の「調用」、つまり左遷を命じられた。しかし、宣徳二年六月戊辰の条に

大寧都指揮僉事潘礼、過《つみ》有りて、兵部当に調すべきを言う。礼、自陳すらく、数《しばしば》征伐に従いて功有り。任職も年久なり。矜憫を乞うと。之に従う。

とあり、潘礼が先の軍功と長期在任を理由に調用の免除を訴えた結果、宣宗がこれを認めたので、罰工だけで宥されることになった。潘礼の罪も軍務上のものではなく、『大明律』では刑律・賊盗「詐欺官私取財」に当たるものだろ

う。罰工の具体的な内容は分からない。このように処罰の減免をもとめて憫れみを乞うことがゆるされる点は注目される。或いは武臣といっても都指揮以上と指揮以下では扱いが違うことは前述したが、この寛容さは潘礼の都指揮僉事という地位と関係があるのかもしれない。次に宣徳四年八月癸未の条によれば、掌山海衛事の都指揮李昌が、山海関を通過する商人から財物を逼取した廉で、行在都察院は当初徒罪に擬定したが

> 都御史顧佐言えらく、昌は老にして応に贖せしむべしと。上、之に従うも、因りて歎じて曰わく、昌は国の大臣為《た》り。贖を得ると雖も、亦た恥ずべきなり。古の君子は皆晩節を慎む。昌は武人にして烏《いず》くんぞ此を知るに足らんやと。

とあり、顧佐は李昌の老齢を理由として減刑を提案し、宣宗も慨嘆しつつこれを受け入れて贖罪を認めた。李昌の罪は第二章で述べた邀阻で、各地でみられたが山海関は特に多かった。『大明律』では兵律・関津「関津留難」と刑律・受贓「因公擅科斂」に当たるだろう。これも軍事行動に関わる罪ではない。李昌が当てられた贖罪の内容は分からない。ここで宣宗は都指揮を「国の大臣」といっている。指揮以下についてこのようないい方はしない。贖罪も減刑措置の一つであり、対象に都指揮が多いのもその為かもしれない。次の例はⒹ降・調でも示したものだが、宣徳七年八月癸巳の条によれば、瀋陽中衛・鉄嶺衛の指揮宋礼・千戸朱斌は事々に同僚と争って協力せず、各々罰俸と輸米贖罪の処分を受けた。しかし、その後も二人の行状は改まらず、遼東総兵官巫凱が、公務の廃弛をまねいていると弾劾して極辺または新設の衛所への調用をもとめ、宣宗の承認を得た。二人の具体的な行状が分からないので、罰俸と輸米贖罪に当てられた当初の行為が如何なる罪に該当するのか不明である。これは贖罪の処分を受けたあとも、改悛の様子がない為に更に調用されたケースである。次に宣徳七年一二月丁未の条に

> 成国公朱勇等、陝西都指揮同知曹敏の監臨自盗等の罪を会問し、応に斬すべしとす。上、敏の先朝に在りて効労

多きを念い、特に命じて罰役復職せしむ。

とある。文言からみて、曹敏の罪は『大明律』刑律・賊盗「監守自盗倉庫銭糧」に該当するものだが、これは盗んだ額によっては斬にも当たる重罪である。宣宗は先朝に功労が多かったと述べて、死罪を免じて罰役復職を命じた。このケースも罰役の具体的な内容は分からないが、罪状が軍務上の罪ではないことは確かである。宣宗は前功や老齢など様々な理由で減刑し罰役に当てているが、ここで「特に命じて」といっているように、何らかの基準があってというよりも、個々の武臣のケースに応じてという印象が強い。次に宣徳九年三月丙戌の条に

鎮守延安・都指揮僉事劉儼、擅に銃・甲を改造せしこと、及び科斂等の事に坐し、法司、死罪を論じ、例として応に罰役復職せしむべしとす。之に従う。

とある。劉儼の罪は銃・甲の改造と科斂の二つだが、前者は『大明律』工律・営造「造作不如法」に該当するとみられる。銃砲は太祖朝以来、衛所に配備されてはいるが、成祖朝に新しい火器が導入されるとその管理体制は一段と厳しくなった。これが緩んで各地で種々の火器が造られるようになるのは、後のいわゆる北虜南倭期以降である。「科斂」の方は記述が簡略すぎて内容がよく分からないが、刑律・受贓「因公擅科斂」に当たる罪かと思われる。いずれにしても軍事行動に関わる罪ではないが、死罪に当たる罪を減刑して罰役復職としたものである。

次は北京の例で二件ある。まず宣徳元年五月庚申の条によれば、随駕御馬監領軍勇士の都指揮僉事薛興が「賕いを受け、罪人の子を挙げて勇士に充て」たことが発覚した。勇士は皇帝の警護に当たる役目である。行在刑部は「受財枉法なり、応に絞すべし」と奏請した。薛興の罪は『大明律』吏律・職制「選用軍職」、兵律・宮衛「禁経断人充宿衛」、刑律・受贓「官吏受財」に当たる。賕いの額は分からないが、行在刑部が受財で絞刑に擬定したのだから八〇貫を越す額だったのだろう。もっとも「禁経断人充宿衛」だけでも死罪に当たる罪である。奏請を受けた宣宗は

上曰わく、愚人なり。姑く死を宥し、罰役せしめ以て贖わしめよと。

と、死罪を減刑して罰役贖罪を命じた。この例も軍事行動に関わる罪ではない。宣宗は、薛興について、他の例のように前功とか老齢とかの理由を挙げたわけでなく、「愚人なり」といっていながら死罪を減刑して罰役贖罪とした。宣宗が軍事行動上の罪に寛容なのはこれまでみてきたとおりだが、この例をみると、それだけではなくて罪状に拘わらず武臣の保全そのものに熱心なのではないかと思われる。北京にはもう一例あるが、宣徳五年五月丙午の条に

行在錦衣衛の指揮僉事商喜と韓秀の実職を復す。喜等は初め匠芸を以て官を得るも、罪有りて罰役せしめらる。是に至りて之を宥す。

とある。簡略な記事で二人の罪状は分からないが、元来の武臣ではなく、北京という場所からみても軍務上の罪ではないだろう。罰役の内容は分からないが、罰役で贖罪したあとは基本的にはもとのポストに戻されたことが分かる。

次に内地の事例をみると六件あるが、まず宣徳元年五月己酉の条によれば、掌青州左衛事の任に在った山東都指揮僉事王銘が「賕いを受けしこと、及び軍を私役せしこと」を告発され、法司は「律に于いて応に絞すべし。」と奏請した。軍士の私役だけでは死罪にならないから、法司が絞刑をもとめたのは受賕の罪によったもので、枉法贓で八〇貫以上だったのだろう。これに対して宣宗は

上曰わく、武人は利を知りて法を知らず。姑く其の死を宥して罰役せしめ、以て贖わしめよと。

と罰役贖罪を命じた。王銘の罪は『大明律』では兵律・軍政「縱放軍人歇役」と刑律・受贓「官吏受財」に当たるだろう。これも軍事行動に関わる罪ではない。宣宗の対応をみると、王銘の場合も、前の都指揮僉事薛興のときと同様に、特に減刑の理由がないばかりでなく、「武人は利を知りて法を知らず」と低い評価を下していながら、死罪を減刑して罰役だけを命じた。この例からも、宣宗が、罪状とは拘わりなく、武臣の、少なくとも都指揮クラス以上の武

臣の保全そのものに非常に熱心だったことが看取される。次に宣徳二年三月甲寅の条によれば、江西都司の都指揮同知王欽が配下から銀などの財物を逼取したことを告発された。法司は

罪応に徒とすべきも、其の年今七十有九なり。例に于いて宜しく贖わしむべし。

と、本来ならば徒罪に当たるが、七九歳という老齢なので贖罪させるよう奏請した。これを受けて、宣宗は

武人既に老なるに違わず。貪得の戒もて、贖罪の後致事せしめよ。

と、贖罪の後で致仕させるよう命じた。ところが、翌月の宣徳二年四月戊寅の条に

初め、江西都指揮同知王欽、属官の財物を索せしに坐す。応に徒とすべきも、上、其の老を憫れみ、罪を贖わしめ罷職閑居せしめんとす。是に至り、欽、功有りしを自陳し、任に復《もど》されんことを乞う。上曰わく、朝廷、功臣に薄きに非ず。你に官二品を命ずるは、功に報いし所以なり。今、既に贓罪を犯せり。且つ年は八十に近し。尚お用いるに堪えんや。若し子有らば当に襲《つ》がしむべし。則ち禄を享けて終天の年を養えば足る。何為《なんすれぞ》尚お止むるを知らざるや。許さずと。

とある。王欽がこれまでの軍功を理由に復任をもとめたのに対し、宣宗は功を考慮したからこそ寛大な扱いをしたのに、これ以上何をもとめるのか年齢を考えよ、と述べて訴えを却下した。王欽が当てられた贖罪の内容は分からないが、本人が敢えて復職を要請したのは、贖罪のあとはもとのポストに戻されるのが普通だったからであろう。王欽の罪は配下の武臣から財物を召し上げたことだが、宣宗が「贓罪」といっているから、『大明律』では刑律の賊盗「恐嚇取財」等ではなく、受贓「因公擅科斂」の規定に抵触する罪だったのだろう。これも軍事行動に関わる罪ではない。なお、この例でも先の王銘の場合と同様に、宣宗は「武人は」と一般的ないい方で武臣に低い評価を下しながら、なおかつ減刑を命じていることが注目される。次に宣徳二年四月丙子の条によれば、河南都司の都指揮僉事王真は「罪

人の女を買い妾と為すに坐し」徒罪に擬されたが、宣宗は「命じて罰役せしめ、以て贖わしめ」るよう命じた。王真の行為は『大明律』戸律・婚姻「娶部民婦女為妻妾」の規定に抵触する。個人的なスキャンダルというべきものである。次に宣徳四年九月に鎮守儀真・揚州の都指揮僉事陳文の件があるが、これはⒹ降・調とも連動しているので、あとでまとめて示す。宣徳五年五月癸丑の条によれば、官馬に烙印する任務で派遣された応城伯孫傑が、盱眙県丞の劉安等から銀を搾取したことが発覚し、徐景昌らの公侯大臣の審問を受けた。徐景昌らは

律に於いて応に流とすべきも、例の如く罰役もて贖罪せしめ、爵を復《もど》さん。

と律では流罪に当たるとしながら、罰役贖罪の適用をもとめた。これに対して宣宗は

上、之に従い、顧みて侍臣に謂いて曰わく、君子は徳に務め、小人は刑を畏る。彼は前人の功勲を以て、爵禄を栄受せり。当に徳を修め刑を畏れ、以て保守を図るべきなるに、今、徳を修めず、亦た刑を畏れず、乃ち貪贓を以て罪を獲。将に何の面目ありて人に視《まみ》えんや。罰役は薄《いささ》か儆戒《いましめ》を示すのみなり。如し能く過ちを改むれば、長久に庶幾《ちか》からんと。

と述べ奏請を承認した。孫傑の罪は、宣宗が「貪贓」といっているように『大明律』刑律・受贓「因公擅科斂」に当たるだろう。ところが、わずか四日後の同月丁巳の条に

応城伯孫傑の爵を復す。初め、傑は贓に坐し、応に流とすべきも、援例して罰役せしめ、以て贖わしめらる。是に至り、工部、傑の役満つるを奏す。遂に命じて爵を復さしむ。

とある。孫傑が工部の監督下に従事した罰役の内容は分からないが、数日で済むのだから極く軽微なものであろう(16)。この孫傑の例からいくつか興味深いことが窺える。一つは、宣宗が「罰役は薄か儆戒を示すのみなり。如し能く過ちを改むれば、長久に庶幾からん」といっていることである。罰役は本人に反省させる為の、ちょっとした戒めの措置

だということである。これは孫傑個人にむけた言葉だが、罰役そのものの趣旨をも示しているだろう。確かに孫傑の罰役も半ば形式的なものだったようである。もう一つは、極く短い期間だが、孫傑が罰役に従事していた間は爵位を剝奪されていたことがわかる。このほか宣徳七年四月辛亥の条に南北都察院の紛争について記されているが、その原因は次のようなことであった。

南京都察院右僉都御史呉訥奏すらく、行在都察院、原問の横海衛鎮撫李顒を捕えしめんとす。顒は盗糧を以て死に当たるとし、已に行在都察院に送るに、罰役に審決して逃げらる。臣等の応に捕うべきものに非ずと。右都御史顧佐・監察御史程富奏すらく、訥は推托《かこつけことわ》る。之を逮問せられんことを請うと。

とあり、逃亡した横海衛の鎮撫李顒の追捕をめぐる対立であった。南京都察院では、盗糧をはたらいた李顒を死罪に当たると擬定して行在都察院に送致した。行在都察院ではこれを減刑して罰役に充てたが、李顒は罰役の途中で逃亡してしまったというのである。行在都察院が南京都察院にその追捕を指示してきたが、南京都察院としては納得できないとして宣宗に訴えたのである。李顒の「盗糧」の内容ははっきりしないが、南京都察院が死罪に擬定したのだから『大明律』刑律・賊盗「監守自盗倉庫銭糧」の規定に抵触するものだったとみられる。明瞭な理由は分からないが、李顒のように罰役の途中で逃亡するケースもあったことが分かる。

このほかに内地で一例、南辺で二例あるが、いずれもⒹ降・調と連動したものなのでまとめて述べる。各事例の内容についてはⒹ降・調のところで述べたが、簡単に確認すると次のようである。一つは宣徳四年九月庚午の条に記されたもので、鎮守儀真・揚州の都指揮僉事陳文が『大明律』刑律・受贓「因公擅科斂」に該当するとみられる罪を犯し、京師で輸作に当てられた。これが終了したので

是に至り、行在兵部、応に職に復し、還りて揚州に鎮せしむべきを奏す。

と、行在兵部が復職を奏請したところ、宣宗は、儀真・揚州は内地で鎮守をおく必要はないと述べて、陳文の広西への調用を命じた。これは輸作と調遣の双方が科された例である。ただ、行在兵部が復職を奏請したことからも分かるように、罰役の後はもとのポストに戻されるのが通例だったことが窺える。二つめは宣徳六年九月丁亥の条に記された事例で、四川都司の都指揮僉事万貴が軍士を売放して任務から外してしまい、守備を疎かにした結果「番人、餉道を邀阻し、人畜を殺掠するを致」したことを弾劾された。法司は万貴に対して満杖のうえ充軍・謫戍を奏請したが、宣宗は大幅に減刑して罰役と赤城への調遣を命じた。これも罰役と調遣が連動したケースである。万貴の罪は、一つは軍士の売放で『大明律』兵律・軍政「縦放軍人歇役」に当たる。更に満杖のうえ充軍・謫戍に擬定したところをみると、法司は「主将不固守」の規定にも抵触すると判断したとみられる。Ⓖ罰役の諸事例の中で「主将不固守」の罪に問われたのはこの一件だけである。ただ、その内容をみると、万貴の罪状は軍士の売放が主なもので、結果的に「主将不固守」にも抵触する事態になってしまったが、直接軍事行動に関わるものではない。三つめは宣徳八年五月癸酉の条に記されたもので、広東都司の都指揮同知李端は、配下の指揮から金・銀・馬等を贈られて受け取ったこと、総旗と千戸を杖殺したことを告発された。李端の罪は『大明律』名例律「殺害軍人」、刑律・受贓「官吏受財」に当たるだろう。行在都察院は「公に因りて人を殴り死に至らしむ。罰役復職に擬せん」と奏請した。「因公」とあるから、総旗・千戸の杖殺は公罪と認定したわけである。これに対して宣宗は、李端を罰役に当て、その終了後に都指揮僉事に降格するよう命じた。これは罰役と降格が連動するかたちだが、「本司の」とあるので、広東都司のままで他処への調遣はない。以上の三例のほか、前述の同僚との非協力を咎められた瀋陽中衛の指揮宋礼・鉄嶺衛の千戸朱斌の場合も、時間差があるが罰俸や輸米贖罪と調遣が連動したケースとみることもできる。このようにみてくると、Ⓖ罰役はⒹ降・調と連動することが少なくないようである。

ここまで罰役に当てられた事例の内容をみてきた。宮沢知之氏は前掲の論考の中で、宣宗朝には『大明律』で定められた律贖のほかにも、軍事的・財政的な必要から、糧米を自備し自力で指定地に納入する納米贖罪等も現われてくることを指摘された。氏も示した記事だが『宣宗実録』宣徳二年七月戊戌の条には、これまで陝西の岷州・河州・洮州・臨洮等の各衛の軍糧は、西安府の税糧から供給されてきたが、民の疲弊が甚しいので、今後は陝西の三司・軍衛の有司に命じて、真犯死罪を除く雑犯死罪・徒・流以下の罪囚に納米贖罪させるようにとの命令が記されている。この軍衛の罪囚の中に武臣も含まれているのではないかと思ったが、『宣宗実録』に記された個別の事例の中で、武臣が納米贖罪を命じられたものは見当たらなかった。まだ従来どおりの軍功や力役で贖罪したケースばかりである。

罰役も本来の処罰に当てないで贖罪させるのだから、減刑措置の一つであるが、実際の運用に当たっては、応城伯孫傑の事例で、宣宗が「薄《いささ》か儆戒《いましめ》を示すのみ」といっているように、本人に反省させる趣旨のものである。みてきた罰役や罰工の事例では「輸米」、つまり官米の運搬と記されたのが二件あるが、他は内容の分からないものが多い。中には数日で終るような軽微なものもある。ただ、これも孫傑の例から分かることだが、罰役に従事している間は官爵は剝奪されている。そして、基本的には、罰役の終了後に官・職を回復してもとのポストに戻される。しかし、Ⓓ降・調と連動して、罰役のあと降格か左遷のどちらかを科される場合もある。

特徴的なのは罰役に当てられた武臣の罪状である。該当する『大明律』の条項を示したのが表15である。これをみると、刑律の賊盗、受贓の規定に抵触したものが最も多くて全体の半分近くを占める。刑律に次ぐのが兵律で、その中に一件だけ「主将不固守」の罪に問われた例があるが、前述のように、これは軍士の売放に関連して咎められたもので、戦闘などの直接的な軍事行動に関わる内容ではなかった。これ以外の兵律に該当する事例の殆どは軍士からの収賄や搾取に関するものである。このほかの戸律に該当するものも含め、全体として、罰役を科されたのは軍務上の

表15　Ⓖ罰役

名例律	殺害軍人	2
吏律	職制	1
戸律	田宅	1
	婚姻	2
兵律	官衛	1
	軍政	4
	関津	1
刑律	賊盗	3
	受贓	8
工律	営造	1
（合計）		24

兵律

官衛	禁経断人充宿衛	1
軍政	主将不固守	1
	縦放軍人歇役	3
関津	関津留難	1
（合計）		6

罪以外の、軍士の搾取・圧迫や経済事犯、あるいはスキャンダルなどの罪状に対してであったといえる。この点、Ⓓ降・調がやはり主として経済事犯や軍士の搾取・圧迫に対して科されたことと同じである。Ⓖ罰役の事例の中にⒹ降・調と連動したものが幾つかみられることからも、適用される罪状など両者に共通する点があったことが窺える。同様の罪状で、降・調よりも更に減刑されたのが罰役ということになろう。

最初に表14にもとづいて、罰役では内地の件数が多く、また対象の武臣には都指揮が多かったと述べたが、各事例を通じてみてきたように、罰役は軍務上の罪には余り適用されないことが内地の比率が高くなった理由だろう。又、都指揮クラスの武臣が多いことはⒺ為事官・戴罪官と軌を一にする。これらの武臣の軍務上の罪にはⒺ為事官・戴罪官が適用され、軍士の搾取・圧迫や経済事犯にはⒼ罰役が適用されたといえる。勿論『宣宗実録』の史科としての性格から、記事が高位者に偏りがちなことも十分考慮しなくてはならない。ただ、同じく『宣宗実録』から収集したⒶ死罪やⒷ「如律」、あるいはⒻ立功贖罪の事例では指揮以下の中下級の武臣が多かったことが示されている。このような点からみて、少なくとも宣宗朝ではⒼ罰役やⒺ為事官・戴罪官に当てられた武臣の中で、都指揮クラスの武臣が多かったことは事実とみていいのではないか。以上のようにみてくると、罪状とそれに科される処罰の間には、かなりはっきりした対応関係があり、ここまでみてきた処分の中では、軍事行動上の罪に対しては、Ⓔ為事官・戴罪官や、軍功で贖罪するⒻ立功贖罪が適用され、軍士の搾取・圧迫や経済事犯には、Ⓓ降・調や力役で贖罪するⒼ罰役が科されたといえよう。

Ⓗ　罰俸

罰俸は朝廷から俸給を支給されている官員に科される罰則で、唐代後半からはっきりしたかたちをとってくる。唐代の罰俸については松浦典弘氏の研究があり、[17] さらに梅原郁氏は唐代の罰俸に更に検討を加えるとともに、宋から清代にかけての罰俸制度の展開を示された。[18] 梅原氏によれば、罰俸は、律に規定された刑事犯に対する刑罰とは次元の異なる、懲戒としての性格の強いものである。主に①宮廷・祭祀等の公的儀礼上の違背、②公文書処理・手続上の不備、③行政上の義務の怠慢やその監督責任に対し「薄懲」として科された。実際の運用としては俸給の貨幣部分に科されるが、唐代では一月・両月・一季・両季・一年の五段階があり、宋代は半月〜三月の五段階、元代では半月・一月・二月・三月に加えて、一〇日・二〇日の区分も現われ、清代には一月・二月・三月・六月・九月・一年・二年の七段階になったという。本来、刑罰と懲戒は趣旨の違うものだが、明代になると『大明律』の中に罰俸の規定が取り込まれるようになったという。確かに氏が指摘するように、名例律「職官有犯」、吏律・公式「照刷文巻」と「棄毀制書印信」、戸律・課程「塩法」、礼律・祭祀「祭享」、儀制「失儀」と「奏対失序」、刑律・捕盗「盗賊捕限」などに罰俸を科する旨の規定がある。その適用の対象は唐代以来の①〜③の範疇が概ね継承されているが、本来、懲戒であった罰俸が、明代になると刑事罰の末端にも位置づけられたことになる。また罰俸には贖罪の一法という面もあり、甚だ複雑な性格をもつ罰則だが、梅原氏は明代の罰俸の運用の実情については述べていない。実際の事例をみてみる

表16　Ⓗ罰俸

洪熙1	0	勲臣	0	北辺	15
宣徳1	0	都督	1	北京	0
2	0	中都正留守	1	内地	2
3	1	都指揮	25	南辺	2
4	4	指揮	6	（合計）	19件
5	2	千戸	2		
6	2	百戸	1		
7	4	鎮撫	0		
8	5	（合計）	36人		
9	1				
（合計）	19件				

と、『大明律』で定められたものよりも、ずっと広い罪状に適用されていたことが分かる。そこから、刑罰の一つというだけでなく、本来の懲戒としての性質も失っていないことが窺える。ここでは武臣に科された事例を検討して、その罪状・官衙・地域等にどのような特徴があるかをみていくことにする。武臣の罰俸については『大明令』刑令・「軍官罰俸」に

凡そ民官の月俸は銭・米相い兼ぬるも、罰俸は罰俸銭に止む。軍官には全米を月支するも、如し罰俸に遇わば、合に民官と一体に扣算し、罰俸銭を追すべし。

とあり、文臣は月俸のうちの銭部分に科されること、優遇され全て米で支給されている武臣の場合も、罰俸を科された場合には、銭建てで徴取することが定められている。その分を俸給から差し引かれるわけだが一種の罰金に近いものである。なお数は少ないが「停俸」、つまり俸給の支給停止である「停罷俸糧」や「住俸」を科された事例もみられる。停俸と罰俸とはやや性質が違うものだが、科される武臣からみれば同じようなことになるので併せて記すことにする。(19)『宣宗実録』に記載された事例を示したのが表16である。年ごとの件数をみると、宣徳三年ごろからみられるようになったこと、特に宣徳七年以後に増えていること等が看取できる。これは、後に述べるように、宣徳七年から罰俸の適用範囲が拡大した為とみられる。地域では北辺が圧倒的に多くて、殆ど北辺に限られていたといってもいいくらいである。これは罰俸が適用された罪状と関連があると考えられる。対

象となった武臣の人数については官銜と氏名の分かる者を延べで記してある。この三六人の中で、いずれも都指揮だが、魯得は三回、鄒溶と蕭敬は各々二回、罰俸を科されているので実人数は三二人となる。官銜では都指揮が飛び抜けて多くなっているが、これには注釈が必要である。記事の中には筆頭の者だけ官銜・氏名が記され、あとは人数だけという事例が幾つかある。例えば宣徳四年八月に遼東総兵官巫凱が武臣を劾奏した記事があるが、そこには「都指揮鄒溶及び指揮・千・百戸等の三六人」と書かれてあり、宣徳七年二月に「撫寧等の六衛の指揮・千・百戸陳玉等」が罰俸を科された記事がある。陳玉は撫寧衛の指揮なのだろう。又、宣徳七年九月には行在河南道御史李彝が「忠義後等の五衛の指揮・千・百戸李源ら一六六人」の罪を上奏した結果、李源らは罰俸に当てられた。これも李源は忠義後衛の指揮と思われる。これらの官銜・氏名を確認できない武臣を加えると、対象の人数は表示の数より大幅に増えることになる。ただ、記事の書き方からみて、増加するのは主に指揮・千戸・百戸等の中下級武臣である。そうすると都指揮が断然多いともいえず、罰俸に当てられたのは最高位の勲臣や都督等を除く、都指揮以下の武臣としかいえない。もっとも都指揮が多かったのも事実である。これは北辺の事例が多いこととも関連しており、罰俸が適用された罪状によると思われる。それではこれらの点を確認するために、北辺から各事例の内容をみてみよう。

まず『宣宗実録』宣徳三年一二月甲辰の条によれば、巡按山東御史包徳懐が、広寧の曹荘・義州に韃虜が侵入して人畜を殺掠したのに、都指揮李信と魯得は出動して迎撃しなかったことを弾劾し、その「守備不厳」を挙げて処罰をもとめた。これに対して宣宗は

上、行在兵部の臣に諭して曰わく、辺将の失機は死に当たるも、姑く巡按御史をして死罪の状を責めしめ、罰俸一年とせよ。再び失機あらば、必ず殺して宥さずと。

と命じた。李信・魯得の罪は『大明律』でいえば兵律・軍政「主将不固守」に当たり、宣宗もいうように本来は死罪

に当たるものである。この例は場所が遼東であること、罰俸を科された武臣の官銜が都指揮であること、罪状が軍務上の重罪であること等の点で、これからみていく罰俸の諸事例の典型的な内容である。死罪に該当する罪を官・職も服務場所にも変更のない罰俸ですませるのだから、減刑というよりも殆どお咎めなしの形式的な処分に近い。次に宣徳四年八月辛丑の条によれば、遼東総兵官巫凱が、韃虜が三次にわたって侵入し、軍を出して追捕させたが、結局、死傷二〇余人、被掠の男女八〇余人、馬牛一六〇余匹の損害を出してしまったことを報告するとともに、都指揮鄒溶以下、指揮・千戸・百戸等三六人の失機の罪を弾劾し、その処罰をもとめた。これに対して、宣宗は

上、監察御史に命じて、錦衣衛の官と同《とも》に往きて、溶等の死罪の状を責めしめ、罰俸とすること差有り。其の守備・巡哨にして、応に接応すべくして接応せざりし者は、杖を加えて悉く復職守備せしむ。再び犯さば宥さずと。

と命じた。鄒溶らの罪は『大明律』兵律・軍政「主将不固守」に当たり、宣宗がいうように死罪に該当する重罪である。遼東を舞台にした事件で、軍務上の罪であることは前の事例と同様である。ただ、全員ではないようだが、罰俸と杖刑の両方を科された者もあった。又、罰俸も「有差」とあり、各々の程度は不明である。罰俸は科されたが「復職守備」とあるように、調用は伴っておらず従来どおりの配置である。武臣の大量処罰によって辺防態勢に支障をきたすことを避ける為の措置だったことが窺える。次に宣徳四年一〇月壬午の条によれば、宣府総兵官譚広が、韃虜が侵入して軍士を殺し人畜を掠奪したが、譚広自ら出撃して男女を奪回したと報告するとともに、侵入を妨げなかった守関の千戸蘇斌の失機を弾劾し、その処罰をもとめた。上奏を受けた宣宗は

上、広に勅して曰わく、……失機の官は皆《とも》に罰俸両月とし、仍りて守禦せしめよ。再び失機あらば死に処せと。

と、蘇斌らに対して罰俸両月を命じた。蘇斌らの罪も『大明律』兵律・軍政「主将不固守」の規定に抵触するものである。次も同月の記事だが、宣徳四年一〇月辛丑の条によれば、遼東総兵官巫凱が、八月から九月にかけて、虜が

度々侵入して劫掠をかさね、官軍にも損害がでたことを報告するとともに、都指揮魯得の「守備不厳」を弾劾して処罰をもとめた。これに対して宣宗は

上、勅して凱を責め、魯得を罰すること俸両月とし、得以下の罰は差有り。

と、巫凱の監督責任を責めるとともに、魯得には罰俸両月を科した。文言からみて魯得の配下にも罰俸に当てられた者がいるようだが、具体的には分からない。魯得の今回の罪も『大明律』兵律・軍政「主将不固守」に当たる。魯得は前年一二月に続いて二度目の罰俸処分であるが、更に二ヶ月後の宣徳四年一二月癸巳の条によれば、遼東総兵官巫凱は、韃虜が鉄嶺・広寧に侵入して人畜を劫掠した事件について、都指揮魯得と金声の「守備不厳」、百戸陳善らの「瞭望」を失した罪を弾劾した。宣宗は

上、命じて皆罰俸両月とし、瞭を失せし者は笞五十を加えしむ。若し再び前失を踏まば宥さずと。

と罰俸両月を科するとともに、見張りの役目を果せなかった百戸陳善らについては罰俸のほかに笞五〇を加えるよう命じた。魯得は宣徳三年一二月、四年一〇月に続いて三度目の罰俸となる。今回の罪も『大明律』兵律・軍政「主将不固守」である。本来は死罪に当たる罪で、最初に罰俸を命じた際、宣宗は「再び失機あらば、必ず殺して宥さず」と述べ、今回も「若し再び前失を踏まば宥さず」と述べている。それにも拘らず魯得は繰り返し罰俸を科される以上の処罰は受けておらず、官銜も配置ももとのままである。宣宗の言葉の権威を損いかねないような対応である。それは武臣の処罰によって辺防態勢が混乱することを避ける為の措置とみられ、宣宗の非常に現実的な面を示してもいる。同時に罰俸が「薄懲」の為の便宜的かつ形式的な処分として適用されていたことが窺える。次に宣徳五年五月壬子の条によれば、永平の都指揮僉事蕭敬は、韃虜が入寇して人馬を殺掠したのに追捕しようとせず、韃虜が去った後になって始めて軍士三〇余人を率いて追跡したが及ばずに帰還した。その後、鎮守内臣馬真らと再度追撃して鶏林山に至

り、韃虜を擒獲することができた。巡按直隷御史余思寛はこの間の経緯を報告するとともに、初動時の蕭敬の罪は看過できないとして処罰をもとめた。これに対して宣宗は

上曰わく、鶏林に頗る捷つを聞く。前の過《つみ》を贖うべし。姑く之を宥し、仍りて停俸三月とせよ。

と述べ、当初の「守備不厳」の罪を宥して停俸三月とした。蕭敬の罪も『大明律』でいえば兵律・軍政「主将不固守」に当たる。次に宣徳五年一二月壬午の条によれば、韃賊一〇〇余人が開原方面に、四〇余人が柴河方面に侵入して人畜を劫掠したが、明側は徒らに混乱し、備禦の都指揮鄒溶・女直出身の都指揮佟答剌哈《ダルハン》・指揮呉禎らは右往左往しただけで、何の戦果も挙げられなかった。遼東総兵官巫凱が鄒溶・佟答剌哈らの処罰を要請した。これに対して宣宗は

上、勅を遣わして凱を責めて曰わく、……其れ鄒溶・佟答剌哈等は、倶に死罪の状を責め、罰俸五月とせよ。如し再び失機あらば貸《ゆる》さずと。

と、巫凱の監督責任を責めるとともに、鄒溶らについては罰俸五月とするよう命じた。鄒溶らの罪も『大明律』兵律・軍政「主将不固守」に当たり、宣宗も述べたように死罪に該当するものである。鄒溶も宣徳四年八月に続いて二度目の罰俸である。前回、宣宗は「再び犯さば宥さず」と述べたが、さきの魯得と同様に、鄒溶に対しても再び罰俸を科しただけであった。次に宣徳六年二月己亥の条によれば、賊が侵入して軍士一人が殺害された件について、宣府総兵官譚広が、万全都司の都指揮黄真の「不厳督哨瞭」を弾劾し処罰を奏請した。黄真自身の軍事行動上の過誤というわけではなく、監督責任を問われたかたちだが、軍士一人の被害で都司の責任者を告発したのは、総兵官譚広による一種のいやがらせに近いものである。第一章の第三節で述べたように、この背景には総兵官と都司の統属関係をめぐる軋轢があった。宣宗は譚広の劾奏を受け入れ

上、広に勅して、真の失機の状を責めしめ、罰俸五月とす。

と命じた。やや無体な譚広の告発を支持したかたちだから、宣宗は総兵官の側に立ったことになる。規模は小さいが黄真の場合も軍務上の罪に対する適用で『大明律』でいえば、やはり兵律・軍政「主将不固守」となる。次に宣徳六年七月乙酉の条に

大興左衛都指揮僉事劉聚の官を復す。初め、聚、遼東広寧衛の守備たるに、虜、境に入り官軍三人を殺す。聚、不覚に坐し、当に死すべきも、謫して軍に充て立功せしめらる。上、其の旧労を念い、宥して職を復し、専ら哨備せしめ、仍りて罰俸三年とす。

とある。都指揮僉事劉聚は守備として広寧衛に配置されていたとき虜の侵入をゆるし、軍士三人が殺害された。被害が少なかったとはいえ、『大明律』兵律・軍政「主将不固守」で死罪に当たる罪だが、減刑されて立功贖罪の条件付きの充軍・謫戍に充てられていた。この段階で、宣宗は「旧労を念う」という理由で、都指揮僉事に復職させ罰俸三年とした。この間、贖罪の条件だった立功の実が挙ったのかどうかは分からない。聚聚は死罪に当たる当初の罪を充軍・謫戍に減刑され、更に身分を回復して罰俸とされたわけで、二段階の減刑となる。次の例はⒹ降・調でも示したものだが、宣徳七年八月癸巳の条に瀋陽中衛・鉄嶺衛の指揮宋礼と千戸朱斌が同僚と争ってばかりいて、公務を廃弛した廉で罰俸・輸米贖罪の処分を受けたという記事がある。しかし簡略な記事で詳しい罪状や、二人がともに罰俸・輸米贖罪を科されたのかどちらか一方なのかも分からない。次に宣徳八年二月辛卯の条によれば、韃虜が義州に侵入して守墩の軍士を殺害したことについて、遼東総兵官巫凱が署都指揮僉事楚勇らの「約束不厳」を弾劾しその処罰をもとめた。これに対して宣宗は

勇及び巡守の指揮・千・百戸に命じて、倶て罷俸して寇を捕えしめよと。

と命じた。「罷俸」は停罷俸糧の省略形で給与の支給停止である。楚勇以外の氏名や人数は分からないが、これも『大明律』兵律・軍政「主将不固守」に当たる罪である。次は西北の例で宣徳八年三月甲戌の条によれば、陝西永昌衛の指揮同知馬驥は、軍を率いて寧遠と昌寧の間を往来して哨戒に当たっていたが、韃虜がその隙を突いて、二道に分かれて侵入し人畜を劫掠した。甘粛総兵官劉広が馬驥の処罰を奏請したが、宣宗は劉広に馬驥の罪状の取り調べを命じた。ここに至って劉広が馬驥の死罪に当たる旨を上奏してきたが、宣宗は

上、命じて姑く之を宥して罰俸一年とし、専ら守備せしめ、再び失機あらば必ず之を殺せと。

と、死罪を宥して罰俸一年とすることを命じた。馬驥の罪も『大明律』兵律・軍政「主将不固守」に該当する。次の例は、Ⓔ為事官・戴罪官のところでも触れたものだが、宣徳八年六月己酉の条によれば、韃虜が開平の沙窩に侵入し、百戸玉賢を殺し、軍士一〇余人を傷つけ、馬匹や武器を掠奪して去った事件について、参将の都督僉事陳濬が、都指揮唐銘の「哨備を失」した罪を劾奏しその処罰をもとめた。これに対して宣宗は、唐銘の罪が死罪に相当することを認めたうえで、戴罪理事と停俸一年を命じた。唐銘の罪も『大明律』兵律・軍政「主将不固守」に該当するものである。

いくつか停俸などの例も含めて、罰俸がどのような条件のもとで適用されたのかをみてきた。ここまでの事例では地域・罪状・武臣の官銜などが非常に限定されていて特徴的である。つまり、北辺の中でも、一三件のうち八件が遼東の事例で遼東に集中している。また、罪状は、同僚との不和を咎められた一件を除いて、他は全て韃虜の侵入を防げなかった軍務上の罪である。武臣は、氏名・官銜が分かる範囲の中では都指揮が多いなどの諸点があげられる。これは遼東が西端の甘粛とともに、当時、韃虜の侵入が最も頻繁な地域だったこと、各拠点の防衛や軍事行動の直接の責任者には都指揮クラスの武臣が当てられる場合が多かったこと等の理由によると思われる。このように、当初の罰

俸は地域・罪状とも非常に限定されたかたちで運用されてきた。しかし、宣徳七年以降、大きな変化が生じてきた。少しさかのぼるがこの点についてみてみよう。

まず北辺の事例だが『宣宗実録』宣徳七年二月辛亥の条に

撫寧等の六衛の指揮・千・百戸陳玉等の官を復す。初め、玉等は所管の軍の逃免に坐して降職せしめらるに、千・百戸に卒伍に降さる者有るに至る。後、旨有りて、降を免じ洪武中の例に依り罰俸に止む。故に玉等其の官を復せらるるを得。

とある。撫寧衛など六衛の衛所官が、管下の軍士の逃亡の責任を問われて降格されたが、そうすると千戸・百戸の中には軍士に降されてしまう者がでてしまうので、宣宗が降格を免除して、代りに罰俸とするよう命じたというのである。『大明律』の兵律・軍政「従征守禦官軍逃」に、管下の軍士が逃亡した場合の降格・減俸の規準が示されているが、百戸は逃亡五〇名で総旗に、千戸は五〇〇名で百戸とされる。指揮以上もこの比率で処分される。この規定の中に、降格よりも軽い処分として、逃亡の員数に応じた「減俸」の基準が示されている。これを罰俸に読み替えて科したのかもしれないが、減俸は継続的な処分であり、罰俸は種々の期間はあるものの、基本的には一時的なものである。罰俸が減俸よりも一段と軽い処分であることは間違いない。この事例は、これまでみてきたような軍事行動に関わる罪ではなく「従征守禦官軍逃」の罪に適用された例である。文中に「初め」とあるように、事件が起ってすぐ罰俸が科されたのではなく、以前の降格措置を是正するかたちで適用されたもので、わざわざ洪武中の前例を根拠にしていることにも示されるように、宣宗朝ではこれが始めての措置である。「旨有りて」とあるのは形式上当然のことながら、武臣の減刑・保全に非常に熱心な宣宗の態度を考えると、この命令が宣宗自身の意志によって出されたものではないかと思われる。このとき罰俸の対象となった武臣はかなりの数にのぼったとみられるが具体的には分からない。

罰俸を適用される罪状が軍事行動上の罪以外にも拡大された結果、該当者が一段と増えたことは確かである。このときにはまだ逃亡数と罰俸の基準は示されていない。翌年の宣徳八年閏八月丁巳の条によれば、御史鄭夏・給事中蔡錫が山海関から隆慶に至る間の寨堡を点検したところ、配置されているべき軍士のうち一二〇〇余人が不足していると報告し、これは武臣の搾取・圧迫によって軍士が逃亡した為だと述べて、薊州永平山海総兵官陳敬、鎮守の都指揮銭義・李英・蕭敬・劉銘・馬驥・指揮張鎮らを弾劾した。これを受けた宣宗は

上曰わく、陳敬は姑く之を宥し、銭義ら六人は、倶に罰俸三月とし、軍の逃げし者は兵部をして追捕せしめよ。其の所管の官軍、逃げしもの二十名以下の者は罪を記し、五十名以下の者は罰俸三月とし、百名以下は罰俸半年とし、一百以上は罰俸一年とせよ。

と命じた。ここで罰俸の対象とされたのは、前年の事例と同じく『大明律』兵律・軍政「従征守禦官軍逃」の罪だが、逃亡軍士の数によって基準が定められた。「罪を記し」とあるのは犯した罪を兵部の記録に留める処分である。逃亡軍士二〇人・五〇人・一〇〇人を基準に、各々記罪、罰俸三月、半年、一年を科することになった。『大明律』では、各級の武臣について、本来指揮下にあるべき軍士の数と逃亡数の比率によって罰則が定められているが、ここでは武臣のポストに拘らず、逃亡数のみを基準としている。配下の軍士数の多い高位の武臣ほど厳しい処分となるが、それは従来の固定的な都司・衛・所の体制から、常時臨戦態勢のまま駐劄する総兵官・副総兵・参将・守備等の体制に移行しつつあったことの反映であろう。これ以後、罰俸に当てられる武臣の数は益々増えたと思われる。

宣徳七年に北辺で始まった罰俸の適用範囲の拡大以降、これまでみられなかった内地や南辺でも事例があらわれた。まず内地についてみると、宣徳七年八月戊子の条によれば、皇陵の修理の為に鳳陽に派遣された駙馬都尉趙輝が、工事に当てるべき軍士の不足を訴えたので、宣宗が御史を現地に遣わして調査させたところ、中都正留守蕭譲・掌中都

留守司事の都督陳恭・都指揮僉事徐震・署都指揮僉事楊興・李弘ら中都留守司の幹部総ぐるみの軍士の私役によるものであることが明らかになった。報告を受けた宣宗は

　上、命じて姑く皆罪を記し、私役すること十名以上の者は罰俸半年とし、十名に及ばざる者は罰《ママ》三月とせよと。

と命じた。軍士を私役した武臣はみな記罪の処分に当てるとともに、私役の軍士数一〇名以上と以下に分けて、罰俸半年・三ヶ月を科することになった。軍士の私役については『大明律』兵律・軍政「縦放軍人歇役」で規定されているが、北辺で始まった配下の軍士の逃亡への適用に加え、軍士の私役の罪に対しても罰俸が適用されることになった。二〇人・五〇人・一〇〇人を基準として罰俸を科した軍士の逃亡の場合に比べて、私役はより厳しい内容となっている。それは逃亡が武臣の搾取・圧迫以外にも、売放などの原因があり得るのに対し、私役は純然たる武臣の不正によるものだからだろう。更に宣徳七年九月辛未の条によれば、行在河南道御史李彝が次のように上奏した。忠義後衛などの五衛の指揮・千戸・百戸、李源ら一六六人は、軍士の勾補に当たり、精壮な者を老弱者に摩り替えたり、軍士がまだ衛に到着していないのに既に到着したと偽ったり、或いは到着した軍士に酷虐を加えて逃亡するよう仕向け、軍士が在衛しているように文書を改竄して、その分の月糧を横領しているというのである。上奏を受けた宣宗は

　上、行在都察院に命じ、其の首領官吏を執えて之を鞫治せしむ。而して源等に諭して曰わく、爾等の弊を作すこと一に非ず。豈に朝廷爾を殺さずと謂わんや。特に旧労を念い、姑く爾の罪を記すのみとす。又、行在兵部の臣に諭して曰わく、凡そ軍に事故有りて、当に追補すべき者あらば、即《ただ》ちに廉幹の人を選び、往きて之を追補せしめよ。逃亡して未だ衛に到るに及ばざるに、誣りて已に到ると云う者有らば、指揮・千・百戸は、倶に停俸一年とし、速かに追補せしめよ。月糧を冒関すること五石以下の者は倍追し、五石以上なれば、先ず首領官吏を鞫し、事の指揮・千・百戸に干《かかわ》るものあらば、具奏して処治せよと。

と命じた。このような不正は武臣個人でできることではなく、胥吏も巻き込んでの衛所官ぐるみの犯罪である。李源らの罪は『大明律』では戸律・倉庫「守掌在官財物」、兵律・軍政「軍人替役」、「縦放軍人歇役」に当たるだろう。宣宗は李源に対して、死罪には当たるまいなどと思うなと叱責を加えたが、これは「守掌在官財物」の規定で、犯情によっては刑律・賊盗「監守自盗倉庫銭糧」にも当たることが定められているからだと思われる。それなら斬刑もあり得る。宣宗は行在都察院・兵部に命を下し、李源に対して記罪の処置を取らせるとともに、虚偽の報告をした衛所官を停俸一年とし、詐取の月糧額五石を基準とする対処を指示した。停俸は罰俸とはやや性質の異なるものだが、科される武臣の側からみれば同じような内容となる。

　更に従来みられなかった南辺でも罰俸の事例が現われてくる。宣徳八年五月癸酉の条によれば、広東都司の都指揮同知李端が、船舶建造の監督に当たり、広海衛の指揮汪源から金・銀・馬などを贈られ、更に同衛の総旗を杖殺した廉で、贓物の追徴と罰俸を科された。罰俸の程度は分からない。総旗の杖殺は公罪と認められたことが分かるが、李端の罪は『大明律』名例律「殺害軍人」、刑律・受贓「官吏受財」に当たる。ここから罰俸が収賄罪にまで拡大適用されるようになったことが分かる。又、宣徳九年三月辛卯の条によれば、福建漳州衛の指揮覃庸が番国と密貿易を行い、巡海都指揮張翥・福建都司の都指揮金瑛・署都指揮僉事陶旺、更には左布政使周克敬まで、覃庸から金品を受けていたことが発覚した。覃庸は籍没され張翥以下は贓物追徴の処分を受けたが、巡按福建御史黄振は、布政使まで密貿易の片棒をかついでいたことを重視し更なる処罰を奏請した。これに対して宣宗は

　上曰わく、御史の言は当《ただ》し。但だ既に官に輸するを以て、宜しく軽減に従うべし。然れども亦た之を警《いまし》めざるべからず。悉く停俸三年とせよと。

と命じた。関係者の罪は『大明律』兵律・関津「私出外境及違禁下海」と刑律・受贓「官吏受財」に当たると思われ

る。

ここまで罰俸を科された武臣の事例をみてきた。元来、罰俸は刑事罰とは次元の異なる懲戒の性格の強いものだったが、『大明律』ではいくつかの条項の罰則規定にも取り入れられており、軽微な刑罰の一手段にもなっていた。刑罰と懲戒の性格を合わせもった扱いの難しい処罰である。各事例の内容をみていくなかで、宣徳七年の以前と以後で、適用の範囲など、運用の仕方が非常に異なっていることが分かった。宣徳六年までの罰俸は主として北辺、その中でも特に遼東でみられたもので、殆どの事例は『大明律』の兵律・軍政「主将不固守」に当たる罪状だった。又、対象の武臣には都指揮が多かった。第一章で述べたように、宣宗朝では、遼東は西端の甘粛とともに、韃虜の侵犯が最も頻繁だった地域であり、更に拠点防衛の直接責任者には都指揮クラスの武臣が当てられることが多かった。それが上記のような地域・罪状・武臣の官銜のうえでの特徴をもたらしていたのだろう。つまり、宣徳六年までの罰俸は、地域・罪状・官銜などの点で非常に限定された特殊な処罰だったといえる。これが宣徳七年以後に大きく変化した。罰俸が適用される罪状が拡大された結果、内地や南辺でもみられるようになったのである。七年以後にも「主将不固守」のような軍事行動に関わる罪に対する適用例はみられるが、それは全て北辺の事例である。このほかに同じ兵律・軍政の条項でも「従征守禦官軍逃」・「縦放軍人歇役」・「軍人賛役」や関津「私出外境及違禁下海」などの配下の軍士の逃亡・私役・売放・勾補・密貿易などの罪にも罰俸が適用されるようになった。更に刑律・受贓や戸律・倉庫の規定に抵触するような、露骨な経済事犯にも適用が拡大された。宣徳七年以後の内地・南辺の事例は全てこのような内容である。つまり、宣徳六年以前には、遼東を中心とする北辺で、軍務上の罪にだけ適用されていた罰俸処分が、七年以後、軍士の酷虐や経済事犯にまで拡大適用され、全国にみられるようになったといえる。結果的に該当者も一気に増え武臣に対する処罰の中でも最もポピュラーなものの一つになった。

表17　Ⓗ罰俸

名例律	殺害軍人	1
戸律	倉庫	1
兵律	軍政	17
	関津	1
刑律	受贓	2
（合計）		22

兵律

軍政	軍人替役	1
	主将不固守	12
	縦放軍人歇役	2
	従征守禦官軍逃	2
関津	私出外境及違禁下海	1
（合計）		18

罰俸を科された武臣の罪状を『大明律』の条項で示したのが表17である。一見して兵律・軍政に重点があり、軍政の中でも「主将不固守」に圧倒的な比重があることが分かる。つまり、本来の罰俸の対象は軍事行動に関わる重罪ということである。表には宣徳七年に適用される罪状が拡大されてからの分も含めて示してあるが、宣徳六年以前は殆ど「主将不固守」の罪だけだったことは各事例を通じてみたとおりである。罰俸の運用は宣徳七年以後大きく変ったが、少なくとも宣徳六年以前は適用される罪状の殆どは軍務上の罪で、軍士の酷虐や経済事犯は含まれていなかった。この点Ⓔ為事官・戴罪官やⒻ立功贖罪と同じ系統の処罰で、その中でも最も軽いものだったといえよう。罰俸に当てられても官・職ともそのままで服務地の変更もない。ただ、数は少ないが記罪や笞・杖刑と併わせて科されることもあった。罰俸の期間には二月・三月・五月・半年・一年・三年の事例がみられた。

各事例の記事をみると、罰俸の適用には宣宗の意志が強く反映しているように思われる。この点について少し検討してみたい。宣宗が罰俸を命じた記事の末尾に、宣宗の言葉として「再び失機あらば必ず殺して宥さず」、「再び失機あらば死に処せ」、「再び前失を踏まば宥さず」、「再び失機あらば必ず之を殺せ」というような文言が記されていることが多い。いずれも「再び～」といういい方になっている。又「姑く之を宥し～」という言葉も何回もみられる。このような宣宗の警告の言葉からみると、今回犯した罪に対しては、当面、敢えて処罰の執行を見合わせて、仮の処分として罰俸を命じるが、決して宥すわけではない。再び同様の罪を犯した場合には必ず処断するということで、罰俸は戒めの為の仮の処分という位置付けである。前述のように罰俸は『大明律』の名例律、吏律、戸律、礼律、刑律のいくつかの条項の罰則規定に取り入れられ、刑罰の一つにもなっている。しかし、ここまでみてきたように、これらの条項の規定に抵触して武臣が罰俸を科された例は一件もない。宣徳六年以前では最も多かった兵律・軍政「主将不固守」の罰則に罰俸はない。ということは、宣宗朝の武臣が科された罰俸は『大明律』に規定されたものではないのだから、刑罰ではないということである。それは唐代以来の軽微な懲戒処分の一つとして運用されていたといえる。また、事例のうち七件は死罪に当たる罪だということが明記されている。故意でない軍事上の過誤は公罪と認められやすいとはいっても、なぜこのような重罪に懲戒としても軽微な罰俸があてられたのだろうか。この点に関し、宣徳五年七月乙巳の条に次のような記事がある。この年の六月に、韃虜が再度にわたって遼東に侵入し損害が出たことについて、遼東総兵官巫凱が備禦の都指揮劉斌の罪を劾奏し、その処罰をもとめた。これに対して宣宗は

上曰わく、備禦の失機の罪は皆死に当たるも、前には寛宥もて罰俸に止む。今、遂に玩弛《なれゆる》めり。

と述べた。これをみると、これまで軍務上の重罪に罰俸を科すだけに止めてきたのは、宣宗が意図的にとった措置だったことが分かる。その理由として「寛宥もて」といっているが、果してそれだけなのだろうか。成祖は何度も親征を繰り返すなど、モンゴルに対して攻勢防禦の方針をとったが、宣宗は防衛線を後退させて専守防衛の態勢をとった。専守防衛は何時・何処に来るかわからない敵に対して、常時、臨戦態勢をとって備えていなくてはならない。相互に連携する綿密な防禦態勢を組み上げる必要があり、それには大兵力を要するだけでなく、緊張感を持続する心理的負担も大きい。そのなかで処罰によって武臣が持ち場をはずれるのは、防衛態勢に穴をあけるものである。北辺防衛を第一に優先している宣宗にとって、軍紀の維持の為に信賞必罰をとるか、防衛態勢に混乱と支障を来たさない為に処

罰を控えるか、難しい選択だったと思われる。実際には宣宗は多くの場合後者を選択した。それは死罪に当たる軍務上の罪を三回も重ね、宣宗自身「再び失機あらば必ず殺して宥さず」と警告しながら、ついに罰俸以上の処罰を科されなかった遼東都指揮魯得の例に端的に示されている。このように対応は非常に現実的な宣宗の一面を表わしてもいる。さきに犯罪の発生は半ば自然のものだが、処罰は政治の一環で政策の一つだと述べたが、宣宗は北辺防衛に支障を来たさないように罰俸を運用していたといえよう。

小結

この節でみてきたのは武臣の処罰二三〇件・三三六人のうちの九一件・一五六人の事例である。前節のⒶ死罪、Ⓑ「如律」は『大明律』の規定どおりに処罰されたものだが、本節でみたⒸ充軍・謫戍からⒽ罰俸は、全て程度の差こそあれ、減刑された結果として科されたものであった。刑罰も懲戒も入り混って記述に統一がないが、大まかに科された武臣からみて重い順に並べて考察した。まず、Ⓒ充軍・謫戍をみると、Ⓐ死罪、Ⓑ「如律」から通ずる一連の流れが看取された。第一節でも述べたことだが、Ⓐ死罪に当てられた武臣の罪状を、抵触した『大明律』の条項で確認すると、刑律と兵律が主要なもので、数でいうと刑律と兵律が三対一で、刑律の方が遙かに多く、刑律の中では賊盗の各条項が最も多かった。事例一件当たりの抵触した条項の数は二・七条ある。これは一つの不正ではなく、幾つもの犯罪を重ねた者が多かったということである。又、殺人の罪を含むケースが多かった。一方で軍事行動に関わる罪だけで死罪になったのは一件もない。これがⒷ「如律」では刑律と兵律の比率がほぼ一対一になり、刑律の中では受贓の各条が最も多くなった。やはり軍事行動上の罪の事例はみられない。一件当たりの『大明律』の条項数は一・九条となり、Ⓐ死罪より大幅に少なくなった。Ⓒ充軍・謫戍はⒶ死罪やⒷ「如律」と違って、減刑された結果として当てられたものだが、該当者の罪状をみるとⒶ死罪、Ⓑ「如律」の延長線上にある処罰であることが分かる。刑律と兵律の比率が一対二と逆転して兵律の方が多くなり、兵律の中に「主将不固守」や「失誤軍事」などの軍務上の罪の事例が現われてくる。一件当たりの『大明律』の条項数も一・六五に低下した。つまり、Ⓐ死罪、Ⓑ「如律」、Ⓒ充軍・謫戍と処罰が軽くなるに従って刑律が減って兵律が増え、Ⓒ充軍・謫戍は軍事行動上の罪にも適用されるようになったということである。このような変化と反対に、該当する武臣の官銜は指揮以下の中下級武臣から、都指揮などの高位者に中心が移ってきている。このⒶ死罪からⒸ充軍・謫戍へ続く処罰の運用を通じて看取できるのは、朝廷は軍務上の罪には寛容な一方、軍士の酷虐、経済事犯には厳しく対処しようとしていたということである。これは朝廷が軍の諸弊のうち、どこに最も強い危機感をもっていたかを示している。同時に、軍務上の罪に関しては寛大な対応をせざるを得ない事情があったことを窺わせる。

Ⓓ降・調からⒽ罰俸の事例は、いずれもⒸ充軍・謫戍よりも更に大幅な減刑を受けた結果の処罰である。各事例の内容をみると、地域、対象の武臣、罪状などにそれぞれ特徴的な傾向がみられる。特に罪状と各処罰の間にはかなりはっきりした対応関係がみられた。文中でⒹ降・調からⒽ罰俸に至る各処罰に該当する『大明律』の条項を示したが、それをみるとⒹ降・調とⒼ罰役は殆どが軍士の搾取・圧迫や経済事犯に対して科されたもので、軍事行動上の罪には適用されない。この点、第一節でみてきたⒶ死罪、Ⓑ「如律」の場合と同じである。一方、Ⓔ為事官・戴罪官、Ⓕ立功贖罪、宣徳六年以前のⒽ罰俸は、殆どが軍事行動に関わる罪にだけ適用され、軍士の酷虐や経済事犯には適用されることはなかった。Ⓔ為事官・戴罪官、Ⓕ立功贖罪とⒸ充軍・謫戍は重複する部分が多いが、Ⓒ充軍・謫戍の事例の中でも、立功の条件を付けられたのは殆どが軍事行動上の罪である。同じ贖罪でも、軍務上の罪に対しては軍功で贖

わせる立功贖罪が、経済事犯や軍士の搾取・圧迫に対しては力役で贖わせる罰役が科されたといえる。

後に述べるが、宣宗朝の末に武臣の犯罪に対する減刑措置が更に一段と強化された。その過程で各処罰が適用される罪状の範囲が拡大され、その結果、従来の処罰と罪状の対応関係にも変化が現われてくる。Ⓗ罰俸では既に宣徳七年にこのような変化が生じた。罰俸が適用される罪状が拡大して、罰俸がみられる地域や該当者が増えた経緯は前述のとおりである。このような変化は、やがてⒺ為事官・戴罪官、Ⓘ記罪、Ⓛ「降勅叱責」などの他の処分の場合にも起ってくる。本節でみてきた各処罰の運用上の様々な特徴は、宣徳末以後のこのような変化が生じるまえの、もとのかたちを示しているものと考えられる。

以上のような各処罰の事例をみながら、強く感じられるのは、武臣の処罰に対する宣宗の非常に慎重な姿勢である。法司が『大明律』の規定どおりの処罰をもとめても、宣宗がこれを却下して減刑を命ずるというパターンが大変多い。それには様々な理由があると思われるが、一つにはⒽ罰俸のところでも述べたことだが、武臣の処罰によって防衛態勢に混乱が生じるのを防ぐ為という、非常に現実的な理由があったのは確かである。更に軍事に疎い文臣たちとは異なり、太祖や成祖ほどではないにしても、宣宗自身も軍事的経験がある。千変万化の現場での過失を一律に罰することはできないことも分かっていたであろう。ただ、理由はそれだけでもないように思われる。Ⓖ罰役のところで山東都指揮僉事王銘の例を示した。宣宗は王銘に対し「武人は利を知りて法を知らず」と低い評価を下しながら、法司のもとめる絞刑を却けて罰役を科しただけだった。この例からも窺えるように、個々の武臣に対する評価とは別に、武臣そのものの保全に非常に熱心だった様子が窺える。このような宣宗の姿勢は何に由来するのか。これらのことも念頭におきながら、次節ではⒾ記罪以下の処分についてみていきたい。

第三節　減刑された処罰(二)

①　記罪

武臣が何かの罪を犯して告発された際に、実質的な処罰は加えないが、その罪状を兵部の記録に留める措置がとられる場合があり「記罪」や「紀過」と記される。万暦『大明会典』一一九・銓選二・降調に「紀過文冊」について簡略な記事があり、嘉靖三一年の題准として

毎月の終わりに、問過の軍職の情罪の略節せるを将《もっ》て類開奏報せしめ、幷《とも》に兵部に繳《おさ》めて、紀過文冊一本を置立す。凡そ繳到に遇わば、該司の掌印官、其の襲替に関わり有るを摘《えら》び、所犯の情罪を将て、一一登記し、堂に呈して照に備う。

とある。月ごとに両京の問刑衙門や各地の巡按御史からの報告を兵部でまとめておいて、襲替の際の参考にするという。宣宗朝では、まだこのように定期的なものにはなっていなかったとみられるが、個別の事例の内容を検討して、記罪が適用された罪状や武臣の官銜、あるいは地域的な分布など、運用上の特徴について考えてみたい。『宣宗実録』で確認できる記罪の事例は一五件・二三人あり、これを示したのが表18である。これをみると、年ごとの件数に余り大きな偏りはないが、宣徳七年以後やや増加するような印象がある。これは、個々の事例の中でみていくが、宣徳七年以後、記罪が適用される罪状が拡大した影響かと思われる。武臣の官銜では都指揮が最も多く、これと指揮を合わせると全体の約七割となる。ただ、都指揮以上の高位の武臣と、指揮以下の中下級武臣に大別してみるとほぼ半分ずつで一方に大きく偏ってはいない。地域的には北辺が最も多く、北辺と南辺を合わせると事例の大部分を占める。こ

れは事例の中で示すように、軍事行動上の罪が多かったことと関連していると思われる。

北辺から地域ごとに各事例の内容を確認してみよう。まず『宣宗実録』宣徳三年一二月癸未の条によれば、甘粛総兵官劉広が、永昌衛の指揮梅英と荘浪衛の指揮方柔の「守備不厳」を劾奏し、その処罰をもとめた。具体的に記されていないが、二衛の管轄地域で番賊の侵入があったのだろう。劉広の要請に対して宣宗は

上、命じて姑く罪を記し、専ら番寇を巡捕せしむ。如し再び失機あらば必ず之を罪せよと。

と、「記罪」の措置をとるとともに、「巡捕番寇」の任に当たらせるよう命じた。梅英らの罪は『大明律』兵律・軍政「主将不固守」に当たる。ここの記述から、記罪の処分を受けても官衙・職

表18　Ⓘ記罪

洪熙1	1	勲臣	0	北辺	8
宣徳1	1	都督	1	北京	0
2	0	中都正留守	1	内地	3
3	2	都指揮	10	南辺	4
4	2	指揮	6	（合計）	15件
5	1	千戸	2		
6	1	百戸	3		
7	2	鎮撫	0		
8	2	（合計）	23人		
9	3				
（合計）	15件				

務はそのままで、服務地の変更もないことが分かる。又、この例が軍務上の罪であり、宣宗が記罪を命じるとともに「姑く」と述べ「如し再び失機あらば必ず之を罪せよ」と警告している点、Ⓗ罰俸の場合と共通していることに注目しておきたい。次に宣徳四年二月壬寅の条によれば、鎮守西寧・河州の都督同知劉昭が上奏するには、西寧衛の総旗が軍士九人をつれて東山で採木に当たっていて道に迷い、卜哂簇の地に入り込み、総旗は射殺され車・牛を奪われるという事件が起った。劉昭は逮捕した番人の処刑の承認をもとめるとともに、総旗や軍士の直属上官である百戸張芸の「守備不厳」を弾劾しその処罰を要請した。張芸についてはやや過酷な感じがするが、宣宗は

勅を遣わし報《こた》えて曰わく、番寇にして人を殺せしものは、爾の奏する所を准す。但だ須らく寔《まこと》を審らかにし、冤を負わしむることなかるべし。更に須らく各簇の人情の動静を察し、激変を致すことなかるべし。百戸の守備を厳しくせざりしは、姑く其の罪を記し、仍りて守備せしめよ。如し再び失機あらば、必ず殺して宥さずと。

と述べ、犯人の処刑によって仲間の番人を刺激しないよう、呉々も冤罪がないようにと注意したうえで、劉昭の要請を認めた。張芸については「記罪」の処置をとるとともに、守備に専念させるよう命じた。張芸の罪も『大明律』兵律・軍政「主将不固守」に当たる。前の事例と同じように、これも軍務に関わる罪で、宣宗は記罪を命じるとともに、「姑く」と述べ「如し再び……」と警告している。罰俸の場合とよく似たかたちである。次に宣徳六年六月丙午の条によれば、宣府総兵官譚広がいうには、先に勅を奉じて開平衛の軍一〇〇〇人、宣府の軍一〇〇〇人、内臣蕭愚の指揮下にある神銃手三〇〇人を二班に分けて、交代で開平の守備に充てることにし、その手配をしたのに、開平の守備を担当している都指揮唐銘は、宣府に対して重ねて「朦朧重取」を要請してきたという。譚広の報告を受けた行在兵部は唐銘の処罰をもとめたが、宣宗は

上曰わく、銘は武臣なり。姑く記して問うなかれ。哨備の官軍は依前《もとのまま》に処分せよ。失機誤事あらば則ち之を罪せよと。

と述べて唐銘を罪には問わず、罪状を記録に留めるよう命じた。ここからも記罪がほんの形式的な処分であることがわかる。行在兵部は唐銘の罪を『大明律』兵律・軍政「擅調官軍」に当たるとみたのだろう。宣宗は「銘は武臣なり」と述べたが、武臣は少々ぼんやりして齟齬があっても致し方ないという語感である。又、この例でも宣宗の言葉として「姑く」とあり、末尾に警告の言葉が記されている点で他の事例と同じパターンである。次に宣徳八年正月庚午の条によれば、鞏昌府通判翟霖が掌鞏昌衛の都指揮僉事汪寿を劾奏した。汪寿は大規模な店舎を構え、軍民客商を

つかって私茶・布帛・馬匹を密貿易しているというのである。これについて宣宗は

上、命じて姑く寿の罪を記し、其の違法の事は、悉く之を改めしむ。余事は都察院をして榜を掲げて禁止せしめ、出番の馬数は巡按御史・按察司の官をして、実を覈べて以聞せしむ。

と、禁令を榜示させ、番地に流出した馬匹数を調査するよう命じたが、汪寿については記罪し、違法のことを改めさせただけで処罰しなかった。汪寿の罪の詳しい内容は記されていないが、『大明律』戸律・課程「私茶」、兵律・関津「私出外境及違禁下海」、工律・営造「擅造作」等の規定に抵触するとみられる。ここまでの宣徳六年以前の事例はみな軍務に関わる罪状だったが、この例は全く異なる経済事犯である。後の内地のところで述べるが、宣徳七年八月に中都での事件を機に、紀罪が適用される罪状が拡大したが、これはそのあとの事例である。この間に記罪の運用に大きな変化があったことが窺える。次の例はⒽ罰俸のところでも示したものだが、宣徳八年閏八月丁巳の条によれば、御史鄭夏・給事中蔡錫が山海関から隆慶衛に至る間の寨堡を点検したところ、軍士一二〇〇余人が不足しており、これは武臣たちによる私役、売放、搾取による逃亡の為だとして、総兵官陳敬と鎮守の都指揮銭義・李英・蕭敬・劉銘・馬驥・指揮張鎮を劾奏した。これを受けて、宣宗は陳敬は宥し、銭義ら六人に罰俸を科するとともに、配下の軍士の逃亡数二〇、五〇、一〇〇人を基準とする罰則を定めた。その中で「其の所管の官軍の逃ぐるもの二十名以下の者は罪を記」すとある。二〇名以上は人数に応じた罰俸である。この措置によって、記罪が『大明律』兵律・軍政「従征守禦官軍逃」の罪にも適用されることになったわけである。ここまでみてきた事例からも、紀罪は罰俸とその運用上の特徴がよく似ていることが窺えたが、今回の処置によって、同じ罪状に対して記罪が罰俸よりも一段低い罰則として位置づけられることになった。これ以後、記罪は懲戒処分の一つとして恒常的に適用されるようになったと思われる。次の例はⒺ為事官・戴罪官のところでも示したものだが、宣徳九年八月庚午の条によれば、楡林荘及び陽

和口に韃虜が侵入し、牛馬を掠奪したことについて、山西都司の署都指揮僉事史直・千戸周弘・百戸曹旺・陳端が「哨備不厳」を弾劾された。史直らの罪は『大明律』兵律・軍政「主将不固守」に当たるが、宣宗は死罪に該当すると述べたうえで、記罪の措置をとらせるとともに為事官に充てた。北辺ではこのほか鎮守万全右衛の都指揮黄真と大同総兵官代行の参将・都指揮曹倹も記罪の処分を受けているが、各々他の処分と重複して科された。黄真はⓂ「移文戒飭」と、曹倹はⒿ封示、Ⓚ自陳、Ⓛ「降勅叱責」と重なっている。黄真の罪状についてはⓂ「移文戒飭」のところで述べることにするが[20]、『大明律』では兵律・軍政「擅調官軍」、「縦放軍人歇役」、刑律・雑犯「不応為」に当たるものである。曹倹についてもⓁ「降勅叱責」のところで述べるが[21]、告発されたその罪は『大明律』名例律「殺害軍人」、戸律・田宅「盗耕種官民田」、兵律・軍政「私売軍器」、「縦放軍人歇役」の規定に抵触するものであった。

次に内地の例をみると三例ある。まず宣徳四年一一月戊午の条によれば、漕運総兵官陳瑄が上奏して、漕運に動員された武臣で、期日までに出頭しない指揮王成および千・百戸と、輸送すべき量をごまかして少量ですませている軍士の処罰をもとめた。これに対して宣宗は

上、行在戸部の臣に諭して曰わく、漕運は甚だ艱し。違限の官は罪を記し、軍士にして糧の足らざる者は、来年補納せしめよと。

と、漕運の困難さに思いを馳せ、武臣は記罪に止め、軍士は次年に不足分を上積みして運ばせるよう命じたのみだった。王成たちの罪は、平時とはいえ漕運の動員に遅れたのだから『大明律』兵律・軍政「従征違期」に当たるだろう。この度の措置で何人の武臣が記罪に該当するかわからないが、かなりの人数にのぼるのではないかと思われる。次の例もⒽ罰俸のところでも示したものだが、宣徳七年八月戊子の条によれば、皇陵修理の為に鳳陽に派遣された駙馬都尉趙輝が、作業に当てる軍士の不足を訴えてきたので、宣宗が調査させたところ、中都正留守蕭譲・掌中都留守司事

の都督陳恭・都指揮僉事徐震・署都指揮僉事楊興・李弘らが、合わせて一六八〇余人の軍士を私役していることが判明した。報告を受けた宣宗は、私役一〇人以下と以上に分けて罰俸を科するとともに、「姑皆記罪」とすることを命じた。陳恭や蕭譲らの罪は『大明律』兵律・軍政「縦放軍人歇役」に当たる。この度の措置によって、記罪が軍士の私役にも適用されるようになった。宣徳八年閏八月に、北辺で配下の軍士の逃亡数に応じて罰則が決められた際に、記罪も適用され、罰俸の下位の罰則規定となったことはさきに述べた。北辺から事例をみてきたので、後先が逆になってしまったが、時期からいえばこの鳳陽の事例の方が先である。この事例が、従来、主として軍事行動上の罪に科されてきた記罪の処分が、他の罪状にも拡大適用される嚆矢となった。このような変化が、内地で最初に起ったことが注目される。これ以後、記罪は軍務上の罪だけでなく、軍士の圧迫・搾取や経済事犯にも適用されるようになり、該当者も増大することになった。このような変化は、Ⓗ罰俸とも軌を一にするもので、両者の運用上の関係が深かったことが窺える。次の宣徳七年九月辛未の条に記された事例もⒽ罰俸のところで触れたものである。河南道御史李彜らによって、忠義後衛など五衛の指揮李源以下一六六人の衛所官が、軍士の勾補に関わって種々の不正をはたらいたことが告発され、これを機に勾補に関する不正の処罰の基準が定められた。このとき宣宗は李源に対して「特に旧労を念い、姑く爾の罪を記すのみとす」という処置をとった。李源らの罪は『大明律』戸律・倉庫「守掌在官財物」、兵律・軍政「軍人替役」、「縦放軍人歇役」等に当たる。

次に南辺の事例をみてみよう。Ⓕ立功贖罪のところでも示したものだが、洪熙元年八月丙戌の条によれば、広西思恩・忻城等の県で覃公旺なる盗賊が掠奪をはたらき、宣化・桂平県では猺賊が殺掠を重ねていることについて、広西按察司副使張用中が、哨守の指揮李璧・千戸蒯貴の「軍士を厳督して擒捕する能わざる」ことを劾奏した。これに対して宣宗は記罪と「殺賊以贖」を命じた。李璧らの罪は『大明律』兵律・軍政「主将不固守」に当たる。これは宣宗朝の初期の事例だが、やはり、南辺でも当初は記罪が軍務上の罪に適用されていたことが分かる。次に宣徳元年一二月、巡按広東御史金濂は、瓊州府の黎族が騒乱を起し、広東都司の都指揮僉事程瑒が軍を率いて追捕に当たっているが「逗遛して進まざる」ありさまで、その結果、定安・会同両県の官署・民居が被災したと述べ、程瑒の失機の罪を弾劾した。これに対して宣宗は

　上曰わく、姑く過《つみ》を記し、之をして速かに捕えしめよ。獲えざれば宥さずと。

と、記罪と速やかな追捕を命じた(22)。程瑒の罪は『大明律』兵律・軍政「失誤軍事」に当たる。この例もやはり軍務上の罪である。次に宣徳五年八月辛巳の条によれば、広東都司と布政司が、広東海陽県の碧洲村に倭賊が上陸し、居民を劫掠したことを報告するとともに、巡捕に当たっていた潮州衛の指揮同知鄭複と黄岡巡検司の「不能禦賊」を弾劾し、その処罰を要請した。これに対して、宣宗は

　上、命じて姑く其の過《つみ》を記さしめ、如し再び失《ママ》有らば、必ず罪して貸《ゆる》さずと。仍りて被劫の民をして、城廓に徙居せしむ(23)。

と、鄭複らの記過と住民の城内への避難を命じた。鄭複らの罪は『大明律』兵律・軍政「主将不固守」に当たる。これも記罪の適用が拡大された宣徳七年以前の事例で、やはり軍事行動に関わる罪である。前の程瑒の場合も同じだが、宣宗の命令として記された文の中に「姑く」とあり、「如し再び……」と警告の文言がある。これはさきにみた北辺の記罪の事例、更にはⒽ罰俸が命じられる場合とも共通するパターンである。当面、刑の執行は見合わせるが罪を宥したわけではない、再度同じ過ちを犯せば即座に処罰する、記罪はいつでも刑を執行できるように記録しておく仮の処置であるということである。今でいう執行猶予のようなニュアンスである。次に宣徳九年四月丙子の条によれば、広東都司の都指揮花英は、管下の恵州衛で軍士の点検・選抜に当たったが、その際、不備を見逃してもらうべく衛所官が差し出した

表19　⑴記罪

名例律	殺害軍人	1
戸律	倉庫	1
	田宅	1
	課程	1
兵律	軍政	16
	関津	1
刑律	受贓	1
	雑犯	1
工律	営造	1
（合計）		24

兵律

軍政	擅調官軍	2
	失誤軍事	1
	従征違期	1
	軍人替役	1
	主将不固守	5
	私売軍器	1
	縦放軍人歇役	4
	従征守禦官軍逃	1
関津	私出外境及違禁下海	1
（合計）		17

銀を受け取ったことを巡按御史に弾劾された。宣宗が花英に自陣を命じたところ、花英は事実であることを認め「敢えて罪を逃れず」と述べた。これに対して宣宗は

上曰わく、英は軍を簡《えら》んで餽を受く。豈に復た公道有らんや。但だ実を隠さず。姑く之を記し、都察院に命じて移文戒飭し、改行せしめよと。

と命じた。宣宗は花英の有罪を指摘したが、潔く罪を認めたという理由で、記罪と都察院を通じての移文戒飭を命じた。花英の罪は『大明律』刑律・受贓「官吏受財」に当たる。これは記罪の適用される罪状が拡大された後の事例で、その変化の様子が窺える。

ここまで記罪あるいは紀過の事例の内容をみてきた。記罪は犯した罪に相当する本来の処罰の執行を当面見合わせ、仮の処置として科されるものであり、官・職とも従来のままで服務地の変更もない。その運用についてみてみると、地域としては北辺が最も多く、北辺と南辺を合わせると事例の大部分を占める。対象となった武臣の官衙では都指揮が最も多く、指揮がこれに次ぎ、両者で全体の七割に近い。このような傾向は記罪が適用された罪状との関連による。各武臣の罪状を該当する『大明律』の条項で示したのが**表19**である。これをみると兵律・軍政の各条が断然多く、そ

の中でも「主将不固守」などの軍事行動に関わるものが多い。記罪は主として軍事行動上の罪に対して適用された処分であることがわかる。この点、これまでみてきた各種の処罰・処分の中で、Ⓔ為事官・戴罪官、Ⓕ立功贖罪、Ⓗ罰俸などと同じ系統に属するものである。主として軍士の圧迫・搾取や経済事犯に科されたⒶ死罪、Ⓑ「如律」、Ⓓ降・調、Ⓖ罰役とは異なっている。ただ、宣徳七年にその運用に大きな変化があった。このことはⒽ罰俸と軌を一にしている。運用のうえで記罪と罰俸はよく似ている。宣徳七年に適用される罪状が拡大されるまでは、上記のように、主に軍務上の罪に科されていたこと、宣徳七年以後は軍士の圧迫・搾取や経済事犯にも適用されるようになり、該当する武臣の数も増え、事例がみられる地域も広くなったことなど、両者に共通する特徴である。何よりも軍士の私役や逃亡についての罰則の中で、記罪は罰俸より一段軽い下位の規定として位置づけられた。運用上の両者の密接な関係が窺える。宣徳七年に記罪や罰俸のような軽い処分の適用範囲が拡大されたことは、宣宗朝の末に武臣の犯罪に対する減刑措置が更に強化されることの一環であった。また、軽度の処分である記罪は、同じような他のⒿ封示、Ⓚ自陳、Ⓛ「降勅叱責」、Ⓜ「移文戒飭」等と合わせて科されるケースも少なくなかった。

Ⓙ　封示

武臣が不正を告発されると、その内容あるいは奏章そのものを本人に示し、反省をもとめる措置がとられることがあり「封示」と記される。密封して天子に奉る封事・封章・封奏等の文書の形式があるが、これとは別なものである。『宣宗実録』には一一件・一二人の事例が記されているが、これを示したのが表20である。表の数字は延べで記してあるが、中には寧陽侯陳懋のように三回も封示を受けた者もいる。事例数が少ないのではっきりした傾向をみることは難しいが、強いていえば次のようである。年ごとの件数はほぼ平均しており偏りはみられない。地域ではやはり北

表20 Ⓙ封示

洪熙1	2	勲臣	4	北辺	7
宣徳1	0	都督	5	北京	1
2	1	都指揮	1	内地	1
3	1	指揮	2	南辺	2
4	1	千戸	0	（合計）	11件
5	1	百戸	0		
6	2	鎮撫	0		
7	1	（合計）	12人		
8	1				
9	1				
（合計）	11件				

辺が非常に多いことが注目される。武臣の官衙は特徴的で、勲臣・都督が大部分を占めている。彼らのポストは総兵官や鎮守で、官・職とも最高位の武臣が封示の主な対象だったことがわかる。それではこれらの武臣のいかなる罪状に対して封示の措置がとられたのか、地域ごとに事例の内容を確認しながら検討する。

まず北辺についてみると、『宣宗実録』洪熙元年七月壬辰の条によれば、掌陝西都司事の都督僉事胡原が、秦王府の門を下馬せずに乗り打ちしたこと、表・箋の進上を怠ったこと、私茶を売買したことを訴えた者があり、都御史劉観が胡原の逮捕・処罰を要請した。これに対して宣宗は

上曰わく、原は固より罪有り。但だ旧臣にして、皇祖、陝西を守らしめ、委託せしこと亦た重きを念い、姑く之を宥し、其の訴えし所の状を備録し、以て之に示して改めしめよ。改めざれば宥さずと。

と述べ、胡原の有罪を認めたうえで、成祖が信任した武臣であることを理由に罪には問わず、訴状の内容を本人に示して、行いを改めさせるよう命じた。「備録」とあるから、この場合は訴状そのものではなく、内容を記したものを見せたのであろう。胡原の罪は『大明律』戸律・課程「私茶」、礼律・儀制「失誤朝賀」、「失儀」等の規定に抵触するものであろう。次に宣徳四年七月癸丑の条によれば、開平衛の指揮方敏が赤城に来襲した韃虜を防げず、巡按御史に弾劾された。この事例はⓁ「降勅叱責」と重複しているので、詳しい内容はそちらで述べるが、方敏に対し宣宗は

上、命じて姑く之を宥し、勅を降して敏を責めて曰わく……爾の罪を論ずれば万死するとも贖うなし。今、姑く寛宥し、仍りて御史の奏章を封して爾に示す。

という処置をとった。この例では御史の奏章をそのまま本人に示している。方敏の罪は『大明律』兵律・軍政「主将不固守」に当たる。指揮クラスの武臣の軍務上の罪に対して封示の処置がとられた例はめずらしい。次に宣徳六年二月壬子の条に寧夏総兵官・寧陽侯陳懋についての記事がある。陳懋は宣徳元年に寧夏総兵官に就任したが、不法のことが多く、第二章でも述べたように、宣宗朝を代表する不正事件を起した。配下の寧夏左屯衛の指揮張泰が陳懋の種々の不正を告発したが、そこには大規模な軍士の私役、軍士を使っての商行為、倉糧の侵盗、土地占奪、私塩の販売などが含まれている。総兵官の地位を利用した典型的な経済事犯である。上奏を受けた宣宗は

上、侍臣に謂いて曰わく、懋の過《とが》此くの如くんば辺を禦るべけんや。然れども未だ遽《にわ》かには一人の言に聴《したが》うべからず。姑く奏せられし所を録して之に示し、有無をして自陳せしめ、然る後に処置せよと。

と命じた。陳懋の罪は『大明律』では戸律・田宅「盗耕種官民田」、倉庫「虚出通関硃鈔」、課程「阻壊塩法」、兵律・軍政「縦放軍人歇役」、関津「私出外境及違禁下海」、刑律・賊盗「監守自盗倉庫銭糧」等の規程に抵触するだろう。指揮使という堂々たる地位に在る人物による効奏だったにも拘わらず、宣宗は「遽かには一人の言に聴うべからず」と述べて非常に慎重な態度をとった。あまりに大掛りで多方面にわたる不正で、宣宗としても直ぐには信じ兼ねるところがあったのではないか。加えて次のような理由もあったと思われる。宣宗は新たに専守防衛を旨とする辺防の態勢をつくり上げようとしており、各地の鎮守総兵官はその頂点に位置する要のポストである。その総兵官の地位を悪用した大々的な不正事件は、辺防態勢そのものを揺がしかねない事件だったとみられる。それは「懋の過此くの如くんば辺を禦るべけんや」という宣宗の言葉にも表われている。結局、このときは、宣宗は弾劾の内容を本人に示

して事の有無を自陳させるよう命じただけだった。この場合も奏章そのものではなく、内容を記したものを本人に示したようである。しかし、翌宣徳七年一〇月癸丑の条によれば、寧夏に派遣されていた工部侍郎羅汝敬が陳懋の倉糧侵盗を劾奏したことを受け、宣宗は調査の為に御史淩輝を現地に派遣していたが、この段階で淩輝が侵盗は事実である旨を具体的数量を挙げて報告してきた。これを受けた宣宗は

上、之を閲《あらた》め、都察院に命じて、奏せられし所を封して懋に示し、且つ之を召して京に還らしむ。是に至り、監察御史程富・給事中年富等、交《こもごも》章して懋の罪の宥すべからざるを劾す。上曰わく、懋の罪固より重きも、特に其の勲戚の大臣なるを念い、姑く曲げて之を宥す。其の子昭も亦た釈して問わざれと。盗みし所の銭糧・贓物は、行在都察院に命じて悉く之を追せしむ。

という措置をとった。「奏せられし所を封して」とあるので、この度は淩輝の奏章そのものを本人に示したことがわかる。後の北京の事例で述べるが、陳懋は洪熙元年にも封示の処分を受けているので今回で三度目となる。陳懋は北京に召還され科道官の弾劾を受けたが、宣宗は侵盗したものの追徴を命じただけだった。更にはこの追徴すら免除したことがわかる[24]。結局、陳懋は封示と自陳を命ぜられて、寧夏総兵官の職を解かれただけであった。勲臣である陳懋の地位を尊重したためとはいえ、武臣の処罰に非常に慎重な宣宗の態度をみることができる。前回の告発と連動しているのだろうが、総兵官解任の直接の理由となったのは『大明律』刑律・賊盗「監守自盗倉庫銭糧」に当たる罪で、額にもよるが、これだけでも死罪ともなる重罪である。陳懋のことをまとめてみてきたので時期が前後するが、宣徳六年一二月乙未の条によれば、錦衣衛の指揮僉事王息が、兀良哈から馬・駝をつれて入関したが、このとき備禦薊州の太監劉通と王息が通謀し、馬七四匹・駝五頭を隠匿して横領しようとし、これを山西道御史盧睿が劾奏した。盧睿は劉通と総兵官陳敬の「蒙蔽侵欺」の罪を指摘した。陳敬自身はこの不正に関与したようではないから、監督責任を

問われたのだろうが、もし知っていて報告しなかったとすれば『大明律』吏律・公式「事応奏不奏」に抵触することになろう。劉通・王息の罪は刑律・賊盗「盗馬牛畜産」に当たるとみられる。又、劉通と王息のどちらが主謀者かわからないが、記事の書き方からみて太監劉通がもちかけたようにみえる。もしそうならば劉通には刑律・詐欺「詐教誘人犯法」の罪も加わるだろう。上奏を受けた宣宗は

　上曰わく、小人深く責めるに足らずと。但だ法司に命じて、御史の奏章を封して之に示し、之をして改過せしめよと。

と命じた。この場合は盧睿の奏章をそのまま示したが、「之をして改過せしむ」とあるように、封示の趣旨は本来の処罰を免じて反省させ、行いを悔い改めさせる為のものだったことがわかる。次に宣徳八年正月丁丑の条によれば、宣府総兵官譚広が万全都司の経歴蕭翔を杖殺したうえ、虚詞を捏造して罪を糊塗しようとしたとして、御史・給事中に弾劾された。これについて宣宗は

　上曰わく、漢の大将軍衛青は、兵を統べて外に在りて、将士に罪有るも、未だ嘗て軽《かるがる》しくは戮さず。皆天子の自裁を請えり。時に以て礼を知ると為す。蓋し擅に威福を作すは、良臣の為さざるところなり。広は武夫にして学ばず。此の道に達せざるなり。但だ其の辺を守ること久しく、勤労を效《あらわ》すを念い、故に之を宥す。都察院は即《ただ》ちに此の章を封示し、之をして知警せしめよと。

と命じた。ここでも科道官の奏章そのものを封示させたが、「之をして知警せしめよと」とあるように、やはり本来の罪には問わず反省させる為の措置である。譚広の罪については、蕭翔は軍人ではないから名例律「殺害軍人」には当たらず、詳しい経緯は分からないが、第一章で述べたように、当時万全都司はまだ必ずしも宣府総兵官の管下にあるとはいえない段階だったから、その経歴の杖殺は筋違いで公罪ともいえない。結局『大明律』刑律・人命「謀殺

人」と訴訟「誣告」に当たるのではないかと思われる。この事件に対する宣宗の対応をみると「其の辺を守ること久しく……」とのいい方から、辺防を優先して少々のことには目を瞑るという判断が窺える。また「広は武夫にして……」と譚広の無教養を指摘して低い評価を与えながら、処罰しようとはしなかった。これは個々の武臣というよりも、宣宗は武臣そのものの保全に熱心だったことを示しているように思われる。次の例は①記罪のところでも示したものだが、宣徳九年二月癸酉の条によれば、山西行都司の都指揮呂整が、大同総兵官代行の参将・都指揮曹倹の不法四ケ条を告発し、宣宗は曹倹と呂整に自陳を命じた。これに関連して宣徳九年二月丁丑の条に

六科給事中、鎮守大同参将曹倹の違法・専擅等の罪を劾奏す。上曰わく、已に倹をして実を具えて自陳せしむ。未だ処置に便ならずと。行在兵部に命じ、給事中の奏章を併封して之に示さしむ。

とある。宣宗は、既に曹倹には自陳を命じてあるので、それを待って処置するとの意向を示すとともに、給事中の奏章を曹倹に封示させた。「併封」とあるので、六科給事中が連名で一本を上奏したのではなく、各々が起草したとみられる。これも奏章そのものを封示したケースである。呂整が告発した曹倹の罪は『大明律』名例律「殺害軍人」、戸律・田宅「盗耕種官民田」、兵律・軍政「私売軍器」、「縦放軍人歇役」に当たるものである。

ここまで北辺の事例をみてきたが、北京にも一例ある。洪熙元年閏七月丁未の条によれば、御史陳懋・王珏が、寧陽侯陳懋が都督袁瑀の旧宅を不法に取り上げようとしていると劾奏しその処罰をもとめた。これに対し、宣宗は

上曰わく、瑀も亦た旧臣なるに、懋は之を忍奪せんとす。況んや細人《そくしつ》なるをやと。姑く其の罪を宥し、且つ命じて章を以て之に示さしむ。

と述べ、陳懋を罪には問わなかったが、御史の弾劾の奏章を本人に示すよう命じた。恐らく袁瑀はすでに亡くなり、その妾だった人が旧宅に住んでいたのだろう。陳懋の罪は『大明律』刑律・賊盗「詐欺官私取財」に当たるとみられ

る。陳懋が寧夏総兵官に就任してからも大規模な不正事件を引き起し、二度にわたって封示の処分を受けたことは前に述べたが、この例が一回目である。陳懋がいわば札付きの貪欲な武臣だったことが分かる。

内地では鎮守鳳陽の右都督陳恭の例がある。陳恭は、靖難の役に当たって、当初燕王に敵対したが、その後燕王に降って奪戦した陳亨の長子で寧陽侯陳懋の兄にあたる。宣徳二年四月丁卯の条によれば、巡按直隷御史彭百錬が、陳恭は工作して、北京に番上すべき婿の皇陵衛の鎮撫張翺と、その妹の夫皇陵衛の指揮董琳を任務からはずさせ、勝手に総旗徐整らを動員して代行させたと弾劾し、その処罰をもとめた。宣宗は

　上曰わく、恭は本《もと》より小人なり、姑く之を容《ゆる》せと。行在都察院に命じて、御史の章を封じて恭に示して自省せしめ、再び犯さば貸《ゆる》さずと。仍りて命じて琳等を追捕して之を鞫治せしむ。

と、陳恭を処罰しなかったが、御史の奏章を封示させ、董琳らの処罰を命じた。この例でも「自省せしめ」とあり、封示が本人の反省をもとめる為の措置であることがわかる。陳恭の罪は『大明律』吏律・公式「擅用調兵印信」、兵律・軍政「擅調官軍」に当たると思われる。

次に南辺をみると二例ある。一つは宣徳三年五月丁卯の条に記されたもので、公侯伯・五府・六部・都察院・大理寺・錦衣衛が、交阯での不首尾に関連して、総兵官の黔国公沐晟・興安伯徐亨・新寧伯譚忠らの罪を劾奏し、その処罰をもとめた。沐晟らは、安遠侯柳升と呼応して掎角の態勢をとるよう命じられていたのに畏縮して進まず、柳升が戦没する事態を招いたというのである。これに対して宣宗は

　上曰わく、沐晟は不問に置き、都察院は章を封して之に示せ。亨・忠は姑く其の帰るを俟てと。

と、都察院に命じて奏章を沐晟に封示させた。沐晟の罪は『大明律』兵律・軍政「失誤軍事」に当たる。軍事行動に関わる罪に封示が命じられた例はめずらしい。このほか四川総兵官陳懐の事例がある。宣徳五年五月癸丑の条によれ

ば、陳懐が民事に干預し、布・按二司の官を凌辱していることを各道御史に弾劾された。陳懐についてはⓁ「降勅叱責」とも重複しているので、詳しい罪状はそちらで示すが、宣宗は

上、懐は行伍より出づるを以て、姑く宥して問わず。但だ御史の章を以て之に示し、且つ勅して之を責めて曰わく……

と、陳懐に御史の奏章を示すとともに勅を下して叱責した。

以上、封示の一一件・延べ一二人の事例の内容をみてきた。封示は「之をして改過せしむ」、「自省せしむ」等とあるように、告発された武臣に対し、弾劾の奏章あるいはその内容を記したものを示して反省をもとめる措置である。実質的な処罰は伴わず、官・職ともそのままで服務地の変更もない極く軽い懲戒処分であった。最初に表20によってみたように、一一件のうち七件が北辺の事例で、一二人のうち九人が武臣の頂点にある勲臣・都督であり、職務でいえば七人が総兵官と総兵官代行であった。これらの数字は延べで示してあり、寧夏総兵官・寧陽侯陳懋のように三回にわたって封示を受けた者もある。注目すべきはその罪状で、該当する『大明律』の条項を示したのが表21である。これをみると、兵律の中で軍事行動に関わる「失誤軍事」や「主将不固守」等の罪に問われたのは、開平衛の指揮方敏と、交阯への出動時の不活発さを咎められた黔国公沐晟の二件のみで、あとは軍士の私役等の内容である。戸律や刑律に抵触した件数が多いことからも窺えるように、封示を受けた事例の大部分は経済事犯であった。寧陽侯陳懋の例はその典型である。このようにみてくると、封示は主に北辺の総兵官などの最高位の武臣の経済事犯に対して科された処分だったといえる。これまでみてきた各処罰の中でいうと、適用された罪状の面からはⒶ死罪、Ⓑ「如律」、Ⓓ降・調、Ⓖ罰役などと同じ系統に属し、主に軍務上の罪に科されたⒺ為事官・戴罪官、Ⓕ立功贖罪、宣徳六年以前のⒽ罰俸、Ⓘ記罪等とはやや性質が異なる。

封示がこのような有力な高位者に対する軽い処分だったとすると、その運用に当たってどのようなかたちで本人にみせたのか、告発者の氏名はどうなっていたのか等の疑問がわく。奏章そのものを弾劾した相手の本人にみせるのだから、仮に告発者の氏名がみられないような工夫がしてあったとしても、本文をみれば大凡の見当はつくだろう。そうすれば反省するよりも、告発者に対する反発・怨みが先行するのが人情ではないか。相手は有力な高官で封示以外に何の咎めもないのだからなおさらである。そのように思ってみると、掌陝西都司事の都督僉事胡原と寧夏総兵官・寧陽侯陳懋の二回目の封示の場合は「其の訴えし所を備録して以て示し」、「奏せられし所を録して之に示し」とあって、奏章や訴状そのものではなく、内容を記したものをみせているのである。胡原を訴えたのは「西安衛の軍校」であり、陳懋を告発したのは「寧夏左屯衛の指揮張泰」であった。どちらも胡原や陳懋の配下であり、朝廷はその立場を考慮して、氏名が分からないように内容を記録したものをみせたのではないか。陳懋の三回目の封示のきっかけになった告発は御史凌輝によるもので、このときは陳懋に奏章そのものを突き付けている。この二件の外は、殆どのケースで は奏章そのものを本人に示しているが、その告発者は大部分が御史・給事中であった。このような

表21 Ⓙ封示

名例律	殺害軍人	1
吏律	公式	2
戸律	田宅	2
	倉庫	1
	課程	2
礼律	儀制	2
兵律	軍政	6
	関津	1
刑律	賊盗	4
	人命	1
	訴訟	1
(合計)		23

兵律

軍政	擅調官軍	1
	失誤軍事	1
	主将不固守	1
	私売軍器	1
	縦放軍人歇役	2
関津	私出外境及違禁下海	1
(合計)		7

科道官は監察・弾劾が本務なのだから、たとい氏名が分かってもかまわないとの判断であろう。それにしても『菽園雑記』巻一に、南京六科給事中の王徽らが太監牛玉を告発するに当たって、非常な覚悟と工夫の末に実行した様子が記されている。有力者の弾劾は、する側にとってもリスクの大きい行為であろう。封示の事例が少ないのも、そのようなことも一因かもしれない。

Ⓚ 自陳

「自陳」の言葉そのものは自分で陳述する、弁解する等の意味で、その語義どおり自分から申しでるという普通の動詞としての用例もある。例えば『宣宗実録』宣徳二年六月戊辰の条に

> 大寧の都指揮僉事潘礼過《つみ》有り。兵部当に調すべきを言うも、礼、自ら数《しばしば》征伐に従いて功有り、職に任ずること年久なるを陳べ、矜憫を乞う。之に従う。（傍線は筆者）

とあるが、これは自分から申し立てたという意味の自陳である。同様の使い方は、宣徳六年四月丙申の条に記された開平衛の百戸劉信の例や、宣徳九年三月乙酉の条の遼東都指揮同知裴俊に関する記事にもみられる。更に自陳には次のような意味もある。阪倉篤秀氏は、吏部の権限・職掌を分析する中で考満と考察について言及され

> 考察にはまた京官を対象とする京察と外官を対象とする外察とがあった。京察の周期は、当初は一定していなかったが、弘治以後は六年に一度行われ、四品以上は口頭による「自陳」、五品以下は「具冊奏請」と書面によるなど、その方法に異なりはあるものの、あくまで自己申請によった。

と述べられた[25]。このように、文臣官僚には中期以降の人事考課のシステムとしての自陳があったわけだが、世襲を原則とする武臣には、少なくとも明初には、このようなシステムはなかった[26]。ここで扱う自陳は、これらの用法とは異

なり、皇帝の命令によって、武臣本人に釈明の機会を与え、反省をもとめる為の処分の一つとしての自陳である。『宣宗実録』にはそのような自陳の事例が延べで一四件・一五人あり、それを示したのが表22である。どのような場合に、どんな武臣が、どんな罪状について自陳を命じられたのか、処分としての運用上の特徴について考えてみたい。事例数が少ないのではっきりした傾向はわからないが、各年ごとの件数は宣宗朝の始めと末が多いようである。対象となった武臣の官銜は都指揮以上の高官だけで指揮以下はみられない。記録が高位の者に偏りがちという『宣宗実録』の性格を考慮に入れても、高位の武臣が自陳の主な対象ということは事実だろう。この点、前節のⒿ封示とよく似ており、更にその傾向がはっきりしている。ただ、地域的な分布をみると、Ⓙ封示は北辺に集中していたが、このⓀ自陳は南辺も北辺と同じくらいある。辺方の高官が対象ということでは両者は共通しているわけだが、それではその罪状はどうだったのか。北辺から各事例の内容をみていくことにする。

表22　Ⓚ自陳

洪熙1	2	勲臣	3	北辺	7
宣徳1	1	都督	5	北京	0
2	2	都指揮	7	内地	1
3	0	指揮	0	南辺	6
4	1	千戸	0	（合計）	14件
5	1	百戸	0		
6	1	鎮撫	0		
7	1	（合計）	15人		
8	1				
9	4				
（合計）	14件				

まず『宣宗実録』洪熙元年閏七月戊午の条に掌陝西都司事の右軍都督僉事胡原についての記事がある。胡原については前節のⒿ封示でも取り上げ、封示を科された経緯を述べた。今回はその一ヶ月後で、陝西按察司から劾奏された。その不法の内容は、配下の指揮僉事劉定がもっていた金帯・珠環を無理矢理とりあげたこと、名籍の無い者を密かに取り込んで家奴としたこと、喪礼齋宿のときに飲酒吉服していたこと、練兵場をつぶして耕種し、代りに民田を練兵場にしたこと、官倉を取り壊してその材料で演武場

を造ったこと、軍士五〇余人を私宅で私役していること、勝手に屯軍を使って農業に従事させなかったことである。罪状は非常に多くて七ヶ条に及び、武臣に多くみられる不法行為の殆どが含まれている。按察司は

悪を累ねて悛めず。其の罪を治《ただ》されんことを請う。

と、既に封示の処分を受けたのに改悛の情がないことを指摘してその処罰をもとめた。宣宗は、前回は胡原は成祖が信任した武臣であるとの理由で宥したが、今回は

上、原に命じて京に赴き自陳せしむ。

と胡原の北京への召還と自陳を命じた。胡原の罪は『大明律』でいえば戸律・戸役「収留迷失子女」、田宅「盗耕種官民田」、礼律・祭祀「祭享」、兵律・軍政「縦放軍人歇役」、刑律・賊盗「恐嚇取財」、工律・営造「擅造作」等に当たる。自陳の運用上の特徴をみていくにあたり、罪状が一つではなく多岐にわたっていること、軍事行動に関わる罪が含まれていないこと等に注目しておきたい。胡原は自陳して告発されたことについて釈明したとみられるが、自陳の内容は明らかでない。ただ、洪熙元年一二月辛卯の条によれば、都察院は、胡原が寧夏衛鎮撫の娘を妾とし、その父親に勝手に騎士五八人を随従させたこと、指揮僉事劉定の金品を奪ったことを改めて告発し、徒罪に当たるとしてその処罰をもとめた。このとき都察院が示した罪状は軍士の私役と金品の強奪で、いずれも閏七月の七ヶ条の中に含まれていたものである。このことからみると、これ以外の罪は自陳による釈明が認められたのかもしれない。結局、胡原は致仕を命じられただけで特に処罰はされなかった。次に宣徳元年四月壬午の条によれば、寧夏参将の都督同知陳懐が、勝手に騎士二〇余人を出境させようとしたのを配下の指揮張善が制止した。これを憾んだ陳懐が張善に杖を加えたというのである。当時、寧夏には総兵官はおかれておらず、陳懐と保定伯梁銘がともに参将として駐箚していた。陳懐と梁銘は不仲で、梁銘が事件のことを告発してきたのである。陳懐がなぜ騎士を出動させようとしたのか記

されていないが、このころ辺将が狩猟や採木の為に軍士を出境させる記事が屢々みられるので、或いはこの場合もそのような目的だったかもしれない。梁銘の告発を受けて

左都御史劉観、陳懐の罪を治《ただ》されんことを請う。上曰わく、懐は大臣なり。姑く其の実を自陳せしめよと。

とあり、劉観が陳懐の処罰をもとめたが、宣宗は、都督同知は大臣であるとの理由を挙げて、とりあえず自陳を命じた。陳懐の罪は『大明律』兵律・軍政「縦放軍人歇役」、関津「私出外境及違禁下海」に当たるだろう。これも軍事行動上の罪ではない。後述のように、陳懐は四川総兵官に就任してからも、また自陳を命じられることになる。宣徳六年二月壬子の条には、寧夏総兵官・寧陽侯陳懋についての記述がある。これは宣宗朝を代表する不正事件で、Ⓙ封示をはじめ、他のところでも度々触れてきたので内容は省略する。陳懋の罪は『大明律』戸律・田宅「盗耕種官民田」、倉庫「虚出通関硃鈔」、課程「阻壊塩法」、兵律・軍政「縦放軍人歇役」、関津「私出外境及違禁下海」、刑律・賊盗「監守自盗倉庫銭糧」に当たるものである。罪状が非常に多岐にわたる点、軍事行動上の罪を含まないなどの点は、ここまでみてきた他の事例とも共通する。劾奏を受けた宣宗は

姑く奏せられし所を録して之に示し、有無をして自陳せしめ、然る後に処置せよと。

と、陳懋に対し封示と自陳を命じた。このほかにも封示と自陳を併わせて科された者に掌陝西都司事の胡原・四川総兵官陳懐・大同総兵官代行の参将曹倹などがいる。Ⓙ封示とⓀ自陳は、対象の武臣の官銜がよく似ていると述べたが、後で示すように、適用される罪状も共通している。考えてみれば弾劾文を本人にみせて、釈明なり反省なりを書かせるのだから、封示と自陳が連動するのは自然なことである。両者が運用のうえで密接な関係にある処分だったことが窺える。次に宣徳七年六月庚寅の条によれば、保安衛の指揮高栄が、開平の守備に当たっている万全都司の都指揮唐銘の「挾私行罰」を告発する事件があった。宣宗が唐銘に自陳させたところ、唐銘がいうには、開平守備のために諸

衛に動員をかけても、皆いやがって期限どおりにはやってこず、六、七回も督促してやっと到着するありさまだったという。やむを得ず遅れた指揮以下の武臣を笞打った。これを怨んだ高栄が唐銘を誣告した事情が判明し、宣宗は副総兵方政に高栄の処罰を命じた。唐銘の行為は『大明律』名例律「軍官有犯」の規定に抵触するだろうが、公罪と認められたと思われる。これは自陳の釈明によって冤罪がはれたケースである。次の宣徳九年二月癸酉の条の大同総兵官代行の参将・都指揮曹倹についての記事もⒿ封示、Ⓛ「降勅叱責」と重複しており、すでにⒿ封示のところでも触れた。大同総兵官鄭亨が在職のまま没し、参将の都指揮曹倹が総兵官職を代行すると、これに反発した山西行都司の都指揮呂整が曹倹の不法四事を劾奏し、曹倹も呂整の不正を弾劾した。呂整が挙げた曹倹の罪は『大明律』では名例律「殺害軍人」、戸律・田宅「盗耕種官民田」、兵律・軍政「私売軍器」、「縦放軍人歇役」に当たるもので、曹倹が弾劾した呂整の罪は刑律・受贓「因公擅科斂」に当たるものであった。これに対して宣宗は

　上、行在兵部の臣に諭して曰わく、二人は互相《たがい》に訐る。姑く未だ処置せず、各々作せし所の過《つみ》を録して之に示し、
　虚実を自陳せしめよと。

と封示と自陳を命じた。やはり、ここで挙げられた曹倹の罪状も多岐にわたり、大同参将という第一線の要職に在るにも拘わらず、軍事行動に関わる罪は含まれていない。第一章で述べたように、この事件の背景に総兵官と都司の統属関係をめぐる軋轢があったためか、宣徳九年三月壬午の条に曹倹の自陳の記事が採録されている。自陳の命令と対応する自陳の記事が両方みられる珍しい例である。

　大同参将・都指揮使曹倹奏すらく、昨《さきごろ》、都指揮呂整奏すらく、臣は壮士六百人を家に私役すと。又、諸軍を役して私田を耕種せしめ、兵器を以て私かに虜使の駱駝と易え、無罪の軍士を捶死せしむと。伏して聖恩の寛容なるを蒙り、即《ただ》ちには誅戮せず、臣をして実を具えて以て対えしむ。臣は忝《かたじけな》くも将領に備《あ》てらるに縁りて、曩《さき》

に運粮・修城・焼荒・巡辺するに因り、大同諸衛の官軍は、倶て調遣するを聴《ゆる》さる。間《あいま》に間暇あるに因りて、暫く三・五人、或いは十数人を留めて、以て使令に備う。応州・白堂等の処に所種の田荘あるも、歳ごとに例の如く税粮を輸納し、実に人力を借りて耕種せしむ。往年、虜使阿都赤の北に帰るを送るに、彼の駝の痛みて前《すす》む能わざるもの有り。因りて衣服を以て之に易う。軍人吉僧住なるもの、神銃を習用し、嘗て辺に備えしむるに、銃を棄てて逃帰し、又、所管の千戸を辱罵せり。千戸執えて以て臣に告《うった》う。臣、総兵官・武安侯鄭亨と同《とも》に審訊して責決し、断事司に送るに、半月を越えて死せり。皆臣実に犯す。敢えて情を隠さず。伏して乞うらくは、愚昧を矜宥され、まさに改過を図らしめられんことをと。上、法司の官に諭して曰わく、倹の逃卒を笞《むちう》ちしは過《あやま》ちと為さざるも、其の他は未だ飾詞たるを免れず。今、方《はじ》めて任ずるに辺事を以てせんとす。窮究するを欲せず。姑く之を容し、後效を図らしめよと。

とある。曹倹は自陳のなかで、呂整に告発された軍士の私役、土地経営、虜使との交易、軍士の殺害の四つの不正について釈明した。これをみた宣宗は、軍士を死亡させてしまった件に関しては曹倹に手落ちはないとした。公罪と認めたのだろう。しかし、他の三つについては偽りだろうと述べている。確かに曹倹の釈明は苦しい言い逃れにみえる。宣宗は告発された曹倹の不正の大半を事実とみたわけで、それは、このあと曹倹に勅を降して、虜使との交易だけでも死罪に当たる罪だと厳しく叱責したことからも窺える。そのうえで宣宗は最後に「窮究するを欲せず」と述べた。曹倹を大同総兵官代行に任命したばかりだから、これ以上追究しようとは思わないということである。曹倹を処罰すれば呂整の主張を認めたことになり、総兵官と都司との関係にも影響を及ぼすとみたのだろう。そこに宣宗の北辺防衛を第一に優先する姿勢と、防衛態勢を維持する為に少々のことには目を瞑るという現実的な対応をみることができる。自陳は、武臣が罪を犯して告発されても、すぐには処罰しないで釈明の機会を与えるという趣旨のものだが、この事例の経緯をみてくると、結局、罪には問わないで宥すことを前提にした処置だったように思われる。次に宣徳九年一〇月辛未の条によれば、陝西行都司の都指揮僉事紀勝は、以前に通州右衛の指揮使だったときに、通州知州の王琬を殴って負傷させたこと、軍士を売放したことを告発された。誰が告発したのかは記されていない。宣宗は紀勝に自陳を命じ、紀勝は次のように述べた。

旨を奉ずるに、臣をして其の実を自陳せしめらる。臣勝は王琬と公事を争論し、語相《とも》に激して推すに、琬は地に仆れしも実は傷無し。軍人を縦放して賂遺を受けしは臣実に之有り。請うらくは罪を受けんことをと。上、右都御史顧佐等に謂いて曰わく、勝は武人にして語は直なり。既に罪に服せんとす。之を宥せと。

とある。紀勝は王琬と裁判に関することで争論し、互いに興奮して、紀勝が王琬を押したところ王琬は地に倒れたが怪我はなかったと釈明し、軍士の売放については事実だったと認めた。紀勝の罪は『大明律』兵律・軍政「縦放軍人歇役」、刑律・闘殴「闘殴」に当たるだろう。やはりこれも軍事行動に関わる罪状ではない。このケースでも、宣宗は紀勝に自陳させたあと、武臣らしくて率直であると、理由にもならないようなことを挙げて宥している。ここまで北辺の事例をみてきたが、対象には高位の武臣が多く、罪状は多岐にわたるが軍事行動に関わるものは含まれず、概して経済事犯が多いように思われる。更に北辺以外の事例もみてみよう。

内地にも一件ある。宣徳八年閏八月壬子の条によれば、掌南京右軍都督府事の都督陳政が、管下の貴州都司に「督事」の為に人を派遣した際に勘合を持参させなかった。貴州按察司がこれを告発し、宣宗は陳政に自陳を命じた。陳政の自陳について

上、政をして自陳せしむ。是に至り、政等言えらく、素より諳練ならず、錯誤有るを致す。罪に伏せんことを請うと。上曰わく、勘合は以て姦弊を防ぐなり。錯誤を容《ゆる》すべけんや。姑く之を宥すも、再犯すれば宥さずと。

と述べた。陳政は事務仕事に疎いので、ついうっかりしてしまったという旨の自陳をし、過ちを認めて罪を待つ姿勢をとったことがわかる。「督事」の内容が分からないので陳政の罪ははっきりしないが、勘合持参の有無が大きな問題になったことからみると『大明律』戸律・倉庫「那移出納」の規定に関わることかもしれない。この例でも、宣宗は自陳させたあと、問違いを繰り返さないよう注意したうえで宥した。やはりこの事例も軍務上の罪とは関係がない内容である。

次に南辺の事例についてみる。運用上の特徴がよく似たⒿ封示は事例が北辺に偏っていたが、Ⓚ自陳は南辺にも北辺に匹敵するくらいの事例がある。洪熙元年九月丁巳の条に、既に亡くなった広西都司の都指揮同知葛森の妾許氏が鎮守広西総兵官・鎮遠侯顧興祖を告発した記事がある。顧興祖の件も宣宗朝を代表する不正事件の一つだが、これがその発端である。許氏が訴えた顧興祖の罪は数ヶ条あり、抽象的な言い方で内容がはっきりしないものもあるが、訴えの主眼は

故夫の旧居を逼取し、故夫の次妾を抑求す。寡弱を欺淩すること、情として実に堪え難し。

とあるように、顧興祖がもとの配下である亡夫の旧宅を奪い、次妾を自分の妾にしようとした点にある。後の記事から次妾の名は袁氏といったことが分かる。この訴えを受けた宣宗は

上曰わく、大臣兵を総べて外に在るは、其の寇を靖《しず》め民を安んぜんことを欲すればなり。若し果して為す所此の如くんば、法として亦た容《ゆる》し難し。但だ朝廷は当に大体を存すべし。豈に肯《あえ》て輒《みだ》りに一婦人の言を信じて辺将を罪せんや。姑く其の実を自陳せしめよと。

と、訴えが事実ならば許すことができないとしながらも、一婦人の言のみで大臣たる広西総兵官を罰することはできないとして、実否を顧興祖に自陳させるよう命じた。宣宗の言い方から、これが顧興祖告発の第一報だったことが分

かる。北辺の寧夏総兵官陳懋のときにもそういうところがみられたが、この自陳は最初の第一報を受けた宣宗が事実の確認の為にさせる趣旨のもので、ある程度罪状がはっきりしてから、釈明・反省の為に命じる自陳とはやや性質が異なるように思われる。このとき命じられた顧興祖の自陳の記事は見当たらないが、顧興祖がその後も広西総兵官の地位に在ったのは確かである。しかし、宣徳二年四月戊寅の条に、顧興祖が今度は巡按御史に弾劾された記事がある。巡按御史汪景明が、顧興祖と配下の指揮張珩らの貪虐一五事を挙げて、その処罰をもとめたのである。一五事の内容は記されていないが、「貪虐」とあるから、配下の搾取や経済事犯に属するもので、軍務上の罪ではないと思われる。劾奏に接した宣宗は

上、以て都御史劉観に示すに、観、其の罪を治《ただ》されんことを請う。上曰わく、興祖は一方を総鎮す。姑く虚寔を自陳せしめよ。余人は皆之を逮治し、果して事の興祖に干《かかわ》れば、奏を具えて之を処せと。

と、この段階で宣宗は顧興祖に二度目の自陳を命じた。顧興祖に対しては「一方を総鎮す」る大臣だからという理由で自陳させる一方で、配下の指揮張珩らは有無をいわせず逮捕・処罰するよう命じている。顧興祖も張珩らも同じ罪状で告発されているにも拘わらず、扱いがこのように違うわけで、自陳が高位者に対する特別な措置だったことが分かる。宣宗が自陳を命じた二ヶ月後の宣徳二年六月戊寅の条に

総兵官・鎮遠侯顧興祖の罪を宥す。是より先、広西の故都指揮葛森の妾許氏、興祖の其の居宅を奪わんと欲せしこと、又、森の次妾袁氏を逼取し、軍を私役して第宅を造りしこと、及び貪虐不法不《ママ》五事を訴う。詔して興祖をして自陳せしむ。是に至り、実なるを首《もう》す。上、都御史劉観等に語りて曰わく、既にして実を隠さず。姑く之を宥して改過せしめよ。如し改めざれば仍りて宥さざるなりと。

とある。「是に至り、実なるを首す」とあるから、この段階で顧興祖は始めて自陳して罪を認めたわけである。とこ

ろが記された罪状をみると洪熙元年九月に葛森の妾許氏が訴えた内容と同じである。前述のように、宣宗はこのとき既に顧興祖に自陳を命じている。しかし、このときの顧興祖の自陳を窺わせる記事が見当たらないことはさきに述べたとおりである。その後、巡按御史汪景明が再度顧興祖を弾劾し、宣宗が改めて自陳を命じて、ようやく提出されたのである。つまり、顧興祖は最初に自陳を命じられてから一年半余りの間放置していたことになる。自陳は期限が定められたものではないのかもしれないが、それにしてもこのようなことが許されたのかと思う程の怠慢である。今回の自陳の提出にしても、『宣宗実録』の宣徳二年四月二〇日の条に顧興祖に自陳を命じた記事があってから、この記事のある六月二〇日まで六〇日ある。北京と広西の距離を考慮に入れても、命令を受領してからも、顧興祖がぐずぐずと逡巡していたのではないかと思われる。というのは、前述した大同総兵官代行の都指揮曹倹の例があるからである。宣徳九年二月二五日の条に曹倹に自陳を命じる旨の記載があって、三月五日の条には既に曹倹の自陳と宣宗の対応が記されている。北京と大同は近いとはいえ、その間わずか一〇日しかない。曹倹が命を受けて大急ぎで起草し上奏したことが窺える。このような対応の違いは、曹倹が一代限りの都指揮で、顧興祖が世襲の勲臣という身分の差によるところもあるかもしれない。ともあれ、このような顧興祖の態度にも拘わらず、宣宗は「既にして実を隠さず」という理由で罪には問わなかった。宣宗が勲臣という身分を尊重したこともあったとみられるが、もともと自陳が本人が罪を認めさえすればこれを宥すことを前提にした措置だったのではないかと思われる。これまでみてきた事例の中で、自陳のあとで処罰された者はなく、みな宥されている。この段階までの、つまり自陳が適用された際の顧興祖の罪を『大明律』の条項で示すと戸律・田宅「盗耕種官民田」、婚姻「強占良家妻女」、兵律・軍政「縦放軍人歇役」、刑律・賊盗「恐嚇取財」、受贓「因公擅科斂」等の規定に抵触するものである。罪状が一つではなく多岐にわたること、その内容は経済事犯、軍士の圧迫・搾取やスキャンダルなどで軍事行動に関わる罪は含まれていないこと等の点はこれまでみた事例と共通している。このときは宥された顧興祖だったが、翌七月には逮捕され獄に下されることになった。この事件は宣徳二年七月己亥の条に記されているが、交阯の軍が隘留関を突破し丘温を攻略するのを坐視した廉による。前回宥された諸罪も合わせて理由にされたが、逮捕・下獄の直接の罪は『大明律』兵律・軍政「主将不固守」に当たるものであった。今回は自陳の措置が考慮された様子がないことは、自陳が軍務上の罪には適用されないことを示しているのかもしれない。

次に宣徳二年六月己未の条によれば、海南の賊が捕えられて民から劫掠した財物を回収した。これらの財物は広東都司に送られたが、同都司の都指揮趙成と李竜は、被害者に返還せずに着服してしまった。これを巡按広東御史連均が劾奏し、その処罰をもとめた。これに対し、宣宗は

上、自陳せしむ。是に至り、皆実なるを首《もう》す。命じて姑く之を宥し、財を以て民に還さしむ。

という処置をとった。宣宗が二人に自陳を命じたところ、事実であることを認めたが、宣宗は処罰せず、財物を民に返すよう命じただけだった。この事件そのものは軍による捕盗で軍務に関わるケースだが、趙成・李竜は盗賊の追捕に携わったわけではなく、都司に送られた財物を隠匿して横領しようとしただけである。『大明律』でいえば刑律・受贓「尅留盗贓」の罪に当たる。次に宣徳四年八月戊戌の条によれば、掌四川都司事の都督同知徐甫が軍士を杖殺したことをうったえた者があり、四川按察司が徐甫の処罰をもとめた。これに対して宣宗は

上、甫をして実を具えて以聞せしむ。是に至り、甫言えらく、軍丁糧を運びて松潘に赴くに、中路にて糧を棄てて逃ぐるものあり。又、軍にして逃ぐること三次なる者あり。皆捕えられて至る。臣愚、其の法に違いしを忿り、各《おのおの》杖すること四十なるに、瘡《きずあと》潰れて死せり。実に臣の罪なりと。上、右都御史顧佐等に謂いて曰わく、軍は応に杖すべしと雖も、之をして死に致らしむるは、則ち応にすべからざるなり。今、姑く甫を宥し、其れ移文し

て之を戒め、再び犯すことなからしめよと。

と命じた。「自陳」の文言はないが、内容からみて自陳である。徐甫の罪を宣宗は公罪と認めたのだろう。『大明律』では名例律「殺害軍人」に当たると思われるが、「致之死則不応」との言葉からみると、宣宗は刑律・雑犯「不応為」とみたのかもしれない。この事例も軍事行動に関わるものではなく、都察院を通じての「移文戒飭」は伴うものの、徐甫が自陳のあと宥された点では他の例と同じである。次に宣徳六年四月丁未の条に四川総兵官・左都督陳懐が弾劾された記事がある。第一章の第三節一で述べたように、この事件の背景には総兵官と三司の統属をめぐる紛争があった。Ⓙ封示、Ⓛ「降勅叱責」とも重複するのでそちらでも触れるが、御史王礼が、陳懐の賄賂を受けて罪人を庇ったこと、軍屯を占奪したこと、軍士の妻を奪って甥の妾としたこと、民事不関与の禁例を破って三司の官を圧服しようとしたこと等を告発した。これを受けた宣宗は

上、行在都察院の臣に命じて、御史の章を封じて懐に示し、事の有無は悉く懐をして実を疏《しる》して以聞せしむ。是に至り、懐悉く実なるを首《もう》し、且つ過《つみ》を謝す。上、行在都察院の臣に諭して曰わく、懐は武人にして不学の過ちなり。姑く之を宥せと。

と、本人に王礼の奏章を封示させるとともに事実の有無を自陳させた。陳懐の自陳の内容を示す記事は見当たらないが、陳懐は全て事実であることを認めて謝罪し、宣宗は武人の不学ゆえの過ちであるとして宥した。陳懐の事件については宣徳五年五月癸丑、六年四月丁未、八年八月壬辰、九年二月辛未の条に関連する記事があるが、陳懐が自陳を命じられた宣徳六年四月までの罪を『大明律』の条項で示すと名例律「殺害軍人」、戸律・田宅「盗耕種官民田」、婚姻「強占良家妻女」、礼律・儀制「服舎違式」、刑律・訴訟「軍民約会詞訟」、断獄「官司出入人罪」等に当たるとみられる。陳懐のケースも罪状が多岐にわたること、自陳のあと宥されたこと等、他の事例と軌を一にする。次の宣徳

九年四月丙子の条の記事はⒾ記罪、Ⓜ「移文戒飭」とも重複するものだが、広東都司の都指揮花英は管下の恵州衛で軍の点検・選抜に当たり、その際、不備を見逃してもらうべく衛所官が差しだした銀を受けとり、これが発覚して巡按御史に弾劾された。これに対して宣宗は

広東都指揮花英奏すらく、……旨を奉ずるに、臣をして実を具えて以聞せしむ。

と自陳を命じ、罪を認めた花英について「実を隠さず」との理由で、記罪と都察院を通じての「移文戒飭」を科すだけで宥した。花英の罪は『大明律』刑律・受贓「官吏受財」に当たるだろう。

ここまで個別の事例をみてきたが、自陳は罪を犯して告発された武臣に対し、処罰を猶予して釈明の機会を与え反省を促すものである。表22に示したように、事例は地理的には殆ど南北辺に限られている。又、自陳の対象となった武臣は都指揮以上の高官のみで指揮以下は見当たらない。特に勲臣や都督のような最高位の武臣のケースが目立つ。対象の中の五人が総兵官や総兵官代行であった。南北辺は軍事的緊張地帯で大軍が配置され、これを統率するために総兵官や鎮守等がおかれたが、自陳は主にこのような官・職ともに最高位の武臣に適用されたものだったといえる。自陳が適用された罪状も特徴的で、該当する『大明律』の条項を示したのが表23である。これをみると他の処罰・処分にみられないほど範囲が広い。Ⓙ封示も適用される罪状が多かったが自陳はそれ以上である。戸律の一二件、兵律の九件、刑律の一〇件が主なものだが、兵律の内容をみると殆どが軍士の私役で、「主将不固守」や「失誤軍事」のような軍事行動に関わるものはみられない。第二章で武臣の罪を軍事行動上の罪、軍士の搾取・圧迫、経済事犯に大別して検討したが、自陳はこのうち後の二つ、特に経済事犯に科されたものであることが明らかである。確かにここまでみてきた個別の事例の内容も倉糧の侵盗、土地占奪、茶や塩の違法売買から個人的なスキャンダル、礼法違反まで、幅広い不正を含んでいたが軍務上の罪はなかった。また表23で示した『大明律』の条項の多さとも関連するが、

単純な犯罪ではなく、複数の罪に問われた武臣が多いことも自陳の特徴の一つである。掌陝西都司事の胡原が六ヶ条、広西総兵官顧興祖は五ヶ条、四川総兵官陳懐は六ヶ条、寧夏総兵官陳懋は六ヶ条、大同総兵官代行の曹倹は四ヶ条あった。自陳は、南北辺を舞台にした、最高位の武臣の広汎で慢性的な経済事犯や私役等の軍士の圧迫・不正などに対して科されたものだったといえよう。

さらに宣徳二年四月・六月の広西総兵官顧興祖の事例からみると、自陳は皇帝の直接の命令によるものである。また、宣宗が顧興祖の手下として悪事を手伝った指揮張珩らの逮捕・処罰を命じたとき、顧興祖にだけ自陳を命じた。自陳が高位の武臣に対する帝の特別な配慮による措置だったことが分かる。そのような趣旨だから、宥すことが前提で自陳のあと処罰された例はない。「之を宥す」、「姑く曲げて之を宥す」等とあってみな宥され、官も職もそのままで服務地の変更もない。宥す理由としては「既にして実を隠さず」、「皆実なるを首《もう》す」、「但だ実なるを隠さず」等とあるように、告発された罪を率直に認めて謝罪・反省させることが眼目である。自陳のあとに宥されることは自陳した内容と余り関わりがない。大同総兵官代行の曹倹のように、釈明の内容について、宣宗

表23　Ⓚ自陳

名例律	軍官有犯	1
	殺害軍人	3
戸律	戸役	1
	田宅	5
	婚姻	2
	倉庫	3
	課程	1
礼律	祭祀	1
	儀制	1
兵律	軍政	7
	関津	2
刑律	賊盗	3
	闘殴	1
	訴訟	1
	受贓	4
	断獄	1
工律	営造	1
（合計）		38

兵律

軍政	私売軍器	1
	縦放軍人歇役	6
関津	私出外境及違禁下海	2
（合計）		9

自身が言い逃れだろうと述べながら宥した例もある。又、自陳を命じる理由として「一方を総鎮す」とか「大臣なり」等の宣宗の言葉もあるように、総兵官のような高官の処罰によって辺防態勢が混乱することを避ける為の現実的な措置という面もあった。実質的な処罰は伴わず事後に宥される自陳は、Ⓙ封示、Ⓛ「降勅叱責」、Ⓜ「移文戒飭」などの軽度の処分と併わせて科されるケースも少なくない。特に弾劾・告発の奏章を本人にみせて反省をもとめるⒿ封示とは関係が深く、対象とされる武臣の身分や適用される罪状には両者に共通する点が多い。自陳はいわば釈明・反省の文を提出させるわけだから、告発された罪状を本人に示すのは自然なことである。適用される罪状からみて、自陳は主に経済事犯や軍士の圧迫・搾取に科されたⒶ死罪、Ⓑ「如律」、Ⓓ降・調、Ⓖ罰役、Ⓙ封示などの系統に属する軽い処分で、主に軍務上の罪を対象にしたⒺ為事官・戴罪官、Ⓕ立功贖罪、宣徳六年以前のⒽ罰俸、Ⓘ記罪などとは性質の違うものであったとみられよう。

Ⓛ「降勅叱責」

宣宗朝を通じ、宣宗自ら勅を下して武臣を叱責した例が一七件あり、これを示したのが表24である。人数は表に示したとおり一八人だが、これは延べの数字で、遼東総兵官巫凱の二回、宣府総兵官譚広の三回、大同総兵官代行曹倹の二回、甘粛総兵官劉広の三回、四川総兵官陳懐の二回のように、一人で何回も宣宗の叱責を受けたケースが多いので実際の人数は一一人である。年ごとの件数では「降勅叱責」は宣宗朝の中ば以降に集中している。地域の欄をみると大部分が北辺の事例なので、宣宗朝後半の北辺の情勢と関係しているのだろうと思われるが、この点に関しては個々の事例の内容をみながら考えたい。対象となった武臣の官銜は非常に特徴的で、都督が圧倒的に多く、勲臣も含めると「降勅叱責」は殆ど最高位の武臣に限られた処分だったといえる。これはⒿ封示やⓀ自陳とよく似た傾向である。それではこれらの処分が適用された罪状と「降勅叱責」の対象になった罪状の間に異同はあるのか。このような点に留意しながら地域ごとに各事例をみていきたい。

まず圧倒的多数を占める北辺では、宣府総兵官・左都督譚広が三度にわたって「降勅叱責」を被った。最初の事例は『宣宗実録』宣徳四年七月丁卯の条に記されている。宣府に配属されている神銃内臣の王冠が、軍を率いて内臣海寿を送って竜門に至り、酔って田舎に宿泊しているところを韃虜に襲撃され、千戸陳諒とともに殺害され牛馬を劫掠される事件がおこった。報告を受けた宣宗は勅を下して譚広を叱責した。そこには

上、勅を遣わして都督譚広を責めて曰わく、王冠擅《ほしいまま》に出ずるに、爾は総兵為《た》るに之を阻まず、賊手に死するを致す。冠は責めるに足らず。爾は老将なるに、事を怠ること此くの如し。過《とが》実に誰に帰せんや。特に旧勲なるを念い、姑く寘《お》きて問わず。是自り、当に飭励を加え、前失を踏むことなかるべし。……仍りて各処の内臣に戒飭するに、自ら擅に軽《かるがる》しく出ずるを許さずと。時に内臣の辺に在る者、挟勢恣肆にして、総兵の能く制する所に非ず。上、聞知し故に之を戒む。

とある。鎮守内臣が帝の権威を笠に着て、総兵官もなかなか統御できなかった様子は第一章の第三節三で述べた。しかし、宣宗は譚広の監督責任を問うて叱責した。結果的に、譚広の罪は『大明律』兵律・軍政「主将不固守」に当たることになろう。文中で宣

表24 Ⓛ「降勅叱責」

洪熙1	0	勲臣	1	北辺	14
宣徳1	0	都督	14	北京	0
2	0	都指揮	2	内地	0
3	0	指揮	1	南辺	3
4	5	千戸	0	（合計）	17件
5	2	百戸	0		
6	1	鎮撫	0		
7	2	（合計）	18人		
8	3				
9	4				
（合計）	17件				

宗は譚広を「老将」としているが、譚広は宣宗朝を通じて宣府総兵官として在任し、それが六四～七三歳の間なので、このとき六八歳だったとみられる。これが最初の事例だが、対象が総兵官の軍務上の罪だったことに注目しておきたい。譚広はわずか三日後にまた宣宗の叱責を被ることになった。宣徳四年七月庚午の条によれば、こんどは譚広の配下の指揮王林が、勝手に煙墩に配置されている軍士をつかい、境外に出て鹿を獲らせていたところを韃虜に追蹤され、韃虜はそのまま侵入してきて人畜を殺掠して去ったというのである。譚広がこのことを奏聞すると、宣宗は

上、行在兵部の臣に諭して曰わく、王林等の罪は宥すべからず。今《ただ》ちに京師に械送せしめて之を罪せよと。又、翰林の臣に諭して曰わく、此、亦た広の号令厳ならず、戒飭至らずして、屢《しばしば》失有るを致す。其れ勅を降して之を責めよと。

と命じた。宣宗は、王林らの行動は、譚広の「号令厳ならず、戒飭至らざる」ことが招いた事件だとして、翰林院に叱責の勅を起草するよう命じた。勅の内容は分からないが、これも譚広の監督不行き届きを叱責したものだったろう。王林らの罪は『大明律』兵律・軍政「縦放軍人歇役」、関津「私出外境及遠禁下海」に当たるが、主将たる譚広の罪は賊の境内侵入を妨げなかったのだから、兵律・軍政「主将不固守」に該当するだろう。このように矢継ぎ早に辺将を叱責している様子から、このころ、宣宗が北辺の情勢を注視しており、非常に敏感に反応していたことが窺える。

譚広は更に一〇月にも叱責された。Ⓗ罰俸のところでも示した例だが、宣徳四年一〇月壬午の条によれば、譚広は次のように上奏した。韃虜が侵入して人畜を劫掠し軍士を殺害したが、守関の千戸蘇斌はこれを禦ぐことができなかった。そこで譚広みずから軍を率いて追撃し、拉致された男女を奪回することができたという。併せて蘇斌らの失機の罪を挙げてその処罰をもとめた。七月に二度にわたって宣宗の叱責を受けたばかりで、今回はやや意気揚々とした譚広の様子も窺える。しかし、これに対して宣宗は

上、広に勅して曰わく、此亦た平素の隄防謹まざるの致す所なり。能く掠せられし所を追回せりと雖も、未だ一賊をも殺獲するを見ず、功を言うに足らず。

と、事件の発生そのものが、譚広の平素からの怠慢によるもので、拉致された男女を取り戻したのはいいが、賊の一人も殺獲していないではないかと指摘し、「功を言うに足らず」と水を浴びせるようないい方で叱責した。譚広の罪も千戸蘇斌の罪も『大明律』兵律・軍政「主将不固守」に当たるだろう。この一連の譚広に対する「降勅叱責」をみると、その原因となった罪は、いずれも『大明律』兵律・軍政「主将不固守」に当たるもので、軍士の搾取や経済事犯ではない。譚広に対する叱責は宣徳四年に集中しているが、このころ小規模ながら宣府方面に対する韃虜の侵入が頻繁だったことが窺える。北辺の守りを第一に優先している宣宗にとって無視できない情勢だったのだろう。それは宣宗が叱責の度に普段から油断のないように努めよと強調していることからも窺える。

　遼東総兵官・都督僉事巫凱も二回にわたって「降勅叱責」を被った。まず宣徳四年七月甲戌の条によれば、韃虜がたびたび曹荘・沙河方面に侵入して人畜を殺掠するので、巫凱みずから軍を率いて巡辺し、防備態勢を点検したが、都指揮李信らが怠慢であるとして、その失機の罪を弾劾し処罰をもとめた。これを受けた宣宗は

上、行在都察院に命じ、御史一人を遣わし、往きて之を治《ただ》さしむ。復た凱及び掌遼東都司事の都督僉事王真に勅して曰わく、李信等の防禦を失し、寇の乗ずる所と為りしは、已に監察御史を遣わして究治せしめたり。爾らは平日の号令厳ならず、以て部属の懈怠を致せり。亦た安《いず》くんぞ罪無きを得んや。自今、宜しく約束を厳にすべし。辺備をして監固《ママ》ならしむれば、前愆を蓋うに庶《ちか》からんと。

と、巫凱と王真に勅を降し、李真らは処罰するが、かかる事態を招いたのは、日頃からの二人の「号令厳なら」ざるためであると指摘して叱責した。配下の軍務上の罪に関し、その監督責任を問われての「降勅叱責」である。李信も

巫凱・王真も罪は『大明律』兵律・軍政「主将不固守」に当たる。これは宣府の譚広が何度も叱責されていたのと同じ時期で、このころ、宣府と同様に、遼東方面でも韃虜の侵犯が頻繁だったことが分かる。叱責の中にも、このような情勢に対する宣宗の苛立ちが感じられるようである。次の例も㊐罰俸のところで示したものだが、宣徳五年一二月壬午の条によれば、開原方面に韃賊一〇〇余人、柴河方面に四〇余人が侵入して人畜を却掠したが、備禦の都指揮鄒溶・都指揮佟答剌哈《ダルハン》らは、右往左往しただけで相互に策応できず、全く戦果を挙げられなかった。巫凱はその経過を報告するとともに、鄒溶・佟答剌哈の処罰を要請した。これに対して宣宗は

　上、勅を遣わして凱を責めて曰わく、此、皆爾の平昔に守備の方を規画する能わざればなり。故に下に在る者、皆放肆にして号令に循わずと。

と述べ、平常から協力態勢と役割分担を明確に決めておかないから、配下も命令を守らないのだとして、巫凱を厳しく叱責した。この例でも配下の鄒溶・佟答剌哈の罪は『大明律』兵律・軍政「失誤軍事」に当たり、「降勅叱責」を被った巫凱の罪は「主将不固守」に当たる。やはりこの例も経済事犯や軍士の酷虐とは無縁の罪状である。

甘粛総兵官・都督僉事劉広も三回の「降勅叱責」を受けた。最初の例は宣徳七年九月辛未の条に記されている。劉広は、韃虜が蘭州衛境に侵入して馬匹を劫掠し、ついで永昌衛の二駅で人馬を掠奪したこと、劉広自ら軍を率いて追撃したが及ばず、韃虜は遁去したことを報告するとともに、指揮馬驥・千戸阮徴の「巡捕不厳」を弾劾して、その処罰をもとめた。これに対して宣宗は

　勅して広等を責めて曰わく、守辺の道は惟だ謹厳に在り。未だ寇有らざるときと雖も、常に敵に臨むが若くして、然る後に無虞を保つべし。今、賊縦横に往来し、人馬を劫掠せしは、蓋し爾等の平素の怠慢の過《とが》に由るなり。今、賊去ると雖も、或いは爾の甘州に回るを伺わば、仍《やはり》復来犯せん。勅至らば即《ただ》ちに驥等を執えて之を罪せよ。各屯

堡の官軍を厳督し、昼夜警備せば、前失を踏まざるに庶幾《ちか》からん。

と述べ、劉広の「平素怠慢の過」を叱責し、馬驥らの処罰を命じた。宣府から遼東と活発化した韃虜の動きが、西端の甘粛方面にも波及してきた様子が窺える。劉広自身も配下の馬驥・阮徴も、その罪は『大明律』兵律・軍政「主将不固守」に当たる。更に宣徳九年一〇月丁巳の条によれば、巡按陝西御史劉敬が、前月の一九日に虜寇朶児只伯らが涼州に侵入し、人を殺し財を掠奪したこと、指揮楊斌が賊の一人を擒えたが他は遁走したこと、総兵官劉広が自ら追撃したが、結局及ばずに帰還したことを上奏した。これを受けた宣宗は

上、勅を遣わして広を責めて曰わく、朕、嘗て逆《あらかじ》め虜情を料り、深く涼州・永昌を以て慮《おそれ》ありと為し、数《しばしば》爾等に厳兵戒備を命ぜしに、今、虜の入寇すること、無人の境に入るが如し。来《きた》るも既にして覚らず、去るも亦た之を追逐する者無し。爾の職《つと》める所何事なるやを知らず。忠臣は体国して夙夜尽心す。爾は命を用いず、事を怠ること此くの如し。罪何ぞ逃れる所ならんや。今、残虜散漫なるも、勝《さかん》なれば即ち驕縦たらん。疆場の事、恒《つね》に朕の心に切《せま》れり。爾宜しく勉めて良図《りょうけい》を思い、以て前過を掩え。如し再び失有らば、復《ふたた》び貸《ゆる》す能わず。之を慎め、之を慎めと。

と叱責した。宣宗が様々な情報から西北辺の情勢を危惧し、韃虜の行動を予測して、それに対する対応を指示していたことが分かる。宣宗が非常に敏感に反応しているのに、現地はかえって鈍感で、来たら対応すればいいという感じが拭えず、宣宗がそのことに怒りを発している様子が窺える。後方にいても各地からの幅広い情報に接し得る宣宗の方が現地よりも正しい判断ができることはあり得るだろう。劉広の罪もやはり『大明律』兵律・軍政「主将不固守」に当たる。宣徳九年一〇月壬戌の条によれば、叱責された劉広はすぐに釈明した。朶児只伯らを追撃して沙子に至り、韃虜の四人を生擒し四人を斬り馬駝四〇匹を奪回したというのである。しかし、宣宗は

上、勅を遣わして広を責めて曰わく、昨《さき》に御史劉敬言えらく、爾は賊を追うも及ばずと。今、乃ち斬獲の数を以て来聞す。縦《よし》爾の言の如きなるも、豈に能く虜の殺掠せしところと相当せんや。朕、嘗て爾に命ずるに、守備を厳飭すること、常に寇に臨むが如くせよと。爾は朕の言を用いず、寇は間に乗じて入るを得たり。其の罪は大なり。今、縦《たとい》小獲有るも、豈に大罪を掩うに足らんや。未だ即《ただ》ちに爾を罪せざる所以は、猶《すなわち》爾をして後效に力《つと》め、前愆を蓋わしむるを冀《のぞ》めばなり。爾、其れ之に勉めよと。

と再び叱責を加えた。宣宗は、劉広のいう戦果がたとえ事実だとしても、被害と相殺できるものではないし、前もって警告していたのに、油断して虜の侵入をゆるしたのは申し開きのできない失態だと重ねて叱責した。戦果と損害の比較などのいい方からは、軍事行動に当たっての心意気などよりも、合理的な判断を重んずる宣宗の冷静で現実的な面を窺うことができる。

失脚した寧陽侯陳懋に代って、寧夏総兵官に就任した都督僉事史昭も「降勅叱責」を被った。宣徳七年一一月庚午の条によれば、史昭が大杖でもって軍士を撃殺したと訴える者があり、これについて宣宗は勅を下して史昭を叱責した。

上曰わく、昭は老将なるに、不応此くの如し。然《すなわ》ち当に之を警《いまし》むべしと。遂に昭に勅して曰わく、人命は至重なり。縦《たとい》小人法に違うも、宜しく当に衆鞫して明白ならしめ、然る後に刑を施すべし。若し遽かに箠楚の下に死すれば、死の当否、人安《いず》くんぞ知るを得んや。自今、宜しく詳慎を加うべし。漢の衛青は大将軍と為り、将士に罪の当に死すべきもの有るも、必ず之を朝廷に帰し、天子の自決を請えり。当時、其の譲有りとなすもの多し。且つ戍守と臨敵と同じからず。一槩に視るべからず。爾其れ之を慎めと。

とある。これまでみてきた軍事行動に関わるものとは異なるケースである。杖殺の理由は分からないが、文言からみて、宣宗は公罪と認めて、軍士の処罰そのものよりも、その手続きの不備と行き過ぎを咎めている。宣宗は、刑を科する前に十分な取り調べを行うこと、漢の衛青を引き合いに出して、処罰の際には必ず帝の承認を得ることを命じた。「不応此くの如し」との言葉があるから、宣宗は『大明律』刑律・雑犯「不応為」を念頭においたのかもしれないが、史昭の罪は名例律「殺害軍人」の規定に抵触したものであろう。第一章で述べたが、前線の最高位にある総兵官といえども、独自の処罰権は与えられておらず、奏請して帝の承認を得なければならなかったのである。宣徳八年七月壬申の条によれば、大同総兵官・武安侯鄭亨も「降勅叱責」を受けた。鄭亨は、韃虜が鴉児崖に侵入して、千戸朱銘ら五人を殺し官馬九〇余匹を掠めたこと、参将曹倹が追撃したが及ばず、韃虜は遁走したことを報告するとともに、哨備の都指揮僉事張淮・指揮蔡麟の失機の罪を弾劾してその処罰をもとめた。これに対して宣宗は

> 上、亨に勅して曰わく、虜の間に乗じて寇を為し、官軍を殺し官馬を掠めしは、豈に独り下人の過《とが》のみならんや。亦た是、主将の平昔姑息にして、紀律厳ならざるの致せし所なり。自今、宜しく厳謹を加うべしと。……因りて侍臣に語りて曰わく、禦辺の道は惟だ人を得るに在り。漢のとき、匈奴、十万騎を率いて入寇せし時、趙充国、四万騎を将《ひき》いて辺郡に屯す。単于、之を聞いて遁去せり。四万騎を以て、単于をして畏れを知らしむ。充国の総制するに非ざれば遏《さえぎ》ること有らんや。亨は性は謹厚なれども、但だ寛に過ぐ。故に辺備屢《しばしば》小失有りと。

と、配下の武臣の責任だけでなく、主将たる鄭亨の「平昔姑息にして、紀律厳ならざる」為だとして鄭亨を叱責した。常日頃からの緊張感の欠除、防衛態勢の不備を指摘するのは、他の総兵官に対する場合と同様である。そこに宣宗の専守防衛についての考え方、辺将にもとめるものが示されている。主将の鄭亨も都指揮僉事張淮・指揮蔡麟の罪も、韃虜の侵入を防げなかったのだから、いずれも『大明律』兵律・軍政「主将不固守」に当たる。宣宗が侍臣に語った鄭亨の人柄についての評論は興味深いが、これまでみてきた各地の総兵官に対する宣宗のいい方は、一人一人かなり

違っている。それは各人の性格をみていっているからであろう。少なくとも総兵官クラスの武臣については、宣宗は個々のことをよく知っており、その性格を心得て対応していたのだと思われる。それは次の例からも窺える。宣徳八年一〇月辛酉の条によれば、薊州永平山海総兵官の都督僉事陳敬が「降勅叱責」を受けたが、他の例とはやや内容が違っている。永平府知府の李文定が、陳敬は配下の胥吏をつかって、糧料の不正支出、民馬や民財の強制徴収をさせているとして弾劾した。詳しい内容は分からないが、このような胥吏の行為は『大明律』戸律・倉庫「冒支官糧」、刑律・賊盗「盗馬牛畜産」、受贓「因公擅科斂」の罪に当たるだろう。李文定の劾奏は、被害者の民を治めている者としての立場から、胥吏の不正をきちんと取り締まれない、最高責任者たる総兵官陳敬の監督責任を告発したもので、やや八つ当りの感がなくもない。これに対して宣宗は

勅して敬を責めて曰わく、胥吏の貪虐は乃ち其の常情なり。顧《かえり》みるに在駅の者は道有るのみなり。果して能く己を正して之を率いれば、其の弊自《おの》ずから革まらん。掾史屈真等の為せし所の非法は、皆爾の己を正す能わずして、以て之を率いればなり。今、其の犯せし所を録して、爾に付して之を観せしむ。即《ただ》ちに真等を収《とら》えて究治せよ。自《より》て爾は宜しく躬《みずか》ら礼法に飭《つと》め、下人を戒戢して、民患を為さしむることなかれと。

と、陳敬を叱責した。宣宗も陳敬が胥吏に不正をやらせて、そこから自分の利益を図ったとはみていない。しかし、それにしては、或いは日頃から陳敬の勤務ぶりに評価ができないところがあったのかもしれないが、宣宗の言葉は辛辣である。胥吏を統御していくには、道徳を身に備えた人物が上に立つしかない。陳敬が身を正していないから、かかる事態が起るのだとして、その日常のあり方・態度を厳しく叱責した。あるいは受ける側にとって最も厳しい叱責かもしれない。陳敬の場合も配下の監督責任を問われての「降勅叱責」だが、他の例のような軍務上の罪ではなく、配下の胥吏の経済事犯についてのものであった。大同総兵官代行の参将・都指揮曹倹も二度にわたって「降勅叱責」

を受けた。曹倹の事案はⒾ記罪、Ⓙ封示、Ⓚ自陳とも重複していて、各々のところでも触れた。当初、山西行都司の都指揮呂整が告発した曹倹の罪は『大明律』名例律「殺害軍人」、戸律・田宅「盗耕種官民田」、兵律・軍政「私売軍器」、「縦放軍人歇役」に当たるもので、軍事行動に関わる罪ではなかった。これについての曹倹の釈明はⓀ自陳のところで示した。宣宗は曹倹の釈明に対して言い逃れとの判断を示したが、同時に「窮究するを欲せず」と述べて敢えて不問に付した。しかし、その直後に勅を下して曹倹を叱責した。宣徳九年三月辛卯の条に

> 大同参将・都指揮曹倹に勅して曰わく、爾言えらく、呂整の告《うった》えし所は、事多く支吾《いつわり》にして実ならずと。只、胡人と交易せし如きは、旧禁例に違い、罪已に死に当たる。但だ爾は先朝の旧臣にして、辺を守ること有年なるを念い、姑く爾の罪を記すのみとす。自今、宜しく心を革め慮を易《おさ》め、己を潔くして法を守るべし。軍民を撫輯し、辺備を謹飭せば、以て前の愆《あやま》ちを蓋うに庶幾《ちか》からん。否《しから》ざれば則ち自ら爾の禍を貽し、悔いると雖も及ぶ無しと。

と厳しい言葉で叱責した。叱責の理由が本人の経済事犯で、軍事行動に関わる罪でないことは、前年の薊州永平山海総兵官陳敬の場合と同様であることが注目される。曹倹は同月中にもう一度「降勅叱責」を被った。宣徳九年三月丁未の条によれば、韃虜を招撫する為に夜不収を派遣して榜諭させた際の不手際を叱責されたものである。今回の曹倹の罪は『大明律』兵律・軍政「擅調官軍」に当たるものだろう。この間の宣徳八年の陳敬、九年の曹倹の事例をみると、北辺において「降勅叱責」が適用される罪状が、当初の軍務上の罪だけでなく、経済事犯にも拡大されてきたように思われる。

ここまでみてきた「降勅叱責」の対象は殆どが総兵官や総兵官代行だった。それ以外の例として掌遼東都司事の都督僉事王真がいるが、これも総兵官の巫凱と一緒に叱責されたもので、元来が官・職とも総兵官に匹敵する立場の武

臣である。このほかにⒿ封示のところでも示したものだが、やや例外的なケースとして開平衛の指揮方敏の事例がある。宣徳四年七月癸丑の条によれば巡按御史が赤城の守備に当たっていた方敏の「恇怯畏懦」を効奏した。方敏は防備を固めることができないだけでなく、予め自分の妻子を後方の鵰鶚に避難させておくありさまで、韃虜が赤城に来攻した際には、方敏も士卒も全く闘志がなかったというのである。御史は方敏の死罪をもとめたが、宣宗は

上、命じて姑く之を宥し、勅を降して敏を責めて曰わく、朝廷、爾に命じて軍を領《す》べて屯守せしむ。正に宜しく昼夜心を用いて、謹んで兵備を飭え、賊をして至るも得る所無からしむべし。賊退けば則ち険に扨りて兵を伏せ、之を截殺せば、爾の職に称《かな》うに庶《ちか》からん。爾は乃ち辺務を怠棄し、但だ躯を全うし、妻子を保つを知るのみにして、虜寇をして毒を辺に肆《ほしいまま》にせしむこと、無人の境を踏むが如し。爾の罪を論ずれば、万死するとも贖う莫し。今、姑く寛宥し、仍りて御史の奏章を封じて爾に示す。宜しく咎を省みて、勉めて後效を図れ。如し再び失機あらば、必ず殺して赦さずと。

と叱責した。宣宗が指揮使に対して「降勅叱責」のかたちをとって叱責したのは方敏だけである。叱責の内容も、総兵官に対するもののように、防衛態勢のあり方といったものではなく、武臣としての心得の欠除を責めるものである。余りの醜態に、宣宗が堪り兼ねて叱責したという印象である。方敏の罪は『大明律』兵律・軍政「主将不固守」に当たる。

ここまで北辺の「降勅叱責」の各事例の内容を時期の順にみてきた。最初に表24にもとづいて、事例が宣宗朝の後半に集中しているが、それは如何なる理由によるのだろうかと述べた。個々の事例をみてくると、宣宗朝の後半に北辺での韃虜の動きが活発化し、大規模なものこそないが、韃虜の侵犯が頻繁に起っていたことが分かる。侵犯は、当初は宣府など北辺のうちの中央部で活発化し、ついで東部の遼東方面に移り、次には一転して西部の寧夏・甘粛方面

での侵犯が多くなった。そして宣徳の末には西部に加えて大同などの中央部でも再び活発になった。このような韃虜の動きが個別的なものなのか、東西連携しての侵犯なのかは分からない。宣宗もこの点を危惧して敏感に反応し、「降勅叱責」して辺将を督励し厳戒態勢をとらせていたのだろう。

「降勅叱責」の大部分は北辺の事例だが、南辺にも少しみられる。四川総兵官・左都督陳懐も二回にわたって「降勅叱責」を受けた。陳懐についてはⒿ封示、Ⓚ自陳のところでも述べた。また、陳懐の告発から解任、下獄に至る経緯については第一章の第三節一「総兵官と三司」のところで述べた。宣徳五年五月癸丑、六年二月壬戌、四月丁未、八年八月壬辰、九年二月辛未の条に関連する記事がある。このうち「降勅叱責」を受けたことは宣徳五年五月癸丑と六年二月壬戌の条に記されている。前者のときの陳懐の罪状は『大明律』名例律「殺害軍人」、戸律・田宅「盗耕種官民田」、婚姻「強占良家妻女」、礼律・儀制「服舎違式」、刑律・訴訟「軍民約会詞訟」、断獄「官司出入人罪」に当たるものであった。主に軍務上の罪だった同時期の北辺の事例とは随分異なる罪状で、北辺では宣徳八・九年になって現われてくる薊州永平山海総兵官陳敬や大同総兵官代行の曹倹のケースとよく似た内容である。陳懐のこの事件は、背後に総兵官と三司の統属をめぐる抗争があったもので、他の「降勅叱責」の事例とはやや事情が異なるかもしれない。二回目の「降勅叱責」の原因は、四川の南溪・富順・犍為等の諸県を劫掠している賊の討伐に関するもので、このときの陳懐の罪は『大明律』兵律・軍政「主将不固守」に当たる。もうひとつ、貴州総兵官の都督僉事蕭授の例がある。宣徳八年四月丁亥の条によれば、蕭授が貴州の治古答意および筸子坪の苗賊の討伐に当たり、久しく戦果を挙げられないことに対し、宣宗は

之に勅して曰わく、去年、爾は苗の叛せるを奏し、貴州・湖広・四川の兵を合わせて勦捕せんことを請い、皆言う所に従えり。今、歳を経るも未だ報を見ず。賊の平らぐは当に何《いず》れの時に在るやを知らず。朕慮《おもんぱか》るに暴師《ろえい》

久しければ、則ち怠心生ぜん。或いは蹉跌有らば、蛮夷の笑う所と為らん。今、賊勢如何ぞ。果して当に進討すべきや、或いは当に撫安すべきや。機を審《つまび》らかにし、勢いを度《はか》り、斟配して行え。朕は惟だ功を成すを観んとするのみにして、中《うち》従り制せずと。

と述べた。徒らに後方から督戦するのではなく、現場の適確な判断を促す内容である。兵を長期にわたって露営させておくと疲れや油断が生ずるだろうとの言葉は、軍陣の経験がある宣宗らしい配慮である。この場合の蕭授の罪は『大明律』兵律・軍政「主将不固守」に加えて、正しい軍情を報告しなかったのだから「飛報軍情」の規定にも抵触するだろう。

以上ここまで「降勅叱責」の事例をみてきた。「降勅叱責」は実質的な処罰は伴わず、叱責のあとで罪に問われた例はなく全て宥される。これを受けても官・職ともそのままで、服務地の変更もない極く軽い処分である。この点でⒾ記罪、Ⓙ封示、Ⓚ自陳などと同様で、これらの処分と併わせて科される場合も少なくない。最初に表24によって事例が宣宗朝の後半に集中していること、その殆どが北辺の事例であること、対象は大部分が勲臣や都督などの最高位の武臣だったことを述べた。これらの点に留意しながら個々の事例をみてきたが、武臣たちのポストが、開平衛の指揮方敏と掌遼東都司事の都督僉事王真の二人を除いて、ほかは全て総兵官と総兵官代行だった。中には遼東総兵官巫凱・宣府総兵官譚広・大同総兵官代行曹倹・甘粛総兵官劉広・四川総兵官陳懐のように、二、三回繰り返し叱責された者も多い。それは総兵官が特簡によって任命され、宣宗に直結する特命職だったからであろう。又、宣宗朝の後半に北辺の中央部、東部、西部と次々に韃虜の侵犯が頻繁になり、厳戒態勢を敷く為に宣宗が各地の総兵官を督励していた様子が窺えた。これらの総兵官に対する勅には、北辺防衛についての宣宗の考え方がよく示されているが、これについては後で述べることにする。このことと関連するが、「降勅叱責」の対象になった武臣の罪状は非常に特徴的である。まず、表25に示したように、該当する条項がⓀ自陣と比べると非常に少なく、ある意味でシンプルである。その中で兵律・軍政に圧倒的な比重があり、軍政のなかでも「主将不固守」がとび抜けて多い。第二章で武臣の犯罪を軍事行動に関わる罪、軍士の搾取・圧迫、経済事犯に大別して分析したが、「降勅叱責」はこの中の主に軍事行動上の罪に対して行われたものだったといえる。特に宣徳八年一〇月以前の北辺の事例では、寧夏総兵官史昭の名例律「殺害軍人」の一例を除いて、全て「主将不固守」の罪だった。「主将不固守」は、重ければ斬か充軍が適用されるべき重罪である。それにも拘わらず、宣宗は実質的な処罰は伴わない「降勅叱責」だけで、一切罪には問わなかったということになる。適用された罪状でいえば、Ⓔ為事官・戴罪官、Ⓕ立功贖罪、宣徳六年以前のⒽ罰俸、Ⓘ記罪と同じ系統の処分である。ただ、宣徳八年一〇月の薊州永平山海総兵官陳敬は、管下の胥吏の経済事犯を理由に叱責され、宣徳九年三月、大同総兵官代行の曹倹は自身の軍士の私役や土地経営が問題にされて「降勅叱責」された。つまり、宣宗朝の末に、当初からの軍事行動上の罪だけでなく、経済事犯や軍士の圧迫・搾取にも「降勅叱責」が拡大して適用されるようになってきたということになる。この点、はじめ北辺の軍務上の罪に適用されたⒽ罰俸やⒾ記罪が、宣徳七年以後に経済事犯や軍士の圧迫・搾取にも適用されるようになった経緯とよく似ている。しかし、宣徳五年の四川総兵官陳懐のように、南辺では北辺よりも早い段階から経済事犯や軍士の搾取・圧迫にも「降勅叱責」された例があり、この点Ⓗ罰俸、Ⓘ記罪の場合とやや異なる。いずれにしても、元来、軍務上の罪に適用され

表25　Ⓛ「降勅叱責」

名例律	殺害軍人	3
戸律	田宅	2
	婚姻	1
礼律	儀制	1
兵律	軍政	15
刑律	訴訟	1
	断獄	1
（合計）		24

兵律

軍政	擅調官軍	1
	飛報軍情	1
	主将不固守	11
	私売軍器	1
	縦放軍人歇役	1
（合計）		15

てきた極く軽い処分が、宣宗朝の末に経済事犯や軍士の酷虐にも拡大適用されたことは、とりもなおさず、武臣の犯罪に対する減刑措置が更に強化されつつあったことを示している。このことについては後で更に考える。

Ⓜ「移文戒飭」

「移文戒飭」は兵部や都察院を通じて武臣に戒飭して反省させ、行状を改めさせる為の措置で、Ⓛ「降勅叱責」より更に一段と軽い処分である。『宣宗実録』には五件・五人しか事例が見当たらないが、これを示したのが表26である。件数が少ないのではっきりした傾向をみることは難しいが、全て南北辺の事例であること、Ⓛ「降勅叱責」の場合ほど顕著ではないが、やはり概して高位の武臣が対象であることはいえそうである。軍事的緊張地帯で大兵力が配置されている南北辺は、北京とともに高位の武臣が多く駐箚するところで、その様な武臣が対象だったようである。武臣のポストや罪状に注目しながら地域ごとに事例の内容をみてみよう。

表26　Ⓜ「移文戒飭」

洪熙1	0	勲臣	0	北辺	3
宣徳1	0	都督	2	北京	0
2	0	都指揮	3	内地	0
3	1	指揮	0	南辺	2
4	1	千戸	0	（合計）	5件
5	1	百戸	0		
6	1	鎮撫	0		
7	0	（合計）	5人		
8	0				
9	1				
（合計）	5件				

まず北辺の事例を示すと、『宣宗実録』宣徳三年二月乙丑の条によれば、宣府総兵官譚広が、軍士から得た情報として、鎮守万全の都指揮黄真は、度々勝手に軍士を出して狩猟させていること、虜使を自宅に招いて酒を飲んでいることを弾劾し、その処罰をもとめた。これに対して宣宗は

上、行在兵部尚書張本に謂いて曰わく、……姑く其の過《つみ》を紀し、爾は其れ移文して之を切戒せよ。再び爾《しか》らば必

ず重く罰して、悔いると雖も及ばずと。

と、兵部を通じて本人に戒飭するよう命じた。この場合は併わせて記罪の措置もとられている。黄真の罪は『大明律』兵律・軍政「擅調官軍」、「縦放軍人歇役」、刑律・雑犯「不応為」などに当たるだろうが、直接軍事行動に関わる罪ではない。次に宣徳五年閏一二月壬寅の条によれば、薊州永平山海総兵官・都督僉事陳敬が、腹裏の烟墩では、現在も民夫を配置して瞭望に当てているが、当地では先頃みな放還して帰農させてしまったので不便であり、もとに戻してほしいと奏請した。これについて宣宗は

上、尚書張本に謂いて曰わく、旧時は未だ兵守を置かざる故に民を用う。今、朕已に処分する有り。敬は敢えて妄言す。其れ移文して之を責めよと。

と、宣宗は、従来は軍士を配置していなかったので、仕方なく民夫を調用したが、現在は軍士を配したから民夫を動員する必要がなくなったのだと述べて、陳敬の「妄言」に不快感を示し、兵部を通じての移文戒飭を命じた。この場合、陳敬は何の罪に当たるのかはっきりしない。『大明律』礼律・儀制「上書陳言」の規定に抵触するのだろうか。次に宣徳六年七月丁丑の条によれば、巡按山東御史張政が、開原備禦の都指揮鄒溶は、配下の軍士の私役と「納粟買閑」つまり売放が、合わせて一〇〇人にも及ぶと弾劾し、その処罰をもとめた。これに対して宣宗は

上、右都御史顧佐に謂いて曰わく、溶は罪すべしと雖も、然れども善処も多し。今、辺将は艱難なり。其れ之を宥せ。但だ、移文して改過せしめ、再び犯すことなからしめよと。

と命じた。「移文戒飭」の趣旨が、本人に警告して改過反省させ、再び同じ罪を犯させないようにする為の措置だったことが分かる。又、同様のケースは度々みられるが、この例でも宣宗は鄒溶の罪を認めながら「然れども善処も多し」という理由で、文臣の処罰の要請を却けて罪には問わなかった。やはり、辺防態勢の維持を優先して少々のこと

には目を瞑るという、宣宗の非常に現実的な姿勢が窺える。鄒溶の罪は『大明律』兵律・軍政「縦放軍人歇役」に当たる。

ここまでが北辺の事例だが、このほか北京や内地にはなく南辺に二例ある。宣徳四年八月戊戌の条に記されている事例は、すでにⓀ自陳のところで示したものだが、掌四川都司事の都督同知徐甫が軍士を杖殺したと訴えるものがあった。宣宗が徐甫に自陳を命じたところ、徐甫がいうには、松潘への軍糧輸送の任務から何回も逃亡を重ねる軍士があり、連行されてきたので、忿りの余り杖を加えたところ死亡してしまったというのである。宣宗は徐甫の罪を公罪と認めたが、死亡させてしまったのは行き過ぎだとして

今、姑く甫を宥し、其れ移文して之を戒め、再び犯すことなからしめよ。

と、都察院を通じて「移文戒飭」するよう命じた。徐甫の罪は『大明律』名例律「殺害軍人」に当たる。次の例もⒾ記罪やⓀ自陳と重複し、既にそちらでも触れているものである。宣徳九年四月丙子の条によれば、広東都司の都指揮花英は、管下の恵州衛で軍士の点検・選抜に当たり、銀一八〇両の賄賂を受けとった。宣宗が自陳を命じたところ、花英は罪を認めた。これに対して宣宗は

上曰わく、……姑く之を記し、都察院に命じて移文戒飭し、改行せしめよと。

と、都察院を通じての移文戒飭と記罪を命じた。花英の罪は『大明律』刑律・受贓「官吏受財」に当たる。

以上Ⓜ「移文戒飭」の事例をみてきた。Ⓜ「移文戒飭」も減刑措置の一環で、犯した罪に相当する処罰は加えないで、警告することによって本人に改過反省させ、再び同じ罪を犯させないようにするのがその趣旨である。極く軽い処分で、これを適用されても官・職・服務地等に変更はない。わずか五件しかないので、はっきりした運用上の特徴は見出し難いが、事例は北京や内地にはみられず、いずれも南北辺である。この点はⓁ「降勅叱責」と似ている。Ⓛ

「降勅叱責」は主として南北辺の総兵官が対象だったが、Ⓜ「移文戒飭」も、総兵官ほどの高官ではないけれども、鎮守や備禦に充てられている都督や都指揮で、やはりそれなりの高位の武臣が対象であった。はっきりⓁ「降勅叱責」と異なっているのは適用される罪状である。Ⓛ「降勅叱責」は主に軍務上の罪に適用されたが、Ⓜ「移文戒飭」ではそのような罪状は一件もみられない。該当する『大明律』の条項を示したのが表27である。なお薊州永平山海総兵官陳敬の礼律・儀制「上書陳言」ははっきりしないので除外してある。これをみるとⓂ「移文戒飭」が適用された主な罪状は、軍士の私役、売放、軍士の誤殺、あるいは配下からの賄賂を受けたことなど、軍士の圧迫・搾取に分類される内容である。適用される罪状からみると、Ⓜ「移文戒飭」は、Ⓐ死罪、Ⓑ「如律」、Ⓓ降・調、Ⓖ罰役、Ⓙ封示、Ⓚ自陳などの系統に属するもので、その最も軽い処分だったといえる。又、Ⓜ「移文戒飭」は運用に当たって、Ⓘ記罪やⓀ自陳など軽微な処分と併わせて科されることも少なくなかった。

表27　Ⓜ「移文戒飭」

名例律	殺害軍人	1
兵律	軍政	3
刑律	受贓	1
	雑犯	1
（合計）		6

兵律

軍政	擅調官軍	1
	縦放軍人歇役	2
（合計）		3

Ⓝ「宥之」

ここまで様々な処罰についてみてきたが、このなかでⒶ死罪とⒷ「如律」のみが『大明律』の規定どおりに処罰されたものである。Ⓒ充軍・謫戍以下は、犯した罪に相応する『大明律』の規定がそのまま適用されたのではなく、程度の差こそあれ、全て減刑された結果として科されたものであった。Ⓝ「宥之」はその最たるもので、武臣が罪を犯し、法司が『大明律』の規定どおりの処罰をもとめても、宣宗が「之を宥せ」あるいは「之を宥す」と命じて、全く罪に問わなかった例である。このお

表28　Ⓝ「宥之」

洪熙1	0	勲臣	15	北辺	15
宣徳1	6	都督	14	北京	10
2	4	都指揮	15	内地	5
3	0	指揮	4	南辺	6
4	2	千戸	1	（合計）	36件
5	6	百戸	1		
6	6	鎮撫	1		
7	3	（合計）	51人		
8	4				
9	5				
（合計）	36件				

咎めなしの事例は表28に示したように三六件・五一人ある。ほぼ『大明律』の規定どおりに処罰されたⒶ死罪の二二件・三五人、Ⓑ「如律」の一九件・二〇人の合計に匹敵する。「宥之」のあり方は、ある意味で宣宗朝における『大明律』運用の実態の一端を示すものでもある。各年ごとの件数では、宣宗朝の始めにもみられるが、宣徳五年以後の後半に多くなってきている。このことは宣宗朝の末に武臣の犯罪に対する減刑措置が一段と強化されたことと関係があると思われる。そのような変化は、いままでみてきたⒽ罰俸、Ⓘ記罪、Ⓛ「降勅叱責」の適用拡大の様子からも窺えた。減刑措置の更なる強化については後に述べる。表28によれば、「宥之」の対象となった武臣は勲臣・都督・指揮などの高位の武臣が圧倒的に多く、指揮以下の中下級武臣は極く少ないことが看取される。勲臣がこれほど多いのは他にみられない。都指揮以上と指揮以下では朝廷の扱いが違うが、「宥之」の数字にもそれがはっきりと現われている。都指揮以上は「大臣」として、同じ罪を犯しても非常に慎重に扱われ、減刑されることが多いが、指揮以下は必ずしもそうではなく、時に厳しい処罰を受けた。Ⓐ死罪、Ⓑ「如律」の対象が、指揮以下の中下級武臣が中心だったことはさきに述べたとおりである。Ⓒ充軍・謫戍のあたりを境にして、軽い処罰になるほど高位の武臣の比率が高まり、Ⓙ封示、Ⓚ自陳、Ⓛ「降勅叱責」のような、半ば形式的な処分では、対象の殆どが都指揮以上、とくに勲臣や都督などの最高位の武臣であった。Ⓝ「宥之」もその延長線上にある。地域ごとの件数をみると、北京の事例が多いことが注目され、南

北辺と北京で事例の大部分を占める。これは大兵力が配置されている南北辺と北京に高位の武臣が多く住んでいることの反映であろう。それではどのような罪状がⓃ「宥之」の対象になったのかに注目しながら、各事例の内容をみていくことにする。

まず北辺の事例からである。『宣宗実録』宣徳元年六月壬申の条によれば、赤城の守備に当たっていた開平衛の指揮同知方敏が、捕えた逃亡軍士を開平に押送するのに専任の者を充てず、別件で開平に赴く百戸何閏に預けて送らせたため、途中で七人の脱走者を出してしまった。警備が十分でなかったのだと思われる。行在大理寺は方敏の責任を問い、杖刑のうえ降用、つまり降格・左遷とすることを奏請した。これに対し宣宗は

上曰わく……今、過《とが》は小なり。姑く之を宥せ。……未だ嘗て小過を以て軽《かるがる》しくは之を棄てず。但だに敏のみにあらざるなりと。

と命じた。恐らく宣宗は公罪と認めたのだろうが全く処罰しなかった。宣宗は小さな過失で武臣を見棄てることはしないと述べたが、そこには、武臣の保全を図ることと共に、前線の武臣の処罰によって防衛態勢が混乱するのを避けようという現実的な意図もあったと思われる。命じた方敏も百戸も罪は『大明律』兵律・軍政「従征守禦官軍逃」、刑律・捕亡「主守不覚失囚」に当たるとみられる。次に宣徳二年五月丙午の条によれば、開平衛の指揮劉昭が、軍士を率いて樵採に当たっていた際、韃虜に遭遇して人馬を殺掠される事件があった。行在兵部は、劉昭の「力を奮いて敵を拒まざりしこと」を弾劾してその処罰をもとめた。この理由は、後方にいてしかも軍事に疎い、いかにも文臣らしい主張である。しかし、厳密にいえば、劉昭の罪が『大明律』兵律・軍政「主将不固守」に当たることも確かである。更に場所がもし境外ならば、兵律・関津「私出外境及違禁下海」にも抵触するだろうが、この点ははっきりしない。兵部の奏請に対して宣宗は

上曰わく、卒然として賊に遇う。未だ備えし所有らず。故に力支える能わざりしならん。姑く之を容《ゆる》し、後功を図らしめよ。若し復た寇を縦《ほしいまま》にせしむれば、必ず誅して貸《ゆる》さずと。

と、突然韃虜と遭遇したのだからやむを得ないと述べて、重罪であるにも拘わらず劉昭の罪を問わなかった。兵部の臣とは違い、自らも軍事の経験がある宣宗には現場の様子が想像できたのだろう。同時に、この例もまた防衛態勢に支障をきたさないように、処罰を避けたという印象もつよい。次に宣徳二年一二月戊午の条によれば、宣府に派遣されていた行在戸部郎中王良が、宣府総兵官譚広は、表・箋を拝進するのに役所でしなかったこと、私宅に龍亭の儀仗を陳設していることを劾奏し、譚広の処罰をもとめてきた。これに対して宣宗は

上、行在礼部の臣に諭して曰わく、辺将は、但だ能く守備を厳飭し、以て任使に副えば可なり。必ずしも一、一縄《ただ》すに礼法を以てせざれと。

と述べて、譚広を咎めなかった。王良が告発した譚広の罪は、『大明律』でいえば礼律・儀制「失誤朝賀」・「服舎違式」に当たる。いかにも些細な形式にこだわる文臣らしい告発で、宥して当然というケースである。ただ、それを機に示された、辺将は守備の任を果たすことが第一で、その点さえしっかりしていれば、いちいち細かいことで咎める必要はないという宣宗の言葉は、北辺防衛を最も優先する宣宗の基本的な姿勢を非常にはっきり示しているもので、その意味で重要な記事である。少なくとも北辺では「宥之」の一つの大きな理由がこれだったのは確かである。

次に宣徳四年八月壬辰の条によれば、監察御史張俊らが陽武侯薛禄を弾劾した。薛禄は「更番操練」の名目で、勝手に山海関等の守関の軍士を上京させたため、防衛態勢に支障がでているというのである。これについて

禄、奏せらるを聞き、叩首して罪に服さんとす。上、命じて之を宥さしむ。

とあり、すぐに罪を認めた為か、宣宗は全く罪に問おうとしなかった。薛禄の行為は『大明律』兵律・軍政「擅調官

軍」の罪に当たるが、実際にはうっかりミスというべき過失だったとみられる。薛禄は所謂二代目の紈袴の子弟ではなく、自身が永楽一八年に陽武侯に封ぜられた初代の勲臣である。第一章でも述べたが、宣徳五年に没するまで、鎮朔大将軍・総兵官として度々北辺に出動し威望の高い武臣であった。有能であるとともに剛腹でもあり、宣徳元年七月、五年四月にも「宥之」の処分を受けたが、これがその二回目である。次に宣徳五年七月辛酉の条によれば、韃虜が赤城の潘家荘屯に侵入したことに関し、赤城備禦の都指揮僉事汪貴が、配下の百戸張勝の罪を告発してその処罰をもとめた。これに対して宣宗は

上曰わく、貴の任ずる所は何事ぞ。而して罪を勝に委ねんとす。

と述べて、兵部を通じて詰問させたところ

是に至り、貴奏すらく、罪に伏せんことを請うと。命じて姑く之を宥さしむ。

と命じた。自分の任務を心得ているのか、己の責任を部下になすりつけるとは何事かという叱責である。汪貴は罪を認めたが、宣宗は結局汪貴を処罰しなかった。汪貴の罪は『大明律』兵律・軍政「主将不固守」に当たり、これも辺防態勢に関わる内容である。次に宣徳五年一一月庚戌の条によれば、開平衛では、皇太子の千秋箋と冬至の表箋を進上するに当たり、本来別々の使者を派遣すべきなのに、一人にもたせてやったとして、万全都司の都指揮馬昇が開平衛の指揮使の処罰をもとめた。記事には指揮の氏名が記されていないが、宣徳二年五月には劉昭だったことが確認できるので、このときもそうだったかもしれない。告発の内容は誠に些細な礼法違反で、『大明律』礼律・儀制「失誤朝賀」に当たる。前述の宣府総兵官譚広と同様なケースである。宣宗の対応も譚広の場合と全く同じであった。

上、行在礼部の臣に諭して曰わく、辺衛の武臣は守禦もて重しと為す。此、治《ただ》すに足らずと。

と述べて処罰しようとしなかった。「辺衛の武臣は守禦もて重しと為す」との言から、ここでも辺防態勢の維持を第

一に優先し、些細なことは咎めないという、宣宗の非常に現実的な姿勢が窺える。次に宣徳六年四月丙申の条によれば、開平衛の百戸劉信が失機の罪で逮捕され、大理寺は杖一〇〇の満杖のうえ充軍とすることを奏請した。ところが劉信は、自分は赤城堡を守っていて、韃虜が来襲した際、戦って負傷したので、再度韃虜が襲ってきたときには、わざと外堡を放棄して、兵を集中して内堡を守ったのだと釈明した。この件について宣宗は

上曰わく、此、法司の究情《といただ》さざるによる。既に傷を被りしに、又内堡を守る。失《あやまち》無し。何を以て罪せんとするやと。遂に之を釈す。

と述べ、法司が詳しく事情を確認しないで処罰しようとしたもので、劉信に落度はないとして宥した。軍事に疎く前線の様子を知らないのに、やみくもに機械的に法を適用しようとする法司を叱責し窘めるような言葉である。劉信は誤って『大明律』兵律・軍政「主将不固守」の罪に問われたが、宣宗がその冤罪であることを認めて宥したケースである。次に宣徳六年六月壬寅の条によれば、遼東の軍士馮春らが、都指揮鄒溶はかつて漢王高煦と交流があったこと、仏画を刊行したことを告発した。宣宗が遼東総兵官巫凱に調査させたところ、巫凱は実情なしと報告してきた。これについて宣宗は

上曰わく、朕固より之を知る。大事は実ならず、余事は更に究めるに足らず。其れ妄告せし者は、皆杖一百とし、仍りて辺に戍せと。

と命じた。高煦との通謀があったら『大明律』刑律・賊盗「謀反大逆」に該当するところであろうが、宣宗はこれさえなかったら他は構わないといういい方で鄒溶を処罰しなかった。鄒溶は開原備禦の要職に在った武臣で、Ⓜ「移文戒飭」のところでも述べたが、軍士の私役・売放を告発されたことがあった。この時も宣宗は「溶は罪すべしと雖も、然れども善処も多し」と述べて処罰しなかった。やはり、この場合も辺防を第一に優先し、武臣の処罰によって防衛

態勢が混乱することを避けようとする措置である。次に宣徳六年七月辛未の条によれば、行在兵部尚書許廓と御史・給事中が、番人出身の会寧伯李英の不正を弾劾しその処罰をもとめた。李英は逋逃の軍・民七六〇余戸を招致し、荘田に分置して耕作させ、総管なる名称の家人に管理させている。辺民はさまざまな被害を受けているが、李英の勢威を畏れて口を噤んでいるというのである。詳しい内容は分からないが、李英の行為は『大明律』戸律・戸役「収留迷失子女」、田宅「盗耕種官民田」、兵律・軍政「公侯私役官軍」等の規定に抵触するだろう。これについて宣宗は

上曰わく、英は重爵を受け、当に法を守るべきに、豈に応に此を為すべけんや。或いは其の家人、英の名に仮りて之を為せしならん。其れ英を罪するなかれと。

と述べて逃亡の軍・民の回収のみを命じた。宣宗は、家人が李英の名を騙って悪事をはたらいているのかもしれないなどと憶測を交えた理由で李英を処罰しようとはしなかった。最後の「其れ英を罪するなかれ」という文言に宣宗の真意がある。李英はその後、余罪が加わって結局失脚することになるが、その経緯は第二章第四節「土地占奪」のところで述べた。しかし、このときは李英が勲臣であることに加え、番人出身者なので、その処罰が番民の騒擾をもたらす可能性を考慮した結果と思われるが、罪に問われずに宥された。政治的な判断による「宥之」である。度々、犯罪の発生は半ば自然現象のようなものだが、処罰は政策の一環であると述べてきたが、これもそのことを示す一例である。次に宣徳六年一〇月壬子の条によれば、開平守備の都指揮唐銘が、勝手に軍士を城外に出して薪芻を採取させていたところ、韃虜に拉致されてしまった。その後、当の軍士は逃げ帰ってきたが、行在都察院は唐銘の軍士私役の罪を弾劾し処罰を奏請した。これに対して宣宗は

上曰わく、辺将の軍士をして薪芻を取らしむるは大過に非ず。且つ掠せられし所のものは既に帰る。之を宥すべしと。

と述べて唐銘を宥した。唐銘の罪は『大明律』兵律・軍政「縦放軍人歇役」に当たるが、宣宗は武臣が薪芻採取の為に軍士を私役するのは「大過」ではないとして罪には問わなかった。唐銘は第一線の要職に在り、その処罰は指揮官のポストが欠員になるなど、防衛態勢に好ましくない影響を及ぼす可能性が大きい。ここでも辺防を最優先し、少々のことには目を瞑るという宣宗の現実的な対応が窺える。次の例はⒽ罰俸のところでも示したものだが、宣徳八年閏八月丁巳の条によれば、御史鄭夏・給事中蔡錫が、山海関から隆慶に至る間の塞堡を点検した結果、一二〇〇余人の欠員があることが判明した。その責任について薊州永平山海総兵官陳敬と配下の鎮守の都指揮銭義・李英・蕭敬・劉銘・馬驥・指揮張鎮らを劾奏した。『大明律』兵律・軍政「従征守禦官軍逃」の罪に当たるとの判断であろう。宣宗は

上曰わく、敬は姑く之を宥し、銭義等六人は倶に罰俸三月とせよ。

と、銭義らには罰俸を科したが、陳敬は罪に問うことはせずに宥した。陳敬が直接の当事者ではなく、配下の武臣の監督責任を問われたかたちだったからであろう。或いは総兵官たる陳敬の地位に配慮した点もあったかもしれない。又、宣徳八年に、掌粛州衛事の都指揮僉事呂昇が鎮守粛州の都督僉事王貴を劾奏する事件があり、この経緯については前述したが、呂昇が挙げた王貴の罪は、軍士を杖殺したこと、夷人と交通し、軍器を西番に持ち込んで駝馬と交換したこと、勝手に人を去勢したこと、官軍の屯田を占奪したこと、軍士を私役したことであった。『大明律』でいえば名例律「殺害軍人」、戸律・田宅「盗耕種官民田」、兵律・軍政「私売軍器」、「縦放軍人歇役」、関津「私出外境及違禁下海」、刑律・雑犯「閹割火者」に当たるとみられる。広範な犯罪であり、宣宗は調査の為に御史羅閏を現地に派遣した。この羅閏の報告が宣徳八年閏八月癸酉の条に記されており、そこには

昇の言いし所は妄なること多く、実なるは惟だ二、三のみなり。謹んで以聞す。

とある。これを受けた宣宗は「命じて之を宥す」と王貴を宥した。呂昇の告発の多くが事実でなかったとしても、御史が二、三の事実はあるといういい方をしているにも拘わらず、宣宗は敢えて王貴の罪を問わなかった。やはり、鎮守粛州という要職に在る王貴の処罰が辺防態勢を混乱させかねないとみたのであろう。また、事実だという二、三のなかに土地占奪や密貿易のような経済事犯が含まれていたのかどうか分からない。ただ、もしこのような不正が含まれているとしたら、「宥之」が適用される罪状が拡大していることになる。次に宣徳九年三月乙酉の条によれば、遼東都司の都指揮同知裴俊が、もと三万衛の指揮使だったとき、屯田子粒の不足分を補うために軍士の月糧を減らして充塡した。このことが告発されて同犯の武臣たちはみな処罰されたが、裴俊は外夷の招撫に当たっていて処罰を受けなかった。帰還してそのことを知った裴俊は自ら申し出て罪に服そうとした。しかし、宣宗は「命じて之を宥し」処罰しなかった。裴俊らの行為は『大明律』戸律・倉庫「那移出納」に当たると思われるが、恐らく自分の懐に入れていなかったのだろう。自ら申し出たことも考慮されたかもしれない。宣徳九年三月丁酉の条に、前年に続いてまた鎮守粛州の都督僉事王貴についての記載がある。赤斤蒙古衛の部属で来帰する者が度々あったが、王貴はこれを報告せずに私有していた。事が発覚すると半分だけ差しだした。更に沙州衛の人をつかって密貿易していることを告発する者があり、宣宗が甘粛総兵官劉広に命じて調査させたところ、劉広は事実であることを報告して、王貴の処罰をもとめてきた。しかし、宣宗は

上、命じて姑く之を宥す。

として処罰しなかった。やはりこの度も辺防態勢の維持を優先した為とみられるが、前年に引き続いての「宥之」の措置である。記事の中に、宥すに当たっての宣宗のコメントは何も記されておらず、そこに宣宗の王貴に対する憤懣があらわれているように思われる。また王貴の罪は『大明律』戸律・戸役「收留迷失子女」、兵律・関津「私出外境

及違禁下海」に当たると思われるが、経済事犯に属する内容で、前述の政治的な配慮から「宥之」の対象になった会寧伯李英を除いて、北辺のこれまでの「宥之」の事例ではみられなかった罪状である。宣宗朝の末に至って「宥之」も適用される罪状が拡大している様子が看取される。次に宣徳九年四月戊辰の条によれば、万全都司の都指揮僉事汪貴が、勝手に官船を毀して什器を作り、官皮を盗用して幕やとばりで作った部屋である帳房を作ったことが発覚し、法司は斬に当たると論告した。汪貴の罪は『大明律』刑律・賊盗「詐欺官私取財」に当たるが、法司が斬に擬定したところをみると監守自盗と認定したのだと思われる。宣宗は

上、特に之を宥す。

と汪貴を処罰しなかった。やはりこの場合も宣宗のコメントは記されていないが、辺防態勢の維持を優先した措置だったと思われる。

ここまで北辺の事例をみてきた。「宥之」の対象となった罪状の詳しいことは事例全体をみたうえで考えるが、北辺の事例では大半が軍務上の罪であった。注目されるのが宣宗が「宥之」の措置をとった理由で、それは宣府総兵官譚広を宥す際に宣宗が述べた「辺将は、但だ能く守備を厳飭し、以て任使に副えば可なり。必ずしも一、一縄《ただ》すに礼法を以てせざれ」と述べたことや、開平衛の指揮を宥したときの「辺衛の武臣は、守禦もて重しと為す。此、治《ただ》すに足らず」という言葉に端的に示されている。宣宗は北辺の防衛態勢に混乱・支障をきたさないために武臣の処罰を避けたのである。宣宗が築こうとしている専守防衛の態勢では何時どこに来るか分からない敵に常に備えていなくてはならない。機械的に武臣を処罰すればそのポストに穴が空き、周囲の防衛態勢にも混乱をもたらすことになりかねない。このような事態を避ける為の措置だったと考えられる。

次に北京の事例をみることにする。「宥之」では北京は北辺に次ぐ件数があるが、その内容に違いはあるのだろう

か。まず宣徳元年正月己酉の条によれば、行在前軍都督府の都督韓僖が、西華門の守衛に当たっていた千戸路旺が無断で帰宅してしまったことを報告しその処罰をもとめた。宣宗が錦衣衛に命じて事情を聴取させたところ、路旺は父親の病を聞いて、上官に申告しないで帰宅してしまったことが分かった。路旺の行為は『大明律』兵律・宮衛「宿衛守衛人私自代替」に当たるが、宣宗は

上曰わく、都督之を劾するも是《ただ》し、而れども人情も亦た当に矜恤すべきもの有り。姑く之を宥せと。

と、告発した韓僖の行為も正しく、路旺の事情にも同情すべきものがあるとして、路旺を処罰しなかった。軍の規律に関わる案件ではあるが、重大な問題ではなく、宥されても当然といえるケースである。次に宣徳元年四月己卯の条によれば、行在鴻臚寺序班石安が、月食にあたって文武群臣はみな中軍都督府に赴いて、祈禱鼓噪して之を救う礼を行う「救護」をしなければならないのに、建平伯高遠と都督婁鬼里が遅参したとして、その「怠慢不恭」を弾劾し、その処罰をもとめた。二人の罰は『大明律』礼律・祭祀「祭享」に当たるが、宣宗は

上、之に諭して曰わく、婁鬼里は外夷にして且つ老なり。責むるに足らず。高遠は不学にして天戒を儆《いまし》むるを知らず。当に罪すべきも、亦た姑く之を貸《ゆる》せと。

と、婁鬼里は外夷の出身で老齢であること、高遠は所謂紈袴の子弟で、その不学の過ちであることを理由に咎めなかった。些細な礼法違反で大目にみても当然ともいえるが、北京では武臣の行状に対する文臣の監視が一段と厳しかった様子も窺える。次の例も同様で、宣徳元年七月乙未の条によれば、行在鴻臚寺が多数の文武臣の「失悞朝参」を弾劾したが、この中に定国公徐景昌・泰寧侯陳鍾・陽武侯薛禄・恭順侯呉克忠・豊城侯李賢・安順伯脱哈赤・清平伯呉成・応城伯孫傑・都督郭鏞・馮斌・婁鬼里・蘇火児灰の勲臣八人、都督四人が含まれている。非漢族出身者が多い所為もあるかもしれないが、最高位の武臣たちが朝参に余り熱心でなかったことも窺える。彼らの罪は『大明律』吏

律・職制「無故不朝参公座」に当たるだろう。宣宗は咎めずに宥したが、記事の中に宣宗のコメントは記されていない。次に宣徳二年一〇月庚辰の条によれば、忻城伯趙栄は誥命を賜わったのに、上表して謝恩しないことを鴻臚寺に弾劾された。これに対して宣宗は

上曰わく、武人の子弟、傲惰にして学ばざるの故なる爾《のみ》。其れ之を宥せと。

と命じて処罰しなかった。世襲の代を重ねた勲臣の紈袴の子弟ぶりに対する、宣宗の慨嘆が窺えるような言葉である。趙栄の罪は『大明律』礼律・儀制「失誤朝賀」に当たると思われる。次に宣徳五年四月甲戌の条によると、応城伯孫傑が、官馬に焼き印を押す為に鳳陽に派遣された際に、賄賂を強要したことが発覚し、公侯伯と文武大臣の審問を受けた。このとき陽武侯薛禄が孫傑を庇って「狠愎」の語があったというのである。成国公朱勇がこのことを報告したが、宣宗は薛禄を咎めなかった。それなのに薛禄は班列から出もしないで謝罪しただけだった。こんどは御史李笴・給事中賈諒らが薛禄を弾劾したが、宣宗は

上曰わく、武臣礼を知らず。姑く之を宥せと。

と命じ処罰しなかった(27)。薛禄の行為は『大明律』礼律・儀制「失儀」の規定に抵触するとみられる。前述のように、薛禄は自身が永楽一八年に陽武侯に封ぜられた初代の勲臣で、有能でもあり剛腹でもあった。鎮朔大将軍・総兵官として度々北辺に出動した威望の高い武臣で、そのことも考慮されたかとも思われる。次に宣徳五年五月辛丑の条によれば、広東都司が鎮撫杜鑑を派遣して降香を送ってきたが、北京に到着して計量すると一八〇斤余り不足しており、行在礼部は杜鑑の処罰と不足分の倍額の賠償をもとめた。これに対して宣宗は

上曰わく、朕、常に聞くに、遠方より京に輸《いた》すの物、足らざるを以て罪を取《うけ》るを慮《おもんぱか》り、必ず十に四、五を増し以て来《きた》ると。此、必ずや京庫の称《はかり》重きの弊ならん。問わざれ。亦た責償《ばいしょう》せしめざれと。

と、輸送や受け入れ体制の弊害を指摘して、広東都司や杜鑑の罪を問わなかった。『大明律』戸律・倉庫「転解官物」に当たると思われるが、これも宥して当然とみられるケースである。次に宣徳五年一一月庚子の条によれば、行在後軍都督府の都督僉事張廉が官木・甎瓦を勝手につかい、軍匠を私役して私宅を造ったことを監察御史沈敬に弾劾された。これに対して宣宗は

上曰わく、武夫は辜を知る無し。之を宥せと。

と吐き棄てるような言葉とともに宥した。張廉の罪は『大明律』戸律・倉庫「私借官物」、兵律・軍政「縦放軍人歇役」、工律・営造「擅造作」に当たるだろう。南北辺ならいざしらず、文臣の監視の密度の高い北京で、これほど露骨な悪事も珍しい。宣宗が「武夫は辜を識る無し」というのみで、全く何の処分も科さないで宥した理由がはっきりしない。あるいは都督僉事という張廉の官銜に配慮したのかもしれない。少なくとも、そのいい方からみて、宣宗が張廉にいい感情をもっていたとは思えないが、それにも拘わらず宥したことになる。次に宣徳六年一一月丁卯の条によれば、行在後軍都督府の都督僉事沈清が都指揮柳成と千戸戴興を劾奏し、二人は獄に下されたが、冤罪を訴えてやまないので、行在兵部・錦衣衛に調べさせたところ無実であることが明らかになり、兵部尚書許廓が沈清の「誣罔」の罪を劾奏した。沈清が告発した柳成・戴興の罪の内容が分からないが、無実だったのだから、沈清の罪は『大明律』刑律・訴訟「誣告」に当たることになるだろう。宣宗は

上曰わく、大臣は朕の倚重する所にして、上を罔《くら》まし下を虐ぐるべけんや。姑く其の功を念い、法を屈して之を宥す。然れども過ち再びするべからずと。廓に命じて成等の職を復さしむ。

と、「其の功を念い」という理由で沈清を宥し、柳成・戴興を復職させた。このように、北京の事例では、宣宗が「宥之」の措置をとる理由はさまざまで、北辺ほどはっきりした傾向はみられない。次に宣徳七年五月辛巳の条によ

れば、右軍都督府の致仕都督僉事郭志が家室をつくって、そこに娼妓を住まわせ、家人に仕えさせていたことが発覚し、行在兵部は大臣たる者の体面に悖るとして弾劾しその処罰をもとめた。郭志の行為は『大明律』戸律・婚姻「娶楽人為妻妾」の罪に当たるだろう。宣宗は

上曰わく、武人礼法を諳《し》らず。且つ老なり。其れ之を宥せと。

と述べ、郭志の罪は問わなかった。武臣は礼法に暗くても仕方がない、加えて老齢であるという理由である。次も同じような内容だが、宣徳九年正月乙未の条によれば、永順伯薛綬は天地の大祀に当たり、公署においてせず、私宅に止宿していたことを御史に弾劾された。これに対して宣宗は

上曰わく、武臣は礼法に昧《くら》し。姑く之を宥せと。綬を召して之に諭して曰わく、此小過に非ず。再び国法を犯すこと有らば、爾《そ》れ宥さずと。

と、武臣が礼法に暗いのは仕方がないという理由で宥した。薛綬の罪は『大明律』礼律・祭祀「祭享」に当たる。薛綬を宥した理由は他の場合と同様だが、違うのは本人を召して宣宗自ら訓戒していることである。礼法違反の多さは北京の特徴で、同じようなケースが度々あるので引き締める必要を感じたのかもしれない。ただ、それだけでもないようにも思われる。前述のように、同じ時期に北辺の事例に対しては、宣宗は辺将は辺防の任務さえ果していれば少々の非違があっても咎めないといういい方で、文臣の処罰の要請を却下し「宥之」の措置を連発しているのである。この例で、たいした罪でもない薛綬を召して自ら訓戒したのは、文臣による告発を決して軽視しているわけではないという姿勢をみせようという、文臣層に対する配慮もあったのではないかと思われる。宣宗は非常に現実的であるとともに、細かい配慮もする性格だったとみられるので、このようなこともあり得たのではないかと思う。

ここまで北辺に続いて北京の事例をみてきたが、様々な点で対照的である。北辺で「宥之」の対象となったのは、

主に軍事行動に関わる罪だったが、北京では礼法上の違反や怠慢が目立つ。概して宥しても当然とみられる些細な罪が多いが、対象は主に勲臣や都督などの最高位の武臣である。北京は、大兵力が展開している南北辺とともに、このような高位の武臣が多く住んでいる場所である。しかし、その多くは世襲の代を重ねて、文臣の側から紈袴の子弟と無能・怠惰ぶりを嘲られる人々である。勿論、勲臣の全てが無能なわけではないが、有能な者は南北の前線に配置されている場合が多く、北京に残っているのはことさら無能な者が多いことになる。更に北京は、南北辺に比べて文臣の監視の目が密で、いわば礼儀三百威儀三千の世界である。文臣たちは鵜の目鷹の目で武臣の行状をうかがい、少しでも非違があればすかさず弾劾したとみられる。宣宗がこのようにして告発された武臣の罪を宥したのは何故なのか。北辺では防衛態勢に支障を来たさない為に宥したわけだが、当然ながら、北京ではこのような理由ではないだろう。宥すに当たって宣宗が述べた言葉をみると「武臣は礼法に昧《くら》し」とか「武人礼法を諳《し》らず」など、武臣は礼法に疎くても仕方がないという内容の文言もあるが、「武夫は辜を知る無し」、「武人の子弟、傲惰にして学ばざるの故」、「不学の過ち」など、武臣一般のあり方に対する低い評価も頻繁にみられる。それにも拘わらず、宣宗は「宥之」の措置を命じたわけである。それは宣宗が武臣全体を保全しようとしているからではないかと考えられる。この点、宣宗と文臣層で、武臣というものに対する姿勢が異なっているのだと思う。このことについてはまた後で考えたい。

北京と北辺では「宥之」の背景や目的が違っていたわけだが、内地や南辺ではどうだったのだろうか。まず内地からみていこう。宣徳元年正月乙卯の条によれば、獄に下されていた山東都司の都指揮衛青を釈して復職させる措置がとられた。衛青は倭に備えて登州の守備に当たっていたが「不法」に坐して都察院に逮捕され獄に下されていた。ここに至り、宣宗は

上、其の旧労を念い、且つ倭寇の海浜の患を為すを慮《おもんぱか》り、故に之を釈せしなり。

という措置をとった。衛青の「不法」の内容が分からないが、一旦獄に下されたものの、「其の旧労を念」うという理由で、軍事情勢の必要から釈されたケースである。防衛態勢の混乱を避ける為に、之を宥した北辺の場合と似た内容といえる。次に宣徳元年七月己未の条によれば、掌済寧左衛事の山東都司都指揮僉事馮凱が、勝手に民の訴状を受理したことを巡按御史に弾劾された。馮凱の行為は『大明律』刑律・訴訟「軍民約会詞訟」の規定に抵触するだろう。これについて宣宗は

上曰わく、武夫は吏事に諳《な》れず。姑く之を宥せと。

と述べて馮凱を宥した。「武夫」とのいい方には、武臣にうるさいことをいっても仕方がないと、慨嘆するような様子が窺える。これは山東都指揮衛青の場合とは異なり、北京で多くみられる事例と似た内容である。又、宣徳二年五月乙卯の条によれば、鎮守徳州の都督僉事郭義が、配下の指揮関容・千戸楊嵩に唆されて、没官の贓物を懐に入れたが、その後自分から申し出た。しかし、行在都察院は「公法を廃すべからず」として郭義の処罰をもとめた。これに対して宣宗は

上曰わく、義は貪なりと雖も、然れども実は容等の誘導すればなり。義は既に自ら首《もう》す。姑く之を貸《ゆる》せ。其れ容等を執えて罪を治《ただ》し、以て小人の従臾して非を為すを喜ぶ者を戒めよと。

と述べ、配下に唆されての行為であること、自首したことを理由に郭義を宥した。郭義の罪は『大明律』名例律「給没贓物」に当たる。関容と楊嵩は更に刑律・詐偽「詐教誘人犯法」の罪も加わるだろう。指揮・千戸には処罰を命じたのに郭義は宥したわけで、自首したことのほかに都督僉事という官銜に対する配慮もあったかもしれない。武臣といっても都指揮以上と指揮以下では扱いが異なる。次に宣徳五年二月己卯の条によれば、巡按直隷御史白圭が武定侯郭玹の罪を劾奏した。内容は次のようである。郭玹は家人をつかって滄州南皮県の民戸一七家の田土を強奪し、民居

を打ち毀して荘屋をおいた。一方、天津右衛の指揮呂昇は郭玹に阿り、官軍の屯田一〇九〇余畝を奪って郭玹に進上したという。南北辺ならいざしらず、このころの内地でこれほどあからさまな土地強奪も珍しい。御史の奏請をうけた宣宗は

上曰わく、勲戚の家、正《まさ》当に礼法を謹守せば、長く富貴を享くるに庶幾《ちか》かるべきに、乃ち敢えて貪暴を縦恣《ほしいまま》にすること此くの如し。此、朝廷の恩少なきに非ず。玹は姑く之を宥して、其をして改過せしめ、呂昇及び玹の家人は皆執えて之を治《ただ》せと。

と命じた。指揮の呂昇と郭玹の家人には逮捕・処罰を命じたが、郭玹本人に対しては、貪暴をほしいままにしていると非難し、「改過」させる必要を認めながらも、結局、宥して何の処罰も加えなかった。勲臣たる身分を考慮しての措置で、これも武臣の身分によって扱いが異なることを示す一例である。郭玹の罪は『大明律』戸律・田宅「盗耕種官民田」のほか、民家を奪って打ち壊しているから刑律・賊盗「恐嚇取財」にも該当するだろう。次に宣徳六年八月壬子の条によれば、湖広の金沙州で楚王の後宮・諸官衙から民家・店舗まで二六〇〇余軒も焼けた大火があったが、このとき湖広都司の都指揮同知黄栄らが消火に熱心でなかったとして、巡按御史が弾劾し黄栄らの処罰をもとめた。宣宗は

上曰わく、水火は猝かに発す。豈に人力の能く禦ぐ所ならんや。問わざれと。

と命じ、罪には問わなかった。巡按御史の劾奏は聊か八つ当りの感もあり、宣宗が宥して当然のケースである。黄栄らが延焼防止に熱意を示さなかったことから、御史は『大明律』刑律・雑犯「失火」の罪に当たるとみたのであろうか。北京では特にその傾向が強かったが、地方でも文臣が武臣の行状を厳しくチェックし、少しでも非違があると、すかさず弾劾した様子が窺える。内地では事例が少ないのではっきりした傾向をみることはできないが、軍事情勢や

防衛態勢の維持を背景にした北辺の「宥之」と、北京の礼法違反の事例にみられるような、宣宗が文臣の攻勢から武臣を庇うための「宥之」の二つの要素がともにみられるように思われる。ただ、前述のように、北辺では宣宗朝の末になって、経済事犯にも「宥之」が適用されるようになったが、内地では武定侯郭玹の例にみられるように、北辺よりもやや早くから経済事犯にも適用されていたことが注目される。

それでは、南辺の事例はどうだろうか。まず宣徳四年一一月丙寅の条によれば、広西総兵官の都督僉事山雲が指揮王綸を劾奏しその処罰をもとめた。柳州府洛容諸県で蛮寇が却掠を重ねているので、王綸に討伐を命じたところ、郷村に屯聚していた賊が抵抗したので戦闘となり、その際、一般の民を巻き込んで民にも被害がでてしまったというのである。山雲の奏請をうけた宣宗は

上、行在兵部の臣に諭して曰わく、兵刃の下、誤り有るを免れず。綸等は幸いにして功有り。姑く之を宥し、其れ山雲に移文し、凡そ平民にして係累有る者は皆遣還し、有司をして心を用いて撫恤せしめ、所を失わしむることなかれと。

と述べ、王綸は宥し、被害を受けた民は懇切に世話するよう命じた。宣宗が「兵刃の下、誤りあるを免れず」と述べているのは、自身も軍事の経験があるので、戦場では杓子定規にはいかないことが分かっていたのだろう。王綸の罪は『大明律』兵律・軍政「失誤軍事」に当たると思われる。混戦の中で掠奪行為とみられるようなことでもあれば、兵律・軍政「縦軍擄掠」の規定にも抵触しかねないが、宣宗が「綸等は幸いにして功有り」と述べていることからみると、そのような事実はなかったのだろう。辺防の確保を第一とし、少々のことには目を瞑るという、宣宗の現実的な姿勢は、北辺の事例に対する場合と共通する。次に宣徳七年三月庚午の条によれば、広東都司の都指揮花英が、その経緯は分からないが、広東の寧川守禦千戸所の千戸から銀一三〇両を受けたことが発覚し、巡按御史陳汭の調査の

結果、事実であることが確認された。これについて宣宗は

上曰わく、朕、其の祖父の先朝に功有りしを聞く。姑く法を屈して之を宥せ。若し武臣にして軍功に慢《おご》るものあらば、必ず宥さずと。

と命じた。花英は太祖朝に活躍した都指揮使花茂の次子である。[28] 銀を受けた事情がはっきりしないので何ともいえないが、少なくとも『大明律』刑律・受贓「官吏受財」には該当するだろう。これは父祖の功によって宥されたケースである。花英については、約二年後の宣徳九年四月丙子の条にも同じく「官吏受財」の罪を告発された記事がある。このときはⒾ記罪、Ⓚ自陳、Ⓜ移文戒飭の処分を重複して科された。このことはⓀ自陳のところで述べた。同月の宣徳七年三月乙酉の条によれば、四川都司の都指揮僉事李斌が、重慶で官木の検査に当たり、手落ちのあった百戸に杖を加えたところ、一〇余日後に死亡してしまい、法司が李斌の処罰を奏請した。これに対して宣宗は

上曰わく、因公施行の過ちなり。贓罪有るに非ず。姑く之を宥せと。

と、行き過ぎではあるが、公務上の行為であるとして公罪と認め、賄賂がらみの事件でないことを理由として李斌を宥した。李斌の罪は『大明律』名例律「殺害軍人」に当たる。百戸に何らかの非違があったのを李斌が咎めたのだろうが、詳しいことはわからない。このとき、宣宗がわざわざ贓罪の有無に言及しているところをみると、命を下して賄賂がらみなのかそうでないのかを確かめさせたのだろう。宣宗が武臣の贓罪に強い危機感をもち、厳しく対処しようとしていたことが窺える。次に宣徳八年八月癸未の条によれば、四川総兵官の左都督陳懐が、邢安・宮聚・趙諒の三人の都指揮に叛蛮に対する夜襲を命じた。記事にはみな都指揮と記されているが、同知や僉事も含めて都指揮と書かれることが多いので、恐らくこの場合もそうだろう。打ち合わせの結果、邢安が先頭になり宮聚と趙諒がこれに続く序列で前進したが、夜間行軍の為か時間が掛かり、現地に着いた時には既に夜が明けてしまい蛮軍に迎撃された。

邢安は敵が大軍なのに怯えて退却し、趙諒が殿になったが蛮軍の伏兵に遭い、趙諒と二〇余人の部下は奮戦したが捕虜になってしまった。これをみた宮聚が軍を返して闘い、その半数を奪還し、趙諒も逃れて帰還することができた。陳懐が三人の失機の罪を劾奏し、その処罰をもとめた。これに対して宣宗は

上、敗れしは安に由るを以て、命じて独り其の罪を治《ただ》さしめ、諒は衆寡敵せずして敗れるに致り、聚は能く赴救せし故を以て皆之を宥す。

と命じた。三人の罪は軍事行動に当たって互いに策応できずに敗北を招いてしまったもので『大明律』兵律・軍政「失誤軍事」にあたる。宣宗は邢安の処罰を命じたが、趙諒と宮聚は咎めずに宥した。宣宗が殿軍や退却の途中から引き返して戦うことの難しさをよくわかっていた為の措置であろう。手酷い敗北だが、作戦を命じた総兵官陳懐には何の処分もなかった。当時の明軍は概して現場任せの傾向が強く、指揮命令系統が曖昧な印象がある。同じ宣徳八年八月の戊戌の条によれば、巡按四川御史馬駿が四川行都司の都指揮僉事朱忠・陳栄の罪を弾劾した。二人は自分たちの佃戸を勝手に官屋に住まわせ、官田を耕作させながら、所定の糧米を納めなかったが、ことが発覚すると慌てて補納し、首領官に命じて文書の日付けを改竄させて辻褄を合わせたというのである。二人の罪は『大明律』戸律・田宅「盗耕種官民田」、倉庫「隠匿費用税糧課物」に該当するだろう。その所業はけちくさく全然潔い感じがしないが、巡按御史からの処罰要請に対し、宣宗の対応は

上曰わく、過ちを知り能く改む。姑く容《ゆる》して問わざれ

というものであった。やはり、これも辺防を優先した措置であろう。又、北辺でも同様のことが認められたが、南辺でも「宥之」の適用が、徐々に経済事犯にも拡大しつつあった様子が窺える。次に宣徳九年二月辛未の条によれば、行在都察院が掌四川都司事の都督同知徐甫と都指揮僉事張信を劾奏した。洪武中に寧川衛の指揮陳昇の麾下に欠員が

でて、太祖がその子弟で補充するように命じたのに、いまだに補充されていないとして、徐甫・張信の処罰を奏請したのである。随分古い話で、しかも当の寧川衛ではなく、上級の四川都司の首脳の責任を問うものである。徐甫・張信にすれば思いがけない言い掛かりをつけられたような気持ちだったろう。『大明律』でいえば兵律・軍政「従征守禦官軍逃」、欠員の中に武臣が含まれていれば吏律・職制「選用軍職」にも該当するとみられる。宣宗は

上曰わく、此の因循の弊は一日のことに非ず。但だに甫等のみの罪にあらず。姑く之を宥し、即《ただ》ちに伍を補わしめよと。

と、欠員の補充を命じただけで、徐甫・張信の罪は問わなかった。宣宗の命令は妥当で、宥して当然と思われるケースである。南辺の事例は以上の六件・九人のみなので、はっきりした傾向を窺うのは難しいが、「失誤軍事」など軍事行動に関わる内容のものがいくつかあり、このほかにも辺防態勢の維持するため、敢えて宥したケースもみられる。これらのことは北辺と共通する特徴である。又、北辺と同様に、宣宗朝の末には「宥之」の措置が経済事犯にも拡大適用される様子が窺えた。

ここまで「宥之」の三六件・五一人の事例の内容をみてきた。「宥之」は宣宗が罪を犯した武臣についてお咎めなしを命じ、全く罪に問わなかったものである。『大明律』の規定どおりに処罰されたⒶ死罪、Ⓑ「如律」とは対極にある事例である。**表28**でみたように「宥之」の事例は宣宗朝の後半に頻繁にみられるようになる。これは、後述するが、武臣の犯罪に対する減刑措置が更に強化されつつあったことの一環でもある。事例の内訳は、北辺が一五件・一五人、北京が一〇件・二二人、内地が五件・五人、南辺が六件・九人であり、件数では北辺が多いが、人数は北京が最も多い。それは武臣の官衙とも連動しており、「宥之」の対象は、ほぼ都指揮以上の高位の武臣に限られるが、北京では特にその傾向が強く、二二人のうち一二人が勲臣で八人が都督と最高位の武臣たちであった。Ⓐ死罪やⒷ「如

律」の主な対象が指揮・千戸・百戸・鎮撫などの中下級武臣だったのと対照的である。「宥之」の対象となった罪状を『大明律』の条項で示したのが表29である。ただし、事例の中でみたように、冤罪が確認された開平衛の百戸劉信、誣告だった遼東都司の都指揮鄒溶、鎮守粛州の都督僉事王貴、それに配下の不正の監督責任を問われたかたちの薊州永平山海総兵官の都督僉事陳敬の罪状は表から除外してある。表をみると、まず兵律の件数が多く刑律が少ないことが目につく。この罪状の点もⒶ死罪とは対照的である。Ⓐ死罪について示した表3では刑律が兵律の三倍にのぼり、刑律の中では賊盗の条項がとび抜けて多く、受贓がこれに次ぎ、一方、軍事行動上の罪は一件もなかった。これに対して「宥之」では刑律の賊盗や受贓の件数は極く少なく、兵律・軍政の条項には「擅調官軍」・「失誤軍事」・「主将不固守」など、軍事行動に関わるものが少なからず含まれている。軍務上の罪は「宥之」の対象とされたことが分かる。又、礼律違反が多いことも「宥之」の特徴の一つである。第二章で武臣の犯罪を軍務上の罪、軍士の酷虐、経済事犯

表29　Ⓝ「宥之」

名例律	給没贓物	1
	殺害軍人	1
吏律	職制	2
戸律	戸役	2
	田宅	3
	婚姻	1
	倉庫	4
礼律	祭祀	2
	儀制	5
兵律	宮衛	1
	軍政	10
	関津	1
刑律	賊盗	2
	訴訟	2
	受贓	1
	雑犯	1
工律	営造	1
（合計）		40

兵律

宮衛	宿衛守衛人私自代替	1
軍政	擅調官軍	1
	失誤軍事	2
	主将不固守	2
	縦放軍人歇役	2
	公侯私役官軍	1
	従征守禦官軍逃	2
関津	私出外境及違禁下海	1
（合計）		12

の三つに大別して考えたが、Ⓐ死罪は軍務上の罪がなく、あとの二つ、特に軍士の酷虐に適用された。「宥之」でも軍士の酷虐に分類される事例もあるが、精々軍士の私役や売放に止まり、私刑や金品の強奪、或いは給与の搾取などの悪辣な事例は一件もない。このような犯罪は「宥之」の対象にはならなかったことがわかる。ただ、南北辺でも、宣宗朝の末に「宥之」が経済事犯にも拡大適用される様子が窺えた。表29の中で戸律の条項数が多いのはこのためである。前述のように、同様の動きはⒽ罰俸、Ⓘ記罪、Ⓛ「降勅叱責」でもみられ、武臣の犯罪に対する減刑措置が更に強化されつつあったことを示している。

また各事例の検討を通じて次のようなことが確認できたと思う。南北辺、とくに北辺では「宥之」の対象になったのは大部分が軍務に関わる罪であった。宣宗がこれを宥した理由をみると、武臣の処罰によって防衛態勢に穴が空くことを避ける為の措置であった。辺防態勢の維持が第一で、そのほかのことについては目を瞑るという趣旨の「宥之」である。これは南辺の事例でも同じような傾向がみられた。もう一つが北京の事例にみられるもので、勲臣などの最高位の武臣たちの礼法違反を宥す際のパターンである。北京には文臣から紈袴の子弟と蔑称されるような世襲を重ねた無能な勲臣が多く居住していた。宣宗もその無能ぶりを十分承知していながら、それにも拘わらず「宥之」の措置をとり続けたのである。それは次第に強まる文臣側の攻勢から武臣を守り、武臣そのものを保全しようとする「宥之」だったと考えられる。以上のように、宣宗がとった「宥之」という措置には二つの側面があったように思われる。

小結

一、二、三節でⒶ死罪からⓃ「宥之」まで、次元の違う刑罰も懲戒も入り混っているが、大まかに科される武臣からみて重い順に並べてその内容をみてきた。この節で扱ったのはⒾ記罪、Ⓙ封示、Ⓚ自陳、Ⓛ「降勅叱責」、Ⓜ「移文戒飭」、Ⓝ「宥之」の九八件・一二四人の事例である。いずれも実質的な処罰は伴わない軽い処分で、Ⓝ「宥之」は勿論だが、他の処分も科されても官・職ともそのままで服務地の変更もない。はっきりしているのは、これらの軽微な処分になればなるほど、対象の武臣の官銜が上がってくることである。これはⒾ記罪からⓃ「宥之」までのどれにもあてはまる。ただ、Ⓘ記罪からⓃ「宥之」の運用にあたって、これらの処分が適用された罪状に一つの傾向がみられる。武臣の犯罪を軍事行動上の罪、軍士の酷虐、経済事犯に大別すると、Ⓘ記罪、Ⓛ「降勅叱責」、それにⓃ「宥之」のなかの北辺の事例は主に軍事行動上の罪に適用され、Ⓙ封示、Ⓚ自陳、Ⓜ「移文戒飭」は経済事犯や軍士の圧迫に適用されることが多かった。この二つのグループの運用上の特徴をまとめると次のようである。

Ⓘ記罪は、武臣が罪を犯した場合に、処罰は加えないが、その罪状を兵部の記録に留める措置である。殆どが南北辺の事例で、対象となった武臣は都指揮が最も多いが、勲臣や都督は殆どなく、指揮以下の中下級武臣が少なからずみられた。この点、この節で扱った処分の中ではめずらしい。Ⓘ記罪が適用された罪状は、主に軍事行動に関わるものだったが、宣徳七年に変化がみられ、経済事犯や軍士の圧迫にも拡大適用されるようになり、Ⓗ罰俸の下位の罰則規定として位置づけられた。これ以後、該当者も増加し地域的にも拡大することになった。Ⓛ「降勅叱責」は、帝が勅をもって武臣の罪を叱責するものである。その運用は非常に特徴的で、大部分は北辺の事例だが、対象になったの

は最高位の勲臣や都督が任じられている総兵官であった。主に適用された罪状は『大明律』兵律・軍政「主将不固守」に当たる軍務上の罪である。事例は宣宗朝の後半に多いが、それはこの時期に韃虜の活動が北辺一帯で活発化したことによるものである。このⓁ「降勅叱責」も宣徳八年以降、経済事犯や軍士の圧迫にも拡大して適用されることになった。Ⓝ「宥之」は、武臣が罪を犯しても全く罪に問わず、お咎めなしの措置がとられたもので、『大明律』の規定どおりに処罰されたⒶ死罪やⒷ「如律」の対極にあたる。北辺と北京に事例が多いが、各々異なる狙いと背景があったと思われる。一つは北辺の事例で、Ⓘ記罪やⓁ「降勅叱責」と同じく、軍務上の罪に適用されたもので、武臣の処罰によって防衛態勢に支障を来たすことを避ける為に敢えて罪に問わなかったケースである。これも宣徳九年頃には経済事犯にも拡大適用される様子が看取された。ただ、軍士の酷虐のなかの悪質なものは最後まで「宥之」の対象にはなっていない。それは朝廷の危機感の所在を示すものでもある。もう一つが、北京の勲臣や都督などの高位の武臣の礼法違反を宥したケースである。彼らについて、宣宗自身が低い評価を与えながらも宥し続けたのである。そこには北辺とは異なる目的があるわけで、武臣そのものを保全する為の「宥之」だったと考えられる。同様の事例はⓃ「宥之」だけでなく、他の処分に際してもしばしばみられる。Ⓘ記罪、Ⓛ「降勅叱責」、Ⓝ「宥之」の中の北辺の事例は主に軍務上の罪に適用された点で、これまでみてきたⒺ為事官・戴罪官、Ⓕ立功贖罪、宣徳六年以前のⒽ罰俸などと同じ系統に属する最も軽い処分だったといえる。

これに対してⒿ封示、Ⓚ自陳、Ⓜ「移文戒飭」も高位の武臣が対象だったことは、Ⓘ記罪、Ⓛ「降勅叱責」、Ⓝ「宥之」と同じだが、適用された罪状が違っていた。Ⓙ封示は武臣の罪が告発されると、弾劾の奏章そのもの、或いはその内容を本人に示して反省をもとめる措置である。対象は主に総兵官の職にある勲臣や都督で、官・職ともに最高位の武臣たちである。その罪状は大半が経済事犯で、軍士の圧迫に分類されるのも少数あるが、内容はせいぜい軍士の私役で特に悪質な事例はない。Ⓚ自陳は、宣宗の命令によって、罪を犯した武臣に上奏して釈明や反省の機会を与えるものである。対象はやはり都指揮以上、とくに勲臣や都督で、総兵官に任じられている高位の武臣が多い。その罪状は経済事犯、軍士の圧迫、スキャンダルと非常に広汎だが、軍事行動に関わるものは殆どみられず、一人でいくつもの罪状を含む大掛かりな不正のケースが多い。Ⓙ封示とよく似ているが、Ⓚ自陳の方がより大規模な場合が多い。またⒿ封示の多くは北辺の事例だが、Ⓚ自陳は北辺と南辺でほぼ同数あり、Ⓙ封示よりもより広く行われたようである。Ⓜ「移文戒飭」は兵部や都察院を通じて本人に注意し、行状を改めさせようとする措置である。事例が少なくてはっきりした傾向をみるのは難しいが、いずれも南北辺の事例で、軍務上の罪には適用されず、軍士の圧迫や経済事犯に対して行われた。対象の武臣はやはり高官であるが、Ⓛ「降勅叱責」などよりはやや下のランクの武臣である。

以上のように、もともと処罰と罪状にはかなりはっきりした対応関係があった。例えばⒿ封示とⓁ「降勅叱責」は、主に北辺を舞台に、総兵官などの最高位の武臣を対象にした点ではよく似ているが、一方は軍務上の罪、一方は経済事犯とはっきり区別され、対をなす処分として、それぞれのケースに応じて使い分けられてきたのである。しかし、Ⓘ記罪、Ⓛ「降勅叱責」、Ⓝ「宥之」の中の北辺の事例のように、これまで軍務上の罪に適用されてきた処分が、宣徳七・八・九年の間に、経済事犯や軍士の圧迫にも拡大適用されるようになってきた。元来、宣宗が整備に務めてきた専守防衛の態勢が混乱するのを避ける為に、武臣の重い罪に対しても、敢えて形式的な軽い処分に止めてきたわけである。その軽微な処分が、朝廷がこれまで厳しく対処してきた軍士の酷虐や経済事犯にも拡大して適用されるようになったのである。これは武臣の犯罪に対する減刑措置が更に強化されつつあったことを示している。適用が拡大された結果、該当者は大幅に増え、事例のみられる地域も広まってくることになる。同時に、これまではっきりしていた罪状と処罰の対応関係は曖昧になってきた。この傾向は特に軍務上の罪に適用されてきた処分に顕著で、この節でみてきたⒾ記罪、Ⓛ「降勅叱責」、Ⓝ「宥之」だけでなく、前節で述べたⒺ為事官・戴罪官やⒽ罰俸の場合にも同様にみられる。本節で示した軽い処分は、一つには防衛態勢の混乱・動揺を避けるためで、これは宣宗朝を通じてみられるが、同時に武臣そのものを保全するためという面もあったと思われる。

第四節　処罰の運用と『大明律』

ここまで三節に分けてⒶ死罪からⓃ「宥之」までの各処罰の内容をみてきた。全体を通観して「おわりに」としてその運用の特徴についてまとめるべきだが、分量が多くなってしまったので「おわりに」に代えて節を建てて幾つかの点について述べることにしたい。

第二章で武臣の犯罪について地域、武臣の官銜、罪状に注目しつつ、何処でどのような犯罪が多かったのか、どのクラスの武臣がどんな犯罪を起しがちだったか等の問題について分析した。そのうえで第三章で処罰の実情についてみてきたところ、第二章で得た傾向や特徴と必ずしも一致せず、はじめのうち戸惑った。しかし、考えてみれば当然のことだった。当初、筆者は何となく犯罪と処罰は一連のものと思っていたが、実際には次元の異なるものである。勿論、犯罪も人為的なものだが、半ば自然に発生するものでもあり、自然現象のようなところもある。これに対して処罰の実施は政策の一つで、朝廷の意思の現われである。朝廷が最も禁じたい行為には最も厳しい罰をもって臨むだろうし、その意味では処罰の軽重は朝廷の危機感の所在の反映でもある。一方、様々な条件の下で、同じ罪に対しても意図的に軽い処罰ですますこともあるだろう。武臣の犯罪では、その地域の軍事情勢、あるいは罪を犯した武臣の官衙やポストが大きな要素となって、処罰の運用に影響を及ぼしたことは個々の事例を通してみてきたとおりである。

また表1からみられるように二三〇件・三三六人の処罰の事例のうち、『大明律』の規定どおりに処罰されたⒶ死罪、Ⓑ「如律」は件数で一八パーセント、人数で一六パーセントと、全体の二割にも及ばない。全くお咎めなしのⓃ「宥之」とほぼ同じような割合いである。Ⓐ死罪、Ⓑ「如律」以外の八割以上の事例は、程度の差こそあれ、全て減刑の結果として科されたものである。このような数字をみると『大明律』の運用の実態は如何なるものだったのかと考えさせられる。そして全ての減刑は、『大明律』の規定どおりの処罰をもとめる法司の要請を却下するかたちで、宣宗によって命じられたものであった。本章のまとめを通じて、これらの意味するところを更に考えてみたい。

（一）　地域と処罰

まず処罰と地域の関係について考えるが、それを示したのが表30である。表で各地域ごとの件数をみると、全体の二三〇件のうち、北辺が四七パーセント、北京が八パーセント、内地が一八パーセント、南辺が二七パーセントとなり、これは第二章の表1（一七七頁）で示した各地域の犯罪の告発件数の比率と概ね一致する。犯罪の発生でも処罰の件数でも北辺が全体の約半数近くを占め、同様の軍事的緊張地帯である南辺と合わせると七割を越す。このように件数に多寡はあるが、各種の処罰の実施状況をみると、地域によって大きな違いのあることが看取される。

まず北辺から処罰の特徴をみていこう。最も重いⒶ死罪の欄をみると、北辺は四件のみで南辺の半数にすぎず、内地よりも少なくなっている。一方、全くお咎めなしのⓃ「宥之」では三六件のうち北辺が一五件と半数近くを占めている。これをみただけでも、北辺は処罰の件数は最も多いが減刑されることも多かったことがわかる。もう少し詳しくみていくと、北辺の一〇八件のうち、『大明律』の規定どおりに処罰されたⒶ死罪とⒷ「如律」は一一件で北辺の事例の中の一〇パーセントにすぎない。そのほかの九割は程度の差こそあれ全て減刑の結果として科されたものである。その中でⒽ罰俸以下の軽微な処罰は六九件あり、全体の六四パーセントを占めている。特にⒾ記罪以下は実質的な処罰は伴わない形式的なものである。これらの軽い処罰のうちⒽ罰俸、Ⓙ封示、Ⓛ「降勅叱責」などは、他の地域の事例が極く少なく、殆ど北辺専用のような感がある。もっとも、前述のように、これらのうちの幾つかは宣宗朝の末に適用される罪状が拡大され、その結果、地域的にも拡散することになるが、当初は非常に地域が限定された処罰だった。宣徳六年以前は、罪状とそれに適用される処罰の間に、かなりはっきりした対応関係がみられたことは前に述べたとおりだが、北辺を舞台にした処罰で、主に軍事行動上の罪に科されたのはⒺ為事官・戴罪官、Ⓕ立功贖罪、Ⓗ罰俸、Ⓘ記罪、Ⓛ「降勅叱責」、Ⓝ「宥之」で、これが六四件あり五九パーセントとなる。このなかでも減刑の度合いが高く、軽微な処罰であるⒽ罰俸以下の事例が五二件あり、四八パーセントと全体の半数に近い割り合いになる。このような数字から窺えるのは、北辺では武臣の処罰に当たって、大幅な軽減措置がとられており、それは特に軍事行動上の罪に対して

表30　地域と処罰

処罰＼地域	北辺	北京	内地	南辺	件数
Ⓐ死罪	4	3	7	8	22
Ⓑ「如律」	7	1	8	3	19
Ⓒ充軍・謫戍	5	1	6	5	17
Ⓓ降・調	4	1	2	2	9
Ⓔ為事官・戴罪官	6	0	0	6	12
Ⓕ立功贖罪	6	0	1	10	17
Ⓖ罰役	7	2	6	2	17
Ⓗ罰俸	15	0	2	2	19
Ⓘ記罪	8	0	3	4	15
Ⓙ封示	7	1	1	2	11
Ⓚ自陳	7	0	1	6	14
Ⓛ「降勅叱責」	14	0	0	3	17
Ⓜ「移文戒飭」	3	0	0	2	5
Ⓝ「宥之」	15	10	5	6	36
（合計）	108	19	42	61	230

著しかったということである。これが北辺の最も大きな特徴である。

北京は事例そのものが少ないが、その中ではⓃ「宥之」が北辺と並んで多いことが目を引く。これは個々の事例でもみたように、主に勲臣や都督など、最高位の武臣たちの礼法違反を宥したものであった。北京に多い世襲の代を重ねた無能・怠惰な勲臣層の在り方や、文臣の側の監視の目が密なことの反映であり、北京の特徴を示すものである。

内地の事例数は北辺の半分以下だが、内容をみるとある意味で北辺と対照的である。まず、『大明律』の規定どおりに処罰されたⒶ死罪、Ⓑ「如律」が一五件で全体の三五パーセントとなり、北辺の一〇パーセントと比較すると、これらの厳罰に当てられた者の比率が北辺の三倍以上にのぼる。一方、Ⓗ罰俸以下の軽微な処罰は一二件で二九パーセントしかなく、北辺の六四パーセントからみると半分以下である。これらの数字からみると、朝廷は内地の犯罪に対しては厳罰を以て臨むことが多かったということになる。しかし、これは内地だからという地域的な要因によるものではなく、罪状との関係からきたものである。そのことは罪状とそれに適用される処罰の対応関係をみると分かる。主に軍士の酷虐や経済事犯に対して科された処罰にはⒶ死罪、Ⓑ「如律」、Ⓓ降・調、Ⓖ罰役、Ⓙ封示、Ⓚ自陳、Ⓜ「移文戒飭」などがあったが、内地ではこれらの合計が二五件あり、これは内地全体の六〇パーセントにのぼる。個々の事例でみてきたように、南北辺と違って内地では軍事行動に関わる罪は殆どないわけで、一方、軍士の属する原衛を舞台にした、指揮・千戸・百戸・鎮撫等の衛所官による軍士の酷虐や経済事犯が多かった。そして朝廷がこれらの罪に厳しく対処してきたことは各節でみたとおりである。これらの罪は軍務上の罪に比べて減刑の対象になりにくかったのである。

南辺についてみるとⒶ死罪が各地域の中で最も多く、Ⓐ死罪とⒷ「如律」の厳罰の事例を合わせると一一件で一八パーセントとなる。内地ほど高くはないが、一〇パーセントの北辺に比べるとほぼ倍である。主に軍事行動に関わる罪に適用されたⒺ為事官・戴罪官、Ⓕ立功贖罪、Ⓗ罰俸、Ⓘ記罪、Ⓛ「降勅叱責」、Ⓝ「宥之」は三一件で五一パーセントになる。これは五九パーセントだった北辺とほぼ同じ比率である。ただ、このなかで軽微なⒽ罰俸以下の事例は一五件で二五パーセントとなり、北辺の四八パーセントに比べると約半分しかない。つまり、南辺の軍務上の罪の割合は北辺と同程度あるが、そのうち減刑の度合の高い軽微な処罰は北辺より大幅に少ないということになる。南辺は北辺と共に軍事的緊張地帯で共通する面も少なくない。Ⓕ立功贖罪、Ⓚ自陳、Ⓜ「移文戒飭」などは、北京や内地では殆どみられず、南辺と北辺に限定されたような処分である。このように南辺には北辺と同じ傾向がみられることも確かだが、北辺ほど減刑、とくに軍事行動上の罪に対する減刑の度合いが著しくないということになる。それは同じ軍事的緊張地帯といっても、軍事情勢が違っていた為と思われる。北辺では小規模な韃虜の侵犯事件は少なくないとはいえ、専守防衛を旨としておおむね平穏だったのに対し、南辺では、現に少数民族との間に激しい戦闘が連続的に起っていた。そのため、南辺ではある程度は信賞必罰の措置をとらざるを得なかったのだと考えられる。軍務上の罪を軍功をもって贖うⒻ立功贖罪の件数が北辺より南辺の方が遙かに多いこともそれを示している。

このようにみてくると、朝廷が軽重さまざまな処罰を地域的な特性に合わせて運用していた様子が窺えるが、件数の多さや減刑の程度の甚しさから北辺の特異さが際立っている。なぜ北辺では武臣の罪、とくに軍務上の罪に対してこのように減刑しなければならなかったのか。Ⓗ罰俸のまとめのところでも一部述べたが、それは宣宗が整備に努めている北辺の専守防衛態勢と深い関係があったと思われる。Ⓛ「降勅叱責」やⓃ「宥之」のところで引用した各地の総兵官などの武臣たちに降した勅に宣宗の対モンゴル防衛についての考え方がよく示されているので、これにもとづいて北辺防衛に対する宣宗の姿勢について少しまとめておきたい。

成祖はモンゴルに対して攻勢防禦の方針をとり、自ら先頭にたって親征を繰り返した。宣宗はこの方針を転換し、防衛線を後退させて補給上の負担軽減を図るとともに専守防衛の態勢をとった。宣宗のこの専守防衛の方針は以後の諸帝にも受け継がれてゆくので、宣宗はその後の明朝の対モンゴル防衛政策の創始者でもある。一般に戦闘の場所、時期、規模の選択は攻者側の権利であり、専守防衛は、何時、何処に、どのくらいの兵力で来襲するか分からない敵に対して常時備えていなくてはならず、非常に負担の大きい態勢である。各部隊を有機的に配置し、各々の役割分担を徹底させ、相互の協力態勢を整え、石垣を組みあげるように綿密な体制をつくる必要がある。専守防衛には攻勢防禦よりもずっと多くの兵力が必要であり、前線に配置された軍への補給が重要な課題となってくる。これが中後期の明朝にとって非常に大きな負担になったのは周知のことである。更に専守防衛の態勢の下では、敵の来襲の有無に拘わらず、常時臨戦態勢をとっていなければならず、この点にも大きな困難を伴う。第一章でみた鎮守総兵官の常設化もその対策の一環であった。専守防衛の態勢を維持し続けることの困難さについて、宣宗はよく分かっていたと思われる。甘粛総兵官劉広への勅で「守辺の道は惟だ謹厳に在り。未だ寇有らざるときと雖も、常に敵に臨むが若くして、然る後に無虞を保つべし」といい「嘗て爾に命ずるに、守備を厳飭すること、常に寇に臨むが如くせよ」といった言葉によくそれが示されている。何時来るともしれない敵に備えて、片時も油断なく緊張感を保っていくのは誠に難しいことであった。宣宗が北辺の総兵官たちにもとめたのもまさにこの点にあった。例えば宣府総兵官譚広に「此、亦た平素の隄防謹まざるの致す所なり」といい、遼東総兵官巫凱・掌遼東都司事王真に「爾等は平日の号令厳ならず、以て部属の懈怠を致せり」といい、大同総兵官鄭亨に「主将の平昔姑息にして、紀律厳ならざるの致せし所なり」と述べた。いずれも総兵官のつね日頃からの在り方について叱責している。宣宗も緊張感を持続しつづけることの難しさは十分承知しており、そのうえで、この点についての総兵官たちの努力をもとめていたことがわかる。

また、専守防衛態勢を有効に機能させるには、モンゴル側の動向に関する情報収集が不可欠である。宣宗は甘粛総兵官劉広への勅で「朕、嘗て逆《あらかじ》め虜情を料り、深く涼州・永昌を以て慮《おそれ》ありと為し、数《しばしば》爾等に厳兵戒備を命ぜしに……」と述べており、宣宗が様々な情報源から幅広く情報を収集し、現地の総兵官を凌駕する情報量をもって、北辺防衛の総指揮をとっていたことが窺える。宣宗が北京から目を光らせると同時に、遼東総兵官巫凱を「皆、爾の平昔に守備の方を規画する能わざればなり」と叱責した言葉に示されるように、各地の鎮守総兵官を通じて、普段から周到で堅固な防衛態勢を築き上げようとしていたのである。武臣の配置に関しても、少なくとも宣宗自身が任命する総兵官クラスの高官については、その性格や能力を十分に勘案して任命していたことがわかる。というのは同じ総兵官であっても、人によって宣宗のいい方が違っているからである。例えば寧夏総兵官史昭に対しては「戍守と臨敵と同じからず」と、待機と戦闘には自ずから緩急の違いがあるといういい方をしているが、甘粛総兵官劉広には「未だ寇有らざると雖も、常に敵に臨むが若くして……」といっている。そこにはトーンの違いがあるが、それは宣宗が史昭と劉広の性格をみながらいっているからであろう。大同総兵官鄭亨についても、宣宗は「因りて侍臣に語りて曰わく、……亨、性は謹厚なれども、但だ寛に過ぐ。故に辺備屢《しばしば》小失有り」とその人柄をよくみた論評をしている。宣宗は各部隊を綿密に連携させ、そこに人柄や能力を知悉した武臣を配置し、石垣を組み上げるように専守防衛の態勢を築こうとしていたのである。そのことから考えると、宣宗が北辺の武臣の処罰に極めて慎重で、減刑に減刑を重ねたことも頷ける。文臣たちがもとめるように、罪を犯した武臣を規則どおりに機械的に処罰すれば、石垣の石を抜き取るようなことになる。更には軍を指揮する武臣そのものの不足に陥りかねない。現にそのような事態が起っていたのである。『宣宗実録』宣徳三年五月甲寅の条に

鎮守大同総兵官・武安侯鄭亨奏すらく、参将・都指揮曹倹は軍を率いて糧を運び、開平に赴けり。而して山西行都司の都指揮盛全・張銑・王能は皆老病なり。惟だ都指揮羅文のみ神機銃砲を守護するも、文は近《ちかごろ》事を以て連

逮せられ、当に都察院に赴くべし。今、塞外の烽火時に作《おこ》り、或いは警急有るも、人の任ずべきもの無し。旧例として、凡そ訟の方面正佐の官に連なれば、則ち先に余人を追《め》して鞫問し、果して干渉すること有らば、則ち之に逮《およ》ぶ。乞うらくは例の如く暫く文をして莅事せしむれば、辺務を妨げざるに庶《ちか》からんと。上、都察院の臣に謂いて曰わく、辺務重しと為す。且つ文の事は虚実未だ知るべからず。況んや又旧例有るをや。姑く止めて逮《とら》えることなかれと。

とある。当時の大同の状況として、参将曹倹は軍糧輸送の為に出動して留守で、他の三人の都指揮はみな老病であり、ただ一人火器を担当している都指揮羅文が残っているだけだが、その羅文も事に坐して都察院に逮捕・連行されようとしている。これでは韃虜の侵犯があっても対応できないとして、総兵官鄭亨が羅文の逮捕猶予を奏請した。鄭亨が「警急有るも、人の任ずべきもの無し」と訴えているところに事態の深刻さが窺える。これに対して宣宗は「辺務重しと為す」として、都察院に羅文の逮捕停止を命じた。羅文の罪状は分からないが、宣宗が犯罪の究明・処罰よりも、防衛態勢の維持を優先した措置である。これは大同での都指揮クラスの高位の武臣についての事例だが、同じ時期に中下級の武臣に関しても同様の状況が起っていた。約三ヶ月後の宣徳三年八月丙午の条に

辺衛の指揮・千・百戸の罪を寛釈す。時に総兵官・都督譚広奏すらく、辺衛の将士にして、小罪に坐し久しく法司に繋がるもの多く、官の守備するものを缺くと。上、法司に命じ、亟やかに犯せし所を録《しる》して以聞せしむ。是に於いて、雑犯死罪より以下の指揮・千・百戸楊興等百余人、悉く従軽《かるきにしたが》い罰贖とし、職役に還らしむ。

とある。宣府総兵官の左都督譚広が、些細な罪で法司に拘留される者が多く、守備の任に支障が出ていると訴えた。譚広は具体的な衛所名を挙げていないから、宣府総兵官管下の北辺の衛所に少なからずみられた状況なのだろう。譚広が「将士」といっているから、あるいは武臣のほかに旗・軍も含まれているのかもしれないが、実際に釈されたの

は武臣たちだったから、部隊の指揮に当たる武臣が不足していたのだとみられる。宣宗は、譚広の上奏を受けると、すぐに法司に命じて審問中の武臣の罪状を提出させた。そして、恐らく宣宗自ら各武臣の罪状をチェックしたのだろうが、指揮・千戸・百戸等一〇〇余人の武臣を原職に復帰させる措置をとった。各々の武臣の罪状は分からないが、「雑犯死罪以下」とあるから、軽からぬ罪の者も含まれていたと思われる。「従軽罰贖」とあるのは、実際には立功贖罪を命じたものとみられる。これも北辺の防衛態勢を維持する為に武臣の罪を宥した例だが、それが大同の例のような都指揮クラスの高位の者だけでなく、指揮以下の中下級の武臣にまで及んでいたことがわかる。この措置の契機になった総兵官譚広自身についても同様のことがあった。Ⓝ「宥之」のところでも示した記事だが、宣徳二年一二月癸亥の条に譚広が礼法違反を告発された記事がある。これに対して宣宗は

上、行在礼部の臣に諭して曰わく、辺将は、但だ能く守備を厳飭し、以て任使に副えば可なり。必ずしも一、一縄《ただ》すに礼法を以てせざれと。

と述べ、細かい礼法違反にこだわる礼部を窘めるようないい方で譚広を宥した。同様の例は宣徳五年一一月庚戌の条にもみられ、やはり礼法違反の罪に問われた開平衛の指揮について、宣宗は

上、行在礼部の臣に諭して曰わく、辺衛の武臣は守禦をもて重しと為す。此、治《ただ》すに足らずと。

と述べて罪に問わなかった。北辺の武臣は辺防の任を果すことが第一で、それ以外の少々のことは問わないという宣宗の姿勢が示されている。このようにみてくると、上は鎮守総兵官から下は指揮以下の衛所官に至るまで、様々な罪を犯す武臣が多かったことと同時に、文臣の監視の目が厳しく、すぐに逮捕・拘留されて持ち場を離れる武臣が多かったことも窺える。宣宗が、防衛態勢を維持するのに必要な武臣を確保する為に、敢えて宥さざるを得ないという、非常に現実的な理由があったことは間違いない。しかも、引用した記事の日付から分かるように、宣徳二・三年とい

う宣宗朝の早い時期から、北辺で武臣不足の事態が起っていることが注目される。これは恐らく宣宗が専守防衛の方針に転換したことと関係がある。前述のように、専守防衛には攻勢防禦よりもずっと多くの人員が必要である。武臣不足は防衛方針の切り換えとともに起ってきた問題だと考えられる。このような背景もあり、宣宗が武臣の犯罪に対して、減刑に減刑を重ねてきたことは、個々の事例を通してみてきたとおりである。それではその結果、武臣不足は解消されたのだろうか。宣徳八年九月戊申の条に

直隷東勝左衛の令史張顕等奏すらく、本衛及び左・前の二千戸所の官属、或いは死亡し、或いは事に坐し、或いは公差もて職を去る者多く、官の掌印・署事するもの無し。且つ路は衝要に当たり、公務塡委するも、治辦する能わず。已に所司及び鎮守総兵官に陳べるも、未だ処分有らずと。上、行在兵部の臣に諭して曰わく、軍官、託故して職を去り、事を吏に委ぬ。而して鎮守総兵官も亦た皆理《ただ》さず。其れ速《すみ》やかに諸《もろもろ》の不急の差遣の者を簡《はぶ》きて、悉く取《えら》びて衛に還らしめよ。如し託故して還らざるもの、及び執留して遣《さ》らざる者あらば、悉く之を罪せよと。

とある。後軍都督府の管下で大同に置かれた東勝左衛では、死亡・逮捕処罰・公務出張等によって、衛の事務を処理すべき武臣がいなくなってしまい、都司や総兵官に事情を訴えても、梨のつぶてで何の音沙汰もないとして、令史が宣宗に上奏して直訴したものである。総兵官とあるのは、時期からみて大同総兵官・武安侯鄭亨である。宣宗は、武臣の中には公務出張にかこつけて任務を逃れている者が少なからずいるとみて、このような武臣を急ぎ衛所に戻すよう命じた。武臣が誰もいなくなってしまい、欠員も補充されないまま衛所の業務がストップしてしまうような場合もあったのである。宣宗朝の末になっても、北辺の武臣不足は解消されていない様子が看取される。東勝左衛の場合、武臣不足を齎した原因として、処罰のほかに、死亡しても欠員の補充がなされないこと、意図的な怠業も挙げられて

いるが、やはり、罪を犯して処罰され任を離れることも要因の一つだったことが窺える。第四章で述べるが、宣宗朝の末に罪を犯した武臣に対する減刑措置が更に強化された所以である。以上、処罰と地域の関係について検討し、その中で特異な様相を示す北辺の事情を考えた。次に処罰と武臣の官衙の関係についてみることにする。

(二)　官衙と処罰

武臣の官衙によって、科される処罰に軽重があったことは個々の事例でもみてきた。甚だしい場合には、一緒に罪を犯しても一方は処罰され一方は宥されるようなケースもあった。Ⓐ死罪からⓃ「宥之」までの処罰と武臣の官衙との関係を示したのが表31である。なお表は延べの人数で記してある。

官衙ごとの人数をみると、都指揮が断然多くて全体の三六パーセント余りを占め指揮がこれに次ぐ。当然ではあるが、これは第二章でみた犯罪の告発数の傾向と同じである。千戸や百戸は元来の員数が多いのだから、罪を犯したり処罰を受けたりする例も実際にはもっと多かったのだろうと思う。確かにそこには事例を収集した『宣宗実録』の史料としての性格からくる制約があり、記事がどうしても高位者の重大な案件に偏りがちである。ただ、都指揮や指揮の事例が多くなるのは、それだけではなく、そのポストとも関係がある。個々の事例でもみてきたように、都指揮は戦闘や地域防衛の直接の責任者に任じられることの多い地位で、指揮は衛所官のトップで各衛の責任者である。様々な意味で矢面にたつ立場で、告発や処罰の事例が多くなるのはある程度実情の反映でもある。

表31を一見して気付くのは、処罰の軽重と官衙の高低が反比例していることである。厳罰の比重は官衙が低い者ほど高くなり、軽微な処罰の割合は高位の者ほど高くなる。Ⓐ死罪に当てられた者の八〇パーセントは指揮以下の中下級武臣だし、Ⓝ「宥之」の八六パーセントは勲臣、都督、都指揮が占めている。最高位の勲臣の欄をみると、Ⓐ死罪、

表31　武臣の官衙と処罰

処罰＼官衙	勲臣	都督	都指揮	指揮	千戸	百戸	鎮撫	他	人数
Ⓐ死罪	0	2	5	11	6	8	3	0	35
Ⓑ「如律」	0	0	1	12	5	2	1	0	21
Ⓒ充軍・謫戍	0	1	8	7	3	4	1	為事官 1	25
Ⓓ降・調	0	0	4	6	1	0	0	0	11
Ⓔ為事官・戴罪官	3	2	14	3	1	2	0	0	25
Ⓕ立功贖罪	2	1	13	10	6	6	2	0	40
Ⓖ罰役	1	0	13	3	1	0	1	0	19
Ⓗ罰俸	0	1	25	6	2	1	0	中都正留守 1	36
Ⓘ記罪	0	1	10	6	2	3	0	中都正留守 1	23
Ⓙ封示	4	5	1	2	0	0	0	0	12
Ⓚ自陳	3	5	7	0	0	0	0	0	15
Ⓛ「降勅叱責」	1	14	2	1	0	0	0	0	18
Ⓜ「移文戒飭」	0	2	3	0	0	0	0	0	5
Ⓝ「宥之」	15	14	15	4	1	1	1	0	51
（合計）	29	48	121	71	28	27	9	3	336人

Ⓑ「如律」、Ⓒ充軍・謫戍、Ⓓ降・調などはなく、最も重いものでⒺ為事官・戴罪官である。全くお咎めなしのⓃ「宥之」が半分以上を占める。勲臣は罪を犯しても『大明律』の規定どおりに処罰されることはなかったということである。都督もこれと同じ傾向を示しているが、事例は少ないけれどⒶ死罪やⒸ充軍・謫戍もあり、勲臣ほど減刑の度合いは高くない。指揮は丁度これが逆転したかたちになっており、Ⓐ死罪、Ⓑ「如律」が全体の三一パーセントを占め、Ⓘ記罪以下の軽い形式的な処罰は一八パーセントしかない。Ⓝ「宥之」は四件だけである。こ

の傾向は千戸・百戸・鎮撫にも共通している。全体的に武臣は罪を犯しても軽減されることが多いが、その中でも官衙による相違があり、指揮以下の中下級武臣は減刑の度合いが低く、厳罰に処される場合もあったのである。両者の境に位置するのが都指揮である。『大明律』の規定どおりの処罰を受けたⒶ死罰、Ⓑ「如律」の例もあるが、一方でⓃ「宥之」の事例も多い。事例の数からいえば、中間のⒺ為事官・戴罪官、Ⓕ立功贖罪、Ⓖ罰役、Ⓗ罰俸、Ⓘ記事のところに集中している。特にⒽ罰俸の件数が多いが、これはⒽ罰俸が宣徳六年までは主に北辺の軍務上の罪に適用された処分だったことを考えれば、軍事行動や地域防衛の責任者に充てられることの多かった都指揮の立場を反映した数字であることがわかる。

　このようにみてくると、都指揮以上と指揮以下で、朝廷の扱いがはっきり違っていることがわかる。幾つか例を挙げてみてみよう。まず、宣徳元年二月壬辰の条によれば、遼東都指揮僉事牛諒は運米贖罪の処分を受けていたが、これが終ったので、行在兵部が復職を奏請した。このとき宣宗は牛諒に対して

　因りて諒に諭して曰わく、大臣為《た》りて、敢えて爾は法を犯せり。再び犯さば宥さずと。

と述べた。ここで宣宗は都指揮僉事の牛諒を「大臣」といっている。都指揮僉事と指揮はどちらも正三品だが、指揮についてはこのようないい方はしない。また、宣徳元年四月に、寧夏参将の都督同知陳懐が騎士二〇人を勝手に境外に出そうとして、配下の指揮張善に制止されると、これを怨んで杖を加えたとして告発された。これについて宣宗は「上曰わく、懐は大臣なり。姑く其の実を自陳せしめよ」と述べて自陳を命じただけだった(29)。その理由は従一品の「大臣」たる都督同知の身分を尊重してということであった。又、宣徳元年五月、鎮守居庸関の都督沈清が、配下の降慶衛指揮李景らに不法一八事を劾奏されたが、宣宗は

　上曰わく、都府の大臣は、重過有るに非ざれば、宜しく恩意を存すべし。先ず使いし所の人を鞫し、事果たして

実有らば、別に処置を奏すべしと。

と命じた。「大臣」は重大な罪がなければ処罰しない。何かの不正が告発されても、先に直接不正に携わった者を取り調べ、その結果、武臣本人に関わることがはっきりしたら、その段階で対応するというのである。沈清に対しても、八月になって、宣宗は

是に至りて旨有り。武臣罪を犯すも大故に非ざる者は、倶《みな》之を釈せと。遂に清を宥す。

と命じて沈清は罪に問われなかった。[30] ここで宣宗は、「大故」の基準がはっきりしないが、武臣は重大な過失がない限り全て釈せと述べている。このような扱いは太祖朝以来の武臣重視の名残りかもしれないが、これを悪用する者もあった。宣徳元年一〇月癸亥の条によれば、鎮守宿州の都指揮僉事胡貴は、軍士の私役と罪人からの受賕を告発され、逮捕されることになったが、左都御史劉観が宣宗に

今、貴言えらく、勅を奉じて鎮守す。就逮《たいほされ》ず。朝廷の行法として貴の近きより始めよと。如し貴就逮《たいほされ》ざれば、法何を以て行われんやと。

と訴えた。胡貴は、鎮守は勅を以て任ぜられ、帝に直結する特命職である、朝廷のやり方として、「大臣」たる都指揮僉事の自分を直に逮捕するのではなく、まず周囲の者を取り調べるのが筋ではないかと主張して、逮捕を拒否しているというのである。宣宗は怒って

上曰わく、小人敢えて爾《しか》るやと。錦衣衛に命じて、人を遣わして械して京に赴かしめ之を罪せしむ。

と逮捕・処罰させたが、胡貴の言い分は、直前の沈清への対応にもみられたような、都指揮以上の武臣に対する特別な取り扱いを楯にとったものであった。又、前述した例だが、宣徳二年正月乙卯の条によれば、広西都指揮陳全と全州千戸所の千戸畢忠が軍士の私役と財物の科斂を告発され、行在刑部は二人を一体に提問することを要請したが、こ

れに対して宣宗は

上曰わく、都指揮は方面の大臣なり。事の虚実未だ知るべからず。姑く実を具えて奏来せしめて処置せよ。其の余のものは逮治すること律の如くせよと。

と命じた。同じ罪状を告発されたわけだが、都指揮の陳全については「方面の大臣」だからという理由で自陳を命ずるにとどめ、千戸に対しては律の規定どおりの処罰を命じた。同じ罪状でも扱いがはっきり違っているのである。しかも、それが行在刑部の要請を却けて、宣宗自身の命令によって行われたところが注目される。次も同様の内容だが、宣徳二年五月乙卯の条によれば、鎮守宿州の都督僉事郭義は、配下の指揮関容・千戸楊崇に唆されて、没官すべき贓物を自分の懐に入れてしまった。その後、後悔したのか郭義は自分からそのことを申し出た。しかし、行在都察院は「公法を廃すべからず」として、郭義・関容・楊崇を一体に処罰するよう奏請した。これに対して宣宗は

上曰わく、義は貪なりと雖も、然れども実は容等の誘導せしばなり。義は既に自ら首《もう》す。姑く之を貸《ゆる》せ。其れ容等を執えて罪を治せと。

と命じた。郭義の不正は関容らの教唆によるものであること、自分から申し出たという理由はあるものの、都督僉事は全く罪に問われず、指揮・千戸は処罰を命じられた。この例も宣宗が自ら主導した措置である。又、宣徳四年一二月甲戌の条によれば、甘粛総兵官劉広が、配下の陝西管操都指揮趙恭と漢中衛の千戸陳庸が対立し、互いに不法を告発しあっていると述べ、二人の処罰を奏請した。これに対して宣宗は

上曰わく、都指揮たるもの、苟しくも能く身を持《ただ》し法を守らば、何ぞ千戸と相い訐るに至らんや。亦た廉恥有るを知らざるなりと。巡按御史に命じ、陝西按察司と同並《とも》に之を鞫さしむ。

と命じた。宣宗の言葉は、正二品の都指揮ともあろう者が、正五品の千戸風情と罵りあうとは何事か、恥を知れとい

う語感で、はっきり都指揮と千戸の身分の格差、立場の違いを念頭においたいい方である。このようにみてくると、都指揮以上は「大臣」として遇され、指揮以下とは明らかに扱いが違っていたことが分かる。さきに朝廷あるいは宣宗が武臣の処罰に非常に慎重だったと述べたが、それは特に都指揮以上に顕著で、指揮以下の中下級武臣に対してはⒶ死罪、Ⓑ「如律」のような厳しい態度で臨むこともあったということになる。

（三）『大明律』と処罰

Ⓐ死罪からⓃ「宥之」までの各々について該当する『大明律』の項目と兵律の条項を示してきたが、その全体をまとめたのが表32と表33である。これをみると戸律、兵律、刑律の規定に抵触した例が多く、合わせて全体の八五パーセントにのぼり、武臣の犯罪は殆どこれらに限られていたといってもいいくらいである。第二章の表3（一八〇頁）で武臣の犯罪の内容を分類して示したが、軍務上の罪を①「軍事行動に関わる罪」、②「任務遂行上の不正・怠慢」とし、軍士の圧迫・搾取に関するものを③「軍士の私役」、④「金品の強奪」、⑤「月糧等の横領・搾取」、⑥「軍士の売放」、⑦「配下の虐待・私刑」とし、経済事犯を⑧「官物・糧米の侵盗」、⑨「土地占奪」、⑩「商業行為・密貿易」、⑪「商・民・番人からの金品搾取」に分けた。このほか⑫「一般的な犯罪・スキャンダル」、⑬「礼法上の違反・怠慢」の項目も立てて整理した。これを念頭において表32・表33をみると、件数の多い項目として名例律「殺害軍人」、戸律の田宅と倉庫、礼律の儀制、兵律の軍政と関津、刑律の賊盗と訴訟と受贓がある。名例律「殺害軍人」は表3の⑦「配下の虐待・私刑」のところで示した事例で、中には公罪と認められた例もあるが、多くは武臣が私怨から配下を杖殺したものである。これに刑律・人命の一般人を加えたものが殺人の例で、Ⓐ死罪に当てられた事例の多くは殺人の罪を含んでいる。戸律の田宅と倉庫は⑨「土地占奪」や⑧「官物・糧米の侵盗」などの経済事犯の事例である。

表32　『大明律』の該当項目

名例律（26）	十悪	1
	軍官有犯	1
	給没贓物	1
	殺害軍人	23
吏律（9）	職制	7
	公式	2
戸律（46）	戸役	3
	田宅	17
	婚姻	7
	倉庫	14
	課程	5
礼律（13）	祭祀	3
	儀制	10
兵律（146）	宮衛	2
	軍政	119
	関津	25
刑律（109）	賊盗	37
	人命	8
	闘殴	4
	訴訟	12
	受贓	39
	雑犯	3
	捕亡	3
	断獄	3
工律（6）	営造	6
（合計）		355件

表33　兵律の該当条項

宮衛（2）	宿衛守衛人私自代替	1
	禁経断人充宿衛	1
軍政（119）	擅調官軍	9
	申報軍務	1
	飛報軍情	2
	辺境申索軍需	2
	失誤軍事	10
	征征違期	4
	軍人替役	2
	主将不固守	33
	縦軍擄掠	4
	不操練軍士	1
	激変良民	3
	私売軍器	4
	縦放軍人歇役	34
	公侯私役官軍	1
	従征守禦官軍逃	9
関津（25）	関津留難	16
	私出外境及違禁下海	9
（合計）		146件

礼律・儀制は、主として⑬「礼法上の違反・怠慢」の項で示した北京の勲臣や都督などの高位の武臣の事例である。

兵律については『大明律』全体とは別に各条項ごとの件数を示した。それは武臣の犯罪だから兵律に抵触したケースが多いということもあるがそれだけではない。兵律の中では軍政二〇ヶ条の条項に抵触したものが一一九件と全体の約三分の一を占めているが、軍政の各条の内容をみると、まだ今日のように軍令と軍政が分化しておらず、両者の規定が混在していて、兵律・軍政というだけでは実情が分からないからである。軍政二〇ヶ条のなかで「擅調官軍」、「申報軍務」、「飛報軍情」、「失誤軍事」、「従征違期」、「主将不固守」等は作戦・用兵に関わる規定で、表3の①「軍事行動に関わる罪」、②「任務遂行上の不正・怠慢」のところであげた事例が抵触した罪である。この中では韃虜などの侵入をゆるして「主将不固守」の罪に問われた事例が断然多く、「失誤軍事」がこれに次ぐ。いずれも南北辺を舞台にした事例である。このほかの条項では「縦放軍人歇役」の件数が非常に多く「主将不固守」と並ぶ。これに「公侯私役官軍」、「従征守禦官軍逃」を加えたものは表3の③「軍士の私役」、⑥「軍士の売放」や配下の軍士の逃亡に関わる事例である。又、同じ兵律の中でも、関津「関津留難」は⑪「商・民・番人等からの金品搾取」に当たるもので、個別の事例では主に要衝の交通を妨害して金品を強要する「邀阻」として示した。「私出外境及違禁下海」の事例は、南北辺の⑩「商業行為・密貿易」に関わる経済事犯である。戸津・課程の事例も私塩・私茶の売買でこれに連動している。このようにみてくると、兵律該当の事例だけでも、軍務上の罪、軍士の圧迫・搾取、経済事犯の全ての犯罪が含まれていたことが分かる。刑律の賊盗と受贓の規定に抵触した事例の多くは表3の④「金品の強奪」や⑤「月糧等の横領・搾取」のところで示したもので、軍士の酷虐の中でも主に経済的に搾取したものである。訴訟の事例の多くは誣告だが、なかには民事に介入して咎められた例もある。以上のように、該当する『大明律』の項目は、名例律より以下、吏律から工律まで一応全てにわたっているが、各々の件数をみるとかなり偏っていて、当時の武臣の犯罪の特徴を示している。表3で示した武臣の犯罪は、はっきり『大明律』の各項目に対応しており、各事例を『大明律』の各規定に比定できる。しかし、Ⓐ死罪からⓃ「宥之」まででみてきたように、事例の大部分はその規定どおりに処罰されたわけではなかった。法司に代表される文臣層が『大明律』の規定どおりの処罰をもとめても、宣宗がこれを却下し、大幅な軽減を命ずるという図式である。実際に『大明律』の規定どおりに処罰されたのは全体の二割に満たず、他の八割以上は減刑された結果である。実質的な処罰は伴わないかたちばかりの処分も多く、甚しいのは全く咎めなしのケースで、これが『大明律』の規定どおりに処罰された事例数とほぼ同じくらいある。『大明律』の罰則規定は非常に厳しいといわれるが、その運用の実態はこのようなものであった。本章でみてきたのは、武臣の犯罪に対する処罰という限られた範囲の事例であるが、これも『大明律』運用の一端ではある。少なくとも兵律・軍政「主将不固守」や「失誤軍事」など、本来死罪に当てられるべき罪を犯しても、余罪がなければこれだけで死罪になった例は一件もない。宣宗朝の武臣にとって実際の処罰はそれほど厳しいものではなかったといえる。

(四)　法司と処罰

武臣の犯罪を告発し、規定どおりの処罰をもとめた法司にしても、常に法の正義を唱える正しい勢力であったというわけではない。このころ法司の綱紀も紊乱が甚しく、誤審もあれば故意の不正もあり誣告の場合もあった。この節では告発・処罰の課程で混乱した事例を示し、武臣ばかりでなく、法司の側にもそれなりの問題があったことをみておきたいと思う。

まず誤審についてみると次のような事例がある。これは武臣ではなく軍士のケースで記事も長いが、当時の都察院の雰囲気がよく示されているので引用する。『宣宗実録』宣徳元年四月癸酉の条に義勇右衛の軍閣群児等の死罪を釈す。初め、群児の妻毛、淫行有り。李宣なる者、嘗て以て群児に告ぐ。群児、数《しばしば》毛を箠撃して之を殺さんと欲す。毛、是に于いて、群児と宣等九人と、校尉陳貴の家を強劫せりと誣《し》う。監察御史、悉く強劫の罪もて斬に当たるを論ず。宣等の家人、登聞鼓を撃ち、訴冤して云えらく、貴の劫《かす》められしの日、宣等は各々有事《にんむあり》て他に適《おもむ》き、実に盗を為さざるなりと。給事中李庸以聞す。上曰わく、平人も豈に枉殺すべけんや。事を以て他に適かば、当に證験有るべしと。行在都察院に命じて之と与《とも》に辨《ただ》さしむ。是に至り、行きて他に適きしを勘《しら》ぶるに験有り。実に盗を為さざるなり。上、命じて群児等を釈し、毛氏は罪に抵《あ》てしむ。左都御史劉観に諭して曰わく、昔、隋の煬帝、於士澄をして治道せしむるに、但だ疑似なるもの有らば、輒《みだ》りに拷掠を加え、同日に斬決二千余人たり。其の中の六・七人は、盗発せられしの日、先に他所に禁《と》められしも、楚毒に勝えず、亦た自ら誣服す。有司は明知するも復た執奏せず、今、各人の自陳非《な》ければ、豈に冤抑《むじつのつみ》にして死するものあらざるや。是、爾ら皆士澄なり。宜しく諸道《ぎょし》を戒約し、凡そ治獄《さいばん》には、必ず実情を察せしめよ。此の事、若し已に論決せば、朕必ず汝を貸《ゆる》さざりしと。

とある。御史が調査不足のまま『大明律』刑律・賊盗「強盗」の罪に擬定し、無実の軍士ら九人が死罪に当てられようとした事件である。被告の家人が登聞鼓を打ち、宣宗が都察院に命じ給事中とともに調査させたところ、アリバイが証明されたというのである。宣宗の名君ぶりを賞揚する書き方になっているが、担当した御史の氏名は記されておらず、宣宗は左都御史劉観を叱責した。個人のミスとしてではなく、都察院のあり方全体を叱責したわけで、背景にこのような杜撰な取り調べが、当時少なからずあったことを窺わせる。(31) 次の例も主に都察院に関わるものだが、宣徳三年八月癸未の条に

行在都察院左副都御史陳勉・左僉都御史李濬・右僉都御史凌晏如・監察御史繆譲・行在大理寺右少卿王文貴・評

事陳永祥・諸啤、失出死罪に坐し獄に下さる。是より先、竜驤衛の千戸劉広・劉震・王文、軍糧を剋《け》ずるに坐し、監守自盗を以て、死に応《あ》たるを論ぜられる。広等、死を懼れて妄りに訴冤し、勉等、遂に改めて杖罪を論ず。上、三法司の臣に謂いて曰わく、広等は重き従り軽きに入る。若し今の擬する所是《ただ》しければ、則ち前に擬せし所は非《いつわ》りなり。亦た罪無きを得ず。爾等、再《かさ》ねて其の実を推究《おしきわめ》て以聞せよと。是に至り、三法司奏すらく、其の情実を審《ただ》すに、法に於いて死に応《あ》たると。遂に命じて勉等を錦衣衛の獄に下し、尋《つ》いで命じて之を宥す。

とある。当初、竜驤衛の千戸劉広ら三人の武臣が、『大明律』刑律・賊盗「監守自盗倉庫銭糧」の罪で死罪に擬されたが、冤罪を申し立てた結果、杖罪に改められたというのである。劉広らの主張の内容は分からないが、「監守自盗倉庫銭糧」は四〇貫以上は斬罪だが、額によって杖罪から様々なランクがあるので、或いは侵盗した額の認定に変更があったのかもしれない。しかし、宣宗が指摘するとおり、死罪を杖罪に変えるのでは差がありすぎ、当然賄賂の授受が疑われるだろうし、少なくとも擬罪の妥当性が疑われる軽率な変更であることは間違いない。宣宗が三法司に事情の厳重な調査を命じたのは当然である。調査の結果、賄賂の事実はなかったようだが、この裁判に関わった陳勉ら七人は、『大明律』名例律「常赦所不原」の規定に抵触したとされたようで錦衣衛の獄に下された。ただ、宣宗が間もなく陳勉らを宥しているところをみると、都察院の審問のあり方について警告し、懲らしめる為の措置だったのだろう。事の発端となった千戸劉広らの罪がどうなったのか分からないが、そのこと自体、この記事の趣旨がこの頃の都察院のあり方を問題にしたものだったことを示している。

次も武臣ではなく軍士と民の例だが、これは刑部に関わるものである。宣徳四年一二月辛巳の条に

済陽衛の卒李玖なるもの、嘗て草場の吏と相殴《う》つ。後、草場に火あり。時に、玖は已に先に運糧に差わされて、開平に赴くに、吏、玖は火を放ちて、己を陥れんとせりと告《うった》う。玖還るに行在刑部之を急追す。其の女《むすめ》、登聞

鼓を撃ち訴冤す。又、武清県の民劉全・守甎廠の民張記なるもの、廠に赴きて甎を運ばんとするに、適《たまたま》甎傾《くつがえ》りて圧死す。記の弟、全の謀害せしを告う。刑部、全を拷訊するも服さず。全の妻も亦た鼓を撃ちて伸訴《こくそ》し、給事中以聞す。上曰わく、二獄皆に疑うべし。獄を理《さば》く者、当に詳覈《くわしくしら》ぶれば、冤抑《むじつのつみ》無きに庶《ちか》かるべし。若し但だに淹禁《えんたい》して鞭箠を加えれば、苦楚に勝えざる者、必ずや誣服して枉死せん。朕、恒《つね》に此を以て法司を戒むるも、其れ能く朕の意を体する者は幾人ぞ。此の二獄、都察院・刑部の堂上官をして同与《とも》に之を辯《ただ》さしめよと。

とある。どちらも登聞鼓が打たれた例で、この度は刑部の取り調べに対して、宣宗が再審問を命じたものである。二件が並記されているが、先の容疑者は『大明律』刑律・雑犯「放火故焼人房屋」に、後のものは刑律・人命「謀殺人」の罪に問われたとみられるが、前者は調査すればすぐにアリバイが確認できた筈で、後者は事故の可能性が高いケースである。寧ろ訴え出た者の事情の方を調査すべきかもしれない。まさに宣宗が「当に詳覈《くわしくしら》ぶれば冤抑《むじつのつみ》無きに庶かるべし」ということのそのままである。「恒に此を以て戒むるも、其れ能く朕の意を体する者は幾人ぞ」とのいい方からも、宣宗が日ごろから法司の取り調べの杜撰さに強い危惧の念をもっていたことが窺える。次は大理寺に関わるもので、第三章第三節のⓃ「宥之」のところでも示した事例だが、宣徳六年四月丙申の条によれば、開平衛の百戸劉信が『大明律』兵律・軍政「主将不固守」の罪に問われ、大理寺は杖一〇〇のうえ充軍とするよう要請した。これに対し、劉信は、自分は赤城堡を守備していて、韃虜が来襲した際に戦って負傷したので、再度韃虜が襲ってきたときに、外堡を放棄して内堡を守ったのだと申し立て、調査の結果、そのことが確認された。これについて宣宗は

上曰わく、此、法司の究情《といただ》さざるによる。既に傷を被りしに、又内堡を守る。失《あやまち》無し。何を以て罪せんとするやと。遂に之を釈す。

と述べて、劉信を宥した。宣宗が「此、法司の究情《といただ》さざるによる」というように、法司は武臣を処罰することに急で、

よく本人の言い分を聞かず、裏付けの調査もしなかったことが分かる。宣宗の言葉には、軍事に疎く前線の様子も知らないのに、闇雲に機械的に法を適用しようとする法司を窘めるような様子が窺える。ここまでみてきた事例は、その取り調べの杜撰さに宣宗が叱責を加えたものだが、その範囲が刑部・都察院・大理寺の三法司全般にわたっており、宣宗が強く危惧していたことが分かる。記事はいずれも宣宗の名君ぶりを顕彰する書き方になっているが、当時の法司の様子も窺える。ただ、これらの事例は、法司の杜撰さ或いは無能さを示すものではあるが、故意のものではない。このほかに意図的な不正もあった。

宣徳四年七月庚午の条に

監察御史張衡は、湖広を巡按し、擅に武昌衛の指揮を鞫し、又、罪人の白金を受く。法司、其の罪状を上《たてまつ》り、且つ言えらく、衡は素より劉観と交結して非を為せりと。上、命じて受けし所の贓を追し、遼東に戍せしむ。

とある。湖広の巡按御史張衡に関するものだが、簡略な記事で、武昌衛の指揮についての取り調べの経緯や、宣徳三年にスキャンダルによって失脚した都御史劉観と気脈を通じて不正をはたらいていたというが、その内容は分からない。しかし、少なくとも『大明律』刑律・受贓「風憲官吏犯贓」の罪は犯しており、註(31)で示した『明史』の劉観伝にも記されているように、当時、法司全体の風紀が乱れていた様子が窺える。このような雰囲気を反対側から示しているのが次の記事である。宣徳元年一二月乙丑の条に

台州衛の鎮撫宮璞奏すらく、指揮於祀・劉慶は、姦貪酷虐にして、兵政は修めず、前に士卒の告《うった》える所と為る。旨を奉じて按察司をして逮問せしめられんとするも、祀等は延玩して赴かず。又、軍士より金帛等の物を逼取して、人を遣わして潜かに浙江に赴かしめ、問事者に賄《まいない》せりと。上、行在都察院の臣に諭して曰わく、将為《た》りて士卒を撫し、兵政を修むる能わずして、貪虐を肆にす。不才なること甚し。即《ただ》ちに人を遣わして、逮えて至らし

め之を鞫せと。

とあり、浙江台州衛の衛鎮撫が上官の指揮を告発した事例である。指揮の於昶・劉慶はその不正を軍士に告発され、宣宗の命令によって、浙江按察司の審問を受けることになったが、ぐずぐずして按察司に出頭しない。そればかりか、配下の軍士たちから財物を掻き集めて、按察司の担当官に贈賄し、見逃してもらうよう工作したというのである。当初の於昶らの不正の内容は分からないが、その後の行為だけでも『大明律』刑律・受贓「有事以財請求」や「因公擅科斂」の規定に抵触するだろう。この場合は衛鎮撫の告発によって阻止されたが、於昶らが贈賄工作を試みたこと自体、それなりの効果が見込めると考えたからであろう。このような事件は、当時有り勝ちなことだったと思われ、このころの法司の雰囲気が窺えるような事例である。このほか次のような事例もある。宣徳五年七月丙寅の条に

監察御史王璉を黜《おと》して吏と為す。初め、璉、遼東を巡按するに、璉に勅して遼東都司・山東按察司及び鎮守総兵官と同に、所轄の軍職の蔵否《よしあし》を廉察《ぎんみ》せしむるに、璉は命に違いて専擅《ほしいまま》に人を召して告訐《あばきた》て、誣枉する所多く、又、私従《じゅうぼく》を挾みて駅馬を馳《は》せること多し。事聞せられ、行在都察院に命じて之を鞫せしむるに、杖一百のうえ、運甎贖罪せしめて職に還さんと論ず。上曰わく、挟勢《せいいをたの》みて作威《いば》り、枉を以て直と為す。豈に復た御史に任ずべけんや。其れ辺衛に謫して吏に充てよと。

とある。御史王璉は、遼東の武臣の適正さを調査するに当たり、遼東都司・山東按察司・遼東総兵官と協同して行うよう命じられた。当時、遼東総兵官は都督僉事巫凱、掌遼東都司事は都督僉事王真だったが、王璉は彼らと協力しようとせずに勝手に駆け回って、出鱈目な評価を下したり、無実のものを告発したりした。このことが発覚して、行在都察院は杖一〇〇と罰役を科したうえでの復職を要請したが、宣宗はこれを却下し、御史に不適格な人間であるとして、官僚身分を剥奪のうえで謫戍とした。これまでみてきたように、宣宗が整備に努めている北辺の専守防衛態勢の

なかでも、遼東は韃虜の侵入が頻繁で一際微妙で重要な地域である。王璉の不用意な行動は、ここの態勢を引っ掻きまわすように結果になったわけで、都察院の擬定よりも遙かに重い罰を下したところに宣宗の怒りが窺える。

また法司同士で種々の軋轢を生じるようなケースもあった。やや長い記事だが、宣徳五年四月戊寅の条に

> 御史李驥を釈す。初め、驥は通州の倉を巡視し、軍斗高祥等の糧を盗むに遇《あ》い、執えて之を鞫す。祥の父妄告するに、祥は張貴等と同に米を盗むに、驥は貴等より白金を受け、之を縦《ゆる》して問わず。独り祥のみを問うと。行在刑部、驥を絞罪に当てんとす。驥、上章して訴冤す。上曰わく、御史既にして盗を擒う。豈に受贓の理有らんや。若し其れ贓を受けなば、即ち此の事、皆泯滅《ほろびうせ》て発せざらん。安《いず》くんぞ肯《あ》えて尚お事端《ことのはじめ》に存《いた》るやと。尚書・侍郎・都御史等の官に命じて、同に之を訊《と》わしむ。是に至り、覆奏すらく、驥は実に冤なり。但だ、応に奏すべくして奏せざるは杖に当たると。上曰わく、既に実は冤なり。幷せて杖を免じ、復職せしめよと。因りて刑部侍郎施礼等に諭して曰わく、人命は至重なり。爾等刑を論《さだ》むに、何為《なんすれぞ》詳慎《しんちょう》ならざるや。驥自ら言わざれば枉死に幾《ちか》し。後、将に何を以て人を使《したが》わしめんやと。礼等、頓首して謝す。

とある。これは刑部が御史の罪を裁いたが冤罪だったというケースである。御史李驥が賄賂をとって共犯者を見逃し、一方だけ処罰しようとしていると誣告され、刑部はこれをうけて李驥を絞罪に擬した。『大明律』刑律・受贓「風憲官吏犯贓」に抵触するとみたのであろう。宣宗は、これについて、もし本当に賄賂をとったのならば、事件そのものを隠蔽する筈で、事件を明るみに出すことはないだろうと疑問を呈した。まことにもっともな指摘で、この点について刑部がどう考えていたのか分からない。宣宗は再調査を命じたが、「尚書・侍郎・都御史等の官」の内容がはっきりしない。刑部は宣徳三年八月に金純が失脚・致仕してから尚書が欠員だったので、侍郎施礼が刑部を代表し、都御史は顧佐だったと思われる。再調査の結果、受贓に関しては冤罪だが、吏律・公式「事応奏不奏」に抵触するとして、

李驥を杖罪に当てるよう奏請した。しかし、宣宗はこれを却下し、杖罪も免除して御史への復職を命じた。このあと刑部侍郎の施礼が宣宗から叱責されたことをみると、或いは刑部と都察院の間に意見の食い違いがあり、刑部が全く無罪では面子に拘わるので、せめて「事応奏不奏」の罪に当てようとしたいきさつがあったのかもしれない。いずれにしても、刑部の審問・量刑の杜撰さが法司の間に混乱を招いた例である。又、次の事件は第二節のⒼ罰役のところでも示したものだが、罪人の取り扱いをめぐって南北の都察院が対立した事件である。まず宣徳七年四月辛亥の条に、

南京都察院右僉都御史呉訥奏すらく、行在都察院、原問の横海衛鎮撫李顒を捕えしめんとす。顒は盗糧を以て死に当たるとし、已に行在都察院に送るに、罰役に審決して逃げらる。臣等の応に捕うべきものに非ずと。右都御史顧佐・監察御史程富奏すらく、訥は推托《かこつけことわ》る。之を逮問せられんことを請うと。

とある。南京都察院では、盗糧をはたらいた横海衛の鎮撫李顒を、死罪に当たると擬定して行在都察院に送致した。行在都察院ではこれを罰役に充てたが、李顒は罰役の途中で逃亡してしまった。行在都察院が南京都察院にその追捕を指示してきたが、南京都察院としては納得できないとして、結局両者の紛争となり、呉訥が宣宗に訴えたのである。呉訥にすればもっともな言い分である。李顒の「盗糧」の内容ははっきりしないが、南京都察院が死罪に擬定したのだから、『大明律』刑律・賊盗「監守自盗倉庫銭糧」の規定に関わるものであろう。行在都察院がこれを勝手に罰役に変更したことについても、呉訥らには釈然としない気分があったと思われる。それが逃亡したというのだから、内心いい気味と思っても不思議ではない。ところがこちらに李顒の追捕を命じてくるとはお門違いも甚しいということになろう。これに対して宣宗は

上、佐に諭して曰わく、訥は已に顒等を送りて此に至らしむ。爾等、罰役に遣わして後に逃げらる。何為《なんすれぞ》仍り

て訥を責むるや。民の逃げしものを捕うるは州県に問《ただ》し、軍の逃げしものは衛所に問す。何を以て法司に問さんや。且つ爾は法司に非ざるや。爾は大臣にして姑く問わざるも、其れ程富の俸を罰すること三月とせよと。

と述べ、呉訥の主張を認める裁定を下し、右都御史顧佐については処分を猶予したが、事件を担当したとみられる御史程富に罰俸三月を科した。これは逃亡犯の追捕をめぐって、南北都察院が責任のなすりあいをした事件で、法司の無責任ぶりを示すものでもある。決して法司が一枚岩の正義の府というわけではなかったのである。

ここまで武臣の犯罪を断罪すべき立場の法司の側の問題についてみてきた。当時、法司の綱紀の乱れも甚だしく、常に法の正義を背負って立つ正しい人々というわけではなかった。中央の刑部・都察院・大理寺の三法司ばかりでなく、地方の巡按御史や按察司にも、取り調べの杜撰さ、誤審や怠慢、更には賄賂の横行などの故意の不正もあり、法司内の責任のなすりあいもみられた。宣宗はこのような法司のありさまに強い危惧の念を抱いており、そのことが武臣の処罰に当たっても法司の擬定を鵜呑みにはできず、宣宗自らチェックしなければならなかった所以でもある。これまでみてきたように、宣宗は武臣の処罰に非常に慎重だったが、その理由は一つではない。南北辺、とくに北辺の専守防衛態勢を維持する為に、前線の武臣不足を招かないように、機械的な処罰を避けたことも大きな理由であった。それに加えて、ここでみてきたように、武臣の犯罪を断罪すべき法司の側にも多くの問題があり、この点にも宣宗が慎重にならざるを得ない事情があったのである。

ここまで四節に分けて武臣に対する様々な処罰についてみてきた。最初のⒶ死罪のところで、武臣の犯罪が最も多く発生する北辺で死罪が極く少ないことに疑問を呈し、これは死罪の事例を検討するだけでは答えはでず、処罰の全体を通じ、そこにあらわれる朝廷の意図をみたうえで考えるべきだろうと述べて宿題とした。この宿題に対する答えは、これまでの考察を通じてほぼ出たと思う。宣宗は北辺の専守防衛態勢の整備・維持を第一に優先した。専守防衛は多くの人員が必要な態勢で、罪を犯した武臣を、文臣層がもとめるように、『大明律』の規定どおりに機械的に処罰すれば、前線は武臣不足に陥ってしまい防衛態勢に支障を来たす。宣宗はこれを避ける為に、減刑を重ねて軽微な処罰に止めてきたのであった。これが北辺で死罪の事例が少なかった第一の理由であろう。減刑の具体的な様子については㋐死罪から㋚「宥之」までの個別の事例を通じてみてきた。そのなかで㋐死罪から㋚「宥之」までの各々の処罰と、これが適用される罪状との間に密接な対応関係がみられたことを指摘した。武臣の犯罪を、軍務上の罪、軍士の酷虐、経済事犯に大別すると、専ら軍務上の罪に適用される処罰と、他の二つの罪に適用される処罰がかなりはっきり区別できたのである。それは朝廷が武臣の犯罪に減刑措置をとるといっても、その程度は罪状によって異なっていたことによる。本来、軍務上の罪に対する『大明律』の罰則規定は厳しく、「主将不固守」や「失誤軍事」等は基本的に斬罪である。このような処罰をそのまま適用すれば、防衛態勢の維持は不可能である。実際には大幅に減刑して㋓為事官・戴罪官、㋔立功贖罪、㋖罰俸、㋗記罪、㋙「降勅叱責」、さらには㋚「宥之」などの措置がとられた。㋖罰俸以下は殆どかたちだけの極く軽い処分である。一方、朝廷は軍士の酷虐や経済事犯に対しては、軍務上の罪ほどに寛大ではなかった。この相違が罪状と処罰の間の対応関係となってあらわれていたのである。ところが後述するように、宣宗朝の末になって武臣の犯罪に対する軽減措置が更に強化されると、㋖罰俸、㋗記罪、㋙「降勅叱責」、㋚「宥之」などの軽微な処分が軍士の酷虐や経済事犯にも拡大して適用されるようになった。宣徳七・八・九年の間に、そのように拡大適用された様子は各々の節でみてきたとおりである。その結果、これらの軽い処分に該当する武臣の数は増加し、南北辺だけでなく内地でもみられるようになってくる。同時にこれまでみられた罪状と処罰の対応関係はやや曖昧になり、従来ほどはっきりしたものではなくなってくる。第三章を通じて示してきた、㋐死罪から㋚「宥之」までの処罰と罪状の対応などの運用上の種々の特徴は、宣徳末の減刑の強化と適用の拡大のまえのかたちである。いわば変化以前の原形を示すものである。

宣宗朝の末以降、武臣の犯罪に対して、軽微な処分を乱発しただけですませてしまうケースが更に増えることになったが、そのマイナス面も無視できない。北辺は大軍が配置されていることもあって、武臣の犯罪が頻発する地域でもある。ここで宣宗が減刑に減刑を重ねる姿勢をとっていることの影響は大きい。やはり、武臣の犯罪を助長する結果を齎したと考えられる。自ら軍事の経験もある宣宗は、軍紀を維持する為に信賞必罰が不可欠であることは十分に分かっていたであろう。そのうえで防衛態勢の維持を優先して処罰を軽減するか、軍紀の維持の為に信賞必罰をとるか、誠に深刻なジレンマだったに相違ない。実際には宣宗は常に前者の立場をとったことは個別の事例を通じてみてきたとおりである。しかし、已むを得ない当時の事情は理解できるが、武臣の犯罪は軍を内部から腐敗させる。仮令すぐに影響が現われなくとも、腐敗は時間とともに確実に進行する。被害を受ける軍士たちの武臣に対する反感は、軍にとって何より大切な指揮命令系統に対する信頼感を損い、軍内部の紐帯を弱め、士気を低下させ、やがて軍士の逃亡と兵力不足を招くことになる。武臣の犯罪に対する減刑方針は、宣宗朝だけでなく、その後の諸帝にも踏襲されたので、明代の中後期にはこのような弊害が深刻になり、朝廷が対策に苦しんだのは周知のとおりである。宣宗はモンゴルに対する方針を転換して専守防衛の態勢をとったが、その副作用としての軍内部の腐敗もこれを機として著しくなったのではないかと思われる。

ここまでみてきたように、宣宗が武臣の処罰に非常に慎重だったことの背景に、防衛態勢の維持という現実的な理由があったことは確かである。更に、このころ武臣の犯罪を断罪すべき法司の側にも多くの問題があったことも、宣宗が武臣の処罰に慎重だったことの一因でもある。しかし、それだけでは説明のつかない点もある。例えば北京における高位の武臣たちの礼法違反などに対する宣宗の態度である。宣宗自身が彼らに対して低い評価を与えながら、それにも拘わらず宥し続けたのである。そこには防衛態勢の維持とは次元の異なる理由がなければならない。それは武臣の保全そのものを目的とした措置だったのではないかと思われる。宣宗が武臣の保全に熱心だった様子は個々の事例でもしばしばみられたところである。そしてそれは宣宗政権の基本的な性格に由来するのではないかと考えられる。この点を考える為に、次の第四章では、朝廷が軍や武臣の現状をどのように認識して、どのように対処しようとしていたのか、この点について、宣宗と文臣の間に違いはあったのかなかったのか等について検討したい。それを通じて宣宗政権の性格について考えることにする。

註

（1）成祖朝で武臣の処罰例が非常に少ないことと、その理由については拙稿「永楽朝の武臣処罰（一）」（『明清史研究』第二輯、二〇〇五年）、「永楽朝の武臣処罰（二）」（『国士館東洋史学』一、二〇〇六年）で検討した。

（2）『宣宗実録』宣徳三年六月壬寅の条。

（3）北辺では掌粛州衛事の署都指揮僉事呂昇の事件があった。『宣宗実録』宣徳九年三月乙酉の条によれば「至是、法司論昇応斬。上命監候如律。」とある。当初、告発された呂昇の罪状は、私怨から千戸一人・軍士二人を杖殺したこと、官木を盗用して私宅を造ったこと、官軍の俸糧鈔四五万余錠・軍糧二八〇余石を横領したこと、賄賂を受けて塩倉の鈔を虚出したこと、配下から金品・家畜を搾取したこと、赤斤蒙古衛の韃官と密貿易したこと等であった。その罪状は多岐にわたり、特に殺人を含んでいるので法司が斬罪に擬定したのは当然である。ただ、宣宗もこれを承認したが「立決」ではなく「監候」を命じた。監候は減刑されることが多いし、呂昇の場合も刑の執行を確認できない。更に呂昇の都指揮クラスという官銜を併わせて考えると、結局、死罪には当てられなかった可能性が高いと判断したので死罪の例から除外した。

（4）『宣宗実録』宣徳四年九月辛亥の条。

（5）この経緯については拙著『明代軍政史研究』（汲古書院、二〇〇三年）の第Ⅰ部第一章二節「武臣の民事不関与」の項で述べた。

(6)『宣宗実録』宣徳二年三月丙午の条。

(7)『宣宗実録』宣徳四年二月壬午の条。

(8)谷王橞は太祖の一九子で洪武二八年に宣府に就藩した。靖難の役が起ると南京に赴き、燕王の渡江の際には朝廷の為に金川門を守備していたが、門を開いて燕王を迎え入れた。このため、当初、成祖に優遇され改めて長沙に封ぜられた。しかし、国に在って横暴の振舞が多く、永楽一五年に不軌を図ったとして改易された。『明史』一一八・列伝六・諸王三に伝がある。

(9)このほかに『宣宗実録』宣徳四年四月甲申の条に

釈方政・穆肅、降政為行在左軍都督府都督僉事、肅為行在錦衣衛指揮僉事。初、政以都督同知、鎮守交阯、肅以都指揮僉事、坐事謫戍交阯。倶従王通棄城還、下行在錦衣衛獄。至是、上、察其可用、且棄城非二人意、特宥之而降其職。

とあり、都指揮僉事穆肅が交阯に謫戍されていたことがわかるが、「坐事」とあるだけで、その詳しい罪状は分らない。

(10)徳永洋介氏「金元時代の流刑」(『前近代中国の刑罰』京都大学人文科学研究所、一九九六年)所収。

(11)『宣宗実録』宣徳三年三月戊子、戊戌、四月戊午の条。

(12)方政はこのあと身分を回復して、宣徳八年には都督僉事として四川総兵官に就任し、正統三年には右都督に陞進したが、麓川の役で戦死した。『明史』一六六に子の方瑛の伝がある。陳智は『明史』一〇六・表七・功臣世表二をみると、爵位を回復することなく栄昌伯は断絶した。

(13)『宣宗実録』宣徳三年閏四月戊申の条によれば、北京に帰還した王通らは群臣に弾劾され、公侯伯・五府・六部・都察院等の審問を受けることになったが、李安もこれに名を連ねている。『明史』一〇六・表七・功臣世表二によれば、結局、李安は天順元年に至ってようやく安平伯の爵位を回復した。前述の陳智の場合もそうだが、一旦、為事官に当てられると身分の回復が容易でなかった例もみられるが、一方で方政のように間もなく身分を回復した例もある。要は軍功の有無によるのだろうと思われる。ということは、このころは身分回復に当たって軍功の有無がそれなりに勘案されていたということでもある。又、『宣宗実録』宣徳三年五月辛巳の条によれば、于讃・薛聚・朱広は乂安を守備していて、黎利軍に包囲されて降伏し、其の後、様々な利敵行為を行い、講和後に送還されてきたが、大規模な審問の結果誅に伏し家は籍没された。

(14)『宣宗実録』宣徳二年一〇月己巳、三年二月己卯の条。

(15)宮沢知之氏「明代贖法の変遷」（『前近代中国の刑罰』京都大学人文科学研究所、一九九六年）所収。このほか陶安あんど氏「中国刑罰史における明代贖法」（『東洋史研究』五七―四、一九九九年）もある。

(16)ここに至るまでの孫傑の事案の経緯については『宣宗実録』宣徳五年三月丁卯、四月丙戌の条に記述がある。

(17)松浦典弘氏「唐代における官人処罰――罰俸制度を中心に――」（『東洋史研究』五三―三、一九九四年）

(18)梅原郁氏「罰俸制度の展開――旧中国における懲戒――」（『宋元時代の基本問題』汲古書院、一九九六年）。更に氏はこれと関連して「宋代の贖銅と罰銅――官員懲戒のひとこま――」（『前近代中国の刑罰』京都大学人文科学研究所、一九九六年）で宋代の贖銅・罰銅についても、その実態を明らかにされた。

(19)荻生徂徠は『問刑條例』名例律・「職管有犯條附」の解説の中で「行令住俸とは、直に行移して俸をひかゆるなり。……罰俸は一任の内にてすむやうに算用して引こと……」と述べている。（『明律国字解』創文社、一九六六年）五八三頁

(20)『宣宗実録』宣徳三年二月乙丑の条。

(21)『宣宗実録』宣徳九年二月癸酉、丁丑、三月壬午、辛卯の条。

(22)このあとのことについて『宣宗実録』宣徳二年八月甲子の条に

宥広東都指揮僉事程瑒罪。初、瑒領軍捕黎寇無獲、寇大焚掠安定《ママ》・会同二県。巡按御史金濂、嘗劾瑒失機、上、命姑記罪、俾自效。至是、広東都司奏、賊党悉就禽戮・招撫、其未獲者四人。行在都察院、猶劾奏瑒、請罪之。上曰、功可掩過。姑宥之、未獲者仍令瑒尽禽乃已。

とある。翌年八月になって、広東都司から黎寇をほぼ平定した旨の報告があったが、行在都察院はなお程瑒の処罰をもとめた。初動期に迅速に対応していれば、鎮定にこんなに時間は掛らず、被害も少なくてすんだはずとの判断であろう。いかにも軍事に疎い文臣らしい杓子定規な要請であるが、宣宗は平定の功はすでに前の罪を償っているとして宥し、残賊の追捕を命じた。

(23)文中の「失有らば」でも意味は通ずるが、普通「失機有らば」という用例が多いので、念の為「ママ」のルビを付した。

(24)『宣宗実録』宣徳八年二月辛卯の条。

(25)阪倉篤秀氏『明王朝中央統治機構の研究』(汲古書院、二〇〇〇年)本編・第五章の二二〇頁。

(26)万暦『大明会典』一一九・銓選二・考選に

軍政考選、与文職考察同。成化二年、令軍政官、五年一次、通以見任掌印・帯俸・差操及新襲職官、一体考選。

とあり、これを受けた『明史』七一・志四七・選挙三にも、殆ど同文の記事がある。捐納によって武臣数が激増した成化以後には、武臣に対しても一種の資格審査が実施されるようになった。なお実際の明初の武臣の任用法については、松本隆晴氏『明代北辺防衛体制の研究』(汲古書院、二〇〇一年)第四章七八~九二頁に分かりやすく示されている。

(27)『宣宗実録』宣徳五年四月甲戌の条。又、三月丁卯、四月丙戌の条にも関連する記事がある。

(28)花茂については『明史』一三四・列伝二二、『国朝献徴録』一一〇に伝がある。

(29)『宣宗実録』宣徳元年四月壬午の条。

(30)『宣宗実録』宣徳元年五月丙申、八月丁卯の条。

(31)劉観は永楽一三年から宣徳三年まで都御史の任にあったが、その行状について『明史』一五一・列伝三九に

時未有官妓之禁。宣徳初、臣僚宴楽、以奢相尚、歌妓満前。観私納賄賂、而諸御史亦貪縦無忌。三年六月朝罷、帝召大学士楊士奇、楊榮至文華門、諭曰、祖宗時、朝臣謹飭。年来貪濁成風、何也。士奇対曰、永楽末已有之、今為甚耳。榮曰、永楽時、無踰方賓。帝問今日誰最甚者。榮対曰、劉観。又問、誰可代者。士奇・榮薦通政使顧佐。帝乃出観視河道。以佐為右都御史。於是、御史張循理等交章劾観、並其子輻諸贓汚不法事。帝怒、逮観父子、以弾章示之。観疏弁。帝益怒、出廷臣先後密奏、中有枉法受賕至千金者。観引伏、遂下錦衣衛獄。明年将置重典。士奇、榮乞貸其死。乃謫輻戍遼東、而命観随往、観竟客死。

とある。また永楽二二年から宣徳三年まで刑部尚書だった金純についても、『明史』一五七・列伝四五に

宣徳三年、純有疾、帝命医視療。稍間、免其朝参、俾護疾視事。会暑、勅法司理滞囚。純数従朝貴飲、為言官所劾。帝怒曰、純以疾不朝而燕於私、可乎。命繋錦衣獄。既念純老臣、釈之、落太子賓客。八月予致仕去。

とある。当時の法司の雰囲気の一端が窺える。

第四章　朝廷の対応

はじめに

第二章・三章で、個々の事例を通じて、武臣の犯罪とこれに対する処罰の状況についてみてきた。それでは中央政府のレベルでは、このような明軍内の様子をどのようにみていたのか。武臣の犯罪を告発する主たる勢力は、地方では按察司や巡按御史、中央では各道御史で、罪を擬定して処罰を奏請するのは都察院や刑部などの文臣層だった。これらの法司や兵部は軍の現状をどのように認識し、どのように対応しようとしていたのか。宣宗と文臣層との間に違いはあったのか、なかったのか。このような点について考えてみたい。まず文臣層の認識からみていくことにする。

第一節　文臣の認識と対応

まず中央軍の状況についての文臣たちの認識をみると『宣宗実録』宣徳四年七月丁卯の条に次のような記事がある。文中に「大営五軍」とあるのは、成祖朝の創設にかかる三大営であり、五軍営・三千営・神機営の三営で構成される首都防衛軍である。(1)

是より先、上、行在兵部に命じて、官を遣わし、御史・給事中と同に京軍を査理せしむ。是に至り、実を具えて以聞し、各営をして差遣等の項を分豁し、名役ごとに籍を設置せしめ、以て欺隠を防がんことを請う。上、之を然りとす。兵部又奏すらく、大営五軍の操備の官軍、先に事故有りて、或いは応に選補すべきもの、或いは応に退換すべきものあらば、管隊の者径《ただ》ちに取放す。其の間、那移して弊を作《な》すもの、及び重きを避けて軽きに就く者多く、以て軍数清《あき》らかならず、隊伍整わざるを致す。今後、事故有るに遇わば、或いは三月、或いは半年に一次、総督の官、実を具えて奏補し、擅に操練已に成りし精壮の人を将《もっ》て脱放せしめ、及び私下《ひそか》に占役するを許さず。又、中軍の左・右哨、左・右掖の官軍は、多寡同じからず。宜しく総督の官をして計議せしめ、均分して管領せしめられんことをと。上、皆之に従う。

とある。宣宗の命令で行在兵部と御史・給事中が合同で京営の調査をしたわけだが、はじめの報告とあとの兵部の上奏の異同がはっきりしない。記されていることからみると、初めの上奏は兵部の官と科道官の連名で提出されたもので、京営の実情の報告と対策の概要を述べたのだろう。宣宗が「之を然り」としたので、兵部が対策の具体的な内容を示したのが後の上奏と思われる。文中にある「脱放」は軍士が上官に賄賂を贈って任務を外してもらう売放で、「占役」とあるのは武臣による軍士の私役である。その具体的な人数は分からないが、創設後まもない京営でも既にそのような弊が生じていたことが窺える。兵部の判断では、その原因は、軍士に欠員が出ると、管隊官つまりその部隊の直接責任者がその都度補充することになっていることにあり、その為に様々な不正が行われやすいのだという。これを防ぐため、欠員は京営提督が三ヶ月か半年に一度まとめて報告し、一斉に補充するよう提案し、宣宗の承認を得た。各部隊の員数を均等にするようにといった、文臣らしいやや杓子定規な感覚もみられるが、軍士の補充が武臣の裁量に任されていることが私役や売放の温床になって、軍士の減少を齎しているとの認識である。このような認識

は文臣層に限られたものではなかった。洪熙元年一〇月庚寅の条に

上、太師英国公張輔等に諭して曰わく、山海・永平の縁辺の官軍、久しく京に在りて操練する者有り。客居は艱難なり。其れ原《もと》の衛所に還して操練せしめ、亦た家人と聚処するを得しめよと。輔等、因りて言いて曰わく、聖上の軍士を優恤せんとするの恩意は深厚なり。但だ、近年、武臣の之を私役するもの多く、習いて以て常と為る。今、軍士を放還するに、宜しく衛所に申飭し、私役を許さざれば、聖恩を沾《うけ》るを得るに庶幾《ちか》からんと。上曰わく、卿の言や良《まこと》に是なりと。遂に総兵官・遂安伯陳英及び都督陳景先に勅し、之を総督せしめ、敢えて私役する者あらば、罪すること律の如くせしむ。

とある。宣宗が、山海・永平等の衛所から、長期にわたって北京に番上してきている軍士を原衛に帰し、家族と一緒に暮せるよう計らうことを命じたのに対し、英国公張輔は、私役が常態になっているので、まえもって所属衛に私役の禁止を徹底させたうえで帰還させてほしいと要請した。宣宗もこれを認めて、薊州永平山海総兵官の陳英と鎮守陳景先に勅を下してその監督を命じたというのである。張輔の対応から幾つか興味深い点が浮かび上る。まず、文臣だけでなく、最高位の武臣たる張輔も、軍士の私役が深刻な問題になっているとみていることである。そして「近年、……習いて以て常と為る」といういい方からみると、張輔は、私役について、そんなに前からあったことではなく、近ごろ目立つようになったもので、それがどんどん広まって、どこでもみられるようになってしまった悪習であると考えていることが分かる。又、予め衛所に私役の禁止を徹底させてほしいと述べていることからみて、張輔は私役の主たる舞台は動員先ではなく、軍士の所属する原衛で、衛所官による場合が多いと考えていることが分かる。このほか、宣宗が私役禁止の各衛への通達・監督を現地の総兵官と鎮守に命じたことは、その権限や職務あるいは総兵官と鎮守の関係を考えるうえで興味深い事例だが、これについては第一章で述べた。また、この間の宣宗と張輔の問答を

みると、宣宗は即位直後で、善政を施そうと張り切っているが、必ずしもまだ状況を熟知しておらず、張輔が恐縮しつつ現状について言上しているような印象がある。いずれにしても、宣宗朝の初めから、朝廷では武臣による軍士の私役が兵力不足を齎すものとして、広く問題にされていた様子が窺える。更に私役だけではなく、次のような問題も指摘された。宣徳四年八月壬辰の条に

監察御史李笴言えらく、今、北京の文武官及び軍民の園圃・店舎・船車、倶に納鈔せしむれば、人皆鈔を以て重しと為さん。在外の浙江・江西・山東・山西・河南・陝西等の都司及び属衛、幷びに直隷の衛所の武官と、各処の鎮守の内外官とは、多く田地を占めて耕種せしめ、蔬果を栽植すること、動《やや》もすれば千・百畝なるも、倶《すべ》て糧税無し。請うらくは按察司・巡按御史をして勘実《ちょうさ》せしめ、田一畝毎《ごと》に、歳に鈔三十貫を納めしめ、蔬地は一畝毎に、果樹は十株毎に、歳に鈔五十貫を納めしめ、隠匿するもの及び倚勢《いきおいをかさにき》て報《こた》えざる者あらば、罪を治《ただ》して、其の地畝は入官せしむれば、則ち在外の鈔も亦た流通せんと。行在戸部に命じて議せしむ。

とある。最初の北京の文武官や軍民の園圃・店舎・船車についての部分は漠然としたいい方で、どの程度武臣に当て嵌まるのかよく分からない。あとの在外と直隷の都司・衛所についての部分で、李笴は武臣が広い土地を経営して蔬菜や果樹を栽培しているが税糧を納めていないと述べ、按察司や巡按御史に所有状況を調査させたうえで課税せよと主張する。蔬菜や果樹に高い税を課そうというのだから、自家用のものではなく商品作物とみているのだろう。李笴はこのような武臣による土地経営が広汎に行われていると考えているわけである。しかし、李笴の提案は鈔流通の為の対策で、武臣の土地経営については、どの程度実情を踏まえた議論なのか疑わしい。第一「在外」として挙げている地域が広すぎて、この全ての場所で同じような状況があったのか疑問である。又、土地についても、単に「広い」という意味なのかもしれないが、「千・百畝」と非常に漠然としたいい方である。宣宗が戸部に検討を命ずるに止め

た所以であろう。李笴のいう所は曖昧で鵜呑みにはできないが、単なる想像ではなく、少なくとも北京周辺ではよくみられた状況なのかもしれない。また、李笴は按察司・巡按御史による調査・告発をもとめており、武臣の不正をただす為に、文臣の監視・取り締りを強化すべきだという立場ははっきりしている。又、宣徳六年二月庚申の条に

巡撫侍郎趙新、五事を言う。……一、各処の軍衛の官、公廉なる者少なく、貪虐なる者多し。或いは軍丁を私役し、或いは民の田土を占め、或いは広く僮奴を蓄え、或いは私塩を販鬻して、民の財貨を奪い、百計もて自営す。乞うらくは巡按御史・按察司をして広く詢察を加え、法に違う者有らば、奏請して逮問せしめられんことをと。上、新の言を覧て、侍臣に謂いて曰わく、此、皆積弊にして、当に尽く之を革むべしと。

とある。趙新は宣徳五年に吏部侍郎の官銜をもって江西に出巡しているので、記事の内容は主に江西の事情とみられる。簡略な記述で具体的な内容は分からないが、趙新は衛所官には貪欲で酷薄な者が多いとして、軍士の私役、民間の土地の占奪、奴僕の蓄養とともに、不法な商行為である私塩の売買を挙げた。その対策として、趙新は巡按御史・按察司による取り締まりの強化を訴えた。武臣の悪事を指摘して文臣の関与強化をもとめるのは、文臣の上奏に共通するパターンだが、宣宗は趙新の挙げたことについて「積弊」であると述べて同意しており、これらの点に関し宣宗と文臣は共通の認識をもっていたことが分かる。このような文臣たちの指摘は、宣宗の即位直後から宣徳の末まで変らない。宣徳八年一二月庚午の条に遼東の状況についての記事がある。長いので区切りながらみることにする。始めに

巡按山東監察御史張聡言えらく、遼東の地は、南は倭寇を拒《ふせ》ぎ、東は高麗に連なり、北は胡虜を控《おさ》え、国家の藩維《はんぺい》と為す。兵政修《ととの》えざるべからず、備禦厳《いまし》めざるべからず。遞年、軍衛の頭目、宴安に耽り、辺務を忽《おこた》る。謹んで宜《あた》る所の四事を陳べん。

とあり、以下四ヶ条が述べられる。『宣宗実録』にこれだけ長く収録されていることは、朝廷でも張聡の報告を評価

し、その意見を重視したからであろう。文言をみても、先の御史李笴の上奏とは異なり具体的で、張聡がかなり綿密な調査のうえで上奏したことが窺える。その意味で、この記事は宣宗朝末の遼東の様子をよく示しているものと思われる。まず第一条には

一に曰わく、軍士の在戍する者少なく、亡匿する者多きは、皆軍官の貪虐の致す所に因る。其れ山海の守関の人は、惟だに盤詰《けんさ》を失するのみならず、且つ容縦《ようにん》の私あり。是を以て、卒伍は曠《むな》しく缺き、辺衛は空虚たり。乞うらくは軍衛に勅し、兵政を修挙し、法を守りて奉公せしめられんことを。仍《かさ》ねて老成公廉の文官を選び、山海に鎮守せしめ、法を設けて盤詰・巡捕せしめられんことを。

とある。軍士の欠員を招く原因は、武臣による軍士の私役、軍士が武臣に賄賂を贈って任務から外してもらう、武臣と軍士の共謀による売放、武臣の搾取・虐待に耐えかねての逃亡に大別できる。張聡は最初に「軍士の在戍する者少なく、亡匿する者多きは、皆軍官の貪虐の致す所に因る。」と述べており、まず武臣による軍士の酷虐を指摘した。具体例として山海関の状況を挙げたが、第二章・三章でみたように、山海関は交通を妨害して金品を強要する「邀阻」が最も盛んなところである。張聡は現状を改める為の対策として、山海関への文臣の配置をもとめた。この点はこれまでみてきた文臣の要請に共通するものである。続いて

二に曰わく、各衛の官・旗、管事を畏避し、往往にして託するに公差・操備・招諭等の項を以て由《よし》と為し、百戸所の印を将《もっ》て、総・小旗をして署掌せしむるもの有り。又、別に小旗を選びて管営の名目と作《な》し、那移して幣《ママ》を作し、軍士を掊剋《さくしゅ》し、逼令して亡匿せしむ。従実の公差を除くの外、乞うらくは厳しく其の余の官・旗を勘《しら》べ、要切の差遣に非ざる者は、軍を選び代りて回《かえ》り視事せしめ、擅に名色を立て、剝削して軍を害するを許さざらんことを。

とある。遼東の各衛では、武臣は任務をいやがり、公務出張だとか訓練だとか、あるいは兵部を通さない帝からの直命を受けただとかの口実を設けて仕事を放棄し、百戸所の印を下士官に当たる総旗や小旗に預けてしまう者さえあるという。ここで張聡がわざわざ「百戸所の印」といっているのは、衛や千戸所は上部の事務管理の機構だが、百戸所こそが軍士やその家族に直接に接する部局だからである。又、軍士一〇人の長にすぎない小旗に「管営」という名目で勝手にやらせて自分は何もせず、結局は軍士を搾取して逃亡に追い込んでしまうと、武臣の怠惰・無能を指摘する。この記事の中では衛所や武臣の実名が挙げられていないが、内容は明確で、この部分についても、張聡がかなりの調査のうえで述べていることが窺える。そのうえで張聡は、このような事態を防ぐ為に、本当に必要な出張なのかどうかを厳しく点検して、それ以外の者は直ちに任務に戻すようもとめた。軍の剝削を防止する為に「厳しく其の余の官・旗を勘べ」るよう提言しているわけだが、実際にこれをチェックし取り締まるのは文臣ということになるから、やはり文臣の軍への関与強化をもとめているのである。更に

三に曰わく、海州衛の官軍は旧《もと》定数有り。今、教場を閲《あらた》めるに、全て操練を廃す。門を守る者は二、三人に止まり、山海関を守る者も僅かに五・六人のみなり。又、南海口には旧《もと》官軍一百三十人を置くも、今、存する者は惟だ老疾の軍五人のみなり。指揮使僉通等に詢《と》うに比《およ》ぶも、皆各軍は倶て差遣有りと称《とな》えて苟且《かりそめ》に支吾《ごまか》す。乞うらくは兵部をして計議せしめ、守城・把関及び操練の正軍の実数を定奪《けってい》し、時常《つね》に操習は閲視して、以て城池・関隘を固守せしめられんことを。

とある。ここでは実名を挙げて非常に具体的な状況について述べている。明らかに張聡が海州衛や山海関・南海口を実地調査したうえでの報告である。張聡によれば、海州衛軍の練兵は全く廃止されており、教場にいってみても誰もいない。衛門を守備しているのは二、三人の軍士だけである。そうかといって海州衛からの派遣軍が配置されている

はずの山海関にいってみても、いるのは五、六人だけである。同じく、本来、一三〇人を派遣することになっている南海口を点検すると、使い物にならない老疾の軍士が五人いるだけである。結局、衛所にも、山海関にも、南海口にもどこにも軍士が見当たらない。海州衛の責任者である指揮使の僉通に、軍士はどこにいるのだと詰問しても、あちこちに派遣しているのだと嘯くばかりで全く埒があかないという。確かに朱紈の『甓余雑集』等には、一六世紀の東南沿海部で同じような状況がみられたことが記されているが、宣宗朝でこれだけ甚しい事例は珍しい。さきに軍士の欠員をもたらす主な原因は私役・売放・逃亡だと述べたが、このような海州衛のありさまは何によるのか。三つの原因が複合しているのだろうが、私役ならば衛所官の周囲を調査すれば分かる筈だし、殆ど軍士全部の逃亡を招くほどの苛斂誅求があれば、軍士が訴えるなどの動きがあって、それなりに文臣の側にも状況が窺え、報告も別な書き方になると思われる。この場合のように、御史が現地に行ってみたらガランとして軍士がどこにもいないというのは、武臣と軍士の共謀による売放だった可能性が高い。張聡はこのような状況を改善する為に文臣の関与強化をもとめる。つまり、兵部に海州衛に在衛するもの、山海関・南海口に派遣するもの、訓練に従事するものの員数を決めさせ、これを常時点検するようもとめた。員数を決めるのも点検するのも文臣である。いかにも規定好きの文臣らしい意見で、そんなに機械的に運営できるだろうかと思ってしまうが、海州衛の非常に具体的な状況が前提として示されているので、そのような杓子定規の欠点は余りめだたない。続いて

四に曰わく、遼東の軍士は罪を以て謫戍せられしもの多く、往往にして亡匿する者有り。皆、編発の初め、姦頑の徒は、籍貫を改易し、衛に至らば即《すぐさま》逃れるに因り、勾追に比及《およぶ》も、有司其の人無しと謂い、軍伍遂に欠くなり。乞うらくは鎮守遼東及び都司官に勅し、諸衛の逃軍の姓名・籍貫を査録せしめ、都督府・兵部に送りて清理・改正し、以て勾取に憑《よ》らしめられんことを。今後、凡そ軍に発充せらる者有らば、部・府は実を審《つまび》らかに

して冊を造り、都司に類発し、別に勘合を塡《さだ》め、人を遣わして管解《ごそう》するに、冊に照して実を審らかにして収発《うけわたし》し、衛を定めて軍に充つ。而して発過の衛所を以て、冊を造りて回報せしめ、兵部は以て得罪充軍の由《よし》及び其の戍せられし所の衛所を具えて、原籍の官司に移文せば、姦弊をして禁革せしめ、軍をして埋没すること無からしむるに庶《ちか》からんと。之に従う。（○印は筆者）

とある。ここで張聡がいうのは、遼東の謫戍地としての特殊性と逃亡の防止策である。逃亡などで軍士に欠員が生じた場合、本人を追捕して引き戻す根補と本籍地の軍戸から後継者を補充する勾補がある。(2) 張聡はその実情について、罪を犯して謫戍される者のなかの悪賢い手合いは、予め本籍を偽って申し立てておき、謫戍さきの衛所に着くとすぐに逃亡してしまう。勾補しようとして本籍地の州県に照会しても、該当するものはないという回答があるだけで、軍士の欠員はそのままになってしまうというのである。張聡は当面の対策として、鎮守遼東総兵官、このころは都督巫凱がその任に在ったが、と遼東都司に命じて、遼東各衛からの逃亡者全員の姓名と本籍地のリストを作らせ、それを遼東都司の上部機関である左軍都督府と兵部に送り、そこで点検・整理して各々の本籍地に連絡して勾補させるようもとめた。更に今後の対策として、次のような方法を提案した。謫戍者について、兵部と都督府できちんと調査して正確な名簿を作り、これを事前に都司に送付しておく。そのうえで謫戍者を現地に送るが、護送の責任者は、必ず名簿と本人を照合して間違いないことを確認したうえで引き渡しを受ける。謫戍者を送り出す衛と途中の経過する衛は、各々名簿を作って兵部に報告する。兵部はこれを受けて、罪状と謫戍先をまとめて各々の本籍地に送付し、必要となるかもしれない勾補に備えるというのである。ここで注目されるのが、今後の方法を提案した文言の中で「部・府」と記されていることである。兵部と都督府をさす言葉だが、普通は官品の上下に従って「府・部」といういい方がされる。しかし、ここではそれが逆転したかたちになっている。一見さりげないが、いわんとするところは強烈である。

案の内容をみると謫戍・勾補は全て兵部が主導し、都督府・都司は限定された役割しか果さないかたちになっており、兵部の関与を強くもとめている。張聡がこのようないい方をする背景には、或いは第一章で述べたように、成祖朝に京営が創設され、成祖・宣宗朝を通じて各地に鎮守総兵官が設置されると、中央の五軍都督府と地方の都司は権限を吸収され、徐々に名目的な機関と化しつつあることもあったかもしれない。いずれにしても、張聡は四ヶ条を通じて遼東の軍情と武臣のあり方を痛烈に批判し、文臣の軍事関与の強化を強くもとめたのである。

武臣ではないが、現在でいえば下士官・兵に当たる総旗・小旗(3)・軍士、或いは胥吏等に対する文臣たちの認識についても触れておきたい。例えば宣徳四年九月丁巳の条に

行在兵部尚書張本言えらく、在京各衛の軍士の月糧は、関支に遇う毎《ごと》に、或いは差遣に因り、或いは倉を離れること遠く、又、専官の領督するもの無く、遂に官吏・総・小旗、名目を虚張して、冒支・扣除し、甚だしきは全て侵欺せらるるを致す。軍士の缺食の所以なり。自今、宜しく衛毎《ごと》に公正なる指揮一員に委ねて、其の事を専任せしめ、期に依りて関給すべし。其の新たに衛に至る軍士は、親管の頭目を督令して、即《ただ》ちに与《みな》支糧せしむれば、所を失わざるに庶《ちか》からん。軍士にして官長に投託し、営幹《じむしごと》して生理と為すもの、納銭して買閑し、月糧を冒支せらる者、及び仍前《もとどおり》に侵欺するもの有らば、或いは委ねられし所の官にして、容情《じようをつう》じて弊を作す者有らば、倶《みな》監察御史と所部の上司の糾挙に従《よ》りて、其の罪を究治せられんことをと。之に従う。

とある。京衛の月糧支給に関わる弊について、行在兵部尚書張本が次のように述べた。支給の時に軍士が在衛していればよいが、遠隔地に派遣されている場合に、その軍士分の月糧を受け取って管理・保管する立場の者がないので、総旗・小旗や胥吏が様々な口実を設けて月糧の一部または全部を横領してしまう。結局、軍士は月糧を受けとれない事態になってしまうというのである。張本は次のような対策を提案した。一つは、各衛で専任の武臣をきめて担当さ

せ、期限どおりに支給させることである。「指揮一員」とあるのは、具体的には各衛の指揮同知か指揮僉事を想定しているのだろう。責任の所在を明確にする為の措置である。新たに補充されてくる軍士については、到着し次第に直属の上官に支給させればよい。軍士についても次のように述べる。軍士の中には上官に頼み込んで事務仕事を生業にしたり、「納銭買閒」つまり売放によって任務を逃れながら、月糧だけ受領しているような者がいる。このような軍士は、これを認めた武臣ともども処罰するようもとめた。張本がどの程度具体的な事実を把握していたのか分からないが、行在兵部尚書という立場からしても、ある程度の情報は得たうえの提案と思われる。張本は「在京各衛」というい方をしており、親軍衛・京衛全体に蔓延した弊とみていることが分かる。地方の衛よりも監視の目が密な在京の衛ですら、武臣だけでなく旗・軍も含めて、上から下まで腐敗して、自浄能力を喪失しているとの判断である。張本は「御史と所部の上司」による監視の強化をもとめた。後者は所属衛の衛所官をさすのだろうが、張本の要請の力点は御史による取り締りの強化にあったと思われる。やはり、軍の現状を指摘したうえで、その対策として文臣の関与強化をもとめるパターンである。この記事でも示されているが、軍士も一方的な被害者というわけではなく、それなりに強かな彼ら自身も様々な不法行為を行っていたことが窺える。宣徳四年五月辛亥の条に

> 行在兵部奏すらく、比者《このごろ》、京衛の官軍に、詭名して官馬を冒給せしめ、盗売する者有り。請うらくは厳禁して、盗売せし者をして罰馬二匹とし、知りて買いし者、及び牙保・隣人は各《おのおの》罰馬一匹とせよ。仍先に榜諭し、自首を許して罪を免じ、首《もう》さざるもの及び所管の官・旗・里老・牙保・隣人は皆同罪とし、仍りて鈔五千貫を追し、告《うった》えしもの、捕えし者を賞せんと。之に従う。

とある。「官軍」の言葉は国軍の意味で使われることもあるし、武臣と軍士をさすこともある。いずれにしても軍士を含むいい方である。この記事も行在兵部が京衛の状況について述べたものである。やはり在京の衛の様子は文臣の

目につきやすいのであろう。京衛の「官軍」の中には、名義を偽って官馬を詐取して売り払う者があるという。軍馬の確保は兵部が最も苦心したところで、本人だけでなく周囲の関係した者全てを含む罰則を定めて取り締まることを提案した。これも現状を改善する為に兵部の関与強化をもとめるものである。次に宣徳六年一一月甲子の条に

　初め、監察御史陳搏、広東を巡按して還りて奏すらく、各処の関津は、衛所、軍を撥《まわ》して把截《けいび》す。皆洪武中の設置にして、本《もと》、以て姦回を盤詰《きゆうもん》せんとするものなるも、乃ち公務に仮《か》りて、私《ひそ》かに行旅を邀阻し、財物を需索す。凡そ征調有るも、把截の軍は悉く避免を得。且つ把截の処は多く附城に置かれ、或るものは巡検司に近く、益無くして害有り。請うらくは三司をして従公勘実せしめ、革むべき者は革め、置くべきものは置き、当に仍旧《もとどおり》たるべき者は仍旧とし、倶に所在の巡検司と、弓兵を分撥して守把せしむれば、積弊を革むるに庶《ちか》からんと。上、巡按御史及び三司に命じて覆《かさ》ねて勘《しら》べしむ。是に至り、覆奏すらく、搏の言誠に是《よし》と。遂に之に従う。

とある。行旅を妨害して金品を搾取する所謂「邀阻」の弊だが、武臣が命じて行わせたことが分かる事例については第二章で述べた。この御史の上奏からみると、必ずしも上官の主導下の場合だけでなく、軍士自身が勝手に行うケースもあったように思われる。ただ、これが広東のみの事情なのか、北京への往復路全般についていっていることなのかはっきりしない。いずれにしても、陳搏は、衛所軍を派遣しての関津の警備の改廃についての問題なのに、当事者の衛所ではなく、御史や三司に検討させるようもとめ、結局、宣宗もこれを認めた。御史陳搏には軍は既に当事者としての判断能力を失っているとの思いがあったのであろう。

　この点について、軍内部の監察・司法を掌る立場だった鎮撫についての文臣側の判断をみてみよう。各衛には従五品の衛鎮撫が二人、千戸所には従六品の所鎮撫が二人配置されて衛所内の司法を担当した。更に各都司には断事司がおかれていた。都司つまり都指揮使司の名称が定まったのは洪武八年だが、断事司は、都司がまだ都衛指揮使司と称

されていた洪武四年に設置され、武臣や軍士に関わる詞訟・刑獄のことを掌った。断事司には断事・副断事・吏目各一人が配置され、このほか司獄司には司獄が置かれていた[4]。これらの組織の現状について、宣徳五年一二月乙酉の条に

監察御史林英言えらく、天下の都司には断事司を設け、専ら刑獄のことを理《さば》かしめ、已に定制有り。而して各衛所及び守禦千戸所には鎮撫を設け、以て刑獄のことを理かしむるも、撫鎮《ママ》は武人にして文移を諳《し》らず、律の意に通ぜざるもの多し。甚だしきは一字をも識らざる者有るに至る。刑獄のことは、往往にして之を吏及び字を識る軍に委ぬ。是非は明らかならず、獄囚は淹滞し、冤枉の者多きを致す。乞うらくは天下の衛所をして、都司の断事司の例を援き、別に一員を設けて、専ら刑獄のことを理かしめ、或いは法律を諳《そらん》ずる者を選び、授けるに経歴・吏目を以てし、協《とも》に刑獄を理かしむれば、淹滞の患を免るるに庶《ちか》からんと。上曰わく、別に官を設けるは旧典に非ず。但だ人を択びて之を用いよと。

とある。林英がいうには、衛所の鎮撫は、一般に文書の処理や法の規定に通じていないばかりか、なかには全く文盲の者さえいるありさまである。その結果、衛所内の司法を胥吏や文字を読める軍士に委ねてしまうことになり、是非が不分明なまま、獄に留められたり冤罪のケースが増えてしまうという。林英はその対策として、刑獄専任の者を増員するか、法に詳しい者に経歴や吏目の資格を与えて協力させてはどうかと提案した。これに対して宣宗は別に官を設けるのは旧典に非ずとして却け、鎮撫の人選に注意するよう命じただけだった。林英は特定の衛所の状況を指摘したのではなく、全国の衛所の刑獄処理の改革案を提案したのである。全ての衛所の状況を調査したわけではないし、改善の必要をアピールする為に、現状をより強調した点はあるだろうが、全くありもしないことを述べることはないだろう。鎮撫は取り立てて特別な訓練を受けたわけではなく下級の武臣にすぎない。胥吏や軍士に自分の仕事を丸投

げにしてしまうのはありそうなことである。衛所内の刑獄の処理が杜撰で非能率であること、その原因の一端が鎮撫の資質にあるというのは事実だったと思われる。林英は、軍は内部の犯罪に対する自浄能力を喪失しつつあると認識しているのである。

鎮撫の本来の任務は衛所内の司法だが、このほかに衛所倉の収支にも関与していた。倉糧の出し入れは横領等の事故が最も起りやすい仕事であり、刑獄を掌る鎮撫なら少しは予防できるのではないかという趣旨であろう。宣徳三年六月壬寅の条に

富峪等の衛に経歴を増置し、内外の衛所倉に皆副使を置く。初め、各倉は倶《すべ》て鎮撫を以て収支を監臨せしむ。是に至り、尚書夏原吉、武官の収支を監臨するの弊を極陳す。上曰わく、武人は書算に習れず、文移に暁《あき》らかならずして関防する能わず。故に欺弊多し。自今、止《た》だ衛所の首領官をして、倉官と同に収支せしめよ。在京の軍衛にして事の繁なる者は、宜しく経歴一員を添設し、内外の衛所倉の儲糧多き者は、倉副使一員を添設すべしと。是に於いて、在京の富峪衛・寛河衛・神武前衛・神武後衛・武成左衛・武成前衛・武成中衛・武成後衛・義勇中衛・義勇後衛・忠義左衛・忠義右衛・忠義前衛・忠義後衛・蔚州衛・会州衛・大寧中衛・大寧前衛・金吾左衛・金吾右衛・羽林前衛・燕山左衛・燕山右衛・大興左衛・済州衛・永清左衛・永清右衛・通州衛の経歴司に、経歴各一員を増置し、其の余の内外の衛所は、皆倉副使一員を置く。

とある。従来、衛所倉の収支は鎮撫が監督してきたが、戸部尚書夏原吉[5]がその弊害を痛論したことをうけ、宣宗は今後は各衛所の首領官と倉官に担当させるよう命じ、在京衛には経歴一人を、内外の衛所倉に副使一人を添設することになった。夏原吉が痛論したという弊害の具体的な内容は分からない。宣宗が、武臣は帳簿や計数の事務仕事に不慣れなので、取り締りが行き届かず、その結果欺弊が多くなっていると述べていることからみて、夏原吉もこれらの点

を強調し、必ずしも武臣そのものの不正は露骨に指摘しない言い方をしたのではないかと思われる。しかし、それは武臣の権限を剝奪する処置を提案するに当たって、武臣の保全に熱心な宣宗に対する配慮であろう。夏原吉の本音は、武臣による汚職を防ぐには任務から外してしまうしかないとの認識だったと思われる。更に二ヶ月後の宣徳三年八月甲申の条に

> 監察御史鄭道寧、四事を言う。其の一、宣徳元年秋、都察院右都御史王彰、嘗て奏すらく、京倉の官吏人等、収支に弊を作すと。旨有り、命じて犯せし者は即《ただ》ちに之を治《ただ》し、然る後に奏せよと。即ち又戸部に命ずるに、必ず奏して然る後に之を治せと。近《ちかごろ》、神策等の衛倉の官吏弊を作す。事覚《あらわ》るるも、奏請を俟つに因り、各官愈《いよいよ》姦弊を肆にす。乞うらくは彰の奏ぜし所の命の如くせられれば、姦貪をして畏憚せしめ、民は害を受けざるに庶《ちか》からん。……其の四、在京の各衛の鎮撫・倉官は、職として銭糧を出納するを専《つかさど》る。比《このごろ》見るに、鎮撫は毎日早《あした》に都督府に赴きて卯を書《しる》し、倉官は三日に一たび戸部に赴き、五日に一たび本衛に赴いて謁見す。往来・伺候《ごきげんうかがい》に虚《むな》しく日時を廃《す》て、遂に納者をして停積せしめ、関者をして稽留せしむ。実に誤事と為す。乞うらくは戸部に勅して禁止せられんことをと。上、皆之に従う。惟だ軍職を問うに干《かかわ》らば、仍《もとどおり》先に具奏せしむ。

とある。御史鄭道寧の要請のうち、其の一は次のようなことであった。倉糧の収支に関わる不正の扱いについて、宣宗は、都察院に対しては、即時に処罰して事後に帝に報告すればよいと指示した。倉糧の収支に関わる不正を重大とみて、取り締りの徹底を図る為の措置であろう。しかし、その後、戸部に対しては、必ず事前に奏請してから処罰するようにと命じた。現在、神策衛等で不正が発覚したが、奏請・裁可の手順を踏まなければならないので、迅速な取り締りができないでいると述べ、先の都察院への指示の復活をもとめた。これも文臣の関与強化をもとめるものである。鄭道寧が其の四で述べたのは、鎮撫は武臣で都督府の管轄下に在り、倉官は戸部の管理下にあるので、衛倉の収支の

業務が遅延して不便である。戸部に命じて倉官が任務に専念できるようにしてほしいというのである。文中に「卯」とあるのは卯簿、つまり点呼用の名簿であり、鎮撫は毎日都督府に行ってこれに記入してから衛に赴くことになる。いい方はやや曖昧だが、やはり戸部の管理強化をもとめるものといえる。この記事は八月で、前述のように六月には既に夏原吉の要請によって、衛倉の収支の業務から鎮撫を外し、首領官と経歴が担当とすることとし、そのため在京衛では経歴を増員する命令が出されている。ただ、六月の段階で挙げられた衛は在京衛の全てではない。鄭道寧の要請は六月の措置の拡大適用をもとめるためのものだったのかもしれない。または六月の奏請は戸部の立場からだったが、今回は御史の側からである。事態は戸部尚書夏原吉の提案の方向に進んでいるが、不正を取り締まる御史の立場からの念押しだったとみることもできる。この点に関して注目されるのが、鄭道寧の要請に対する宣宗の対応である。鄭道寧の要請は結局文臣による糾察・統制の強化をもとめるものだが、宣宗も取り締まりの強化の必要を認めながら、末尾に「惟だ軍職を問うに干らば、仍先に具奏せしむ」とあるように、事が武臣に関わる場合は、従来どおりに事前に奏請して裁可をまつように命じた。文臣層の関与強化の要請に一定の歯止めをかけ、武臣を保全しようとする宣宗の姿勢を示すものである。衛所内の司法を掌る鎮撫の現状に端的に示されるが、文臣層は、鎮撫がその機能を果しておらず、軍は既に自浄能力を失っていると主張し、軍に対する文臣の関与の強化を強くもとめていたのである。

小　結

このようにみてくると、宣宗朝を通じて、文臣たちが軍の現状に強い危機感をもっていた様子が窺える。その文臣たちの上奏にはいくつか共通する特徴がある。第二・三章で示したように、武臣の犯罪は幾つかのパターンに分けられる。まず罪状でいうと、軍務上の罪、軍士の酷虐、経済事犯に大別される。また犯罪の主な舞台は、軍士の所属する原衛と、動員先の南北辺の前線である。更に事件を起す武臣は、指揮・千戸・百戸・鎮撫等の衛所官と、勲臣・都督・都指揮等が任ぜられる総兵官・鎮守・参将等等の前線の高官に分けられる。このうち、文臣の上奏で主に扱われるのは、原衛を舞台とし、衛所官によって起される、軍士の酷虐のケースである。文臣層は、武臣の腐敗によって軍士が逃亡し、兵力不足に陥ることを最も強く危惧していた。内部の紐帯の弱体化とか、指揮命令系統の信頼感の低下とかの軍内部の要素よりも、極く単純に数量的なことを懸念しているのはいかにも文臣らしい。文臣たちは軍士が所属する原衛での諸弊に非常に敏感であるが、その反面、南北辺の軍情についての意見は余りみられない。第二・三章で述べたように、武臣の犯罪の七割以上は南北辺で起っているにも拘わらずである。南北辺では武臣による軍士の酷虐、大規模な経済事犯に加えて、武臣の軍務上の罪も大きな問題であったが、文臣層はこの点については余り敏感ではない。規定の遵守や秩序の維持には熱心だが、実際の軍事問題には疎く、やや無関心なところもあったのかもしれない。又、南北の前線では、文臣の監視の密度が余り綿密でないこともあり、どうしても原衛における軍士の酷虐という問題に目が向けられる傾向が強まったのだと思われる。文臣たちが指摘する問題だけが当時の明軍内の弊だったわけではない。ただ、このような不均等なところはあるものの、文臣たちが軍内部の状況をそれなりに把握して、危機感をもっていたことも確かである。又、文臣たちの上奏に共通するのはそのパターンである。いずれも武臣の不正と危機的な現状を指摘し、対策の必要を強調する。その対策の方法として、文臣による監視・管理の強化をもとめるのである。それは巡按山東御史張聡の上奏に典型的に示されているが、他の文臣の場合も同様である。ただ現状改善の必要性と、文臣の関与強化と、どちらに重点があるのかはっきりしないところもある。つまり、軍や武臣に対する文臣の立場の強化が本来の目的で、それを実現する為の手段として、武臣の不法をことさらに強調し、厳罰をもとめているという面はないのかということである。太祖朝以来、武臣を文臣よりも優位におく態勢がとられてきたということはよく知られている。[6] 官品ばかりでなく実際の勢威も武臣は文臣を凌駕していた。このような状況について、文臣層には強い不満があり、特に世襲を認められている武臣に対する反感は文臣一般に顕著にみられるものである。そのような文臣が、武臣の不正を告発し、軍への文臣の監視・統制の強化をもとめるのは、必ずしも正義感や国家の前途に対する憂慮ばかりが理由ではあるまい。この点を考える為にも、宣宗自身が軍の現状をどのように認識していたのか、武臣たちをどのようにみていたのかについて確かめる必要がある。

第二節　宣宗の認識と対武臣観

（一）　宣宗の現状認識

『宣宗実録』宣徳三年三月丙戌の条に、宣宗の軍の現状に対する認識と課題を示した記事が載せられている。長いのでいくつかに分けて示すと次のようである。

行在兵部に諭して曰く、朕惟《おも》うに、兵部天下の軍政を掌るに、其の大要に三有り。軍官を選任すること、軍伍を覈実すること、馬政を修飭することなり。在京の諸衛及び在外の都司・衛・所は、旧《もと》皆選任するに人を得。挙《ことごと》く廃事無く、人其の安きを得し所以なり。比年、衛所官は軍士を恤れまず、誅求刻剝すること、豺虎より甚し。以て亡逸を致し、軍伍は缺多く、城池は隳圮し、屯田は徒らに虚名を有するのみ。辺境も亦た備え無し。其れ都司為《た》る者は、控制するに法無く、紀律不厳にして、征調に遇う毎《ごと》に、至る所騒擾し、民其の害を受く。是皆、任ずる所、其の人に非ざればなり。今後、都司及び衛所の正官は、必ず老成歴練にして、表率《てほん》為るに足る者を択び、

而る後に之に任ぜよ。然れども人の智愚・賢否は、未だ遽かには知るには易からず。公を惟《もっ》てし明を惟てせば、

乃ち人を得るべし。爾其れ之を審《はか》れ。

とあり、宣宗が最も重視していた点が示されている。宣宗は「選任軍官」、「覈実軍伍」、「修飭馬政」、つまり武臣の人事、兵力と軍馬の確保を軍政の重要事として挙げる。その中で最も多くの言葉を費やして強調したのが、都司や衛所のポストに適任者を充てることの必要性である。現状について次のように述べる。指揮・千戸・百戸・鎮撫等の衛所官が軍士を撫恤せず、苛斂誅求を事としているため、軍士の逃亡と兵力不足、城池の頽廃、屯田の衰退を招いている。各衛を監督すべき都司も、紀律が弛緩していて十分に統制できない。そのため、一旦動員がかかると大騒ぎになり、結局、人民たちに多大の負担を押し付けることになる。それは全て武臣に人を得ていないからであり、今後、務めて人格の優れた老成歴練な者を選任する必要があると強調した。(7) ここで宣宗が専ら指摘したのは衛所と都司、とくに衛所官に人を得ていないことの弊害である。この点はこれまでみてきた文臣層の認識や主張の内容と軌を一にする。しかし、これは宣宗が文臣たちと同程度の情報しか持っていなかったということを示すものではない。第三章第三節のⓁ「降勅叱責」のところでも述べたように、宣宗は幅広い情報源から様々な情報を得て、現場の総兵官を上回るほど前線の軍情に通じていた。ここで宣宗が都司・衛所の武臣人事にだけ言及しているのは、これが兵部に対する上諭で、兵部の職掌内のことについて述べたからである。それゆえ、特簡によって宣宗自身が任命し、帝直属のかたちになっている総兵官や鎮守の系統の武臣については触れていないが、宣宗が南北辺の軍事情勢に通じていなかったわけではない。いずれにせよ、文臣たちが最も問題にする衛所の現状についても、宣宗も文臣と同じような認識をもっていたことが窺える。続いて

天下の軍伍は、已に嘗て廷臣を分遣して清理せしむ。然れども、有司、起解の名有るも、衛所、実在の数無し。

爾当に其の覈実の法を明らかにすべし。馬政は太僕に領《おさ》めしむるも、兵部実は其の事を総《す》ぶ。孳牧・調習のことは、旧制詳備なるも、歴歳既に久しく、廃弛せしこと無きにしもあらず。爾当に夫れ之を修飭するの勤めを致すべし。蓋し国を為《おさ》むるの道は、安を以て危を忘れざるにあり。故に禦侮・防姦は無事の日に備えるを貴《たっと》ぶ。斯《こ》の三つに謹め。

という。ここでは、一つには清理軍伍を実施したが効果が挙っていないと述べる。これは軍士の本籍地の軍戸から欠員を補充する勾補を実施したけれどもうまくいかず、州県からは送ったという報告があっても、衛所では実際には補充されていないという状況を指摘したものである(8)。二つには馬政についてである。軍馬の確保は明朝が最も苦慮したところで、宣宗も「歴歳既に久しく、廃弛せしこと無きにしもあらず」と述べるように、宣宗朝でも既に様々な弊害があらわれていたことが窺える(9)。続いて

其の余の承襲・優給・関津・郵伝は皆定制有り。尤も須らく属吏を厳飭すべし。遵奉して之を行うに、必ず廉にして必ず勤なれば、旧《もと》の弊習を革め、政《まつりごと》をして清からしめ、務めをして通ぜしめ、允《まこと》に汝の績《いさお》を光《かがや》かさん。豈に偉ならずや。朕の志、武備に惓惓たり。汝深く之を体し、諸《もろもろ》の実効を見《あらわ》せば、明良相成の美に庶幾《ちか》からん。欽めよやと(10)。

とある。「選任軍官」、「覈実軍伍」、「修飭馬政」以外のことについて、きまりどおりにやるよう命じたが、特に「尤も須らく属吏を厳飭すべし」と述べて、胥吏の取り締まりに留意するよう強調した。宣宗が胥吏の様々な弊害の実情にも通じており、その防止を重視していたことが分かる。この上諭全体を通じて、宣宗が軍の現状について、かなり明確に認識しており、特に所属する原衛の衛所官の酷虐によって軍士が逃亡し、兵力不足に陥る事態を強く危惧している様子が窺える。武臣の扱いについて、宣宗が更に具体的に述べた記事が宣徳五年二月丁丑の条に載せられて

いる。

上、奉天門に御し、侍臣に謂いて曰わく、武備は国家の重事なり。今、軍政の脩《ととの》わざるは、実《まこと》に将校の不職に由る。宜しく其の実を詳察し、以て勧懲を示すべしと。遂に勅諭を各都司・按察司及び巡按御史に遣わして曰わく、兵政は国の重務なり。任に其の人を得れば即ち挙がり、其の人を得ざれば、克《よ》く済《な》す有ること鮮《すく》なし。今、各処の衛所の指揮・千・百戸・鎮撫に、公廉幹済にして、能く軍馬を整飭する者有らば、亦た老幼残疾にして、任事する能わざる者有らば、勅至らば即《ただ》ちに心を用いて察訪し、実を具えて来聞せよ。若し貪婪不才にして、軍士を虐害するもの有らば、亦た実を察《つまび》らかにして具奏せしむれば、玉石混らず、兵政以て脩《ととの》うに庶幾《ちか》からん。如し徇私して公を廃し、詢察して実ならず、是非倒置せば、国に常憲有り。其れ総兵・鎮守官の有る処は、則ち会同して咨訪《しもん》し、務めて至公を尽せと。

とある。宣宗は全国の都司・按察司・巡按御史に勅を発し、指揮・千戸・百戸・鎮撫等の衛所官の中の有能清廉な者、老幼残疾で任に耐えない者を調査して報告すること、もし貪欲無能で軍士を酷虐する者があればすぐ報告することを命じた。この勅を下した理由として、宣宗が「軍政の脩わざるは、実に将校の不職に由る」と述べていることからみて、命令の重点が後段にあるのは明らかである。先の兵部に対する上諭では、今後の武臣の任用に当たって適材の武臣を選ぶよう命じたが、今回の勅諭は、現に衛所官の立場にある武臣の賢否を調査・報告させ、不適任の者を排除しようというものである。兵部への上諭よりも一歩踏み込んだ措置といえる。それは、宣宗がそうせざるを得ない状況があったということでもある。宣宗が調査・報告を命じたのは都司・按察司・巡按御史で、これは従来どおりだが、最後に総兵官・鎮守の駐劄している地域では、これに諮問するよう命じていることが注目される。南北辺の一〇ヶ処に鎮守総兵官が配置されていることは第一章で、また武臣の犯罪の七割以上がこれらの地域で起っていることは第二章で述べたとおりである。宣宗は従来の都司・衛・所という体制を総兵・鎮守・参将等の臨戦体制に切り換えて、これを要として専守防衛の態勢を整えようとしていた。特に北辺ではそうである。今回の命令は、その総兵官に軍事行動の指揮権だけでなく、衛所官の評価・管理に関与する権限をも与えることになろう。いずれにしても、兵部に対する上諭も、今回の都司・按察司・巡按御史に対する勅も、武臣による軍士の酷虐が軍政不振の原因であるという前提は同じである。これは文臣層の認識と共通している。第二・三章で告発される武臣の罪は、軍務上のもの、軍士の酷虐、経済事犯に大別されると述べたが、宣宗も文臣たちも、専ら言及するのは軍士の酷虐についてである。それだけ武臣による軍士の酷虐を重くみていたということであろう。それは第三章でみたように、重い処罰を科された事例の多くが軍士の酷虐に関わるものだったこととも符合する。これらの記事から、宣宗が武臣の現状やその弊害について、かなりはっきりした認識をもっていたことが分かる。

　それでは、前述の兵部に対する上諭の中で「尤も須らく属吏を厳飭すべし」とわざわざ強調した胥吏などによる弊害についてはどの程度認識していたのだろうか。この点について宣徳四年五月辛未の条に

上、奉天門に御し、行在戸部尚書郭敦等に諭して曰わく、近《ちかごろ》、屢《しばしば》言有り。京師及び通州の各衛の倉場、象・馬・牛・羊等の房、粮・芻を収支するに、官攅人等、玩法《ほうをかろん》じて公を欺き、財物を取受して、実収を虚出す。惟だ貧にして財無き者のみ、則ち本色を収めんとするに、加えるに考掠を以てし、数倍もて増収せしめ、既にして収めれば、又、偸盗して入己し、其の数動《やや》もすれば千を以て計うと。爾戸部、宜しく厳しく禁止すべしと。是に於いて、敦等議して奏すらく、凡そ粮・芻を収支するに、官吏人等にして、仍りて金・銀を折収するもの、并びに攬納して偸盗する者有らば、諸人出首《じしゅ》し、或いは法司に擒送するを許し、正犯は斬に処し、仍りて物を追して、家属は辺に戍し、擒獲せしものと首告《こくはつ》して実を得し者は、鈔五千貫を賞せん。其の嘗て官攅と通同して弊を作す

も、能く自首する者は、亦た罪を免るるを得しめんと。上、之に従い、命じて戒約を掲榜せしむ。

とある。宣宗は、京師や通州の倉場で官攅らが様々な手段を弄して不正をはたらいていることを指摘し、戸部にその対策を命じた。これは戸部から報告があって、宣宗が対応したというケースではない。宣宗の指摘は「京師及び通州」と地域を挙げていることも、不正の手口についてもかなり具体的である。「近、屢言有り」と述べているように、宣宗は、戸部の文臣だけではなく、幅広い情報源から様々な情報を得て対応していたことが分かる。戸部にすれば自らの管理能力が欠けていることを宣宗に指摘されたわけで、面目を失ったかたちである。その所為もあってか、戸部は不正をはたらいた者に対して厳罰を科することを奏請した。しかし、戸部の案は、基本的に『大明律』刑律・賊盗「監守自盗倉庫銭糧」の厳格な適用をもとめただけのものである。自首した者や告発した者に対する寛大な扱いを提案しているところをみても、戸部自身に不正防止の決め手はなく、自首や密告に期待せざるを得ない様子が窺える。宣宗もこの点はわかっていたのではないかと思われる。というのは九ヶ月後の宣徳五年二月癸巳の条に

行在六部・都察院に勅諭して曰わく……一、各処の衛所の有司、倉廒の官攅・斗級は、糧戸と交通して、私《ひそ》かに自ら包納し、実収を虚出し、作弊百端なり。今後、監察御史・按察司の官をして、往来巡視し、但《およ》そ作弊有らば、就便《ただ》ちに擒問せしめよと。

とあるからである。宣宗は、六部・都察院に対して、一一ヶ条にわたる様々な弊害を挙げて、その対策を命じたが、その中で、各衛所の有司や倉廒の官攅・斗級が糧戸とぐるになって種々の不正を行っていると述べ、御史・按察司に厳しく取り締まるよう命じた。これは前年の戸部の漠然とした罰則強化案と異なり、不正をみつけたら即刻逮捕することを認めるなど、御史・按察司による取り締まりの強化を命ずるもので、軍への関与強化をもとめる文臣層の要望にも添う内容といえる。前年の戸部に対する命令と同様、この場合も文臣側からの奏請があって、宣宗がそれを承認

したというかたちではなく、宣宗の側からの命令である。宣宗が胥吏等の不正や弊害についても十分な認識をもっていたことが窺える。(11)

それでは下士官に当たる総旗や小旗についてはどうだろうか。宣宗九年五月丁酉の条に

軍士を侵害するの禁を申厳す。上、行在都察院右都御史熊槩に謂いて曰わく、朝廷、軍士を優恤し、給するに衣食を以てし、其れをして所を得しめんと欲す。比《このごろ》聞くに、官旗・吏胥人等、誅求を妄意し、多く名目を立てて月糧を裒取し、冬衣・綿花を剋減すと。亦た都指揮・指揮に、公事に仮託して、偏歴《あまね》く取財し、乃ち軍粮・布花を以て、金銀に変易して饋送するもの有りと。軍士の衣食充《そな》わらず、多く逃竄を致す所以なり。朝廷、彼に撫綏を任《ゆだ》ねるに、乃ち更《いよいよ》肆に刻削を為し、恩をして下究せしめず、情をして上通せしめず。更《す》ぐに按法して行誅せんと欲するも、則ち是教えずして殺すなり。爾都察院、即《ただ》ちに掲榜して禁戒し、仍りて巡按御史及び按察司をして巡察せしめ、再び犯す者有らば死に処し、家属は辺に戍せと。

とあり、宣宗は、都察院に命じて「侵害軍士之禁」を榜示させたが、その理由を述べた部分の前段が総旗・小旗・胥吏の不正についてである。彼らは様々な名目を捏造して、軍士に支給されるべき月糧・冬衣・綿花(12)等をピンハネし、軍士を食いものにしているという。後段では、都指揮や指揮のような武臣も軍糧・布・花を横領して、金銀に易えて贈賄の元手にしていると述べる。この記事は宣徳九年のものだが、宣宗が危惧しているのは、軍士に対する酷虐が軍士の逃亡を促し、兵力不足に陥るという構図であり、これは宣宗朝の初めと全く同じである。様々な努力にも拘わらず、宣徳の末になっても事態は一向に改善されていないということになる。「比《このごろ》聞くに」とあって、厳罰を以って防止しようとしているのだから、宣宗は更に悪化しているとみていたのかもしれない。ともあれ、この記事をみると、宣宗は武臣だけでなく総旗・小旗や胥吏による弊害についても十分に承知していたことが分かる。そしてこれらの認

識や危機感は文臣層と共通していたといえる。それでは、このような事態に宣宗はどのように対応したのか、文臣層の主張との間に違いはあったのか。次にこの点について検討するが、その前に宣宗にとって理想のあるべき武臣とはどのようなものだったのか、それに照して現実の武臣はどうだったのかについてみておきたい。

(二) 宣宗の対武臣観

『宣宗実録』をみると、武臣が告発された記事に宣宗のコメントが付されている場合がある。その中に武臣は本来かくあるべきものなのにというかたちで、宣宗の理想の武臣像が示されている例もある。幾つかこのような事例をみてみよう。

まず、即位直後の洪熙元年一〇月壬辰の条の記事で、軍士の月糧をピンハネした鳳陽衛の指揮蕭敬らについて

上、侍臣に語りて曰わく、古《いにしえ》の良将の士卒を撫するや、其の衣食を足らしめ、艱難なれば則ち甘苦を与《とも》同にし、貧困なれば則ち給するに私財を以てすと。

と述べている。具体的な名は挙げず「古の良将」といういい方をしているが、士卒を撫恤することが何より大事なことで、必要なら私財を擲っても士卒に衣食を与えるものである。それなのに月糧をピンハネするとは何事かということである。ここで宣宗が最も強調するのは、良将とは士卒と甘苦をともにするものだということである。次に宣徳二年四月壬午の条にある、軍士を殴って死亡させた荘浪衛の百戸張春に関連して

上、都督府の臣に諭して曰わく、将為《た》るものは必ず善く士卒を撫すべし。古の名将は士卒の為に癰《はれもの》を吮《す》い、故に能く其の死力を得て、身は富貴を享けりと。

とある。私刑によって軍士を殺してしまった武臣についてのコメントで、戦国時代の呉起を引き合いに出して、士卒

の癰を吸った結果、感奮した士卒たちの力によって軍功をたて、呉起も富貴を得ることができたと述べた。趣旨は、やはり、将たる者は士卒を撫恤しなければならないということだが、注目されるのは、軍士を撫恤するのは、結局本人の得になるのだという功利的ないい方である。宣宗のこのようないい方は屢々みられ、宣宗の非常に現実的な一面を示している。宣徳三年四月癸亥の条に、大寧中衛の百戸劉勉らの不正を機に、宣宗が「禁軍官虐害軍士」を榜示させた記事があるが、そこでも宣宗は

　上曰わく、朕、常に軍官を戒約して、古の良将の能く士卒を愛恤するは、能く功名を成す所以なるを謂うと。

と述べた。先の呉起の話と同じだが、「朕、常に軍官に戒約して」といっており、宣宗がいつも武臣たちにいっていたことだと分かる。又、宣徳四年一一月辛亥の条では、軍士の月糧を横領した武徳衛の指揮高山の事件に関連して

　上、錦衣衛の臣に諭して曰わく……此、豈に良将は下と甘苦を同にするの道なるを知らんやと。

と述べ、繰り返し同じ趣旨を強調した。これらの事例から、宣宗の考える、あるべき武臣の第一の条件は、軍士を撫恤し軍士と甘苦を共にできることである。宣宗がこれを最も強調するのは、武臣による軍士の酷虐が軍を内部から腐敗させ、軍事力の衰退をもたらしかねないとする、宣宗の危機感の所在を示してもいる。

良将たる条件について、軍士の撫恤以外にも、宣宗は次のように述べる。宣徳元年一〇月甲申の条に、比試の再試験に漸く合格した武臣の子弟に対する宣宗の言葉が載せられているが、そこで

　上、之に諭して曰わく……古の良将の趙充国・郭子儀・岳飛の如きは、武事既に精にして、忠・孝兼備す。百世に流芳せし所以なりと。

と述べた。宣宗は漢の趙充国・唐の郭子儀・南宋の岳飛の名を挙げて、彼らは軍事能力に優れていたことは勿論だが、そればかりでなく忠・孝の徳を備えており、そのことが後世に名を残した所以であると述べる。更に宣徳四年一二月

己卯の条に、強賊の追補に当たって畏縮した臨洮衛の指揮李敬・千戸王瑀について

上……已にして侍臣に語りて曰わく……武臣は国の爪牙なり。一たび調発有らば、当に奮いて身を顧みざるべしと。

と述べた。ここで宣宗は、武臣は国家の爪牙であり、一旦出陣したら身を顧みない勇猛さをもたなければならないという。これらの事例をみると、宣宗が告発された罪状や相手をみて、それに即した内容のコメントをしていることが分かるが、ここで宣宗が示した良将の条件は優れた軍事能力と勇猛さ、それに加えて忠・孝の徳を備えることである。更に宣徳七年一一月庚午、八年正月丁丑の条に、各々軍士と経歴を杖殺してしまった寧夏総兵官史昭と宣府総兵官譚広に対する宣宗の言葉が記されている。史昭に対しては

遂に昭に勅して曰わく……漢の衛青、大将軍為《た》りて、将士に罪の当に死すべきもの有りても、必ず之を朝廷に帰し、天子自ら決せられんことを請う。当時、其の譲有りとなすもの多しと

とあり、譚広に対しても

上曰わく、漢の大将軍衛青は、兵を統べて外に在り。将士に罪有るも、未だ嘗て軽《かるがるし》くは戮さず。皆《すべ》て天子自ら裁かれんことを請う。時に以て知礼と為すと。

と述べた。どちらも似た事件で、二ヶ月程しか隔たっていないこともあって殆ど同じ言葉である。第一章で総兵官の職務範囲と権限について述べたが、そこで示したように、総兵官は配下の処罰権を付与されていない。違法のことがあっても報告して処罰を奏請するだけである。宣宗は史昭と譚広に対して、漢の衛青を例に出して独断専行を戒め、宣宗の許しを得て行動するよう命じた。ただ、総兵官の地位を尊重したためか、頭から叱責はせず、衛青は礼譲を知る者として称賛されたそうだ、これに見習えといういい方である。礼譲を知り独断専行をせず、宣宗の意志に沿って

行動するというのが、ここで加えられた良将の条件である。更に宣徳五年八月壬申の条に、湖広五開衛の指揮倪善と趙興が不和で、公務に支障をきたしていることが記されている。これについて宣宗は

上、右都御史顧佐に諭し……又、佐に謂いて曰わく、同僚は兄弟の誼《よし》み有りて、当に情意相《とも》に孚《しん》じ、可否相に済《ひと》しかるべし。譬えば操舟・行車の如しと。

と述べた。同僚とは兄弟の誼みをもって、互いに協力しあわなければならないという。次に三司の官に叩頭の礼を強いて弾劾された四川総兵官陳懐について、宣徳六年四月丁未の条によると

（上、）已にして侍臣を顧みて曰わく、朕、嘗て皇祖の言を聞くに、中山王は国家の元勲なるに、旦暮に稍暇《ややいとま》あらば、輒ち儒生に親しみ、礼儀を講説せしむ。而して己を謙《ゆず》り賢に下ること、老いて弥《いよいよ》篤し。是を以て栄名もて令終せりと。　（（ ）は筆者）

と述べ、成祖から聞いた中山王徐達を例に挙げ、徐達が礼に厚く謙虚だったことを強調した。「儒生に親しみ」云々の書き方には、或いは『宣宗実録』の総裁官だった楊士奇・楊榮・楊溥らの意向が反映されている可能性もあるが、徐達が晩年身を慎み謙虚だったのは事実だろう。

宣宗は見習うべき良将として呉起・衛青・趙充国・郭子儀・岳飛等を挙げているが、身近な存在としては徐達に武臣の理想像をみていたようである。これらの人々についての言葉からみると、宣宗のもとめる武臣は次のようなものである。何よりも配下の軍士をよく撫恤し、軍士と甘苦をともにして士心を得ていること、忠・孝の徳を備え、謙虚で礼に厚いこと、同僚とは兄弟の誼みをもって協調し、軍事能力に優れ、出陣すれば身を顧みず事に当たるが、独断専行はせず、全て宣宗の意思に沿って行動する人物である。このような条件を備えた武臣が、宣宗にとっての理想的な武臣ということになろう。武臣による軍士の酷虐が深刻な問題になっている状況を踏まえてのことであろうが、宣

宗は軍士の撫恤を最も強調している。

それでは、宣宗は現実の武臣についてどのようにみていたのか。宣宗が告発された武臣の処罰を決裁した際に、理由や感想を述べて、それが記されている例があり、このような事例をまとめたのが六一二頁に示した表1である。(13) これは種々の罪を犯した武臣に関わるコメントだから、余計に辛辣になった面があるだろうが、「武臣というものは」という一般的ないい方も少なからずみられ、宣宗の対武臣観の一端も示している。表1で最も屢々みられるのは、武臣は厭くことなく利を貪ろうとする貪欲なものだという言葉である。更に無知・無教養で恥知らず、傲慢・無礼で、決まりというものがまるで分かっておらず、事務仕事もできない者たちだということである。その結果として小人・愚人といういい方になる。これは文臣層が武臣に対してもっているイメージと共通するものがあると思われる。宣宗の理想像と現実の武臣の乖離は余りにも大きいといわなければならない。このような武臣の実態に、宣宗は強い苛立ちを示すこともあった。特に世襲を重ねた武臣の子弟に対してそれが著しい。『宣宗実録』宣徳元年一〇月甲申の条に

　行在兵部、再閲して試中せし武官を引奏するに、上、之に諭して曰わく、凡そ軍職は正当《まさ》に武芸に精《たく》みなるべく、亦た当に書を読みて道理を知るべし。近来、軍職の子孫、此に務めざるもの多く、間《てすき》に居りて事《つとめ》ること無く、惟だ貪財・好色を思《ねが》い、縦酒・博弈するのみ。或いは書史を剽竊して、以て談論に資し、妄りに自ら高大とするも、使令に至るに及べば、茫然として措くこと無く、前人の功業を堕廃するのみなり。……今日僥倖もて試中せしを以て、便《すなわ》ち自足すること莫かれと。

とあり、宣徳三年三月戊申の条にも

　行在兵部、軍官の武芸を比試するも中らざりし者を引奏し、之に罪を加えんことを請う。上曰わく、此輩、前人立功の艱難を思わず、平居懶惰にして習わず。事に臨みて失措する所以なり。凡そ人の軍功を立つるは、皆武芸

に勤なるに由る。懶惰にして未だ能く成さざる者有らば、且《しばら》く定限《ひぎり》して回りて習熟せしめ、若し再び試して中らざれば、皆之を罪せよと。

とある。比試を一回で通らなかった武臣に対する言葉だから手厳しいのも当然だが、これらの記事をみると、武臣たるもの武芸と読書が必須のことなのに、これを等閑にして、暇にまかせて利を貪ったり女色に現を抜かして、飲酒・博奕に耽っている。役にも立たぬ空論を口にするだけで、実際の仕事をさせてみれば何もできないありさまである。まぐれで比試に通ったからといって己惚れるではないぞと、励すというよりは全くの叱責である。武臣の矛盾・欠点は世襲を重ねた子弟に集中的に現われる。太祖や成祖ほどではないにしても、宣宗自身も軍事の経験があるので、もどかしく歯痒い想いも強いのだろう。軍功によって武臣の身分を獲得した先祖の苦労を考えよと叱咤する。宣宗からみれば、世襲によって身分を保証され、修業を怠っている武臣の子弟は、国家と祖先の両方に義務を果たしていないのだから、忠・孝の徳目に悖るということになろう。その懶惰ぶりに苛立と憤懣を吐き出すような感じである。次の記事にその理由の一端が示されている。宣徳二年三月乙巳の条に、福建平海衛の指揮同知卜祥と指揮僉事朱銘が軍士の売放を告発された記事があるが、これに関連して、宣宗は

朕、嘗て皇祖の言を聞くに、残元の時、管軍の頭目、財を貪り貨を好み、軍伍を放廃して、遂に大壊に至れりと。此、戒めとなさざるべからずと。

と述べた。第二章でも述べたが、売放というのは軍士の側からは「納粟買閒」とも称されるように、軍士が上官に賄賂を贈って任務から外してもらうもので、軍士の名義はそのままにしておいて、以後の給与は上官か或いは軍士本人が着服する、武臣と軍士共謀の不正であり兵力の減少に直結する。宣宗は、成祖から聞いたこととして、元朝の武臣たちが、そのようにして財貨を貪った為に兵力不足に陥り、結局、王朝の崩壊に至ったと述べた。宣宗の念頭には常

にこのような危機意識があったのだろう。そのため宣宗はひたすら武臣に己の身を正すことをもとめる。

宣徳二年一〇月己巳の条に、前四川都指揮の為軍官韓整が様々な不正を告発された記事が載せられているが、これについて宣宗は

（上、）都御史劉観等を顧みて曰わく……威令の行われざるは、己の身の正しからざるに由ると。（（ ）は筆者）

と述べた。又、宣徳八年一〇月辛酉の条の記事は、第三章第三節のⓁ「降勅叱責」のところでも引用したものだが、薊州永平山海総兵官陳敬が、管下の胥吏の不正について監督責任を問われ、宣宗が陳敬を叱責した。宣宗はそこで

勅して敬を責めて曰わく、胥吏の貪虐は乃ち其の常情なり。顧《かえり》みるに在駅の者は道有るのみなり。果して能く己を正して之を率いれば、其の弊自《おの》ずから革まらん。掾史屈真等の為せし所の非法は、皆爾の己を正す能わずして、以て之を率いればなり。今、其の犯せし所を録して、爾に付して之を観せしむ。即《ただ》ちに真等を収《とら》えて究治せよ。自《より》て爾は宜しく躬《みずか》ら礼法に飭《つと》め、下人を戒戢して、民患を為さしむることなかれと。

と述べた。宣宗は、武臣たるもの、軍士にしろ胥吏にしろ、配下を統御してゆくには、その配下の者たちに後ろ指を差されないように、自ら身を正すことが必要だと強調する。それはそのとおりであろう。配下の軍士にすれば、無駄に危険に晒されないように、指揮者たる武臣に軍事的有能さをもとめるのは当然だが、それ以前に上官の人柄が信頼できるかどうかが最低限の条件である。人柄が信用されないようでは、軍士がその武臣の統制に服する筈がない。このように、宣宗は武臣に対して身を正すよう強くもとめるわけだが、そのいい方には非常に現実的なところがある。宣徳二年三月甲寅の条に

上、行在兵部尚書張本に諭して曰わく、近《ちかごろ》聞くに、軍官、軍を取るに多く財を受けて売放する者有りと。財を得るは目前の暫快なるも、事敗れれば身も亦た保ち難し。此、皆愚夫の為す所なり。自今、凡そ人を差去するに、

卿ら須らく厳しく之を戒め、利害を知らしむべし。亦た是君子愛人の意《こころ》なりと。本、頓首して命を受く。

とあり、更に宣徳二年四月乙酉の条には、貴州新添衛の副千戸宣輔が軍士の綿布三〇〇疋を搾取した記事があり、このことについて

（上）顧みて都督府の臣に謂いて曰わく……己を利せん図る所、反って以て己を害す。然れども、覆轍前に在るに、終に戒めとする者無し。何ぞ其れ愚かなるやと。　（（　）は筆者）

とある。前の記事で、宣宗は売放について、行在兵部尚書張本に次のようにいった。眼の前の小さな利を得ようとして武臣たる身分を失ってしまっては元も子もあるまい、それは愚かものすることであるという。そして張本に「利害を知らしむべし」と、武臣たちに損得勘定をよくいいきかせるよう命じた。何とも率直ないい方である。宣宗の様子には「君子愛人の意なり」と、理屈はともあれ悪事をはたらかせないようにするのが、結局は本人の為だと嘯いて澄ましているようなところがある。張本は「頓着して命を受」けたとあるが、宣宗の言葉の率直さにびっくりしたような印象がある。後の記事も同様の趣旨である。どちらも、利害をよく考えれば、不正は引き合わないことだという言い方である。このように、抽象的な文言でなく、身を正すことが結局は自分の為なのだと、現実的な利害を以て説くのが宣宗の一貫した態度だが、更に露骨に述べた例もある。宣徳元年一〇月己卯の条に

上、左順門に御し、戸部尚書夏原吉等侍《したが》う。上曰わく、昨《さきごろ》、軍士に本管の百戸の月糧を減尅するを告《うった》えしもの有り。刑部之を鞫せしに、罪状明白なり。此輩、至愚と謂うべし。軍士は乃ち其の富貴の資《もと》なるを知らず。正《ま》当《さ》に撫愛すること子の如く、甘苦を与同《とも》にせば、一たび調用有らば、乃ち其の死力を得べし。高官・厚禄、此に自《よ》りて致す。今、乃ち軍糧を減尅するを以て罪を受ければ、小に因りて大を失う。正に人を饞《むさぼ》り、自ら其の肉を食《く》らうが如しと。原吉対えて曰わく、誠に聖諭の如しと。

とある。ここで宣宗は「軍士は乃ち富貴の資《もと》……高官・厚禄、此に自りて致す」と述べ、武臣にとって軍士こそが富貴を得るための元手であり、常日頃から撫恤してこそ、一朝事有るときに軍士の死力を引き出すことができ、その結果、軍功をたてて本人も高官・厚禄を手に入れることができる、軍士を搾取するのは人の肉を喰うようなものだという。極めて現実的な損得勘定から、配下の搾取は引き合わないものだと述べている。無知な武臣に理屈をいっても始まらないということもあるのかもしれないが、宣宗の本音でもあろう。宣宗の非常に現実的、ある意味で合理的な性格が窺える。夏原吉の「誠に聖諭の如し」との答えには、余りに率直かつ現実的な宣宗の言葉にやや憮然とした様子が感じられる。これは即位後まもない宣徳元年の言葉で、宣宗の思いを率直に述べたものであろう。同様のコメントは宣徳五年二月の癸酉の条にもみられる。第三章第一節のⒷ「如律」のところでも示した記事だが、遼東金州衛の指揮陶春が、江西豊城県に本籍のある軍戸から軍士五人を勾補したが、途中で賄賂を受けてみな放還してしまった事件があり、これについて宣宗は

上、行在都察院の臣に諭して曰わく、将為《た》るもの、全て軍士に頼りて功を立つ。将の志有る者は、常に軍伍に人を欠くを慮《おもんぱか》る。今、此輩、賕《まいない》を受けて軍を売る。是復た立功を思《ねが》わず。蓋し無志の愚人なり。其れ之を治《ただ》すこと律の如くせよと。

と述べた。宣徳元年の記事ほど露骨ではないが、軍士こそが武臣にとって立功、ひいては富貴の源とする点では全く同じ趣旨で、これが宣宗の一貫した考えだったことがわかる。更に宣徳五年二月甲申の条にも

浙江都指揮僉事呉凱等陛辞するに、之に勅諭して曰わく、朕、方面は繫る所甚だ重きを以て、特に爾等を簡任す。務めて守礼循法・尽忠奉国・愛恤軍士に在りて、私を縦《ほしいまま》にして以て公に背くこと毋かれ、下を剝《けず》りて以て己を肥やすこと毋かれ。常に須らく武備を厳飭し、城池を堅固にし、一方をして寧謐ならしめ、百姓をして無虞な

らしむれば、朕の委任の心に副うに幾《ちか》く、爾も亦た永く禄位を保たん。欽めよやと。

とある。抽象的な文言だが、都司の武臣が心掛けるべきこと、してはならないことなど、宣宗が期待していたことがよくわかる。このような点を戒めたうえで、最後にそうすれば「爾も亦た永く禄位を保たん」と述べているところが、これまでみてきた宣宗のいい方と共通している。

小　結

第一節で文臣層の軍に対する認識について検討したが、これに続いて第二節では宣宗自身の軍の現状に関する認識と、それに基づく武臣に対する評価についてみてきた。宣宗は、文臣層のルートからだけでなく、武臣・内臣あるいは錦衣衛等からの情報も握っており、一般の文臣層よりもずっと多くの情報をもっていたと思われる。その結果、宣宗は軍の現状に関し、武臣だけでなく下士官に当たる総旗・小旗、あるいは胥吏の弊害についても、かなり具体的な知識をもっており、現状を明確に認識していた。そして武臣による軍士の酷虐が軍士の逃亡を招き、兵力不足に陥ることを危惧している様子が窺えた。これは文臣層の認識と同様であり、この点については宣宗と文臣層は危機感を共有していたといえる。又、宣宗が武臣の現状をどのようにみていたのかについても確かめてみたが、宣宗が理想とする姿からは掛け離れた状態であった。現実の武臣たちに対する宣宗の評価は決して高いものではなかった。このようにみてくると、軍の現状についての認識や、武臣に対する評価は、宣宗と文臣層に共通していたことがわかる。それでは、そのような軍の現状に対して両者はどのように対処しようとしたのか。文臣層は、武臣たちは既に自浄能力を喪失しており、当事者としての資格に欠けている、これを改めるには文臣の監視を厳重にし、文臣による管理・統制を強化することが必要だとして、軍に対する文臣の関与拡大を主張した。勿論、このような文臣層の主張の背景には、現状に対する憂慮や危機感だけではなく、国初以来の武臣優位の態勢に対する不満や武臣に対する反感もあり、軍への発言力を強めようとする意図もあったとみられるが、この間の文臣側の事情は宣宗もわかっていたと思われる。このような文臣層の要請に対して宣宗はどのように対応したのか。第三章でみたように、罪を犯した武臣に対して、文臣層は罪は罪として身分に拘わらず、『大明律』の規定どおりに処罰するようもとめたが、宣宗の命令によって大部分が軽減され、『大明律』の規定がそのまま適用されたのは全体の二割にも及ばなかった。それはなぜなのか。第三章第四節の（二）「地域と処罰」のところでも述べたように、南北辺の軍事的緊張地帯、とくに北辺では、宣宗が整備しつつある専守防衛態勢に支障を来たさないように、宣宗が大幅な減刑措置をとっていたことは間違いない。又、武臣の犯罪を断罪すべき法司の側にも多くの問題があり、宣宗が処罰に慎重にならざるを得ないような事情もあった。しかし、それだけで刑の軽減措置の全てを説明することはできないように思う。なぜなら程度の違いはあるが、減刑措置は南北辺以外の北京や内地でもみられるからである。ともあれ、軍の現状についての認識や武臣に対する評価は、宣宗と文臣層で同じなのに、その対応が全く違っていたのは確かである。そこに宣宗政権の性格の一端が現われているのではないかと思う。第三章で宣宗が減刑措置をとった個々の事例の様子についてはみてきた。それでは中央の朝廷レベルで、宣宗がどのような方針をとっていたのか。次にこの点を検討して、それを通じて宣宗政権の性格について考えてみたい。

第三節　宣宗の対応と政権の性格

（一）　宣徳初の減刑方針

減刑の手段の一つになったのは贖罪の適用だが、贖罪については第三章の註（15）で示した宮沢知之氏の研究がある。氏は明一代にわたる複雑な贖法の変遷を明快に解明されたが、成祖・宣宗朝は贖法に関する一般規定が整備された時期だった。成祖朝の一般的な贖法は罰役で、運甎・運米等が科されたが、宣宗朝に入ると、種々の罰役も残るものの、北辺の緊張の高まりを背景として、納米贖罪が始まったという[14]。本節では氏の論考も参考にしながら、宣宗が命じた武臣の減刑方針の経緯をみていくことにする。

まず、宣宗が即位して初めての正月である『宣宗実録』宣徳元年正月癸丑の条に

行在刑部・都察院・大理寺に勅して曰わく、今歳事の肇新なり。春生伊《これ》始まる。見問の罪囚、宜しく寛宥に従うべし。謀反大逆、謀反の子孫、謀殺及び殴罵祖父母父母、妻妾殺夫、奴婢殺主、謀・故及び闘殴殺人、蠱毒魘魅毒薬殺人、強盗、竊盗三犯、及び真犯の情重き者にして宥さざるを除くの外、余は皆罪を宥し、糧を運びて宣府に赴かしめよ。其の雑犯死罪は、自ら糧十五石を備えて運納せしめ、文職の官吏は降用し、武職は調衛とせよ。徒流遷徙の罪は、官糧十石を運ばしめ、武官は復職、文職の官吏は調用とせよ。杖罪は官糧五石を運ばしめ、各《おのおの》職に還せ。軍民人等を役して、応に運納すべき者は、皆役を復《めんじょ》して寧家《かえら》しめよ。若し吏典にして托故《かこつけ》て京に赴かざるもの、及び在逃の者あらば、徒・流・杖罪を分たず、官糧三石を運ばしめ、畢《お》えし日、皆順天府に発して民と為せ。官吏にして応に笞罪とすべきもの、及び在逃の軍囚、軍伴、儀従、皂隷、人匠、厨役にして罪に

抵《あ》たる者は、倶て科《とが》を免じ職役に復せ。文職の官吏にして贓を犯せし者の若《ごと》きは、軽重を分たず、運糧完《おわ》るの日、黜罷《しりぞけ》て原籍にて民と為せと。

とある。宣宗が初めての正月に広範囲な罪囚の「寛宥」を命じたものだが、臣下からの奏請を承認するというかたちではなく、宣宗から勅として出されており、宣宗の意思を強く反映した措置である。ここでは減刑の方法として贖罪が多用されている。その内容では、まず情罪が重くて減刑の対象にならない除外項目をみると、十悪に含まれるものが多いが、具体的には『大明律』刑律の賊盗、人命、闘殴、罵詈等に定められた罪で、兵律に関するものがないことが注目される。次に減刑措置に該当する罪でも文臣と武臣でやや違いがある。除外項目以外では最も重い雑犯死罪に当たる罪の場合、自分で糧米一五石を準備して、宣府まで運んで納入[15]する点では同じだが、このあと文臣は「降用」とあるから降格されるのに対し、武臣は「調衛」で、条件の悪い衛所に左遷されるが降格はない。徒・流罪に相当する罪でも、文武臣ともに糧米を自分で準備する必要はなく、官糧一〇石を宣府まで運搬するが、そのあと文臣は左遷となり、武臣は復職である。同じ罪状でも武臣は文臣に比べて一段軽い処分ということになる。杖罪相当の罪は、官糧五石を宣府に運び復職、笞罪相当の罪は宥されて復職となり、これは文臣と武臣で違いはない。最後に付け加えられた贓罪に関わる部分は対象が「文職の官吏」となっていることが注目される。第三章でみてきた個々の事例からも窺えるように、贓罪は朝廷が一貫して厳しく対処しようとしてきた罪だが、宣宗朝の初めの段階では、武臣は対象から外されており、文臣に厳しい内容となっている。以上のように、武臣に対する処罰の軽減は、宣宗の即位直後から既にみられたことがわかる。この宣徳元年正月の命令は対象が広範で、武臣だけに限るものではなかったが、この年の八月に特に武臣に関して更に減刑の措置がとられた。宣徳元年八月乙丑（四日）の条に

行在刑部・都察院・北京行部に命ずるに、凡そ今武職にして犯《つみ》有りて鞫せらるものは、悉く其の情・罪を録《しる》して

以聞せよと。

とあり、同月丙寅（五日）の条に

行在刑部・都察院・北京行部、武官の犯せし所の情・罪の軽重を備録すること、指揮・千・百戸の凡そ五百二十人ありて以聞す。上、既にして之を閲《あらた》めて命ずるに、殺一家非死罪三人、謀・故殺人、強盗、子殴父母、及び真犯の情重き者にして宥さざるを除くの外、其の余の雑犯死罪、徒、流、笞杖、及び見問して未だ完《おわ》らざるもの、糧草を追陪せる者は、悉く宥して職に還せ。見《いま》追逮して未だ至らざる者も、雑犯死罪以下は皆此の例に准ぜよと。

とある。内容以前に驚くのは、この二つの記事の間隔が一日しかないことである。命令を受けた法司が即日リストを提出したとしても、翌日には宣宗が「既にして之を閲《あらた》めて命」じたことになる。このように記されているからには一応目は通したのだろうが、五二〇人分のリストを綿密にチェックするのは物理的に不可能と思われる。或いは幾つかの情罪の重い者を除いて、あとは全て宥すことに予め決めていたのかもしれない。記事の内容では、まずこの減刑措置から除外される罪状をみると、正月の勅令ほど詳細に指定されていない。基本的には正月の勅令で示された基準が適用されたとみられるが、正月の除外項目は、その罪の内容からみて、武臣に該当する件数がそんなにあったとは思えない。それに対して、今回挙げられた幾つかの除外項目は、恐らく五二〇人の中に実際にいたのだと思われる。宣宗はこの何件かだけをチェックしたのであろう。今回は武臣のみを対象とする減刑措置だが、ここでも除外項目に兵律に関するものは含まれていない。減刑の対象が雑犯死罪以下の罪という点は正月の勅令と同じである。五二〇人のうち何人が減刑の対象になったのかは分からない。しかし、現に審問中の者、糧草を追賠しつつある者から連行の途中にある者まで、「悉く宥して職に還せ」というのだから、雑犯死罪以下とはいうものの、ほんの少数の者を除いて大部分は還職ということになったのではなかろうか。今回は、正月の勅令のように一般的な基準を示したものではなく、行在刑部・都察院と北京行部[16]に命じて提出させたリストを、宣宗自らチェックして下した命令である。その経緯からしても宣宗自身の意向を強く反映した措置であることは間違いない。ではなぜこのような強引ともみえる減刑措置をとったのか。その理由は次の記事から窺える。翌日にあたる宣徳元年八月丁卯（六日）の条に

　三法司に命じ、凡そ軍・旗・校尉・将軍・力士の徒罪以下にして、見《いま》獄に繋がる者は、皆之を宥して従征せしむ。

（○印は筆者）

とある。宣宗が三法司に命じて、徒罪以下の罪で在獄中の旗・軍等を釈放させたが、それが「従征」の為だったことがわかる。丁度、この数日前の宣徳元年八月壬戌朔（一日）に、山東楽安で漢王高煦の乱が勃発したとの記述がある。慌しく大量の武臣を復職させた宣宗の一連の措置は、高煦の乱に対応する為のものだったとみて間違いあるまい。この間の経緯を個人的なレベルで確認できる例がある。都督僉事沈清の動きである。沈清については第二章第三節の③軍士の私役などのところでも度々示した。当初、沈清は鎮守居庸関のポストにあったが、管下の隆慶衛指揮李景らとの間に確執があり、不法一八事を告発された。沈清も反発して李景らを弾劾して、両者は対質させられることになった[17]。しかし、宣徳元年八月丁卯（六日）の条に

　是に至り、旨有り、武臣罪を犯すも、大故に非ざる者は、倶て之を釈せと。遂に清を宥す。

とあり、結局、何の条件も付けずに沈清を宥した。そして二ヶ月後の宣徳元年一〇月丙寅（六日）の条に

　行在後軍都督府の都督僉事沈清に命じ、本府事を理めしむ。清は先に居庸関を守りて事に坐し、都察院に繋がるも、恩を蒙りて罪を宥され、楽安州に従征して還る。是に至りて、始めて命じて府事を視《つかさど》らしむ。

とあり、楽安に出征した沈清が、帰還後に行在後軍都督府の責任者に任ぜられた様子がわかる。八月六日に沈清を宥

すにあたって、宣宗が述べた「武臣罪を犯すも、大故に非ざる者は、倶て之を釈せ。」との言葉は、当面の高煦の乱に対処する為とはいえ、武臣に対する宣宗の基本的な姿勢を示すものであった。この八月初めの一連の動きは、高煦の乱に対処する為の権宜の措置という面もあるかもしれないが、宣徳元年正月の勅令で示された減刑方針の基準を更に大幅に緩和した内容になっている。この二つの命令の関係はどうなったのか。その執行に当たる有司の側にも混乱があったようにみえる。宣徳二年正月丁未の条に

湖広按察司奏すらく、蘄州衛の千戸羅安は、官屋を毀ちて以て私居を造り、科斂して軍を害し、軍丁を殴死せしむ。当に提問すべし。赦の前に在るに縁《よ》ればなりと。上曰わく、軍を害し財を取りしは赦すべきも、何ぞ常曾《かつ》て人命殺人の赦すべからざる者を赦せしや。誠に死者は以て復生《よみがえ》らすべからず。提問することは律の如くせよと。

とある。千戸羅安の罪は、『大明律』でいえば名例律「殺害軍人」、刑律・受贓「因公擅科斂」、工律・営造「擅造作」などに当たるとみられるが、提問をもとめた湖広按察司は「赦の前に在るに縁《よ》ればなり」と「赦」以前におきた事件だからと言い訳しながら、おっかなびっくり奏請しているようにみえる。按察司のいう「赦」は宣徳元年八月の命令をさしていると思われ、地方の有司にはこれが殺人の罪をも問わないことだと受けとられていた様子を示している。これに対して宣宗は、私宅の不法築造や軍士の科斂はまだしも、軍丁を殺したのは宥せないとして律の規定どおりに提問するよう命じた。宣宗は「人命殺人者」を赦せと命じた覚えはないという言い方をしており、苛立って念を押しているような印象を受ける。実際に規定の運用に当たる有司も、この間の一連の宣宗の命令をどのように適用すればいいのか、やや戸惑って及び腰だった様子が窺える。更に次のような事例もある。宣徳二年五月戊申の条に

大寧都指揮僉事潘礼、百戸の材木を詐取するに坐し、律に于いて徒に当たるも、例に准《よ》りて罰工とし、畢《お》える日調用す。

とあり、翌月の宣徳二年六月戊辰の条に

大寧都指揮僉事潘礼過《つみ》有り。兵部言えらく、当に調すべしと。礼、数《しばしば》征伐に従いて功有り、任職年久なるを自陳し、矜憫を乞う。之に従う。

とある。大寧都司の都指揮僉事潘礼の取り扱いに関する記事である。配下の百戸の材木を詐取したという罪状の詳しい内容は分からないが、『大明律』刑律・賊盗「詐欺官私取財」に当たるものとみられる。宣徳元年正月の勅令の基準によれば、徒刑に相当する罪だから、潘礼は官糧一〇石を宣府に運んであとは復職となる筈であり、八月丙寅の命令ならば、そのまま宥されて還職ということになる。当初、潘礼に適用されようとしたのはそのどちらでもない。「罰工」の内容は分からないが、宣府への運糧に代るものであろうから、これはいいとして、兵部はこれに「調用」を付け加えようと主張した。調用とか調衛は条件の悪い衛所に配置転換する左遷で、宣徳元年正月の勅令では、雑犯死罪に当たる罪に科されるもので、八月の命令ではもともとない処分である。兵部はこの間の一連の処罰の軽減を指示する命令よりも重い処分を科そうとしたことになる。そこには宣宗の減刑方針に文臣層が必ずしも賛成していない様子も窺える。実際には、潘礼がこれまでの功を申し立て、宣宗に哀訴した結果、調用は免除された。結局、潘礼は罰工のみで宥されたわけで、宣徳元年正月の勅令に沿った処分となった。やはり、このケースでも兵部の対応にはやや混乱がみられる。いずれにしても、即位以来の武臣の犯罪に対する減刑の措置が、宣宗の主導のもとに行われたことは確かである。この間の混乱を収拾するのに、処分の内容を整理する必要があったためか、この年の九月に再び減刑の基準が示された。宣徳二年九月壬辰の条に

上、法司の上する所の武職・旗・軍の犯せし所の罪状を閲《あらた》め、之に命じて曰わく、凡そ謀叛、強盗、謀殺人得財、謀殺人の、造意《くわだ》つもの及び加功《すけだち》、支解人の為従《じゅうはん》、私鑄を懐挟しての故勘平人致死、臨陣在逃、偽造印信、

闘殴殺人、威力制縛人致死、夫殴妻致死、強奪良家妻女、誣告人致死、白昼搶奪傷人せし者は皆律に依れ。監守自盗、常人盗倉庫銭糧等物、邀截実封、受財枉法、榜例の重罪、放火故焼倉庫及官物、竊盗拒捕、人を謀殺せんとして傷つけるも死せざりしもの、軍糧を科斂せんと造意《くわだ》つもの、因公擅科斂、及び凡そ流・徒・杖罪の官は戴罪とし、旗・軍は倶て罪を宥し、内官の迤西の公幹《にんむ》に発随せしめ、還る日《とき》もて、官は原職に復し、旗・軍は原伍に復せ。笞罪の官・旗・軍は、倶て罰輸作せしめて職役に復せと。是の日、決《ただ》ちに遣《はな》たるもの四百余人なり。

とある。宣徳元年正月の勅令、八月の命令と比べると、幾つかの重要な点で異同があるので確認しておく。派遣される内臣の氏名や行く先ははっきりしないが、今回は迤西に赴く内臣に同行する人員を確保するという名目で、武臣・旗・軍の減刑の基準を定めた。宣徳元年八月の減刑が漢王高煦の乱に対処する為だったように、減刑措置をとる理由がはっきりしている点は共通している。又、宣宗自ら各人の罪状をチェックしたうえで、減刑の基準を示したことも同様である。チェックした人数は前回は五二〇余人だったが、今回は分からない。しかし、減刑の対象になった者だけで四〇〇余人というのだから、今回もかなりの人数をチェックしたのだろう。又、前回は武臣だけだったが、今回は総旗・小旗・軍士も含まれている。減刑の対象から除外される罪状をみると、宣徳元年正月の勅令は、武臣だけでなく対象が広範だったので、十悪に含まれるような、情罪の重い一般的なものが列挙されていた。八月の命令の場合もそうだが、『大明律』でいえば、主に刑律の賊盗、人命、闘殴、罵詈等の条項で規定された罪である。今回の場合も刑律の諸規定が大半を占めることはこれまでと同じだが、「臨陣在逃」、「強奪良家妻女」の罪が含まれている点が異なっている。これは『大明律』でいえば兵律・軍政「従征守禦官軍逃」、戸律・婚姻「強占良家妻女」に当たるもので、これらの罪状、とくに兵律に関する規定が、減刑適用の除外項目に入れられたのはこれが始めてである。又、一五ヶ条の除外項目が記された順序をみると、『大明律』の配列どおりにはなっていない。戸律、兵律、刑律の順序もそうだが、大半を占める刑律の諸罪も、必ずしも全てが『大明律』の配列順番どおりではない。何となく順序不同に並べられたような印象がある。また除外の罪状だけでなく、「監守自盗倉庫銭糧」以下の減刑の対象になるものも含めて、挙げられた罪状をみると、これらは第二・三章で示した武臣の犯罪の個別の事例の中に沢山含まれていた内容である。これらの点からみて、宣徳元年八月のときもそうだったが、今回のこれらの罪状も、宣宗が個別のリストをチェックしていくなかで実際にあったものなのだろう。宣宗はチェックしながら、減刑の対象にするもの、できないものを分別していったのだと思われる。更に宣徳元年正月の一般的な贖罪の基準、八月の武臣を対象にした減刑措置では、どちらも適用を除外する幾つかの罪状のあとに「及び真犯の情重き者」と記されており、先に挙げられた罪は、この真犯の情重きもののサンプルとして示されるかたちになっている。ところが今回はこの文言がない。ということは、減刑の適用から除外されるのは最初に挙げられた十数ヶ条の罪だけで、それ以外は全て適用されるわけで、事実上、減刑の対象が大幅に拡大されることになる。減刑が適用されると、流・徒・杖罪に相当する罪状の武臣は、戴罪官として派遣される内臣に随行し、帰還後に復職となり、総旗・小旗・軍士は現在の罪を宥されて、帰ったらもとの部署に戻される。笞罪相当の罪の者は武臣・旗軍を問わず罰役のみで復職となる。第三章第二節のⒺ為事官・戴罪官のところで述べたように、戴罪官は官・職を保持したまま立功につとめ、軍功をあげたら復職させる趣旨のものだから[18]、内臣の派遣に随行することで立功の実があがったと看做すわけだろう。旗・軍は単に内臣の派遣に従軍を命ぜられるだけである。結局、みな罪を宥して復職させることになる。前回は高煦の乱への対処、今回は内臣の派遣に備えての人員確保という理由はあるが、宣宗自ら多数の武臣の罪状を点検したうえで減刑を命じており、そこに宣宗が武臣の地位の保全に並々ならぬ熱意をもっていたことが示されている。これらの措置は「武臣罪を犯すも、大故に非ざる者は倶て之を釈せ」という宣宗の言葉を具体化したものだが、結局、武臣は幾つかの重い罪を除いて、『大明律』

の規定どおりには処罰されないということになる。特に『大明律』兵律・軍政のなかの「失誤軍事」、「主将不固守」のような軍事行動に関わる罪は、一貫して減刑の除外項目に入っていない。確かに第三章の個々の事例でみたように、軍務上の罪だけで厳罰に処された例は全くなかったが、それが宣宗の意思に基づくものであったことがわかる。

（二）弊害の発生と方針の再確認

第三章の第四節でも、処罰の軽減は一面で武臣の犯罪を助長したであろうと述べたが、ここまでみてきたような宣宗の大幅な減刑措置は、これを悪用する弊害をもたらすことにもなった。宣徳四年頃から、そのような傾向が目立ちはじめる。まず宣徳四年二月甲午の条に

> 陝西・寧夏諸衛の罪人の加米贖罪の例を定む。是より先、寧陽侯陳懋奏すらく、寧夏の軍士にして罪を犯す者有らば、西安府の倉に納米贖罪せしむるも、各軍延緩《ひきのば》して征・操を免れんと規《はか》る。且つ寧夏の倉は儲偫《たくわえ》無く、月支するに足らず。乞うらくは本処に於いて加倍《ばいまし》して納米せしめられんことをと。上、法司に命じて議せしむ。是に於いて、行在刑部・都察院議すらく、岷州・洮州は、西安府倉に納米せしむるに、旧例として、死罪は十石、流罪は八石、徒罪は六石、杖罪は三石、笞罪は一石五斗なり。宜しく此の例に準じて之を倍とし、死罪は二十石、流罪は十六石、徒罪は十二石、杖《ママ》は六石、笞《ママ》は三石とし、納完《す》まば例に依りて発遣すべしと。之に従う。

とある。これは武臣ではなく軍士の場合だが、寧夏総兵官陳懋の要請により、これまで西安府倉に納米贖罪させていた陝西・寧夏諸衛の罪人に対し、西安への輸送を免除するかわりに、現地で倍額を納米させることとした。具体的には、従来は岷州・洮州の軍士で、死罪を科せられた者は西安府倉に一〇石、流罪は八石、徒罪は六石、杖罪は三石、笞罪は一石五斗を自費で準備して納入させていた。それを現地での納入を認めるが、納入額を死罪は二〇石、流罪は

一六石、徒罪は一二石、杖罪は六石、笞罪は三石に変更するというのである。その理由として、陳懋は、寧夏の軍糧不足とともに、罪人が殊更に西安への輸送や納入に時間を掛けて引き延ばし、その間の動員や訓練を逃れることを挙げている。恩典としての納米贖罪が、軍士にとって任務をサボる口実になっているというのである。軍士の側からみると、自分で糧米を準備して西安府倉まで運搬納入する負担は決して小さくないように思われる。しかし、実際には死罪などの例は多くないだろうから、納米額の少ない杖罪、笞罪などのケースならば、危険や労苦の多い動員・配置につくよりも、こちらの方が楽ということになると思われる。もしそうならば、それは減刑措置の行き過ぎということになる。このような弊害は北辺だけでなく、同じ時期の南辺でもみられた。宣徳四年六月庚子の条に広東の事情が記されている。やや長いが全文を示すと次のようである。

軍官・軍士の調衛の例を定む。時に広東都司奏すらく、大明律内、軍の徒・流罪を犯せし者は、杖一百のうえ調発して軍に充つとあるも、永楽中の例として、凡そ辺塞・烟瘴・縁海の諸衛所の軍にして犯《つみ》有るものは、杖一百のみとして調せず。而《しか》るに頑猾の徒、此を恃みて益《ますます》肆にし、或いは差遣を避け、或いは私讐を挾み、或いは貨財・産業を縁《めぐ》りて、輙《みだ》りに誣詞《いつわりごと》を造《な》して官府を挾制し、良善を枉害す。甚だしきは官・旗を綁縛《しば》りて、非理に凌辱し、肆にして忌憚《はばか》ること無く、積習風と成る。若し懲戒せざれば管束《とりしまり》し難し。請うらくは、自今、軍卒に犯《つみ》有るも、因人連累《まきぞえ》のもの、及び已事《すんだこと》を告《うった》えしもの、或いは誤犯の者の若きは、律に依りて断決するも調を免じ、若し事干己《じぶんのこと》ならざるに、或いは規避せんとして詞《うった》えを興し、妄造して衆人に連及し、或いは擅に官・旗・人を綁縛《しば》り、告《うった》える所虚《いつわり》に渉るもの有りて、応に徒・流とすべき者は皆調さば、小人をして戒めを知らしむるに庶《ちか》からんと。上、行在兵部・刑部・都察院をして議せしむるに、皆《すべ》て言う所の如く、凡そ軍の応に調すべき者は、地理の遠近に拘わらず、仍りて本都司の極辺の衛所に調し、余丁もて別に軍に発充せられんことを請う。上曰わく、法は偏重《へんぱ》なるべからず。若し下に厳しくして、上に厳しからざれば、則ち下に将に其の害を受くる者有らん。管軍官も亦た須らく禁約すれば、公平なるに庶幾《ちか》かるべしと。是に於いて、法司議すらく、軍官にして若し軍を害し、及び上司に抗拒して差遣に服さず、或いは他事に因りて、徒・流を犯せし者は、腹裏の衛は辺衛に分調し、辺衛は極辺に調し、雑犯死罪は、例に依りて一等を降して調用せしめられんことをと。之に従う。

とある。広東都司からの奏請を機として、武臣・軍士の調衛の規定が定められた。先にも述べたが、調衛というのは懲罰の意味を込めた条件の悪い衛所への配置転換である。(19) 広東都司がいうには、広東は元来が僻遠の地なので、永楽以来の規定が適用されて調衛が免除されている。その為、狡猾な者たちが処罰を恐れることもなく、様々な不正をはたらき、これが久しい習わしとなって習慣化しており、このままでは取り締まりようがないという。都司が悲鳴をあげるほど、恩典を悪用する武臣・軍士の不法が横行していた様子が窺える。辺境・烟瘴の地ということは、事実上南北辺で、ここには辺防の為に大兵力が配置されており、それでなくとも各種の犯罪が起りやすいのに、それを抑止すべき罰則が軽減されているという不合理からこのような状況が生じている面がある。広東都司は不法の取り締まりの必要から、徒・流罪に相当する罪を犯した軍士に対する調衛の実施をもとめた。宣宗が審議を命じたところ、行在兵部・行在刑部・行在都察院は広東都司の奏請を妥当とし、軍士の調衛すべき者は、都司の中の極辺の衛所に配置転換し、その欠員には余丁を当てるようもとめた。これに対し、宣宗は、公平を期する為に軍士のみでなく武臣にも調衛を適用するよう命じた。宣宗の命を受けた法司は次のように提案した。武臣が徒・流罪に相当する罪を犯したときには、腹裏の衛所なら辺衛へ、辺衛ならば極辺の衛所に調する。この場合降格はなく調衛のみである。雑犯死罪に当たる罪の場合は、一階級降格したうえで調衛するというのである。この法司の奏請は宣宗の承認を得た。これまで武臣に対する減刑を主導してきた宣宗が、自ら武臣への調衛の適用を命じたことになる。寧夏のケースもそうだが、このような弊害は減刑措置の行き過ぎを示すものにほかならない。堪り兼ねたように現地から罰則の強化や運用の変更をもとめる要請があり、宣宗もこれを認めざるを得なかったのである。またこのような要請が南北辺からあげられたことが注目される。第二・三章でみたように、軍事的緊張地帯である南北辺には大兵力が配置されており、それだけ矛盾も大きく、武臣の犯罪の約七割は南北辺で起っていたのである。減刑の恩典を悪用する弊害も、その南北辺に集中的にあらわれたかたちである。

しかし、この罰則強化の命令も、約二年後には宣宗自身の命によって反故にされることになった。宣徳六年七月癸酉の条に

　上、行在兵部尚書許廓に諭して曰わく、軍職の為事《つみをおか》して、旧《もと》嘗て別の衛所に降調せられし者は、悉く復旧せしめよ。自今、犯《つみ》有らば悉く永楽中の例に依り、罰して輸作し以て贖わしめ、調を免ぜよと。

とあり、同じく七月丁亥の条に

　遼東の有罪の官・軍を宥す。初め、官・軍の失機を以て死に当たる者、其の死を宥して降して軍に充て、極辺に於いて戍守せしむ。是に至り、上、其の久困を念い、総兵官・都督巫凱に勅し、宣徳四年自り以後に犯せし者は、皆之を宥し、原《もと》の職役に復し、仍りて哨備を専《つかさど》らしめ、再び犯さば死に処せと。

とある。この宣徳六年七月の二つの記事は一連のもので、先に全体的な原則が示され、次にその最初の適用例が示されている。先の記事で宣宗が命じたのは、一つには、いま降格・左遷の処分を受けている武臣はもとの官・職に戻すことである。宣宗はそこに何の条件も付けていないので、該当する武臣の全てに適用される。もう一つは、今後罪を犯した武臣は罰役・罰工で贖罪させ、懲罰的な配置転換である調衛は行わないということである。これにも条件は付いていないから、武臣は今後罪状に拘わらず一切調衛は科されないことになる。後の記事は具体的な適用の第一例で、

「失誤軍事」や「主将不固守」のような軍事行動に関わる罪で、死罪に当たるような重罪を犯して、遼東で充軍謫戍の処分を受けている武臣をもとのポストに戻すことが命じられた。これらの武臣たちは、「哨備」とあるから労苦の多い哨戒・警備の任務につけられるとはいえ、事実上無条件の復職である。ここで宣宗は、この措置の適用対象について「宣徳四年自り以後に犯せし者」と明示しているが、これは前述の宣徳四年六月庚子の条に記された「軍官・軍人の調衛の例」を指しているとみられる。これは度重なる減刑措置の副作用ともいえる悪弊の蔓延に堪り兼ねたように、広東都司から上げられた罰則強化の要請を機として定められた調衛の規定だった。しかも、法司の初めの案では対象を軍士に限っていたのを、宣宗自身が命じて武臣にも適用させるようにしたものである。それを宣徳六年七月に至って、宣宗自ら取り消したことになる。その理由について、宣宗は「其の久困を念」うと述べているが、これは宣宗の寛容さを顕彰するものではあっても、法的な根拠を示すものではない。結局、殆ど何の理由も示されてはいないのである。ただ、注目されるのは最初の適用例が遼東だったということである。第三章の第四節で述べたように、宣宗が第一に優先して整備に努めている北辺の専守防衛態勢は、多大の人員・費用を要するものである。遼東は韃虜の侵犯が最も頻繁なところで、専守防衛の要となる地域であり、宣宗が、武臣の処罰によって防衛態勢に支障を来たさないように、罪を犯した武臣に対して大幅な減刑措置をとってきた場所である。そのようにみてくると、今回の調衛停止の最初の例が遼東だということは、やはり防衛態勢維持の必要からとられた措置だったと考えられる。しかし、それだけが理由ではないと思われる。というのは、当面の北辺防衛の為だけならば、遼東での特別な措置を命ずる後の方の命令だけで済む筈である。先の全体にわたる原則を示す必要はない。宣宗は一旦とった罰則強化の方向を自ら打ち消して、種々の弊害も承知のうえでもとの減刑方針に戻ったのである。ここでも記事は臣下からの奏請を承認するというかたちではなく、宣宗から下された命令として記されており、今回の措置が宣宗の主導のもとにとられたものであることが窺える。そこに武臣を保全しようとする宣宗の強い意思をみることができる。

このような経緯はこの時に止まらず、約一年半後に同様のことが繰り返された。宣徳八年二月辛卯の条に

法司に命ずるに、凡そ軍職にして賍を犯せし者、死罪は降等して用い、徒・流罪は罰して輸作せしめ、畢《お》えし日、倶に辺衛に調して備禦せしめよ。賍罪に非ざるものは調せざれと。時に軍職の賍を犯せし者、徒・流・死罪、皆に輸作せしめて職に還す。奸頑にして玩法《ほうをかろん》ずる者愈《いよいよ》多く、雲南按察司副使頼巽以聞し、故に是の命有り。


とある。今回は、罰則が軽すぎるので、法を軽視して悪事をはたらく不逞の武臣が跡を絶たないとの、雲南按察司副使からの訴えを受け、宣宗が罰則の強化を命じたものである。宣徳四年の広東都司の場合と同じく、北辺と並んで大兵力が展開している南辺の状況を背景にした訴えである。ここで取り上げられている贓罪、つまり賄賂の授受・汚職は、武臣の犯罪のなかでも、軍士の酷虐とともに、朝廷が最も厳しく対処してきた罪である。現状では贓罪を犯しても、徒・流・死罪のどれに当たるか罪の軽重を問わず、一律に罰役を科するだけで、その終了後に復職させているという。これをみると宣徳六年七月癸酉の条に記されている規定が雲南でも遵守されていた様子が分かる。雲南按察司からの訴えを受けて、宣宗は、贓罪で死罪に相当する罪を犯した武臣は降格とし、徒・流罪に当たる者は罰役を科して、その終了後に調衛とするよう命じた。宣宗が、わざわざ「賍罪に非ざるものは調せざれ」と述べているように贓罪に限定しての罰則の強化である。

しかし、この規定も約一年後には事実上取り消された。宣徳九年三月戊戌の条に

法司に命ずるに、凡そ武職の官にして、賍の死罪及び徒・流罪を犯し、応に降・調すべき者も降・調を免じ、為事の指揮・千・百戸を称せしめ、半俸を給せ。総・小旗の私罪を犯して、応に罷役せしむべき者は罷役を免じ、仍りて月粮を支し、倶に都督山雲に従い、広西に於いて立功せしめ、功有る者は奏聞せよ。応に降・調すべから

ざる者は、旧例の如く発遣せよと。

とある。この記事も理由については何の説明もなく、宣宗の命令が記されているだけだが、前年の宣徳八年二月の措置を撤回する内容である。「凡そ」とあるから、全国の武臣を対象にしたものである。前年の規定では、贓罪で死罪に当たる罪を犯した武臣は降格し、徒・流罪に相当する場合は罰役ののち調衛とすることになっていた。今回はそれを取り消して、贓罪の軽重、死・流・徒罪の別を問わず、降格・調衛を免じて、為事官として[20]広西総兵官山雲のもとに派遣して、立功贖罪に当たらせよというのである。功有る者は山雲から奏聞させるというのだから、やがて復職を認める含みであろう。前年に贓罪に限って復活された調衛だったが、約一年後に再び適用されなくなったのである。

宣宗は宣徳九年一二月に病み、翌一〇年正月に歿するが、その直前まで様々な減刑の措置をとり続けた。宣徳九年九月辛巳の条に

> 法司に命ずるに、凡そ武職にして罪有りて繋問せらるもの、人命の真犯死罪を除くの外、其の余の犯《つみ》有るもの、及び該《まさ》に銭糧・贓罰を徴すべくして未だ完《はた》さざるもの、或いは応に降・調して軍に充つべきものにして、罰役運米して工作する者は、悉く其の罪を記し、笞・杖罪は之を宥して、倶て巡辺に随従せしめよ。回鑾せば処分せん。

とある。宣宗の巡辺に備え、現在審問中の者も含めて、人命の真犯死罪に当たるものを除いて、其の他の罪に問われている武臣、銭糧や贓罰の財物を追徴されてまだ完納していない者、本来は降格・調衛に当てられるべき者で、現在、罰役贖罪に当てられている者は、その罪状を兵部の記録に留めるだけの「記罪」[21]処分とし、笞・杖罪に該当する者は全て之を宥して巡辺に随行させるというのである。わざわざ銭糧等を追徴中の者や罰役を負担しつつある者など、処罰の途中に在る者を加えたのは、巡辺から帰還した後にこれを宥そうという含みであろう。宣宗が回鑾の後に処分を決めるといっているように、これは巡辺に備えての当面の措置とはいえ、人命の真犯死罪以外は、全て記罪処分かお

咎めなしということになる。ただこの措置が適用される範囲が必ずしもはっきりしない。記事の始めに「凡そ」とあり、一見全国の武臣を対象にした命令のようにみえるがそうではなく、この凡そは「繫問せらるもの」に係るのだろうから、現在審問中のもの全てということになる。これにいま銭糧や贓罰の財物を追徴されつつある者、罰役を科されている者、笞・杖罪に当たる者が加わることになるとみられる。宣宗の巡辺に随行する人員を確保する為の措置だから、このような範囲が対象だったと考えられるが、具体的に該当者が何人あったかは分からない。今回は宣徳元年八月や二年九月のときのように、宣宗自身が武臣の罪状をチェックしたうえでの措置ではないようである。いずれにしても、武臣の減刑・保全に対する宣宗の強い意思が窺える。更にこの措置の翌月の宣徳九年一〇月丙寅の条に

行在戸部奏すらく、比者《このごろ》、平江伯陳瑄言えらく、漕運の官軍犯《つみ》有るも、重罪を除くの外、黜降・遷調無し。請うらくは軽重を量り、淮安・徐州の倉米を罰運して京に赴き、贖罪せしめられんことをと。已に言う所を准《ゆる》さる。今、議すらく、流罪は六十石、徒罪は五等とし、五十石自り二十五石に至り、杖罪も五等とし、二十石自り八石に至り、笞罪は六石より二石に至ることとせんと。上、之を覧て曰わく、罰する所過重なりと。命じて流・徒は各《おのおの》十石を減じ、杖罪は一十毎《ごと》に一石を運ばしめ、笞罪は一十ごとに五斗を運ばしむ。

とある。運軍についてのものだが、漕運総兵官陳瑄が、現状では減刑の対象にならない重罪は別として、降格・調衛等の罰則がないので、それに代わるものとして、淮安・徐州の糧米を北京まで運ばせるようにしてほしいと要請した。運軍の場合も降格・調衛が行われていないことが確認できるが、陳瑄の要請は、罰則が軽すぎて運軍を統制できないので、示しをつけるためにせめて罰役を科してほしいということである。これまでみてきた寧夏総兵官陳懋、広東都司、雲南按察司のケースと同じで、罰則が緩すぎて不正の取り締まりに支障があるとして、罰則の強化をもとめたものである。いずれも露骨にはいわないが、宣宗主導による減刑の行き過ぎが不正の発生を助長しているのではないか

との思いがあるのだろう。宣宗が陳瑄の要請を承認したので、戸部が流罪相当の者の六〇石以下の基準を奏請した。しかし、それでも宣宗は「罰する所過重なり」として大幅な減額を命じた。結局、運軍の流・徒・杖・笞罪に当たる罪は、全て多からぬ糧米運搬の罰役ですむことになった。ここでも宣宗の減刑への強い意思が窺える。九月に宣宗の巡辺に備えて減刑措置がとられた際、宣宗は帰還後に処分を決めると述べたが、それはどうなったのか。これについて宣徳九年一二月丁未の条に

行在兵部尚書王驥奏すらく、近《ちかごろ》、旨を奉ずるに、武職の犯《つみ》有りて、応に糧草及び贓罰を追すべき者は且《しばら》く停止し、各処に発して軍に充て、及び立功・降調すべくして、運磚・運米して輸作する者有らば、倶て其の罪を記し、笞・杖の者は之を宥して、巡辺に扈従せしめ、還る日別に議せと。今、已に京に還る。旨を請いて処分せんと。命ずるに、已に擬罪するも未だ行われざるもの、及び馬を追されて未だ完《は》たさざる者は、死罪は住俸一年とし、徒・流罪は之に半ばせせよ。運磚して未だ完たさざる者は、死罪は住俸半年とし、徒・流は三月とせよ。已に完たせしものは住俸せざれ。見行の例に依り、死罪は調衛とし、官糧を盗売・冒支するを犯せしもの、及び軍士の糧・布を侵用せしもの有らば辺衛に調せ。徒・流罪のものは復任せしめよ。已に致仕して徒・流・死罪を犯せしものは、律に依りて収贖せしめ、笞・杖は之を宥し、皆復職せしめよ。追贓されて未だ完たさざるものの若きは、原衛・原籍に移文して追徴せしめよ。其の人命に干《かかわ》りて情犯の深重なる者は、別に具えて以聞せよと。

とある。この記事の日付は宣徳九年の一二月丁未（四日）で、宣宗はこの半月後に発病し、翌月には歿してしまう。若い宣宗の最晩年の記事であり、罪を犯した武臣の減刑を命じた最後の命令ということになる。その意味で宣宗朝の武臣の減刑方針の総決算ともいえる。そのような時期の命令である為か、宣徳元年正月以来の減刑の基準を示した命令とは体裁がかなり違っている。これまでの命令では、まず最初に減刑の対象から除外する罪が挙げられ、次に各ラ

ンクの減刑の基準が示されていた。特に宣宗自ら個々の武臣の罪状をチェックしたうえで出された宣徳元年八月、二年九月の命令では、かなり詳細に除外される罪状を挙げている。恐らくチェックしたリストの中に実際にあったものをみて、減刑の対象にするかどうか決めて示した処罰の基準だったと思われる。ところが今回は、巡辺に出掛ける前の九月の段階では「人命の真犯死罪を除くの外」と述べたが、一二月の記事では最初の部分にそのような記載はなく、一番最後に「其の人命に干《かかわ》りて情犯の深重なる者は、別に具えて以聞せよ」とあるだけである。宣宗は重罪者のリストを提出させて、自分でチェックするつもりだったと思われる。減刑の対象から除外する罪状が具体的に示されていれば、今回の基準ももう少しはっきりしたかたちになっていたかもしれない。時期からみて、宣宗にはもうそうするだけの体力がなかったのであろう。いずれにしても、今回の基準は宣徳元年八月や二年九月の場合のように、事前に個々の武臣の罪状をみたうえで示されたものではないと思われる。その命令の内容をみてみると次のようである。罪状は確定したがまだ刑が執行されていない者、馬匹の追徴を命じられているがまた納入できていない者で、もとの罪が死罪に当たるものは、俸給の支給停止一年、徒・流罪は半年とする。現在運磚などの罰役を科されている者で、もとの罪が死罪に当たる場合は支給停止半年、徒・流罪は三ヶ月とする。既に罰役を終えている者は支給停止にはしない。その処置をとったうえで、もとの罪が死罪に当たる者は調衛とする。特に官糧を盗売・冒支したもの、軍士の糧・布を横領したものがあれば辺衛に調する。徒・流罪は住俸だけで復職させる。既に致仕した武臣が徒・流・死罪を犯した場合は『大明律』名例律「老小廃疾收贖」の規定にそって贖罪させ、[22]笞・杖罪は宥すというのである。原衛・原籍での追徴とあるのは、宮沢知之氏の前掲の論考によれば、贖罪の方法の一つで輸送の労力を免除するものである。全体として、罰役や追徴の執行を停止して、俸給の支給停止に切り替え、そのうえでもとの罪が徒・流罪に当たる者は復職させ、死罪に相当する者は調衛とするのだから、贖罪の処分に当てた者を更に減刑することになる。調衛の実施と停止の経緯についてはここまでみてきたとおりだが、今回の基準では降格は伴っていないので、もとの官銜のままで左遷されるだけである。人命の真犯死罪など、減刑の対象にならない罪はあるが、元来このような犯罪はそう多くはないものだろう。事実上の最も重い処分が調衛ということになるが、その中で特に辺衛に調される悪質な罪として「官糧を盗売・冒支する」もの、「軍士の糧・布を侵用」するものが挙げられている。これは『大明律』でいえば戸律・倉庫「冒支官糧」、刑律・賊盗「監守自盗倉庫銭糧」、受贓「因公擅科斂」等の罪に当たるが、官糧の侵盗や軍士の搾取に最も厳しく対処してきた宣徳初以来の方向性と合致している。一方、兵律・軍政「失誤軍事」や「主将不固守」のような軍事行動に関わる罪は、最初から減刑の除外項目には含まれず、厳罰の対象にもなっていないことも従来どおりである。その意味で宣宗朝最後の減刑の基準も、これまでの措置の延長線上にあり、その点では一貫している。又、これらの減刑の措置が宣宗の主導のもとでとられてきたことも宣宗朝を通じて同様である。

(三) 宣宗政権の性格

ここまで武臣の犯罪に対して、中央の朝廷レベルで宣宗がどのような方針をとってきたのかについてみてきた。宣宗は、宣徳元年正月に広範な贖罪の基準を示したあと、宣徳元年八月には漢王高煦の乱への対処、二年九月には迤西への内臣の派遣、九年の九月・一二月には宣宗の巡辺を機として、相い継いで罪を犯した武臣に対する減刑措置を命じてきた。度重なる命令によって、減刑の範囲・程度は益々拡大し、結局、人命の真犯死罪のような重罪を除いて、殆どの罪は減刑の対象となり、『大明律』の規定どおりには処罰されないことになった。確かに第三章でみてきた個々の事例でも、『大明律』の規定どおりの処罰は全体の二割にも満たなかった。更に人命の真犯死罪は減刑の対象から除外されるとはいっても、それすらも無条件ではない。例えば武臣が軍士を杖殺しても、「公罪」と認定されて、処罰されないケースが多かったことは個々の事例でみたとおりである。宣宗の命ずる減刑措置が中央の朝廷レベルだけの「当為」としての建て前ではなく、地方の実態としても行われていたことが分かる。この間、武臣・軍士の不法の横行に堪り兼ねたように、罰則の強化をもとめる現場からの要請があったが、このような要請は雲南按察司のような文臣の機関ばかりでなく、武臣系の広東都司や漕運総兵官などからも行われた。宣宗もそれに応じて、一時罰則の強化を命ずるが、まもなくそれを撤回することを繰り返した。宣徳元年八月に、鎮守居庸関・都督沈清の罪を宥すに当たって、宣宗は「武臣罪を犯すも、大故に非ざる者は、倶て之を釈せ」と述べたが、この方針は宣宗朝を通じて一貫している。特に注目されるのが、宣徳元年八月、二年九月に減刑措置を命ずるにあたって、合わせて一〇〇〇人近い武臣の罪状を宣宗自らチェックしていることである。そこに武臣の身分を保全しようとする宣宗の強い意思をみることができる。

それでは宣宗は何故にこれほど罪を犯した武臣の減刑あるいは武臣の保全に熱意を示すのか。一つには、北辺の専守防衛態勢の維持を第一に優先する宣宗にとって、武臣の機械的な処罰は、前線の武臣不足を招いて辺防に支障を来たし兼ねず、必要な武臣数を確保する為に減刑せざるを得ないという現実的な事情があったことは確かである。また、当時は法司の綱紀が弛緩していて、その擬定に万全の信頼をおけないという状況もあった。宣宗自ら武臣たちの罪状をいちいちチェックしなければならなかった所以でもある。しかし、それだけでは、南北辺だけでなく、全国に及ぶ広範かつ継続的な減刑措置を通じての、武臣の保全政策を全て説明することはできないように思う。前節で述べたように、宣宗と文臣層の軍の現状に対する認識は同じで、その間に齟齬はなかった。両者は危機感を共有していたといってもよい。それに加えて宣宗自身の現在の武臣たちに対する評価も決して高いものではなかった。しかし、その宣宗と文臣層では実際の対応が全く違っていた。文臣層は軍は既に自浄能力を喪失しているとみて、文臣による監視・

管理の強化をもとめ、罪を犯した武臣に対しては、『大明律』の規定どおりに厳罰を以て臨むよう主張した。これに対して、宣宗がどのように対処してきたかはみてきたとおりである。しかも、度重なる武臣の減刑措置は、臣下からの奏請を承認するというかたちではなく、全て宣宗主導で行われてきた。宣宗の減刑方針あるいは武臣の保全政策は一貫して最後まで変わることがなかった。そこに文臣層とは異なる、武臣の保全についての宣宗の強い意思をみることができる。やはり、これは宣宗政権の性格に由来するものではないかと考えられる。この点について、宣宗即位の直後だが、洪熙元年六月丁巳の条に

　聴選主事陳艮言えらく、文職の官は已に考覈有りて之を黜陟す。今、独《た》だ武職のみ未だ嘗て挙行せず。宜しく亦た考覈すべしと。上、行在兵部の臣に諭して曰わく、軍職は功を以て秩次と為し、子孫の承襲する者は弓馬を試し、罪有る者は功を論じて定議す。祖宗の成憲此くの如し。他言を庸《もち》いること無かれと。

とある。武臣も文臣と同様に、勤務成績によって黜陟することをもとめた陳艮の提案を、宣宗は強い調子で却けた[23]。宣宗がいうには、武臣は軍功によって秩禄が定められており、子孫の世襲に際しては弓馬の技量を試す比試がある。武臣が罪を犯した場合には父祖・本人を含めて、これまでの軍功を勘案しながら処分を決すると述べた。軍功の大きい者、つまり高位の武臣ほど大幅に減刑されることにもなるが、武臣は文臣と評価・処罰の原則が違うのだということである。そのような武臣のあり方、文武の別について、宣宗は「祖宗の成憲此くの如し。他言を庸いること無かれ」と、これが祖法であり、余計なことをいうなと強い口調で述べた。これは即位直後の宣宗の言葉であり、「祖宗の成憲」を守っていこうという、宣宗の初々しい気持の表われとみることができる。武臣が世襲を原則として安定した身分を与えられていることを、太祖・成祖以来の武臣のあるべき姿として認識していることがわかる。そして宣宗のいう「祖宗の成憲」の中には、このあり方を守っていくべき皇帝の役割も含まれているであろう。更に宣徳三年一

○月壬辰（一〇日）の条に

行在都察院奏すらく、軍官の罪を犯して獄に繫がれて病む者有り。請うらくは医をして治療せしめられんことをと。上、因りて右都御史顧佐等に謂いて曰わく、祖宗の軍官を待するや、恩意特に厚し。已に罪を得と雖も、猶お保全を思うべし。此、成憲にして、当に百世之を守るべしと。

とあり、行在都察院が、罪を犯して獄に下されている武臣で病気に罹った者があるので、医師の治療を受けさせたいと奏請した。これに対して、宣宗は、武臣の厚遇とその保全は、今後も末長く堅持すべき祖宗の成憲であると強い調子で述べた。たとえ罪を犯した武臣でも、まず保全を考えなければならないというのは、まさに武臣の減刑を推進してきた宣宗のあり方を示すものである。この記事にはいくつか興味深い点がある。その一つは宣徳三年一〇月という時期である。もう一つは、都察院の獄中には武臣ばかりが収容されていたわけでもないと思われるのに、なぜ都察院がわざわざ病気の武臣の治療をもとめたのかということである。その背景を考えると、当時、宣宗の武臣保全の姿勢は既に度々明示されていたし、一方で法司の綱紀の乱れも甚だしかった。法司の擬定にも万全の信頼がおけず、宣徳元年八月、二年九月には、宣宗自ら多数の武臣の罪状を点検したほどだった。このようななかで、都察院の責任者だった左都御史劉観は、宣徳三年六月に突然「巡視河道」を命じられて外に出され、一〇月一日には御史張循理らに数々のスキャンダルを弾劾されて失脚した(24)。八月には刑部尚書金純も致仕に追い込まれている。今回の都察院の奏請は劉観の弾劾・失脚から一〇日後である。このような時期のためか、獄中の武臣の体調を気遣うような都察院の奏請には、宣宗の御気嫌を窺うような様子があり、宣宗の言葉には昂然とその信ずるところを宣言したような印象がある。それだけに、この言葉は皇帝と武臣のあり方に対する宣宗の基本的な考えを示しているものと考えられる。

宣宗が度々「祖宗の成憲」というのは、太祖・成祖、とくに成祖を念頭においているのだと思われる。太祖が武臣を文臣よりも上におく態勢をとったことは、宮崎市定氏が夙に指摘するところである。(25) 官品だけでなく、実際の勢威も武臣の方がずっと上だった。ただ、周知のように太祖は多くの有力武臣を粛清の槍玉に挙げた。これに対して成祖は一転して殆ど武臣を処罰しなかった。(26) 宣宗の態度はここまでみてきたとおりである。武臣に対する対応に関しては、宣宗は主として成祖のあり方を踏襲してきたといえる。太祖・成祖・宣宗の対応には各々相違があるが、武臣を非常に重視したことは三帝に共通している。また、太祖・成祖ほどではないが、宣宗自身も軍事の経験がある。この点は重要だと思う。太祖・成祖は勿論だが、宣宗もその立場は、かたちのうえでは儒教思想によって装われてはいるが、その実態は武臣の棟梁、軍の統率者としての面を色濃く残していた。そして、その政権は軍事政権としての性格が強かったのではないかと思われる。例えば、成祖について、陸容の『菽園雑記』巻一に

予、命を奉じて師を寧夏に犒う。内府の乙字庫にて軍士の冬衣を関領せしに、内官手に数珠一串を持つを見る。色は象骨に類《に》るも、紅潤なること之を過ぐ。其の製する所を問うに云えらく、太宗皇帝、白溝河に大戦し、陣亡の軍士、骸を積むこと野に徧し。上、之を念い、命じて其の頭骨を収め、数珠を規成して、内官に分賜し、念仏して其の輪回を冀わしむ。又、脳骨の深大なる者有らば、則ち以て浄水を盛りて仏に供え、天霊盌と名づく。皆胡僧の教えなりと。

とある。文中の「白溝河」の戦いというのは、靖難の役序盤の最大の激戦で、建文二年（洪武三三年、一四〇〇年）四月、保定府雄県の白溝河（巨馬河）で、大将軍李景隆麾下の総勢六〇万、号して一〇〇万と称する建文軍と燕王軍が激突した戦いである。非常な激戦で、燕王軍も多数の戦死者を出して苦戦したが、一陣の突風を機に形勢が逆転し、結局燕王軍が大勝した。(27) 陸容が聞いたという内臣の言い伝えは恐らく事実であろう。そこに儒教的な装いはなく、みられるのは成祖の軍の統率者としての感覚である。(28) このような点からみても、明初の政権は軍事政権としての性格が

強かったと考えられる。宣宗が、罪に問われた武臣の減刑を主導し、武臣の保全に努めたのは、次第に強まる文臣層の攻勢から、その依って立つ基盤である武臣を守る防波堤の役割を果していたのだとみることができる。また、そのように考えないと、ここまでみてきたような宣宗の一貫した武臣保全の姿勢は説明できない。

このような皇帝のあり方が大きく変化したのは英宗の即位後だったと思われる。英宗朝以後の見通しについても簡略に述べておきたい。わずか九歳で即位した英宗には、宣宗のような武臣を守る防波堤としての役割は果せない。英宗を補佐した楊士奇・楊榮・楊溥の所謂三楊に代表される文臣の勢力が強まってきたのは当然である。しかし、武臣の棟梁、軍の統率者としての皇帝から、文臣に支えられ儒教思想によって権威づけられた皇帝への移行は必ずしもスムースにいったわけではない。正統（一四三六～一四四九）・景泰（一四五〇～一四五六）・天順（一四五七～一四六四）年間の約三〇年がその過渡期だったとみることができる。この間の朝廷の政治動向は皇帝のあり方をめぐる二つの立場の鬩ぎ合いだったとみると理解しやすいことが多い。例えば王振の評価なども或る程度変える必要があるのではないか。従来、王振は明代における内臣専横の第一号としてひたすら悪くいわれてきた。しかし、このような悪評の大部分は文臣の側からのものである。抑々土木の変に際して王振がなぜ英宗の親征を強行したのか、その理由すらはっきりしない。エセン軍を迎撃することと、英宗が親征するということは別な問題である。近年、川越泰博氏によって、英宗の親征が、文臣の反対を押し切って倉卒の間に行われたものではなく、兵力の動員や軍糧の確保など、事前の大掛りな準備のうえで実施されたものだったことが明らかにされた[29]。それは英宗の親征が王振個人の専横というだけでは説明がつかず、王振の立場・主張に同調し、これを支持する幅広い勢力が存在していたことを示している。王振も内臣の立場で皇帝のあり方を身近で見てきたわけで、そのような王振にとって、明朝皇帝は武臣の棟梁、軍の統率者として、自ら軍を率いて戦うべき存在だったのだと思われる。次第に強まる文臣層の勢力と、彼らに支えられた皇帝の姿は、王振の目には本来の明朝皇帝のあり方を逸脱するものと映ったのではないか。つまり、皇帝のあり方に関していえば王振は保守派で、太祖・成祖・宣宗以来の諸帝のあり方を守ろうとしたのだと思われる。王振の背後には、宣宗という防波堤がなくなったあと、文臣勢力の進出に後退を余儀なくされている武臣たちの幅広い支持があったと考えられる。そして英宗自身もそのような王振の考えに納得していたのだろう。そうでなければ復辟後の英宗が王振を智化寺に祀り、「精忠」と記した祠額を掲げる筈がない。(30) 英宗が暗愚で、幼時から王振に馴染んで親近感をもっていたからというだけでは、余りに安易で英宗を馬鹿にした説明といわざるを得ない。皇帝のあり方という、政権の根本に関わるところで共通の考え方をもっていたからとみた方が納得しやすい。

土木の変(一四四九)後の景泰朝では、文臣の兵部尚書于謙が実権を握り、中央で京営の改革を主導する一方で、地方にも権限を強化して軍の指揮権をもたせた新しいタイプの巡撫を配置した。(31) 中央でも地方でも、軍事面に文臣が急速に進出したわけだが、これに対する反動が奪門の変だったとみることができる。奪門の変は、皇太子問題を機とした英宗と景泰帝の対立を背景にしているが、于謙らの打倒を主導したのは武臣の石亨、内臣の曹吉祥、反于謙の文臣の徐有貞らであった。曹吉祥は『明史』の王振伝の中で「王振の門下」と記されており、皇帝のあり方についての考えも王振と同じだった可能性が高い。石亨や曹吉祥らは、于謙一派を排除して一時実権を握ったが、間もなく文臣の李賢・岳正・王翱らの勢力によって打倒された。(32) このあと天順朝の政治は彼らの主導の下にすすめられていくことになった。土木の変時の王振の行動、景泰朝の于謙の動向、奪門の変、天順朝の曹欽の乱など一連の朝廷の動きは、皇帝のあり方をめぐる文臣と武臣・内臣などの諸勢力の鬩ぎ合いだったとみると理解しやすい。この間を通じて、武臣の棟梁、軍の統率者としての皇帝から、文臣に支えられ儒教思想によって権威づけられた皇帝に変っていったと考えられる。このようにみてくると、宣宗朝を明初に入れるか中期とするのかという問題にも関わってくる。宣宗朝は、北京遷都を始めとする成祖の様々な大事業の後始末をした時代という面がある。それがそのまま英宗朝以後の体制の出発点にもなっている。太祖・成祖朝との連続に重点をおくか、英宗朝以後の出発点としてのところを強くみるかで、明初とするか中期にするかの違いがでてくる。筆者は、これまでみてきた皇帝のあり方という面で、宣宗は太祖・成祖を受け継いでおり、英宗以後とははっきり異なるので、宣徳までを明初とし正統以後を中期としたい。

小　結

宣徳元年正月の勅令から始まる罪を犯した武臣に対する減刑措置は、漢王高煦の乱や迤西への内臣の派遣を機として、宣徳元年八月、二年九月と更に強化され、武臣は幾つかの重い罪を除いて、『大明律』の規定どおりに処罰されることはなくなった。この間、減刑の対象から除外される罪状の中に軍事行動上の罪が含まれていないことが注目される。宣宗自ら多数の武臣の罪状を点検したことにも示されるように、宣宗は武臣の減刑、つまり武臣の地位の保全に極めて熱心であった。「武臣罪を犯すも、大故に非ざる者は倶て之を釈せ」という言葉は宣宗の不動の態度であった。

余りに大幅な減刑措置は、副作用として武臣や軍士の不正を助長する弊害をもたらしたほどである。このような弊害は特に南北辺で顕著であった。南北辺は軍事的緊張地帯で大兵力が配置されており、それだけ軍内部の矛盾も大きく、武臣の犯罪の約七割はこれらの地域で起きている。宣宗朝の半ば以後、このような弊害に堪り兼ねたように、寧夏や広東・雲南など、南北の前線から運用の変更や罰則の強化をもとめる上奏が行われた。宣宗もこのような要請を受けて、一旦罰則の強化を承認するが、間もなく自らこれを取り消してもとの減刑方針に戻った。このような動きは一度ならず繰り返してみられたが、時々ぶれながらもその基本的な方向は宣徳末まで堅持された。このような継続的な方針はもはや政策とよんでもよい。最終的には宣宗の最後の巡辺を機として、宣徳九年九月、一二月に減刑の基準が定められた。その内容は人命の真犯死罪を除いて、減刑の範囲と程度を更に拡大強化するものであった。

このような罪を犯した武臣の減刑、つまり武臣保全の為の政策は、一貫して宣宗が主導してきたものである。それは何故か。北辺の専守防衛態勢に代表される辺防に必要な武臣数を確保する為という、非常に現実的な理由があったことも確かである。また、宣宗自身が武臣の罪状をチェックせざるを得ないような、法司の綱紀の乱れがあったことも事実である。しかし、それだけではなく、皇帝のあり方、政権の性格に由来する面もあった。太祖・成祖・宣宗の明初の諸帝は、武臣の棟梁、軍の統率者としての面が濃厚で、その政権は軍事政権としての性格が強かったと考えられる。宣宗の武臣保全政策は、次第に強まる文臣勢力の攻勢から、そのよって立つ基盤を守る為のもので、その具体的な表われが罪を犯した武臣に対する減刑措置だったとみることができる。

おわりに

第二・三章で武臣の犯罪とこれに対する処罰の実態を分析したうえで、第四章でこのような軍の現状を中央の朝廷レベルではどのように認識していたのか、どのように対処しようとしていたのかについて考えた。

まず第一節で、法司・科道官・兵部等の文臣たちの軍の現状についての認識を確認した。結論としては、文臣たちは軍内部の弊害のありさまや問題点をかなりよく把握しており、そこに強い危機感をもっていたことが窺えた。ただ、文臣層の認識にはやや不均等なところが見受けられた。武臣の犯罪の性格は、罪状でいえば、軍務上の罪、軍士の酷虐、経済事犯に、その舞台からみれば、軍士の所属する原衛と動員先の南北辺の前線に、武臣は中下級の指揮・千戸・百戸・鎮撫等の衛所官と、前線で勲臣・都督・都指揮などの高位者が任じられている総兵官・鎮守・参将・備禦など、いくつかの構成要素に分けられ、その組み合わせによって特徴が決まってくる。このなかで、文臣層が特に敏感に反応し、主に取り上げたのは、原衛を舞台として、衛所官による、軍士の酷虐に関する問題であった。文臣は規定の遵守や秩序の維持に熱心な反面、南北辺の前線の軍情や、相互の信頼感の低下とか紐帯の弱まりといった、軍内部の問題についての言及は必ずしも多くなかった。実際には武臣の犯罪の約七割が南北辺で起っており、このような犯罪が軍の根幹である命令系統の権威を損っているにも拘わらずそのようであった。それは、一つには、南北辺の前線は、北京や内地に比べて文臣の監視の密度が粗いこと、もう一つには、当時の文臣は、中期以後のように本格的に軍事に関与するようになってからの文臣と違って、まだ軍事問題に疎い面があったことによると思われた。このように、ややアンバランスなところはあるにしても、その各種の上奏からみると、文臣たちが軍の現状や内部の弊害をそれなりに認識し、その問題の所在についてもよく把握していたことが分かる。

それでは宣宗はどうだったのだろうか。第二節ではこの点について考えた。宣宗は、文臣のほかにも、武臣や内臣あるいは錦衣衛など多様な情報源をもっており、軍の現状については文臣層以上に把握していたと思われる。それは第三章第三節のⓁ「降勅叱責」のところでも示したように、北辺の軍情に関して現地の総兵官以上の知識をもっていたことからも窺える。宣宗は、武備は国家の重大事であるのに、軍政が整わないのは将たる者の不職に原因があると述べる。軍士が逃亡して兵力不足に陥り、城池が荒廃し、屯田が衰退するのは、都司・衛・所の武臣に人を得ず、彼らが軍士を撫恤せず、苛斂誅求をこととしている為であると指摘する。このような軍の現状に関する認識は文臣たちと同じであり、その危機感を共有していたといってもよい。宣宗のもとめる理想の武臣、武臣のあるべき姿は次のようであった。宣宗が最も強調するのは、武臣は軍士を撫恤し、軍士と甘苦をともにし、士心を得なければならないということである。現実の武臣による軍士の酷虐が念頭にあった為であろう。このほか、忠・孝の徳を備えて礼儀正しく、同僚とは兄弟の誼をもって協力し、戦では勇猛であるとともに独断専行しないというような点をあげた。現実の武臣はこの逆の傾向が強かったということかもしれない。興味深いのは、武臣に対して軍士の搾取は結局は引き合わないことだと述べ、武臣にとって軍士は富貴のもとであり、高位も厚禄もここから得られるのだと、現実的な利害をもって説いたことである。道徳ではなく損得勘定で説くのは、無知な武臣に理屈をいってもはじまらないということもあったかもしれないが、宣宗の本音だったともみられる。宣宗の非常に現実的な、ある意味で合理的な一面が示されている。また、宣宗は、軍士の酷虐は軍の組織を内側から腐らせ、軍の衰退をもたらすとも述べた。これは軍内部の相互の紐帯や信頼感の重要性を念頭においた言い方で、宣宗は軍事に疎い当時の文臣たちより軍を深く理解していたことが窺える。やはり、太祖や成祖ほどではなくとも、宣宗自身も軍事の経験があったからであろう。このようにみてくると、宣宗も軍の現状を十分に認識し、内部の弊害の様相をみて危惧していたことがわかる。濃淡の違いはあるが文臣層と同様であった。この点を確認したうえで、宣宗と文臣層がどのように対応しようとしたのかを比較した。文臣たちの提案や要請の仕方をみると一定のパターンがみられた。まず軍内部の弊害が如何に深刻か、そしてその主な原因は武臣にあるという指摘があり、それを改める為には文臣による監視・管理が必要だと述べるかたちである。典型的なのは衛や所の中の司法を担当する鎮撫の無能ぶりを示し、軍は既に自浄能力を喪失しているので、文臣の関与を強化するしかないという主張である。又、罪を犯した武臣に対しては、罪は罪として身分に関わらず『大明律』の規定に沿って処罰することをもとめた。勿論、文臣たちのこのような主張は、憂国の情や正義感からとばかりはいえず、国初以来の武臣優位の体制についての不満や、世襲を認められている武臣に対する反感もあってのことと思われるが、軍の現状についての指摘は的はずれというわけではない。

ところが、現状認識や危機感を共有しているにも拘わらず、宣宗の対応は文臣層とは全く違っていた。宣宗は、武臣の選任に配慮し、適材適所を実現するよう命じ、その為に具体的な措置も命じはするが、一方で罪を犯した武臣に対する刑の減刑措置を強力に押し進めていったのである。第三節ではこの点について考察した。「武臣罪を犯すも、大故に非ざる者は倶て之を釈せ」というのが宣宗の一貫した姿勢であった。宣徳元年正月、治世の初めに当たって、勅令を発して広汎な罪囚の寛宥を命じた。この対象には武臣も含まれていたが、武臣についてはこれだけではなく、更に漢王高煦の乱、迤西への内臣の派遣、宣宗自身の巡辺などを機として、重ねて減刑措置の実施を命じた。この結果、武臣は人命の真犯死罪などの幾つかの重い罪を除いて、他は全て減刑の対象となり、『大明律』の規定どおりに処罰されることはなくなってしまった。確かに第三章で各地域や罪状ごとに武臣の処罰の実態について考察したが、『大明律』の規定どおりに処罰されたのは全体の二割にも満たなかった。中央における宣宗の命令が単なる「当為」としての掛け声だけでなく、各地で実際に行われていた様子が窺えた。「当為」と実態の乖離はどの分野でも頻繁にみられるものだが、宣宗朝の武臣の処罰に関しては、そのブレが少ないことは意外なほどである。このような一貫した武臣の減刑方針は宣宗の武臣保全政策の表われだが、多数の武臣の罪状を宣宗自身がチェックしたことにも示されるように、宣宗主導のもとに行われたものである。それは何に由来するのか。その一つは極めて現実的な理由であった。宣宗が第一に優先して整備に努めている辺防、とくに北辺の専守防衛態勢に必要な武臣数を確保する為に重い処罰を避けたのである。自ら軍事の経験もある宣宗は、軍紀を維持する為に信賞必罰が必要なことは十分に承知していたであろう。軍紀維持の為の信賞必罰と、辺防の為の減刑措置と、そのどちらをとるかは宣宗にとって苦渋の選択だったと思われるが、宣宗が常に後者を選んできたことはみてきたとおりである。そのために武臣の犯罪を助長する副作用もあった。又、このころ法司の綱紀も乱れていて、その擬定にも万全の信頼がおけず、宣宗自ら武臣の罪状をチェックしなければならないような状況があったのも事実である。しかし、基本的には武臣の保全は政権の性格によるところが大きかったのではないか。太祖・成祖から宣宗に至る明初の政権は軍事政権としての性格が強く、皇帝は濃厚に武臣の棟梁・軍の統率者としての面をもっていた。宣宗の武臣の減刑方針は、次第に強まる文臣層の攻勢からそのよって立つ基盤である武臣を守る為のものであったと考えられる。武臣保全の政策は、宣宗政権の性格に由来するもので、文臣層に支えられ、儒教思想によって権威づけられた皇帝のあり方に変ってくるのは英宗朝以後だろうとの見通しを示して結論とした。

註

（1）京営については青山治郎氏『明代京営史研究』（響文社、一九九六年）があり、拙著『明代軍政史研究』（汲古書院、二〇〇三年）第Ⅲ部第一・二・三章でもふれた。在京衛とともに京営の一翼を担った地方からの班軍番上については川越泰博氏『明代中国の軍制と政治』（国書刊行会、二〇〇一年）前編・第三章に詳しい。

（2）根補・勾補に関しては于志嘉氏『明代軍戸世襲制度』（台湾学生書局、一九八七年）第二章・第一節「明前期的軍戸」五〇～五一頁が分かりやすい。

（3）旗・軍の別については、『明史』九〇・志六六・兵二・衛所の記述が最も簡便である。小旗は軍士一〇人を管理し、総旗は小旗五人と軍士五〇人を管下におく。二人の総旗が百戸の指揮下に入る。百戸は総旗二人・小旗一〇人・軍士一〇〇人を統率することになる。総旗・小旗・軍士は合わせて旗・軍と称される。

（4）『明史』七六・志五二・職官五。

（5）夏原吉については『明史』一四九、『明史列伝』二六、『吾学編』二八、『名山蔵』六等に伝がある。

（6）例えば宮崎市定氏「洪武から永楽へ――初期明朝政権の性格――」（『東洋史研究』二七―四、一九六九年、その後『宮崎市定全集』一三・明清〈岩波書店、一九九二年〉等に収録）

（7）この間の武臣の任用については松本隆晴氏の研究がある。『明代北辺防衛体制の研究』（汲古書院、二〇〇一年）第四章第二節、八五～九二頁。

（8）註（2）を参照。

（9）明朝は馬匹の確保に苦心し、その為に様々な方法がとられたが、その方法や弊害については谷光隆氏『明代馬政の研究』（東洋史研究叢刊二六、東洋史研究会、一九七二年）に詳しい。

（10）岩井茂樹氏は、論考「元明清公文書における引用終端語について」（三木聰編『宋-清代の政治と社会』〈汲古書院、二〇一七年〉所収）で、「欽此」・「奉此」・「准此」・「拠此」等の引用終端語について分析し、これらの語句は引用者によって附加されたもので、引用の終端を示す以上の意味はないと指摘された。例えば「欽此」は従来命令句として訓まれてきたが、単なる記号なのだから「キンシ」と音読して済ませるか、あるいは「とあり」とか「といえり」などと訓じるのが好ましいと述べられた。また、植松正氏もその著『元代江南政治社会史研究』（汲古書院、一九九七年）の一八頁で、元代の法制史料の引用に当たって、「欽此」は聖旨や詔書の引用の末尾を示す一種の符号のようなものなのであえて訓読しない、「准此」・「得此」・「奉此」なども同様であると述べ、本文中の引用でもそのように扱われた。改めて史料をみてみると確かにそのとおりで、両氏のように対応していきたい。

この「欽此」と紛らわしい言葉で、文末に「欽哉」と書かれていることがある。ここの『宣宗実録』宣徳三年三月丙戌の条の記事以外にも、洪熙元年六月辛亥の条（六四～六五頁）・七月乙酉の条（一一八頁）・宣徳五年二月甲申の条（五七八頁）等の記事にも同じ文言があり本文中で引用した。どれも宣宗の勅諭の記事の末尾に記された文言だが、これは命令句として読んでも差し支えないように思うので「つつしめ」、「つつしめよや」と訓じてある。

（11）『宣宗実録』宣徳五年一一月庚子の条に

勅行在都察院副都御史賈諒・行在錦衣衛指揮王裕・参議黄翰、同奉御張義・興安、往江西、巡視軍民利病。凡軍衛・有司官吏、及富豪・大戸姦民・強盗、為軍民害者、体実擒拿、軽者、就彼発落、重者、連家属解赴京師。仍戒諒等、務公勤廉謹、毋狥情往法、縦釈有罪、及濫及無辜。

とあり、この年、宣宗は副都御史賈諒らに勅を下し、内臣とともに江西に派遣し、大幅な裁量権を与えて軍民の利病を巡視させたが、ここでも取り締まるべき対象の筆頭に軍衛の官吏を挙げている。

(12) 軍士に対する冬衣や綿布・綿花の支給については拙著『明代軍政史研究』(汲古書院、二〇〇三年) 第Ⅰ部第四章、一三一～一四九頁で述べた。

(13) 表1　罪を犯した武臣に対する宣宗の言葉

(宣宗の言葉)	(対象)	(『宣宗実録』の日付)
不学、不知儆天戒。	建平伯高遠	宣徳元年四月己卯
武人知利、而不知法。	山東都指揮僉事王銘	元年五月己酉
愚人。	都指揮僉事薛興	元年五月庚申
武夫不諳吏事。	山東都指揮僉事馮凱	元年七月己未
武人不達。	江西都指揮同知王欽	二年三月甲寅
本小人。	右都督陳恭	二年四月丁卯
今之武夫、少有廉節。	貴州新添衛副千戸宣輔	二年四月乙酉
武人子弟、傲惰不学。	忻城伯趙栄	二年一〇月庚辰
不知有廉恥。	陝西管操都指揮趙恭	四年一二月甲戌
無志愚人。	遼東金州衛指揮陶春	五年二月癸酉

官軍坐食不知感、而又加虐害。武夫若此者多。	徳州左衛の指揮・千戸・百戸・鎮撫ら三五人	五年二月己卯
武臣不知礼。	陽武侯薛禄	五年四月甲戌
武人嗜利積習。	応城伯孫傑	五年四月丙戌
武人但知貪利。	横海衛千戸文荘ら	五年七月壬子
唯知好利、不務潔己恤軍。	広西所属の武臣	五年九月庚戌
武夫無識辜。	都督僉事張廉	五年一一月庚子
武人、不学之過。	四川総兵官陳懐	六年四月丁未
武夫横暴、不可不懲。	贛州衛鎮撫劉福	六年四月乙卯
武夫知嗜利而已。	四川都指揮僉事万貴	六年九月丁亥
小人不足深責。	錦衣衛指揮僉事王息・大監劉通	六年一二月乙未
武人不諳礼法。	致仕都督僉事郭志	七年五月辛巳
武夫不学、不達此道。	宣府総兵官譚広	八年正月丁丑
武臣昧於礼法。	永順伯薛綬	九年正月乙未
武人、語直。	陝西都指揮僉事紀勝	九年一〇月辛未

(14) 宮沢知之氏によれば、納米贖罪の特長は次のようである。第一に、納米贖罪は宣徳二年に陝西で始まり、翌年には急速に全国化したこと、第二に、文武官吏軍民のあらゆる職種身分の、真犯死罪を除く、雑犯死罪から笞罪まで適用されたこと、第三に、納米額は二〇等の五刑に対応し、重罪ほど大きくなっていること、第四に、軍の「無力」は操備とするものの、他の無力は輸送を免除して、原籍地で納米させたこと等である。

(15) これは納米贖罪の先駆的な例となるが、宮沢知之氏は前掲の論考三六四頁で、この記事を指摘され、運米贖罪が納米贖罪に切り換わる過渡的なものだったと述べている。

(16) 『宣宗実録』宣徳三年八月辛卯の条によれば、「北京行部」は宣徳三年に革去されるが、このときはまだ存続していた。

(17) 沈清と李景らが劾奏しあった事件については、『宣宗実録』宣徳元年五月丙申、丁酉の条に記述がある。

(18) 第三章第二節のⒺ為事官・戴罪官のところで、戴罪官の処分は、元来は主として軍務上の罪に適用されたと述べた。実際の事例も確かにそうであった。ここの減刑の条件をみると、「因公擅科斂」や「監守自盗倉庫銭糧」などのような軍士の酷虐や経済事犯にも次第に適用されていくことになる。その結果、適用の事例数や、みられる地域も徐々に拡大していったと思われる。同じように傾向が、Ⓗ罰俸、Ⓘ記罪、Ⓛ「降勅叱責」等の処分にもみられたことは各々のところで述べたとおりである。

(19) 広東都司のいう『大明律』の規定は名例律「軍官軍人犯罪免徒流」に示されており、万暦『大明会典』一六一・刑部三・律例二・名例下「軍官軍人犯罪免徒流」には、この規定の実施に当たっての細目が一七ヶ条にわたって記されている。又、永楽中に有罪の武臣の調遣を免除した例として、たとえば『太宗実録』永楽一〇年九月辛卯の条に

　　勅兵部、天下衛所軍職、自今日以前、犯笞・杖・徒・流者、当充軍及立功者、已未発落、悉復旧職、月給半俸、仍於本処立功。雑犯死罪、已未発落、亦令復職、於本処立功、俟有功給俸。

とある。同様の趣旨の記事は永楽四年二月己卯、七年九月乙亥、一九年四月乙巳の条等にもある。

(20) 為事官に関しては第三章第二節のⒺ為事官・戴罪官のところで、為事官は主に都指揮クラスの軍事行動上の罪に対して科されるもので、官を剝奪されたうえで、いずれかの総兵官のもとに派遣されて立功に努める処分であると述べた。これが元来の為事官のかたちだったと思われるが、川越泰博氏から『衛選簿』には衛所官が為事官に当てられた例が少なからず記載されている旨の御教示を得た。この点について、宣宗朝の末に各級の処罰が科される罪状の範囲が拡大した結果、事例数やみられる地域が増大したのであろうと述べた。この宣徳九年三月戊戌の条の記事をみると、為事官が軍務上の罪だけでなく贓罪にも適用されるようになったことがわかる。Ⓗ罰俸、Ⓘ記罪、Ⓛ「降勅叱責」等の処分でも同じような変化がみられた。宣徳末になると更なる減刑方針の強化に伴って、元来の処罰と罪状の対応関係にも変化が生じてきている。

(21) 記罪については第三章第三節のⒾ記罪のところで述べた。記罪の処分も、元来は主に軍務上の罪に対して科されたものだったが、Ⓕ為事官・戴罪官、Ⓗ罰俸、Ⓛ「降勅叱責」等の処分と同じように、次第に軍士の酷虐や経済事犯にも適用が拡大された。

(22) 「老小廃疾收贖」には七〇歳以上一五歳以下、八〇歳以上一〇歳以下、九〇歳以上七歳以下の三ランクに分けて処置が定められている。

(23) 陳艮の提言の背景には、世襲を認められている武臣に対する文臣層の根強い不満あるいは反感があったと思われる。やや後の史料だが韓雍の『韓襄毅公家蔵文集』一一・「慶大司寇楊公序」に

今制、惟武勲得襲廕、文臣惟公孤元老、秉鈞軸者、歿則録其後、亦文階止其身耳。其有身位上卿、而親拝恩命、俾子若孫、得世襲武職。非其才兼文武、出将入相、有大勲労於国家者不能。此銭塘楊公、所以官至大司寇、而其子堣、又得新安衛世襲千戸、有由然也。

とある。このような不満は多かれ少なかれ文臣層に共通するものである。それは世襲を重ねた武臣に対する辛辣な評価となって表われており、例えば弘治中の兵科給事中蔚春は「夫《そもそも》封爵は前功に報いる所以にして、子孫皆用うべしと謂うにあらざる也。」（『孝宗実録』弘治一二年七月己卯）と述べ、正徳中の工科給事中潘塤は「今の武臣為《た》る者は、皆乳臭の木偶《でく》なり。」（『武宗実録』正徳七年一〇月庚午）といい、嘉靖中の兵部侍郎王邦瑞は「多くは世冑紈袴に属し、軍旅に閑《なら》わず。」（『世宗実録』嘉靖二九年九月辛卯）という。文臣層のこのような言葉は枚挙に暇がないが、時の経過とともに、世襲を重ねて武臣の軍事能力が益々低下し、文臣の勢力が強まるにつれて益々激しくなる。中後期ほど著しくはないが、宣宗朝にも既にこのような傾向はあらわれていた。次第に強まる文臣層の攻勢に対して、宣宗が「祖宗の成憲」であるとして、突っ撥ねて武臣を守っていたかたちである。

(24) 『宣宗実録』宣徳三年六月丁未・一〇月己卯朔の条。

(25) 宮崎市定氏「洪武から永楽へ」（『東洋史研究』二七―四、一九六九年、後に『宮崎市定全集』一三・明清〈岩波書店、一九九二年〉に収録。）

(26) 拙稿「永楽朝の武臣処罰（一）」（『明清史研究』二、二〇〇五年）、同（二）（『国士館東洋史学』一、二〇〇六年）

(27) この戦いの様子については、川越泰博氏『明代建文朝史の研究』(汲古書院、一九九七年)二八六、三九〇頁に活写されている。

(28) この『菽園雑記』の記事で、成祖が内臣達に戦死者の輪廻を願わせたとあるが、浅井紀氏はその論考「明朝の国家祭祀と仏教・道教・諸神」(『東洋史研究』七三―一、二〇一四年)、「宋元明代の浙東士大夫と仏教」(『史学』八七―一・二、二〇一七年)で、仏教にも理解を示す宋濂らの影響もあり、太祖朝から仏教が様々な面で一定の役割を果たしていたと指摘している。

(29) 川越泰博氏「土木の変と地方軍――班軍番上の視点から――」(『中央大学文学部紀要』史学第六一号、二〇一六年)

(30) 『明史』三〇四・列伝一九二・王振に

英宗復辟、顧念振不置、用太監劉恒言、賜振祭、招魂以葬、祀之智化寺、賜祠曰精忠。

とある。

(31) この間の事情については拙著『明代軍政史研究』(汲古書院、二〇〇三年)の第三部第四章で述べた。

(32) 拙稿「曹欽の乱の一考察」(『北大史学』一七、一九七八年)

まとめと課題

最後に各章のまとめと今後の課題について述べておきたい。序でも述べたが、今回の研究の切っ掛けになったのは、一四二四年に成祖が歿してから、一四四九年の土木の変まで、わずか二五年しかないのに改めて注目したことであった。成祖の時代には東アジア全域に明朝の武威を輝かせる原動力となった明軍が、土木堡では壊滅的な敗北を喫し、英宗が捕虜になるという事態に陥った。この間、一世代にも足りない期間に、明軍はかなり急速に弱体化したことになる。もっとも、時間だけでいうなら日露戦争が終わってから満州事変が起るまで二六年間でほぼ同じである。もとより比較するのに適当な例ではないが、約一世代の二五年は軍という組織が変質するのに必ずしも不十分な時間ではないのかもしれない。それでは成祖・宣宗朝には明軍にどのような変化があったのか。制度的な面でいえば、成祖朝に中央に京営が創設され、更に成祖朝から宣宗朝にかけて地方に常駐の鎮守総兵官が配置された。これに伴って中央の五軍都督府、地方の都指揮使司（都司）は次第に散官化してゆくことになる。これは太祖以来の軍事機構の大きな変化ではあるが、平時の五軍都督府→都司→衛→所の系列を、常設の臨戦体制に切り替える為の機構の運用上の変更で、武臣・軍士ともに世襲を原則とする衛所制の基本に関わる改変ではない。つまり、軍事機構に変化はあったが、それが直接軍の弱体化に結び付くような性質のものではなかったといえる。それでは明軍の弱体化が外的な要因によるものではないとすると、明軍の内部に目をむけなくてはならない。そこで宣徳年間の武臣の犯罪に注目した。軍というと何となく上意下達を旨とするドライで非人間的な階級組織というイメージを持ちがちだがそれは誤りである。

軍の組織が十分に機能するには適度なウエットさ、何らかの内部の紐帯とそれにもとづく相互の信頼感が必要である。その紐帯は一族郎党のような血縁でもいいし、共通の信仰でもよく、あるいは近代ヨーロッパのような市民革命による市民としての一体感でもいい(1)。もっともウエットにすぎれば私兵化という別な危険を生じることにもなる。いずれにしても内部の紐帯を欠く軍はうまく機能しない。武臣の犯罪はこの軍内部の紐帯を断ち切り、相互の信頼感を損って、軍の根幹である命令系統を機能不全に陥らせ、士気の低下を招くもので、明軍弱体化の大きな要因であったろうと考えた。そのような予測のもとに、どのような武臣によって、如何なる犯罪が、どの地域を舞台にして、何件くらい起されたのかを明らかにする必要があると思った。

その前提として、まず宣宗朝の軍事態勢を明らかにしておかなければならない。成祖はモンゴルに対して攻勢防禦の方針をとり親征を繰り返したが、宣宗ははっきりこの方針を転換した。防衛線を後退させて補給の負担を減らすとともに、堅固な専守防衛の態勢を築こうとしたのである。その専守防衛態勢の支柱になったのが、各地に臨戦体制で駐箚する鎮守総兵官であった。第一章では、この総兵官に焦点を当てて宣宗朝の軍事態勢を分析した。総兵官は、元来、有事に任命されて事が終れば任を解かれる臨機の職だったが、成祖朝から宣宗朝にかけて常設化された。宣宗朝では北辺六ヶ所・南辺四ヶ所に常駐の鎮守総兵官が配置され、淮安には任務が特殊化した漕運総兵官が置かれた。このほか北辺と交阯には有事に任じられる従来型の総兵官が出動した。当時、総兵官は「武臣の極重」として重んじられ、勲臣や都督などの最高位の武臣が任命された。各地の総兵官からの報告・要請や宣宗からの下達命令を分析してその職務範囲と権限を確認した。その結果、地域や任ぜられる武臣の身分、あるいは在任期間の長短による違いはないこと、その職務は軍務に限られており、民政には一切関与できないこと、軍務といっても配下の処罰権や人事権、大規模な動員権など統帥の中核となる権限は与えられておらず、その権限はかなり限定されたものであったことがわかった。軍事的な決定権は全て宣宗自身が掌握していたのである。又、各地の総兵官と従来から置かれてきた都・布・按三司や鎮守武臣、鎮守内臣など周囲の諸職との統属関係の有無についても確かめた。

このような軍事態勢の内部の実態を明らかにする為に、第二章では武臣の犯罪について考察した。『宣宗実録』から収集した犯罪告発の事例は三五〇件あったが、これを軍務上の罪、軍士の酷虐、経済事犯、その他の罪に大別した。そのうえで①軍事行動に関わる罪から⑬礼法上の違反・怠慢までの罪状に分けて、その各々について地域ごと年次ごとの件数、告発された武臣の身分等を分析した。その結果、次のような特徴が看取された。南北辺の動員先を舞台にして、総兵官・鎮守・参将・備禦など、つまり官衔でいえば勲臣・都督・都指揮等の高官によって起されることの多いものには、軍事行動に関わる罪、軍士の私役や売放、配下の虐待・私刑、土地占奪、商業行為や密貿易などがあった。一方、軍士の属する原衛を舞台にして指揮・千戸・百戸・鎮撫などの衛所官によって引き起されがちな罪には、軍士からの金品強奪、月糧等の横領・搾取、官物や糧米の侵盗、商人や民人からの金品搾取等があった。このほか北京における高官の礼法違反も目についた。罪を告発された件数でいえば、全体の半数近くを北辺が占めて圧倒的に多かった。南北辺を合わせると全体の七割となり、武臣の犯罪の大半は南北辺の前線で起っていたといえる。これらの地域は軍事的緊張地帯で、大兵力が配置されているだけでなく、現地の衛所軍からなる主兵のほかに、各地からの増援軍である客兵も混在しており、それだけ軍内部の矛盾も大きかったのだと思われる。もちろん武臣による軍士の圧迫・搾取のような犯罪は、宣宗朝の明軍に限られたものではなく、いつの時代のどこの軍でも多かれ少なかれみられたものだろう。現に前著で述べたように太祖朝の明軍でも既にみられた(2)。要は程度の問題である。これらの諸弊は時とともに加速し、明代後期には極めて深刻な状況となる。宣宗朝ではまだそこまで至ってはいないが、諸弊は既にはっきりと姿を現わしているという段階ではなかったかと思われる。

第三章では罪を犯した武臣がどのような処罰を受けたのかについて考察した。二三〇件・三三六人の事例を、Ⓐ死罪からⓃ「宥之」までに分けて各々の特徴を分析した。次元の異なる刑罰と懲戒が入り混っているが、大まかに科される武臣からみて重い順に配列して考えた。このうち『大明律』の規定どおりに処罰されたのは全体の一六パーセントにすぎず、二割にも満たない。数からいえば全くお咎めなしの「宥之」と同じ程度である。八割以上は程度の差こそあれ、様々な減刑措置を受けた結果として科された処罰であった。『大明律』の罰則規定は厳しいといわれるが、武臣という限られた対象とはいえ、その運用の実情はこのようなものであった。また、当初は罪状とこれに科される処罰の間にかなりはっきりした対応関係がみられた。主に軍務上の罪に科されたものには為事官・戴罪官、立功贖罪、罰俸、記罪、「降勅叱責」、「宥之」等があるが、罰俸以下はかたちばかりの極く軽い処分である。一方、軍士の酷虐や経済事犯に科されることが多かったものとして死罪、「如律」、降・調、罰役、封示、自陳、「移文戒飭」等が挙げられる。死罪や「如律」などの重い処罰はみなこちらの罪状であり、朝廷の危機感の所在を示している。充軍・謫戍は双方にまたがって適用される傾向が強い。ただ、このような対応関係は宣徳六年以前はかなりはっきりしていたが、宣徳七年以後は次第に曖昧になっていった。それは宣宗朝の末に武臣に対する減刑措置が更に強化され、軽い処分の適用される罪状が拡大された結果である。例えば罰俸は、始めは北辺、とくに遼東の軍務上の罪に適用される、地域限定の傾向の強い処分だったが、宣徳七年以後は軍士の酷虐や経済事犯にも拡大適用されるようになった。その結果、該当する事例が増え、各地でみられるようになった。同様な変化は為事官・戴罪官、記罪、「降勅叱責」等にもみられる。従来おもに軍務上の罪に適用されてきた軽い処分にその傾向が強い。地域と処罰の関係をみると、北辺は事例数が圧倒的に多いにも拘わらず、死罪等の重い処罰は少なく、大幅に減刑された軽い処分が多かった。他方、内地は逆に重い処罰の比率が高く北辺の三倍以上にのぼる。これは各地域で多くみられる罪状と関係している。北辺では軍務上の罪が多いのに対して、内地では当然ながら軍務上の罪はなく、軍士の酷虐や経済事犯が主なものである。つまり、地域による処罰の軽重からみると、北辺の軍務上の罪に対して、特に大幅な軽減措置がとられたことを示しているわけである。それは宣宗が整備に努めているモンゴルに対する専守防衛態勢の必要からである。専守防衛は、いつ、どこに、どれくらい来襲するか分からない敵に常時備えなければならず、大兵力と多大の費用を要するものである。罪に問われた武臣を法司の要請どおりに機械的に規定どおりに処罰すると、防衛態勢の維持に必要な武臣数を確保できなくなってしまうので、宣宗が法司の要請を却けるかたちで強力に減刑を命じていたのである。このような専守防衛態勢は以後の諸帝にも受け継がれたので、宣宗は明末まで続く対モンゴル防衛策の創始者でもあった。ただ、宣宗がとった大幅な減刑方針は軍紀を弛緩させ、武臣の犯罪を助長する副作用ももたらした。明代後期の北辺では軍事的な矛盾が集中的に現われ、北辺は人・物・金を際限なく呑み込む蟒蛇のような存在となるが、このような弊害面でも宣宗朝が一つの契機になっているのかもしれない。また、武臣の身分と処罰の関係をみると、身分の高低と処罰の軽重ははっきり反比例していることが確認された。ただ、ここでは勲臣等の高位の武臣の減刑の規定には触れず、実際に科された処罰についてのみ考察した。高位者の減刑の規定とその運用については稿を改めて考える。このように罪を犯した武臣に科された処罰の実情をみてくると、第二章で確認した犯罪の傾向と必ずしも対応しておらず、はじめのうち戸惑った。しかし、考えてみれば当然であった。犯罪の発生は半ば自然現象のような面がある。これに対して犯罪にどう対処するかという処罰は政治の一環であり、朝廷の意思を表わす政策の一つである。朝廷は各地域の特性や武臣の地位に合わせて軽重さまざまな処罰を運用していたのである。

第三章でみてきた個別の事例の減刑措置は全て宣宗の命令によるものであった。法司が『大明律』の規定どおりの処罰をもとめても、宣宗がこれを却下して減刑を命じるというパターンである。減刑措置には辺防の為の武臣確保という現実的な理由があったことは前述のとおりである。しかし、それだけでは説明しきれない部分がある。例えば、なぜ減刑措置が北辺だけでなく全国に適用されたのかといわれれば、辺防からだけでは説明できない。武臣の減刑方針、つまり武臣保全の政策は、宣宗政権の性格に由来するところがあるのではないかと考えた。この点を明らかにする為に、第四章で、軍の現状について、中央の朝廷レベルではどのように認識し、どのように対応しようとしていたのかを考察した。その結果、法司や科道官あるいは兵部等の文臣層と宣宗の武臣の犯罪や軍の現状についての認識は同じであり、危機感を共有していたことが確認できた。現実の武臣に対する宣宗の評価も決して高いものではなかった。しかし、それにも拘わらず両者の対応は全く違っていた。文臣たちは、軍は既に自浄能力を喪失しているから、現状を改善するには文臣による監視・管理を強化するしかないとして、軍に対する文臣の関与を強く主張した。これに対して、宣宗は、適材適所をはかるため、武臣の選任に留意するよう命じ、その為の手段も講じはするが、一方で罪を犯した武臣に対する減刑方針を強力に押し進めたのである。漢王高煦の乱、迤西への内臣の派遣、宣宗自身の巡辺等を機として、相継いで減刑の基準が拡大強化された。その結果、武臣は人命の真犯死罪などの悪質な罪を除いて、大部分が減刑の対象となり、『大明律』の規定どおりに処罰されることはなくなった。このような中央における方針は、第三章でみてきた各地域の実態と一致する。このような武臣保全の為の政策は、宣宗が自ら主導して強力に推進してきたものであった。宣宗の在り方はその政権の性格からくるものだったと思われる。太祖・成祖・宣宗の諸帝は、各々タイプは異なるが、いずれも武臣の棟梁、軍の統率者としての面を色濃くもっており、その政権は軍事政権としての性格が強かったと考えられる。宣宗による武臣保全の政策は、そのよって立つ基盤を次第に強まる文臣側の攻勢から保護する為のものだったと述べて結論とした。

ここまで、明軍の弱体化の原因を探るために、軍内部の犯罪に注目し、更に武臣に対する処罰のあり方から、宣宗政権の性格にも論及してきた。ただ、序で述べたように、当初、成祖歿後の明軍の急速な弱体化の原因を探る為に明軍内部の実態を明らかにしようとしてきたわけであった。しかし、宣宗朝については考察したが、前後の成祖朝や英宗朝の様子が分からないので比較できない。研究の範囲を成祖朝と英宗朝に拡大したうえでないとはっきりした結論を出すことはできないので、まずこの点が今後に残された課題の一つである。その過程からいえば、本書は宣宗朝という一つの時期の明軍内部の実情を分析した中間報告ということになるが、その範囲内では当時の明軍の実態をそれなりに示し得たと思っている。第一章で総兵官、第二章で武臣の犯罪、第三章で武臣の処罰、第四章で宣宗の姿勢について考察したが、明軍を内部から腐敗させ弱体化させた主要原因の一つが、武臣の犯罪、とくに配下の軍士の搾取・圧迫だったことは確かである。この背景には世代交代の進行とともに著しくなる、軍内部の紐帯の希薄化があったと思われる。もう一つ、これと並んで無視できない要因として、軍内部の姻戚関係の濃密化が挙げられると思う。少なくとも中期以前の明軍は、武臣・軍士ともに世襲を原則としてかなり閉鎖的な集団だった。このような集団の内で、時の経過とともに、相互の姻戚関係が頻繁かつ濃密になっていったことは想像に難くない。それは、本書でみてきたような、軍内部に横行する犯罪から身を守るためでもあったろうし、姻戚の範囲内では団結を強める効果も期待できるかもしれない。しかし、一方で指揮・命令系統など公の機構よりも私的な人間関係を優先する風潮を助長することになったと思われる。濃密な姻戚関係は、内部犯罪のようにストレートにではなく徐々にではあるが、やはり明軍を弱体化させる方向に働いたと考えられる。この面の実情を明らかにしたいが、それには実録等の史料は余り役に立たず(3)、墓誌銘等の系統の史料が有効だろうと思うので、今後その方向で研究を続けたい。又、本書では『宣宗実録』から告発の事例三五〇件、処罰の事例二三〇件を収集して、これを材料にして武臣の犯罪と処罰について考察した。しかし、本文中でも度々述べたように『宣宗実録』には史料としての性格からくる制約があり、その記事は概して高位の武臣の重大な犯罪に偏っている傾向は否めない。中下級武臣はいうに及ばず、それなりにしたたかな旗・軍も被害者になっているばかりではなく、彼ら自身も様々な不正行為をはたらいていた。犯罪や処罰の特徴を分析するには、調査の対象を下級の武臣や軍士まで拡大する必要があるが、やはりこれも実録とは別な系統の史料によらなければならない。また、本書では武臣に焦点を当てたが、同じ時期の文臣の犯罪・処罰についても明らかにしなければならない。史料をみると、このころ文臣の側にも多くの問題があった様子が窺えるからである。以上の諸点について本書では触れることができなかったので、今後の課題として引き続き研究していきたい。

なお本書で用いた史料は『宣宗実録』・『大明律』・『大明会典』等の基本的なものだけなので、原文は簡単にみられると思い、スペース節約の為でもあるが、文中の引用は書き下し文のみとした。御寛恕を乞いたい。

註

（1）ウィリアム・H・マクニールは、その著書『戦争の世界史』（高橋均訳・中公文庫、二〇一四年）上・二五二～二八一頁で近世以降のヨーロッパの軍隊では「教練」によって人工的に第一次集団的コミュニティをつくってきたと述べ、自身の体験を踏まえ「教練」の有効性を指摘する。

（2）拙著『明代軍政史研究』（汲古書院、二〇〇三年）第Ⅰ部第一章五八～七一頁。

（3）例えば『宣宗実録』には武臣の姻戚関係を示すような記事は極く少ない。ただ、姻戚関係が原因となった不正事件として次の二件の記事がある。いずれも本文中で示した事例だが、一つは宣徳二年四月丁卯の条に記されたもので、鎮守鳳陽の右都督陳恭が、その壻の皇陵衛鎮撫張翺と、張翺の妹の夫の指揮董琳の上京の労を省く為に代人をたてる工作をして弾劾された。もう一つは、宣徳七年五月壬午の条の記事で、番人出身の会寧伯李英が、亡くなった西寧衛指揮同知祁震の後を自分の甥の監蔵に継がせようとして殺人事件を起してしまい、失脚するに至った経緯が記されている。このほか宣徳五年三月丙辰の条に、漕運総兵官の平江伯陳瑄が子の陳儀を派遣して楚王府の動向を危惧する内容の密奏をしたことが記されている。その中で陳瑄は三護衛の衛所官同士が姻戚関係によって強固に結びついていると指摘している。

あとがき

本書の各章は、六〇歳代半ばの正味四年半ほどで書いたものである。自分では比較的短い時間で一息に書いたような印象がある。第一章と第二章の始めの部分は既発表の論文をもとに書き直したものだが、それ以外は未発表の書きおろしである。それだけに誤りがないか不安もある。前著ではスパンを長くとり、軍事制度の運用の実態とその変化について考えたので、今回は、宣徳年間という限られた期間だが、軍内部の人間の問題に焦点を当てた。現在の中国でも汚職の撲滅が政府の重要な政策とされ、軍もその舞台の一つとなっているようである。その意味で本書で扱った軍の内部犯罪と処罰は今日的な問題でもある。ただ読み直してみると文章が未整理で繰り返しも多く、不統一な点も少なからずあって内心忸怩たるものがある。

私はパソコンが苦手で、原稿は未だに手書きだが、下書きを七割がた終えた段階で、二〇一四年の一二月始めに交通事故に遭い一年四ヶ月間の入院を余儀無くされてしまった。出勤の為、自転車で最寄りの駅に向かう途中で横から来た車に轢かれた。救急車がドクター・ヘリを依頼してくれて、ヘリが着陸した附近の公園で応急の手術をしてもらい、川越市にある埼玉医大総合医療センターの高度救命救急センターに運んでもらった。この間意識はなかったが、後で聞いたところでは、交通事故を扱う症例数の多い同センターでも年に一件あるかどうかという酷い怪我とのことだった。骨盤が四ヶ所で折れて左股関節は粉砕され、肋骨と鎖骨は左右全て折れており、折れた肋骨が肺に突き刺さっている状態だったという。ベテランの医師達も首を傾げ、家内も葬儀のことを考えたと聞かされた。手術室とI・C・

Uの往復を繰り返し、結局、約一ヶ月半I・C・Uから出られなかった。その間、頻繁な手術の為の麻酔と痛み止めの投与で、自分でははっきりした記憶がない。呼吸を維持する為に気管切開をしてチューブが通されていたので声を出すこともできず、ひたすら仰向けに寝ているだけである。ずっと幻覚・幻想をみていた。I・C・Uの天井の模様が字にみえて読めたこともあった。所謂臨死体験のようなことも二度経験した。I・C・Uから一般病棟に移った時には体重が一五キロほど減っていた。その後も条件を整える為に何度も手術を受け、二〇一六年の一月末になって、ようやく九回目の手術で左人工股関節を入れてもらい一区切りとなった。この手術の直前になっても炎症反応の数値が下らず、術後の感染症が危惧されたが、気分的にこれ以上の入院は無理だったので、敢えて手術をしてもらった。幸い感染症は起らず三月末に退院して四月から復職することができた。手術の後にはリハビリに励んだ。最初はベッドの端に腰掛けることから始まり、ついで車椅子から二本松葉杖、一本松葉杖と進み、現在はステッキ状の杖をもっての歩行である。身動きも不自由で障害者手帳も交附されているが、生命があっただけでも有り難いことである。入院の間、臨床医学の威力を実感したが、度々の難手術を執刀して下さった主治医の大饗《おおあえ》和憲先生を始めとする医師の方々には深く感謝している。事故から後の時間は同センターの医師の方々から与えてもらったものと思っている。改めて御礼を申し上げたい。

突然の事故・入院は自分にとっても思いがけない出来事だったが、学生の諸君や同僚の先生方には多大の御迷惑を掛けてしまった。深くお詫びと感謝の意を表したい。また、入院中は多くの先生方から温かい励ましを戴いて本当に有り難かった。入院が長期に亙ると精神的に不安定になるケースが少なくないようだが、私がそのような事態を免れたのは先生方の励ましのお蔭と感謝している。

入院中、半端になっている原稿のことはいつも気になっていた。退院して早く仕上げなければと焦る気持もあったが、それよりも構成について考えたり、下書きを読み返したりして、入院生活に耐える気持の支えになったように思う。退院・復職後も、当初は出勤するのが精一杯で、原稿まで手が回らなかったが、夏休み頃から漸く集中力と持続力が戻ってきたので急いで取り掛かり、今年の三月に何とか脱稿できた。予定よりも大幅に遅れてしまったが停年の前に上梓できてほっとしている。なお本書の出版は平成二九年度国士舘大学出版助成によるが、退職が近いにも拘わらず助成して戴いたことに感謝している。

「まとめと課題」でも述べたように、本書は中間報告であり、関連して研究しなければならない課題も多い。いつまで勉強を続けられるか分からないが、少しでも明代軍制の解明に努め、そこから見えてくるであろう中国社会の特徴について考えていきたい。

川越泰博先生には入院中の勤務先の授業のことも含めて大変お世話になってきたが、更に本書の刊行に当たっても原稿をみて戴き、貴重な御指摘と御助言を賜わった。また新宮学先生からも貴重な御意見を戴いたうえ、刊行に至る間にお力添えを賜わった。両先生のお蔭で誤りを訂正することができ、心から御礼を申し上げたい。また、中文目次については、同僚で中国語・中国文学コースの藤田梨那先生にお世話になり感謝している。

考えていたより分量が増えてしまったにも拘わらず快く出版を引き受けて下さった汲古書院の代表取締役三井久人氏に厚く御礼を申し上げる。今どき珍しい手書きの原稿で御苦労をお掛けした編集部の柴田聡子氏にも心からの謝意を表したい。

最後に事故・入院以来の妻美紀の心遣いに感謝する。

二〇一七年八月

汲古叢書

1	秦漢財政収入の研究	山田　勝芳著	本体 16505円
2	宋代税政史研究	島居　一康著	12621円
3	中国近代製糸業史の研究	曾田　三郎著	12621円
4	明清華北定期市の研究	山根　幸夫著	7282円
5	明清史論集	中山　八郎著	12621円
6	明朝専制支配の史的構造	檀上　寛著	品　切
7	唐代両税法研究	船越　泰次著	12621円
8	中国小説史研究－水滸伝を中心として－	中鉢　雅量著	品　切
9	唐宋変革期農業社会史研究	大澤　正昭著	8500円
10	中国古代の家と集落	堀　敏一著	品　切
11	元代江南政治社会史研究	植松　正著	13000円
12	明代建文朝史の研究	川越　泰博著	13000円
13	司馬遷の研究	佐藤　武敏著	12000円
14	唐の北方問題と国際秩序	石見　清裕著	品　切
15	宋代兵制史の研究	小岩井弘光著	10000円
16	魏晋南北朝時代の民族問題	川本　芳昭著	品　切
17	秦漢税役体系の研究	重近　啓樹著	8000円
18	清代農業商業化の研究	田尻　利著	9000円
19	明代異国情報の研究	川越　泰博著	5000円
20	明清江南市鎮社会史研究	川勝　守著	15000円
21	漢魏晋史の研究	多田　狷介著	品　切
22	春秋戦国秦漢時代出土文字資料の研究	江村　治樹著	品　切
23	明王朝中央統治機構の研究	阪倉　篤秀著	7000円
24	漢帝国の成立と劉邦集団	李　開元著	9000円
25	宋元仏教文化史研究	竺沙　雅章著	品　切
26	アヘン貿易論争－イギリスと中国－	新村　容子著	品　切
27	明末の流賊反乱と地域社会	吉尾　寛著	10000円
28	宋代の皇帝権力と士大夫政治	王　瑞来著	12000円
29	明代北辺防衛体制の研究	松本　隆晴著	6500円
30	中国工業合作運動史の研究	菊池　一隆著	15000円
31	漢代都市機構の研究	佐原　康夫著	13000円
32	中国近代江南の地主制研究	夏井　春喜著	20000円
33	中国古代の聚落と地方行政	池田　雄一著	15000円

34	周代国制の研究	松井　嘉徳著	9000円
35	清代財政史研究	山本　進著	7000円
36	明代郷村の紛争と秩序	中島　楽章著	10000円
37	明清時代華南地域史研究	松田　吉郎著	15000円
38	明清官僚制の研究	和田　正広著	22000円
39	唐末五代変革期の政治と経済	堀　敏一著	12000円
40	唐史論攷－氏族制と均田制－	池田　温著	18000円
41	清末日中関係史の研究	菅野　正著	8000円
42	宋代中国の法制と社会	高橋　芳郎著	8000円
43	中華民国期農村土地行政史の研究	笹川　裕史著	8000円
44	五四運動在日本	小野　信爾著	8000円
45	清代徽州地域社会史研究	熊　遠報著	8500円
46	明治前期日中学術交流の研究	陳　捷著	品　切
47	明代軍政史研究	奥山　憲夫著	8000円
48	隋唐王言の研究	中村　裕一著	10000円
49	建国大学の研究	山根　幸夫著	品　切
50	魏晋南北朝官僚制研究	窪添　慶文著	14000円
51	「対支文化事業」の研究	阿部　洋著	22000円
52	華中農村経済と近代化	弁納　才一著	9000円
53	元代知識人と地域社会	森田　憲司著	9000円
54	王権の確立と授受	大原　良通著	品　切
55	北京遷都の研究	新宮　学著	品　切
56	唐令逸文の研究	中村　裕一著	17000円
57	近代中国の地方自治と明治日本	黄　東蘭著	11000円
58	徽州商人の研究	臼井佐知子著	10000円
59	清代中日学術交流の研究	王　宝平著	11000円
60	漢代儒教の史的研究	福井　重雅著	品　切
61	大業雑記の研究	中村　裕一著	14000円
62	中国古代国家と郡県社会	藤田　勝久著	12000円
63	近代中国の農村経済と地主制	小島　淑男著	7000円
64	東アジア世界の形成－中国と周辺国家	堀　敏一著	7000円
65	蒙地奉上－「満州国」の土地政策－	広川　佐保著	8000円
66	西域出土文物の基礎的研究	張　娜麗著	10000円

67	宋代官僚社会史研究	衣川　強著	品　切
68	六朝江南地域史研究	中村　圭爾著	15000円
69	中国古代国家形成史論	太田　幸男著	11000円
70	宋代開封の研究	久保田和男著	10000円
71	四川省と近代中国	今井　駿著	17000円
72	近代中国の革命と秘密結社	孫　江著	15000円
73	近代中国と西洋国際社会	鈴木　智夫著	7000円
74	中国古代国家の形成と青銅兵器	下田　誠著	7500円
75	漢代の地方官吏と地域社会	髙村　武幸著	13000円
76	齊地の思想文化の展開と古代中國の形成	谷中　信一著	13500円
77	近代中国の中央と地方	金子　肇著	11000円
78	中国古代の律令と社会	池田　雄一著	15000円
79	中華世界の国家と民衆　上巻	小林　一美著	12000円
80	中華世界の国家と民衆　下巻	小林　一美著	12000円
81	近代満洲の開発と移民	荒武　達朗著	10000円
82	清代中国南部の社会変容と太平天国	菊池　秀明著	9000円
83	宋代中國科擧社會の研究	近藤　一成著	12000円
84	漢代国家統治の構造と展開	小嶋　茂稔著	品　切
85	中国古代国家と社会システム	藤田　勝久著	13000円
86	清朝支配と貨幣政策	上田　裕之著	11000円
87	清初対モンゴル政策史の研究	楠木　賢道著	8000円
88	秦漢律令研究	廣瀬　薫雄著	11000円
89	宋元郷村社会史論	伊藤　正彦著	10000円
90	清末のキリスト教と国際関係	佐藤　公彦著	12000円
91	中國古代の財政と國家	渡辺信一郎著	14000円
92	中国古代貨幣経済史研究	柿沼　陽平著	品　切
93	戦争と華僑	菊池　一隆著	12000円
94	宋代の水利政策と地域社会	小野　泰著	9000円
95	清代経済政策史の研究	黨　武彦著	11000円
96	春秋戦国時代青銅貨幣の生成と展開	江村　治樹著	15000円
97	孫文・辛亥革命と日本人	久保田文次著	20000円
98	明清食糧騒擾研究	堀地　明著	11000円
99	明清中国の経済構造	足立　啓二著	13000円

100	隋唐長安城の都市社会誌	妹尾　達彦著	未　刊
101	宋代政治構造研究	平田　茂樹著	13000円
102	青春群像－辛亥革命から五四運動へ－	小野　信爾著	13000円
103	近代中国の宗教・結社と権力	孫　　江著	12000円
104	唐令の基礎的研究	中村　裕一著	15000円
105	清朝前期のチベット仏教政策	池尻　陽子著	8000円
106	金田から南京へ－太平天国初期史研究－	菊池　秀明著	10000円
107	六朝政治社會史研究	中村　圭爾著	12000円
108	秦帝國の形成と地域	鶴間　和幸著	13000円
109	唐宋変革期の国家と社会	栗原　益男著	12000円
110	西魏・北周政権史の研究	前島　佳孝著	12000円
111	中華民国期江南地主制研究	夏井　春喜著	16000円
112	「満洲国」博物館事業の研究	大出　尚子著	8000円
113	明代遼東と朝鮮	荷見　守義著	12000円
114	宋代中国の統治と文書	小林　隆道著	14000円
115	第一次世界大戦期の中国民族運動	笠原十九司著	18000円
116	明清史散論	安野　省三著	11000円
117	大唐六典の唐令研究	中村　裕一著	11000円
118	秦漢律と文帝の刑法改革の研究	若江　賢三著	12000円
119	南朝貴族制研究	川合　　安著	10000円
120	秦漢官文書の基礎的研究	鷹取　祐司著	16000円
121	春秋時代の軍事と外交	小林　伸二著	13000円
122	唐代勲官制度の研究	速水　　大著	12000円
123	周代史の研究	豊田　　久著	12000円
124	東アジア古代における諸民族と国家	川本　芳昭著	12000円
125	史記秦漢史の研究	藤田　勝久著	14000円
126	東晉南朝における傳統の創造	戸川　貴行著	6000円
127	中国古代の水利と地域開発	大川　裕子著	9000円
128	秦漢簡牘史料研究	髙村　武幸著	10000円
129	南宋地方官の主張	大澤　正昭著	7500円
130	近代中国における知識人・メディア・ナショナリズム	楊　　韜著	9000円
131	清代文書資料の研究	加藤　直人著	12000円
132	中国古代環境史の研究	村松　弘一著	12000円

133	中国古代国家と情報伝達	藤田　勝久著	15000円
134	中国の教育救国	小林　善文著	10000円
135	漢魏晋南北朝時代の都城と陵墓の研究	村元　健一著	14000円
136	永楽政権成立史の研究	川越　泰博著	7500円
137	北伐と西征—太平天国前期史研究—	菊池　秀明著	12000円
138	宋代南海貿易史の研究	土肥　祐子著	18000円
139	渤海と藩鎮—遼代地方統治の研究—	高井康典行著	13000円
140	東部ユーラシアのソグド人	福島　　恵著	10000円
141	清代台湾移住民社会の研究	林　　淑美著	9000円
142	明清都市商業史の研究	新宮　　学著	11000円
143	睡虎地秦簡と墓葬からみた楚・秦・漢	松崎つね子著	8000円
144	清末政治史の再構成	宮古　文尋著	7000円
145	墓誌を用いた北魏史研究	窪添　慶文著	15000円
146	魏晋南北朝官人身分制研究	岡部　毅史著	10000円
147	漢代史研究	永田　英正著	近　刊
148	中国古代貨幣経済の持続と転換	柿沼　陽平著	近　刊
149	明代武臣の犯罪と処罰	奥山　憲夫著	15000円
150	唐代沙陀突厥史の研究	西村　陽子著	近　刊

（表示価格は2018年１月現在の本体価格）

著者略歴

奥山　憲夫（おくやま　のりお）

1947年　山形県生まれ
　北海道大学大学院文学研究科博士課程単位取得退学
　国士舘大学教授　博士（史学）

著書
『明代軍政史研究』汲古書院　2003年

汲古叢書149

明代武臣の犯罪と処罰

二〇一八年一月一一日　発行

著　者　奥　山　憲　夫
発行者　三　井　久　人
整版印刷　三　松　堂　㈱
発行所　汲　古　書　院
〒102-0072 東京都千代田区飯田橋二-五-四
電　話　〇三（三二六五）九七六四
ＦＡＸ　〇三（三二二二）一八四五

ISBN978-4-7629-6048-2 C3322

KYUKO-SHOIN, CO., LTD. TOKYO

明代武臣的犯法与处罚

目　录

索　　引

凡　例

Ⅰ各項目は五十音順に排列した。

Ⅱ人名は現代の研究者と歴史上の人物に分けて記した。

Ⅲ明代については、特に注目すべき人物は別として、原則として、文臣は本文中で二回、武臣は三回以上出てきた人名を採った。

地名・事項索引

た行

な行

人名索引

さ行

た行

な行

は行

研究者人名索引